मीडिया और सामाजिक बदलाव

तुलनात्मक परिपेक्ष्य में भूमंडलीकरण एवं मानवाधिकार

लेखक परिचय

जोसेफ एंथोनी गाथिया एक प्रतिष्ठित सामाजिक चिंतक, लेखक और पत्रकार हैं। आप हिन्दी साप्ताहिक 'संजीवन' के संपादक रह चुके हैं। अपनी छत्तीस साल की पत्रकारिता के दौरान उन्होंने मानवाधिकार, बाल मजदूरी, सामाजिक हिंसा, विकास संबंधी नीतियों, मीडिया, लिंग-भेद आदि ज्वलंत समस्याओं पर विपुल मात्रा में लेखन किया है।

उन्होंने आपातकाल के दौरान मानवाधिकारों की रक्षा हेतु चलाये गये नागरिक आंदोलनों में भी भाग लिया तथा सामाजिक विकास और बाल मजदूरी जैसे विषयों पर संयुक्त राष्ट्र संघ द्वारा समर्थित विभिन्न अंतर्राष्ट्रीय सम्मेलनों तथा परिसंवादों में हिस्सेदारी की और परचे पढ़े। उन्होंने कई पुस्तकें भी लिखी हैं जिनमें *चाइल्ड प्रोस्टीट्यूशन इन इंडिया, चाइल्ड लेबर : एन ऐनॅलिटिकल स्टडी, भारत में बालिका तथा एशिया में देह व्यापार का मायाजाल* प्रमुख रूप से उल्लेखनीय हैं।

मीडिया और सामाजिक बदलाव

तुलनात्मक परिपेक्ष्य में भूमंडलीकरण एवं मानवाधिकार

जोसेफ गाथिया

कॉनसेप्ट पब्लिशिंग कम्पनी, नई दिल्ली–110059

ISBN-13: 978-81-8069- 631-2 (HB) **ISBN-10: 81-8069-631-6 (HB)**

Published and Printed by

Concept Publishing Company
Regd. Office:
A/15-16, Commercial Block, Mohan Garden
New Delhi-110059 (India)
Phones: 25351460, 25351794, *Fax*: 091-11-25357109
Email: publishing@conceptpub.com,
website: www.conceptpub.com

Editorial Office:
H-13, Bali Nagar, New Delhi-110 015, India.

Cataloging in Publication Data--*Courtesy:* D.K. Agencies (P) Ltd. <docinfo@dkagencies.com>

Gathia, J. A. (Joseph Anthony), 1946-
Miḍiyā aura sāmājika badalāva : tulanātmaka paripekshya meṃ bhumanḍalīkaraṇa evaṃ mānavādhikāra / Josepha Gāthiyā. -- 1. saṃskaraṇa.
p. cm.
In Hindi.
Collection of articles on the role of mass media in social changes in rural India.
Includes bibliographical references (p.). Includes index.
ISBN 13: 9788180696312 (hb) ISBN 10: 8180696316 (hb)
ISBN 13: 9788180696480 (pb) ISBN 10: 8180696480 (pb)

1. Mass media--Social aspects--India. 2. Mass media in community development--India. 3. Rural development--India. 4. Human rights--India. 5. Globalization--Social aspects--India. I. Title.
DDC 302.230954 22

सदा सनातन, चिर पुरातन और नित नूतन अधुनातन
भारत को,
मेरी यह अभ्यर्थना
और समय का अर्घ्य
समय जो बीत गया और वर्तमान में
समाहित – सन्निहित होकर
भविष्य के आंगन में खेलेगा;
कुछ भूले-बिसरे बिम्ब
और कुछ सुलगते हुए सवाल
जो समय की चौपाल पर
बतियाते जाते रहेंगे ;
एक भारतीय नागरिक के सरोकार
भावी पीढ़ी के नाम,
प्रतीकतः मेरे पुत्र संजय और अक्षय
तथा उनकी संतान –
समीर और ईमा
के निमित्त।

आमुख

सकारात्मक सोच की एक सारगर्भित पुस्तक

श्री जोसेफ एंथोनी गाथिया की पुस्तक 'मीडिया और सामाजिक बदलाव' पिछले चार दशकों की महत्वपूर्ण घटनाओं का ऐतिहासिक दस्तावेज है। पेशे से पत्रकार रहे श्री गाथिया मानव अधिकार एवं सामाजिक परिवर्तन से भी जुड़े रहे हैं इसीलिए अपने अध्ययन की गहराई, बेबाक टिप्पणियों और सामाजिक सरोकारों से गहरे जुड़ाव के कारण उनका नाम मीडिया में सुपरिचित है। सबसे पहले मैं उनको और उनकी पत्नी मौली जोसेफ को बधाई देना चाहता हूँ कि मलयाली भाषी होते हुए भी उन्होंने हिन्दी को अपनी वैचारिक अभिव्यक्ति का माध्यम बनाया है। इस पुस्तक में सम्मिलित चौंसठ मूल्यवान आलेखों का वर्गीकरण चार खंडों में किया गया है। सामाजिक सरोकारों पर केन्द्रित प्रथम खंड का परिवेश वैश्विक है। इसमें ग्रामीण भारत की गरीबी से जुड़ी अर्थव्यवस्था, दक्षिण एशिया ही नहीं संपूर्ण एशिया और पूरी दुनिया में कृषि व्यवस्था और भावी जल संकट पर गहराई से विचार किया गया है। 'संयुक्त राष्ट्र विकास कार्यक्रम' की मानव विकास रिपोर्ट के हवाले से दी गई सूचना, गरीब और अमीर देशों के बीच की बढ़ती खाई भय पैदा करती है। एक सौ दस करोड़ से अधिक लोगों को केवल पाँच लीटर पानी प्रतिदिन हासिल हो पाता है जो कि सम्पन्न देशों में टायलेट के फ्लश में इस्तेमाल किये जाने वाले पानी का दसवाँ हिस्सा है। इसके अतिरिक्त इस खंड के लेखों में नर्मदा आन्दोलन से लेकर कृषि और दस्तकारी क्षेत्र की चुनौतियों को भी गंभीरता से उजागर किया गया है जो हमारे सामाजिक सरोकारों से जुड़ा महत्वपूर्ण पक्ष है।

विमर्श खंड के सत्रह आलेखों में आदिवासियों और स्त्रियों के संकटों, शिक्षा क्षेत्र की चुनौतियों के अलावा पर्यावरण, गरीबी, बेरोजगारी, शिक्षा में

गुणवत्ता जैसे मुद्दों पर श्री जोसेफ गाथिया ने अपने विचारों को तथ्यपूर्ण ढंग से प्रस्तुत किया है। एक लेख 'मैकाले का प्रेत' में व्यक्त उनका यह कथन पूरी तरह सत्य है कि 'आम धारणा के विपरीत अधिकांश निजी स्कूलों में बहुत अच्छी शिक्षा नहीं दी जाती है। पिछले पंद्रह वर्षों में निजी स्कूल सामाजिक एकता नहीं, बल्कि अलगाव के औजार के रूप में उभरकर सामने आए हैं।' ..... 'यह सही है कि रक्त से भारतीय आत्मा से अंग्रेज वाली मैकालेवादी शिक्षानीति ने हमें बहुत नुकसान पहुंचाया है, लेकिन क्या कारण है कि आज भी हम मैकाले के प्रेत से छुटकारा पाने में असमर्थ हैं।'

पुस्तक का तीसरा खंड मानव अधिकार, मीडिया और गैर सरकारी संगठनों की गतिविधियों पर केन्द्रित है। इसमें जहाँ न्याय, धर्म जाति भेद से उत्पन्न समस्याओं को रेखांकित किया गया है वहीं मानव अधिकारों और विशेष रूप से आतंकवाद के संदर्भ में इन अधिकारों पर व्यापक चर्चा की गई है। राष्ट्रसंघ और उसकी सहयोगी संस्थाओं की यह घोषणा कि 'आंतकवाद के खिलाफ कार्रवाई करते समय हमें मानव अधिकारों की रक्षा करनी चाहिए' जितनी उदार और आकर्षक लगती है, उसका पालन उतना ही असंभव होता जा रहा है। भारत इसका सबसे भुक्तभोगी देश है। मजहबी और जेहादी आतंकवाद ने जिन देशों को अपना निशाना बनाया है उनके सामने सबसे बड़ा सवाल है कि अपने देश के निर्दोष, निरपराध नागरिकों की हत्या को रोकें या पहले आतंकवादियों के मानवाधिकारों की रक्षा करें। मानवाधिकारवादियों को पहले यह सुनिश्चित करना होगा कि निर्मम आतंकवादियों से अपने नागरिकों की जीवन रक्षा करने वाले सुरक्षाबलों का मनोबल न तोड़े। उनसे सहअस्तित्व की कल्पना करना फिलहाल अपने को धोखा देना है। अट्ठारह लेखों का सबसे बड़ा खंड 'परिवर्तन के आयाम' पुस्तक का चौथा खंड है। इसमें यथास्थिति का विकल्प तलाशने की भरसक कोशिश की गई है। इसमें भूमंडलीकरण से पैदा हुई चिन्ताएँ हैं। दलित राजनीति और मायावती के प्रयासों पर केन्द्रित विचार हैं। इन लेखों में विकल्प की छटपटाहट तो है लेकिन किसी कार्ययोजना का संकेत नहीं है। अपनी प्रस्तावना में लेखक ने बड़ी ईमानदारी से यह स्वीकार किया है कि यह पुस्तक अनेक प्रश्नों का उत्तर नहीं देती है। श्री जोसेफ गाथिया के लेखों की भाषा प्रवाहमान और सधी हुई

है। उनके लेखों का कालखंड लम्बा होने के कारण तथ्यों और संदर्भों के नवीनीकरण की आवश्यकता भी लगती है। अपनी समाज शास्त्रीय दृष्टि, देश–विदेश के व्यापक अनुभवों तथा यथार्थवादी विश्लेषण के कारण इस पुस्तक की उपादेयता अधिक बढ़ गई है। पुस्तक में उठाये गए अनेक प्रश्नों पर व्यापक विमर्श की संभावनाएँ हैं। मुझे पूरा विश्वास है कि इस पुस्तक का न केवल मीडिया बल्कि राजनीति और समाजशास्त्र के छात्रों के बीच भी भरपूर स्वागत होगा। मुझे विश्वास है कि श्री गाथिया ऐसी अन्य पुस्तकें भी हिन्दी पाठकों को उपलब्ध करायेंगे।

अच्युतानंद मिश्र
उप कुलपति
माखनलाल चतुर्वेदी
राष्ट्रीय पत्रकारिता एवं संचार विश्वविद्यालय
भोपाल।

निवेदन

जोसेफ गाथिया के लेखों का यह संकलन ''ग्लोबेलाइजेशन, मीडिया एवं सामाजिक सरोकार'' एक पुस्तक के रूप में प्रस्तुत करते हुए मुझे बेहद खुशी और गर्व हो रहा है। भारतीय संस्कृति में षष्टिपूर्ति का बड़ा महत्व है। इसलिए जब मेरे पति जोसेफ जी ने 2006 में जीवन यात्रा के साठ वर्ष पूरे किए तो मैंने उन्हें एक तोहफा देना चाहा। केरल में हमारे मलयाली समाज में ऐसे अवसरों पर फूलों का गुलदस्ता देने का रिवाज है। अत: मैंने जोसेफ जी के विभिन्न लेखों का संकलन कर उन्हें एक गुलदस्ते के रूप में भेंट करने का निर्णय लिया।

किसी भी पत्रकार की पत्नी को जीवन में दो सच्चाइयों का सामना करना पड़ता है। एक, अभाव में परिवार की गाड़ी चलाने के साथ-साथ धारा के विरुद्ध तैरने के साहस से उत्पन्न होने वाली कठिनाइयों का सामना करना और दूसरा, पुराने अखबारों की कतरनों को गहनों से भी ज्यादा सहेज कर रखने का झंझट। पुरानी फाइलों को देखकर मुझे यह विचार आया कि मैं उनके लेखों का गुलदस्ता प्रस्तुत करूं।

आज जब मीडिया का स्वरूप तेजी से बदल रहा है और उसमें मनोरंजन का पुट बढ़ रहा है तो सामाजिक सरोकारों की ओर ध्यान आकर्षित कराना आवश्यक हो जाता है। ऐसा किसी अन्य को उपदेश देने के लिए नहीं वरन् इसलिए की आखिर हम भावी पीढ़ी के लिए कैसा भारत बना रहे हैं, और उन्हें कैसी दुनिया देना चाहते हैं? भूमंडलीकरण के जमाने में सूचना क्रांति से मीडिया की पहुंच बढ़ी है। तो क्या इसके साथ-साथ पत्रकारिता के उद्देश्य भी बदल रहे हैं? क्या मीडिया की आम जनता की प्राथमिकताओं और रोजमर्रा की समस्याओं से कोई सरोकार नहीं। आखिर हम कैसा समाज बनाना चाहते हैं?

ऐसे समय में जब बाजारवाद के सामने पराजयवाद की भावना बढ़ रही

हो और चिंता के अनेक विषय मौजूद हों, जोसेफ जी की यह किताब जीवन और शक्ति से स्पंदित है और भारत में आ रहे बदलावों की ओर संकेत करती है। पिछले 40 वर्षों के भारत का चित्रण तमाम कोहासे के बावजूद जीवटता की अजेय उमंग का परिचय देता है। हमें तात्कालिक समस्याओं और कठिनाइयों की चिंता है, परन्तु तात्कालिक समस्याओं से हटकर नई संभावनाओं की ओर झांकना भी आवश्यक है। जोसेफ जी ने कोहासे के बीच नए क्षितिज का परिचय देने की कोशिश की है।

पुस्तक में कन्सर्न पत्रकार एवं सामाजिक कार्यकर्ता जोसेफ जी के वे लेख संकलित हैं, जिनमें उन्होंने सामाजिक सरोकारों, मानव अधिकारों एवं इक्कीसवीं सदी में उभरने वाली चुनौतियों की चर्चा की है। उनका लक्ष्य आत्मा पर जमी काई का विश्लेषण करना नहीं, वरन् ऐसे चेतन तत्वों की खोज है, जिनके माध्यम से संवेदना का संचार हो।

पुस्तक में लेखों को चार खंडों में बांटा गया है। पहले खंड में ''सामाजिक सरोकार'' के अन्तर्गत भारतीय ग्रामीण जीवन की कठिनाइयों, गरीबी, विकास की अवधारणा संबंधी विविध समस्याओं पर विश्लेषण है। 'कृषि सुधार की चुनौतियां', 'क्या विनाश के बिना विकास संभव नहीं', 'विकास के बावजूद बेघर', 'दक्षिण एशिया में असली चुनौतियां' आदि ऐसे लेख हैं जिनमें ग्लोबेलाइजेशन और विकास का अंतर्द्वन्द्व झलकता है। इन लेखों में विश्व की प्राचीन सभ्यता के केन्द्र भारतीय उपमहाद्वीप में पिछले चार दशकों में उभरने वाले मुद्दों की पब्लिक पॉलिसी के संदर्भ में जांच की गई है। वैश्विक जल संकट जैसे लेख 'ग्लोबल वार्मिंग' के खतरों की ओर इशारा करते हैं।

दूसरे खंड 'विमर्श' में उन सामाजिक समस्याओं को छुआ गया है, जिनका हमारे रोजमर्रा के जीवन में वास्ता पड़ता है। इस खंड का लेख 'नारी अस्मिता की नई पहचान' मॉडर्न जीवन के उन पहलुओं को बताता है, जिसे लेकर हमारा समाज अक्सर बट जाता है। आधुनिकता की अंधी दौड़ में हम पश्चिमी समाज की अंधाधुंध नकल कर रहे हैं, जबकि पहचान का प्रश्न हमारे इतिहास को चुनौती दे रहा है। 'अंधेरी सुरंग से गुजरता समाज' व 'अस्मिता का द्वन्द्व' जहाँ हमें आत्म विश्लेषण के लिए मजबूर करते हैं, वहीं 'इस

अनमोल धरोहर को बचाइए' में प्रकृति संरक्षण एवं पर्यावरण से जुड़े सवाल सामने रखे गये हैं।

बीसवीं सदी के अंतिम दो दशक विश्व पटल पर मानव अधिकार आंदोलनों और एनजीओ के उभार का समय था। तीसरा खंड उदारवादी आर्थिक नीतियों के काल में मानव अधिकारों से संबंधित है। साथ ही एनजीओ पर लिखे लेखों में परिवर्तन की संभावना और उनके खतरों की ओर भी संकेत किया गया है। जोसेफ जी का एनजीओ से गहरा संबंध रहा है। यही कारण है कि उनके लेखों में इस विषय पर सटीक और सारगर्भित टिप्पणियाँ पढ़ने को मिलती हैं। वे एनजीओ को परिवर्तन का एक महत्वपूर्ण माध्यम मानते हैं, लेकिन यह भी चेतावनी देते हैं कि बिना जन सहभागिता के ऊपर से थोपा गया परिवर्तन अधिक समय तक 'सस्टेनेबिल' नहीं रहेगा।

चौथे खंड में उन लेखों को शामिल किया गया है, जो देशकाल में हो रहे परिवर्तनों की जानकारी दे रहे हैं। 'यू०एन० : नये क्षितिज की तलाश में', 'नए नीड़ का निर्माण', जहाँ विश्व स्तर पर गरीबी के खिलाफ चल रहे प्रयासों के बारे में जानकारी देते हैं, वहीं 'परिवर्तन की बयार' एवं 'बेहतर दुनिया संभव है' जैसे लेख काले बादलों में सुनहरी रेखा जैसा आभास देते हैं। परिवर्तन प्रकृति का नियम है। निराशा भरे वातावरण के बाद भी सकारात्मक संकेत हमें आगे बढ़ने की प्रेरणा देते हैं।

पूरी किताब में पाठक एक चीज पायेंगे कि 80–90 दशक के लेख बहुत कम हैं। यह वह समय था जब जोसेफ जी का लेखन बच्चों के अधिकारों की मुहिम से जुड़ा रहा। इसके बाद 21वीं सदी के प्रारंभ में अपना ध्यान आध्यात्म (स्प्रिच्यूलिटी) और बेहतर जिंदगी (बेटर क्वालिटी ऑफ लाइफ) में लगाया। यह सामग्री भी शीघ्र ही अलग से प्रकाशित की जाएगी। वैसे यह संकलन 2007 में प्रकाशित होना था, लेकिन अनेक कारणों से कार्य पिछड़ता गया। फिर भी मैंने विभिन्न पहलुओं से संबंधित भाषणों और लेखों को एकसूत्र में बांधने का प्रयास किया है। इस प्रयास में मैं कितनी सफल हुई हूँ, यह तो पाठकगण ही बता सकेंगे।

इस संकलन को तैयार करने में अनेक लोगों ने सहयोग किया। मैं उन सबकी आभारी हूँ।

मलयाली भाषी होने के कारण लेखों के चयन के बारे में कुछ टिप्पणी नहीं करूंगी। लेख अपने बारे में स्वयं बताएंगे। इस आलेख को तैयार करते समय मेरा मूल चिंतन मलयालम में था, लेकिन यह अवश्य कहना चाहूँगी कि मुझे हिन्दी पढ़ना और बोलना अत्यंत प्रिय लगता है।

इस गुलदस्ते के बारे में अपने विचार हमें अवश्य भेजें।

13 जून, 2008

मौली जोसेफ

आभार

इस किताब को लिखने में मुझे कई लोगों ने सहायता की और मार्गदर्शन किया। पत्रकारिता एवं सामाजिक कार्यक्षेत्र में पिछले 38 सालों में मुझे कई अनुभव हुए, जिन्हें भुलाना आसान नहीं।

पत्रकारिता में मेरे प्रेरणास्त्रोत स्व० फ्रैंक मोरैस रहे, जिन्होंने मुझे ईमानदारी और देशप्रेम का सबक सिखाया। उनके अलावा स्व० राजेंद्र माथुर (नई दुनिया, नवभारत टाइम्स), स्व० यतीन्द्र भटनागर (नवभारत टाइम्स), स्व० रघुवीर सहाय (दिनमान), स्व० के० श्रीनिवासन (इंडियन एक्सप्रेस), स्व० के०एल० बागची (आनंद बाजार पत्रिका), स्व० मीनाक्षी सुंदरम (दि मेल), स्व० सिरील फ्लोरी (दि स्टेट्समैन), स्व० जेम्स लेंग्ली (दि लंदन टाइम्स) और स्व० वी०जे०एफ० कुलंदेस्वामी (आर्बिट एवं संजीवन वीकली) ने समय-समय पर मुझे उत्साहित किया था।

सामाजिक क्षेत्र में प्रो० रानडे, प्रो० के०डी० गंगराड़े एवं प्रो० के०के० मुखर्जी के अलावा गांधी शांति प्रतिष्ठान के स्व० राधाकृष्ण ने समय-समय पर मुझे जमीनी हकीकत से अवगत कराया। मुझे बाबा आमटे, नानाजी देशमुख, जेसुइट फादर विंडी एवं फादर फोन्सेका ने सामाजिक समस्याओं के गूढ़ पहलुओं को वंचितों की दृष्टि से देखना सिखाया। गरीबी उन्मूलन के प्रयासों में मीडिया की भूमिका की समझ 1993 में विश्व मानव अधिकार सम्मेलन एवं 1995 में विश्व सामाजिक विकास सम्मेलन के दौरान उभरी। इसमें नि:संदेह पीटर डेविस (एंटी स्लेवरी सोसायटी), एड्रियन जोलर (इंटरनेशनल ह्यूमन राइट्स सर्विसेज) एवं जस्टिस वी०एम० तारकुंडे (पीयूसीएल) ने विश्व मानवता की ओर मेरा ध्यान आकर्षित किया। कानून के समक्ष समता के बारे में मेरी समझ बढ़ाने के लिए जस्टिस रंगनाथ मिश्रा, जस्टिस जे०एस० वर्मा एवं जस्टिस वेंकेटचेलय्या का मैं हमेशा आभारी रहूँगा, जिन्होंने विकास के अधिकार को मानव अधिकार के परिप्रेक्ष्य में देखने की ललक पैदा की।

राष्ट्रीय मानव अधिकार आयोग के पूर्व महासचिव श्री एन० गोपालास्वामी (भारत के मुख्य चुनाव आयुक्त) ने प्रशासन और विकास को सांस्कृतिक दृष्टि से परखने की दृष्टि पैनी की। कैथलिक बिशप्स कांफ्रेंस ऑफ इंडिया एवं कारितास को विशेष धन्यवाद, जिन्होंने गरीबी उन्मूलन के विश्व राजनीतिक पहलुओं की कई आंतरिक जानकारियां दीं।

मैं इन लोगों का भी आभारी हूँ, जिनसे समय-समय पर विचार-विमर्श से मुझे मदद मिली।

•अच्युत्यानंद मिश्र-माखनलाल चतुर्वेदी राष्ट्रीय पत्रकारिता विश्वविद्यालय •आलोक मेहता-आउटलुक •नकवी-आजतक •रामकृपाल-नवभारत टाइम्स •संतोष भारती-चौथी दुनिया •रवींद्र त्रिपाठी- स्टार न्यूज •हरीश- दि हिन्दू •मेमन मैथ्यू- मलयालम मनोरमा •सेवंती नैनन- स्तंभकार •डॉ० हंसा मेहता- फिक्की •सैम थंगराजन-वर्ल्ड बैंक •अजीत भट्टाचार्य-प्रेस इंस्टीट्यूट ऑफ इंडिया •जॉन दयाल-मिड-डे •लीला गुलाटी- सेंटर फॉर डेवलपमेंट एंड रिसर्च • प्रो० आशीष नंदी- समाजशास्त्री •प्रो० अरुणा गुणाशेखरे-एशियन मीडिया इंफारमेशन एंड कम्युनिकेशन सेंटर, सिंगापुर •एडन व्हाइट- इंटरनेशनल फेडरेशन ऑफ जर्नलिस्ट •डॉ० राजेश टंडन-पार्टिसिपेटरी रिसर्च इन एशिया • रामशरण जोशी-नई दुनिया •शिवाजी सरकार-इंडियन इंस्टीट्यूट ऑफ मास कम्युनिकेशन •विमल झा-विचार परिक्रमा •आलोक पुराणिक-व्यंग्यकार •प्रदीप सिंह- अमर उजाला •अरविन्द सिंह-हरिभूमि •पुष्पेन्द्र-प्रेस क्लब ऑफ इंडिया •नितिन जुगरान बहुगुणा-वीमेन फीचर्स सर्विस •आर० पी० प्रभु-वरिष्ठ पत्रकार •डॉ० आर० एम० पाल- रेडिकल ह्यूमनिस्ट •डॉ० जिमि डाबी-इंडियन सोशल इंस्टीट्यूट •डॉ० वाल्टर फर्नान्डिस-इंडियन सोशल इंस्टीट्यूट एवं •ग्लेनाइन-वर्ल्ड विजन।

मैं अपनी पत्नी मौली, पुत्र संजय एवं अक्षय को विशेष धन्यवाद देना चाहूँगा, जिन्होंने कई व्यक्तिगत कठिनाइयाँ आने पर भी इस कार्य को पूरा करने के लिए लगातार समर्थन दिया।

जोसेफ गाथिया

प्रस्तावना

विकास की अवधारणा

यह पुस्तक 21वीं सदी में भारत निर्माण में मीडिया की भूमिका के बारे में है। यह भारत के बेहतर भविष्य के बारे में है, लेकिन यह कोई ज्योतिषी भविष्यवाणी नहीं है कि क्या होगा? वरन् यह समझने का प्रयास है कि क्या हो सकता है? फिलहाल दुनिया भर में हर साल 8 लाख लोगों की मौत भुखमरी से होती है। क्या हम 2025 तक घोरतम दरिद्रता का उन्मूलन कर सकते हैं?

प्रतिदिन अखबार खबर छाप सकते हैं कि "घोरतम दरिद्रता से फिर 20,000 की मौत"। ऐसी खबर में यह भी जोड़ा जा सकता है कि – "8,000 बच्चे मलेरिया; 5,000 स्त्री-पुरुष क्षय रोग; 7,500 युवा एड्स और हजारों पेचिश, स्वास संक्रमण या उन बीमारियों से मरे जो भूख से उत्पन्न होती हैं। लोग अस्पताल में दवाइयों के अभाव में, गांव में चिकित्सा सुविधाओं के अभाव में और घरों में पीने की पानी की कमी से मौत के शिकार बन रहे हैं।" कोई विज्ञप्ति या सार्वजनिक बयान (उनकी मृत्यु पर) जारी नहीं किया जाता। अफसोस वे किसी अखबार की सुर्खियाँ या टेलीविजन की हेडलाइन नहीं बन पाते। हममें से अधिकांश इन घोरतम दरिद्रों के जिन्दा रहने के प्रतिदिन के संघर्ष से अनजान बने रहते हैं। और हम दुनिया भर के विपन्न लोगों की आवाज सुन कर भी अनसुनी कर देते हैं।

9/11 के बाद से पूरी दुनिया में आतकंवाद के विरुद्ध युद्ध लड़ा जा रहा है, लेकिन इसके मूल में छिपे विश्वव्यापी कारणों को नजरअंदाज किया जा रहा है। प्रतिवर्ष सैन्य मद में 450 बिलियन डॉलर के बजट के बावजूद अमेरिका शांति स्थापना नहीं कर पाया। दुनिया की घोरतम दरिद्रता कम करने के लिए प्रति वर्ष महज 15 बिलियन डॉलर चाहिए। 15 बिलियन डॉलर की यह राशि अमेरिकी राष्ट्रीय सकल उत्पाद के प्रति 100 डॉलर में मात्र 15 सेन्ट्स हैं। ऐसी स्थिति में असंतोष, हिंसा और आतंकवाद जन्म लेता है।

ऐसा नहीं है कि प्रगति नहीं हुई। पिछले तीन दशकों में कुछ उपलब्धियाँ हासिल हुई हैं। शिशु मृत्यु दर पहले की अपेक्षा घटकर आधी हो गयी है, कुपोषण में 30 फीसदी की कमी आयी है, ग्रामीण क्षेत्रों में पीने के पानी की उपलब्धि 10 प्रतिशत से बढ़कर 60 प्रतिशत हो गयी है।[1] लेकिन इन उपलब्धियों को जमीनी हकीकत के संदर्भ में देखना होगा। सन् 1996 में अन्तर्राष्ट्रीय दरिद्रता उन्मूलन दशक प्रारम्भ करने के बावजूद इस अवधि में अमीरों और गरीबों के बीच फासला बढ़ा है। आज भी दुनिया में लगभग 1.3 बिल्यॅन लोग घोरतम दरिद्रता में जी रहे हैं जो कि भारत की सम्पूर्ण आबादी के बराबर है। राष्ट्र संघ के न्यूयार्क दफ्तर के बाहर लगी गरीबी सूचक घड़ी (पावर्टी क्लॉक) आते-जाते राहगीरों को याद दिलाती है कि प्रतिदिन 67,000 लोग गरीबों की श्रेणी में शामिल होते हैं। यानी प्रतिवर्ष लगभग 25 मिलि्यन लोग जिनमें से अधिकांश विकासशील देशों में हैं।[2]

मार्च 1995 में संपन्न राष्ट्र संघ सामाजिक शिखर सम्मेलन में दुनिया के देशों में गरीबी उन्मूलन हेतु नए वादे किये गए थे। लोगों के पोषण, स्वास्थ्य, शिक्षा, जीवनयापन के अवसर और समाज में भागीदारी के अधिकारों को स्वीकार किया गया।[3] विश्व दरिद्रता उन्मूलन दिवस के अवसर पर राष्ट्र संघ के महासचिव ने कहा था 'आगे आने वाले समय में घोरतम दरिद्रता उन्मूलन सरकारों की प्राथमिकता होनी चाहिए। यह प्राथमिकता महज़ थोथे नारों या प्रवचन से परे सभी नागरिकों के लिए सामाजिक, राजनैतिक, एवं आर्थिक अनिवार्यता हैं'।[4] लेकिन आज भी सरकारें इस दिशा में ऐसा कोई विशेष प्रयत्न नहीं कर रही हैं, जिससे यह आभास हो कि लोगों की बुनियादी आवश्यकताएँ उनकी सूची में शामिल हैं। सन 1995 में विकसित देशों ने अपने सकल राष्ट्रीय उत्पाद का 0.7 प्रतिशत गरीब देशों के विकास हेतु दान देने का वादा किया था। बीजिंग विश्व महिला सम्मेलन (1995) में यह दोहराया गया कि विदेशी सहायता राशि का 50 प्रतिशत सामाजिक मद में खर्च किया जाएगा। राष्ट्र संघ के विश्व सामाजिक शिखर सम्मेलन (कोपनहेगन, 1995) के 10 वर्ष बाद भी इस दिशा में कोई आशातीत प्रगति नजर नहीं आती, बल्कि इसके विपरीत दस वर्ष की पूर्व की तुलना में आज अन्तर्राष्ट्रीय सहायता घट कर 0.3 फीसदी रह गयी है। ऐसी भी संभावना व्यक्त की जा रही है कि आगे आने वाले सालों में इस राशि में और कटौती होगी।[5]

राष्ट्र संघ ने घोरतम दरिद्रता का पैमाना प्रतिदिन प्रति व्यक्ति एक डॉलर से कम आमदनी और मध्यम गरीबी की सीमा प्रतिदिन प्रति व्यक्ति एक से दो डॉलर आमदनी के बीच तय की है। इस परिभाषा के आधार पर दक्षिण एशिया की 40 प्रतिशत जनता घोरतम दरिद्रता की श्रेणी में रखी जा सकती है। इस भूभाग को मिलने वाली अन्तर्राष्ट्रीय सहायता में दिनों-दिन कमी होती जा रही है। यह चिंता का विषय है, लेकिन दक्षिण एशियाई देशों के मीडिया में इस पर कोई बहस पढ़ने को नहीं मिलती। इसका कारण यह हो सकता है कि इन देशों की अर्थव्यवस्था विदेशी सहायता पर उस हद तक निर्भर नहीं है जितनी अफ्रीकी देशों की। भारत को मिलने वाली विदेशी सहायता राष्ट्रीय घरेलू उत्पाद का मात्र 0.6 फीसदी है, लेकिन यह मात्रा अन्य देशों में ज्यादा है : नेपाल 9.7 प्रतिशत, बांग्लादेश 5.8 प्रतिशत, श्रीलंका : 5.3 प्रतिशत एवं पाकिस्तान : 2.1 प्रतिशत। दक्षिणी एशिया में विश्व की 20 प्रतिशत जनसंख्या रहती है, लेकिन इस इलाके में विश्व के घोरतम दरिद्रों की 40 प्रतिशत आबादी निवास करती है। राष्ट्र संघ की मानव विकास रिपोर्ट के अनुसार बांग्लादेश में सिर्फ 5 प्रतिशत बच्चों का जन्म ही प्रशिक्षित दाइयों की निगरानी में होता है। भारत में जन्म लेने वाले बच्चों में से 32 प्रतिशत का वजन कम होता है। नेपाल में साक्षरता दर मात्र 26 प्रतिशत है और पाकिस्तान में 100 में से सिर्फ 25 बच्चे ही प्राथमिक शिक्षा पूरी कर पाते हैं।[6]

दक्षिणी एशिया विशेषकर भारत में पिछले पांच सालों में विदेशी निवेश बढ़ा है, लेकिन सामाजिक विकास के मामले में यह पिछड़ रहा है। पिछले 10 सालों के दौरान 8 लाख ग्रामीण किसानी छोड़कर गांवों से पलायन कर गये। ये चौंकाने वाले आंकड़े एनएसएस के हैं। इस देश की 83.6 करोड़ आबादी 20 रु. प्रतिदिन से कम कमा पाती है इसमें से 88 प्रतिशत लोग अनुसूचित जाति और अनुसूचित जनजातियों में से हैं। भुखमरी की अंतर्राष्ट्रीय सूची में भारत का स्थान 10वां है और हम सिएरा लियोन जैसे अनजान देश से भी पीछे हैं। बाल शिक्षा में भी हमारा स्थान दसवां है। मानव विकास के मामले में बोस्निया जैसे देश हमसे ऊपर हैं। हम यह क्यों नहीं बताते कि अकेले झारखंड की एक लाख से ज्यादा लड़कियाँ देश की राजधानी में कामकाजी महिलाओं के बच्चों की देख-रेख कर रही हैं। और इनकी संख्या बढ़ती जा रही है। यह

तथ्य भी सर्वविदित है कि महज आर्थिक विकास की दर बढ़ जाने से आम लोगों के जीवन स्तर में सुधार नहीं आ जाता। यहाँ मीडिया की भूमिका अत्यन्त महत्वपूर्ण है। बड़े पैमाने पर पर्यावरण विनाश, खनन, बड़े बांध या वनोपज पर आधारित कारखाने, जैसे पेपर मिल्स आदि ने आम लोगों के जीवनयापन के अवसरों पर विपरीत प्रभाव डाला है।

फिर भी इन अंधेरे बादलों में प्रकाश की किरणें झांकती दिखाई देती हैं। श्रीलंका और केरल ने शिशु मृत्यु दर, कुपोषण और प्राथमिक शिक्षा के मामले में बेहतर प्रदर्शन कर यह दिखला दिया कि जनसंचार और राजनीतिक इच्छा शक्ति के संगम से विकास की गंगा कैसे बहती है।

यह पुस्तक संकलन सही चयन – वह चयन जो सच्चे आदर और मानवीय गरिमा पर आधारित हो – के बारे में है।

पिछले तीस वर्षों में मैंने सामाजिक विकास और मीडिया संबंधित कार्यों का नज़दीकी से अनुभव किया है। विश्व के गरीब इलाकों से लेकर धनी सम्पन्न देशों की यात्रा की है। दुनिया के विभिन्न हिस्सों में मीडिया और सामाजिक परिवर्तन के मापदंड से देखने के संचयी अनुभव ने मुझे गरीबी के कारणों, उन्नत देशों की भूमिका और भविष्य की संभावनाओं की झलक दिखलाई। इन समस्याओं के बारे में सही नज़रिया बनाने का संघर्ष मेरे लिए चुनौती भरा रहा है। मेरे पत्रकारिता और सामाजिक विकास कार्य का यह संभवतः सबसे उत्तम फल है।

मैं सौभाग्यशाली हूँ कि मुझे राष्ट्रीय और अन्तर्राष्ट्रीय स्तर पर उन नीतियों की प्रक्रियाओं से रू-ब-रू होने का मौका मिला, जिनका विकास प्रक्रियाओं पर गहरा असर पड़ता है। चाहे वह 1974 में भारत की बाल नीति हो या 1986 में बाल श्रम कानून; विश्व मानव अधिकार सम्मेलन (1993) या विश्व सामाजिक विकास शिखर सम्मेलन (1995) या बीजिंग का अन्तर्राष्ट्रीय महिला सम्मेलन (1995)। अन्तर्राष्ट्रीय श्रम संगठन (आईएलओ) के साथ कई वर्षों के सम्पर्क से मुझे बाल-मजदूरी समस्या के अन्तर्राष्ट्रीय स्वरूप को समझने में मदद मिली। इन सारे अनुभवों से मैंने यह सबक सीखा कि सम्पन्न राष्ट्रों द्वारा गरीब देशों को मदद करने की घोषणाओं और यथार्थ में बहुत अन्तर है। धीरे-धीरे मुझे यह अहसास होता गया कि 21वीं सदी के ग्लोबेलाइजेशन

युग में जनसंचार माध्यमों की भूमिका अहम होती जा रही है। मीडिया और विकास की अवधारणा पर विचार करते समय मेरे जेहन में पांच विश्व सम्मेलन उभरते हैं : रियो (पर्यावरण सम्मेलन जून 1992), वियेना (मानव अधिकार सम्मेलन 1993), काहिरा (विश्व जनसंख्या सम्मेलन 1994), कोपनहेगन (विश्व सामाजिक विकास सम्मेलन 1995) और बीजिंग (अंतर्राष्ट्रीय महिला सम्मेलन 1995)। इन पांचों सम्मेलनों से हमारे समय की चुनौतियाँ और अनुक्रियाएँ गुम्फित हैं।

ब्राजील के रियो शहर में जून 1992 में पृथ्वी शिखर सम्मेलन हुआ था, जिसमें ग्लोबल वार्मिंग की समस्या को चिन्हित किया गया। यह सम्मेलन मानव जीवन और भूमंडल की रक्षा के लिये संयोजित किया गया था। इसमें संपूर्ण विश्व के लिए एक ऐसी विकास-प्रक्रिया का अभिकल्प तैयार करने की योजना बनायी गयी थी, जिससे संसार का पर्यावरण संतुलित रहे और इसे बचाया जा सके। इस सम्मेलन से उभरे सवालों पर अगला पड़ाव वियेना था, जहाँ जून 1993 में मानव अधिकारों पर राष्ट्र संघ ने विश्व सम्मेलन का आयोजन किया था। यह मानवीय गरिमा से संबद्ध था, जिसके बिना मानव-जीवन की रक्षा और विकास का कोई प्रयोजन नहीं रह जायेगा। तीसरा सम्मेलन सामाजिक विकास से संबंधित था, जिसे डेनमार्क की राजधानी कोपनहेगन में राष्ट्र संघ ने आयोजित किया था। इस सम्मेलन में राष्ट्र संघ ने पहली बार गरीबी उन्मूलन पर खुलकर चर्चा की और कुछ ठोस कार्यक्रम निर्धारित किये। इसके बाद सर्वाधिक विवादित सम्मेलन रहा राष्ट्र संघ द्वारा बीजिंग में आयोजित अंतर्राष्ट्रीय शिखर सम्मेलन, जिसमें पारित प्रस्तावों में कन्या-भ्रूण हत्या, महिलाओं के विरुद्ध बढ़ती हिंसा और लड़कियों की शिक्षा के बारे में एक्शन प्लान सुझाया गया।

इन्हीं सम्मेलनों ने बाद में राष्ट्रसंघ के सहस्त्राब्दि विकास लक्ष्यों की नींव डाली। 21वीं सदी के प्रारम्भ में ऐसे घटनाक्रम सामने आये की पूरी दुनिया भौचक्की रह गयी। 11 सितंबर के आत्मघाती आतंकवादी हमले के मीडिया कवरेज ने नयी चुनौतियाँ पैदा कीं। उधर बाजार के उपभोक्ता दबाव के कारण मीडिया के लक्ष्य मनोरंजन करना और 'सूचना' देना मात्र में परिवर्तित होने लगा जिससे सामाजिक, सांस्कृतिक, आर्थिक और राजनीतिक धरातलों पर

कई प्रकार की विस्तृत प्रवृत्तियाँ उभरने लगीं।[7] बाजार और मीडिया एक दूसरे पर निर्भर हैं, लेकिन जब बाजार को जीवनदर्शन के रूप में मान्यता की जाने लगी तब मीडिया, समाज और राज्य के अन्तर संबंधों का परिपेक्ष्य भी बदलने लगा।[8] ऐसे में संबंधों का दिशा-निर्देशन बाजार करेगा, समाज का सरोकार नहीं।

तो क्या भारत में मीडिया ने सामाजिक सरोकारी के प्रति जवाबदेही निभाई? क्या कारण है कि देश को 250 सांसद देने वाली हिन्दी पट्टी में शिशु मृत्यु दर सबसे अधिक है? प्राथमिक शिक्षा भी पूरा न करने वाले 5-10 वर्ष की आयु में सर्वाधिक बाल मजदूर हैं और महिलाओं पर घरेलू हिंसा में भी ये 'बीमारू' राज्य आगे हैं। क्यों मीडिया ठहरे समाज में एक सार्थक हस्तक्षेप नहीं कर पाया? वैसे पिछले कुछ वर्षों में स्थिति बदली है, लेकिन मंजिल अभी दूर है।

भारतीय मीडिया में अक्सर विकास को लेकर यह टिप्पणी की जाती है कि गुजरा जमाना बेहतर था और संस्कृति का विनाश हो रहा है। लेकिन इस प्रश्न पर कभी सार्थक बहस नहीं चलायी गयी कि कैसे भूत के भविष्य से बेहतर होने में विश्वास ने समाज को अंधविश्वास के गर्त में डुबा कर रखा है। यह ठहराववाद भारत के विकास का शत्रु है। परिवर्तन अवश्यमभावी है। प्राचीन भारत में सत्य की खोज को महत्व दिया जाता था, लेकिन हम इस तथ्य को भुला बैठे। परिवर्तन के हर दौर के बाद मानवीय सभ्यता नये संतुलन स्वयं खोज लेती है। स्वतंत्र भारत में 60 साल जी लेने के बाद अब ठहराववादी ऐसा जता रहे हैं मानों इस युग से पहले की जिन्दगी और आधुनिकता से पहले का इंसान बेहतर था। मास मीडिया पर यह आरोप लगाया जाता है कि वह अपसंस्कृति फैला रहा है। वह सांस्कृतिक विविधता को समाप्त कर रहा है। सच तो यह है कि प्रगति और विकास के क्रम में विविधता शुरू से ही कम होती चली गयी। क्षेत्रीय संस्कृतियों के घुल मिल जाने से राष्ट्रीय संस्कृतियाँ बनी थीं। वैसे ही जैसे अब राष्ट्रीय संस्कृतियों के घुल-मिल जाने से ग्लोबव्यापी संस्कृति उभर रही है। मास मीडिया और इंटरनेट की दुनिया में हर किसी को अपनी संस्कृति दूर-दूर तक फैलाने का और नई उभरती हुई ग्लोबव्यापी संस्कृति में योगदान के अवसर उपलब्ध हैं, लेकिन अंकुशहीन बाजार क्या विध्वंसक नहीं है?

वैसे हो सकता है रचनात्मक ऊर्जा का विस्फोट और एक नई ग्लोबव्यापी बिरादरी का जन्म भी इसी से हो। क्या उभरती ग्लोबव्यापी संस्कृति और अर्थव्यवस्था विश्वबंधुत्व का मार्ग खोलेगी? कहना मुश्किल है। फिलहाल तो इस अर्थव्यवस्था और संस्कृति का उपभोग सम्पन्न दुनिया अपनी स्वार्थ सिद्धि के लिए ही कर रही है। आज के युग में मीडिया सनसनीखेज खबरों के पीछे भाग रहा है। वास्तविक करुणा का अभाव है, क्योंकि वास्तविक करुणा वहीं पैदा हो सकती है, जहाँ दूसरे को अपने जितना बल्कि अपने से ज्यादा समझने के संस्कार डाले जाते हैं।

ग्लोबेलाइजेशन के जमाने में विज्ञान और बाजार का अनोखा संगम हो रहा है, लेकिन क्या इसका फायदा सभी वर्गों को मिल रहा है? बढ़ती सम्पन्नता और फैलते बाजार के साथ-साथ 'सामाजिक बहिष्कृत' लोगों की संख्या भी बढ़ रही है। यह वह वर्ग है जो मार्केट से अलग है, जो इंटरनेट से नहीं जुड़ा है, जो शेयर बाजार के उथल-पुथल से परे किसी तरह अपनी रोजी-रोटी का जुगाड़ करने में व्यस्त रहता है। यह वह वर्ग है जिसके बच्चे टेलीविजन के रियेलिटी शो में भाग नहीं ले पाते। ऐसे में मीडिया की भूमिका क्या हो? ऐसा माहौल बनाना, जिसमें इस बहिष्कृत वर्ग की समस्याओं पर नीतिगत चर्चा हो। क्या यह मीडिया की भूमिका नहीं? क्या हमारा यह कर्तव्य नहीं कि हम इस वर्ग को विकास की सीढ़ी के पहले पायदान तक पहुंचने में मदद करें?

शायद मैं आशावादी हूँ? आशा और निराशा के बीच अहम मुद्दा यह पूर्वानुमान लगाना नहीं कि क्या होने वाला है वरन् भविष्य की रूपरेखा उभारने में सहयोग करना है। यह एक साहसिक कार्य है। अर्थशास्त्र में व्यक्तिगत लाभ और बाजार से फायदा उठाने के सिद्धांत के बारे में ही बताया जाता है, लेकिन हमारी सुरक्षा और समृद्धि उन सामूहिक निर्णयों पर निर्भर करती है जो हमें बीमारियों से लड़ने, शिक्षा का प्रसार करने, इन्फ्रास्ट्रक्चर बनाने या गरीबों की मदद करने में सहायक होते हैं। यदि मूलभूत इन्फ्रास्ट्रक्चर (सड़कें, बिजली, बन्दरगाह) और मानव संसाधन (स्वास्थ्य, शिक्षा) ठीक-ठाक है तो बाजार विकास का गतिमान इंजन बन सकता है। (इसके अभाव में बाज़ार बड़ी बेरहमी से लोगों को गरीबी के दलदल में ढकेलते हुए आगे बढ़ जाता है।) सामूहिक ऐक्शन के साथ स्वास्थ्य, शिक्षा, इन्फ्रास्ट्रक्चर आदि की व्यवस्था राज्य द्वारा होने पर आर्थिक विकास के मार्ग खुलते हैं।

सूचना एवं संचार तकनीकों (इन्फॉरमेशन एंड कम्युनिकेशन टेक्नॉलाजी) में विकास को गति देने की अपार क्षमता है। परन्तु व्यापक शहरी झुकाव ने ग्रामीण इलाकों और गरीब किसानों को सूचना एवं संचार तकनीक (आईटीसी) का लाभ उठाने से वंचित कर दिया है।[9] बीसवीं सदी में विज्ञान, औषधि आदि के क्षेत्रों में वृहद प्रगति हुई फिर भी 21वीं सदी के प्रथम दशक में विश्वव्यापी गरीबी, अन्न की कमी, कुपोषण, बीमारियों एवं पर्यावरण के भयंकर विनाश के कारण टिकाऊ विकास (सस्टेनेबुल डेवेलपमेंट) का लक्ष्य पहुंच से बाहर है। आज मानव सभ्यता के सामने विकास की विकट चुनौतियाँ हैं :

- विश्व 1.2 बिलियन लोग प्रतिदिन एक डॉलर से भी कम पर अपना गुजारा करते हैं। और यह भी उन्हें वर्ष में सिर्फ 81 दिन उपलब्ध है। अधिकांश गरीब लोग ग्रामीण इलाकों में हैं और इनमें अधिकांश महिलाएं और लड़कियाँ हैं यानी गरीबी का 'नारीकरण' हो रहा है।
- दुनिया भर में प्रतिदिन 800 मिलियन लोग-जिनमें अधिकांश औरतें और बच्चे भूखे सोते हैं। विडम्बना यह है कि भुखमरी उन ग्रामीण इलाकों में ज्यादा है जहाँ अन्न उगाया जाता है।[10]
- कुपोषण से लाखों बच्चे कुंठित हो रहे हैं। पांच वर्ष से कम आयु के लगभग 17 मिलियन बच्चे प्रतिवर्ष काल-कवलित होते हैं जिनमें से एक तिहाई की मृत्यु का कारण कुपोषण है। और दुनिया के 140 मिलियन बच्चे भयंकर कुपोषण के शिकार हैं।

दुनिया का पेट भरने की चिंता नई नहीं है, लेकिन आज ऐसे तकनीक और साधन मौजूद हैं, जो स्थिति बदल सकते हैं। पर्यावरण विनाश रोकने, भुखमरी और गरीबी दूर करने एवं अन्न उत्पादन बढ़ाने के लिए खेती की टिकाऊ तकनीकों को अपनाया जाना आवश्यक है। कई विकासशील देशों में कृषि अभी भी अर्थव्यवस्था की धुरी है। कितनी जल्दी और कितने व्यापक स्तर पर हम ग्रामीण परिवर्तन ला सकते हैं, इसी पर 21वीं सदी में हमारी सफलता का दारोमदार रहेगा।

कृषि का आधुनिकीकरण आवश्यक है ताकि भूख और गरीबी को कम किया जा सके।

इन तथ्यों पर भी गौर करें :

- विश्व की जनसंख्या 6 बिलियन से अधिक है और प्रतिवर्ष इसमें 78 मिलियन की वृद्धि हो रही है यानी आन्ध्र प्रदेश एवं मध्य प्रदेश या पश्चिमी बंगाल की जनसंख्या के बराबर।
- आगामी 25 वर्षों में खाद्यान्नों की मांग दो गुनी हो सकती है। यह स्थिति विशेष कर विकासशील देशों में होगी जहाँ के गरीब अपनी आय का बड़ा हिस्सा भोजन पर खर्च करते हैं।
- इन्टर-गवर्नमेंटल चैनल ऑफ क्लाइमेट चेंज (आईपीसीसी) की रिपोर्ट के अनुसार जलवायु परिवर्तन के चलते भारत को खाद्यान, जल और बीमारियों का संकट घेर सकता है। 2050 तक सर्दियों के दौरान तापमान में आधा डिग्री की बढ़ोत्तरी होगी, जिससे भारत में प्रति हेक्टेयर गेहूँ का उत्पादन 450 कि०ग्रा० घट जायेगा। यानी प्रतिवर्ष 126 लाख टन गेहूँ कम पैदा होगा।
- तापमान वृद्धि के कारण ग्लेशियरों के पिघलने से 30 साल बाद नदियों के जल स्तर में कमी आना शुरू हो जायेगा और सन 2040 तक वे सूखने लगेंगी।
- ग्लोबल वार्मिंग के कारण ग्लेशियरों के पिघलने से समुद्र के जल स्तर में 40 सेंटीमीटर बढ़ोत्तरी होगी। इससे मुम्बई और कोलकाता जैसे महानगरों में समुद्र के किनारे बसे लोगों के लिए गंभीर संकट उत्पन्न होगा। भारत का समुद्र तट 7500 कि०मी० से भी ज्यादा लम्बा है और 35 फीसदी आबादी (लगभग 40 करोड़ लोग) तटीय इलाकों में बसती है।

इन तथ्यों का लब्बोलुआब यह है कि जलवायु परिवर्तन का आम जन पर गहरा असर पड़ेगा। सतत और टिकाऊ विकास प्रक्रिया को अपना कर ही हम इस पृथ्वी की रक्षा कर सकते हैं, लेकिन यह चुनौती बहुमुखी है। वैज्ञानिक

हल विकास रणनीति का महत्वपूर्ण हिस्सा है। वर्तमान संकट को हल करने में प्रत्येक नागरिक की भागीदारी जरूरी है आज के सूचना एवं संचार तकनीक से यह सम्भव है। आई टी सी हमारे जीवन में परिवर्तन ला रहा है। सन 2001 में नोबल पुरस्कार प्राप्त तीन वैज्ञानिकों - जार्ज एक्लोफ, माइकल स्पेन्स एवं जोसेफ स्टीग्लीटज़ - का मानना है कि समाज परिवर्तन और अर्थव्यवस्था को सुचारू रूप से चलाने के लिए सूचना महत्वपूर्ण भूमिका अदा करती है। आईटी क्रांति के प्रतीक नोकिया का सालाना व्यापार 825 बिलियन डालर का है, जो कि फिनलैंड की सरकार के वार्षिक बजट से अधिक है।

राष्ट्र संघ मानव विकास रिपोर्ट 2001 में आईटी के प्रभाव पर विस्तार से चर्चा है। रिपोर्ट में खुलासा किया गया है कि 1995 में इंटरनेट का उपयोग करने वाले लोगों की संख्या 16 मिलियन थी जोकि 2000 में 400 मिलियन हो गयी। लेकिन इसके 95 प्रतिशत उपभोक्ता पश्चिमी देशों में हैं। पिछले तीन वर्षों में भारत एवं चीन में इंटरनेट का उपयोग करने वालों की संख्या में बेतहाशा वृद्धि हुई है। इंटरनेट ने दूरी और समय की समस्या को एक अद्भुत तरीके से हल किया है। आईटीसी का योगदान महज सैलफोन या इंटरनेट सुविधाएं मुहैया कराना नहीं वरन् आम लोगों के जीवन स्तर को ऊपर उठाने में भी इसकी भूमिका है।

- अमेरिका में संघीय सरकार द्वारा किसानों की दी जाने वाली 170 मिलियन डॉलर सब्सिडी का पूरा ब्यौरा वेबसाइट पर उपलब्ध है। प्रतिवर्ष लगभग दस मिलियन लोग इस वेबसाइट से जानकारी प्राप्त करते हैं। और संघीय सरकार की जवाबदेही पर प्रश्न उठाते हैं।[11] यह पारदर्शिता आईटी के कारण सम्भव हुई।
- बांग्लादेश में प्रो० युनुस ने ग्रामीण बैंक से जुड़ी गरीब महिलाओं को ग्रामीण फोन स्कीम के माध्यम से जोड़ा। लगभग 190,000 सेल्युलर फोन नेटवर्क के माध्यम से ये महिलाएं छोटा-मोटा काम करती हैं। और थोड़े समय में इनकी आय एक डॉलर प्रतिदिन की सीमा पार कर गयी। यानी घोरतम दरिद्रता रेखा के पार।[12]

- हैदराबाद में एस के एस और शेअर नामक एनजीओ ने स्मार्ट कार्ड के माध्यम से स्वयं सहायता समूह की गरीब महिलाओं को माइक्रो फाइनेंस सर्विसेज से जोड़ा। ऐसी सुविधा पहले सिर्फ पढ़े लिखे सम्पन्न वर्ग को ही उपलब्ध थी।
- चेन्नई में टीएनटी ग्रुप ने 800 डालर की कीमत वाला एक कियोस्क बनाया, जो 300 से 400 गांवों को टेलीफोन, इंटरनेट और अन्य सेवाओं से जोड़ रहा है। इससे ग्रामीण मार्केटिंग में मदद मिली है।

उपरोक्त उदाहरणों से साफ जाहिर है कि आईटीसी से विकास प्रक्रिया को गति मिलती है, लेकिन भारत में डिजिटल डिवाइड के कारण इसका लाभ शहरों तक सीमित है। ग्रामीण इलाके अभी इससे वंचित हैं। अतः सूचना के एकत्रित और वितरण करने में एक विस्तृत दृष्टिकोण अपनाने की आवश्यकता है। ग्रामीणों की बात सुनना और उन्हें सूचना देना आवश्यक है। वे स्थानीय समस्या को बेहतर जानते हैं। उनके पारम्परिक ज्ञान में नया वैज्ञानिक नजरिया पैदा किया जा सकता है। मसलन, वेबसाइट, रेडियो और टेलीविजन के माध्यम से उन्हें एग्रोनॉमी की जानकारी दी जा सकती है। खतरनाक कीटनाशकों से सावधान किया जा सकता है।

गुजरात में अमूल को-ऑपरेटिव ने दूध की गुणवत्ता बढ़ाने के लिए जनसंचार साधनों का बेहतर उपयोग कर दिखाया है। देश में दूध क्रांति लाने में जनसंचार माध्यमों की भूमिका से बहुत कम लोग परिचित हैं, लेकिन यह जनसंचार माध्यमों का ही असर था कि अमूल के सदस्यों की संख्या 280000 बढ़कर 8 मिलियन हो गयी और दूध का उत्पादन कई गुना बढ़ा। भारत ने आईटी सेक्टर में काफी उन्नति की है और अब समय आ गया है कि इसका विस्तार भारत के ग्रामीण इलाकों में किया जाय। नई सूचनाएं और संचार तकनीक ग्रामीण विकास में सहयोगी बन सकते हैं।[13]

यहाँ मैं विकास की आवधारणा पर टिप्पणी करना चाहूँगा। 1980 के दशक में इस पर बहुत बहस चली। प्रति हजार व्यक्ति टेलीफोन की संख्या या देश में हवाई उड़ानों की संख्या को विकास का सूचक माना गया। इसमें कोई संदेह नहीं की जीवन की गुणवत्ता (क्वालिटी ऑफ लाइफ) में बढ़ोत्तरी होना

चाहिए। लेकिन विकास का अर्थ महज चमचमाती सड़कें, फ्लाईओवर, शॉपिंग मॉल नहीं, वरन् वर्तमान संसाधनों का ऐसा उपयोग करना की आने वाले पीढ़ी को पछताना न पड़े। ऐसा निर्णय करने की क्षमता ही विकास की सही अवधारणा है।[14] जाहिर है ऐसी अवधारणा के प्रचार-प्रसार में मीडिया की भूमिका महत्वपूर्ण है। इस सम्बन्ध में राबर्ट डब्ल्यू मैक्वेन्सी की टिप्पणी गौर करने लायक है।

> "मेरा विचार यह है कि प्रगतिशील, जनवादी और समाजवादी आस्था रखने वाले संचार के सभी व्यक्तियों के लिए यह अनिवार्य हो गया है कि संचार और सम्प्रेषण के ऊपर व्यावसायिकता की बढ़ती प्रवृत्ति का विरोध करें। यदि हम ऐसा नहीं करते तो आगे चल कर महत्वपूर्ण सामाजिक परिवर्तन कर पाना कठिन हो जायेगा।"

यह एक आश्चर्यजनक बात है कि सम्प्रेषण क्रांति इतने व्यापक और विशाल पैमाने पर हो चुकी है कि इसको नए युग का प्रतीक बताया जा रहा है। फिर भी इसके बारे में सार्वजनिक विचार-विमर्श का अभाव है।[15] भारत में मीडिया के सम्बन्ध में सार्वजनिक चर्चा बहुत ही कम या नहीं के बराबर होती है। एक विकेन्द्रीकृत उत्तरदायित्व और गैर व्यापारिक क्षेत्र का विकास क्यों नहीं किया जाता?

यह किताब इन प्रश्नों का उत्तर नहीं देती, लेकिन यह शांति और विकास के उस पथ की ओर संकेत करती है जो युवा पीढ़ी की बाट जोह रहा है। मुझे आशा है कि उस पथ की रूपरेखा ढूंढने में यह पुस्तक सहायक होगी।

जोसेफ एंथोनी गाथिया

संदर्भ एवं टिप्पणियां

1. राष्ट्रों की उन्नति, (1995) यूनिसेफ, न्यूयार्क
2. स्पेत, जे०जी०, यू एन डी पी, एक्शन अगेन्स्ट पावर्टी, 17 जनवरी, 1996, न्यूयार्क
3. यू० एन०, सामाजिक विकास शिखर सम्मेलन 1995 पर एक रिपोर्ट, न्यूयार्क

4. प्रेस विज्ञप्ति, संयुक्त राष्ट्र महा सचिव कार्यालय, 17 अक्टूबर 1995, न्यूयार्क
5. वर्ल्ड सोशल सॅमिट दस्तावेज, 2005 यू एन, न्यूयार्क
6. अर्थ स्कैन (1996) रियलिटी ऑफ एड, अर्थ स्कैन, लंदन
7. नीति और इसके अमल में लाने की अवधारणा के बारे में देखें, वारेन ब्रीड, सोशल कन्ट्रोल इन दि न्यूज़ रूम, सोशल फोर्सेज (1995)
8. मंजुनाथ पेंडाकुट और ज्योत्सना कपून, "थिंक ग्लोबली, प्रोग्राम लोकली : दी प्राइवेटाइजेशन ऑफ इंडियन नेशनल टेलीविजन,''डेमोक्रेटाइजिंग कम्युनिकेशन : ए कंपरेटिव पर्स्पेक्टिव और इनफॉर्मेशन एंड पावर' सेमिनार के लिए प्रस्तुत शोधपत्र, जून 1995
9. वनिता कोहली–खाडेंकर, द इंडियन मीडिया बिजनेस (2006), रिसपोंसबुक्स, नई दिल्ली
10. सेचस डी० जैफरी, 2005, दी एंड ऑफ पावर्टी, पेंगुइन प्रेस, न्यूयार्क
11. यू० एस० एड, डेवलपमेंट फोरम, 1995, वाशिंगटन
12. वर्ल्ड डेवलपमेंट रिपोर्ट, 1995, वर्ल्ड बैंक, वाशिंगटन
13. इन्टरनेशनल फेडरेशन ऑफ जर्नलिस्ट्स के महासचिव एडन व्हाईट से ब्रुसेल्स में चर्चा, 2003
14. सोशल वॉच (1996) राबर्ट बिसियो, नोविब, हेग–नीदरलैंड्स
15. पी० साइनाथ, मार्च 2006 को जयपुर में आयोजित इंसाफ के राष्ट्रीय सम्मेलन में भाषण

विषय-सूची

खण्ड एक : सामाजिक सरोकार

खण्ड दो : विमर्श

खण्ड तीन : मानव अधिकार व एनजीओ

खण्ड चार : परिवर्तन के आयाम

खंड एक

सामाजिक सरोकार

1 ग्लोबेलाइजेशन, मीडिया और 'सार्वजनिक दायरे'

आज की लोक चेतना में इतिहासबोध से एक प्रकार का व्यापक संबंध विच्छेद का भाव पाया जाता है। यह राष्ट्रीय और सैद्धांतिक मतभेदों से परे है। अमेरिकी समाजशास्त्री एलविन् टॉफलर (1981) ने घोषणा की थी कि औद्योगिक क्रांति अंत की ओर जा रही है। ब्रिटेन में मार्क्सवादी 'न्यू टाइम्स' ने खबर छापी थी की ऐसे गुणात्मक परिवर्तन आ रहे हैं जो युगान्तर परिवर्तन का द्योतक हैं (हॉल एवं जैक्वस, 1989)।

लेकिन 'नये युग' की तमाम चर्चाओं के बावजूद (स्वचालित युग, एटमिक युग, अंतरिक्ष युग, इलेक्ट्रॉनिक युग, सौर युग) आज भी जनमानस के जेहन पर 'आधुनिक' होने की भावना आश्चर्यजनक रूप से हावी है। यह दर्शाता है कि आधुनिकता का विचार किसी भी नये अन्वेषण को–यहाँ तक की नवयुग को भी–आत्मसात करने में कितना सक्षम है। इसलिए उत्तर-आधुनिकता कभी भी आधुनिकता की छाया से मुक्त नहीं हो सकी।

आधुनिकता दोहरे मापदंड को अपनाती हुई चलती है : यह नये भविष्य का वादा करती है साथ ही यह किसी अन्य विकल्प की संभावना को नकारती है। लेकिन आज मानव सभ्यता को आगे बढ़ाने के लिए आधुनिकता और उत्तर आधुनिकता से आगे एक नई वास्तविकता का अस्तित्व स्वीकारना होगा।

मैं आधुनिकता के आत्ममोह की ओर संकेत कर रहा हूँ, जबकि जमाना उससे आगे बढ़ चुका है। इस संबंध में कुछ लेखकों ने पहले भी संकेत दिये हैं। कार्ल जेस्पर (1995) ने 1945 में हिरोशिमा पर परमाणु बम गिराये जाने की घटना को ग्लोबेलाइजेशन से जोड़कर देखा। एडवर्ड ट्रिरयाकियान (1984) ने 'ग्लोब संकट को आधुनिकता के अराजकता काल' की संज्ञा दी। और ग्लोबेलाइजेशन को 'चयन का सूचक' घोषित करने (हिमरफ्रेब, 1995) एवं

इसे महत्वपूर्ण सामाजिक परिवर्तन मानने के बाद भी आधुनिकता की निरंतरता पर जोर दिया (बेक, 1996; गिडेन्स, 1990 एवं राबर्टसन, 1992)।

फिर भी जनसाधारण विश्व की घटनाओं में युगान्तरकारी परिवर्तन महसूस कर रहे हैं। मेरी दृष्टि में राष्ट्र संघ द्वारा 1992 में ग्लोबल वार्मिंग को वैश्तिक खतरे के रूप में चिन्हित करना एवं 2001 में अमेरिका में वर्ल्ड ट्रेड टॉवर्स पर हमले के बाद आतंकवाद को मानव सभ्यता के लिए खतरा बताना एक अप्रतिरोध्य घोषणा थी। यदि हिरोशिमा इसका प्रारम्भ था तो वर्ल्ड ट्रेड टावर्स का ध्वस्त होना ग्लोबल युग में प्रवेश के संक्रांतिक समय का अन्त। लेकिन आधुनिक युग का अंत नहीं हुआ है।

आधुनिकता की भाषा और युगांतरकारी परिवर्तनों के अनुभवों के बीच गहरा विरोधाभास है, जिससे जनता इस विषय में असंबद्धता का शिकार है। भूमंडलीकृत दुनिया का आधुनिक बिम्ब कुछ जाने-पहचाने परिवेश में उभरता है : विश्व सरकार की परिकल्पना, एक विश्व मार्केट, नया विश्व ढांचा, वैश्विक संस्कृति।

मेरा मानना है कि इनमें से कोई भी परिकल्पना उस विश्वव्यापी परिवर्तन का आभास नहीं कराती, जिसका अनुभव हम आज कर रहे हैं। हम इतिहास के उस मोड़ पर खड़े हैं, जहाँ हमें सर्वाइवल के लिए नई शुरुआत करनी होगी। भूमंडलीकरण के आधुनिक सिद्धांत को पुनर्परिभाषित किए बिना ऐसा संभव नहीं है।[1] मार्शल मैक्लुहान ने 1962 में 'ग्लोबल विलेज' की जिस धारणा को सामने रखा उसमें अनेक खामियां हैं।

ग्लोबेलाइजेशन की प्रक्रिया समय के साथ-साथ न्याय से जुड़ी है। यहाँ पुरातत्व-विषयक खोज की नहीं वरन् यह समझने की आवश्यकता है कि विकास का केन्द्र बिन्दु भूमंडलीकरण से जुड़ी घटनाएं नहीं वरन् मानवता है और हम यह भी समझते हैं कि मानवता को किसी काल खण्ड- आधुनिकता- या भूमंडलीकरण के दायरे में नहीं बांधा जा सकता है।

शहरीकरण, औद्योगिकीकरण, प्रजातंत्रीयकरण, नौकरशाहीकरण आदि सभी किसी न किसी रूप में आधुनिकता की याद दिलाते हैं। फिर भी इनमें से कोई भी एक प्रक्रिया अंतिम निष्कर्ष तक नहीं ले जाती। अलबत्ता हमें उन पहलुओं की याद दिलाती है, जो हमारी स्मृति का हिस्सा बन चुके हैं।

भूमंडलीकरण भी इसी तरह हमारे वर्तमान जीवन की अधूरी कहानी है। लेकिन यह हमारी युगांतरकारी परिवर्तन की दिली इच्छा- न्याय के साथ जीने- को अमली जामा पहनाने में असमर्थ है। कुछ समझते हैं कि ग्लोबेलाइजेशन का संबंध मुक्त व्यापार के प्रसार से है। लेकिन अर्थशास्त्री स्वयं कहते हैं कि यह विश्व अर्थव्यवस्था का मात्र एक पहलू है, जो उत्पादन और उपभोग से जुड़ा है। अत: ग्लोबेलाइजेशन को सिर्फ व्यापार से जोड़ना हमारी भूल होगी, क्योंकि हमारे सामाजिक जीवन में व्यापक परिवर्तन आ रहे हैं।

मूल रूप से वैश्विक युग आधुनिकता को भूमंडलीकरण से जोड़ता है, जिसके कारण हमारे सभी क्रियाकलापों में परिवर्तन आ रहा है और व्यक्तिगत स्तर पर एवं सामुदायिक स्तर पर सामाजिक संरचना में बदलाव। कम-से-कम पांच बिन्दु ऐसे हैं जो ग्लोबेलाइजेशन को आधुनिकता से आगे ले जाते हैं। ये हैं : हमारी वर्तमान सभ्यता के जीने के तौर-तरीकों पर पर्यावरणीय प्रभाव, विश्वव्यापी संहारक शस्त्रों के कारण सुरक्षा की भावना का अभाव, संचार साधनों की विश्वव्यापी पहुंच, विश्व अर्थव्यवस्था का उत्थान और जनसाधारण के जेहन में बात-बात पर किसी अनजान वैश्विक मानक की ओर संकेत करना।[2]

इन सब का मिला-जुला असर आधुनिकता और राष्ट्र-राज्य की परिकल्पना के लिए खतरा है। राष्ट्र-राज्य को चुनौती सभी नागरिकों की जीवनचर्या को प्रभावित कर रही है। 19वीं सदी के सर्वहारा मजदूर वर्ग के आंदोलन के बाद राष्ट्र-राज्य को सबसे अधिक प्रभावित करने में इस ग्लोबेलाइजेशन की प्रक्रिया का सबसे बड़ा योगदान है। यहाँ मैं समाजशास्त्रीय उपदेश नहीं दे रहा हूँ वरन् उस यथार्थ की ओर संकेत कर रहा हूँ, जिस पर विकास की भावी प्रक्रिया टिकी है। भविष्य में संचार, विभिन्न व्यक्तियों के बीच संबंध, जीवन-मृत्यु, सही-गलत, पुरस्कार एवं दंड, शक्ति, स्वतंत्रता, मानवता और प्रकृति हमारे विचारों का अभिन्न अंग होंगे।

इन प्रश्नों का जवाब हमारे अस्तित्व से उस प्रकार नहीं जुड़ा है, जिस अर्थ में भोजन, ऊर्जा, आवास। लेकिन फिर भी 'समाज', 'राज्य', 'समुदाय', 'न्याय' आदि अवधारणाएं, जो अक्सर बदलती रहती हैं, हमारे जीवन को

बहुत हद तक प्रभावित करती हैं। हम 'व्यवहारिक युनिवर्सिलिज़्म' की ओर बढ़ रहे हैं। आज का द्वंद्व विज्ञान के चरम विकास एवं जीने के उद्देश्यों के बीच है। यह समस्या पूरब और पश्चिम की नहीं वरन पूरी मानवता की है। कई मायनों में पूरब का ज्ञान पश्चिम के लोगों की जीवनशैली बदल रहा है। योग, आयुर्वेद एवं ऐक्युपंचर का प्रसार इसके उदाहरण हैं। पूरब के लोगों में विशेष कर महिलाओं में पश्चिमी आधुनिकता की छाप स्पष्ट देखी जा सकती है। साम्यवादी चीन तेजी से भूमंडलीकरण की ओर बढ़ रहा है।[3] यह युग है स्त्री–पुरुष की समानता का जो भूमंडलीकृत युग का सबसे चिन्हित परिवर्तन है। सभ्यता के इतिहास में यह पहला काल है जब जनसाधारण भी मानव ज्ञान में अपना योगदान करने का दावा प्रस्तुत कर रहा है। ग्लोबल युग हमारे सामने नये क्षितिज खोल रहा है।[4]

इक्कीसवीं सदी के प्रथम दशक में दिगभ्रमित मानव परिवर्तन का मार्ग खोज रहा है। पुरानी संस्थाएं ध्वस्त होती जा रही हैं। पुराने विचार अब उसे प्रेरित नहीं कर पा रहे हैं। बीसवीं सदी का उत्तरार्ध शीतयुद्धों, गृहयुद्धों, जातीय और क्षेत्रीय विचारों में फंस गया। प्राचीन आदिम कबीलावाद से होते हुए हम परिष्कृत राष्ट्रवाद तक तो पहुंचे, लेकिन जब अंतर्राष्ट्रीयता अपनाने का मौका आया तो हमारी हिम्मत पस्त हो गयी। भूमंडलीकरण एक व्यापक भय के रूप में उभरा। लेकिन यही समय है जब हम थोड़ा ठहर कर अपने नये साक्ष्यों, तरीकों तथा आकांक्षाओं पर चिन्तन करें।

जनसांख्यिकीय और प्रौद्योगिकीय चुनौतियों ने जिस तरह से हमारी जरूरतों तथा समस्याओं को पूरी तरह बदल कर रख दिया है, उससे हालात में गुणात्मक परिवर्तन आया है। जहाँ एक तरफ जनसंख्या का विस्फोट हमारे भौतिक अस्तित्व को चुनौती दे रहा है, वहीं दूसरी तरफ प्रौद्योगिक प्रगति ने हमारे नैतिक मूल्यों को चुनौती देकर समूचे समाज में खलबली मचा दी है। मानव अस्तित्व के दो पहलू उभरे हैं : व्यक्तिगत अस्तित्व और वैश्विक।

अभी तक हम अपने कबीले, जाति, धर्म तथा नस्ल में जन्म लेकर राष्ट्र के नागरिक बनते थे। अब हमें इससे आगे बढ़कर विश्व मानव बनना होगा। आगे बढ़ने के लिए हमें नये आयाम की जरूरत है। समस्याएं वही हैं : गरीबी, अज्ञान, युद्ध, और अभाव, अंधविश्वास एवं भेदभाव आदि। इन समस्याओं

के प्रत्येक हल ने जिस नई समस्या को जन्म दिया है उसके बोझ तले दबे मानव के सामने अब स्वतंत्रता, समानता और भाईचारे के बारे में सोचने का समय आ गया है। इसके लिए जनसंचार माध्यमों की आवश्यकता से इनकार नहीं किया जा सकता।

अक्सर यह सुनने में आता है कि आजकल 'सार्वजनिक दायरा' या 'मीडिया' अध:पतन की राह पर है। फ्रैंक फ्राइडी (2004) ने अपने एक लेख में इस पर विस्तार से चर्चा करते हुए लिखा कि राजनीति में मैनेजरों के उत्थान के साथ-साथ अब फोकस नीतियों पर नहीं वरन् व्यक्तित्व (पर्सनालिटी) पर हो गया है। सार्वजनिक जीवन में एक शून्य सा आ गया और नितांत निजी बातें सार्वजनिक दायरे के चर्चा का केंद्र बिन्दु बन गई हैं। परिणामस्वरूप जहाँ पहले मीडिया में विचारधाराओं के आधार पर बहस होती थी अब उसका स्थान किसी प्रसिद्ध व्यक्ति (सेलिब्रेटी) की कमजोरी, सेक्स स्कैंडल या प्रेम-प्रकरण के चटखारों ने ले लिया है। नेताओं की निजी जिंदगी आज उनके सार्वजनिक उत्तरदायित्व से ज्यादा महत्व पाने लगी है।

इस धारणा के विपरीत कैथरीन लुम्बी अपनी प्रसिद्ध किताब **'गोटचा'** में लिखती हैं कि मीडिया के सनसनीखेज सुर्खियों में बदलने (टेबोलाइजेशन) से समस्याओं के साथ-साथ कुछ फायदे भी हुए हैं। पिछले कुछ दशकों में मीडिया में विविधता बढ़ी है। व्यक्तिगत जीवन, सामाजिक और राजनीति का पुराना भेद खत्म हो गया। अब सेलिब्रेटी से जुड़ी मामूली घटना जैसे गलत जगह पर कार पार्किंग भी राष्ट्रीय चैनलों पर दिखाई जाने लगी हैं।

तो क्या भारत में 'सार्वजनिक दायरा' बदल रहा है? यदि हां, तो क्या हमें इस विषय में चिंतित होना चाहिए और क्या हमें इस परिवर्तन का विरोध करना चाहिए? या फिर इसके समर्थन में डट जाना चाहिए।

पश्चिमी देशों में सार्वजनिक दायरे को लेकर पांच तरह की आलोचना सुनने को मिलती हैं कि : इसमें बहुत ओछापन आ गया है; यह व्यापारिक हो गया है; तथ्यात्मक तर्क की बजाय यह चमत्कारिक या तमाशाबाजी को ज्यादा महत्व देता है; इसके कवरेज में बहुत ब्खिराव है; इसने नागरिकों को महत्वपूर्ण सामाजिक मुद्दों के प्रति उदासीन बना दिया है।

इस आधार यह निष्कर्ष निकाला जा सकता है कि आज का मीडिया

सतही बातों को जैसे किसी सेलिब्रेटी के खान-पान, प्रेम-प्रसंग या किसी महिला के साथ डिनर की खबर को राष्ट्रीय समस्याओं से संबंधित नीतियों से ज्यादा तवज्जो देता है।

टेबोलाइट मीडिया, जिसमें बड़े अखबार, मैगजींस भी शामिल हैं या तो किसी महत्वपूर्ण घटना को हंसी-मजाक में उड़ा देते हैं या किसी छोटी घटना का घंटों टेलीविजन पर प्रसारण करते रहते हैं। दूसरी चिंता यह है कि मीडिया के पास सार्वजनिक दायरे संबंधी गुणवत्तापूर्ण कवरेज का अभाव है। वह सिर्फ पैसा बनाने में लगा है और ऊटपटांग चीजें दिखाता रहता है।

लोकप्रियता और टीआरपी के चक्कर में टेलीविजन अंधविश्वास, दकियानूसी और समाज को पीछे धकेलने वाली सामग्री परोस रहे हैं। भारत में अभी भी अखबारों का प्रभाव बाकी है। संभवतः इसीलिए टीवी चैनल सनसनीखेज खबरों के पीछे पड़े हैं। सस्ते भड़काऊ गानों, सेक्सी डांस या बच्चों के रियलिटी शो के नाम पर नितांत छोटी बच्चियों से डांस करवाना और पर्यावरण विनाश, शहरी जीवन में बढ़ती परेशानियों या ग्रामीण विस्थापन को नजरअंदाज करना यह टीवी चैनलों के टेबोलाइट में बदलने के लक्षण हैं।

उधर, मीडिया संचालकों का तर्क है कि पब्लिक गंभीर चीजों के बजाय चटपटे समाचार देखना पसंद करती है। भारत नाट्यम के बजाय डिस्को डांस पसंद करती है। ऐसा भी आरोप है कि जनसंचार माध्यमों में अमेरिकी फिल्मों और प्रोग्राम आदि से तीसरी दुनिया का युवा वर्ग अपनी संस्कृति से विमुख हो रहा है पर मालिकों का जवाब है कि जनता ऐसे ही प्रोग्राम देखना पसंद करती है।

इसमें कोई शक नहीं कि सार्वजनिक दायरे में परिवर्तन आ रहा है, लेकिन सार्वजनिक दायरा है क्या?

बुद्धिजीवियों की बहस में, नेताओं के भाषण में और अखबारों के संपादकीय में सार्वजनिक दायरा बहुत प्रिय विषय है। जर्मन दार्शनिक जुरगन हेबरमास के अनुसार, 'सार्वजनिक दायरा हमारे सार्वजनिक जीवन का वह प्रभावकारी क्षेत्र है, जो नागरिकों में जनसाधारण से संबंधित मुद्दों पर बिना किसी दबाव के जनमत का निर्माण करता है।'

लेकिन सार्वजनिक दायरा कोई खेल का मैदान, सभागार या भाषण मंच

नहीं, वरन् यह जनमानस की परिकल्पना में बसा एक प्रजातंत्रीय विचार है। यह एक ऐसी अदृश्य व्यवस्था है जो लोगों को प्रतिक्रिया व्यक्त करने का अवसर प्रदान करती है (हाटर्ली, 1992)। यह उसी अर्थ में है जैसे साइबर स्पेस में कोई वास्तविक स्पेस नहीं है या वर्ल्ड वाइल्ड वेब कोई वास्तविक वेब नहीं है वरन एक निराकार भाव है। इसी तरह जहाँ लोग बातचीत करें, विचारों का संगम हो, वही सार्वजनिक दायरा कहलाता है (रॉबिन्स, 1993)। यह एक प्रतीयमान क्षेत्र है, जहाँ किसी देश के नागरिक सार्वजनिक हितों के ऊपर बहस करते हैं, विचारों का आदान-प्रदान करते हैं और किसी निष्कर्ष पर पहुंचते हैं (हैबरमास, 1997)। डेल्हग्रेन एवं फ्रेशर के अनुसार 'सार्वजनिक दायरा' सूचनाओं, विचारों, बहस को समाज में वितरित करने एवं राजनीतिक जनमंच निर्माण का मंच है।'

सार्वजनिक दायरा हमें हमारे समुदाय में होने वाली घटनाओं की जानकारी देता है और सामाजिक, सांस्कृतिक और राजनीतिक मुद्दों से हमें परिचित कराता है। यह वह जगह है जहाँ हम इन मुद्दों पर सहमति और असहमति के स्वर बुलंद कर सकते हैं, जो कि समाज में समझौता या आम राय बनाने की प्रक्रिया का एक हिस्सा है। यह हमें अहसास कराता है कि हम किन मुद्दों पर विचार कर रहे हैं और उन पर क्या किया जा सकता है?

बुद्धिजीवियों का आरोप है कि सार्वजनिक दायरे का व्यापारीकरण हो रहा है तो पत्रकारों का कहना है कि मीडिया में बाजार का हस्तक्षेप बढ़ रहा है। शोधकर्ताओं की चिंता है कि सार्वजनिक दायरा बहुत सतही और ताक-झांक वाला बन रहा है तो लोकप्रिय आलोचकों का यही आरोप मीडिया के बारे में सामने आ रहा है। 'सार्वजनिक दायरा' और 'मीडिया' दोनों में जटिल संबंध है। वैसे सामाजिक दायरे का फैलाव मीडिया से कहीं ज्यादा है। यदि हम सांस्कृतिक विषयों, हमारी संस्थाओं या व्यक्तिगत व्यवहारों पर गौर करें तो हम पाएंगे कि सिर्फ मीडिया ही इस प्रक्रिया में सम्मिलित नहीं है, वरन् इसे विकसित करने में कई तरह की प्रक्रियाओं का योगदान है। हम किसी चैनल के न्यूज बुलेटिन में कोई खबर सुनते हैं तो दोस्तों से उसका जिक्र करते हैं। ई-मेल के जरिए ग्रुप से विचारों का आदान-प्रदान करते हैं। सैलून में चर्चा करते हैं, चाय की दुकान पर बहस करते हैं या बीयर बार में गरमा-गरम चर्चा।

कभी हम उस खबर को लेकर संपादक के नाम पत्र लिखते हैं, तो कभी किसी टीवी चैनल को एसएमएस करते हैं। यह सभी गतिविधियाँ सार्वजनिक दायरे का हिस्सा है उतना ही जितना कि जनसंचार माध्यम। लेकिन इसमें कोई संदेह नहीं कि जनसंचार माध्यम इसमें केंद्रीय भूमिका निभाते हैं (देखें जान हाटर्ली का विश्लेषण- 1996 और मैकनेयर, 2000; ग्रेनहेम, 1992 की टिप्पणियाँ)। जनसंचार माध्यमों के कारण ही लाखों-करोड़ों लोग विचारों का आदान-प्रदान कर सकते हैं।

आज के युग में बड़ी संख्या में नागरिकों के विचारों को प्रभावित करने एवं जनमत निर्माण के लिए अखबार, पत्रिका, रेडियो, टेलीविजन की मदद लेना स्वाभाविक है। आधुनिक उदार प्रजातांत्रिक समाजों को आगे बढ़ाने के लिए सार्वजनिक दायरा उपयोगी है। यह हमें लाखों-करोड़ों नागरिकों द्वारा समाज को चलाने के लिए आम राय बनाने में सहयोगी है।[5] यह हमें राजनीतिक विचारधाराओं के बारे में जानकारी देता है, हमें सामाजिक एवं सांस्कृतिक मुद्दों पर विचार करने पर मजबूर करता है। कुल मिलाकर 'सार्वजनिक दायरा' कई तरह से आधुनिक समाज के लिए उपयोगी है।

समकालीन समाजों के लोग कई तरीकों से अपनी बातें एक-दूसरे तक पहुंचाते रहे हैं : घर और सार्वजनिक जगहों पर मुलाकातों के जरिए, फोन, फैक्स और पत्र के जरिए और संचार माध्यमों को सुनने, पढ़ने और देखने से। संचार माध्यम कई भूमिकाएं निभाते हैं। ये लोगों की विभिन्न व्यक्तिगत आवश्यकताएं भी पूरी करते हैं। व्यक्तिगत स्तर पर ये बृहत्तर समाज के साथ एक जुड़ाव पैदा करते हैं, अथवा कम से कम अन्य मनुष्यों के साथ कुछ परोक्ष सम्पर्क और अलग-अलग स्तरों पर परस्पर संबद्धता और एकता का अनुभव कराते हैं। ये लोगों में क्रोध और सहानुभूति, तनाव और तनाव मुक्ति का बोध उत्पन्न करके उन्हें भावात्मक निकासी का अवसर मुहैया कराते हैं। संचार माध्यम लोगों को मनोरंजन प्रदान करते हैं और रोजमर्रा की परेशानियों से उनका मन हटाते हैं। ये अतीत और वर्तमान के बारे में सूचना प्रदान करते हैं। जो एक साझा संस्कृति और मूल्यों, परम्पराओं और विश्व दृष्टिकोण की एक प्रणाली की रचना में मददगार बनती है। संचार माध्यम कभी-कभी बृहत्तर संस्कृतियों के भीतर मौजूद अल्पसंख्यकों और उपसंस्कृतियों को स्थानीय

खबरें और मनोरंजन मुहैया कराते हुए, खुद को और दुनिया को खास अपने चश्में से उन्हें देखने की इजाजत देते हुए, उनकी सेवा भी करते हैं।

संचार माध्यमों को सामाजिक और सांस्कृतिक पुनरुत्पादन के भाग के रूप में देखा जाना चाहिए। ऐतिहासिक रूप से, लोकतंत्र को चलाने वाले आंदोलनों का एक निर्णायक लाक्षणिक रहा है : 'सार्वजनिक दायरे' (social sphere) का निर्माण यानी ऐसे स्थानों और मंचों का निर्माण, जहाँ एक राजनीतिक समुदाय के लिए जरूरी मुद्दों पर चर्चा और बहस की जा सके और जहाँ सूचना प्रस्तुत की जा सके, जो सामुदायिक जीवन में एक नागरिक भागीदारी की दृष्टि से अपरिहार्य तत्व है।[6] यह अवधारणा इसलिए महत्वपूर्ण है, क्योंकि एक लोकतांत्रिक समाज एक संसूचित आबादी द्वारा राजनीतिक चयन पर ही निर्भर करता है। इस भागीदारी को प्रभावकारी बनाने के लिए यह जरूरी है कि जनता यह जाने कि आखिर हो क्या रहा है, और जो भी विकल्प उसके पास मौजूद हों, उन्हें वह ठीक से तौल सके, उन पर बहस कर सके और अपने चयन पर अमल भी कर सके, लेकिन अनेक शोधों से यह स्पष्ट है कि 'सार्वजनिक दायरा' लोकतंत्र के लिए तब सबसे ज्यादा असरदार तरीके से काम करता है जब यह संस्थागत रूप से राज्य और समाज की प्रभावी आर्थिक ताकतों से स्वतंत्र रहे। भूमंडलीकरण के इस युग में ऐसा करना कठिन है। और फिर सार्वजनिक दायरे के अलग-अलग अर्थ भी निकाले जाते हैं। मसलन, कुछ लोग बीबीसी को 'सार्वजनिक दायरे' का एक अच्छा उदाहरण मानते हैं।

संचार माध्यम समस्याओं और आम लोगों के बारे में चर्चा कर जनता की भागीदारी बढ़ा सकते हैं। यदि जनसंचार माध्यमों ने अपनी भूमिका में लापरवाही बरती तो चंद मुट्ठी भर लोग नीति निर्धारण की प्रक्रिया पर आसानी से कब्जा जमा सकते हैं। और फिर जनता की भागीदारी को सार्वजनिक सेवा और मनोरंजन कार्यक्रमों के बीच इस तरह प्रस्तुत किया जाता है मानो यह बोझ है। लोग धीरे-धीरे मनोरंजन प्रधान कार्यक्रमों के आदी हो जाते हैं और सामाजिक कर्तव्यों की कर्मभूमि सिकुड़ती जाती है। ऐसी स्थितियों में विदेशी एजेंसियाँ अपना स्वार्थ सिद्ध करने के लिए जनसंचार माध्यमों का सहारा लेने में भी हिचक महसूस नहीं करतीं।

संचार क्रांति की दो प्रवृत्तियाँ बहुत ही स्पष्ट हैं। पहली प्रवृत्ति यह रही कि

संचार माध्यम के उद्योगों पर बहुत तेजी के साथ औद्योगिक घरानों ने अपना वर्चस्व कायम कर लिया है और उन्होंने विश्व स्तर पर अपने प्रभाव को बढ़ाने के प्रयास किए हैं। हालांकि फिल्म, पुस्तकों और रिकार्ड किए गए संगीत ऐसे उद्योग हैं, जिनका प्रसार समूचे भूमंडल पर हो रहा है फिर भी संचार के बाजार मुख्य रूप से राष्ट्रीय ही रहे हैं। वैसे तो विश्वस्तर पर प्रवेश और प्रसार पर नियंत्रण लग रहे हैं। अंतर्राष्ट्रीय प्रसार और प्रचार के इस युग में भी राष्ट्रीय बाजार सुरक्षित रहे हैं और किसी विशिष्ट राजनीतिक स्थिति को समझने के लिए उनको ध्यान में रखना बहुत आवश्यक है। बहरहाल, उनका महत्व अब दिनों-दिन गौण हो रहा है।

संचार के विकास में दूसरी महत्वपूर्ण प्रवृत्ति डिजिटल कम्युनिकेशन और उससे संबंधित तकनीकी उपलब्धियों में दिखाई पड़ती है। इन्टरनेट और मोबाइल कम्युनिकेशन के कारण संचार व्यवस्था कम खर्चीली होगी एवं इसकी पहुंच बहुत बढ़ जाएगी। एक ओर तो डिजिटल व्यवस्था के कारण भूमंडलीय संचार को बढ़ावा मिलेगा, क्योंकि कम खर्च पर समाचारों को पूरी दुनिया में फैलाया जा सकता है। इंटरनेट को इस प्रकार के विकास की दृष्टि से प्रमुख स्थान दिया जा सकता है। यदि कोई व्यक्ति इन नई तकनीकों के सामाजिक परिणामों पर भी विचार करता है तो विस्मय से उसकी सांसें थम सकती हैं। भले ही वह उनके राजनीतिक और आर्थिक संदर्भ पर विचार न कर पाए।

डिजिटल संचार इस तथ्य को एक आधार प्रदान करता है कि मीडिया, टेलीकम्युनिकेशन, कंप्यूटर उद्योग का एक साथ काम करना संभव है। जब संपूर्ण संप्रेषण और संचार डिजिटल प्रणाली को अपना लेगा तो कोई कारण नहीं है कि टेलीफोन कंपनियाँ अपने तारों पर टेलीविजन के कार्यक्रम प्रसारित न करें। इसी प्रकार केबल कंपनियाँ टेलीफोन के आने-जाने को नियंत्रित कर सकेंगी। किसी एक बिंदु पर टेलीविजन, पर्सनल कंप्यूटर पर परिवर्तित किए जा सकते हैं और उसका उलटा भी संभव है। कंप्यूटर फर्म इस तरह का सॉफ्टवेयर तैयार करेंगी जो डिजिटल संचार को मुनाफे का साधन बना सकें और इसे दूर-दूर तक पहुंचा सकें। यह सही है कि कुछ लघु और मध्यम कोटि की ऐसी तकनीकी समस्याएं हैं जो तीनों उद्योगों के एक साथ काम करने को सीमित कर देंगी। इस बात की भी आशंका है कि इनका पूरी तरह से मिलजुल

पाना संभव न हो। लेकिन काफी उच्च स्तर तक इनका एक साथ मिलकर काम करना संभव हो सकेगा। कम से कम संयुक्त उद्योगों के रूप में तो ऐसा संभव होगा ही, भले इन उद्योगों का एक-दूसरे में विलीनीकरण निकट भविष्य में होता हुआ न प्रतीत हो।

इसके दो बहुत ही महत्वपूर्ण परिणाम हो सकते हैं। पहला परिणाम तो यह होगा कि मीडिया, टेलीकम्युनिकेशन और कंप्यूटर उद्योगों के साथ मिलजुल कर काम करने से यह भूमंडलीय अर्थव्यवस्था का ऐसा क्षेत्र हो जाएगा जो सबसे अधिक तेज काम करने वाला और सबसे अधिक विशाल उद्योग बन जाएगा। दूसरे शब्दों में संचार की व्यवस्था भूमंडलीय पूंजीवाद के केंद्र बिंदु में है और इसके कारण संचार और संप्रेषण को प्रगतिशील स्वरूप प्रदान करने का कार्य जितना महत्वपूर्ण होता जा रहा है उतना ही कठिन भी।

मीडिया, टेलीकम्युनिकेशन और कंप्यूटर उद्योगों के एक साथ काम करने का दूसरा परिणाम यह होगा है कि इस समूचे उद्योग पर अनिश्चितता छा जायेगी। अगर इंटरनेट या कोई दूसरा डिजिटल कंप्यूटर नेटवर्क अपना वर्चस्व स्थापित कर लेता है तो परंपरागत मीडिया और टेलीफोन उद्योग का क्या होगा? कुछ तकनीकी नियतिवादियों का यह विचार है कि इंटरनेट के व्यापक रूप से प्रचलित हो जाने का परिणाम यह होगा कि वे बड़े-बड़े उद्योग जो इस क्षेत्र में मुनाफा कमा रहे हैं वे समाप्त हो जायंगे, क्योंकि उस स्थिति में लोग इन उद्योगों की परवाह न करते हुए भूमंडल के एक कोने से दूसरे कोने तक प्रत्यक्ष रूप से एक-दूसरे के साथ संपर्क स्थापित कर लेंगे। यह सही है कि इंटरनेट ने एक प्रगतिशील और प्रजातंत्रात्मक कम्युनिकेशन के लिए रास्ता तैयार कर दिया है तथापि इस आधार पर यह नहीं कहा जा सकता कि मानव जाति पूंजीवाद और औद्योगिक घरानों द्वारा संचालित संचार और संप्रेषण पर छलांग लगा सकेगी। ऐसा तो तभी संभव होगा, जबकि साइबर स्पेस के वर्तमान पूंजीवादी उपनिवेशीकरण पर जबर्दस्ती रोक लगाई जाए।[7]

पूंजीवाद इंटरनेट की व्यावसायिक संभावना का पूरी तरह से दोहन करेगा। अब इंटरनेट का झुकाव इस बात में नहीं रह गया है कि यह लोकहित में केवल प्रसारण का साधन रहे और इस प्रकार जनता की सेवा करे। अब इंटरनेट का उपयोग उपभोक्ता संबंधी सूचना के लिए अधिक से अधिक किया जा रहा है।

भविष्य में इंटरनेट का कार्यक्षेत्र संभवतः केवल ई-मेल और बिक्री संबंधी कार्यों तक ही सिमट सकता है।

यह एक आश्चर्यजनक बात है कि संप्रेषण क्रांति इतने व्यापक और विशाल पैमाने पर हो चुकी है और इसको हमारे नए युग का आधार बताया जा रहा है तब भी इसके बारे में सार्वजनिक विचार-विमर्श का पूरी तरह से अभाव है। इसमें कोई संदेह नहीं कि बहुत महत्वपूर्ण निर्णय लिए जा रहे हैं, लेकिन इन निर्णयों में जब सरकारें शामिल होती हैं तो भी निजी हितों के द्वारा उन्हें इस प्रकार से छिपा दिया जाता है ताकि उनके बारे में कुछ भी जानकारी हासिल न हो सके।[8]

ऐतिहासिक दृष्टि से इस बात को ध्यान में रखना आवश्यक है कि जब ब्रॉडकास्टिंग या प्रसारण की नई तकनीक का उदय हुआ तो उसके संबंध में यह विचार-विमर्श किया गया कि इन तकनीकी संसाधनों का किस प्रकार से सदुपयोग किया जाए। इन्हीं विचार-विमर्शों का यह परिणाम है कि प्रसारण के सार्वजनिक संस्थान स्थापित हुए, जिनका उद्देश्य सार्वजनिक दृष्टि से हितकर लक्ष्यों को प्राप्त करना था न कि मुनाफा कमाना। प्रायः ये विमर्श समाज के उच्च वर्गों के बीच में हुए। लेकिन समय-समय पर जिन वर्गों का प्रतिनिधित्व होता है, उसी सीमा तक हम समाज के प्रजातंत्रात्मक स्वरूप के बारे में निर्धारण कर सकते हैं। यह एक सुविज्ञात तथ्य है कि अगर किसी समाज के राजनीतिक अर्थशास्त्र पर कुछ शक्तियों का प्रभुत्व हो जाता है तो उसकी संचार व्यवस्था पर स्वाभाविक रूप से वे हावी हो जाएंगी। ऐसी स्थिति में इन महत्वपूर्ण प्रश्नों पर विचार करने का सवाल ही नहीं उठता कि संचार व्यवस्था का लोकहित की दृष्टि से किस प्रकार संगठित किया जा सके।

अब प्रश्न यह उठता है कि अगर बाजार नहीं तो सच्चे अर्थों में प्रजातंत्रात्मक ढंग से ऐसा कौन सा तत्व हो सकता है, जिसके आधार पर संचार की नीतियाँ तय की जा सकती हैं। खासतौर से हमारे इस युग के लिए जिसमें तकनीकी विस्फोट हो चुका है। इस संबंध में ऐतिहासिक दस्तावेज दो मूलभूत सिद्धांतों के बारे में बताते हैं। पहला सिद्धांत यह है कि नागरिकों को अपनी संचार व्यवस्था के बारे में निर्णय लेना चाहिए और इसके लिए पूरी और खुली राजनैतिक चर्चा होनी चाहिए।

संचार के संबंध में नीति निर्धारण करते समय मुनाफे की अपेक्षा राजनीति को वरीयता प्रदान करने का यह भी अर्थ निकलता है कि तकनीकी विकास को विचारपूर्ण नियंत्रण के अंतर्गत लाया जा सकता है और इस नियंत्रण के माध्यम से दूरगामी राजनीतिक और सामाजिक हितों को संरक्षित करने का प्रयास किया जा सकता है।

इससे निष्कर्ष यह निकलता है कि अगर इस प्रकार की राजनीति परिचर्चा से यह सुझाव निकलता है कि गैर व्यापारी और गैर मुनाफेदार संचार व्यवस्था आवश्यक है तो इस व्यवस्था को जनता के प्रति जिम्मेदार बनाना चाहिए।

भारत में मीडिया के नये उदय से यह विदित होता है कि प्रचलित समाज संरचना में लगातार संघर्ष बढ़ते जा रहे हैं। मीडिया की केन्द्रीय भूमिका यह हो गयी है कि वह विभिन्न शक्ति समूहों के बीच सामंजस्य बनाने में जनता की मदद करें।

भारत में प्रेस के बीज ब्रिटिश काल में पड़े और भारतीय प्रेस की यह खासियत रही है कि वह सरकार द्वारा नियंत्रित नहीं रहा। लेकिन सरकार ने प्रसारण पर लगातार अपना दृढ नियंत्रण बरकरार रखा था, हालांकि एक के बाद एक आयोग यह आग्रह करते रहे कि सार्वजनिक प्रसारक दूरदर्शन को सरकारी नियंत्रण से और ज्यादा स्वतंत्र किया जाये, लेकिन सरकार का तर्क था कि इसका इस्तेमाल विकास संबंधी उद्देश्यों और सामाजिक विषमताओं वाले समाज में तनाव दूर करने हेतु किया जाना आवश्यक है। 1983 में भारत में इनसेट उपग्रह की शुरुआत की गयी और इसकी पहुंच मात्र 28 प्रतिशत आबादी तक सीमित थी। पहले टेली प्रसारण स्कूलों के लिए थे, बाद में कृषि विकास हेतु। अब यह स्थिति बदल गयी है।

1980 के दशक में बहुराष्ट्रीय कम्पनियाँ भारत को बढ़ते बाजार के रूप में देखने लगीं। भारतीय मध्यम वर्ग के रूप में मौजूद विशाल उपभोक्ता वर्ग तक पहुंचने के लिए चिंतित प्रायोजकों की सेवा में जुटा दूरदर्शन भूमंडलीय बाजार प्रणाली में समाहित होने लगा था। 1990 के दशक में नवउदार सरकारों ने नई जन संचार नीतियाँ अपनायी, जिसके परिणामस्वरूप केबल और डिश टीवी का चलन बढ़ा। 1991 स्टार टीवी ने पांच चैनलों वाली उपग्रह सेवा की शुरुआत की। और 1996 के आते-आते भारत में कोई 40 केबल और उपग्रह

चैनल काम करने लगे, इसमें बीबीसी, एमटीवी, सीएनएन आदि शामिल हैं। जीटीवी ने भी इसी काल में अपना स्थान बनाया। यह कहा जा सकता है कि व्यवसायिक प्रतियोगिता ने सार्वजनिक दायरे की गुणवत्ता को सुधारा। बाल विकास विशेषकर बाल मजदूरों का शोषण, दहेज की शिकार औरतों और छोटी बच्चियों पर लैंगिक हमलों के मामलों के कवरेज से संकेत मिलता है कि भारतीय मीडिया अब सामाजिक सरोकार के विषयों को नये संदर्भों में देखना प्रारम्भ कर चुका है।

फिर भी बाजार के प्रभाव को कम करके नहीं आंका जाना चाहिए। पिछले एक दशक में– 2005 के बाद– भारत के मीडिया एवं मनोरंजन क्षेत्र में 420 बिलियन रुपयों का निवेश किया गया। डीटीएच (डाइरेक्ट टू होम) में क्रांति हो रही है। रेडियो प्रसारण में उदारतापूर्वक लाइसेंस दिये जाने लगे हैं। मीडिया सेक्टर में अब विदेशी निवेश की अनुमति है।

भारत की 38 प्रतिशत जनसंख्या 15 वर्ष से कम आयु की है और युवा वर्ग भी विशाल है। भारत में प्रजातंत्र है। ऐसे में संचार माध्यमों की भूमिका 'सार्वजनिक दायरे' के संदर्भ और अधिक महत्वपूर्ण है। केन्द्रीय प्रश्न यह है कि क्या एनजीओ सेक्टर वृहत्तर समूह जैसे धार्मिक संगठनों, मजदूर संगठनों, शिक्षकों, सफेदपोश कर्मचारियों, व्यापारी वर्ग और कॉरपोरेट जगत कुल मिलाकर सिविल सोसायटी को जन माध्यमों की विकास भूमिका और बाजार में संतुलन के लिए तैयार कर सकते हैं।[9] परिवर्तन अवश्य होगा। नाम् चॉमस्की ने कहा है 'अगर आप काम ऐसे करते हैं जैसे बदलाव की कोई संभावना न हो तो आप यह निश्चित कर देते हैं कि कोई बदलाव नहीं होगा।'

आधुनिक सभ्यता का निर्माण आजादी की चाह ने किया था, भले ही वह कुछ तबकों तक ही सीमित रही। ग्लोबेलाइजेशन युग में मूल प्रेरणा समता है। यही 'सार्वजनिक दायरे' की रक्षक है और देर-सवेर मीडिया को इस चाह को रूपायित करने वाले की भूमिका निभानी होगी।

संदर्भ सूची एवं टिप्पणियाँ

1. क्रेनफील्ड, जी०ए०, (1977), **प्रेस एंड सोसायटी**, क्लेरेंडन प्रेस, अमेरिका।
2. बर्जर, पीटर, एस० एंड हंटिंगटन, सेमुएल पी०, (2002), **मेनी ग्लोबेलाइजेशन**, ऑक्सफोर्ड यूनिवर्सिटी प्रेस न्यूयार्क।

3. चीन में उपभोक्तावाद के बारे में अधिक जानकारी के लिए देखें, बेवर्ली हूपर, '**फ्रॉम कम्युनिटि टू मार्केट : इम्पावरिंग दि चाइनीज कंज्यूमर,**' हावर्ड पैसिफिक रिव्यू 2 नं० 2 (1999)। इसके अलावा बिजनेस एवं सरकार के बीच संबंधों पर एक उत्तम अध्ययन है। डेविड वांक का लेख 'ब्यूरोक्रेटिक पेट्रोनेज एंड प्राइवेट बिजनेस : चेंजिंग नेटवर्क ऑफ पावर इन अर्बन चाइना' जो एंड्रू वाल्डर (1995) '**दि वेनिंग ऑफ दि कम्युनिस्ट स्टेट,**' बर्कले प्रेस ऑफ कैलीफोर्निया में छपा है। साथ ही चीन द्वारा विश्व व्यापार संगठन में प्रवेश के लिए अमेरिका के साथ संधि के बारे में अधिक जानकारी के लिए देखें : **पीपुल्स** डेली, 29 फरवरी, 2000, विदेश संस्करण। यह भी चौंका देने वाली जानकारी देता है।
4. एलब्रो, एम०, (1990) **इंट्रोडक्शन टू ग्लोबेलाइजेशन**, नॉलेज एंड सोसायटी, सेज पब्लिकेशन, लंदन।
5. सिआओ, एच०एच० एंड सेंग ए०एच०पी०, (1999) **इंटेलएक्च्युएल**, मीडिया एंड दि पब्लिक माइंड।
6. एडवर्ड एस० हर्मन एंड रॉबर्ट डब्ल्यू० मैक्चेस्नी (2006) **सोशियल स्फीअर**, पेंसिलवेनिया यूनिवर्सिटी, संयुक्त राज्य अमेरिका।
7. नीति और इसके अमल में लाने की अवधारणा के बारे में देखें, वारेन ब्रीड, 'सोशल कंट्रोल इन दि न्यूज रूम', **सोशल फोर्सेज** (1959)।
8. अनुराधा मित्तल, इंस्टीट्यूट फार फूड एंड डेवलपमेंट, कैलीफार्निया के भूमंडलीकरण विरोधी तर्कों के लिए देखें, 'ग्लोबल टेक इन' का 14 अप्रैल, 2000 वाला अंक।
9. पिछले कुछ वर्षों के दौरान कई बहुराष्ट्रीय संगठनों से मेरी चर्चा हुई, जिनमें प्रमुख हैं : एटी एंड टी, नाइक, मेकडॉनल्ड, इन्टरनेशनल सेन्टर फॉर रिसर्च ऑन वीमेन, वर्ल्ड विज़न, कार्टर सेन्टर फॉर ह्यूमन राइट्स, क्रिश्चियन कोलिएशन इन्टरनेशनल, साई समाज सेवा संस्थान, एसपन इन्स्टीट्यूट, दी स्टेट ऑफ दी वर्ल्ड फोरम। ये संस्थाएं नये वैश्विक उभार को प्रभावित कर रही हैं।

2 कृषि सुधार की चुनौतियाँ

देश एवं कृषि की समृद्धि का चोली दामन का साथ है। परन्तु पचास और साठ दशक के बीच उत्पादन में 40 प्रतिशत की वृद्धि होने के बाद उसका स्तर वहीं पर ठहर गया लगता है। यदि किसान को उचित रूप से प्रेरित नहीं किया गया तो हो सकता है कि भविष्य में प्रगति ठप्प हो जाए। अन्य बातों के अलावा दो बातों की अत्यन्त आवश्यकता है। पहली तो यह कि भूमि को वास्तविक रूप में जोतने वाले के लिए पट्टे और लगान निश्चित हो जाएं और दूसरी यह कि उसे आश्वासन मिले कि फसल के उचित दाम दिए जाएंगे, जिससे वह लाभ कमा सके।

अब यह बात एक पुरानी कपोल कल्पना मात्र रह गई है कि दोष भारत के तथाकथित रूढ़िवादी तथा परिवर्तन न चाहने वाले किसान का है। बीते दिनों में किसान परम्परागत रीतियों को ही पसन्द करता था, क्योंकि एक तो उसे बेहतर तरीकों की जानकारी न थी और दूसरे वह केवल गुजर-बसर करने योग्य या उससे भी कम अन्न उगाता था और इस कारण कोई ऐसा जोखिम नहीं उठाना चाहता था जो लाभप्रद सिद्ध न हो। ज्यों ही सामुदायिक विकास योजना ने यह सिद्ध कर दिया कि परिवर्तन संभव है और रासायनिक खाद तथा बेहतर बीजों से वास्तव में पैदावार बढ़ती है तो किसान उनका प्रयोग करने के लिए तैयार ही नहीं वरन् उत्सुक हो गया। उसके बाद जो काम होना चाहिए था वह अब भी बचा हुआ है। यह काम किसान को बीज-खाद सप्लाई तथा ऋण उपलब्ध कराने का है। सामुदायिक विकास योजना ने गांवों में एक चेतना जगाकर तथा राष्ट्रीय विस्तार सेवा का बुनियादी ढांचा निर्धारित करके महत्वपूर्ण योगदान दिया है। इस चेतना के परिणामस्वरूप तथा सामुदायिक विकास पूंजी सिंचाई की अधिक सुविधाओं, जमींदारी तथा अन्य मध्यवर्ती प्रथाओं की समाप्ति आदि के कारण कृषि उत्पादन अपने मौजूदा स्तर तक पहुंच पाया है। आगे बढ़ने में असफलता के लिए केवल मौसम की खराबी को दोष नहीं दिया जा सकता। असफलता के और भी कारण हैं।

भारत में भूमि सुधार कानूनों की कमी नहीं है। कुछ कानून गलत धारणा पर आधारित हैं और अधिकांश कानूनों पर अमल नहीं हुआ है। भूमि की अधिकतम सीमा निम्न स्तर पर रखने का कानून लागू करके स्वामित्व को सीमित रखने के प्रति आवश्यकता से अधिक ध्यान दिया गया है और इस कारण अधिक महत्वपूर्ण उद्देश्य से ध्यान हट गया है। उद्देश्य यह था कि वास्तविक काश्तकार के अधिकारों तथा हितों की कारगर गारंटी दी जानी जाहिए। अधिकतम सीमा सम्बन्धी कानून से बचने के लिए झूठे बंटवारे होने लगे और कई क्षेत्रों में भारी संख्या में पट्टेदार "स्वयंसेवी" रूप से बेदखल कर दिये, क्योंकि "स्वयं खेती करने के लिए" जमींदारों ने अपनी जमीन वापस लेनी शुरू कर दी। कानूनों की भाषा ऐसी है जिसका तोड़-मरोड़ कर दूसरा अर्थ भी निकाला जा सकता है। भाषा, कार्यविधि सम्बन्धी ढील और निहित स्वार्थों के कारण कानून को असफल बनाने और यहाँ तक कि पट्टेदार के हितों को नुकसान पहुंचाने का प्रयास सर्वत्र हुआ है। कुछ राज्यों में भूमि वापस लेने और उस पर स्वयं खेती करने के लिए समय की कोई सीमा निर्धारित नहीं की गई है। साझा खेती तथा मौखिक पट्टों की कुप्रथा सर्वत्र और विशेषरूप से पूर्वी तथा दक्षिणी भारत में कहीं अधिक पाई जाती है। अधिकार सम्बन्धी उचित रिकार्डों के अभाव के कारण देश के कई भागों में भूमि के पट्टे बिल्कुल भी स्पष्ट नहीं हैं। गरीब पट्टेदार, साझा खेती करने वाले या मौखिक रूप से पट्टा लेने वाले लोग या तो अपने अधिकार जानते ही नहीं हैं या पैसा खर्च करके मुकदमेबाजी किये बिना उन अधिकारों को पा नहीं सकते। वे लोग मुकदमा लड़ने का साहस भी नहीं रखते, क्योंकि सैकड़ों ऐसे भूमिहीन मजदूर मौजूद हैं जो जमींदार के कृपापात्र बनकर तथा उसके इशारों पर चलकर उनका स्थान लेने के लिए तैयार बैठे हैं।

इसलिए आश्चर्य की बात नहीं कि काश्तकार बहुधा काम करने और गुजर-बसर के स्तर से अधिक पूंजी या मेहनत लगाने के प्रति प्रोत्साहित नहीं होता। अतिरिक्त मेहनत करके उसे कोई लाभ नहीं पहुंचता। पूंजी या श्रम वह लगाता है, किन्तु उसके फलों को असंतुलित रूप से जमींदार या मध्यवर्ती पट्टेदारों के साथ बांटना पड़ता है। यदि कहीं वह बेदखल हो गया तो जमीन में किये गये स्थायी सुधार उसके किसी काम नहीं आते। पूर्वी राज्यों में इस डर

से जमींदार अपने बटाईदारों या भागीदारों को सहकारी संघों में शामिल नहीं होने देते कि कुछ अवधि तक सहकारी संघों के बहीखातों में उनके रजिस्ट्रेशन के कारण कहीं इसे उनकी पट्टेदारी का सबूत न मान लिया जाए।

जब तक किसान यह महसूस न करने लगे जाये की भूमि उसकी है, उसे वही जोतेगा, वही उसकी दशा सुधारेगा और आगे चलकर उसकी सन्तान इसकी स्वामी होगी, और कोई उसे न छीन सकता है, और न किसान को उसके पूरे फल से वंचित रख सकता है, तब तक भारतीय कृषि गुजर-बसर के स्तर से ऊपर नहीं उठ सकती। पर यदि उपरोक्त आश्वासन मिल जाए और किसान परिवर्तन की संभावना पहचान जाये तो वह ऐसे सारे काम करेगा, जिनकी पिछले कई वर्षों में उपेक्षा की गई है। वह सतर्क होकर सिंचाई सुविधाओं का लाभ उठायेगा, सिंचाई नहरें खोदकर मेहनत के साथ उनका रख-रखाव करेगा तथा ऐसे जलाशयों को भी उपयोगी बनायेगा जिनमें आजकल मिट्टी भर रही है और जो बेकार पड़े हैं। जहाँ कहीं सम्भव हो दोहरी या तिहरी फसलें उगाकर वह अपनी कम जमीन में भी पैदावार बढ़ायेगा और एक के बाद दूसरी फसल बोने के क्रम सीढ़ीदार खेत बनाकर, नालियों की सुचारू व्यवस्था द्वारा या बंजर जमीन को खेती योग्य बनाकर भूमि संरक्षण के उपाय करेगा। अपनी समृद्धि के लिए परिश्रम करने के साथ-साथ वह राष्ट्र की भी सेवा करेगा।

भूमि सुधार बुनियादी बातें हैं। अब इनमें अधिक ढील नहीं डाली जानी चाहिए। भूमि-सुधार का एक महत्वपूर्ण पहलू चकबंदी भी है। इससे भूमि बचती है, अधिक भूमि एक यूनिट के अन्तर्गत आ जाने के कारण खर्च कम होता है और इस प्रकार कुएं खोदने तथा अन्य प्रकार के पूंजी लगाने जैसी बातें भी सार्थक हो जाती हैं जो अन्यथा बेकार साबित होती हैं। चकबन्दी के क्षेत्र में पंजाब और उत्तर प्रदेश ने काफी प्रगति कर ली है। अन्यत्र इस सम्बन्ध में बहुत कम काम हुआ है। और कुछ राज्यों में तो सम्भवतः उसके महत्व को भी नहीं समझा गया है।

छोटी जोत का अर्थ यह नहीं कि कृषि पैदावार कम होगी। उल्टे छोटी जोत के कारण आवश्यकता अनुसार सघन खेती होने लगती है। महाराष्ट्र की कुछ छोटी जोत वाली भूमि में 100 या 120 टन प्रति एकड़ से भी अधिक गन्ना पैदा हुआ है जो विश्व रिकार्ड है। न्यूनतम मूल्यों की गारंटी दिये जाने के कारण यह विकास सम्भव हुआ है।

मूल्यों को समर्थन देना भी अत्यंत आवश्यक है। यदि ज्यादा पैदावार के कारण कीमतें गिर गईं तो अधिक उत्पादन के लिए किसान के पास बहुत थोड़ा प्रोत्साहन रह जाएगा। जूट (मूल्य सम्बन्धी नीति निर्धारित होने तक) और तिलहन ऐसी फसलों के उदाहरण हैं, जिन पर कीमतों के उतार-चढ़ाव का असर पड़ा है। निश्चय ही मूल्यों पर सप्लाई और मांग तथा अन्तर्राष्ट्रीय प्रवृत्तियों का प्रभाव पड़ता है, परन्तु नीति का उद्देश्य सम्बद्ध फसलों के मूल्यों में उचित बराबरी रखना तथा हर उपभोग की वस्तु के लिए न्यूनतम सीमा के आधार पर कीमतों की ऐसी श्रेणी निर्धारित करना होना चाहिए, जिससे स्पष्ट हो जाय कि काश्तकार को कम से कम कितना मिलेगा और उपभोक्ता से अधिक से अधिक कितना मूल्य चुकाने के लिए कहा जाएगा। हालांकि मौजूदा भंडारों की स्थापना द्वारा ऐसा करने का प्रयास किया गया है।

परंतु जैसा आजकल है गल्ले के दाम काफी भी हों तब भी किसान, जिस मूल्य पर वह बेचता है और जिस मूल्य पर उपभोक्ता अपना राशन खरीदता है, उन दोनों के बीच लाभ का भागीदार होने की आशा रख सकता है। यह लाभ गल्ला जमा करने वाले, ले जाने वाले, साफ करने वाले, तथा भंडारों में रखने वाले कई बिचौलियों में बंटता है। नियंत्रित बाजारों, सहकारी भंडारों एवं कूटने-पीसने आदि की सुविधाओं के विकास द्वारा किसान बिचौलियों के लाभ का अंश कम करके इस प्रकार अच्छे दाम कमा सकता है कि उनका उपभोक्ता पर भी असर न पड़े। वास्तव में कूटने-पीसने तथा माल बाजार में लाने में उत्पादकों द्वारा भाग लिया गया तो उपभोक्ता मूल्यों में भी कमी आ सकती है।

कई अन्य कारणों से भी कृषि उत्पादन को सहकारी रूप से कूटने-पीसने तथा अन्न बाजार में लाने के कामों के साथ जोड़ देना आवश्यक है और इस बात को प्रोत्साहन दिया जाना चाहिए। इस प्रकार फार्म ऋण को प्रमुख रूप से सप्लाई करने वाले आन्दोलन के रूप में सहकारी आन्दोलन की जड़ें आश्वस्त रूप से मजबूत की जा सकती हैं। आजकल छोटे पट्टेदार किसानों अथवा मौखिक पट्टेवाले किसानों को, जिन्हें ऋण की सबसे अधिक आवश्यकता है, ऋण नहीं दिया जाता क्योंकि वे पर्याप्त जमानत नहीं जुटा सकते। ऋण का सम्बन्ध उत्पादन कार्यों से जोड़ने का प्रयास किया जा रहा है। ऐसा प्रयास

किया जा रहा है कि गैर-उत्पादन कार्यों के लिए ऋण की सप्लाई रोकी जाय और रासायनिक खाद, बीज, कीटाणुनाशक दवाओं तथा औजारों आदि के रूप में उपयुक्त अनुपात में ऋण दिया जाय। चूंकि सहकारी संगठन के पास उत्पादन ही एकमात्र गारंटी है इस कारण केवल सहकारी भंडारों तथा विक्रय व्यवस्था द्वारा ही ऋण की वसूली की जा सकती है और इस बात का आश्वासन मिल सकता है कि देनदारी बढ़ने न पाये। ऋण की वसूली न हो पाने के कारण ही कई सहकारी समितियाँ पंगु होकर रह गई हैं।

बाजारों में माल की निकासी के सम्बन्ध में आश्वासन मिल जाने के कारण पैदावार बढ़ाने के लिए भी प्रोत्साहन मिलता है। खेड़ा जिला सहकारी दुग्ध संघ इसका ज्वलंत उदाहरण है। यह ध्यान देने योग्य बात है कि खेड़ा जिले में दुग्ध संघ साधारण बुनियादी ऋण समितियों या बहुद्देशीय समितियों की तुलना में अधिक सशक्त है। माल तैयार करने के साथ-साथ उसे बाजारों में भेजने से भी बहुत लाभ होता है। माल तैयार करने वाली शाखा का भविष्य सप्लाई करने वाली संस्थाओं के कल्याण में निहित रहता है। इसी के परिणामस्वरूप कई दुग्ध, गन्ना, कपास औटाई, फल उगाने वाली तथा अन्य सहकारी समितियाँ, जो माल तैयार करने के अलावा उसे बाजारों में भी भेजती हैं, सफलतापूर्वक कई विस्तार सेवाएं चला पाई हैं और अपने ही बलबूते पर काफी विस्तृत ''पैकेज प्रोग्राम'' चला पा रही हैं। इन सहकारी समितियों ने जल्दी ही यह महसूस कर लिया कि कोई भी किसान केवल दूध या गन्ना या कपास नहीं उगाता। वह अन्य फसलें भी उगाता है और अन्य आवश्यकताएं भी होती हैं जो पूरी की जानी चाहिए। इस अहसास के कारण खेड़ा, सांग्ली तथा अहमद नगर में अन्य फसलों तथा अन्य आवश्यकताओं के लिए सहकारी प्रयास को बहुमुखी बनाया गया है, सहकारी आधार विस्तृत किया गया है और इस प्रकार सहकारी आन्दोलन में विशाल नये तत्व शामिल हो गये हैं। माल तैयार करने वाली तथा उन्हें बाजारों में भेजने वाली बड़ी शाखायें संगठित रहती हैं और मंडी अनुसंधान, किस्म पर नियंत्रण तथा गौण उत्पादन उपयोग जैसे अन्य कामों के लिए आवश्यक साधन एवं ज्ञान जुटा पाने और उसे केन्द्रित रखने की स्थिति में हैं। चाहे किसी स्तर पर हो, सहकारिता पूंजी बनाने में योग देती है क्योंकि गांव वालों की छोटी-छोटी बचत भी मिलकर एक सार्थक धनराशि बन जाती है।

सहकारिता इस कारण नहीं पनपेगी कि वह केवल एक आदर्श या जीवन का ढर्रा है। वह तभी पनप सकती है जब लोग उससे सीधे लाभ उठा सकें और उस लाभ को महसूस भी कर सकें। सहकारिता लक्ष्य नहीं साधन है। साधनों तथा लक्ष्य के बीच विभ्रम के कारण हाल के कुछ वर्षों में सहकारिता आन्दोलन को धक्का पहुंचा है। 1958 में यह सिद्धांत अपनाकर उस पर जोर दिया गया कि छोटे स्तर पर एक गांव की एक सहकारी समिति होनी चाहिए। इस सिद्धांत ने आंदोलन को काफी क्षति पहुंचाई। साधनों तथा नेतृत्व की दृष्टि से मजबूत जो कई बड़ी समितियाँ मौजूद थीं उन्हें बिना समझे-बूझे सहकारी ''आदर्श'' के नाम पर छोटे, कमजोर अस्थाई यूनिटों में बांट दिया गया। उसके बाद अनिश्चितता तथा विवाद का जो वातावरण रहा उसने निश्चित रूप से आंदोलन को धक्का पहुंचाया। भारत एक विशाल देश है और यहाँ एक भाग की परिस्थितियाँ दूसरे से इतनी अधिक भिन्न हैं कि सहकारिता हो या अन्य कोई आंदोलन कड़ी एकरूपता लादना खतरनाक सिद्ध होगा। अनुभव तथा परिस्थितियों के अनुरूप नई परिपाटी स्वयं उभर सकती हैं।

इधर हाल में निश्चय किया गया है कि रासायनिक खाद के भंडार से नाइट्रोजनयुक्त खाद तथा तकावी सहकार समितियों द्वारा दी जाए ताकि सहकारी आदर्श को बल मिल सके। कई राज्यों में यह प्रणाली लागू हो गई है। इसका परिणाम क्या हुआ है? कई क्षेत्रों में जहाँ सहकारी समितियाँ कमजोर हैं और केवल एक लक्ष्य पूरा करने के लिए बनी हुई हैं, खाद का वितरण उस प्रकार कारगर, व्यापक या समय से नहीं हुआ जैसा होना चाहिए। खाद पर सहकारी समितियों का एकाधिकार है और खाद बेचने के प्रति उनमें बहुत कम प्रोत्साहन पाया जाता है। अधिकतर रासायनिक खाद के अन्तर्गत केवल नाइट्रोजनयुक्त खाद दी जाती है और सहकारी ऋणों का सम्बन्ध सहकारी रासायनिक खाद के साथ जुड़ जाने के कारण कहीं-कहीं असंतुलित रूप से खाद का उपयोग हुआ है। इससे न काश्तकार को लाभ होगा और न सहकारी आन्दोलन को।

भारतीय कृषि के लिए प्रमुख रूप से धन उपलब्ध कराने वाला स्रोत अब भी महाजन ही है। वैसे महाराष्ट्र, गुजरात, तमिलनाडु और आंध्र प्रदेश में सहकारी आन्दोलन ने जड़ें जमा ली हैं, परंतु राष्ट्रीय स्तर पर उसकी गतिविधियाँ बहुत कमजोर हैं। प्रगति का स्तर अलग-अलग स्थानों पर अलग-अलग है।

सहकारिता के प्रति आदर्शवादी अथवा सैद्धांतिक दृष्टिकोण के स्थान पर अधिक फलमूलक तथा लचीला दृष्टिकोण अपनाने की आवश्यकता है। चावल तथा आटे की मिलों सहित सहकारी संस्थाओं को अतिरिक्त कृषि जन्य पदार्थ तैयार करने की क्षमता दिलाने के लिए लाइसेंस देने के मामले में उच्च प्राथमिकता देने का जो फैसला किया गया है वह बहुत ही बुद्धिमत्तापूर्ण है। परन्तु आन्दोलन को विकसित होने देना चाहिए और उसे अनावश्यक अथवा भारी बोझ सहन करने के लिए बाध्य नहीं करना चाहिये। भारतीय किसान के लिये सहकारी खेती बहुत थोड़े आकर्षण प्रस्तुत करती है और सैद्धान्तिक कारणों से सहकारिता लादना बेवकूफी होगी।

कृषि उत्पादन में तुरन्त वृद्धि की सबसे अधिक आशा सिंचाई और रासायनिक खाद द्वारा प्राप्त होती है। परन्तु इन दोनों दशाओं में किसान को प्रेरित करना ही बहुत महत्वपूर्ण है। आज तक जो क्षेत्र सूखे या अभावग्रस्त थे उनमें सिंचाई द्वारा एक क्रांति का सूत्रपात होता है। नई फसलें उगने लगती हैं, दोहरी फसलें बोई जाती हैं, सघन खेती होने लगती है, लोग अधिक पूंजी लगाने लगते हैं, फसल उगाने की नई विधियाँ प्रचलित होने लगती हैं और मंडी से संबद्ध नई शक्तियाँ उभरने लगती हैं। जीवन की समूची परिपाटी बदल जाती है। संगठन तथा विस्तार के पेचीदा कामों के लिये आवश्यक है कि प्रशासक वर्ग तैयारी के रूप में पहले से ही कार्रवाई करने लगे। नई सिंचाई के अंतर्गत कई क्षेत्रों में भूमि को आरम्भिक रूप से समतल करने, बंजर भूमि को आबाद करने तथा गहरी जुताई की आवश्यकता होती है जो ट्रैक्टरों की सहायता के बिना सम्भव नहीं है। जनशक्ति तथा बैलों की कमी का मुकाबला करना पड़ता है और नई सड़कों तथा बाजारों का विकास करना पड़ता है। परन्तु हाल के अनुभव के आधार पर इन सब बातों के बावजूद अधिक तेजी के साथ सिंचाई सुविधाओं का उपयोग करना सम्भव जान पड़ता है।

बड़ी, मझली और छोटी सभी प्रकार की सिंचाई योजनाओं से कुल मिलाकर देश में अंततः साढ़े सत्तरह करोड़ एकड़ भूमि से अधिक की सिंचाई नहीं की जा सकती। इस समय देश में कुल 38 करोड़ एकड़ भूमि में खेती होती है और इस कारण पानी को सुरक्षित रखना आवश्यक है। सिंचाई के लिये तेज बहाव वाले पानी का प्रयोग करना पानी की बर्बादी करना है। सिंचाई के वैज्ञानिक

तरीकों का प्रचार करने, नहरों और नालों की मरम्मत करके उन्हें पक्का करने तथा नालियों की पर्याप्त व्यवस्था करने की बातों को प्रचारित करने की ओर कहीं अधिक ध्यान देने की आवश्यकता है। आजकल सिंचाई विभाग का काम खेतों तक पानी पहुंचा कर समाप्त हो जाता है, जबकि यह वह चरण है जहाँ से वास्तविक सिंचाई आरम्भ होती है। सिंचाई का अर्थ केवल खेतों तक पानी पहुंचा देना ही नहीं है। सिंचाई के अंतर्गत जल प्रबन्ध की व्यवस्था भी निहित है और यह काम टेक्निकल जानकारी की अपेक्षा रखता है और साधारण या यहाँ तक कि प्रगतिशील किसानों के अभ्यास रहित साधनों से कहीं परे है। विशेष योग्यता प्राप्त सिंचाई विस्तार सेवा कर्मचारियों की भारी संख्या में आवश्यकता है। आज ऐसे कर्मचारियों का लगभग पूरी तरह अभाव पाया जाता है। पानी का अधिकतम उपयोग करने के लिये भूमि को समतल करने तथा श्रेणीबद्ध करने वाले भूमि सुधारों, कंटूरों के आसपास सिंचाई करने तथा पानी के बहाव को नियंत्रित रखने की भी आवश्यकता है। आवश्यकता से अधिक सिंचाई करके खेतों को पानी से भर देने और नालियों की उचित व्यवस्था न करने के परिणामस्वरूप पानी भरने की गम्भीर समस्यायें प्रस्तुत हो सकती हैं और फसलों को भी क्षति पहुंच सकती है। यह आश्चर्य की बात है कि कई सिंचाई योजनाओं में नालियों की व्यवस्था के बारे में अब सोचा जा रहा है, जबकि इसकी व्यवस्था पर्याप्त अध्ययन करके आरंभ में ही कर दी जानी चाहिये। इसी प्रकार पानी बचाने के नाम पर कम सिंचाई करके भी पैसे की बचत नहीं होगी और सम्भवतः उन कई कारणों में से यह भी एक है कि देश को कुछ विशाल नदी घाटी योजनाओं से बेहतर लाभ क्यों नहीं प्राप्त हो पाया है। विस्तार सिंचाई के कारण दोहरी फसलें नहीं उग पातीं। आज 35 करोड़ एकड़ भूमि में बीज बोये जाते हैं। और सिंचाई उसके केवल 15 प्रतिशत भाग तथा सींची जाने वाली जमीन में 12 प्रतिशत भाग तक सीमित है। कन्टूरों पर बांध बनाने तथा शुष्क खेती की विधियों में सुधार लाकर पैदावार में आश्चर्यजनक वृद्धि की जा सकती है।

वास्तव में पैकेज प्रोग्राम और भूमि सुधार उस दिशा की ओर संकेत करते हैं, जिधर भारतीय कृषि को चलना है। पैकेज जिलों की पहली पीढ़ी में सघन विस्तार के प्रति आमतौर पर संतोषजनक प्रतिक्रिया पाई गई है। पैकेज जिलों

की संख्या जल्दी-जल्दी बढ़ा देने से गुणवत्ता का बलिदान होने की संभावना है जैसा कि सामुदायिक विकास योजना तथा सहकारी आंदोलन के क्षेत्रों में देखने में आ रहा है। ऐसा नहीं होने देना चाहिए।

अधिक सघन खेती के कारण मशीनीकरण भी बढ़ेगा। देश के कई भाग में आज बिजली से चलने वाले हलों तथा हल्के ट्रैक्टरों की काफी मांग है। बैलों का रखना खर्चीला होता जा रहा है। बेकार मवेशी और भूमि संरक्षण एक ही समस्या के दो पहलू हैं। दोनों को कहीं अधिक दृढ़ता के साथ हल किया जाना चाहिए।

यदि भारतीय कृषि में उत्पादन को गुजर-बसर के स्तर से ऊपर उठाकर बाजारों में अतिरिक्त माल भेजने की स्थिति में आना है तो कृषि की सफलता के लिए किसानों को सही रूप में प्रेरित करना आवश्यक है। सहकारी आन्दोलन मूल्यों तथा मंडियों के प्रोत्साहन के लिए वातावरण तैयार करने और उसे उत्तेजित करने का काम कर सकता है, परन्तु काश्तकार को नई आवश्यकताओं के प्रति जागरूक बनाना भी आवश्यक है ताकि वह अधिक प्रयास कर सके। साइकिलें, विद्युत टार्च, रेडियो, जूते, अच्छे कपड़े, ईंटों के पक्के मकान, तथा घड़ियां देहाती जीवन में प्रवेश करने लगी हैं। इन चीजों की मांग दिन दूनी रात चौगुनी बढ़ती जाएगी और यह आवश्यक हो जायगा कि गांव में बिक्री के लिए आम इस्तेमाल तथा साधारण ''विशाल वस्तुओं'' को सस्ते और मजबूत माल के रूप में अधिक से अधिक मात्रा में तैयार किया जाय। भारतीय कृषि की कायापलट से देहात के वातावरण में क्रांतिकारी परिवर्तन आ जाएगा और इसके फलस्वरूप कृषि को भी बल मिलेगा। भारत में गरीबी के विरुद्ध संघर्ष उसके गांवों में ही जीता या हारा जाएगा।

(16 फरवरी 1969, संजीवन साप्ताहिक)

3 विकास की राह पर

पंचवर्षीय योजनाओं का सतही सर्वेक्षण करने पर पता चलता है कि कई क्षेत्रों में प्रगति ऐसे स्तर तक पहुंच गई, जहाँ से दीर्घकालीन विकास की संभावनाएं धुंधले रूप में प्रकट होने लगी हैं। निचले स्तर पर धीरे-धीरे प्रगति का आधार तैयार हो रहा है। एक औसत भारतीय जिसे महंगाई, अन्न की कमी, बेरोजगारी, अनुचित लाभ उठाने की प्रवृत्तियों तथा नौकरशाही के कारण ढील-ढाल का सामना करना पड़ता है, घटनाचक्र को तटस्थ रूप से देखता है। और देश में जो कुछ करने का प्रयास किया गया है या जो उपलब्धि हासिल हुई है उसके प्रति उसमें उदासीनता का भाव पाया जाता है।

निस्संदेह प्रगति असंतुलित रूप में हुई है और कई क्षेत्रों में वह निराशाजनक है। घपले हुए हैं, ढील-ढाल और बर्बादी पाई गई है। परन्तु फिर भी देश के एक या दूसरे भाग में अर्थव्यवस्था के लगभग प्रत्येक क्षेत्र में जो महत्वपूर्ण उपलब्धियाँ देखने में आई हैं उनसे साबित होता है कि व्यापक सफलता की संभावनाएं विद्यमान हैं। यही नहीं, यदि विकास की गति धीमी भी रही है (योजना में 5 प्रतिशत प्रतिवर्ष वृद्धि की कल्पना की गई थी, जबकि पिछले दो या तीन वर्षों में केवल लगभग 2.5 प्रतिशत की वृद्धि हुई है।) तो भी इसका अर्थ आवश्यक रूप में जड़ता नहीं है।

आर्थिक ढांचे का स्वरूप बदल गया है। बांधों, फैक्ट्रियों तथा अन्य सम्पत्ति, कई प्रकार की टेक्निकल तथा संगठन सम्बन्धी चतुराई, संस्था प्रबंधन तथा परिवर्तनशील दृष्टिकोणों के रूप में नये संभाव्य साधन जुट गये हैं। आलस्य दूर करने तथा अर्थव्यवस्था को और गतिशील बनाने के लिए यह बातें महत्वपूर्ण हैं। जो उपलब्धियां हासिल हुई हैं उनसे प्रोत्साहित न होना दूषित मनोवृत्ति कहलायेगी। साथ ही यह सोच लेना भी अपने-आपको धोखा देना होगा कि इससे अधिक प्रगति नहीं हो सकती थी। यदि देश को अधिक उद्देश्यपूर्ण रूप से आगे बढ़ना है, और बढ़ना तो है ही, तो योजनाओं को लागू

करने की सारी मशीनरी को काफी सुधारना और पुष्ट करना होगा। हमें दोहरी खाई भरनी है : वह खाई जो आवश्यकताओं और योजनाओं के बीच पाई जाती है तथा वह खाई जो योजनाओं और उनके काम के बीच पाई जाती है। पहली निर्धनता की खाई है और दूसरी प्रशासनिक तथा राजनीतिक असफलता प्रदर्शित करती है।

कृषि के क्षेत्र में आलस्य या सुस्ती का वातावरण सबसे अधिक स्पष्ट झलकता है और यदि इस क्षेत्र में प्रगति न हुई, तो अन्य सभी क्षेत्रों की प्रगति लड़खड़ाकर अन्ततः हमें असफलता ही प्रदान करेगी। परन्तु एक और निहित प्राथमिकता जनसंख्या की वृद्धि को रोकने की है, जिस पर अधिक जोर दिया जाना चाहिए। भारत में जिस दर से आबादी बढ़ रही है उस दर से और कोई चीज नहीं बढ़ रही है। स्वतन्त्रता के बाद 16 वर्षों में देश की आबादी 12 करोड़ बढ़ी जो पाकिस्तान, नेपाल और लंका की मिली-जुली आबादी के बराबर है। यदि सुधरी हुई स्वास्थ्य सुविधाओं के कारण मृत्यु-दर में और कमी आयी तो एक करोड़ प्रतिवर्ष जनसंख्या की वृद्धि की फिलहाल दर में और वृद्धि हो सकती है।

तीसरी पंचवर्षीय योजना में अनुमान लगाया गया था कि 1961 और 1976 के बीच काम करने वाले लोगों की संख्या सात करोड़ बढ़ जाएगी। इतने लोगों के लिए 'जो पैदा हो चुके हैं' रोजगार जुटाना, इनका पेट भरना, कपड़ा, मकान, स्कूलों आदि की व्यवस्था करना तथा आवश्यक सामाजिक सेवाएं जुटाना और अंततः नवजात बच्चों की निरंतर बढ़ती हुई संख्या के लिए रोजगार की व्यवस्था करना स्पष्ट रूप से एक इतनी भारी समस्या है कि उस पर जितनी जल्दी सम्भव हो काबू पा लेना चाहिए। सरकार ने परिवार नियोजन की नीति अपनायी है, जिसका व्यापक उद्देश्य अगले दस वर्षों में गर्भ-निरोधी उपायों तथा प्रति हजार में से 5 की नसबंदी कर जन्म दर 50 प्रतिशत घटाना है ताकि इन 10 वर्षों में जनसंख्या 60-65 करोड़ पर पहुंचकर रुक जाए। शताब्दी के अन्त तक 75-80 करोड़ से अधिक न बढ़े। देश के सभी भागों में परिवार की संख्या सीमित रखने के प्रति लोगों ने संतोषजनक प्रतिक्रिया व्यक्त की है और शहर हो या देहात जहाँ कहीं भी गर्भ निरोधी उपायों का प्रचार किया गया है सभी आर्थिक वर्गों के लोगों ने उन्हें स्वीकार किया है। यह दूसरी बात

है कि सामाजिक, सांस्कृतिक तथा संगठन सम्बन्धी अनेक करणों से उनका उपयोग सीमित रहा है। परन्तु फिर भी परिवार-नियोजन के क्षेत्र में वास्तविक प्रगति केवल महाराष्ट्र और मद्रास में ही देखने में आई है और वहाँ भी सीमित स्तर पर।

इस बीच जनशक्ति के साधन का उपयोग भी जारी रहना चाहिए। लोगों को पर्याप्त भोजन मिलना चाहिए, लेकिन अपना भोजन जुटाने के लिए उन्हें काम दिया जा सकता है। आज देश में भारी संख्या में जिस प्रकार लोग बेराजगार अथवा अर्ध-रोजगार की स्थिति में पाये जाते हैं, वह देश के लिए आर्थिक दृष्टि से क्षतिपूर्ण और राजनीति.क दृष्टि से खतरनाक है। बेकार जनशक्ति का उपयोग एक ऐसी चुनौती प्रस्तुत करता है, जिसका पूरी तरह सामना नहीं किया गया है। लोगों को काम चाहिए। परन्तु श्रमदान अथवा ग्राम स्वयंसेवी सेवा द्वारा उनसे मुफ्त या अनिवार्य रूप से काम लेना अनुचित है। लोग केवल सीमित उद्देश्यों या विशेष अवसरों पर ही मुफ्त मेहनत करेंगे और यह व्यवस्था स्थायी नहीं हो सकती। परन्तु यदि काम के बदले लोगों को नकदी या चीजों के रूप में इतना पैसा दिया जाय कि वह गुजर-बसर के स्तर से अधिक और बाजार की मजदूरी के भाव से कुछ कम हो तो निश्चय ही देश के कई भागों में और ऐसे मौसम में जब खेती-बाड़ी का काम ढीला रहता है, काफी लोग उसकी ओर आकर्षित होंगे। काम की कमी नहीं है। कृषि तथा गांवों के पुनर्निर्माण कार्य के लिए मेहनत-मजदूरी करने वाले इतनी अधिक लोगों की जरूरत है कि वे मामूली ज्ञान और साधारण औजारों द्वारा बहुत-कुछ कर सकते हैं। इस काम के अन्तर्गत बंजर जमीन को उपजाऊ बनाना, नये जंगल उगाना, भूमि संरक्षण के उपाय करना, बाढ़ नियंत्रित रखने का उपाय करना, सिंचाई, जलाशयों तथा खेतों की नालियों की मरम्मत तथा देखभाल, देहात में जल योजनाएं, सड़क निर्माण इत्यादि अनेक काम शामिल हो सकते हैं। जिस बात की आवश्यकता है वह यह है कि जिन कामों को पूरा करने की जरूरत है उनके लिए बेकार बैठे हुए लोगों को संगठित करने में नेतृत्व तथा संगठन क्षमता का परिचय दिया जाय। कोसी अपनी बाढ़ से सदा त्रास फैलाती है। उसके दोनों ओर 70 मील से भी अधिक लम्बे पुश्ते बनाकर बाढ़ रोकने का काम 1958 में जिस प्रकार अनुमानित खर्च तथा कम समय में सम्पन्न हो गया

वह इस बात का उदाहरण है कि जन सहयोग से क्या-क्या हासिल किया जा सकता है। श्रमिक सहकारी संगठनों द्वारा संगठित 40 हजार से भी अधिक स्थानीय स्त्री-पुरुषों तथा आमतौर पर ठेकेदारों के साथ काम करने वाले मजदूरों ने इस योजना में योगदान दिया। परिणामस्वरूप बहुत लाभ प्राप्त हुआ। मजदूरी के कारण आमदनी बढ़ गई और 1958 में केवल एक वर्ष बाढ़ की रोकथाम के कारण जो बचत हुई वह सम्भवतः पुश्ते बनाने के काम पर आने वाले खर्च के एक बहुत बड़े भाग के बराबर थी। इसी प्रकार के तथा अनेक छोटे अवसर देशभर में किसी-न-किसी रूप में मौजूद हैं।

भांति-भांति के कामों के लिए बजट में मंजूरी है और वित्तीय साधन मौजूद हैं। आवश्यकता इस बात की है कि संगठन तथा जनशक्ति आयोजन के नये तरीकों से काम लिया जाय। प्रत्येक काम यदि समय से ज़रा भी पहले अच्छे रूप में पूरा हो गया तो भारी बचत होगी तथा ऐसे नये साधन जुट जाएंगे, जिनसे भविष्य में और अधिक विकास, रोजगार, उत्पादन तथा आमदनी की सम्भावनाएं बढ़ जाएंगी। एक और उदाहरण लीजिये। फरीदाबाद का निर्माण, जो अब एक समृद्ध औद्योगिक नगर है, स्वतन्त्रता के फौरन बाद उत्तर-पश्चिमी सीमांत प्रदेश से आये हुए ऐसे शरणार्थी व्यापारियों ने किया जो अपना व्यापार खोने के बाद राज और बढ़ई का काम करने लग गये थे। विस्थापितों के रूप में इन्हें जो सहायता दी जाती उसी को मजदूरी के रूप में देने का परिणाम यह हुआ कि एक नये नगर का विकास हो गया।

देश-भर में परियोजना के स्थलों पर भारी संख्या में लोगों का पेट भरना एक समस्या का रूप धारण कर सकता है। परन्तु इसका हल विद्यमान है। विदेशी सहायता के अन्तर्गत गेहूँ की लगातार पर्याप्त सप्लाई मिलने का आश्वासन प्राप्त है और इसके अन्तर्गत मिले अन्न को मजदूरी के रूप में बांटा जा सकता है। अधिकांश स्थानों में मजदूरों के रहने की समस्या भी सामने आयेगी। मामूली तम्बू भी पर्याप्त होंगे। इन कामों के लिए टेक्निकल निरीक्षण, प्रशासन और लेखा सम्बन्धी एक संगठन तथा डॉक्टरी सहायता जैसी बातें आवश्यक होंगी। परन्तु इस समस्या को भी इंटरमीडिएट या यूनिवर्सिटी की परीक्षा पास करने वाले विद्यार्थियों को उनकी पहली डिग्री या डिप्लोमा के बाद एक वर्ष या अधिक समय तक इन कामों में लगाया जा सकता है और

चुने हुए विद्यार्थी लिए जा सकते अथवा सभी विद्यार्थियों के लिए ऐसा करना अनिवार्य किया जा सकता है। आजकल महाराष्ट्र में इंजीनियरिंग तथा चिकित्साशास्त्र पढ़ने वाले विद्यार्थियों से कॉलेज भर्ती अनुबंधों पर हस्ताक्षर ले लिए जाते हैं कि वे ग्रेजुएट बनने के बाद एक या दो वर्ष तक राज्य सरकार को अपनी सेवाएं अर्पित करेंगे अन्यथा उस राशि के बराबर रकम लौटा देंगे जो सरकार उनकी पढ़ाई के खर्च पर अनुदान के रूप में अदा करती है। राष्ट्रीय स्तर पर सभी विद्यार्थियों को उपरोक्त कार्यों के लिए भर्ती करने की प्रणाली शिक्षा को एक नया स्वरूप प्रदान करेगी, शहरों और देहातों के बीच बढ़ती हुई खाई को पाटेगी, एक नई सामाजिक चेतना को जन्म देगी और विकास की गति बढ़ायेगी। इस प्रकार के कार्यक्रम के गौण परिणाम भी महत्वपूर्ण होंगे। सामाजिक शिक्षा तथा प्रौढ़ शिक्षा के लिए साधन जुट जाएंगे और गांव से शहर जाकर बसने की इच्छा रखने वालों की संख्या भी कम हो जाएगी। इसके अलावा कहीं अधिक व्यापक स्तर पर योजनाओं के काम में हाथ बंटाने और उनके प्रति गहरी दिलचस्पी दिखाने की भावना को भी बल मिलेगा।

आजकल आयोजन की जो कमजोरियाँ हैं उनमें से एक यह भी है कि साधारण नागरिक योजना में हिस्सा बंटाने की भावना से, चाहे योगदान निजी स्तर पर हो या पेशेवर स्तर पर, वंचित है। निश्चय ही योजनाएं तैयार करने के आरम्भिक दिनों में उद्योगों, अर्थशास्त्रियों तथा कुछ अन्य लोगों से परामर्श किया जाता है, परन्तु ज्योंही योजनाएं तैयार होती हैं उन्हें केवल एक प्रशासनिक कार्य समझ लिया जाता है और आमतौर पर उसे पूरा करने में अन्य लोग अपने को केवल दर्शक या आलोचक के रूप में पाते हैं। यह एक गम्भीर मनोवैज्ञानिक कमजोरी है। आज योजनाओं के प्रति जनसाधारण में भावनात्मक दायित्व का अभाव है।

आयोजन सम्बन्धी कार्य-विधि को इस प्रकार सुधारा जाना चाहिये कि विभिन्न स्तरों पर प्रबंधकों, टेक्नोलॉजी के जानकारों, अर्थशास्त्रियों, विधायकों, मजदूरों, किसानों तथा अन्य नेताओं से निरन्तर योजनाओं के स्वरूप को सुचारू बनाने में भी सहायता मिले। विकास के हर कार्यक्रम में परिवर्तन निहित है, परंतु नये विचारों तथा उपायों को इस दृष्टि से भी तोलना आवश्यक है कि टेक्निकल रूप से अमुक विचार कितने सम्भव हैं तथा उनके सम्बन्ध में

लोग किस सीमा तक संतोषजनक प्रतिक्रिया व्यक्त करेंगे। ग्रामीण कार्यक्रमों के संबंध में लखनऊ स्थित अनुसंधान संस्थान ने सराहनीय कार्य किया है। अन्य स्थानों में भी इस प्रकार की संस्थाओं की आवश्यकता है। भारतीय आयोजन को अभी समाजशास्त्रीय, गणना तथा संचार-संस्थाओं का पर्याप्त समर्थन प्राप्त नहीं है। सामाजिक अनुसंधान कम्प्यूटरों द्वारा आंकड़ों के संग्रह, रेडियो तथा चलते-फिरते सिनेमा का विकास-कार्यों में सहायक वस्तुओं के रूप में कहीं अधिक कारगर इस्तेमाल किया जा सकता है।

भारत जैसे देश में, जो आकार की दृष्टि से महाद्वीपीय है, जहाँ कई भाषाएं हैं तथा अनपढ़ों तथा अर्धसाक्षरों की संख्या बहुत अधिक है, रेडियो तथा चलते-फिरते सिनेमा का दूर संचार साधनों के रूप में बड़ा ही महत्व है। पुस्तकों अथवा समाचारपत्रों की अपेक्षा वे कहीं अधिक घरों तथा लोगों के दिमाग तक पहुंच सकते हैं और इस कारण अपने सर्वोत्तम और व्यापक अर्थ में सर्वसाधारण को शिक्षा तथा सूचना देने के लिए शक्तिशाली साधन हैं। घिसे-पिटे नौकरशाही दृष्टिकोण के कारण इन साधनों का लाभ उठाने का अवसर हाथ से फिसल गया है। देहाती रेडियो कार्यक्रमों तथा शिक्षा-सम्बन्धी प्रसारणों के भीतर जो असीम शक्ति निहित है उसे पूरी तरह नहीं पहचाना गया है।

योजनाओं के अंतर्गत बढ़िया काम होने से जो सुधार होगा, उसके साथ-साथ विभिन्न कार्यक्रमों की संख्या का बढ़ना भी आवश्यक है। योजना बनाते समय यह प्रवृत्ति पाई जाती है कि समूचे राष्ट्रीय योग पर अधिक ध्यान दिया जाता है। परन्तु यदि स्थानीय साधनों, परिस्थितियों और आवश्यकताओं के अनुरूप इस कुल राष्ट्रीय योग को क्षेत्रीय, राज्य, जिला, खंड और यहाँ तक कि ग्राम योजनाओं में बांटा न गया तो इसका कोई अर्थ नहीं होगा। सौभाग्य से निचले स्तर से जिला योजनाएं बनाने का अवसर तथा सामग्री पंचायती राज के कारण उपलब्ध है। राज्य की योजना को एक कड़ी के रूप में काम करना चाहिये, जिसका सम्बन्ध एक ओर राष्ट्रीय योजना से हो तो दूसरी ओर जिला योजनाओं से।

निस्संदेह पंचायती राज के कारण प्रशासनिक व्यवस्था के आकार में महत्वपूर्ण परिवर्तन हो रहा है। व्यापक परिपाटी एक-सी है। अन्तर केवल

वितरण का है। महाराष्ट्र में प्रमुख संस्था जिला परिषद है और राजस्थान, कर्नाटक, पंजाब तथा उड़ीसा में पंचायत समिति। दो बातें स्पष्ट हैं। पंचायतराज के कारण नये और युवा नेताओं की एक ऐसी पीढ़ी प्रकट हो गई है, जिसने अपने जुझारू कार्यों तथा लोगों के साथ मेलजोल के कारण विधानसभा सदस्यों के लिए चुनौती खड़ी कर दी है। इसका राज्यों की राजनीति पर भारी प्रभाव पड़ेगा। इसके कारण और तेजी से प्रगति करने की स्थानीय अभिलाषाएं भी जाग्रत हो गई हैं, हालांकि वे आवश्यक रूप में पूरी नहीं हुई हैं। परिणामस्वरूप स्थानीय दायित्वों के प्रति एक नई चेतना जागी है और स्थानीय आवश्यकताओं को कहीं अधिक सजग होकर पहचाना जाने लगा है। जहाँ भी पंचायतीराज के कारण इस किस्म के नेता पैदा हुए हैं, वहाँ प्रगति अवश्य स्पष्ट रूप में देखने में आई है।

परन्तु पंचायतीराज की अपनी समस्याएं भी हैं। चुनाव के कारण जातियों का आपसी वैमनस्य बढ़ गया है। गांव की राजनीति में गुटबंदियाँ पैदा हो गई हैं। कई राज्यों में सरपंच का सीधा चुनाव होने के कारण सरपंचों को पंचायतों का प्रभुत्व प्राप्त हो गया है। निर्वाचित प्रतिनिधियों तथा अधिकारियों के बीच सम्बंधों में सदा तनाव रहा है, परन्तु शायद समय के साथ-साथ एक-दूसरे को अधिक पहचानने और रियायतें देने की प्रवृत्ति भी उभरने लगेगी। हिसाब-किताब रखने का काम भी सदैव संतोषजनक नहीं रहा है और भाई-भतीजावाद तथा छोटे-मोटे भ्रष्टाचार के समाचार मिलते रहते हैं। कर्मचारियों तथा साज-सामान-सम्बंधी रुकावटें अब भी बनी हुई हैं।

हर स्तर पर योजनाओं को लागू करने का प्रमुख भार प्रशासन के कंधों पर है। आज की परिस्थिति में एक उत्साहवर्धक बात यह पाई जाती है कि सार्वजनिक क्षेत्र हो, वैज्ञानिक संस्थायें हों या पंचायती राज हो, युवक वर्ग प्रशासनिक तथा प्रबंध-सम्बंधी जिम्मेदारी संभाल रहा है। यह महत्वपूर्ण है क्योंकि नई पीढ़ी के लोग भविष्य के प्रति अधिक निष्ठावान हैं और बीते युग की रीतियों के साथ बंधे नहीं हैं। आज सरकार केवल कानून और व्यवस्था बनाये रखने या मालगुजारी जमा करने के लिए नहीं बनी है। उसका काम आयोजन तथा विकास का है। प्रशासन का काम आज केवल चीजों को सुरक्षित और बनाये रखना ही नहीं है, बल्कि उन्हें बदलना और नई रचना करना भी है। उसका काम नकारात्मक नहीं अधिक सकारात्मक है।

परंतु प्रशासनिक प्रणाली में अब भी पुरानी रीतियों और परिपाटियों का अनुसरण किया जाता है। कार्यविधियाँ बोझिल तथा अनावश्यक रूप से पेचिदा हैं। देर स्थानीय कारणों से लगती है, क्योंकि कार्यविधि में समय की अपेक्षा सम्बद्ध अधिकारी के गौरव का ध्यान अधिक रखा जाता है। कार्यविधि–सम्बन्धी चतुराई वहाँ दिखाई जानी चाहिए जहाँ अधिक भुगतान या धोखाधड़ी को रोकने का मामला हो। कार्यविधि के नाम पर होने वाली बचत अक्सर उस भारी नुकसान का अंशमात्र होती है जो फैसलों में देर होने के कारण उठानी पड़ती है। समय ही धन है और इस कारण समय एक साधन भी है। पर दुर्भाग्यवश सरकार इस तथ्य को अक्सर नज़रअंदाज कर देती है। एक ऐसी व्यवस्था में जो योग्यता के लिए पुरस्कार नहीं देती या बेवकूफी अथवा असावधानी करने वाले को दंड नहीं देती, जहाँ फैसले की निष्कपट गलतियों को भी शंका की दृष्टि से देखा जाता है और घटना के कई दिन बाद तक भी सार्वजनिक पूछताछ चलती रहती है, वहाँ पहल दिखाने वाले व्यक्ति को कोई प्रोत्साहन नहीं मिलता।

मौजूदा नौकरशाही में अब भी काफी हद तक हरफनमौला प्रशासक का पक्ष लिया जाता है, परन्तु यह पूछा जा सकता है कि टेक्निकल ट्रेनिंग या अनुभव के आधार पर जो व्यक्ति उससे अधिक योग्य है उनकी तुलना में उसे आखिर सर्वज्ञ कैसे मान लिया जाता है। यहाँ आशय यह नहीं है कि ऊपर से नीचे तक सभी टैक्नोक्रेट भर दिये जायें, परंतु प्रशासन के उच्चतम स्तरों पर काफी संख्या में टेक्निकल जानकारों की अधिकारियों के रूप में नियुक्ति कर दी जाय तो सम्भवतः वैज्ञानिकों और टैक्निक्रेटों को ऊंचे से ऊंचे पदों तक पहुंचाने का अवसर मिलेगा और साधारण फैसलों में देर कम लगेगी और वे अच्छे तथा माकूल फैसले भी होंगे। प्रशासक वर्ग के लोग ऐसे हैं, जिनकी नियुक्ति आज इस्पात कारखानों में होती है तो कल रासायनिक खाद कारखानों में और अगले साल उनसे विद्युत उत्पादन का कामकाज देखने को कहा जाता है। ऐसा व्यक्ति उस हीरो के समान है जो तैरना नहीं जानता किन्तु उसे छटपटाने के लिए तालाब के गहरे पानी में छोड़ दिया जाता है। विशेष रूप से जिला स्तर पर और उससे नीचे कर्मचारियों के तबादले आये दिन एक स्थान से दूसरे स्थान पर होते रहते हैं और यह अच्छे प्रशासन कार्य के मार्ग में एक

बहुत बड़ी अड़चन है। यह ऐसी व्यवस्था के परिणाम का ही एक भाग है, जिसमें वरिष्ठता की सीढ़ी चढ़ने के आधार पर पदवृद्धि की जाती है।

जनशक्ति तथा रुपये पैसे के सीमित साधनों को कारगर ढंग से केंद्रित करने के स्थान पर उन्हें दूर-दूर छितराने से बर्बादी बढ़ती है। यदि 'सबके समान लाभ' वाली भ्रांत धारणा के अनुसार काम न किया जाता तो यह बर्बादी भी रुक सकती थी, जो देश के लिए बड़ी खर्चीली साबित हो रही है। परिणामस्वरूप ढंग का काम किसी भी व्यक्ति के पास नहीं है।

अनेक विस्तृत नियंत्रणों के कारण कार्यविधि पेचीदा हो जाती है। उससे काग़जी कार्रवाई बढ़ जाती है और ढील-ढाल होने लगती है। इस कारण यह आवश्यक है कि इन बातों की निरंतर समीक्षा की जाती रहे ताकि अनावश्यक नियमों की छंटनी होती रहे। ऐसा कभी-कभी किया अवश्य जाता है, परंतु पर्याप्त रूप से नहीं। पिछले कुछ वर्षों में प्रशासन का पुनर्गठन किया गया है, वित्तीय और कार्यकारी विभागों को अधिक अधिकार दिये गए हैं और कई अध्ययनों के आधार पर कार्यविधियों को आसान बनाया गया है। परंतु कार्यविधि आसान बनाने का काम निरंतर चलते रहना चाहिए। विकास-कार्यों के बारे में अपर्याप्त पूर्व आयोजन के लिए कार्य-विधियां तथा प्रशिक्षण प्राप्त कर्मचारियों की कमी समान रूप से जिमेदार हैं। राज्यों में पर्याप्त सोच-विचार के बाद जो प्रस्ताव तैयार किये जाते हैं, उनकी सम्बद्ध केंद्रीय मंत्रालय तथा योजना आयोग द्वारा फिर जांच की जाती है। परामर्श तथा तालमेल निश्चय ही लाभदायक होते हैं, परंतु समानांतर अधिकारी यदि बार-बार एक ही प्रस्ताव पर विचार करते रहें तो वह कष्टकारी बन जाता है। दूसरी ओर कभी-कभी योजनायें आरम्भ करने वाले विश्वसनीय तथा विस्तृत टेक्निकल जांच-पड़ताल के बिना ही उन्हें आकर्षक रूप में प्रस्तुत कर देते हैं। परेशानियां उसके बाद शुरू होती हैं।

ठोस आयोजन या प्रशासन के मार्ग में बजट वर्ष स्वयं एक रुकावट है। बजट फरवरी-मार्च में प्रस्तुत किये जाते हैं और वित्तीय वर्ष पहली अप्रैल को आरम्भ होता है। बजट में मंजूर की गई राशि जब तक विभागीय अधिकारियों के पास पहुंचती है मानसून भी शुरू हो जाता है। वर्षा के दिनों में प्रत्येक क्षेत्र की आर्थिक गतिविधियाँ यदि रुक नहीं जातीं तो कम-से-कम काफी हद तक ठप्प पड़ जाती हैं। अक्टूबर में काम-काज फिर शुरू होने के तुरंत बाद प्रमुख

अधिकारियों का ध्यान अगली वार्षिक योजना के लिए नई योजनायें तथा अनुमानित आंकड़े तैयार करने की ओर चला जाता है, क्योंकि दिसम्बर-जनवरी तक इन्हें प्रारम्भिक स्वीकृति के लिए तैयार रखना पड़ता है। परिणामस्वरूप उदासीन आयोजन तथा आरंभिक ढील-ढाल देखने में आती है और उसके तुरंत बाद जल्दी-जल्दी पैसा खर्च करना पड़ता है। नया बजट आने से पहले चालू वर्ष की राशि को खर्च कर डालने के प्रयास में खर्च की जाने वाली राशि के मापदंड से अधिक तोला जाता है और इस कारण बर्बादी को प्रोत्साहन मिलता है। काम करने का सीजन दो वित्तीय वर्षों में बंटा रहने के कारण काम का सही मूल्यांकन करना ही कठिन हो जाता है। वित्तीय वर्ष को बदल देना कहीं अधिक समझदारी का काम होगा। इस साधारण सुधार से बजट को आयोजन तथा आर्थिक नियंत्रण का कहीं अधिक उद्देश्यपूर्ण साधन बनाया जा सकता है, प्रशासन-कार्य सुचारू बन सकता है तथा योजनाओं का काम अच्छी तरह पूरा हो सकता है। सरकार ने न जाने किस कारण इस प्रस्ताव के प्रति बहुत ही कम रुचि दिखाई है।

राज्य सरकारें अपने अधिकारों के प्रति सचेत हैं, परंतु फिर भी केन्द्र सरकार के पास ऐसे व्यापक अधिकार हैं जो धन खर्च करने की क्षमता के कारण पुष्ट होते हैं। राज्यों की योजनाओं के लिए केन्द्र सरकार लगभग 60 प्रतिशत सहायता देती है और भारत सरकार के पास एक और कुंजी भी है क्योंकि वह विदेशी मुद्रा की मंजूरी देती है। कई अवसरों पर राज्य सरकारें आयोजन के सम्बन्ध में संकुचित दृष्टिकोण अपनाती हैं और यह बात समझ में आने वाली है।

गैर सरकारी क्षेत्र की कार्य-कुशलता पर भी, वह वाणिज्य तथा उद्योग के क्षेत्र में हो अथवा कृषि में, इस बात का उतना ही असर पड़ता है कि प्रशासन किस किस्म का है। जिस व्यवस्था को परमिट-लाइसेंस राज कहा जाने लगा है उसके लाल फीते तथा अर्थहीन कागजी कार्रवाई द्वारा निजी रूप से पहल करने वाले परास्त नहीं भी हो जाते तो कम-से-कम सीमाओं में अवश्य जकड़ जाते हैं। कायदे-कानूनों की बात अपनी सीमा लांघ जाती है। यदि सरकार इस समूची व्यवस्था में आमूल परिवर्तन न करे तो उपलब्धियाँ भी वास्तव में सीमित होकर रह जायेंगी। दूसरी ओर टैक्स प्रणाली में अनावश्यक रूप से

अस्पष्टता पाई जाती है और परिवर्तन होते रहते हैं। निजी रूप से आयोजन करने वाले इनके कारण डरे रहते हैं और सतर्कता तथा अनिश्चितता का वातावरण बना रहता है। टैक्स–सम्बंधी नीतियों में अधिक ठहराव लाना बहुत ही आवश्यक है।

आयोजन और प्रशासन सम्बंधी उपरोक्त सभी प्रश्न भविष्य की प्रगति के साथ सम्बद्ध हैं। भारत को आगे बढ़ना है। निस्संदेह स्वतंत्रता के बाद समाज के सभी वर्गों के रहन–सहन का स्तर सुधरा है। विशाल संख्या में लोग आज अच्छा खाते और पहनते दिखाई दे रहे हैं। उपभोग का आम स्तर, चाहे साबुन हो या दूध, सुधर गया है। चिकित्सा सुविधाएं अधिक व्यापक रूप से उपलब्ध हैं और पहली दो पंचवर्षीय योजनाओं के दौरान औसत आयु 32 वर्ष से बढ़कर 42 वर्ष हो गई है। मलेरिया का लगभग खात्मा हो गया है तथा अन्य संक्रामक बीमारियाँ अब कम होती हैं। स्कूलों में विद्यार्थियों की संख्या, जो 1951 में 2 करोड़ 40 लाख थी, आज लगभग 6 करोड़ हो गई है। इसी अवधि में विश्वविद्यालयों में विद्यार्थियों की संख्या दुगुनी से भी अधिक हो गई है (अर्थात् 5 लाख से बढ़कर 13 लाख हो गई है) काफी बड़ी संख्या में वजीफे मिलने लगे हैं। परन्तु कुछ मायने में शिक्षा का स्तर भी गिर गया है और असफल विद्यार्थियों की बहुत बड़ी संख्या के कारण प्रयास की बर्बादी असाधारण रूप से बढ़ गई है। फिर भी आज पहले की अपेक्षा कहीं अधिक अवसर मौजूद हैं।

परंतु इन सब बातों के बावजूद औसत भारतीय बहुत ही गरीब है। आयोजन के पहले 10 वर्षों में राष्ट्रीय आमदनी 40 प्रतिशत बढ़ी, परंतु प्रति व्यक्ति आमदनी केवल 16 प्रतिशत बढ़ी है, क्योंकि शेष वृद्धि आबादी बढ़ने के कारण विलीन हो गई है। यदि 20 रुपया महीना प्रति व्यक्ति खर्च को न्यूनतम काम चलाऊ खर्च माना जाए तो आजकल देश की लगभग 50 प्रतिशत जनता गुजर–बसर के स्तर से भी नीचे है। पोषण सलाहकार समिति ने संतुलित आहार संबंधी जो सिफारिशें की हैं यदि उन्हें ध्यान में रखकर लोग भोजन करें तो प्रति व्यक्ति 35 रुपये महीने का खर्च आयेगा, परन्तु इतना खर्च आज देश की केवल 20 प्रतिशत जनता ही वहन कर सकती है। अनुमान है कि यदि 1976 तक प्रति व्यक्ति 20 रुपये प्रति मास आमदनी के राष्ट्रीय न्यूनतम स्तर तक ही पहुंचना है तो देश को चौथी और पांचवीं पंचवर्षीय

योजनाओं के दौरान 7 प्रतिशत सालाना की रफ्तार से आमदनी बढ़ानी पड़ेगी। इससे अधिक अवधि बढ़ाये जाने की सलाह गरीबों के साथ अन्याय होगा। यदि कहा जाय कि यह लक्ष्य बहुत ही महत्वाकांक्षी है तो जवाब में हमें कहना पड़ेगा कि इससे कम लक्ष्य रखना आत्महत्या के समान है। आजकल भी भारी संख्या में लोग रोटी नहीं जुटा पाते, बेरोजगार हैं या पर्याप्त रोजगार नहीं पाते तथा बेघरबार हैं।

समस्याओं के शार्टकट हल बहुत हैं, लेकिन वास्तविक चुनौती दीर्घकालीन हल ढूंढने की है। इसका पहला और अत्यधिक महत्वपूर्ण पहलू है जनसंख्या पर नियंत्रण। दूसरा खाद्य समस्या का दीर्घकालीन हल।

यदि विशाल चौथी योजना के लिए साधन जुटाने हैं तो खर्च तथा उत्पादन के बीच का फासला कम करना होगा। मौजूदा योजनाओं–बांधों, नहरों, बिजलीघरों, फैक्ट्रियों, सड़कों आदि को जितना जल्दी सम्भव हो सके पूरा करने तथा अर्थव्यवस्था के सभी क्षेत्रों में मौजूदा क्षमता का पूर्ण उपयोग करने के प्रयासों पर केन्द्रित किया जाना चाहिए। इस कारण योजना लागू करने, उसका प्रशासन तथा प्रबंध चलाने का काम महत्वपूर्ण है। डांवाडोल दृष्टिकोण, अनिश्चितता तथा लालफीताशाही के कारण उत्पादन को क्षति पहुंची है, चीजें तैयार करने पर अधिक राशि खर्च हुई और कीमतें बढ़ी हैं। रोजमर्रा के काम में जिसे भ्रष्टाचार कहा जा सकता है उसका स्रोत ढील–ढाल तथा कमी में ही निहित है।

निस्सन्देह और तेजी के साथ प्रगति करना सम्भव है। पिछले दस वर्षों की उपलब्धियों से एक ऐसा आधार बनाने में सहायता मिली है जिसका प्रयोग अगले दस वर्षों में अर्थ–व्यवस्था को आत्म–निर्भरता की स्थिति तक पहुंचाने में तेजी के साथ काम करने के लिए किया जा सकता है। भारत को उदार रूप में विदेशी सहायता प्राप्त हुई है और वह और अधिक सहायता की आशा कर सकता है। परन्तु उसके विकास को निश्चयात्मक मोड़ केवल देशीय प्रयासों तथा संकल्प द्वारा ही मिलेगा। भारत का भविष्य आशारहित नहीं है।

(इस लेख में दिये गये आंकड़ों और भारतीय प्रशासनिक व्यवस्था पर टिप्पणियों के लिये जेसुईट फादर फोन्सेका का शुक्रगुजार हूँ। फादर फोन्सेका वैटिकन की ओर से रोम में यू एन फूड एंड एग्रीकल्चर ऑर्गेनाइजेशन के सलाहकार नियुक्त किये गये हैं।)

(18 फरवरी, 1970, संजीवन साप्ताहिक)

4 बिहार : गरीबी की मानसिकता

पंचवर्षीय योजनाओं में प्रगति के तमाम दावों के बावजूद बिहार जैसे साधन सम्पन्न राज्य में व्याप्त गरीबी गंभीर चिंता का विषय है। बिहार की अमीरी में गरीबी छिपी हुई है। भौतिक एवं प्राकृतिक दृष्टि से यह देश का सर्वाधिक संपन्न राज्य है। उत्तरी बिहार अपने हरे-भरे खेतों और बाग-बगीचों में लगे आम, लीची, केला आदि फलों के लिए काफ़ी मशहूर है। दक्षिणी बिहार की धरती के गर्भ में प्राकृतिक संपदा का अपार भंडार है। देश के कुल खनिज उत्पादन का 40.57 प्रतिशत केवल दक्षिणी बिहार से ही प्राप्त होता है, जिसमें कोयला, लोहा, अभ्रक, तांबा और बाक्साइट मुख्य हैं।

किंतु इसके बाद भी लगभग साढ़े पांच करोड़ की आबादी वाले इस राज्य के 74.47 प्रतिशत लोग गरीबी की सीमा रेखा के भीतर जीवन बसर कर रहे हैं। कुल 67,655 गांवों में से 6,512 गांवों में तो पीने का पानी भी उपलब्ध नहीं है। लोगों को एक मील से अधिक की दूरी तय कर घड़ों में भर कर पानी लाना पड़ता है। खेती पर निर्भर करने वाली 90 प्रतिशत आबादी का 38.3 प्रतिशत हिस्सा खेतिहर मज़दूरों का है, जिन्हें न रहने का ठौर है और न खाने-पीने का ठिकाना। उनकी औसत दैनिक मजदूरी ढाई-तीन रुपये की होती है।

राज्य के पूर्वी भाग में बेरोजगारी अधिक है। औद्योगिक मजदूरों की तरह संगठित न होने के कारण परिस्थिति से जूझने की क्षमता भी इनमें नहीं होती। राज्य के कुल क्षेत्र के आधे क्षेत्र में खेती होती है। इस पर भी लाखों एकड़ जमीन किसी न किसी कारण से परती पड़ी रह जाती है। अनेक योजनाओं के बावजूद अब तक फसली क्षेत्र के 10 प्रतिशत में ही सिंचाई की स्थायी व्यवस्था हो पायी है। बरसात न होने पर पानी के बिना फसल मारी जाती है। और यदि बरसात होती है तो नदियां उफन कर तैयार फ़सल को बहा ले जाती हैं। बाढ़ और सुखाड़ की दोहरी विपत्ति को एक ही साथ झेलना पड़ता है।

कृषि विज्ञान की प्रगति की रोशनी से यहाँ के गांव अभी आलोकित नहीं हुए हैं- बहुत सारे गांवों में रासायनिक खाद का इस्तेमाल अभी भी खराब समझा जाता है। उनके दिमाग में यह धारणा बैठ गयी है कि रासायनिक खाद के इस्तेमाल से खेत की उर्वराशक्ति क्षय होती है। छोटे-छोटे टुकड़ों में दूर-दूर बिखरे हुए खेतों की चकबंदी करने में किसान हिचकिचाते हैं। आदत से लाचार यहाँ के किसान कृषि विकास के नाम पर ऋण लेते हैं और खर्च करते हैं फिजूल के कामों में, जिसके कारण समय पर भुगतान नहीं हो पाता। शादी-विवाह, मृत्यु, भोज, पूजा-पाठ जैसे सामाजिक धार्मिक कामों में अधिकाधिक खर्च करके संपत्ति का प्रदर्शन उनकी प्रतिष्ठा के साथ जुड़ गया है। इसी झूठी प्रतिष्ठा को हासिल करने के लिए खेत और घर बेच-कर वे औकात से अधिक खर्च कर देते हैं और महाजनों के चंगुल में फंस जाते हैं। और फिर पुश्त दर पुश्त बाहर नहीं निकल सकते। और तब अनगिनत तरह से शोषण का अनवरत सिलसिला शुरू हो जाता है। बेगार लेने से लेकर उनकी औरतों तक पर वे अपना अधिकार जताने लगते हैं और वे भी दास भाव से सब स्वीकार लेते हैं। बरसों से चली आ रही इसी दासता से मुक्ति दिलाने के लिए प्रधानमंत्री के 20-सूत्री कार्यक्रम के क्रम में बिहार सरकार ने कुछ कठोर कदम उठाये हैं।

बिहार के लोग अत्यंत मेहनती होते हैं, लेकिन श्रम के प्रति हीन भावना आम बात रही है। वे भूखे अधनंगे रह लेंगे, मगर करेंगे वही जो उनके पूर्वज आज तक करते आये हैं। उनके लिए परंपरागत लीक से हट कर सोचना-विचारना भी संभव नहीं हो पा रहा है। हजारों साल पहले की बनी और पुष्ट होती चली आ रही मानसिकता को तोड़ने के लिए कहीं किसी कोने पर चोट पड़ती है तो वे तिलमिला जाते हैं और उनका सामंती संस्कार चिल्ला उठता है। पिछड़ी कही जाने वाली जातियों में भी इसी हीन भावना की नकल तेजी से बढ़ती जा रही है। कोइरी-कुर्मी जाति के लोग कम जमीन और थोड़े खर्च में श्रम की बदौलत अधिक फसल उगाने के लिए चर्चित रहे हैं। पर अब भी वे विधवा विवाह निषेध, दहेज प्रथा, यज्ञोपवीत जैसी जातीय मानक प्रथाओं को अपना रहे हैं। समाज में अपने को ऊंचा दिखाने की गलत मानसिकता अनुचित कर्म के लिए प्रेरित कर रही है।

जोखिम उठाने की क्षमता के अभाव के कारण यहाँ के शिक्षित युवक भी व्यवसाय और उद्योग के क्षेत्र में अग्रसर नहीं हो रहे हैं। नौकरी मिल गयी तो जीवन की सारी अभिलाषाएं, सारे अरमान मानों पूरे हो गये। शिक्षा भी कुछ इसी ढंग की है जो नौकरी के प्रति आकर्षण पैदा करती है। भारतीय प्रशासनिक एवं पुलिस सेवा की परीक्षा में बैठने के नाम पर तीन-चार साल तक अभिभावक से पैसा ऐंठना और मज़े से रहने में शिक्षित युवक अपने को गौरवांवित महसूस करते हैं और समाज में भी उन्हीं को प्रतिष्ठा मिलती है। ऐसे युवकों की तादाद बहुत तेजी से बढ़ रही है। वे छोटा-मोटा उद्योग और व्यवसाय के प्रति रुझान नहीं रखते। घर का मोह भी एक अवरोधक तत्व है। नौकरी मिले तो गांव घर के आसपास ही। नौकरी मिल जाने पर भी वे स्वार्थवश अपने पैतृक व्यवसाय-खेती या व्यापार से अलग नहीं हो पाते। नतीजा निकलता है कि न तो अपने व्यवसाय को आधुनिक बनाने की कोशिश करते हैं और न नौकरी में ही उनका मन लगता है। इससे उत्पादन में भारी नुकसान होता है, बेकारों की संख्या में वृद्धि होती रहती है। इसे तोड़ने के लिए थोड़े साहस के साथ 'एक व्यक्ति को एक काम' की नीति अपनाकर आगे बढ़ा जा सकता है।

शिक्षा के क्षेत्र में भी बिहार अन्य राज्यों की तुलना में पिछड़ गया है। 1971 में देश में साक्षरता का प्रतिशत 29.7 था, वहाँ बिहार में 19.7 प्रतिशत लोग ही साक्षर थे। शिक्षा की गति भी इतनी धीमी है कि इस शताब्दी के अंत तक राज्य में 30 प्रतिशत साक्षरता नहीं पहुंच सकेगी। आर्थिक परेशानी के कारण अपने बच्चों को पढ़ाने लिखाने में दिक़्कत तो पैदा होती ही है, सामाजिक रूढ़ियाँ भी अपढ़ रखने में अभी तक भूमिका निभा रही है। गांव में लड़कियों को पढ़ाना-लिखाना और नौकरी करने की छूट देना इज्जत के खिलाफ़ समझा जाता है। संकुचित विचार शिक्षा को बढ़ने नहीं देते। गरीबी कम हो तो कैसे? संकुचित मानसिकता समाज की प्रगति में बाधक बन रही है।

धार्मिक कट्टरता और जातीयता का जहर समाज में इस क़दर घुल गया है कि समूचा वातावरण दमघोंटू और विषाक्त लगने लगा है। राजनैतिक सामाजिक चेतना विलुप्त हो गयी है और मनुष्य ने सब कुछ ईश्वर के भरोसे छोड़ दिया है। समाज में अभी भी जातीय भेदभाव जैसी खतरनाक सामाजिक बुराइयाँ प्रोत्साहित एवं बलवती हो रही हैं। अब तो बेटी के साथ ही साथ वोट को भी

जात में देने का रिवाज चल पड़ा है। जात-पात, भात-पानी के आधार पर गांव विभिन्न कठघरों में बंट गये हैं, और रचनात्मक काम रुक गया है। जातिवाद अपने सर्वाधिक विकृत रूप में बिहार के जनमानस में घुस बैठा है।

नवीन उत्साह के अभाव में आगे बढ़ने और बढ़ते चलने की प्रेरणा नहीं मिलती। इसके लिए सबसे अधिक ज़रूरत इस बात की है कि सामंती संस्कार और उससे बनने वाली मध्यमवर्गीय मानसिकता को खत्म किया जाये। समूचे समाज में जनसंख्या की दृष्टि से महत्वपूर्ण स्थान रखने वाले मध्यमवर्ग की मानसिकता उसे ऊंचे वर्ग की ओर ताकते रहने को विवश करती है। और इस तरह मध्यमवर्ग एक ओर जहाँ ग़रीब जनता से घृणा करके अपने को उससे ऊपर विशिष्ट बनाये रखने की चेष्टा में रत है वहीं दूसरी ओर वह अपना आदर्श ऊंचे वर्ग के साथ बैठने को ही मानता है। समाज में बुनियादी परिवर्तन के लिए इस वर्ग की मानसिकता को बदलना अति आवश्यक है। यह तभी संभव है जब राष्ट्र में श्रम एवं उत्पादन को सर्वोपरि मानकर उसे प्रतिष्ठा दिलायी जाये। अनुग्रह नारायण सामाजिक अध्ययन संस्थान के प्रोफेसर हरिशंकर प्रसाद राज्य के कई एक प्रखंड़ों की समस्याएं एवं उन पर खर्च होने वाली धनराशि की विशद जानकारी के बाद इस निष्कर्ष पर पहुंचे हैं कि गांवों से अर्द्धसामंती संस्थाओं को खत्म किये बिना योजनाओं की धनराशि को जरूरतमंद लोगों तक पहुंचा पाना असंभव है। इसके लिए उन्होंने जमीन की हदबंदी की सीमा को और नीचे खिसका कर कठोर ढंग से लागू करने की ज़रूरत महसूस की है।

आजादी के बाद एक ओर निहायत निकम्मा मध्यमवर्ग पनप रहा है जो 'राजनैतिक-सामाजिक कार्यकर्ता' का बिल्ला लगाकर जिला और प्रखंड दफ्तरों में सरकारी अफसरों की चाकरी एवं दलाली करता रहता है और सही लोगों तक विकास राशि को पहुंचने नहीं देता। उसे ऊपर ही ऊपर हड़प जाता है। ऐसे लोगों पर नजर रखने की ज़रूरत है।

आर्थिक विकास तथा राज्य एवं देश को आत्मनिर्भर बनाने के लिए सबसे पहले गांवों को स्वावलंबी बनाना होगा। खेतों में सिंचाई और खाद की पर्याप्त व्यवस्था के साथ-साथ गांवों में किस्मत को कोसते, हाथ पर हाथ रख कर बैठे हुए लोगों को लघु कुटीर उद्योगों के प्रति दिलचस्पी पैदा करके बड़े पैमाने पर

उन्हें उसमें लगाना होगा, क्योंकि जब तक खेती पर से लोगों की निर्भरता कम नहीं होती है तब तक आर्थिक विकास संभव नहीं है और जब तक आर्थिक विकास नहीं होता है तब तक मानसिक पिछड़ापन दूर नहीं हो सकता।

अब तो यह साफ हो गया है कि पिछड़े क्षेत्रों में बड़े उद्योग-धंधों और विशाल कारखानों के माध्यम से खुशहाली नहीं आ सकती। इसके लिए अपार पूंजी विनियोग की जरूरत पड़ती है, जिसकी कमी पिछड़े क्षेत्रों में हमेशा बनी रहती है। ऊंची तकनीक की पूर्ति भी बाहर से यंत्र एवं विशेषज्ञ मंगाकर करनी पड़ती है और स्थानीय लोग उसके फायदे से वंचित रह जाते हैं। बिहार के बोकारो, जमशेदपुर, सिंदरी आदि जगहों में बड़े-बड़े कारखाने तो खुले, किंतु यहाँ विपन्नता में कोई खास तब्दीली नहीं आयी। गरीब जनता बड़े कारखानों के सस्ते मजदूर भर बन कर रह गयी।

अब जरूरत इस बात की है कि हजारों साल से चले आ रहे रीति-रिवाजों और उनसे उपजी जड़ मानसिकता को खत्म किया जाये और बिहार की नयी पीढ़ी के लोगों में सामूहिक विकास की ऊंची महत्वाकांक्षा जगायी जाये।

(17 जनवरी 1976, संजीवन साप्ताहिक)

5 ग्रामीण अर्थव्यवस्था में बैलगाड़ी

भारतीय गांवों के उत्पादन की संरचना सदियों से ज्यों की त्यों रही है। गांवों के अंदर कृषि और उद्योग पर आधारित आर्थिक जीवन निम्नस्तरीय और स्थिरप्राय है। कृषि और निर्माण के लिए मात्र हस्तचालित औजारों का ही उपयोग किया जाता है। जल या बिजली चालित चक्कियों का भी इस्तेमाल सीमित है।

हंसिया और हल, छेनी और आरा, चरखा और करघा पीढ़ियों से चले आ रहे हैं। फलस्वरूप उत्पादक क्षमता भी सीमित है। कारखाने में उत्पादन के लाभकर तरीके से बनाये गये सस्ते माल से प्रतियोगिता में शिल्प उद्योग और हाथ से कताई-बुनाई के तरीके से तैयार माल के न टिकने के कारण गुलाम भारत में शिल्प के ह्रास और आधुनिक तकनीक के विकास की जो प्रक्रिया शुरू हुई, वह आजादी के बाद भी जारी रही। मशीनी परिवर्तन केवल बड़े शहरों के बड़े कारखानों में सिमट कर रह गया। तकनीकी विकास और ग्रामीण जीवन दो ध्रुव हैं और इसलिए इस देश में तेज से तेज उड़ने वाले वायुयान के साथ बैलगाड़ी भी है।

भारत के गांवों में बैलगाड़ियों की वही भूमिका है जो शहरों में बस, साइकिल, रिक्शा की। यातायात के सभी साधनों के विकास के बावजूद असंख्य गांवों में जैसे पीने को पानी नहीं है, वैसे ही सड़के नहीं हैं या सड़कें और बसें गांवों से मीलों-मील दूर से गुजरती हैं। गांवों से हाट और शहर के बाजार दूर हैं। बहू-बेटियों, बाल-बच्चों के मेला देखने के लिए गाड़ी जुतती है। वक्त जरूरत रेलवे स्टेशन आना-जाना हो तो बैलगाड़ी का उपयोग होता है। गांवों के आर्थिक-सामाजिक जीवन में बैलगाड़ी अब भी महत्वपूर्ण है। गन्ना किसानों के लिए तो यह हर हाल में अनिवार्य है। गांव के हाटों या शहर के बाजारों में खरीद-बिक्री करने वाले बनिये, छोटे दुकानदारों, किसानों के लिए भी बैलगाड़ी जरूरी है। छोटे शहरों में ईंट, सीमेंट, बालू और दूसरे अनेक सामानों की ढुलाई के लिए बैलगाड़ी ही एकमात्र साधन है। एक अनुमान के

अनुसार हर साल लगभग एक लाख बैलगाड़ियाँ बनती हैं। इनसे करीब 15 से 18 अरब टन माल की ढुलाई की जाती है। देश में लगभग 13 लाख बैलगाड़ियाँ हैं, जिनकी कीमत 1000 करोड़ से ज्यादा है। बैल और गाड़ियों की मिली-जुली पूंजी इससे लगभग तीन गुना है।

देश के विभिन्न जिलों में खेतों से हाट बाजार जाने वाली फसल का 65 प्रतिशत बैलगाड़ियों पर लदता है। बैलगाड़ियों से प्रत्यक्ष-परोक्ष रूप में आय अर्जित करने वाले 15 लाख लोग हैं। बैलगाडियों के इस निर्णायक महत्व के बावजूद इसमें तकनीकी सुधार के कोई उपाय नहीं हुए हैं। बैलगाडियों के तकनीकी दोषों को दूर करके और इसके आधुनिकीकरण द्वारा ग्रामीण अर्थतंत्र में इसके योगदान को कई गुना उत्पादक, सार्थक और श्रमोपयोगी बनाया जा सकता है। लकड़ी की धुरी एवं पहिये के बदले स्टील की धुरी एवं हवावाले टायर के तथाकथित सुधार के अलावा बैलगाड़ियों की बनावट में अन्य तकनीकी परिवर्तन से सड़कों की मरम्मत पर होने वाला खर्च कम किया जा सकता है और बैलों या भैसों को क्रूरता से बचाया जा सकता है।

बैलगाड़ियों की वर्तमान बनावट कई तरह से अनुत्पादक और व्यर्थ है। इन बैलगाड़ियों की कुल भार क्षमता केवल 750 किलोग्राम है। पहिए का घूमना, पहिया तथा सड़क की सतह के बीच लगने वाला घर्षक बल और बैल का जुए से संपर्क ठीक नहीं रहने के कारण बैलों पर भयंकर जोर पड़ता है। खिंचाव बल के ह्रास के कारण बैल से खींची जाने वाली बैलगाड़ी अति धीमी चलती है और बैलों के साथ क्रूरता बरती जाती है। प्राय: बैलों का जुआ उनकी ऊंचाई के बराबर जमीन के समानांतर नहीं रहता है, जिससे पशुओं को न केवल पूरा घर्षण बल बल्कि सामानों का ज्यादा बोझ बर्दाश्त करना पड़ता है। इससे बैलों के खिंचाव बल और रफ्तार का ह्रास होता है, जबकि जुआ बैलों की ऊंचाई के बराबर जमीन के समानांतर रहने से न केवल जानवरों पर सामानों का कम बोझ पड़ता है, बल्कि खिंचाव बल और गति का भी ह्रास नहीं होता। गांवों की कच्ची, गड्ढेदार रास्तों में लकड़ी के बड़े व्यासवाले पहिए टिकाऊ होते हैं। गांवों के रास्ते में हवा वाले पहिए धंस-फंस जाते हैं। लेकिन लकड़ी के यही पहिए पक्की सड़कों को नुकसान पहुंचाते हैं। लकड़ी के पहियों के दबाव से पक्की सड़कों पर बिछे गिट्टी, रोड़ा, कोलतार दरकते धंसते

और टूटते हैं। बैलगाड़ियों में कोई 'ब्रेक' नहीं है और इस कारण पशुओं को चोट लगती है।

बंगलौर और कोयंबटूर जिलों में विभिन्न बनावट वाली बैलगाड़ियों के सर्वेक्षण के आधार पर निकाले गये निष्कर्षों के अनुसार बैलगाड़ियों और बैलों की औसत कार्यक्षमता लगभग दस घंटे हैं। साधारण बैलगाड़ी की औसत लागत लगभग 1000 से 1500 रुपये है। दो बैल और शेड सहित बैलगाड़ी की औसत लागत लगभग 3400 रुपये हैं। आवागमन एवं अन्य रूप में प्रति वर्ष इस बैलगाड़ी से औसत 3850 रुपये मिलते हैं। गाड़ी और बैलों के रख-रखाव का खर्च 2600 रुपये आंका गया है। दस प्रतिशत अन्य छूटें के पश्चात प्रति वर्ष 500 रुपये शुद्ध आय होती है, जो काफी कम है।

पुराने ट्रक की धुरी और टायरों वाली बैलगाड़ियों की औसत लागत 1500 रुपये है। बैलों और शेड सहित इसकी कुल लागत 5,500 रुपये हैं। इन बैलगाड़ियों की भार क्षमता लगभग 2 टन है। जिससे प्रति वर्ष लगभग 3236 रुपये का लाभ होता है। सभी दूसरे खर्च 2026 रुपये होते हैं। इसमें लाभ की दर सबसे ज्यादा 30 प्रतिशत है। स्टील की धुरी तथा सवारी गाड़ी के टायरों वाली बैलगाड़ी की कुल लागत बैल और शेड सहित लगभग 6230 रुपये है, जिसकी भार क्षमता औसत 2.5 टन है। इससे प्रतिवर्ष लगभग 3457 रुपये आय होती है जो 30 प्रतिशत से कुछ ज्यादा है। चार पहिए स्टील की धुरी और लगभग 4 टन भार वहन करने वाली बैलगाड़ी की लागत बैल और शेड सहित लगभग 10,250 रुपये है। विभिन्न छूटें और सूद के भुगतान के बाद इससे प्रतिवर्ष 2,255 रुपये की आय होती है। लाभ की यह आंतरिक दर केवल 16.5 प्रतिशत है।

इस तरह गांवों की आम बैलगाड़ियों की भार क्षमता (500-750 किलोग्राम), इससे होने वाली आय (7 प्रतिशत), इसका टिकाऊपन और इसकी लागत को देखते हुए दूसरे तीन तरह की बैलगाड़ियों की तुलना में निहायत कम है, कच्चे माल के रूप में ट्रक की धुरी, टायर, बाल बेयरिंग, ब्रेक, मोबिल से युक्त ठीक अनुपात में लंबाई और चौड़ाई वाली बैलगाड़ी उत्पादक और उपयुक्त है, जिसकी लागत कम और लाभ की दर 30 प्रतिशत से भी ज्यादा है। बैलों का भी स्वस्थ और पुष्ट होना जरूरी है। दरअसल काफी हद तक भारतीय ग्रामीण अर्थतंत्र बैलगाड़ी के इर्द-गिर्द घूमता है।

एक विशाल देश की विशाल ग्रामीण आबादी की पुरानी तकनीक और श्रम की निम्नस्तरीय उत्पादनशीलता को उपलब्ध तकनीकी माध्यमों एवं वैज्ञानिक जानकारियों के जरिए कहाँ तक उत्पाद और बेहतर बनाया जा सकता है, जिसमें यहाँ बैलगाड़ी सिर्फ एक उदाहरण है।

(21 फरवरी, 1981, दस्तावेज)

6 क्या विनाश के बिना विकास संभव नहीं

पिछले दो दशकों की अंतर्राष्ट्रीय आर्थिक नीतियों ने एक ओर जहाँ नये अर्थतंत्र की बहस को जन्म दिया, वहीं दूसरी ओर उक्त सिद्धांतों की मान्यताओं के सामने प्रश्न चिन्ह भी लगा दिया है। आज हम समय के उस मोड़ पर खड़े हैं जहाँ अधिकांश देशों में प्रति व्यक्ति सकल आय में वृद्धि होने के बावजूद गरीबी और भुखमरी की समस्या जस की तस है। यह कैसा विरोधाभास है कि एक ओर मनुष्य विज्ञान और तकनीकी उन्नति के शिखर को छू रहा है। तो दूसरी ओर लाखों करोड़ों लोग निम्नतम स्तर पर जीवन जीने पर मजबूर हैं।

क्या इसका अर्थ यह है कि तीसरी दुनिया के देशों ने कोई उन्नति नहीं की है? नित नये खुलने वाले विश्वविद्यालय और उनसे निकलने वाले प्रशिक्षित डॉक्टर व इंजीनियर, हजारों कारखाने, आधुनिक अस्पताल, नवीनतम सुरक्षा साधन तथा इसी प्रकार के भौतिक समृद्धि के अन्य चिन्ह हमें यह विश्वास दिलाने का प्रयत्न करते हैं कि एशियाई देश संसार के प्रगतिशील देशों की कतार में खड़े हैं । परंतु जब हमारी दृष्टि गरीबी, भुखमरी, कुपोषण और अशिक्षा से ग्रस्त लोगों की ओर मुड़ती है तो विकास की आशाओं और संभावनाओं पर संशय का प्रश्न चिन्ह लग जाता है।

परिदृश्य एक : उड़ीसा, कालाहांडी

खाली पेट पूरे दो महीने भूख से तड़पने के मोदी मांझी और उसकी युवा विवाहिता बेटी मदकामिरासी रोटी की तलाश में शहर चल पड़ते हैं। लेकिन कुछ दूर चलने के बाद दोनों रास्तें में ढेर हो जाते हैं। अखबारों में मामला छपने के बाद सरकारी लंगर खोला जाता है। फिर भी आदिवासी जंगल से जड़ें खोद उबाल कर खा रहे है।

परिदृश्य दो : मध्य प्रदेश - सरगुजा

भूख एवं प्यास से दो आदिवासी मर जाते हैं। अधिकारी इसे अज्ञात बीमारी से

मौत करार देते हैं, लेकिन भला हो एक युवा पत्रकार का जिसकी आत्मा उसे कुरेदती है। और फिर जनता जान जाती है कि असलियत क्या थी। उल्लेखनीय है कि सरगुजा में औसत वर्षा 60 इंच होती है और एक समय वहाँ सरकार चाय का बागान लगाने की सोच रही थी। यानी वहाँ संसाधनों की कमी नहीं है बल्कि भुखमरी का कारण बदइंतजामी है।

परिदृश्य तीन : दिल्ली

भुखमरी से हुई मौतों पर लोकसभा में बयान। मौतें भूख से नहीं, जहरीली जड़ें खाने से हुई हैं।

मामला खत्म !

यह किसी ने जानने की कोशिश नहीं की कि आखिर ये जहरीली जड़ें उनके भोजन का हिस्सा कैसे बनीं। उपरोक्त स्थिति केवल भारत की नहीं वरन् तीसरी दुनिया के कई देशों की भी है। सभी जगह शहरों में गंदी बस्तियों एवं तंग मोहल्लों में बसने वालों की आबादी लगातार बढ़ती जा रही है। शहरी विकास के लिए इतना पैसा लगाया गया, फिर भी शहरों के लोगों को आज भी नारकीय जीवन जीना पड़ रहा है। मकान, पानी, साफ–सफाई, आवागमन साधन, शिक्षण और इलाज की कोई व्यवस्था नहीं है। नेशनल बिल्डिंग ऑर्गनाइजेशन की एक रिपोर्ट के अनुसार शहरी मकानों की जरूरत और वास्तविक निर्माण का फर्क सन् 1997 में 29 लाख था। अब यह अंतर 80 लाख मकानों से भी ज्यादा का हो गया है। सन् 2001 तक मुंबई की आबादी एक करोड़ साठ लाख हो जाने का अनुमान है। प्रतिदिन 200 नये परिवार शहरों में आ बसते हैं। इनमें से हर पांच में से दो परिवारों को आखिरकार फुटपाथों पर ही शरण लेनी पड़ती है। जहाँ पहले से ही तीन लाख लोग रह रहे हैं।

गंदी बस्तियों के प्रति संपन्न वर्गों के लोगों का दृष्टिकोण क्या है? बुलडोजरों द्वारा इन्हें नेस्तनाबूत कर डालना उक्त दृष्टिकोण का एक पहलू है, जिसके दूसरे सिरे पर है निष्क्रिय दया भाव।

भारत के लगभग 24 प्रतिशत पानी का उपयोग शहरों में हो रहा है और ये

शहर बसे हैं देश की कुल भूमि के 1.3 प्रतिशत भाग पर। भारत की छठी पंचवर्षीय योजना का दावा है कि लगभग 83 प्रतिशत शहरी लोगों को पेयजल सुविधा मुहैया करा दी गयी है। लेकिन सच यह है कि देश के 1027 शहरों में से 20 हजार की आबादी वाले चौथे, पांचवें और छठी श्रेणी के 902 शहरों में पीने के पानी की आपूर्ति नहीं हो रही है। चेन्नई में जल आपूर्ति की हालत तो बहुत ही खराब है। प्रति व्यक्ति पानी की उपलब्धता मात्र 55 लीटर प्रतिदिन है, जो इस आकार के शहरों के लिए संयुक्त राष्ट्र संघ द्वारा मान्य 182 लीटर प्रति व्यक्ति प्रतिदिन के आंकड़ों से कहीं कम है। योजना के लक्ष्यों के हिसाब से भारत के शहरवासियों के लिए 1991 में ही पानी की आवश्यकता 2473 करोड़ 90 लाख लीटर आंकी गयी थी। जाहिर है जितना पानी उपलब्ध है उसे देखते हुए इतनी बड़ी मात्रा में जल आपूर्ति संभव नहीं दिखती।

स्वास्थ्य के मामले में भी आज भारत काफी खस्ता हालत से गुजर रहा है। स्वास्थ्य सेवाएं ज्यादातर लोगों तक पहुंच नहीं पायी हैं। 1978 के एक आंकड़े के अनुसार देश के 5 लाख 76 हजार गांव में बसे 43 करोड़ 90 लाख गांव वालों के बीच केवल 5400 प्राथमिक केंद्र थे। लेकिन आधुनिक चिकित्सा संस्थानों के बावजूद देश में 0 से 5 वर्ष की उम्र के बीच होने वाली मृत्यु का कारण गंभीर रोग नहीं वरन् पेचिश, टिटनस एवं निमोनिया है। प्रतिवर्ष अशुद्ध जल से बीमार होने वालों की संख्या कुल बीमारों का लगभग 40 प्रतिशत है। नेशनल इंस्टीट्यूट ऑफ न्युट्रिशन का अनुमान है कि एक और पांच साल के बीच की उम्र के लगभग 65 प्रतिशत बच्चे किसी न किसी तरह के कुपोषण के शिकार हैं। भारत में स्कूल जाने से पूर्व उम्र वाले 15 लाख बच्चे हर साल अतिसार (डायरिया) से मरते हैं। हैजे आदि से मरने वाले बच्चों की संख्या अलग है। यानी हर मिनट कहीं न कहीं एक बच्चा अतिसार से मरता है। फिर भी हमारी सरकार की प्राथमिकता गांव में टेलीफोन और कम्प्यूटर बूथ खोलने की है। जीवन संबंधी बुनियादी सुविधाएं मुहैया कराने की नहीं।

जिनको अन्याय से लाभ होता है, वे ईमानदार विश्लेषण पसंद नहीं करते। वास्तव में वे तथ्यों को धुंधला करने की कोशिश करते हैं। यह एक कारण हो सकता है कि इतने सारे विशेषज्ञों ने भूख पैदा करने का बोझ भी भूखों पर लाद दिया है, खासतौर से उनकी जननेन्द्रियों पर।

विश्व के एक खाद्य संकटग्रस्त इलाके सहेल की सेटेलाइट तस्वीर से पता चला कि बंजर जमीन में एक हरी पट्टी है। बाद में खुलासा हुआ कि वह कटीले बाड़ से घिरा ढाई लाख एकड़ का एक आधुनिक चरागाह था। दसियों हजार गरीब और पानी के अभाव में तड़पते लोगों के बीच कटीले तारों से घिरी यह हरी समृद्धि एक बहुराष्ट्रीय कृषि व्यवसायिक निगम की मिल्कियत थी। भारत में भी विदेशी कंपनियों को ऐसी खेती के लिए जमीनें लीज पर दी जा रही हैं। स्वदेशी का दम भरने वाली सरकारें गुपचुप ढंग से विदेशियों को कृषि के क्षेत्र में बुलावा दे रही हैं।

प्रसिद्ध लेखिका सुसान जार्ज ने अपनी पुस्तक, '**बाकी आधे कैसे मरते हैं**' में भूख के विभिन्न पहलुओं का जिक्र किया है और दिखाया है कि किस तरह समृद्ध राष्ट्रों की सरकार, उनके कृषि व्यवसाय निगम और अंतर्राष्ट्रीय संगठन एवं उनके उपभोक्ताओं की आदतें दूसरों को भूखा रखने की हैं। इस किताब में बताया गया है कि खाद्य वितरण को अमरीका कैसे नियंत्रित करता है। जैसे विकसित देशों के लोग, विकासशील देशों के लोगों से कहीं ज्यादा भोजन खाते हैं। और अधिक प्राकृतिक संसाधनों का उपयोग करते हैं। पिछले कुछ वर्षों में दुनिया ने सालाना 125 करोड़ टन खाद्य सामग्री और अन्न पैदा किया, और जिसका आधा हिस्सा विकसित देश के लोग उपयोग में लाते हैं, जबकि उनकी आबादी विश्व आबादी के चौथे हिस्से के बराबर है। पूरे अन्न का चौथाई हिस्सा तो उनके पशु खा जाते हैं, जो चीन और भारत की कुल आबादी के भोजन के बराबर बैठता है।

आज कृषि निर्यात को बढ़ावा देने हेतु सोयाबीन जैसी फसल को बढ़ावा दिया जा रहा है। प्राथमिकता क्या है? विदेश में जानवरों के पेट भरने के लिए अन्न उगाना या स्थानीय लोगों को भुखमरी से बचाना? इस वक्त भी हमारे देश में संघर्ष चल रहा है कि खाने के साधनों पर किसका नियंत्रण होगा। इन सबके पीछे विकास की अवधारणा महत्वपूर्ण भूमिका अदा करती है। यदि विकास की दिशा में पिछले 40 वर्षों के प्रयासों की ओर दृष्टि डालें तो यह बात साफ हो जाती है कि केवल कुछ क्षेत्रों में श्वेत या हरित क्रांति आ जाने भर से गरीबी की समस्या का समाधान नहीं हो जाता। बल्कि इसके विपरीत इस प्रकार की योजनाओं का लाभ प्रायः वही उठाते हैं जो पहले से ही सामाजिक और

आर्थिक रूप से समृद्ध और सशक्त होते हैं। सभी विकास प्रयासों, योजनाओं और क्रांतियों के बावजूद भूमिहीन किसानों और खेतिहर मजदूरों की संख्या बढ़ी ही नहीं, वरन् उन पर दमन और अत्याचार में भी वृद्धि हुई है। आदिवासी, हरिजन और स्त्रियाँ भी उसी दमन की शिकार हुई हैं। उनका आर्थिक सामाजिक जीवन एक ऐसे दौर से गुजर रहा है जहाँ अस्तित्व को बचाये रखने का प्रयास ही एक अहम मुद्दा है और मात्र जी पाने की कोशिश एक बड़ी लड़ाई।

पिछले एक दशक में विस्थापितों एवं बाल मजदूरों का मुद्दा दक्षिण एशिया में ही नहीं वरन् पूरे विश्व में तेजी से उभरा है। भारत में विकास की विभिन्न परियोजनाओं से उभरने वाली समस्याएं छुपी नहीं हैं। अनुमान है कि आजादी के बाद से लगभग 5 करोड़ लोग तथाकथित विकास परियोजनाओं से विपरीत रूप से प्रभावित हुए हैं, जिसमें विस्थापन भी शामिल है। मेधा पाटकर द्वारा इस मुद्दे पर संघर्ष से पूर्व अधिकांश ने यह मान लिया था कि विकास के नाम पर कुछ लोग 'डिस्पेन्सेबल' हैं और उनके वजूद को लेकर परेशान होने की जरूरत नहीं है, क्योंकि ये गरीब कर ही क्या सकते हैं? लेकिन मेधा के नेतृत्व में नर्मदा बचाओ आंदोलन से भारत ही नहीं वरन् तीसरी दुनिया के तमाम उन विकासकर्मियों को नयी दिशा मिली जो बड़े बांधों से विस्थापितों के साथ संघर्षरत हैं।

बांधों से विस्थापन का पहला मामला हिमाचल प्रदेश के बिलासपुर जिले में देखने को मिला, जो भाखड़ा बांध के डूब क्षेत्र में आ गया था। देश में 1054 बड़े बांध हैं, जिनमें से 276 गुजरात, 631 महाराष्ट्र एवं 131 मध्य प्रदेश में हैं। भौगोलिक दृष्टि से ये आंकड़े गौर करने लायक हैं, क्योंकि पश्चिमी भारत में बहने वाली सभी बड़ी नदियों के उद्‌गम स्थल मध्य प्रदेश में है। नतीजतन बड़े बांधों से डूबने वाली भूमि और उससे विस्थापित लोगों की संख्या मध्य प्रदेश में अधिक होगी। बांध परियोजनाओं से प्रभावित अन्य इलाकों में श्रीशैलम (आंध्र प्रदेश), स्वर्णरेखा (बिहार), हीराकुड (उड़ीसा), पोंग (हिमाचल प्रदेश), काली (कर्नाटक), नर्मदा सागर (मध्य प्रदेश) आदि हैं।

सवाल यह उठता है कि यह जानते हुए भी कि इन परियोजनाओं से लाखों लोग विस्थापित होते हैं तो सरकार क्यों ऐसे कदम उठाती है? सरकारी तर्क है कि सिंचाई और बिजली जैसे विकास संसाधनों की आपूर्ति के लिए बड़े बांध जरूरी हैं। सरकारी नजरिये में विनाश के बिना विकास संभव नहीं। शायद इस

मामले में हम अपने पड़ोसी देश चीन से सबक ले सकते हैं। चीन में कुल पनबिजली का लगभग तिहाई हिस्सा 8730 छोटी पनबिजली परियोजनाओं से पैदा किया जाता है। चीनी लोग दस मीटर से भी कम उंचाई से पानी गिराकर 57 किलो वाट बिजली की क्षमता का संयंत्र लगा लेते हैं। ऐसे छोटे संयंत्रों से चीन में पैदा होने वाली बिजली भारत में काम कर रहे सभी बिजली संयंत्रों के कुल उत्पादन का आधा हिस्सा है। जाहिर है कि हमारे हुक्मरानों के विकास की अवधरणा अलग है।

पिछली आठ पंचवर्षीय योजनाओं की नीतियों के फलस्वरूप सरकारी क्षेत्रों में विकास संबंधी धारणाओं और नीतियों की विफलताएं अब उभर कर सामने आ रही हैं। सरकारी नीतियों में गगनचुम्बी इमारतें, चमचमाते अंतर्राष्ट्रीय हवाई अड्डे, लम्बी-चौड़ी सड़कें और कल कारखाने ही विकास हैं, जबकि आम आदमी के जेहन में विकास की परिकल्पना अलग है। वह चाहता है इज्जत के साथ दाल-रोटी, सर पर छत और बच्चों के लिए बेहतर भविष्य।

अत: विकास के विषय में बहस इस बात पर आकर ठहर जाती है कि विकास की हमारी अवधारणा क्या है? हम किसे विकास मानते हैं? किसी भी दिशा में आगे बढ़ने से पहले अब यह जरूरी हो जाता है कि हम इस शब्द के स्वभाव एवं इसमें निहित आशय को समझें। कुछ अपवादों को छोड़ भारत सहित प्राय: अधिकांश एशियाई देशों ने पूंजीवादी विदेशी विचारधारा से प्रभावित पश्चिमी विकास परिकल्पना को ज्यों का त्यों ग्रहण कर लिया, जिसके अंतर्गत सभी प्रकार की समस्याओं का समाधान तकनीक के माध्यम से ढूंढा जाने लगा। ढांचागत ऊपरी परिवर्तन और बढ़ोत्तरी को ही विकास का पर्याय समझा जाने लगा। नतीजा यह हुआ कि शक्तिशाली तबका और अधिक शक्तिशाली हो गया तथा लाखों गरीब निर्धनता की सीमा रेखा पर धकेल दिये गये। धीरे-धीरे अब यह स्पष्ट होता जा रहा है कि विकास का सही अर्थ गरीबी, बेसहारा एवं शक्तिहीन समूहों के हक में शक्ति ढांचे का झुकाव एवं उनके द्वारा निर्णय लेने की क्षमता है। यही वह मार्ग है, जिस पर चलकर हम इक्कीसवीं सदी में सही अर्थों में विकास कर सकते है। गांधीजी ने ठीक कहा था कि जब तक हमारे मार्ग में सिद्धांतों की रोशनी नहीं हैं, हम अंधेरे में ही भटकते रहेंगे।

(30 जनवरी, 1999, राष्ट्रीय सहारा)

7 पानी का अकाल

कभी विश्व का फलोद्यान माना जाने वाला अफ्रीका आज सूखाग्रस्त है। शायद ही कोई ऐसा वर्ष बीतता होगा जब अफ्रीका के देशों में सूखे, अकाल या भुखमरी की खबर सुनने को नहीं मिलती हो। राष्ट्र संघ संगठनों के विभिन्न विशेषज्ञों की टोली पिछले कुछ वर्षों से अफ्रीका की सूखा-स्थिति पर निरंतर नजर रखे हुए है। विशेषज्ञों की राय में इस समय दुनिया में 32 देश ऐसे हैं, जहाँ अन्न की कमी है और जहाँ सूखे से उत्पन्न समस्याएं इतनी बढ़ गयी हैं कि आम लोगों का जीना दूभर हो गया है। दुनिया के उन 32 देशों में बीस देश अफ्रीका के सहारा क्षेत्र में आते हैं। ये देश हैं : केमेरुन, इथियोपिया, घाना, गिनी, केन्या, मध्य अफ्रीका गणराज्य, चाड, लेसोथो, मेडागास्कर, माली, मारितानिया, नइजर, सेनेगल, सियेरा लियोन, सोमालिया, सूडान, तंजानिया और अपर वोल्ट्य। ये देश अफ्रीका की साहेल पट्टी में पड़ते हैं, जिसका फैलाव पश्चिमी तट तक है यानी सेनेगल से सूडान तक।

एक अध्ययन के अनुसार प्रत्येक व्यक्ति को प्रतिदिन 2300 कैलोरिज मिलनी चाहिए, जबकि सूखाग्रस्त देशों में औसतन कैलोरिज 1710 से 2110 तक ही प्राप्त होती है। इस कमी का कारण पिछले अनेक वर्षों से चली आ रही सूखे की स्थिति है। पिछले कुछ अर्से से सूखे के प्रभावित अफ्रीकी देशों ने राष्ट्रसंघ एवं अन्य प्राइवेट अंतर्राष्ट्रीय राहत एजेंसियों की मदद से अनेक ठोस कदम उठाए हैं, जिससे वहाँ सूखे से उत्पन्न कठिनाइयों पर काबू पाने के संभावना अब नजर आने लगी है। अफ्रीका जैसी स्थिति भारत में भी है। प्रत्येक वर्ष देश का कोई न कोई भाग सूखे का शिकार बनता है। राज्यस्थान, प्राय: हर ढाई साल में सूखे का शिकार होता है। भौगोलिक हिसाब से कहें तो बार-बार सूखे से प्रभावित होने वाला भू-भाग देश की कुल भूमि का 19 प्रतिशत है और देश की 12 प्रतिशत आबादी इसकी चपेट में आती है। बीसवीं सदी में पूवार्द्ध में पड़ने वाले सूखे में अक्सर अकाल बढ़ा। इक्कीसवीं सदी में

पूवार्द्ध में पड़ने वाले सूखे में अक्सर अकाल (अन्न का अभाव) के साथ-साथ जल का अकाल बढ़ा। ऐसा प्रतीत होता है कि भविष्य में भारत को जल संकट से निपटना पड़ेगा।

इस समय भारत के 500 जिलों में से 100 जिले किसी न किसी रूप में सूखे से प्रभावित हैं। राजस्थान, गुजरात, उड़ीसा, आंध्र प्रदेश, मध्य प्रदेश आदि राज्यों में लोगों का बुरा हाल है। त्राहि-त्राहि मची हुई है। लगभग 15 करोड़ लोग प्रभावित हैं। वहाँ के हुक्मरानों को केन्द्रीय सरकार से अधिक सहायता के सिवाय और कुछ नहीं सूझता है, जबकि ऐसी ही स्थिति से निपटने के लिए गंवार, असभ्य कहे जाने वाले कबाइली संस्कृति के अफ्रीकी देशों ने 15 वर्ष पूर्व एक केन्द्र की स्थापना कर सूखा पर काबू पाने के दूरगामी कार्यक्रम प्रारंभ कर दिए हैं। भारत भी इससे सबक सीख सकता है।

सर्वप्रथम इन देशों की जनता के बीच सूखे के कारणों का प्रचार-प्रसार किया गया। अक्सर समय पर वर्षा न होने को ही सूखा पड़ने का कारण मानकर लोग हाथ पर हाथ धरे बैठे रहते हैं, जबकि असलियत तो यह है कि सूखा कई कारणों का परिणाम है।

वैज्ञानिक भाषा में सूखा किसी भी भू-भाग में व्याप्त उस असामान्य मौसम की अवस्था को कहा जाता है, जहाँ वर्षा की संभावना रही हो पर वर्षा न हुई है। 'सूखा' और सूखी (शुष्क) जलवायु में अंतर है। 'सूखा' उस स्थिति को कहते हैं जब वर्षा की असामान्य कमी से वायुमण्डलीय आद्रता में गंभीर असंतुलन हो। जल स्रोतों में पानी का स्तर घट जाए, कुंए सूख जाएं एवं फसल मुरझाकर खत्म हो रही हो। सूखे की भयावहता को वायु में आद्रता की कमी के अलावा उसकी अवधि और प्रभावित भौगोलिक आधार पर भी आंका जाता है। यदि सूखा अल्प अवधि का है तो उसे 'शुष्क झोंका' कहा जा सकता है। अमूमन ऐसी अवधि 14 दिनों की मानी गयी है, जबकि सूखा कई वर्षों तक पड़ सकता है। वैज्ञानिक रिपोर्टों में इस बात के संकेत दिए गए हैं कि 'सूखा' की संभावना अधिकतर 15 डिग्री से 20 डिग्री अक्षांश वाले भू-भागों या रेगिस्तान से सटे इलाकों में ज्यादा होती है। वैसे सूखा का विश्वसनीय पूर्वानुमान लगाना अत्यंत कठिन है, लेकिन सावधानी बरती जाए तो बारम्बार प्रभावित क्षेत्रों में उसका पीड़ादायक असर बहुत हद तक सीमित किया जा सकता है,

जैसे संकटग्रस्त इलाकों में पानी के भूमिगत जलाशय बनाना, अत्यधिक चराई या फसल लेने वाले इलाकों के लोगों में जागरूकता लाना एवं ऐसे इलाकों के लिए विशेष आवासीय नीति अपनाना, आदि।

पिछले तीन सौ सालों से 'गोरी सभ्यता' के पापों का बोझ ढो रहे अफ्रीका ने इन्हीं पहलुओं को समझते हुए पिछले एक दशक से इस दिशा में कुछ पहल की है। सूखे पर काबू पाने के लिए अफ्रीका के 24 देशों ने केन्या के नैरोबी शहर में 1985 में ड्राउट मॉनीटरिंग सेंटर फॉर ईस्ट एंड सदर्न अफ्रीका की स्थापना की, जिसका उद्देश्य सदस्य देशों सहित अन्य अंतर्राष्ट्रीय एजेंसियों को जलवायु संबंधी आंकड़ें उपलब्ध कराने के साथ-साथ मौसम परिवर्तन से कृषि पर होने वाले प्रभाव का आंकलन कराना भी है। सदस्य राज्यों के प्रशासकों, बुद्धिजीवियों, सामाजिक कार्यकर्ताओं एवं मीडिया को समय-समय पर वे आंकड़ों के माध्यम से 'शिक्षित' करते हैं। नतीजन कई इलाकों में पानी की बर्बादी कम हो गयी है। ताजे फलों, हरी सब्जियों के निर्यात पर अब जोर उतना नहीं है, जितना दो दशक पूर्व था। कारण निर्यात के लिये उगाए जाने वाले फल-सब्जियों के लिये बेतहाशा पानी चाहिए। यहाँ पर उल्लेखनीय है कि हमारे देश में नयी आर्थिक नीति के तहत फल-फूल निर्यात पर जोर दिया जा रहा है। हमारे नीति-निर्धारकों को अफ्रीका से सबक लेना चाहिए कि कैसे निर्यात के चक्कर में फंसकर वहाँ के जलस्रोत बर्बाद हो गए और उन्नीसवीं सदी के अंत में विश्व का फलोद्यान कहा जाने वाला अफ्रीका बीसवीं सदी के अंत में सूखे का शिकार बन गया।

दरअसल 1982 से 1984 तक पड़े भयंकर सूखे ने अफ्रीकी बुद्धिजीवियों की आंखें खोल दी। वहाँ सूखे के कारणों पर विचार मंथन हुआ। तब जाकर अफ्रीकी देशों ने 'सूखा' से निपटने के लिए 1985 में एक साझा कार्यक्रम अपनाया। इसके अंतर्गत सूखे के प्रभाव को तीन श्रेणियों में बांटा गया। सामाजिक, पर्यावरणीय एवं आर्थिक। इससे कार्यक्रमों में तेजी लाने में मदद मिली। मसलन पिछले सूखा के दौरान अकेले इथियोपिया में 25 लाख लोगों के लिए पीने के पानी का प्रबंध और डी०मा०से० के साझा प्रयासों से 35 करोड़ रुपये का एक कोष स्थापित हुआ है, जो सूखे पर काबू पाने के दूरगामी उपायों पर अपना ध्यान केन्द्रित करेगा। इसके साथ ही सूखा प्रभावित देशों में

पेयजल वितरण, पशुधन रक्षा, सूखाग्रस्त इलाके के किसानों की ऋण समस्या, अन्य वितरण एवं सबसे आवश्यक सामाजिक शिक्षा जैसे कार्यक्रम चलाना भी उसकी जिम्मेदारी है। इसका ही यह परिणाम है कि अफ्रीका सूखे के भयंकर प्रभावों को कम करने की ओर निरंतर बढ़ रहा है। हमारे नीति-निर्धारक अभी भी राहत की बंदरबांट पर अपना ध्यान केन्द्रित किये हुए हैं। क्या भारत अफ्रीका से सीखेगा? यह इस बात पर निर्भर करेगा कि हम अपने आपको गौरांग प्रभुओं के अनुयायियों के रूप में देखते हैं या अपने भविष्य का मार्ग स्वयं प्रशस्त करने वाले समुदाय के रूप में।

(29 अप्रैल 2000, राष्ट्रीय सहारा)

8 नर्मदा आंदोलन पर एक नजर

सभ्यता के प्रारंभ से ही नदियों को रोककर बांध बनाने की प्रथा रही है। लेकिन द्वितीय विश्व युद्ध के बाद से बड़े बांधों के कारण दुनियाभर में लाखों लोगों के विस्थापित होने के बाद इस पर नये सिरे से विचार प्रारंभ हुआ। भारत में विश्व के दस बड़े बांधों में से चार बड़े बांधों की उपस्थिति खतरे का संकेत है। गंगा से भी प्राचीन नर्मदा नदी पर बनने वाला सरदार सरोवर बांध ऐसे ही बड़े बांधों में से एक है। सरदार सरोवर बांध के विरोध में सबसे मुखर 'नर्मदा बचाओ आंदोलन' की नेत्री मेधा पाटकर का मानना है कि बांध बनने से आदिवासियों की बस्तियाँ और उनकी उपजाऊ खेतिहर जमीन बांध में डूब जायेगी। साथ ही विस्थापित होने वालों, खासकर आदिवासियों को, अपनी वैसी जीवनशैली छोड़नी होगी, जैसी वे पीढ़ियों से जीते आ रहे हैं। उनकी आदिवासी संस्कृति हमेशा के लिए मिट जायेगी। बांध का पानी भरने से दुधारू पशुओं पर आधारित जीवनशैली पर विपरीत प्रभाव पड़ेगा तथा आदिवासियों के नदी में मछली पकड़ने, जंगलों से जलावनी लकड़ी और जड़ी-बूटियाँ इकट्ठी करने के पारंपरिक अधिकारों का भी हनन होगा। कुल मिलाकर जीविका के साधन नष्ट हो जायेंगे।

नर्मदा नदी और उसकी सहायक नदियों पर 30 बड़े, 135 मझोले और 3000 छोटे बांध बनाने की योजना है। गुजरात में बनने वाले सरदार सरोवर बांध के अलावा मध्य प्रदेश के खंडवा जिले में इंदिरा सागर जैसा बड़ा बांध भी बन रहा है, जिसके कारण 120 गांव एवं 40,000 की आबादी वाला एक शहर हरसूद पूरी तरह पानी में डूब जायेगा। बांध से विस्थापित दो लाख लोगों में से तीस प्रतिशत 14 वर्ष से कम उम्र के बच्चे होंगे, जिनके विकास के अवसर हमेशा के लिए अवरुद्ध हो जायेंगे। दरअसल नर्मदा आंदोलन से विकास की अवधारणा संबंधी कुछ यक्ष प्रश्न उभरे हैं : मसलन, जब छोटे बांधों से काम चल सकता हो तो बड़े बांध बनाने की क्या आवश्यकता है। बड़े

बांधों से जिन लाभों की उम्मीद की जाती है वे कई कारणों से मिल नहीं पाते है, क्योंकि कई महत्वपूर्ण बातों पर ध्यान नहीं दिया जाता, जैसे- सिंचाई की नहरों का निर्माण ठीक से नहीं किया जाता, बिजली की आपूर्ति और वितरण में काफी बर्बादी होती है और बांधों के जलग्रहण क्षेत्र के जंगल उजड़ जाते हैं। सबसे बुरा असर तो सिंचाई योजना क्षेत्र की जमीन पर पड़ता है; वह खराब हो जाती है। उसमें खार और पानी के जमाव की समस्या आने लगती है। बड़े बांधों के कारण जमा पानी से कई तरह की नई बीमारियां होने लगती हैं। बड़े जलाशयों के कारण आस-पास के और दूर-दूर तक क्षेत्रों के नीचे के पानी की सतह ऊंची हो जाती है, जिससे धरती में चूने और धातु तत्वों की मात्रा बढ़ जाती है। इंडियन कौंसिलऑफ मेडिकल रिसर्च के पूर्व महानिदेशक डॉ० वी० रामालिंगमस्वामी की राय में कर्नाटक का चित्रदुर्गा जिला तुंगभद्रा बांध और उसकी नहरों के बनने के बाद से मलेरिया का गढ़ बन गया है।

नर्मदा बचाओ आंदोलन में नया मोड़ उस समय आया जब **'गॉड ऑफ स्माल थिंग्स'** की बहुचर्चित लेखिका अरुंधति राय इससे जुड़ी। प्रसिद्धि समाज सेवी बाबा आमटे भी नर्मदा बचाने के लिये बड़वानी के पास धूनी रमाये बैठे हैं। देश-विदेश के कई प्रकृति प्रेमी 'नर्मदा बचाओ आंदोलन' से जुड़े हैं।

बांध से विस्थापित होने वाले लोगों के लिए पुनर्वास की कोई ठोस योजना भी नजर नहीं आती। बड़ौदा शहर से 85 किलोमीटर दक्षिण पूर्व में बांध से मात्र 7 किलोमीटर की दूरी पर केवाड़िया कॉलोनी में विस्थापितों के पुनर्वास का प्रबंध किया गया है, लेकिन अनेक भुक्तभोगियों का कहना है कि डूब में गई जमीन के बदले मिलने वाली जमीन उबड़-खाबड़ होने के साथ-साथ गैर-उर्वरक भी है। वैसे सरदार सरोवर परियोजना के पुनर्वास अधिकारी उपरोक्त सारी आलोचनाओं को बेबुनियाद मानते हैं। अधिकारियों का कहना है कि विस्थापित सभी लोगों को उचित मुआवजा दे दिया है तथा हर परिवार अपने पक्के मकान में रह रहा है, लेकिन बाद में सरकार ने खुद खुलासा किया कि वितरण के लिए पर्याप्त भूमि का अभाव है।

दरअसल सरदार सरोवर परियोजना को गुजरात सरकार ने अपनी प्रतिष्ठा का प्रश्न बना लिया है। जहाँ तक गुजरात के समाचारपत्रों का सवाल है वे

खुलकर बांध बनाने के हिमायती हैं। 'नर्मदा बचाओ आंदोलन' की खबरें गुजराती समाचारपत्रों में वैसी प्रमुखता से नहीं छापी जातीं जैसी राष्ट्रीय मीडिया में देखने को मिलती हैं। नर्मदा बचाओ आंदोलन के पक्ष में 'द ग्रेटर कॉमन गुड' लिखने और उसकी रायल्टी के साथ ब्रुकर पुरस्कार में मिली धनराशि आंदोलन को दान कर देने वाली अरुंधति राय को गुजरात सरकार ने 'रैली फॉर द वैली' के दौरान राज्य की सीमा में भी घुसने नहीं दिया। इसके पीछे गुजरात की जनता की यह समझ है कि राज्य के सूखाग्रस्त इलाकों को इस बांध से राहत मिलेगी। बांध के पक्ष में दंताली के स्वामी सच्चिदानंद जोरदार दलील देते हैं। वे कहते हैं कि नर्मदा को बचाने का तरीका यह नहीं है कि उसकी धारा से कोई लाभ उठाये बिना उसे समुद्र में बहने दिया जाये, बल्कि उसे बचाना है तो उसे खेतों की ओर मोड़ना होगा।

नर्मदा नदी पर बांध बनने से होने वाले नफा-नुकसान को अलग रखते हुए एक अहम प्रश्न यह भी है कि बड़े बांधों से होने वाली मानवीय क्षति का ध्यान क्यों नहीं रखा जाता? डॉ० माधव गाडगिल ने बहुत पहले सुझाव दिया था कि कोई योजना पर्यावरण की दृष्टि से कहाँ तक ठीक है और उससे संतुलित विकास प्रक्रिया को प्रोत्साहन मिलता है या नहीं, यह तय करने के लिए हमें गरीब तबके के लोगों के हितों को सामने रखकर ही विचार करना चाहिए। चाहे जो भी हो इसमें कोई शक नहीं है कि मेधा पाटकर के जुझारू नेतृत्व में चल रहे 'नर्मदा बचाओ आंदोलन' ने विश्वभर के पर्यावरण प्रेमियों के साथ-साथ सामाजिक विकास की नीति बनाने वालों का ध्यान भी आकर्षित किया है। हालांकि उच्चतम न्यायालय द्वारा 18 अक्टूबर 2000 को दिये गये फैसले से आंदोलनकारियों को निराशा हुई, लेकिन उनके हौसले अभी भी बुलंद हैं। और जैसा कि आलोक अग्रवाल का कहना है कि कुहासों भरी सुबह में देर-सबेर सूरज की किरणें चमकती जरूर हैं।

(5 जून 2003, आधारशिला)

9 विकास के बावजूद बेघर

सर्दियां प्रारंभ होते ही आवासहीन लोग ऐसे ठौर-ठिकाने ढूंढने लगते हैं, जहाँ रात बितायी जा सके। यह नजारा सिर्फ तीसरी दुनिया के महानगरों दिल्ली, मैक्सिको, ब्युनोस आयर्स और ढाका तक ही सीमित नहीं है वरन् न्यूयार्क, लंदन, मांट्रीयाल, पेरिस और रोम में भी देखने को मिलता है। हाल ही में टेक्यो शहर में आश्रयहीन लोगों के बारे में रिपोर्ट आयी थी, जिसमें भूमंडलीकरण की मार झेल रहे उन मजदूरों की व्यथा का जिक्र था जो हाइवे पर बने पुलों के नीचे कार्डबोर्ड का घर बनाकर ठंड में ठिठुरते हुए रात बिताते हैं, क्योंकि उनके पास रैन बसेरा में रात गुजारने लायक पैसे भी नहीं हैं।

पिछले एक दशक में आर्थिक दृष्टि से संपन्न देशों में भी बेघर लोगों की संख्या में वृद्धि हुई है और सर्दी के मौसम में रैन बसेरों में शरण लेने वालों की संख्या में बेतहाशा इजाफा हुआ है। राष्ट्र संघ की विकास एजेंसियों के अनुसार गत 20 वर्षों में महानगरों की जनसंख्या में दुगुनी वृद्धि हुई है। एशियाई और अफ्रीकी देशों में हर तीसरा आदमी और लैटिन अमेरिका में हर चौथा आदमी शहर में रह रहा है। जनसंख्या में भयानक वृद्धि और गांवों और कस्बों से उखड़े हुए लोगों का बड़ी संख्या में शहरों की ओर रोजी-रोटी की तलाश में पलायन आवास की समस्या और भी गंभीर बना रहा है। सर्दी या बारिश में अस्थायी आवास या रैन बसेरों की तलाश इसी जंजीर की एक कड़ी है।

पश्चिमी देशों में आश्रयहीन लोगों के बीच कार्यरत सालवेशन आर्मी के ताजा आंकलन के अनुसार अमेरिका में पचास हजार बच्चे सर्दियों में रैन बसेरे तलाशते हैं। ब्रिटेन में चार लाख लोग ऐसे हैं जिन्हें 'होमलेस' की श्रेणी में रखा गया है। यानी सर्दियों में उन्हें रात्रि बिताने के लिये रैन बसेरे की आवश्यकता होगी। राष्ट्र संघ द्वारा 2003 में तैयार की गयी एक रिपोर्ट के अनुसार पूरे विश्व में दस करोड़ लोग ऐसे हैं, जिन्हें रैन बसेरों की आवश्यकता पड़ती है। अनेक अंतर्राष्ट्रीय एजेंसियों का आंकलन है कि भूमंडलीकरण के कारण ग्रामीण

इलाकों में रोजगार के अवसरों में तेजी से कमी के कारण भारत सहित अनेक ग्रामीण अर्थव्यवस्था प्रधान वाले देशों के महानगरों में सर्दियों और वर्षा ऋतु में रैन बसेरों की मांग करने वालों की संख्या बढ़ी है। अनुमान है कि यह समस्या अफगानिस्तान, मोजाम्बिक, इथियोपिया, म्यानमार, सूडान, भारत, नेपाल, बांग्लादेश में बेहद खतरनाक स्तर तक पहुंच चुकी है। जापान जैसे संपन्न देश में जहाँ 1980 तक एक भी रैन बसेरा नहीं था, अब टोक्यो और ओसाका में 25,000 आश्रयहीन लोग हैं। पिछले 13 वर्षों की आर्थिक मंदी ने जापानी समाज की एकरूपता को तार-तार कर दिया है। जापान की कल्याणकारी नीतियाँ आश्रयहीन लोगों के लिए नहीं बनी हैं। हालांकि औरतों और बच्चों को कुछ राहत अवश्य मिल जाती है। पिछले वर्ष के बजट में पहली बार जापान में रैन बसेरों के लिए 23 मिलियन डालर का प्रावधान किया गया। रैन बसेरों की बढ़ती माँग का आलम यह है कि ओसाका शहर में अब पार्क में लोग टेंट लगाकर रात्रि गुजार रहे हैं और अधिकारी चुप है। दो वर्ष पूर्व ऐसा करने पर उन्होंने लोगों को खदेड़ दिया था।

दुनिया भर में प्रसिद्ध आक्सफोर्ड यूनिवर्सिटी वाले शहर में रैन बसेरा हमेशा भरा रहता है। मध्य लंदन में 60 गैर सरकारी संस्थाएं रैन बसेरा चलाती हैं फिर भी कई लोगों को जगह नहीं मिलती। इंग्लैंड में हाल ही में रैन बसेरों में भीड़ कम करने हेतु नये कानून बनाये गये, जिसका वहाँ के आश्रयहीन लोग विरोध कर रहे हैं। जानकारों का मानना है कि इंग्लैंड की इस तर्ज पर अन्य देशों में भी कड़े कानून बनेंगे, जिससे महानगरों के रैन बसेरों में भीड़ तो कम होगी लेकिन छोटे शहरों में इसकी भयावहता बढ़ जायेगी। समृद्धिशाली अमेरिका भी इस समस्या से अछूता नहीं है। वहाँ आश्रयहीनों की संख्या 6 लाख के करीब है और अमेरिकी सरकार प्रतिवर्ष रैन बसेरों पर दो बिलियन डालर खर्च करती है।

रैन बसेरों के प्रति आम नागरिकों का क्या नजरिया है? निकम्मे लोगों को मुफ्त सुविधाएं बंद करना नजरिये का एक छोर है, तो दूसरे सिरे पर निष्क्रिय दया भाव। वस्तुतः जब तक भारत की अर्थनीति की प्राथमिकताओं में समुचित परिवर्तन नहीं होता तब तक रैन बसेरों में अस्थायी निवास ढूंढने वालों की संख्या में कमी नहीं आयेगी। भारत के अधिकांश रैन बसेरे भिक्षुक-गृहों से

बेहतर नहीं है। उत्तर भारत के राज्यों में जहाँ कड़ाके की ठंडी से प्रतिवर्ष सैकड़ों लोग मरते हैं किसी भी प्रकार की नीति का अभाव दिखता है। पिछले वर्ष सरकारी रिकार्ड के अनुसार सर्दी के कारण देश में लगभग 800 लोगों की मृत्यु हुई थी, जिनमें 500 मौतें बिहार, उत्तर प्रदेश और दिल्ली के खाते में थीं। पंजाब, उत्तर प्रदेश, बिहार, हरियाणा, राजस्थान के शहरों में रैन बसेरों का नितांत अभाव है। कानपुर, जहाँ प्रतिवर्ष शीत लहर से अनेकों मरते हैं, रैन बसेरों की व्यवस्था के प्रति पूरी तरह उदासीन है।

राजनीतिक दृष्टि से यह प्रश्न अवश्य महत्वपूर्ण है कि क्या कारण है कि उत्तर भारत की राज्य सरकारें और राजनीतिक दल ठंड के मौसम में वैकल्पिक व्यवस्था के प्रति इतने उदासीन हैं। वैसे हिमाचल प्रदेश, सिक्किम, असम, मणिपुर, त्रिपुरा एवं नागालैंड जैसे ठंडे इलाकों में भी रैन बसेरों की कमी महसूस की गयी है।

योजना आयोग द्वारा तैयार एक दस्तावेज के अनुसार देश के 12 शहरों : कोलकाता, मुंबई, दिल्ली, चेन्नई, बंगलूर, अहमदाबाद, हैदराबाद, कानपुर, नागपुर, लखनऊ और पुणे में रैन बसेरों की आवश्यकता प्रति वर्ष बढ़ती जा रही है। हाल ही में हुडको और शहरी विकास एवं गरीबी उन्मूलन मंत्रालय ने मिलकर शहरी इलाकों में आश्रयहीन लोगों के लिये रैन बसेरों को बनाने की घोषणा की है, लेकिन असली उत्तरदायित्व नगरपालिकाओं और स्थानीय निकायों का है, जो इस समस्या से बिलकुल अंजान लगते हैं।

दिल्ली में पिछले दो वर्षों में मीडिया द्वारा ठंड से ठिठुर रहे आश्रयहीन लोगों की समस्या उठाये जाने के बाद से सरकार ने इस पर ध्यान देना प्रारंभ किया है। इस समय दिल्ली में 22 अस्थायी और 12 स्थायी रैन बसेरे हैं, जिनमें 4,000 लोग रह सकते हैं। लेकिन एक अनुमान के अनुसार राजधानी में लगभग साठ हजार लोग ऐसे हैं जिन्हें बारिश और सर्दी के दिनों में रैन बसेरे की आवश्यकता पड़ती है। पूरे देश में एक करोड़ परिवार ऐसे हैं जो खुले आसमान के नीचे गुजारा करते हैं। दिल्ली में लोकायन जैसी गैर सरकारी पर जिम्मेदार संस्था द्वारा किये गये एक सर्वेक्षण से पता चला कि चार लाख रिक्शा खींचने वालों में से 22 प्रतिशत ऐसे हैं जो खुले में सोते हैं और जिन्हें सर्दी और बारिश में रैन बसेरे की जरूरत महसूस होती है। रैन बसेरों के संबंध

में 'एक्शन एड' की मदद से दिल्ली में आश्रय अधिकार अभियान के तहत नागरिक समुदाय और सरकार को इस दिशा में सक्रिय करने का प्रशंसनीय कार्य हुआ है। इसके अंतर्गत सर्दी के मौसम में स्कूल अपने भवन का उपयोग आश्रयहीन लोगों को रात्रि के समय करने देंगे। दिल्ली के सरकारी रैन बसेरे में सोने के लिये प्रति रात्रि 6 रुपये लिये जाते हैं। कानूनन वहाँ गद्दा-रजाई के साथ सुबह नहाने-धोने का इंतजाम भी इस फीस में शामिल होता है।

आमतौर पर पुलिस रैन बसेरों में रहने वालों को शक की निगाहों से देखती हैं। रैन बसेरों के आस-पास रहने वाले लोगों का कहना है कि रैन बसेरा बनने के बाद से इलाके में स्मैक, अफीम बेचने, वेश्यावृत्ति और चोरी-चकारी व अन्य वारदातों में इजाफा हो जाता है। लेकिन इस विषय में अभी ठोस आंकड़े उपलब्ध नहीं हैं।

अमेरिका और यूरोप का अनुभव यह है कि रैन बसेरों में शरण लेने वाले भले ही स्वयं नशीले पदार्थों के सेवन के आदी हों, लेकिन वे किसी गंभीर अपराध में लिप्त नहीं रहते। पश्चिमी देशों में रैन बसेरों का उपयोग करने वालों के बाकायदा एसोसिएशन बने हुए हैं जहाँ रैन बसेरों में मिलने वाली सुविधाओं की गुणवत्ता की जानकारी के साथ-साथ सदस्यों को अपराधों से दूर रहने की सलाह भी दी जाती है।

रिचार्ड से मेरी मुलाकात 1993 में पहली बार न्यूयार्क में हुई थी। उसकी पत्नी से तलाक के बाद वह मुफलिसी में आ गया था और यूनियन गोस्पल मिशन के रैन बसेरे में शाम 6.30 बजे 30 लोगों को बंटने वाले मुफ्त खाने से अपना गुजारा कर लेता था। 2002 में दूसरी मुलाकात के दौरान उसने बताया कि वह अभी भी रैन बसेरों के सहारे जीवन काट रहा है, लेकिन अब शाम को दो बार मुफ्त खाना बंटने के बावजूद न तो उसे भोजन मिलता है और न ही रैन बसेरे में स्थान। कारण, शाम पांच बजे से ही इतनी लंबी लाइन लग जाती है कि दोनों पारियाँ खत्म होने के बाद भी उसका नंबर नहीं आता। विश्व प्रसिद्ध कैथोलिक चैरिटीज का कहना है कि रैन बसेरे 'बैंड-एड' (पट्टी) की तरह है। लेकिन जब जख्म हरा हो तो पट्टी भी क्या बुरी है।

(10 जनवरी 2004, सहारा समय)

10 जल बिन जग न जाये जल

दुनिया में जल संकट गहराता जा रहा है और भारत भी उससे अछूता नहीं है। अगर जल्द ही समुचित कदम नहीं उठाए गए तो समस्या विकराल रूप धारण कर सकती है। इन्हीं सवालों पर अंतर्राष्ट्रीय स्तर पर 14 से 22 मार्च तक जल सप्ताह मनाया जा रहा है।

पानी की कहानी, जीवन की कहानी है। लेकिन पानी संकट अब दुनिया के कई देशों पर मंडराने लगा है। पिछले दो दशकों में पानी की मांग में लगातार वृद्धि हुई है, लेकिन उसकी उपलब्धता में निरंतर कमी आती जा रही है। राष्ट्र संघ ने दुनियाभर के देशों की सरकारों को हाल ही में एक परिपत्र भेजकर उनका ध्यान इस ओर खींचा है। इसी संदर्भ में 22 मार्च को अंतर्राष्ट्रीय जल दिवस मनाया जाएगा।

वाशिंगटन स्थित वर्ल्ड वाच इंस्टीट्यूट ने 2004 की अपनी ताजा रिपोर्ट में विश्व के कई देशों में बढ़ते जल संकट का खुलासा करते हुए यह बताया कि वर्तमान में उपलब्ध जल संसाधनों में से 70 प्रतिशत कृषि, 22 प्रतिशत उद्योग और 8 प्रतिशत शहरों की म्युनिसिपिल कॉरपोरेशनों द्वारा उपयोग किया गया है।

पानी की बढ़ती खपत के कारण कई देशों में भूजल खतरनाक मात्रा तक नीचे गिर गया है। आमूदरिया, मच्छलियो, कोलोराडो, गंगा, सिंधु, रियोग्रांडे एवं यॅलो नदियों में जल की मात्रा लगातार कम होती जा रही है। साथ ही विश्वभर में ताजा पानी के भंडार घट कर आधे रह गए हैं। इससे 10,000 प्रकार की प्रजातियों का अस्तित्व खतरे में पड़ गया है। रिपोर्ट आगे यह भी बताती है कि 1940 में जहाँ दुनियाभर में बड़े बांधों की संख्या पांच हजार थी, वहीं आज उनकी संख्या बढ़कर 45000 हो गई है।

सन् 2020 तक पानी संबंधी बीमारियों से मरने वालों की संख्या 135 मिलियन तक पहुंच जाएगी। अंतर्राष्ट्रीय खाद्य नीति अनुसंधान कार्यक्रम

'इंफ्रपो' ने भी आगाह किया है कि दुनिया में हर पांच में से एक आदमी दूषित पानी पीने को मजबूर है। वैसे बढ़ते संकट से निपटने के लिए सरकारें भूजल के दोहन में लग गयी हैं। लेकिन यह ऐसा ही है, जैसे कोई अपने फिक्स डिपाजिट की रकम को दावत में खर्च करे और यह उम्मीद करे कि मुसीबत के दिनों में रकम मिल जाएगी। बैंकाक, मेक्सिको और वेनिस शहर इसी नीति के चलते भयंकर जल संकट का सामना कर रहे हैं। कृषि के क्षेत्र में भी अंधाधुंध सिंचाई से भूजल का दोहन हो रहा है।

जानकारों का अनुमान है कि सन् 2020 तक कृषि में जल की मांग में 17 प्रतिशत की वृद्धि होगी। इसीलिए पेयजल के समस्याओं से निपटने के लिए राष्ट्र संघ बड़े पैमाने पर जागरूकता अभियान चला रहा है। यूरोपीय यूनियन ने तो अफ्रीकी देशों में अनेक ऐसी परियोजनाओं को मदद देना प्रारंभ कर दिया है, जो पानी बचत की दिशा में कार्य कर रही हैं। सेनेगल में 18 माह की एक परियोजना के तहत महिलाओं की जल को–ऑपरेटिव बनायी जा रही है। ब्राजील में नल के पानी की शुद्धता और पानी की बर्बादी को रोकने का अभियान चलाया जा रहा है, जिसमें औरतों की भूमिका को सुनिश्चित किया जा रहा है।

अमेरिका जैसे सम्पन्न देश में भी फ्लोरिडा में पानी बचत के कार्यक्रम चलाये जा रहे हैं। लंदन में 8 मार्च को विश्व उपभोक्ता संगठन ने अंतर्राष्ट्रीय महिला दिवस के अवसर पर पानी की बढ़ती किल्लत की ओर सरकारों का ध्यान आकर्षित किया। उल्लेखनीय है कि विश्व के 1.2 अरब लोगों को पेयजल और सेनिटेशन उपलब्ध नहीं है, जिनमें अधिकांश औरतें और लड़कियाँ हैं।

भारत में क्या स्थिति है? यहाँ भी देश के अनेक हिस्सों में जल संकट गहराता जा रहा है। गुजरात के राजकोट जिले में कुछ साल पूर्व पानी की समस्या को लेकर दंगे फसाद भी हो चुके हैं। पिछले चुनावों में तो गांधी नगर में यह नारा लगा था कि पहले पानी फिर आडवाणी। अनेक अंतर्राष्ट्रीय शोध संस्थाओं के अध्ययन के अनुसार पंजाब में घटता भूजल स्तर अनेक सामाजिक और राजनीतिक संबंधों को भी प्रभावित कर सकता है।

उल्लेखनीय है कि साठ के दशक में पंजाब में गेहूँ उत्पादन बढ़ाने के लिए बड़े पैमाने पर नलकूप लगाए गए, जिससे सिंचाई तो हुई लेकिन हर साल भूजल स्तर गिरता चला गया है।

हरित क्रांति के पक्षधर एम०एस० स्वामीनाथन तक मानते हैं कि यदि इस दिशा में शीघ्र कदम नहीं उठाए गये तो आगामी बीस सालों में पंजाब की धरती की कोख का पानी सूख जाएगा। कमोवेश यही स्थिति तमिलनाडु, केरल, गुजरात और राजस्थान की होने वाली है। लेकिन सबसे अधिक कठिनाई उत्तर भारत के ग्रामीण इलाकों की है। जहाँ लोग या तो जल स्रोतों पर निर्भर हैं या सरकारी नलकूपों पर। भारत सरकार के कृषि मंत्रालय के आंकड़े यही कहते हैं कि देश के सेंट्रल जोन के 14 प्रतिशत भूभागों में नहरों से सिंचाई की जाती है, जबकि 86 प्रतिशत खेती की सिंचाई नलकूपों से की जाती है।

देश में बढ़ते जलसंकट को देखते हुए पेयजल और सिंचाई विधियों पर पुनः गौर करना आवश्यक हो गया है। प्रकृति के नियम तोड़ने से उपजी त्रासदी का खामियाजा तो भुगतना ही पड़ेगा। लेकिन वर्तमान जल संकट का एक अन्य पहलू है विकसित देशों द्वारा बेतहाशा उपभोग। संयुक्त राज्य अमेरिका में एक परिवार प्रतिदिन औसत 262 लीटर पानी उपयोग करता है, जबकि ब्रिटेनवासी उससे तीस प्रतिशत कम उपयोग करते हैं। तीसरी दुनिया में तो यह औसत मात्र 50 लीटर पानी का है। यही नहीं अमेरिका में बाग-बगीचों और लॉन की सिंचाई में 30 बिलियन लीटर पानी खर्च होता है। यानी लगभग 84 मिलियन बीयर बोतलों के बराबर। अमेरिका में मांस भक्षण के कारण प्रति व्यक्ति 5.4 क्यूसिक मीटर पानी खर्च होता है, जो शाकाहार व्यक्ति के भोजन पर खर्च होने वाले पानी से दोगुना है। साथ ही एक अमेरिकी परिवार औसतन प्रतिवर्ष 10 हजार किलोवाट बिजली जलाता है, जिसे उत्पादित करने में 83 क्यूसिक मीटर पानी खर्च होता है। यह पानी उतना ही है जिससे तीसरी दुनिया के 14 हजार टायलेट को फ्लश किया जा सकता है।

(20 मार्च 2004, सहारा समय)

11 कृषि और संस्कृतियों के बीच संवाद

इक्कीसवीं सदी में विज्ञान की आश्चर्यजनक प्रगति और सूचना क्रांति के बावजूद विश्व के कई भागों में अधिकांश जनसंख्या अभी भी खेती या उससे जुड़े कामकाज से अपना जीवन–यापन करती है। अनेक संस्कृतियों में कृषि को धंधे या व्यापार नहीं वरन् जीने का एक तरीका माना जाता है। सीमित साधनों वाले किसान को अस्थिर मौसम, फसल चक्रों की लंबी अवधि और सूचनाओं की विषमता बाजार की ताकतों के सामने लाचार बना देती है। इसीलिये ग्रामीण इलाकों में भीषण गरीबी और कुपोषण है। अन्न उत्पादन और वितरण के मामले में विशेषज्ञ सरकारी और बाजार चालित नीतियों के विवेक पूर्ण मिश्रण की सलाह देते हुए इसे विशेष दर्जा देने की सिफारिश करते हैं।

लेकिन 'मुक्त बाजार' के समर्थक कृषि को विशेष दर्जा देने के पक्ष में नहीं हैं। उनका तर्क है कि शुल्क घटाने और कृषि को उद्योग की श्रेणी में रखने से गरीब किसानों को लाभ होगा। विश्व व्यापार संगठन द्वारा 1995 में इस तर्क से प्रभावित नीतियाँ अपनाये जाने के बाद राष्ट्र संघ की एजेंसी विश्व खाद्य संगठन ने 1996 में सन् 2015 तक भूखों की संख्या आधे तक घटाने का प्रस्ताव इस शर्त के साथ स्वीकार किया कि वह ऐसी सभी कृषि व्यापार नीतियाँ अपनायेगा जिससे बाजारोन्मुखी अर्थव्यवस्था में अन्न सुरक्षा बढ़े।

तमाम दावों और प्रयासों के बावजूद 2004 में विश्व खाद्य संगठन द्वारा प्रकाशित एक रिपोर्ट ने स्वीकारा कि 1990 के मुकाबले विश्व में भूखों की संख्या 834 मिलियन से बढ़कर अब 852 मिलियन हो गयी। यह असफलता इस बात की सूचक है कि बहुराष्ट्रीय खाद्य कंपनियों के दबाव में अपनायी नीतियों से आहार और संस्कृतियों में सदियों पुराना रिश्ता अब टूट रहा है। बाजारवाद के पूर्व तक भूखमरी की समस्या से निपटने के लिये सांस्कृतिक पहलू, अन्न उत्पादन और पर्यावरण के पारस्परिक संबंधों पर विचार किया जाता था। अब एक बार फिर विश्व खाद्य संगठन का ध्यान इस ओर गया है।

सभवतः इसीलिये राष्ट्र संघ ने 16 अक्टूबर 2005 को मनाये जा रहे विश्व खाद्य दिवस की थीम, 'कृषि और अंतर-सांस्कृतिक संवाद' रखकर नये सिरे से भूख की समस्या हल करने की ओर कदम उठाया है। इस बार भूख की समस्या हल करने के लिए विभिन्न संस्कृतियों द्वारा कृषि के क्षेत्र में दिये गये योगदान को रेखांकित करते हुए अन्तर-संवाद की प्रक्रिया अपनाने पर जोर है। सभ्यता और संस्कृतियों का आधार कृषि उस समय बनी जब प्रारंभिक शिकारी अवस्था के बाद मनुष्य ने समूह में रहकर पशुपालन, कृषि और पारिवारिक जीवन की नींव डाली। हालांकि जंगली पौधों और जानवरों को पालतू बनाने की प्रक्रिया विश्व के विभिन्न भागों में पनपी, परंतु विभिन्न संस्कृतियों के बीच खाद्यान्नों के आदान-प्रदान की प्रक्रिया निरंतर चलती रही।

अफ्रीका ने विश्व को कॉफी दी तो लातिन अमेरिका ने आलू। भारत और चीन ने चावल, गन्ना, ककड़ी और चाय एवं मध्य एशिया ने भोजन में सूखे मेवों और खजूर का स्वाद जोड़ा। लेकिन अन्तर सांस्कृतिक कृषि संवाद बीजों और नस्लों की तकनीक से कहीं ज्यादा है। उन संस्कृतियों में जहाँ खेती जीवन यापन का मुख्य साधन है, वहाँ भोजन और पर्यावरण संबंधी अनेक धार्मिक मान्यताएं, विश्वास एवं अनुष्ठान पनपे। फिलीपींस में पिछले दो हजार वर्षों से इफुगावो पद्धति से चावल उगाना इसका एक उदाहरण है।

आज भी भारत में छत्तीसगढ़, झारखंड, उड़ीसा और आन्ध्र प्रदेश के आदिवासी फसल उगाने का चयन अनुष्ठान और मान्यताओं के आधार पर करते हैं। बैतूल के गोंड, झाबुआ के भील, बस्तर के बैगा, उत्तर पूर्व भारत के नागा, आदि जनजातियाँ सारी कठिनाइयों के बाद कृषि के मामले में टिकाऊ और सतत विकास को ध्यान में रखकर प्राकृतिक साधनों का दोहन करती रही हैं। एक तरह से प्रकृति के मित्र बनकर जनजातियों ने अन्न के सांस्कृतिक विकेन्द्रीकरण को बचाये रखा, लेकिन तेजी से हो रहे शहरीकरण और तीव्र आवागमन साधनों के कारण खाद्यानों का केन्द्रीयकरण हो रहा है।

संसार के एक तिहाई आहार बिक्री पर 30 बड़ी कम्पनियों का कब्जा है। अनेक शहरों में परचून की दुकानें बंद हो रही हैं और डिपार्टमेंट स्टोर में डिब्बाबंद या पैक आहार बेचने का चलन बढ़ता जा रहा है, जहाँ सीमित संख्या या ब्रांड के उत्पाद ही उपलब्ध होते हैं। अंतर्राष्ट्रीय खाद्य व्यापारी और दलाल

सिर्फ ऐसे खाद्यानों के उत्पादन और वितरण में रुचि ले रहे हैं, जिनका लंबे समय तक परिरक्षण संभव है और जिन्हें सैकड़ों मील दूर आसानी से भेजा जा सके। इससे छोटे किसानों की विक्रय क्षमता घटती जा रही है।

एक नया 'ग्लोबल डाइट' वैश्विक आहार का पैटर्न उभर रहा है, जिसमें सीमित अन्न जैसे गेहूं और चावल, मांस, डेयरी उत्पाद, तेल, नमक और चीनी शामिल हैं। रेशायुक्त पदार्थों का सेवन तेजी से घट रहा है। फास्ट फूड और ब्रांड फूड का फैशन मध्यमवर्ग की नयी पहचान बन रहा है।

इस संदर्भ में राष्ट्र संघ अब विश्व खाद्य संगठन के माध्यम से कृषि और विभिन्न संस्कृतियों के बीच नये सिरे से संवाद प्रारंभ करना चाहता है ताकि ग्लोबेलाइजेशन के विपरीत प्रभावों को कम किया जा सके। यह इसलिये भी जरूरी है कि 21वीं सदी में भी दुनिया के 2.7 बिलियन लोग कृषि, मछली पालन और वन आधारित धंधों से जीवन यापन कर रहे हैं। इसके अलावा आवास भूमि संरक्षण, भू-दृश्य, जलसंरक्षण, कार्बन पृथक्कीकरण एवं बायो डाईवरसिटी जैसे गैर वित्तीय मामलों में भी कृषि का अमूल्य योगदान है। ऐसे ही कारणों से भूखमरी निवारण में कृषि अहम भूमिका निभाएगी।

आज विश्व खाद्य संगठन भी मान रहा है कि विकासशील देशों के बीच आहार और कृषि जैसे मुद्दों पर संवाद आवश्यक है, ताकि तकनीक और अनुभव का आदान-प्रदान हो। पिछले कुछ वर्षों से इस दिशा में कुछ सफल प्रयास हुए हैं। जैसे, विएतनाम के किसानों द्वारा चारों ओर घूमने वाला फावड़ा और खुरपी आज अफ्रीका में लोकप्रिय है।

मानव और सांस्कृतिक प्रवीणता, भविष्य की सही कल्पना, भागीदारी और सहयोग सभी को भोजन सुरक्षा प्रदान कर सकता है। अन्न की बिक्री भले ही व्यापार हो उसकी उपलब्धि मानव अधिकार से जुड़ी है। पश्चिम भी अब पूरब के इस नजरिए को समझने लगा है कि प्राणी, आहार और प्रकृति अस्तित्व की तंरगों से जुड़े हुए हैं।

(14 अक्टूबर 2005, राष्ट्रीय सहारा)

12 एशिया की भावी पीढ़ी

अगामी बीस सालों में एशिया की युवा पीढ़ी अपने जीवन के सबसे उत्पादक वर्षों में होगी। यदि इस युवा पीढ़ी को उचित शिक्षा, स्किल ट्रेनिंग के साथ रोजगार मुहैया कराया गया तो एशिया 2015 के बाद एक स्थिर सामाजिक आर्थिक दौर देख सकेगा। यदि इसमें वह चूका तो हिंसा और अराजकता का दौर प्रारम्भ हो जायेगा और ऐसी हालत में बच्चों और औरतों का शोषण बढ़ जायेगा।

एशिया में सामाजिक मूल्यों विशेषकर सेक्स संबंधी मान्यताओं के बारे में मेरे विचार में तीसरा तथ्य अत्यंत महत्वपूर्ण होगा। एशिया आगे बढ़ेगा या काई की तरह जम जायेगा, इसका पूर्वानुमान हमें वर्तमान में पूर्वी एशिया में पिछले 40 सालों की राजनीतिक व्यवस्था से मिलता है, जहाँ व्यापारोन्मुख सरकारों ने सार्वजनिक करुणा या दुख को दूर करने में अरुचि दिखायी है। इससे व्यक्तिगत स्तर पर मुसीबतों में फंसे या धोखाधड़ी का शिकार बने लोगों को सरकारों ने कोई राहत नहीं दी, उल्टे ऐसी ताकतवर एजेंसियों को पनाह दी जो मुंह बन्द रखने वाले समाजों और अर्थव्यवस्था का निर्माण करती हैं, जैसे-देह व्यापार।

यह विश्लेषण बड़ा क्रूर लगता है, लेकिन बहुत हद तक सही है। एशिया में परिस्थितियाँ ऐतिहासिक दुर्घटनाओं से बनी हैं, जबकि यूरोप और कुछ हद तक अमेरिका में मंदी-काल, द्वितीय विश्व युद्ध और शीत युद्ध के कारण वहाँ की सरकारों पर यह आंतरिक दबाव पड़ा कि वे कुछ मामलों में राष्ट्रीय समानताओं का निर्माण करें, विशेषकर आय वितरण एवं स्वास्थ्य सेवाओं की गारंटी द्वारा। शीत युद्ध के दौरान पूर्वी एशियाई देश स्वयं अपने अस्तित्व की लड़ाई लड़ रहे थे (दक्षिणी कोरिया, ताईवान और सिंगापुर) तो कुछ भूखों मर रहे थे जैसे दक्षिणी कोरिया। और प्रायः सभी देशों में सामाजिक सुरक्षा प्रदान करने के लिये पूंजी का अभाव था। उनकी आशाओं का केन्द्र था तेज आर्थिक विकास और उन्हें लगा कि मुक्त बाजार और व्यापारोन्मुखी नीतियों से वे इस

दिशा में आगे बढ़ सकते हैं। जैसे–जैसे पूर्वी एशियाई देश इस दुविधा में धंसते चले गये वैसे–वैसे वहाँ की सरकारें यह प्रश्न पूछने लगीं कि वे किसे प्राथमिकता दें : सोशल इंजीनियरिंग को या इंजीनियर को। जीत इंजीनियर की हुई।

एशियाई सरकारें अपेक्षाकृत कमजोर हैं और जहाँ वे कमजोर नहीं हैं (जैसे कोरिया या सिंगापुर) वहाँ पर वे बौनी हैं। उनके प्रभाव और प्रभुत्व को आंकने का आसान तरीका है यह जानना कि वे सकल घरेलू उत्पाद का कितना प्रतिशत धन सामाजिक विकास पर खर्च करती हैं। इससे यह भी पता चलता है कि खर्च करने के निर्णय में उन लोगों की भागीदारी कितनी है जो इस संपदा का निर्माण कर रहे हैं। जापानी सरकार सकल घरेलू उत्पाद का बीस प्रतिशत खर्च करती है। हांगकांग सुदृढ़ आर्थिक स्थिति के बावजूद ब्रिटेन के मुकाबले सकल राष्ट्रीय आय का आधा ही व्यय करता है। कमोवेश सभी एशियाई देशों में यही हाल है।

इस मद में कम खर्च का एक मुख्य कारण है एशिया द्वारा कल्याणकारी राज्य की परिकल्पना को नकारना। यहाँ कल्याणकारी परिकल्पना से मतलब है सभी स्थानांतरित भुगतान, जिनमें सामाजिक सुरक्षा एवं स्वास्थ्य की देखभाल शामिल है। यहाँ भुगतान स्थानांतरण से अर्थ है कि धनवानों पर टैक्स लगाकर उन पर खर्च करना जो बेरोजगार हैं या कमाने में असमर्थ हैं। और सभी देशों में जहाँ सरकारें भारी राशि भुगतान स्थानांतरण पर खर्च करती हैं वहाँ उससे मध्यम वर्ग लाभान्वित होता है।

एशिया में ऐसा नहीं होता। हांगकांग में भुगतान स्थानांतरण सरकारी खर्च का महज 5 प्रतिशत है। अमेरिका में यह 10 प्रतिशत है। चीन में इस विषय पर बातचीत के दौरान शंघाई के एक विश्वविद्यालय के प्राध्यापक का विचार था कि प्रतियोगिता के बाजार में जब औद्योगिक इकाइयों को चुस्त–दुरुस्त बनाना पड़ेगा और कई श्रमिकों की छंटनी करनी पड़ेगी। अतः चीन को यूरोप की तरह कल्याणकारी व्यवस्था अपनाकर बेरोजगारों की फौज नहीं पालनी चाहिये।

एशिया की हृदयहीन सामाजिक और आर्थिक नीतियाँ ऐसी हैं कि मुसीबत में पड़े लोगों या जोखिम की स्थिति में लोगों को कोई सामाजिक सुरक्षा नहीं मिलती, जबकि धनी औद्योगिक देशों में लोग सरकारों से इसकी अपेक्षा करते हैं। यदि राज्य सामाजिक सुरक्षा देने से कतराता है तो समाज की अन्य संस्थाओं विशेषकर परिवार पर इसका बोझ पड़ता है।

एशिया में परिवार के प्रति भक्ति का रहस्य अबूझ नहीं है। मां-बाप अपने बच्चों की क्षमता को बढ़ाते हैं। पत्नियाँ अपने बेवकूफ पतियों को झेलती हैं एवं बच्चे अपने मां-बाप के इशारों पर काम करते हैं। इसकी जड़ में कन्फयूशियस का सिद्धांत नहीं है वरन् इसका कारण यह है कि एशियाई लोग बाहरी क्रूर दुनिया से घबराते हैं और परिवार के दायरे में अपने सुरक्षा घेरे को मजबूत करते रहते हैं, क्योंकि व्यक्ति पर मुसीबत आने पर राज्य नहीं वरन् परिवार ही उसके काम आता है। यह स्थिति उन परिस्थितियों को जन्म देती हैं, जिसमें परिवार के अत्यंत कम उम्र या बहुत वृद्ध सदस्य काम करने पर मजबूर हो जाते हैं। और यही कारण है कि एशियाई परिवार बचत की दर भी बहुत ऊंची रखते हैं।

टैक्स की कम दरें और राज्य द्वारा कम खर्च किया जाना दोनों बचत की प्रवृत्ति को बढ़ावा देती है। सामाजिक सुरक्षा के मद में सरकारों की कम राशि या स्थानांतरण भुगतान की स्थिति के कारण एशियाई देशों में यदा-कदा जो सरकारी खर्च के मदों की घोषणा की जाती है, वह सड़कें बनाने या स्वास्थ्य या शिक्षा के क्षेत्रों में निवेश के रूप में की जाती हैं। इसलिये सोशल इंजीनियरिंग नहीं इंजीनियर पनपते हैं।

हांगकांग में जहाँ अपेक्षाकृत सामाजिक सुरक्षा बेहतर है, वहाँ जनता में निवेश को मुख्य माना जाता है। और सामाजिक मदों में सरकारी बजट का प्रतिशत ब्रिटेन के मुकाबले आधा है। इसका एक दूसरा पहलू यह भी है कि अशक्त सरकारों का अर्थ है सरकारों द्वारा जीवन को प्रभावित करने वाले पहलुओं पर कम से कम निर्णय और बिजनेस वर्ग द्वारा ऐसी नीतियों को बढ़ावा दिया जाता है, जो सिर्फ लाभ कमाना जानती हैं। आधुनिक एशिया में हांगकांग और जापान दोनों जगह बिजनेस को ज्यादा महत्व दिया जाता है, जिसके कारण सरकार उन निर्णयों पर प्रभावकारी भूमिका नहीं निभा पाती जो आम लोगों के जीवन को प्रभावित करते हैं। क्षणिक आर्थिक विकास की दरें एशिया के कुछ देशों में कुछ समय के लिए चमत्कारी असर अवश्य दिखा दें, लेकिन राजकीय संस्थाओं की कमजोरी उसे टिकने नहीं देती। अतः जब तक एशियाई देश राज्य की कल्याणकारी भूमिका की खिलाफत करते रहेंगे वे सामाजिक समस्याओं को प्रभावकारी ढंग से हल नहीं कर सकते।

किसी भी पूर्वी एशियाई देश की यात्रा के दौरान अक्सर एक दृश्य देखने को मिलता है और वह है : यूनिफार्म में सज-धजकर स्कूल से आते-जाते बच्चे। इनमें बड़ी संख्या में लड़कियाँ भी शामिल हैं। ये बच्चे पूर्वी एशियाई देशों की नई फसल हैं।

पूर्वी एशिया के गरीब देशों में 1960 के दशक में शिक्षा आंदोलन चला और 1980 के दशक तक एक पढ़ी-लिखी स्नातक युवा पीढ़ी तैयार हो गयी। अस्सी दशक के मध्य तक चार ड्रेगन – हांगकांग, ताईवान, सिंगापुर एवं दक्षिणी कोरिया – ने सभी बच्चों को बेसिक शिक्षा देने का लक्ष्य पूरा कर लिया था। इसके बाद तीन अन्य एशियाई देश – मलेशिया, इंडोनेशिया एवं थाईलैंड भी उसी राह पर चल पड़े। सन् 1987 के आते-आते प्रत्येक ड्रेगन देश ने तिहाई बच्चों को सेकेंडरी तक शिक्षा दिला दी थी।

पूर्वी एशियाई देशों ने शिक्षा के प्रसार हेतु उभरे सभी सुयोगों का पूरा-पूरा फायदा उठाया। ये सुयोग थे : तेजी से आर्थिक विकास, जनसंख्या वृद्धि में कमी एवं कुछ हद तक आय का पुनः वितरण। इसके साथ ही पूर्वी एशिया ने दो महत्वपूर्ण निर्णय लिये : एक, उन्होंने प्राथमिक और सेकेंडरी शिक्षा पर बजट राशि बढ़ायी और दूसरा, लड़कियों को भी लड़कों जैसे ही पढ़ाई करने के अवसर दिये।

इस मान्यता के विरुद्ध कि पूर्वी एशियाई देशों ने अपने सकल राष्ट्रीय उत्पाद का बहुत कम प्रतिशत शिक्षा पर खर्च किया, सच तो यह है कि 1960 में ही इन देशों ने शिक्षा पर 2.5 प्रतिशत खर्च करना प्रारंभ कर दिया था और 1989 तक यह बढकर 3.6 प्रतिशत हो गया था। दरअसल हुआ यह कि भारतीय उप महाद्वीपीय देशों ने शिक्षा के बजट का अधिकांश हिस्सा विश्वविद्यालयी शिक्षा पर खर्च किया, जबकि पूर्वी एशियाई देशों ने प्राथमिक शिक्षा पर। इंडोनेशिया में तो शिक्षा बजट का 90 प्रतिशत प्राथमिक शिक्षा पर खर्च किया जाता है। प्राथमिक शिक्षा पर जोर देने वाले देशों में पब्लिक स्कूल (भारत के सरकारी स्कूल) और व्यक्तिगत ट्यूशन को अभिभावकों ने भविष्य में बच्चे की सफलता का मूल आधार मानते हुए इसमें पहल की। चीन और इंडोनेशिया के 70 प्रतिशत बच्चे इसी विधि से अपनी योग्यता बढ़ाते हैं।

पूर्वी एशियाई देशों ने लड़कियों में शिक्षा के प्रचार-प्रसार और विकास के नये आयाम खोले। लड़कियों के बीच शिक्षा प्रचार से शादी की उम्र बढ़ी और कई मायनों में कम उम्र में बच्चे का बोझ ढोने से लड़कियाँ बच गयीं। इसके साथ ही एक अन्य लाभ यह हुआ कि स्कूल पूर्व शिक्षा देने में पढ़ी-लिखी मां की भूमिका बड़ी सकारात्मक रही।

आगे जो कहा जाने वाला है उससे सभवतः कई नारीवादी (फेमिनिस्ट) महिलाएं सहमत न हों। रिचार्ड सेबोत एवं नेन्सी बिरडसाल द्वारा विश्व बैंक के लिये किये गये एक अध्ययन से यह तथ्य सामने आया कि पूर्वी एशियाई बच्चों द्वारा स्कूली परीक्षाओं में विशेषकर गणित में उच्च अंक पाने के पीछे घर में मां द्वारा की गयी कोचिंग है। जापानी बच्चे अपने घरों में मां से बहुत ट्यूशन पाते हैं। इसके मुकाबले अमेरिकी बच्चे नहीं के बराबर। कमोवेश जापान का यह अनुभव केरल और तमिलनाडु में भी देखने को मिलता है ।

जापान एवं कोरिया, इन दो एशियाई देशों ने लड़कियों के बीच शिक्षा के प्रसार करने के बाद उन्हें सफलतापूर्वक वर्कफोर्स से अलग रखकर बच्चों की शिक्षा की जिम्मेदारियों मे लगाया। जिसके फलस्वरूप अगामी पीढ़ी का प्रदर्शन अत्यधिक बेहतर रहा। 1980 के दशक में 13 वर्ष की आयु समूहों वाले कोरियाई बच्चे गणित के टेस्ट में अमेरिकी बच्चों से कहीं आगे थे। कमोबेश यही नजारा इंडोनेशिया में देखने को मिलता है। थाईलैंड की लड़कियों को भी उनकी जापानी और कोरियाई बहनों की तरह अच्छी शिक्षा प्राप्त करने का अवसर मिला। साथ ही घर से बाहर काम करने पर कोई टोका-टाकी या कोई औपचारिक अड़ंगे नहीं लगाये गए और न ही संस्कृति के नाम पर उन्हें घरों की चारदिवारी में बंद किया। वहाँ की औरतों की वर्कफोर्स में भागीदारी उतनी ही है जितनी स्कैडेनेवियन देशों में औरतों की।

वैसे देखा जाये तो पढ़ी-लिखी औरतों पर जापानी या कोरियाई शैली में बंदिश लगाना हास्यास्पद है। शायद जापानी लड़कियों में शादी न करने के फैसले के पीछे यही सोच हो सकती है। सन् 1970 में 25 से 39 वर्ष के बीच की 18 प्रतिशत जापानी स्त्रियां अविवाहित थीं, जबकि 1990 में इनका प्रतिशत बढ़कर 40 तक पहुंच गया।

थोड़ी चर्चा फिलीपींस के बारे में करें। दक्षिण पूर्वी एशिया का यह देश 1950 के दशक में अत्यंत धनी था। आज फिलीपींस की लड़कियाँ घरेलू नौकरानी बनकर हांगकांग जाती हैं। उस समय हांगकांग की चीनी लड़कियाँ फिलीपींस में घरेलू नौकरानी का काम ढूंढती थीं। लगभग उसी काल में श्रीलंका एवं भारत की स्थिति भी ठीक थी। दक्षिणी कोरिया की हालत खस्ता थी तो ताईवान महज अमेरिकी पिट्ठू था। लेकिन 1970 के अंत तक ताईवान एवं कोरिया ने एक ऊंची छलांग लगायी और एशिया में आर्थिक चमत्कार के मॉडल के रूप में उभरे।

लेकिन ऐसा कैसे संभव हुआ? दोनों देशों में सुरक्षा के नाम पर अत्यंत कठोर अनुशासन लागू किया गया और आर्थिक स्थिति मजबूत करने पर जोर दिया गया। इसके कारण नागरिक अधिकारों की स्थिति खराब रही। भुखमरी से बचने के लिये दक्षिणी कोरिया के जनरल पार्क चुंग ही ने अनेक कार्यक्रम प्रारंभ किये, जिससे उसके संरक्षक अमेरिका को भी यह डर लगने लगा कि दक्षिणी कोरिया कही समाजवादियों के हाथों में तो नहीं फिसल रहा है। पार्क ने बाद में अपनी जीवनी में लिखा 'एशिया के लोग जितना भुखमरी से डरते हैं, उतना दमनकारी कार्यों से नहीं, जो अधिनायकवाद उन पर थोपता है'।

तथ्यों के विश्लेषण से ऐसा लगता है कि पूर्वी एशिया में सरकारों द्वारा किये गए हस्तक्षेप अच्छे परिणाम सामने लाये। इसको बर्कले स्थित यूनिवर्सिटी ऑफ केलिफोर्निया ने बाखूबी अपने शोधपत्र 'विचार एवं आर्थिक प्रगति' नामक सिद्धांत में समझाया। विचार कोई मानव पूंजी नहीं, जिसके नाम पर यह कहा जा सके कि कई देश विचारों को लागू करने में कहाँ तक सक्षम हैं। कोई भी विचार हो सकता है, लेकिन उसे कैसे सुलझे रूप में देखा जा रहा है यह समझना जरूरी है। अन्यथा विचारों का पुलिंदा वैसा ही लगेगा, जैसे अलग-अलग रंग वाले कपड़े के टुकड़ों से सिली गयी कमीज। विचार सम्पूर्ण विश्व के वर्तमान ज्ञान का भंडार है। कोई देश धनी क्यों है या वहाँ आर्थिक उन्नति क्यों हो रही है उसका आधार शारीरिक क्षमता और मानव पूंजी ही नहीं है। हालांकि उनसे मदद मिलती है। परंतु इसके पीछे इन समाजों में विचारों को क्रियांवित करने की प्रक्रिया का बहुत योगदान है। इसीलिये कई देशों में सरकारें भारी विदेशी सहायता के बावजूद गरीबी कम करने में असफल रही

हैं। समस्या को हल करने के लिये हस्तक्षेप ऐसा हो जो दंडात्मक वातावरण को संतुष्ट करे। हस्तेक्षप जो प्रेरणादायक हो, वह उससे अलग होता है जो क्षणिक आराम देता है।

विचारों का निचोड़ हमें पूर्वी एशिया के विकास को समझने में मदद कर सकता है। उन इलाकों ने बाहरी जगत से जुड़कर अपने आपको अंतर्राष्ट्रीय मानकों से जंचवाने की भावना से काम किया। इस स्वीकृति या इस विचार को अपनाने के पीछे एशिया की वह उभंग है जो अनुशासन, परिवर्तन और भविष्य से जुड़ी है।

(8 जुलाई 2006, राष्ट्रीय सहारा)

13 क्या यह वतन सिर्फ तुम्हारा है, हमारा नहीं?

किसी भी सुखी समाज को सांप्रदायिकता का जहर अंततः नष्ट कर डालता है। गांधी के देश में नफरत की आंधी सभी सेक्युलर एवं प्रजातंत्र में विश्वास करने वालों के लिये खतरे की घंटी है। आजादी की वर्षगांठ यानी 15 अगस्त पर इस स्थिति पर विचार करना कई मायनों में सार्थक होगा।

भारतीय सभ्यता और संस्कृति ने हमेशा अहिंसा का पाठ पढ़ाया। सभी धर्मों के लोग यहाँ मिलकर रहते आये हैं। हमारी यह सांझा विरासत आज घृणा के सैलाब में डूब रही है। गुजरात में हुई हिंसा और रक्तपात की भयावह घटनाओं से ज्यादा चिंताजनक है बेस्ट बेकरी कांड पर न्यायिक प्रक्रिया। इससे राजनीति के भयंकर सांप्रदायीकरण का तो आभास होता है, भारतीय लोकतंत्र और सेक्युलेरिज्म के वर्तमान और भविष्य पर भी सवालिया निशान लगता है। सत्ता के नशे में चूर संस्कृति के सौदागर समाज को टुकड़ों में बांट रहे हैं।

ऐसा नहीं है कि दंगे पहले नहीं हुए। सन् 1947, 1969, 1982, 1985 और 1992 में देश के कई हिस्सों में दंगे हुए थे, लेकिन तब उन दंगों में जो अपराधी पकड़े गये थे वे मिश्रित वर्गों के थे, जबकि गुजरात में पकड़े गये अधिकांश दंगाई 'दलित और आदिवासी' हैं। दूसरे इस गुजरात में दंगों ने ग्रामीण इलाकों में तबाही मचायी जो कि प्रत्येक सच्चे भारतीय के लिये सोचनीय है। क्या आजादी की लड़ाई में हिन्दू, मुस्लिम, सिख, ईसाई सभी शामिल नहीं थे? क्या देश की रक्षा सरहद पर बहने वाला खून किसी एक जाति और धर्म का है? क्या हम इस नारे को भूल गये : 'हिन्दू-मुस्लिम, सिख-ईसाई, सब है भाई-भाई'।

आज सारा देश जातिवाद और संप्रदाय के संकीर्ण दायरे में बंट रहा है। ऐसे में ईसा के भले समारितान दृष्टांत की बड़ी याद आती है। हमारा पड़ोसी

कौन? इसका उत्तर हमें ईसा इसी दृष्टांत में देते हैं। आज ईसाई समाज के सामने नयी चुनौतियाँ हैं, जिनमें नफरत के माहौल को खत्म कर प्रेम और भाई-चारे का वातावरण निर्माण करना।

राष्ट्रीय एकता के लिए केवल इतना ही काफी नहीं है कि देश धर्मनिरपेक्ष हो। यह भी जरूरी है कि धार्मिक और गैर धार्मिक दोनों ही पहलुओं के बीच संतुलन बनाए रखे। तीन मुख्य निहितार्थ हैं : (1) समाज का हर व्यक्ति अपना धर्म माने और उसे सर्वश्रेष्ठ समझे, लेकिन उसे दूसरे धर्मों का सम्मान करना चाहिये, उनके प्रति सहनशील होना चाहिये और उन्हें समझना चाहिए। (2) धार्मिक क्षेत्र से बाहर, सामाजिक जीवन, सैद्धांतिक नैतिक और मानवीय आचरण से नियंत्रित होना चाहिये, सांप्रदायिक विचारों से नहीं, और अंत में (3) हमें धार्मिक अंधविश्वास को धर्म की जरूरी बातों से अलग करना चाहिये जो अभी भी धर्म का हिस्सा मानी जाती हैं जैसा मानव बलि (हाल में ही उड़ीसा में हुई घटना), छुआछूत आदि।

हिन्दू धर्म में सामाजिक बुराइयाँ जो भी रही हों, विश्वास और आस्था के मामले में वह सहिष्णु रहा है। डॉ० राधाकृष्णन ने कहा, "हिन्दू धर्म ने गैर लचीले धर्म के प्रति कट्टर विश्वास पैदा करने के बजाय व्यापक उदारता का दृष्टिकोण अपनाया।" हिन्दू धर्म की सहिष्णुता, मुस्लिम समाजों के भाई-चारे या ईसाई समाज में समता और स्वतंत्रता के सृजनात्मक तत्वों में तालमेल बिठाना हमारे सामने एक अहम चुनौती है।

पूरे देश में ईसाई समुदाय से जुड़ी अनेक संस्थाएं शिक्षा एवं स्वास्थ्य के कार्यों में लगी हैं। दूर-दराज के इलाकों में गरीबों के लिये अस्पताल खोलने का श्रेय ईसाई मिशनरियों को दिया जाता है। कमोबेश शिक्षा के मामले में भी यही बात लागू होती है। आज आवश्यकता है कि अपने इस सामाजिक कार्य में हम भाईचारा और सद्भावना का कार्य भी जोड़ें। रोटी, कपड़ा और मकान के साथ देश में साक्षरता और भाईचारे की भी आवश्यकता है। यही कारण है कि दिल्ली के आर्कबिशप विंसेंट कनसेसावो का शिक्षा पर अत्यधिक जोर है। वे अक्सर कहते हैं कि लोकतंत्र के लिये शिक्षा एक मूलभूत तत्व है।

कई वर्ष पूर्व **नवभारत टाइम्स** के संपादक राजेन्द्र माथुर ने कुछ सवाल राष्ट्र के सामने रखे थे। आज के इस संत्रस्त दौर में उनके द्वारा उठाए गए सवाल उतने ही प्रासंगिक हैं, जितने उस समय। एक जगह वे पूछते हैं, "वह

आसेतु हिमालय एक सहिष्णु समाज है या वह कट्टर धर्मांध बिरादरियों का जमावड़ा है? उसका हर राज्य लोकतंत्र की उदार संस्कृति में संचालित होगा या भारत के किसी एक राज्य में धर्म का नाम लेने वाले बंदूकबाजों की एक पार्टी की तानाशाही को हम कबूल लेंगें?'' वे अपने द्वारा उठाये गए सवालों का जबाव भी खुद ही देते हैं : ''भारत को यदि एक देश बनना है, तो यह जरूरी है कि हम सब एक ही अवचेतन विश्व के नागरिक बनें और देर रात तक जो सपने हम देखें वे कमोबेश समान हों.. भारत के विविध पंथों के लोग जब भक्त कवि, पीर, वैज्ञानिक, मूर्तिकार या शिल्पी बनते होंगे, तब वे क्या एक ही अवचेतन महासागर के विविध जलों से प्रेरणा नहीं पाते होंगे?''

गुजरात देश के समृद्ध राज्यों में है। गुजराती समाज आमतौर पर हिंसा से दूर रहता है। गुजराती अपनी इसी खासियत के कारण बड़ी संख्या में दुनियाँ भर में फैले हुए हैं। फिर ऐसा क्या हुआ कि वहाँ खोज-खोज कर अल्पसंख्यकों पर कहर बरपाया गया, आगजनी की घटनाएं बड़े पैमाने पर हुईं और अबला नारियों यहाँ तक की मासूम बच्चों तक को क्रूरता से मौत के घाट उतारा-आग में झोंका। जाहिर है अज्ञान निरीह लोगों में नफरत भर दी गई थी। इस संदर्भ में खतरा यह है कि आने वाले समय में सांप्रदायिकता के आधार पर समाज को बांटने का प्रयोग देश के अन्य भागों में भी होने वाला है। कुछ भी हो, यह एक ऐसा मुद्दा है जो ज्यादा चलने वाला नहीं है। यह बात और है कि यह भारतीय समाज के धर्मनिरपेक्ष ढांचे को इस हद तक बिगाड़ देगा कि उसे पटरी पर लाने में सालों लग जाएंगे।

बृहत्तर परिपेक्ष में समाज को प्रगति विकास और आधुनिकता की राह पर ले जाने का प्रयास ईसाई समाज को करना होगा। वर्ष 2005 का स्वतंत्रता दिवस इस मायनों में खास है कि देश की अस्मिता को खतरा बाहर से नहीं भीतर से है और आज हमें यह पूछना पड़ेगा कि क्या यह वतन सिर्फ तुम्हारा है, हमारा नहीं? राष्ट्र और लोकहित में आपसी भाईचारे और सौहार्द को बढ़ाना होगा ताकि गरीबी, अशिक्षा, कुपोषण और अन्य मूलभूत समस्याओं को निपटाने में हमारी सांझी ताकत लगे। यह देश और तमाम सामाजिक संगठनों के लिए एक चुनौती है।

हमें ऐसा भारत बनाना है, जिसमें विभिन्न मूलों, पृष्ठभूमियों, जाति और धर्मों के लोग भेदभाव, संघर्ष और शत्रुता के बिना शांति और सद्भावना के साथ रहें।

(अगस्त 2005, दिल्ली वाणी)

14 दस्तकारी की दुर्दशा

संभवतया इस ओर बहुत कम ही लोगों का ध्यान गया है कि देश के सकल निर्यात में 20 प्रतिशत तक योगदान करने वाला हस्तशिल्प क्षेत्र न केवल सकल घरेलू उत्पाद की संवृद्धि का परिणाम एवं दिशा तय करने में महत्वपूर्ण भूमिका निभाता है वरन् करोड़ों लोगों को रोजगार भी मुहैया कराता है।

सरकार ने आर्थिक सुधारों के इस दौर में हस्तशिल्प सेक्टर में सार्वजनिक निवेश में कमी की, जिसके दुष्परिणाम अब दिखाई देने लगे हैं। ज्ञातव्य है कि जब भी हस्तशिल्प से जुड़े दस्तकारों की बदहाली बढ़ती है तो महानगरों में बेरोजगारों की भीड़ और बढ़ जाती है।

पिछले दिनों दिल्ली के प्रगति मैदान में हस्तशिल्प प्रदर्शनी लगी थी। तमाम कोशिशों एवं प्रचार के बावजूद उतने खरीददार नहीं आये, जितनी आशा थी। भारत में मध्यम वर्ग के उभार के साथ देश में हस्तशिल्प से जुड़े कारीगरों एवं संस्थाओं को एक दशक पूर्व ऐसा लगा था कि आने वाले समय में उसके उत्पादों के लिये नया देशी बाजार मिलेगा। लेकिन हस्तशिल्प उद्योग को अब तक के सबसे बड़े आर्थिक संकट के दौर से गुजरना पड़ रहा है।

एक तरफ जहाँ कच्चा माल लगातार महंगा हो रहा है, वहीं पश्चिमी देशों के मध्यम वर्ग में बढ़ती बेरोजगारी से निर्यात पर काले बादल छा रहे हैं। इस सारे परिदृश्य ने भारतीय दस्तकारों के सामने अब कई ऐसे सवाल खड़े कर दिये हैं, जिनका जवाब ढूंढने के बाद ही वह फैसला लेना चाहेगा कि वह अपने बच्चों को भी परंपरागत हस्तशिल्प के काम में आगे बढ़ाये या नये धंधों की ओर मोड़े।

आजादी के बाद सरकारी विकास नीतियों में पहले दो दशकों तक दस्तकारी क्षेत्र एक प्रकार से उपेक्षित रहा। अखिल भारतीय हस्तशिल्प एवं हैंडलूम बोर्ड ने सत्तर के दशक में इंदिरा गांधी की पहल पर दस्तकारों के कल्याण की कुछ योजनाएं प्रारंभ की। यही वह समय भी था, जब अंतर्राष्ट्रीय स्तर पर शुमाकर

जैसे चिंतक 'स्माल ईज ब्यूटीफूल' की बात कर रहे थे, लेकिन भारतीय हस्तशिल्प के आर्थिक और सांस्कृतिक महत्व को सही अर्थों में कमलादेवी चट्टोपाध्याय ने पहचाना था। उनके प्रयास से योजना आयोग में नया चिंतन प्रारंभ हुआ। योजना आयोग तब तक 'दस्तकारी' क्षेत्र को पश्चिमी अर्थशास्त्रियों के नजरिये से देखने के कारण 'गैर-उत्पादक' कार्यों की श्रेणी में रखता आया था।

सौभाग्य से कृष्णा राज एवं प्रो० पी०एन० धर जैसे अर्थशास्त्रियों ने विषय की गंभीरता को भांपते हुए हस्तशिल्प को आर्थिक परियोजनाओं के दायरे में सम्मिलित किया। फिर लक्ष्मी चंद जैन एवं पूपूल जयाकार जैसी हस्तियाँ भी दस्तकारी को आगे बढ़ाने की मुहिम से जुड़ीं। यही वह समय भी था जब मुरादाबाद के पीतल उद्योग, वाराणसी की सिल्क साड़ियों, पुरी के फिलगिरी वर्क, जयपुर में कपड़ों पर हाथ की छपाई में डिजाइनों पर शोध कराकर उनमें सुधार लाया गया। इससे विदेशों में भारतीय दस्तकारी की मांग बढ़ने लगी। इसी दौर में चंदैरी, महेश्वरी, पाटन एवं पोचम्पल्ली साड़ियाँ भी मार्किट पर छाने लगीं। गुजरात, मध्य प्रदेश, महाराष्ट्र, राजस्थान, आन्ध्र प्रदेश, उड़ीसा के दस्तकार परिवारों को काम मिलने लगा। लेकिन यही उनके लिये मुसीबत का कारण भी बना।

दस्तकारों द्वारा बनायी गयी चीजों की देशी-विदेशी बाजार में बढ़ती मांग को देखकर मध्यम व्यापारिक घराने तेजी से इस क्षेत्र में उतरे। विशेषकर हैंडलूम कपड़े के क्षेत्र में, और देखते ही देखते भिवांडी, कोयम्बटूर एवं शोलापुर में 'पावरलूम' लग गये, जिससे पूर्वी उत्तर प्रदेश, आन्ध्र प्रदेश, मध्य प्रदेश, तमिलनाडु, उड़ीसा, बंगाल और गुजरात के लाखों बुनकर धीरे-धीरे रोजगार से हाथ धो बैठे।

इससे चिंतित होकर खादी एवं ग्रामोद्योग बोर्ड तथा हस्तशिल्प एवं हैन्डलूम बोर्ड ने कुछ कदम उठाये, लेकिन वे नक्कारखाने में तूती साबित हुए। नब्बे का दशक आते-आते बड़ी संख्या में दस्तकार आत्महत्यायें करने लगे। दिन-ब-दिन यह स्थिति और बिगड़ती चली गई। आज भी दस्तकारों के बच्चे स्कूल नहीं जा पा रहे हैं। जवान लड़कियाँ बिन-ब्याही घर बैठी हैं। साहूकार के कर्ज पर घर चल रहा है। हताश होकर कारीगर आत्महत्यायें कर रहे हैं।

भारत के कुल निर्यात का लगभग बीस प्रतिशत योगदान करने वाला हस्तशिल्प क्षेत्र आज पूरी तरह उपेक्षित है। जानकारों का कहना है कि इससे लगभग 36 मिलियन लोगों को देश में रोजगार मिलता है।

दिल्ली में एक गैर सरकारी संगठन 'दस्तकार' से जुड़ी लैला तैय्यबजी मानती हैं कि सारे प्रयासों के बावजूद अब मार्केटिंग सिकुड़ रही है और इस संकट की जड़ में 'क्राफ्ट' को उचित ढंग से श्रेणीबद्ध न करना है।

विश्व व्यापार संगठन की दोहा बैठक के बाद सरकार ने हस्तशिल्प क्षेत्र को आगे बढ़ाने के लिये अनेक घोषणायें कीं, लेकिन अधिकतर कागजों में ही सीमित हैं। दरअसल ग्रामीण क्षेत्रों में खेतिहर कामों के बाद रोजगार सिर्फ दस्तकारी क्षेत्र में ही उपलब्ध है, लेकिन लगातार उपेक्षा से यहाँ भी हालत खस्ता होती जा रही है। पिछले वर्षों में निर्यात तो बढ़ा है, लेकिन इसका लाभ इस क्षेत्र से जुड़े कारीगरों को नहीं मिला।

वाणिज्य मंत्रालय ने 2003 में निर्यात को बढ़ावा देने के लिये जिन 14 वस्तुओं को चुना है उनमें हैन्डीक्राफ्ट एवं आभूषण भी शामिल हैं। लेकिन सरकार जो सुविधाएं दो लाख रोजगार पैदा करने वाले सूचना प्रौद्योगिकी क्षेत्र (आई टी) को दे रही है, उसका दस प्रतिशत भी साढ़े तीन करोड़ लोगों को रोजगार मुहैया कराने वाले हस्तशिल्प सेक्टर को नहीं दे रही है।

नब्बे के दशक में लागू किये गये आर्थिक सुधारों की उपलब्धियाँ आकर्षक नहीं हैं। इससे भारत के दस्तकारों में बेरोजगारी बढ़ी है। हस्तशिल्प और उससे जुड़े छोटे स्तर के व्यवसायियों में आज एक अजीब किस्म की बेचैनी है। रेडीमेड गारमेंट, इलेक्ट्रॉनिक सामान, प्रोसेस फ्रूट क्षेत्र को सभी तरह की सुविधाएं दी जा रही हैं, जबकि हस्तशिल्प से सौतेला व्यवहार किया जा रहा है। आज हस्तशिल्प कई समस्याओं से ग्रस्त है। हस्तशिल्प की लगातार उपेक्षा आगे चलकर भारतीय अर्थव्यवस्था के लिये महंगी साबित होगी।

नयी आर्थिक नीतियों के चलते दस्तकार परिवारों को अब आधी रोटी भी नसीब नहीं हो रही है। अतः यह प्रश्न करना आवश्यक है कि भारत में दस्तकारी के प्रति सरकारी दृष्टिकोण क्या है? देशभर के दस्तकारों को यह दर्द हर समय सालता रहता है कि वर्ष में एक बार सरकार चंद कारीगरों को पुरस्कृत कर अपने कर्त्तव्य की इति समझ लेती है। पिछले वर्ष ही इस समस्या

पर चर्चा के दौरान केंद्रीय सरकार ने नेशनल इंस्टीट्यूट ऑफ डिजाइन और नेशनल इंस्टीट्यूट ऑफ मैनेजमेंट के माध्यम से कुछ ठोस कदम उठाने का वायदा किया था, लेकिन अब तक कुछ नहीं हुआ। इस दिशा में गैर सरकारी संगठनों का बहुत कम हस्तक्षेप है।

ऐसे दौर में जब संगठित क्षेत्र में रोजगार लगातार घटता जा रहा है, दस्तकारी क्षेत्र में स्वरोजगार को जिंदा रखना अक्लमंदी होगी। आर्थिक सुधारों का कोई भी कार्यक्रम उस समय तक सफल नहीं हो सकता जब तक कि समाज के कमजोर वर्गों के लोगों के हितों का ध्यान नहीं रखा जाता।

(2005, सहारा समय)

15 वैश्विक जल संकट

सभ्यता के प्रारंभ से ही मानव ने जल की महत्ता समझ ली थी। आज तो जल स्रोतों का महत्व इतना ज्यादा हो गया है कि कहा जाने लगा है कि अगला विश्वयुद्ध जलस्रोतों को लेकर लड़ा जायेगा। हाल ही में राष्ट्र संघ द्वारा जारी रिपोर्ट में कहा गया है कि आबादी बढ़ने के साथ ही विश्व भर में पानी की मांग भी बढ़ रही है। पानी की यह बढ़ती मांग जल के गंभीर संकट की ओर इशारा करती है। पानी की उपलब्धता कुछ देशों के लिए चिंता का विषय जरूर है, लेकिन वैश्विक जल अभाव के मूल में निहित है सत्ता, गरीबी एवं असमानता न कि भौतिक उपलब्धता।

भारत में भी परिस्थिति कमोबेश ऐसी ही है। जीवन और आजीविका के लिए जल आवश्यक है। एक तरफ बहुत बड़े वर्ग को अपनी मूलभूत आवश्यकता के लिए पर्याप्त पानी नहीं मिल पाता है तो दूसरी तरफ एक वर्ग ऐसा है जो अपनी संपन्नता के बल पर पानी का भरपूर दुरुपयोग करता है। इसके मूल में है सरकारों द्वारा लिए जाने वाले संस्थागत एवं राजनैतिक निर्णय।

उक्त बातें संयुक्त राष्ट्र विकास कार्यक्रम (यू०एन०डी०पी०) की वर्ष 2006 की मानव विकास रिपोर्ट में प्रमुखता से कही गयी है। "बियॉण्ड स्केरसिटी: पावर, पॉवर्टी एंड ग्लोबल वाटर क्राइसिस" शीर्ष वाली यह रिपोर्ट विश्व में पानी के संभावित संकट को ध्यान में रखकर इसके विभिन्न पहलुओं पर चर्चा करते हुए समस्या के हल के लिए सुझाव भी देती है। यह रिपोर्ट भारत में जल से संबंधित विभिन्न पहलुओं पर भी खुलकर चर्चा करती है। पूरे विश्व में घरेलू उपयोग, खेती एवं उद्योग के लिए जरूरत से ज्यादा पानी मौजूद है। समस्या यह है कि कुछ लोगों को, खासकर गरीबों को, उनकी गरीबी, उनके सीमित कानूनी अधिकार या सार्वजनिक नीतियों द्वारा, एक व्यवस्थित तरीके से पानी हासिल करने से वंचित रखा गया है।

पानी पर अधिकार के लिए यह सुनिश्चित करना जरूरी है कि प्रत्येक

व्यक्ति को अपनी दैनिक मूलभूत आवश्यकताओं के लिए कम से कम 20 लीटर साफ पानी उपलब्ध हो और यह सरकारों के लिए न्यूनतम लक्ष्य है। मानवाधिकार ऐच्छिक लक्ष्य नहीं होते हैं, न ही वे किसी सरकार के विचार के अनुसार स्वीकार या अस्वीकार के लिए ऐच्छिक कानूनी प्रावधान होते हैं। ये बाध्यकारी जिम्मेदारियाँ होती हैं, जो वैश्विक मूल्यों को प्रतिबिम्बित करती हैं और सरकार के फर्ज को प्रतिबिम्बित करती हैं। विश्व भर में जल उपलब्धि की श्रेणी में निर्धारित किये गये 110 करोड़ में ज्यादातर लोगों को प्रतिदिन मात्र पांच लीटर पानी ही हासिल हो पाता है, जो संपन्न देशों में टायलेट के फ्लश में इस्तेमाल किये जाने वाले पानी का दसवां हिस्सा है। संपन्न देशों में नलों से रिसकर जो पानी बहता है वह एक अरब लोगों को प्रतिदिन उपलब्ध होने वाले पानी की मात्रा से कहीं ज्यादा है।

विश्वभर में करीब 18 लाख बच्चे हर साल डायरिया से मर जाते हैं। सन् 2004 में डायरिया से मरने वालों की संख्या, 1990 के दशक में सशस्त्र लड़ाई में हर साल होने वाली मौतों के मुकाबले 6 गुना है। विकासशील देशों में स्वास्थ्य की समस्या से जूझने वाले लोगों में से करीब आधे का कारण पानी एवं सफाई की कमी होती है। करोड़ों महिलाएं दिन में कई-कई घंटे पानी की व्यवस्था करने में लगाती हैं। आर्थिक, सा:माजिक एवं सांस्कृतिक अधिकारों पर संयुक्त राष्ट्र की समिति ने घोषणा की है 'जल के लिए मानव अधिकार', इसके अंतर्गत वह प्रत्येक व्यक्ति को स्वयं के और घरेलू इस्तेमाल के लिए पर्याप्त, सुरक्षित, स्वीकार्य, भौतिक रूप से उपलब्ध एवं सस्ते पानी का हक प्रदान करता है।

जल अभाव पर्यावरणीय खतरे में प्रतिबिम्बित होता है। नदियों का समुद्र तक नहीं पहुंच पाना, झीलों का घटता कद एवं भूजल स्तर का घटना आदि ऐसे ध्यान देने योग्य लक्षण हैं, जिनसे पानी के अधिक इस्तेमाल होने का पता चलता है। अतीत में सरकारों ने पानी की कमी को आपूर्ति बढ़ाकर पूरा करना चाहा। चीन एवं भारत में नदियों को बड़े स्तर पर मोड़ना इस अवधारणा के प्रति नियमित आकर्षण को प्रदर्शित करता है। ग्लोबल वार्मिंग पानी की उपलब्धता निर्धारित करने वाली जलीय प्रवृत्ति में बदलाव ला देगी। विश्व के बहुत सारे जल संकटवाले इलाकों में और भी कम पानी उपलब्ध होगा एवं

पानी के प्रवाह का अनुमान अधिक मुश्किल हो जाएगा एवं ज्यादा चरम घटनाएं होने की संभावना है। पूर्वी अफ्रीका, साहेल एवं दक्षिणी अफ्रीका में बारिश की कमी एवं तापमान में बढ़ोतरी से पानी की उपलब्धता में जबर्दस्त कमी होगी है, तो मूलभूत खाद्यान्न की उत्पादकता में व्यापक कमी आएगी। दक्षिण एशिया में मानसून की प्रवृत्ति में गड़बड़ी से ज्यादा बारिश की संभावना है। इतना ही नहीं मानसून के दिन भी घट सकते हैं और ज्यादा लोग सूखे से प्रभावित होंगे। समुद्र के स्तर में बढ़ोतरी से बांग्लादेश, मिश्र एवं थाईलैंड जैसे देशों में नदियों के मुहाने पर स्वच्छ जल की कमी हो जाएगी।

सिंचाई पर निर्भर चावल एवं गेहूं जैसी प्रभावी फसलों का उत्पादन दो से चार गुना बढ़ा है, जबकि दो-तिहाई से ज्यादा लाभ उत्पादकता बढ़ोतरी से हुआ है। खाद्यान्न सुरक्षा बढ़ाने एवं भूखमरी कम करने के लिए प्रमुख तत्व है उत्पादकता। सिंचित क्षेत्रों में प्रसार के बगैर, ग्रामीण गरीबी एवं वैश्विक खाद्यान्न सुरक्षा आज बिल्कुल अलग दिखती है। यदि भविष्य पर नजर डालें तो घरेलू एवं औद्योगिक जल उपयोग की मांग में बढ़ोतरी के दबाव के कारण सिंचाई के लिए नये स्रोत बहुत महंगे हो रहे हैं एवं उनका दोहन करना परिस्थितिकी तौर पर विनाशकारी है। भारत, इंडोनेशिया एवं पाकिस्तान जैसे देशों में नई सिंचाई की वास्तविक लागत 1980 से बढ़कर दोगुनी हो चुकी है।

पाकिस्तान एवं भारत उन कुछ देशों में है, जहाँ सिंचाई क्षेत्र के अंतर्गत गरीबों की संख्या उतनी ही ज्यादा है जितनी कि सिंचाई क्षेत्र के बाहर। पाकिस्तान में नहर के ऊपरी छोर से अंतिम छोर तक पानी पहुंचाने से कई फायदे हैं तो फिर सरकार इसका फायदा क्यों नहीं उठाना चाहती? इसका उत्तर राजनीति में है, अर्थव्यवस्था में नहीं। राजनैतिक ताकत, तुलनात्मक क्षमता के मुकाबले कई देशों में पानी आपूर्ति की व्यवस्था को नियंत्रित करती है। संपन्न किसान राजनैतिक शक्ति के जोर पर छोड़े जाने वाले पानी की मात्रा एवं समय को नहर प्रबंधक के सहयोग से अपने पक्ष में कर लेते हैं, जबकि गैर जवाबदेह एवं कई बार भ्रष्ट प्रशासनिक व्यवस्था ऊंची पहुंच वाले लोगों की मदद एवं रिश्वत के लिए गरीब लोगों को नुकसान पहुंचाती है। पाकिस्तान में सिंचाई में व्यय की जाने वाली संचालन एवं रख-रखाव लागत का आधे से भी कम की वसूली होती है एवं ज्यादातर लाभ बड़े उत्पादकों द्वारा उठाया जाता है। भारत

में करीब 13 प्रतिशत आबादी को सिंचाई सुविधा हासिल है। इस वर्ग में सबसे संपन्न एक तिहाई किसान 73 प्रतिशत सब्सिडी का लाभ उठाते हैं, जबकि लागत वसूली की कम दर से अक्सर सेवा में कमी आती है, विशेषकर सिंचाई नहरों के अंतिम छोर पर। लागत वसूली की कम दर भी बड़े स्तर पर असमानता लाती है।

कृषि के क्षेत्र में पिछले सौ सालों में ज्यादातर जल संकट बांधों एवं बड़े स्तर की सिंचाई व्यवस्था द्वारा हल किये गये हैं। आगे आने वाले समय में केन्द्र बिंदु निश्चित तौर पर मांग प्रबंधन की ओर बदलेगा। खेतों के लिए और अतिरिक्त पानी के बजाय हर एक बूंद से ज्यादा फसल अब जननीति चर्चा का मुख्य बिंदु होगा। भूजल संकट के एक प्रमुख केन्द्र, गुजरात में राज्य सरकार ने एक हजार से ज्यादा छोटे बांध बनाने के लिए सामुदायिक प्रयास का समर्थन किया है। छोटे बांधों में जलसंग्रहण एवं भूजल रिचार्ज क्षमता में वृद्धि करके 7 अरब डॉलर के प्रारंभिक निवेश से भारत की निवेश आधारित भूमि में उत्पादन 36 अरब डॉलर से पांच गुना यानि 180 अरब डॉलर तक बढ़ाया जा सकता है। वास्तव में, यह एक अनुमानित लाभ है, जो ऐसे कार्यक्रम को आवश्यक तौर पर क्रियान्वयन करने में होने वाली चुनौती पर प्रकाश नहीं डालता है। लेकिन वर्षा जल पर आधारित कृषि वाले इलाकों में गरीबी के ऊंचे स्तर को देखते हुए, मानव विकास को बढ़ाने एवं ग्रामीण इलाकों में भारत की आर्थिक सफलता के लाभों के प्रसार के लिए इससे बेहतर निवेश मिलना बहुत मुश्किल प्रतीत होता है। जल संचयन बड़े बांधों को नकारता नहीं है। भारत में बड़े बांधों में छोटे तालाबों के मुकाबले 10 गुना भंडारण क्षमता है।

उभरते जल प्रबंधन तकनीकों में सूक्ष्म स्तरीय सिंचाई काफी आगे है। इसमें अपार क्षमता है। ड्रिप तकनीक में सतही सिंचाई के मुकाबले कम पानी का इस्तेमाल होता है, जो फसल की सीधे सिंचाई करता है और जमीन में खारापन एवं जलजमाव में कमी लाता है। फ्रांस में स्प्रिंगलर एवं ड्रिप माध्यम से 90 प्रतिशत क्षेत्र की सिंचाई होती है, जबकि भारत एवं चीन में 1–3 प्रतिशत ही होती है। अध्ययनों से यह बात साबित हुई है कि ड्रिप सिंचाई से पानी के इस्तेमाल में 30 से 60 प्रतिशत तक कमी आती है एवं उत्पादकता में 5 से 50 प्रतिशत की बढ़ोतरी होती है, लेकिन कई देशों को सबसे पहले कृषि

विकास की मौजूदा अवधारणा की समीक्षा करने की आवश्यकता है। कई सरकारें छोटे किसानों के हितों को बढ़ावा देने की बात तो करती हैं, लेकिन ज्यादा निवेश तुलनात्मक रूप से बड़ी पूंजी आधारित व्यवसायिक खेती को देती है। यह अवधारणा दीर्घकालीन विकास एवं गरीबी निवारण के लिए बुरी हो सकती है। इसके प्रसार के लिए बची हुए क्षमता का उपयोग करना काफी महत्वपूर्ण है।

दिल्ली में विकसित देशों के सेनिटेशन मॉडल पर चर्चा बहुत की जाती है, लेकिन वास्तविकता में ठोस काम कम हो रहा है। शहर के अंदर बहने वाली 5600 किमी लंबी सीवर लाइन जाम हो रही है। गंदगी सफाई के लिए लगे 17 सीवेज संयंत्रों में की क्षमता शहर की आधी गंदगी भी साफ करने की नहीं है। परिणामस्वरूप शहर से निकलने वाली गंदगी का मात्र पांचवां हिस्सा ही यमुना नदी में गिरने से पहले स्वच्छ हो पाता है इसीलिये यमुना मैली हो रही है।

आमतौर पर यह सवाल उठता है कि विश्व में बढ़ती आबादी के अनुरूप खाद्यान्न आपूर्ति के लिए पर्याप्त पानी है कि नहीं। मानवाधिकार विकास एवं वैश्विक गरीबी निवारण को प्रभावित करने वाले इस मुद्दे की ओर बहुत कम ध्यान दिया गया है। गरीबों एवं दबे-कुचले तबकों की आजीविका चलाने के लिए जरूरी को सुरक्षित करते हुए बढ़ती खाद्यान्न आवश्यकता के लिए जल संसाधन की व्यवस्था कैसे हो? कई देशों में प्रभावी शासन न्यूनतम विरोध का रास्ता अपनाते हैं, जिसके अंतर्गत प्रशासन चुपके से ग्रामीण गरीबों सहित सबसे कमजोर तबके के पानी को छीनकर उद्योगों, व्यावसायिक खेती एवं नगरीय आपूर्ति के लिए स्थानांतरित कर देता है। विश्व के करीब 83 करोड़ कुपोषित लोगों मे से दो-तिहाई छोटे किसान एवं कृषि मजदूर है। आने वाले दिनों में पानी प्रबंधन की समस्या भयंकर स्वरूप ले सकती है।

एकीकृत जल संसाधन प्रबंधन के उभरते समझ के अंतर्गत, विकेन्द्रित एवं जल उपयोग संगठनों को शक्ति देना सशक्तिकरण का सबसे तीव्र माध्यम माना जाता है। लेकिन प्रशासनिक सुधार के मुकाबले सशक्तिकरण ज्यादा जटिल है। सिंचाई के अभिशासन मॉडल में एक प्रमुख समस्या है सशक्तिकरण के प्रति इसकी आंशिक अवधारणा। नयी तकनीकों के विकास एवं प्रसार के

प्रयास अच्छी तरह विकसित नहीं हुए है। बिजली में सब्सिडी के माध्यम से भूजल दोहन को बढ़ावा देने के बजाय सरकार सूक्ष्म सिंचाई के माध्यम से जल संचयन के लक्ष्य को बढ़ावा दे सकती है। लगभग सभी देश सिंचाई के प्रावधानों के मामले में सार्वजनिक हित को समझते हैं। इसीलिए निर्माण एवं पूंजी लागत में भारी सब्सिडी दी जाती है। इस सब्सिडी का उद्देश्य यह है कि अधिक से अधिक गरीब लाभान्वित हों, लेकिन अधिकांश मामलों में ऐसा नहीं हुआ है। उन देशों के लिए जहाँ असमान भूमि वितरण के कारण सिंचाई के समान लाभ एवं क्षमता में कमी आती है, सुधार रणनीति में भूमि के पुनर्वितरण को भी शामिल करना चाहिए।

भूजल संकट के निवारण के लिए भारत में लघु स्तर के जल संरक्षण कार्यक्रमों को बढ़ावा दिया जाये। इसमें निवेश के बहुत व्यापक फायदे की संभावना को उजागर किया जाना चाहिए। ड्रिप सिंचाई के लिए नये डिजाइन एवं कम लागत वाली तकनीक व्यापक तौर पर अपनायी गयी है। यहाँ भी सामाजिक एवं आर्थिक लाभ काफी ज्यादा होते हैं। एक आंकलन के अनुसार कम लागतवाली सिंचाई तकनीक को 10 करोड़ लोगों के लिए अपनाया जाता है तो यह आय एवं रोजगार उत्पादन के मामले में 100 अरब डॉलर से ज्यादा का लाभ दे सकती है। गरीबों के हित को एकीकृत जल संसाधन प्रबंधन नीतियों के केन्द्र में रखना प्राथमिक सिद्धांत होना चाहिए। लेकिन व्यवहारिक तौर पर गरीबों के पक्ष वाली नीतियों को उलट दिया जाता है।

(24 सितम्बर 2006, आधारशिला)

16 दक्षिण एशिया में असली चुनौतियाँ

विश्व के सर्वाधिक घनी आबादी वाले भूभाग-दक्षिण एशिया के सात देशों ने 3-4 अप्रैल को बैठक कर कई घोषणाएं कीं, लेकिन सच्चाई यह है कि दक्षिण एशियाई क्षेत्रीय सहयोग संगठन (सार्क) की कथनी और करनी में अंतर लगातार बढ़ता जा रहा है। सार्क की चौदहवीं बैठक के बाद नई दिल्ली में जारी घोषणा पत्र में उसके मूल उद्देश्यों की छाप कहीं नज़र नहीं आती। उल्लेखनीय है कि 1965 में सार्क की स्थापना दक्षेस के निवासियों को ऐसा मंच प्रदान करने के लिए की गयी थी, जिसके माध्यम से वे भाईचारा, मैत्रीभाव और आपसी समझ बढ़ाते हुए आर्थिक और सामाजिक विकास कर सकें। इस संदर्भ में गरीबी उन्मूलन एक प्रमुख लक्ष्य तय किया गया था।

दक्षिणी एशिया के सात देशों- भारत, पाकिस्तान, बांग्लादेश, श्रीलंका, नेपाल, भूटान और मालद्वीप में 1047 मिलियन जनसंख्या निवास करती है, जिनमें से 25 प्रतिशत निर्धन हैं और लगभग 10 प्रतिशत राष्ट्र संघ की एक डॉलर प्रतिदिन कमाई वाले अत्यंत दरिद्रों की श्रेणी में रखे जा सकते हैं। साथ ही वयस्क निरक्षरों का प्रतिशत 40 के आसपास है। विश्व के सर्वाधिक गरीब, अनपढ़ और बाल मजदूरी वाले इस भूभाग में जीवन स्तर सुधारने की प्राथमिकता को प्रथम 14 वर्षों में तो सार्क बैठकों में स्थान मिलता रहा, लेकिन 1999 के बाद से ''गरीब उन्मूलन'' शब्द घोषणा पत्र से गायब होने लगा। संभवतः यही कारण था कि महबूब-उल-हक ह्यूमन डेवलपमेंट सेन्टर ने 2003 की अपनी रिपोर्ट में गरीबी उन्मूलन की कछुआ चाल पर गंभीर चिंता जताते हुए टिप्पणी की थी कि 1990 से 2001 की अवधि में विकास की औसत दर जहाँ 5.5 प्रतिशत रही, रोजगार में वृद्धि मात्र 1.5 प्रतिशत ही बढ़ोत्तरी रिकार्ड की गयी। रोजगारविहीन विकास दक्षेस की सबसे बड़ी आर्थिक सामाजिक चुनौती के रूप में उभरा है। राष्ट्र संघ की ह्यूमन डेवलपमेंट रिपोर्ट के जनक प्रोफेसर हक ने इस ओर 1995 में ही सार्क के शासनाध्यक्षों का ध्यान आकर्षित किया था।

योजना आयोग के अनुसार भारत में 3.60 करोड़ पूरी तरह से बेरोजगार हैं। गैर सरकारी आंकड़े इसे 5 करोड़ बताते हैं। और अर्ध शिक्षित एवं अशिक्षित वर्ग में बेरोजगारों की संख्या इससे तीन गुना बताई जा रही है। उद्योग एवं वाणिज्य संगठन एसोचैम द्वारा किए गए एक अध्ययन के अनुसार, जहाँ 1998-2003 के बीच देश के (जीडीपी) में औसतन 5.3 फीसदी की वृद्धि हुई, वहीं इसी दौरान संगठित क्षेत्र में रोजगार में 4.14 प्रतिशत गिरावट आई है। साथ ही देश में ग्रामीण रोजगार में 1994-2000 की अवधि में 0.58 प्रतिशत की गिरावट नोट की गई। शहरी इलाकों में भी रोजगार में 2.27 प्रतिशत की गिरावट आई। 'सार्क' के अन्य देशों में भी कमोबेश यही हाल है।

बांगलादेश में 32 प्रतिशत वर्कफोर्स अल्परोजगार का शिकार है और सप्ताह में 35 घंटों से भी कम का रोजगार उन्हें मिलता है। नेपाल में नवयुवकों की बेरोजगारी सारे एशिया में सर्वविदित है। पाकिस्तान में पिछले एक दशक में संगठित क्षेत्र में रोजगार के अवसरों में लगातार कमी महसूस की गयी है। श्रीलंका में तो बेरोजगारी का यह आलम है कि वहाँ की अर्थव्यवस्था अब अरब देशों को घरेलू नौकरानियाँ सप्लाई करने पर निर्भर हो गई है। दक्षिणी एशियाई देशों में संगठित क्षेत्र कुल रोजगार के 10 प्रतिशत ही उपलब्ध कराते हैं बाकी मजदूर शहरी और ग्रामीण इलाके के असंगठित क्षेत्र से रोजी-रोटी कमाते हैं। अफसोस की बात है कि सार्क की बैठक में सिर्फ व्यापार वृद्धि और आतंकवाद को नियंत्रित करने पर चर्चा होती है लेकिन उसके मूल कारणों को नजरअंदाज किया जा रहा है। बंग्लादेश के पूर्व वित्तमंत्री ने हाल ही में स्वीकारा कि सार्क देशों में आयात की छूट और बढ़ते निर्यात के बावजूद आमलोगों की जीविका चलाने के मामले में कोई प्रगति नहीं हुई है।

सन् 2000 में राष्ट्रसंघ ने सहस्त्राब्दि विकास लक्ष्यों पर विशेष अधिवेशन बुलाया था, जिसमें एक डॉलर यानी 40 रुपया प्रतिदिन से कम पर गुजरा करने वाले निर्धनों की समस्या पर सन् 2015 तक काबू पाने का लक्ष्य तय किया गया। विश्व के 1.1 बिलियन अत्यंत निर्धनों में 693 मिलियन एशिया में और उनमें से भी लगभग 450 मिलियन दक्षिणी एशियाई देशों में हैं। विश्व के अन्य विकासशील देशों में औसत वार्षिक जीडीपी 1,160 डालर आंकी जाती है वहीं दक्षेस में यह मात्र 448 डॉलर है। ऐसी स्थिति में चौदहवें सार्क

सम्मेलन में गरीबी उन्मूलन का कोई जिक्र न होना इस सत्य को रेखांकित करता है कि बाजार की वेदी पर गरीबों को बलि देना वर्तमान आर्थिक नीति की मुख्य रणनीति बन गई है।

दक्षिणी एशियाई देशों के गैर सरकारी संगठनों की राय है कि मात्र कम्प्यूटर, आईटी प्रबन्धन और आउटसोर्सिंग के माध्यम से ही बेरोजगारी और गरीबी जैसी विकराल समस्याएं हल नहीं हो पायेंगी। भारत के नेशनल नॉलेज कमीशन के अध्यक्ष सैम पित्रोदा का कहना है कि बीपोओ सेक्टर से एक साल में सिर्फ तीन लाख रोजगार सृजित होंगे, जबकि प्रतिवर्ष एक करोड़ लोगों को रोजगार चाहिये। यकीनन यह स्थिति सोचनीय है।

दुनिया के आर्थिक पटल पर भारत के चमकीले विकास की चर्चा है, लेकिन गरीब पड़ोसियों और करोड़ों वंचितों की उपस्थिति अस्थिरता को बढ़ावा देगी।

दक्षिणी एशियाई देशों में गरीबी उन्मूलन और रोजगार सृजन के सपनों को साकार करने के लिये नई पीढ़ी को कैरियर और रोजगारोंमुखी शिक्षा की व्यवस्था करनी होगी। दक्षेस के देशों में आज लाखों ग्रेजुएट एवं पोस्ट ग्रेजुएट युवा परंपरागत डिग्रियाँ हासिल कर नौकरी के सपने देख रहे हैं और दूसरी ओर आवश्यकतानुरूप शिक्षित-प्रशिक्षित युवा उपलब्ध नहीं हैं। नेशनल कौंसिल आफ एप्लाइड इकानॉमिक्स के अनुसार वैज्ञानिक सृजनात्मकता वाले प्रतिभावान युवाओं की देश में कमी आ रही है। दक्षेस के अन्य देश भी इससे अछूते नहीं हैं।

इसमें कोई शक नहीं कि दक्षिण एशिया विकास कोष बनाने की घोषणा एक सकारात्मक कदम है, लेकिन इस भूभाग में ढांचागत बुनियादी सुविधाओं, ज्ञान आधारित अर्थव्यवस्था के लिये अधूरी तैयारी एवं वैश्वीकरण के दौर में रोजगार विहीन विकास से उभरी आर्थिक विषमताओं से उत्पन्न स्थिति से लोकतंत्रीय शासन प्रणाली पर प्रश्नचिन्ह लग रहे हैं। दक्षिण एशियाई देशों में सार्क की प्राथमिकता कृषि और ग्रामीण क्षेत्रों में रोजगार सृजन की होनी चाहिये। गरीब अशिक्षित और अर्द्धशिक्षित लोगों के लिये अर्थपूर्ण रोजगार सृजन के लिये उन्हें रुचि, योग्यता और क्षमता के अनुरूप प्रशिक्षित करना होगा। इस संबंध में सार्क नेतृत्व को चीन से सबक सीखना चाहिये। अफगानिस्तान की सार्क में सदस्यता से चुनौतियाँ और बढ़ गयी हैं।

राष्ट्रपति अब्दुल कलाम ने दक्षेस देशों में गरीबी उन्मूलन की प्राथमिकता को 3 अप्रैल 2007 के राष्ट्रपति भवन में सार्क देशों के शासनाध्यक्षों को दिये गये भाषण में भी दोहराया। राष्ट्रपति कलाम ने सुझाव दिया कि सन् 2017 तक दक्षेस में अत्यंत निर्धनों की संख्या जीरो की जानी चाहिये और इस भूभाग के लोगों की औसत वार्षिक आय एक हजार डॉलर तक बढ़ जानी चाहिये। क्या सार्क इस चुनौती को स्वीकार करेगा?

(5 अप्रैल 2007, राष्ट्रीय सहारा)

खंड दो

विमर्श

17 भारत में सामाजिक चुनौतियाँ

"प्रौद्योगिकी में विज्ञान के कायापलट प्रभाव... अब स्पष्ट हैं। फिर भी हम उसके सारे प्रभावों को स्वीकारने में हिचकिचाते हैं, जो अभी प्रारम्भिक अवस्था में हैं। मानव जाति के कल्याण के लिए विज्ञान जैसी संभावनाएं प्रस्तुत कर रहा है, वैसा इतिहास में पहले कभी नहीं हुआ। लेकिन ऐसा वह कुछ शर्तों के साथ कर रहा है : युद्ध का अंत, सत्ता का विकेन्द्रीकरण, सम्पन्नता एवं समृद्धि का समाज में न्यायोचित वितरण, जनसंख्या नियंत्रण, व्यक्ति को काम एवं खेलकूद की व्यवस्था। अलबत्ता हम मानव निपुणता और मानव मूर्खता के मध्य रस्साकसी के बीच फंसे हैं, लेकिन हमें तर्क का पथ अपनाना होगा। ज्ञान शक्ति है, लेकिन इसका उपयोग दुष्ट और भलमानस दोनों कर सकते हैं। जब तक मानव अपने ज्ञान में बुद्धिमानी का पुट नहीं जोड़ेगा महज ज्ञान उसे दुखों की ओर ले जा सकता है।"

(बर्ट्रेन्ड रसल, दि इम्पैक्ट ऑफ साइंस इन सोसाइटी, 1952)

बीसवीं सदी में सतत विकास को मद्देनजर रख कर की गयी प्रौद्योगिकी एवं विज्ञान के क्षेत्र में प्रगति को सभी राष्ट्रों ने उच्च नैतिक मूल्यों के रूप में मान्यता दी। पिछले दशकों में विशेषकर स्वतंत्रता के बाद से भारत ने कई क्षेत्रों में उन्नति की। सांस्कृतिक, सामाजिक, राजनीतिक, आर्थिक एवं धार्मिक विविधताओं के बावजूद भारत एक राष्ट्र के रूप में उभरा। यहाँ गुंजायमान प्रजातंत्र, निष्पक्ष न्यायपालिका और विविध एवं सुबिस्तृत उद्योग हैं। भारत ने विश्व की समस्याओं को हल करने में भी सराहनीय योगदान दिया है, जो आर्थिक एवं सैन्य समाधानों से परे है।

इन सब उपलब्धियों के बावजूद भारत के सामने कई चुनौतियाँ हैं : बढ़ती जनसंख्या, व्यापक गरीबी, अशिक्षा, गंदगी, आपसी मनमुटाव, क्षेत्रवाद, धर्म, भाषा, जेंडर भेदभाव और अत्याचार, शहरी भीड़भाड़, घायल पर्यावरण एवं ऊर्जा और बिजली की समस्या। अमीरों और गरीबों के बीच बढ़ती खाई ने

भारत के सामाजिक ताने-बाने को छिन्न-भिन्न कर दिया है। आज भारत में अनपढ़ और गरीबों की संख्या उतनी ही है, जितनी 1950 में थी। ग्लोबेलाइजेशन ने भी आर्थिक और राजनीतिक समस्या खड़ी कर दी है। सभ्यता के विकास में कभी भी किसी देश की प्रजातांत्रिक व्यवस्था में इतने सारे गरीबों के भोजन की व्यवस्था करने, और इतनी भारी संख्या में अनपढ़ों को शिक्षित करने की जिम्मेदारी वहन नहीं करनी पड़ी और साथ ही उन्नतशील देशों से प्रतिस्पर्धा भी।

भारत के सामने प्रमुख चुनौतियों के बारे में नीचे संक्षेप में चर्चा है:

राष्ट्रीय पहचान[1] : भारत विभिन्न भाषाओं, धर्मों, जातियों एवं सांस्कृतिक भिन्नता का देश है। विभिन्न क्षेत्रों में आर्थिक एवं सामाजिक विकास में अंतर है। यह विश्व की सबसे प्राचीन सभ्यता का केंद्र है तो आधुनिक तकनीक को अपनाने वाला भूभाग भी। लोग मुख्यधारा में मिलना चाहते हैं साथ ही अपनी सामाजिक, सांस्कृतिक, भाषायी, धार्मिक या जातीय 'पहचान' को भी बरकरार रखना चाहते हैं। देश की लगभग आधी जनसंख्या अनपढ़ है, फिर भी यह सूचना क्रांति में आगे बढ़ रहा है। अधिकांश लोगों को मीडिया का 'एक्सपोजर' नहीं है, लेकिन बालीवुड विश्व में फिल्म बनाने का सबसे बड़ा केंद्र है। लगभग प्रत्येक मुद्दे पर भारत में यह विभाजन स्पष्ट दिखाई देता है। 'विविधता में एकता' है। सभी निवासियों में भारतीयता का पुट है, लेकिन इसके बावजूद धार्मिक तनाव, जातीय संघर्ष और क्षेत्रीयता की समस्या भारत को कमजोर कर रही है। अतः भारत के सामने पहली चुनौती राजनीतिक दृढ़ाकरण की है। ब्रिटिश हुकूमत ने धर्म के आधार पर भारत का बंटवारा कर हमें कमजोर किया। केन्द्रीयकृत सत्ता और अमीरों एवं गरीबों के बढ़ती खाई दोनों संविधान में वर्णित लक्ष्यों को मुंह चिढ़ा रहे हैं और अंत में उपभोक्तावाद, भ्रष्टाचार, अपराधीकरण, नागरिक समाज की प्रारम्भिक अवस्था, ग्रामीण शहरी अन्तर, पर्यावरण विनाश, एक तरह भारत के आधुनिकीरण के मॉडल की खामियों की ओर संकेत करते हैं।

सन् 2030 तक भारत की आधी जनसंख्या शहरों में निवास करने लगेगी। शहरी विकास मंत्रालय का आंकलन है कि सकल घरेलू उत्पाद लगभग आधा हिस्सा शहरी अर्थव्यवस्था से जुड़ा है। दिल्ली, मुम्बई, बंगलूरू, हैदराबाद और

चेन्नई प्रगति के केन्द्र बनते जा रहे हैं। यहाँ विदेशी निवेश बढ़ रहा है। भारत सरकार ने शहरी स्वास्थ्य को ग्यारहवीं पंचवर्षीय योजना में खासा महत्व दिया है। राष्ट्रीय स्वास्थ्य नीति 2002, राष्ट्र जनसंख्या नीति 2000 एवं राष्ट्रीय ग्रामीण स्वास्थ्य मिशन ने स्वास्थ्य आवश्यकताओं को पुनः रेखांकित किया है। मीडिया का उत्तरदायित्व है कि वह इसमें सरकारी कार्यक्रमों से परे बिजनेस, उद्योग, सर्विस सभी की भागीदारी बढ़ाने की पैरवी करे। भारत की स्वास्थ्य सेवाओं में प्राइवेट सेक्टरों का बड़ा योगदान है। अतः पब्लिक प्राइवेट पार्टनरशिप पर गंभीरता से बहस चलानी जानी चाहिए। अब तक कॉरपोरेट सेक्टर को समाज के दुश्मन के रूप में चित्रित किया जाता रहा है, लेकिन अब स्थिति बदल रही है। पिछले एक दशक में बड़े कॉरपोरेट घरानों ने सामाजिक विकास में योगदान कर नई पहल की है। रैनबैक्सी, टाटा, इन्फोसिस, विप्रो, आईसीसीआई बैंक, आईटीसी ने सामाजिक भागीदारी के नये मार्ग खोले हैं। मेलिंडा बिल गेट फाउन्डेशन ने भारत में टीकाकरण के लिए 100 मिलियन डॉलर दान दिए। हालांकि ऐसे प्रयास खतरों से खाली नहीं हैं, फिर भी ग्लोबेलाइजेशन के युग में मीडिया को नये सिरे से इन्हें परखने और सामाजिक दायरा बढ़ाने में भागीदारी करनी होगी।

भारत में प्रजातांत्रिक व्यवस्था के बावजूद 'पहचान' का संघर्ष सामाजिक तनावों को जन्म दे रहा है। देश के एक बड़े हिस्से में नक्सलवाद का प्रभाव है। प्रधानमंत्री मनमोहन सिंह ने नक्सलवाद को भारत की सबसे गंभीर आंतरिक चुनौती की संज्ञा दी है।

यहाँ नक्सलवाद पर एक नजर डालना अप्रासंगिक नहीं होगा।

नक्सली समस्या[2]

अप्रैल 1967 में उत्तरी बंगाल के एक छोटे-से गांव नक्सलबाड़ी से शुरू करके आज नक्सलवादी आंदोलन भारत के 15 राज्यों के 170 जिलों में फैल चुका है, जिनमें लगभग दस करोड़ की आबादी रहती है। यह देश के कुल क्षेत्रफल का करीब एक चौथाई इलाका है और देश की कुल आबादी का करीब दसवाँ हिस्सा है। नक्सलवादी आंदोलन का यह इलाका दुनिया के कई-एक देशों के कुल क्षेत्रफल से भी बड़ा है।

आमतौर पर सरकार इसे कानून और व्यवस्था की समस्या मानकर इससे निपटने के लिए पुलिस और सशस्त्र बलों पर निर्भर करती है और कभी वह इसे सामाजिक विकास से संबंधित समस्या मानकर इससे निपटने के लिए सामाजिक-आर्थिक नीतियाँ और कार्यक्रम बनाती है।

इन सबके बावजूद तथ्य यही है कि यह सब पिछले चालीस सालों से चल रहा है तो फिर नक्सलवाद आज भी कैसे जिंदा है और बढ़ता ही जा रहा है। उसके समर्थक और मददगार कौन हैं? और क्यों हैं? नक्सलवादी कार्यकर्ता समाज के किन वर्गों से आते हैं? राज्य इन्हें नियंत्रित या समाप्त क्यों नहीं कर पाता? ये सवाल संजीदा हैं और इन पर गौर करने की जरूरत है।

नक्सलवाद उन क्षेत्रों में पनपा और बढ़ा जहाँ आदिवासियों और दलितों की संख्या ज्यादा है।

समाज के इन क्षेत्रों में, दलितों-आदिवासियों और दूसरे गरीब तबके में सिर्फ नक्सलवादी ही काम नहीं करते हैं। दलितों और आदिवासियों के बीच ईसाई मिशनरियों, गांधीवादियों, अम्बेडकरवादियों और बौद्ध संगठनों के काम करने का भी इतिहास रहा है। इधर के कुछ वर्षों में कई गैर-सरकारी स्वैच्छिक संगठनों (एनजीओ) ने भी समाज के इन क्षेत्रों में अपना काम किया। ये सभी किस्म के लोग जब दलितों और आदिवासियों के बीच काम करने जाते हैं। और इन्हें राज्य की पुलिस अथवा स्थानीय प्रभुत्वशाली ताकतों की हिंसा का सामना करना पड़ता है तो ये उसका कोई जवाब नहीं दे पाते। ये लोग खुद न तो हिंसात्मक रास्ते में विश्वास करते हैं और न ही ऐसी हिंसा का मुकाबला करने की इनकी कोई तैयारी होती है। इसलिए जब ऐसी हिंसा का कहर इन पर टूटता है तो ये अपने बचाव के लिए प्रेस, मानवाधिकार संगठनों या अदालत की शरण लेते हैं। पर ज्यादातर वे ऐसी झड़पों से बचने की कोशिश करते हैं और इस कारण अपने काम के लिए वे पास के ऐसे इलाके चुन लेते हैं, जहाँ नक्सलवादियों से झगड़े की नौबत न आए। नक्सलवादियों का सामना करने से बचने के प्रयास में इन स्वैच्छिक संगठनों में एक प्रवृत्ति यह उभरकर आई है कि वे अक्सर सरकार को गरीबों के हित में नीतियाँ और कानून बनाने तथा कार्यक्रम लेने का सुझाव देते रहते हैं। कुल मिलाकर ये स्वैच्छिक संगठन नक्सलवाद को एक 'सामाजिक समस्या' के रूप में बतलाते हैं और यह

स्वीकार करते हैं कि गरीबों की हालत बदलने के संदर्भ में नक्सलवादियों के तरीके उनके अपने तरीकों से कहीं ज्यादा कारगर और सार्थक हैं।

कुछ स्वैच्छिक संगठन ऐसे भी हैं जो कई अनौपचारिक तरीकों से नक्सलवादियों के साथ मिलकर काम करते हैं या उनकी मदद उनको आश्रय देने के रूप में, दवाएं देने या उन तक खाद्य सामग्री पहुंचाने के रूप में हो सकती है। लेकिन उनकी सबसे मुख्य भूमिका स्थानीय स्तर पर, उन मुद्दों पर लोगों को आंदोलित करने में होती है, जिन मुद्दों के लिए उन्हें नक्सलवादियों का समर्थन हासिल होता है। इस तरह बिना किसी औपचारिकता के भी मुद्दों पर आधारित एक गठबंधन काम करने लगता है। ऐसे कई मुद्दे हैं, जिन्हें लेकर संघर्ष चलाया गया है। जैसे-तेंदू पत्ता जमा करने के अधिकार की लड़ाई, जमीन पर जोतने वाले के हक की लड़ाई या फिर गरीबों को मारने-पीटने, उनके घर जलाने या उनकी स्त्रियों के बलात्कार के खिलाफ मानव अधिकार के मुद्दों पर लड़ाई। इन मुद्दों की श्रृंखला में एक मुद्दा हाल में और जुड़ा है, वह है आंध्र प्रदेश के नालगोंडा जिले में परमाणु विरोधी (एंटी न्यूक्लियर) संघर्ष। आंध्र प्रदेश सरकार के साथ शांति वार्ता के बाद नक्सलवादियों ने राज्य में भूमि सुधार करने के लिए एक जन आयोग की स्थापना की। इस आयोग के ज्यादातर सदस्य खुद नक्सलवादी नहीं हैं, लेकिन वे राज्य में गरीबों को बांटने लायक कितनी जमीन उपलब्ध है, इसे पता लगाने का काम गंभीरतापूर्वक कर रहे हैं।

आमतौर पर नक्सलवादी बहुत जमीनी स्तर पर और ठोस मुद्दों पर ही दूसरे स्थानीय संगठनों से गठबंधन करते हैं या उन्हें अपना राजनीतिक समर्थन देते हैं- जैसे विभिन्न सवालों को लेकर होने वाले जन संघर्षों पर या फिर विकास की ऐसी सरकारी परियोजनाओं के खिलाफ जो पैसा हड़पने वाले भ्रष्ट अधिकारियों, राजनीतिज्ञों और ठेकेदारों के अलावा किसी का भला नहीं करतीं। यह देखना दिलचस्प रहेगा कि आने वाले सालों में दूसरों के साथ वे किन मुद्दों पर सहयोग करेंगे। एक संभावना यह है कि इनमें से कुछ मुद्दे वे होंगे जो जन-आंदोलनों के राष्ट्रीय (नेशनल एलायंस ऑफ पीपुल्स मूवमेंट-एनएपीएम) के एजेंडे में हैं। नक्सलवादियों द्वारा सहयोग के कुछ प्रमुख मुद्दे जल और जंगल से संबंधित हो सकते हैं और आर्थिक तथा सांस्कृतिक

साम्राज्यवाद से भी संबंधित हो सकते हैं। बड़े बांधों के निर्माण का विरोध कर सकते हैं, वगैरह-वगैरह।

भारत के कई हिस्सों में नक्सलवादी आंदोलन फैल रहा है, क्योंकि समाज में कुछ ऐसे तीखे अंतर्विरोध मौजूद हैं, जिन्हें सुलझाने के गंभीर प्रयास और कोई नहीं करता। दलितों-आदिवासियों और दूसरे गरीब तबकों के अंदर भारतीय संविधान ने प्रगति की जो आशाएं जगाई थीं, उन्हें आज तक किसी भी सरकार ने पूरा नहीं किया।

गरीबी की समस्या[3]

भारत में गरीबी के आंकड़े सहज उपलब्ध हैं, लेकिन उनमें इतनी विविधता है कि असलियत का पता चलना मुश्किल हो जाता है। योजना आयोग के अनुसार देश में अब सिर्फ 19 फीसदी आबादी ही गरीबी रेखा से नीचे जीवनयापन कर रही है। लेकिन नेशनल सैम्पल सर्वे का निष्कर्ष है कि देश की 36 फीसदी आबादी गरीब है। सरकार ने एनएसएस के आंकड़ों को नकारते हुए 35 फीसदी आबादी को गरीब माना है। यदि इंडियन काउंसिल ऑफ मेडिकल रिसर्च के 1981 के सुझाव को माना जाए कि प्रतिदिन 2300 कैलोरी से कम का भोजन करने वाला गरीब है तो संख्या कहीं ज्यादा होगी।

गरीबों पर बहस के दो पहलू हैं। उदारवाद की समर्थक लॉबी का कहना है कि 1990 के आर्थिक सुधारों ने गरीबी कम की है। इसके विपरीत विरोधी खेमे का तर्क है कि मध्यवर्ग को लाभ हुआ, लेकिन गरीब और गरीब बन गए हैं। इन सारी बहस में गरीब अलग-थलग पड़ रहा है। उड़ीसा के कालाहांडी में भूखों मरने वाला आदिवासी हो या विदर्भ व आंध्र प्रदेश में महाजन के कर्ज से त्रस्त आत्महत्या करने वाला किसान। राजस्थान में सूखे की मार झेल रहा गरीब खेतिहर मजदूर या बस्तर में नेता-अफसर-ठेकेदार के सांझे षड्यंत्र का शिकार भोला-भाला वनवासी। सभी शोषण के शिकार हैं। आंकड़ों की बाजीगरी में गरीब पिस रहा है। प्रसिद्ध बाल अधिकार विशेषज्ञ ए०के० शिवाकुमार का मानना है कि गरीबी उन्मूलन में भी निरंतरता नहीं रही, क्योंकि आजादी के बाद सरकार ने भारी उद्योगों पर जोर दिया। इससे कुछ गरीबों को मजदूरी मिली, लेकिन 1990 के दशक में बहुराष्ट्रीय कंपनियों के आगमन के बाद मजदूरों की छंटनी बढ़ी।

हरित क्रांति के बावजूद कालाहांडी (उड़ीसा), मेलघाट (महाराष्ट्र) और झाबुआ (मध्य प्रदेश) में लोग भयंकर गरीबी में जी रहे हैं। शिवाकुमार का निष्कर्ष है कि गरीबी उन्मूलन कई कारणों पर निर्भर है। मसलन, सरकारी नीतियाँ, संसाधनों का पुनः बंटवारा, आधारभूत ढांचे का फैलाव, स्वास्थ्य सेवाओं की उपलब्धता, शिक्षा का प्रसार, रोजगार के अवसर एवं जनता की भागीदारी।

सरकारी दस्तावेजों के अनुसार गरीबी उन्मूलन तीन बातों पर निर्भर करेगा: (अ) आगामी दस वर्षों तक विकास की दर छह फीसदी रहे, (ब) सात बुनियादी आवश्यकताएं- पीने का पानी, सौ फीसदी प्राथमिक स्वास्थ्य कवरेज, सार्वभौमिक प्राथमिक शिक्षा, सभी आश्रयहीनों को मकान, प्राथमिक पाठशालों के सभी बच्चों को मिड-डे मील, गांवों को सड़कों द्वारा शहरों से जोड़ना और जन वितरण प्रणाली का सुदृढ़ीकरण, एवं (स) सभी नीतियों में गरीबों और कमजोर वर्ग को प्राथमिकता।

अर्थशास्त्रियों का आंकलन है कि भारत की 38.6 करोड़ आबादी बीस रुपए प्रतिदिन से कम कमा पाती है और इनमें से 88 फीसदी लोग अनुसूचित जाति और अनुसूचित जन-जातियों से हैं। बहरहाल, मुद्दा आंकड़ों का नहीं वरन् गरीबों का वर्तमान व्यवस्था के प्रति बढ़ते अविश्वास का है।

विस्थापन की समस्या[4]

आजादी के बाद 1951-1990 के दौरान दो करोड़ सोलह लाख लोगों को अपनी जमीन से बेदखल होना पड़ा और ऐसा केवल बांधों और नहरों के कारण हुआ। इसमें अगर खदानों के सिलसिले में हुए विस्थापन के शिकार 21 लाख लोगों को और जोड़ दिया जाए तो यह समूची आबादी कनाडा की आबादी के बराबर हो जाएगी। उद्योगों, ताप बिजलीघरों, वन्य जीवों के लिए संरक्षित प्रदेशों और रक्षा प्रतिष्ठानों के कारण कम से कम बीस लाख चालीस हजार लोगों को अपने घरों से बेदखल होना पड़ा। इन सबको जोड़ें तो पता चलता है कि लगभग दो करोड़ साठ लाख भारतीयों को विकास की मार झेलनी पड़ी।

सरकार की 'पुनर्वास संबंधी राष्ट्रीय नीति' के मसौदे में यह स्वीकार

किया गया है कि 1951 से विस्थापित लोगों में से लगभग 75 प्रतिशत लोग अभी भी 'पुनर्वास' की प्रतीक्षा में हैं। इन आंकड़ों में उन लोगों को शामिल नहीं किया गया है जो विस्थापन से प्रभावित तो हुए हैं, लेकिन जिनके पास अपनी कोई जमीन नहीं थी। पुनर्वास योजनाओं के अंतर्गत भूमिहीन मजदूर, मछुआरे और शिल्पी नहीं आते हैं। विकास की इस दृष्टि के कारण डूबने वाले क्षेत्रों अथवा परियोजना क्षेत्रों से बाहर पड़े लाखों लोग उपेक्षित रह जाते हैं। ये ऐसे लोग हैं जिनके जीवन को सहारा देने वाली व्यवस्था को इन परियोजनाओं ने तहस-नहस कर दिया है। उन परिवारों का भी इसमें जिक्र नहीं होता जो कैचमेंट एरिया के कारण प्रभावित हैं। इस दायरे में वे परिवार भी नहीं आते, जिन्हें वृक्षारोपण कार्यक्रमों के तहत अपनी जमीन खोनी पड़ी है।

इंडियन सोशल इंस्टीट्यूट के वॉल्टर फर्नांडीस के एक अध्ययन के मुताबिक सभी परियोजनाओं के अंतर्गत विस्थापित लोगों में से चालीस प्रतिशत से अधिक आदिवासी ही हैं। उत्कल विश्वविद्यालय के भूतपूर्व उपकुलपति प्रो० एल०के० महापात्र भी कहते हैं कि विस्थापित लोगों में दलित और भूमिहीनों की संख्या ज्यादा है।

विश्व बैंक के वरिष्ठ सलाहकार डॉ० माइकल एम० कार्निया के मुताबिक जमीन से बेदखली, बेराजगारी और मकानों से वंचित होना, इत्यादि से भयंकर दरिद्रता आई है। इनके सामने खाद्यानों का भी संकट पैदा हो जाता है। विस्थापित लोग भीषण बीमारी के भी शिकार होते रहते हैं। पानी और चारागाहों जैसी सामूहिक संपत्ति से भी इन्हें दूर कर दिया जाता है।

1993 के संयुक्त राष्ट्र संघ के एक प्रस्ताव में, जिसे तैयार करने में भारत भी शामिल था, जबरन विस्थापित किए गए लोगों को मानवाधिकारों के जबर्दस्त उल्लंघन का शिकार बताया गया है। विकास के फलस्वरूप विस्थापित लोगों में महिलाओं, बच्चों और बूढ़ों को सबसे ज्यादा मार झेलनी पड़ती है।

किसानों की समस्या[5]

भारतीय गरीब वर्ग का 58 प्रतिशत या तो भूमिहीन खेतिहर मजदूर हैं या छोटे और मध्यम किसान। आंध्र प्रदेश एवं महाराष्ट्र के विदर्भ इलाके में हजारों किसानों द्वारा आत्महत्या के बाद सिविल सोसायटी में हड़कंप मच गया। अब

ऐसा महसूस किया जा रहा है कि भारत में किसानों की स्थिति बहुत दयनीय है। किसानों के लिए उत्पादन की समस्या, लागत भाव की समस्या और फसल का उचित भाव न मिल पाने की दिशा में सरकार कुछ नहीं कर पा रही है। भूमंडलीकरण का मतलब कीमतों का भूमंडलीकरण और आय का भारतीयकरण।

पिछले 10 सालों के दौरान जब टी०वी० चैनलों और पत्र-पत्रिकाओं में 'इंडिया शाइन' हो रहा था, ठीक उसी समय आठ लाख किसानों ने खेती-बाड़ी छोड़ दी और गांवों से पलायन कर गये। ये चौंकाने वाले आंकड़े नेशनल सैम्पल सर्वे (एनएसएस) के हैं।

किसानों की आय क्या है? 59वें राष्ट्रीय नमूना सर्वेक्षण की रिपोर्ट के अनुसार शिक्षा, स्वास्थ्य, यातायात, कृषि, भोजन, कपड़े के ऊपर आने वाला खर्च, औसत किसान के पूरे घर का पूरे महीने का खर्च 503 रुपए है। अगर हम छत्तीसगढ़, झारखंड, बिहार, उड़ीसा के किसानों का औसत निकालें तो वह 400 से भी कम है। इसका मतलब यह हुआ कि ये चार राज्य गरीबी रेखा के नीचे आते हैं। गरीबी रेखा 425 रुपया प्रति महीना है। लाखों घर ऐसे भी हैं, जिनकी आमदनी 225 रुपया महीना है। यदि हम स्थानीय और राष्ट्रीय औसत यानी 225 या 503 रुपये का बंटवारा करें तो साठ फीसदी खाने पर खर्च हो जाता है। अन्य 18-20 फीसदी कपड़े, जूते और चप्पल पर। 225 रुपये में 20 रुपये बचते हैं, उसी में स्वास्थ्य, यातायात और अन्य खर्च। 225 रुपए का मतलब प्रतिदिन 8 रुपया। 8 रुपये में से अगर आप अस्सी प्रतिशत भोजन, कपड़े और यातायात के लिए निकाल लेते हैं तब डेढ़ रुपया बचता है। उसी में बच्चों की शिक्षा और स्वास्थ्य कैसे संभव है।

मौजूदा समय किसान तीन तरह की समस्याओं से जूझ रहे हैं। उदारीकरण के कारण बाजार की शक्तियाँ नियंत्रण में हैं और वे ग्रामीण अर्थव्यवस्था को छिन्न-भिन्न करने में कामयाब हुई हैं। एक दशक पूर्व तक पांच से आठ एकड़ जमीन वाला किसान खाते-पीते परिवारों की श्रेणी में गिना जाता था, आज उन्हें खाने के लाले पड़ रहे हैं। किसानों के सामने दूसरी समस्या है- बीजों की। बड़ी कंपनियों ने बीजों पर कब्जा कर लिया है और वे किसान द्वारा किए जाने वाले उत्पादन पर नियंत्रण कर रहे हैं। इसी के साथ जुड़ी है कीटनाशकों

और उर्वरकों की कीमतों में बेतहाशा बढ़ोत्तरी। इसी का परिणाम है कि केरल जैसे राज्य में भी किसान आत्महत्या कर रहे हैं। तीसरे सबसे बड़ी समस्या कीमतों में गिरावट की है, जिससे किसान बर्बाद हो रहे हैं। केरल में कॉफी की कहानी कुछ इसी तरह की है। उदारीकरण ने फसल पैदा करने की कुल लागत को बढ़ा दिया, जबकि भूमंडलीकरण के चलते किसानों को फसलों का जो दाम मिलना चाहिए, वह नहीं मिल रहा है। किसानों को कर्ज, उधार देना बैंक ने बंद कर दिया है। जिस से वे मानसिक तनाव में हैं। जब फसल पैदा करने की लागत बढ़ गई और उसकी कीमत कम मिलने लगी और उनको कर्जा मिलना बंद हो गया तो वे साहूकारों के पास जाने लगे। आज की नई साहूकार बीज बेचने वाली बहुराष्ट्रीय कंपनियाँ हैं। अनुमान है कि पिछले एक दशक में भारत में कर्ज में डूबे किसानों की संख्या दोगुनी हो गई है। 1992 के नेशनल सैम्पल सर्वे के अनुसार 26 फीसदी किसान उस समय कर्ज में डूबे थे। किसानों की यह स्थिति केवल भारत में ही नहीं है, अपितु अफ्रीका और लैटिन अमेरिका के किसान भी इस स्थिति में हैं।

संकट कृषि का नहीं है वरन् ग्रामीण अर्थव्यवस्था के चौपट होने का है।

महिलाओं की समस्या[6]

भारत की ताजा जनगणना के अनुसार देश की कुल आबादी में पचास प्रतिशत महिलाओं की संख्या है, लेकिन पिछले दो दशकों से लिंगानुपात में लगातार कमी आ रही है। कन्या भ्रूणहत्या की कई घटनाएं उन क्षेत्रों से भी आ रही हैं, जहाँ पहले ऐसा नहीं होता था। मानव संसाधन विकास मंत्रालय के आंकड़ों के अनुसार ग्रामीण महिलाएं पुरुषों की अपेक्षा अधिक काम करती हैं। औसतन एक महिला 12–16 घंटे काम करती है, जबकि पुरुष 8 से 12 घंटे औसतन काम करता है। आंकड़ों के अनुसार कृषि व्यवसाय पूर्णतया महिला श्रम पर आश्रित है, लेकिन ग्रामीण महिलाओं को पुरुषों के मुकाबले दोयम दर्जे का माना जाता है। इसीलिए उन्हें मेहनताना भी कम दिया जाता है।

हमारे समाज में अभी भी लड़की को बोझ माना जाता है और इसीलिए भ्रूणहत्या की घटनाएं बढ़ती जा रही हैं। आजकल विकसित तकनीक की सहज उपलब्धता के कारण अल्ट्रासाउंड द्वारा लिंग निर्धारण का चलन बढ़ गया

है। भारत में भ्रूणहत्या के खिलाफ आंदोलन से जुड़ी डॉ० शारदा जैन, विभा पार्थसारथी एवं मोहिनी गिरि स्वीकारती हैं कि भारत में हर वर्ग के लोग भ्रूण परीक्षण करवाते हैं। महिला भ्रूणहत्या की बढ़ती प्रवृत्ति भारत की आबादी में लिंगभेद पर असंतुलन की स्थिति पैदा कर रही है। आज प्रति हजार पुरुषों पर महिलाओं की संख्या मात्र 927 है। कुछ राज्यों में तो स्थिति बहुत खराब है। उदाहरण के तौर पर उत्तर प्रदेश में 879 और हरियाणा में यह संख्या 865 है। भारत में पुरुषों की संख्या 31 मिलियन से अधिक है।

घरेलू हिंसा के मामले में भी स्थिति गंभीर है। पहले ऐसा माना जाता था कि निम्नवर्गीय तबके में ही ऐसी घटनाएं होती हैं, लेकिन अब शोध आंकड़ों से यह संकेत मिले हैं कि मध्यम वर्ग में भी ये घटनाएं उभार पर हैं। पिछले दस सालों में घरेलू हिंसा की घटनाओं में तेजी से बढ़ोत्तरी हुई है। एक तरफ शिक्षा के प्रचार-प्रसार से स्त्रियों में जागरूकता बढ़ी है, वे प्रोफेशनल काम कर रही हैं। उनका सामाजिक दायरा बढ़ा है। दूसरी तरफ पढ़ी-लिखी पत्नी के हाथ-पैर बांधकर घर में बंद रखना, दोस्तों, रिश्तेदारों, बच्चों के सामने जलील करना, बिस्तर में ना-नुकुर करने पर हिंसा पर उतर आने जैसी घटनाओं में बेतहाशा वृद्धि हुई है।

बाल विवाह अभी भी एक ज्वलंत समस्या है। छोटी बच्चियों पर लैंगिक हमलों के बारे में शीला बारसे कहती हैं कि यह समस्या एक हिमखंड की तरह है, जिसका हमें सिर्फ ऊपरी भाग देखने को मिल रहा है। दलित औरतों की स्थिति समाज में अन्य औरतों से बदतर है। लाखों आदिवासी लड़कियाँ घरेलू नौकरानियों के रूप में दासता का जीवन जी रही हैं। अकेले झारखंड की एक लाख से ज्यादा युवतियाँ दिल्ली में कामकाजी महिलाओं के बच्चों की देख-रेख कर रही हैं, वह भी अपने बच्चों को मातृत्व सुख से वंचित रखने की कीमत पर।

भारत में महिलाएं अपने हकों को लेकर संघर्ष कर रही हैं, लेकिन तमाम कोशिशों के बावजूद संसद में 33 प्रतिशत महिला आरक्षण का बिल पारित नहीं हुआ।

शिक्षा[7]

तमाम अवरोधों के बावजूद आजादी के बाद से अब तक देश में शिक्षा का

व्यापक विस्तार हुआ है। अच्छी बात यह है कि यह प्रक्रिया अभी भी लगातार जारी है। ग्यारहवीं पंचवर्षीय योजना (2007-2012) में भी केंद्रीय सरकार ने शिक्षा को खासी तरजीह दी है। लेकिन अभी भी साक्षरों का प्रतिशत बेहद कम है। उच्च शिक्षा में तो सकल प्रवेश दर अभी भी 11-12 फीसदी के आसपास स्थिर है, जो वैश्विक औसत से कम है। जहाँ देश के नीति-निर्माताओं को सबको प्राथमिक शिक्षा दिलाने के लिए अभी बहुत कुछ करना है, वहीं शिक्षा की गुणवत्ता को भी सुधारना होगा।

संविधान में 14 साल तक की उम्र के सभी बच्चों को मुफ्त और अनिवार्य शिक्षा का जिक्र है। संविधान लागू होने के दस साल के भीतर इस संकल्प को पूरा करना था, जो आज तक पूरा नहीं हुआ। शिक्षा के अधिकार के विमर्श में नया मोड़ सर्वोच्च न्यायालय द्वारा 1993 में दिए गए उन्नीकृष्णन फैसले से आया। सर्वोच्च न्यायालय ने शिक्षा को मौलिक अधिकार का दर्जा दे दिया।

नवंबर 2001 में 86वां संविधान संशोधन विधेयक लोकसभा में पेश हुआ और पारित भी हो गया। इसके तहत 6-14 आयु समूह के बच्चों को मुफ्त और अनिवार्य शिक्षा का मौलिक अधिकार तो दिया गया पर एक शर्त के साथ। शर्त यह कि शिक्षा का मौलिक अधिकार 'उस रीति से दिया जाएगा, जो राज्य कानून निर्धारित करेगा।'

नेशनल युनिवर्सिटी ऑफ एजुकेशन प्लानिंग एंड एडमिनिस्ट्रेशन के एक सर्वेक्षण के अनुसार देश में 35 राज्यों एवं केंद्र शासित प्रदेशों में कुल 11 लाख 24 हजार 33 स्कूल हैं, लेकिन इनमें से 2089 फीसदी स्कूलों में न तो टीचर हैं और न ही छात्र। देश में पांच लाख कक्षाओं की कमी है और कम से पौने तीन लाख शिक्षक और चाहिए। शिक्षा के प्रसार के लिए बजट प्रावधान, भवन एवं अन्य सामग्री की भी बेहद कमी है।

1991 के बाद से भारत में एक नया रुझान दिखाई दे रहा है। शिक्षा में निजी स्कूलों और संस्थानों की संख्या बढ़ना है और दूसरा अभिभावकों में बच्चों को अंग्रेजी पढ़ाने की ललक। ग्लोबेलाइजेशन के दौर में व्यावसायिक कोर्स की मांग बढ़ी है। हमारी शिक्षा पद्धति पर बाजार और कॉरपोरेट जगत का प्रभाव बढ़ता जा रहा है। 11वीं पंचवर्षीय योजना के दृष्टिपत्र में लिखा है कि भारत में शिक्षा के क्षेत्र में सबसे बड़ी चुनौती रोजगारोन्मुखी शिक्षा मुहैया कराने की है।

जैसा भारत हम बनाना चाहते हैं, उसी के अनुरूप शिक्षा का स्वरूप उभरेगा। भूमंडलीकरण के इस युग में ज्ञान आधारित समाजों का निर्माण करना आवश्यक है। शिक्षा के मामले में राजनीतिक दलों को दलगत स्वार्थ से ऊपर उठकर सोचना होगा, साथ ही इस पर व्यापक राष्ट्रीय बहस भी होनी चाहिए।

स्वास्थ्य[8]

कई मायनों में भारत ने स्वास्थ्य के क्षेत्र में सराहनीय प्रगति की है। आयु सीमा बढ़ गई है, शिशु मृत्यु दर कम हो गई है और देश के 42 फीसदी बच्चों को बीमारी रोधक टीके लग चुके हैं। देश में निजी अस्पतालों का जाल बिछा है, फिर भी कुछ मुद्दे ऐसे हैं, जिन पर भविष्य में ध्यान दिया जाना चाहिए : संक्रामक रोगों से अभी भी बड़ी संख्या में लोगों की मौत, शिशु मृत्यु कारणों में डायरिया अभी भी प्रमुख और गांवों में चिकित्सा सुविधाओं का अभाव है।

देश में टी०बी०, यौन रोग, एड्स, ऊष्णकटिबंधीय बीमारियाँ, श्वांस रोग और मातृत्व संबंधी कठिनाइयों से होने वाली मौतें प्रमुख हैं। प्रतिवर्ष देश में इन बीमारियों से लगभग 21 लाख लोगों की मौत होती है। अकेले टी०बी० से पांच लाख लोग मरते हैं और एक से दो मिलियन लोग टी०बी० की बीमारी का शिकार बनते हैं।

देश के कई भागों में मलेरिया अभी भी गंभीर समस्या है। एड्स की बीमारी भी फैल रही है। अफ्रीका के बाद विश्व में सबसे अधिक एचआईवी पॉजिटिव रोगी भारत में हैं। नेशनल सैम्पल सर्वे के अनुसार देश की 1.9 फीसदी आबादी अपंग है। अंधेपन से प्रभावित लोगों की संख्या 4 से 14 मिलियन के बीच आंकी गई है। लगभग 3 मिलियन लोग बहरे हैं।

भारत में हेल्थ केयर पर बहुत कम बजट का प्रावधान है। देश में एक लाख 40 हजार उपस्वास्थ्य केंद्र हैं, जहाँ दो हेल्थ वर्कर नियुक्त हैं; 23 हजार प्राथमिक स्वास्थ्य केंद्र जहाँ एक मेडिकल अफसर, 14 लोगों का स्टॉफ और मरीजों के लिए चार बिस्तरों का प्रावधान है। प्रत्येक प्राथमिक स्वास्थ्य केंद्र 4 उपस्वास्थ्य केंद्रों का कार्यक्षेत्र कवर करता है। सामुदायिक स्वास्थ्य केंद्रों की संख्या तीन हजार है, जहाँ 4 मेडिकल स्पेशलिस्ट, 21 का स्टॉफ और तीस

बिस्तरों का प्रावधान है। यह केंद्र चार प्राथमिक स्वास्थ्य केंद्रों को रेफरल सर्विस प्रदान करता है। देश में साढ़े पांच सौ जिला अस्पताल हैं। भारत में अभी भी प्रशिक्षित नर्सों और डॉक्टरों की कमी है, विशेषकर ग्रामीण इलाकों में। अधिकतर चिकित्सा सेवाएं शहरों में केंद्रित हैं। निजीकरण के कारण गरीबों के लिए स्वास्थ्य सेवाएं और भी महंगी होती जा रही हैं। आने वाले दिनों में हेल्थ केयर संबंधी समस्याएं बढ़ने की संभावनाएं हैं।

पर्यावरण की समस्या[9]

पिछले साठ सालों में बेतरतीब शहरीकरण, विस्तृत औद्योगीकरण, बड़े बांधों और पनबिजली परियोजनाओं से पर्यावरण पर गहरा प्रभाव पड़ा है। भारत के आधे जंगल नष्ट हो गए हैं। कई नदियों, तालाबों और झीलों का पानी दूषित हो गया है, भूमि क्षरण बढ़ गया है और लाखों लोगों की जीविका खतरे में पड़ गई है। विश्व के 15 सबसे दूषित महानगरों में से तीन भारत में हैं। पेड़-पौधों और जानवरों की कई प्रजातियां लुप्तप्राय हो गई हैं। गंगा-यमुना की पवित्र भूमि में ऐसे कैसे हो गया? इस समस्या का समाधान क्या है? सरकारी कानूनों और जन आंदोलनों का पर्यावरण संरक्षण में क्या योगदान रहा? मीडिया की भूमिका कैसी रही?

नैसर्गिक संसाधनों में भूमि सबसे ज्यादा खतरे में है। केंद्रीय सरकार ने 1980 में स्वीकार कर लिया था कि भारत की कुल जमीन में से 170 मिलियन हेक्टेयर भूमि (53 फीसदी) किसी न किसी रूप में विकृत हो चुकी है। 1994 में सहगल और अब्रोल द्वारा किए गए अध्ययन के अनुसार भारत में 187.2 मिलियन हेक्टेयर भूमि विकृत हो गई है, जिसमें 162.4 मिलियन पानी और हवा से क्षरण के कारण और 21.7 मिलियन हेक्टेयर खारेपन एवं पानी के जमाव के कारण विकृत हुई। बाकी चार मिलियन हेक्टेयर जमीन में पोषक तत्वों की कमी है।

नेशनल रिमोट सेंसिंग एजेंसी और वन सर्वेक्षण विभाग के अनुसार देश की 132 मिलियन हेक्टेयर जमीन की उत्पादक क्षमता खतरे में है। भूमि के विकृत होने के कारणों में वनों की अंधाधुंध कटाई, भूमि संरक्षण के बारे में अज्ञानता, खेती के क्षेत्र का बेतरतीब प्रसार, असंतुलित खाद का प्रयोग,

सतही सिंचाई, जनसंख्या में वृद्धि आदि हैं। लेकिन इनसे परे एक और कारण है हमारी सामूहिक लापरवाही।

वनों के संबंध में भी स्थिति सोचनीय है। सरकारी दस्तावेजों के अनुसार देश के 90.39 फीसदी भूभाग पर वन हैं। लेकिन पर्यावरण आंदोलन से जुड़े लोगों का आंकलन है कि यह प्रतिशत अब काफी घट गया है। विश्व खाद्य संगठन का अनुमान है कि भारत में प्रति वर्ष 0.6 प्रतिशत जंगल खत्म हो रहे हैं।

'जल ही जीवन है' इस नारे के बावजूद भारत में जल संकट गंभीर होता जा रहा है। हमारे पानी के स्रोत खतरे में हैं। जंगल कटने से प्राकृतिक जल व्यवस्था पर विपरीत प्रभाव पड़ा है। औद्योगिक प्रदूषण, बढ़ते शहरीकरण और खेती के लिए बढ़ती सिंचाई की मांग ने समस्या और जटिल बना दी है।

आध्यात्मिक रुझान वाले हमारे देश में हमारी सारी पवित्र नदियाँ भयंकर प्रदूषण का शिकार हैं। दिल्ली में यमुना नदी में प्रति 1700 मिलियन लीटर सीवेज का पानी छोड़ा जाता है। इसके अलावा 93100 छोटे-बड़े कल कारखानों और फैक्ट्रियों का कचरा भी इसमें मिलाया जाता है। गंगा के किनारे बसे 25 शहर प्रतिदिन 1340 मिलियन लीटर गंदगी नदी में डालते थे। गंगा सफाई अभियान के बाद स्थिति में बदलाव आया है।

भारत में सतह पर पाया जाने वाला 70 प्रतिशत पानी प्रदूषित हो चुका है। 1995 के आर्थिक सर्वे के अनुसार भारत के द्वितीय श्रेणी वाले 241 शहरों का 95 प्रतिशत पानी प्रदूषित हो चुका है। सभी जगह कारखानों द्वारा विषैले रसायन नदी में छोड़ने की समस्या है।

शहरों में वायु प्रदूषण भी एक समस्या है। विश्व स्वास्थ्य संगठन के मानकों से कहीं अधिक प्रदूषित है, हमारे शहरों की हवा। मुंबई, चेन्नई, कोलकाता और दिल्ली में बुरा हाल है। वायु प्रदूषण का मुख्य कारण वाहनों का धुंआ, फैक्टरियों से निकलने वाला धुंआ है। कीटनाशक छिड़काव से हमारा जीव मंडल भी प्रभावित हो रहा है। सेंटर फॉर साइंस एंड इनवायरमेंट ने 1999 में पर्यावरण पर नागरिक रिपोर्ट से नई जागृति पैदा की। पिछले कुछ वर्षों से सरकार भी इस दिशा में सक्रिय हुई है, लेकिन मूल जिम्मेदारी नागरिकों की है। 1980 के दशक में कानून बनाने का सिलसिला प्रारंभ हुआ।

सर्वोच्च न्यायालय ने पर्यावरण मामलों में समय-समय पर बड़े सारगर्भित और दूर-दृष्टि वाले निर्देश दिए। कई जनांदोलनों ने भी पर्यावरण का मुद्दा उठाया : चिपको, नर्मदा बचाओ, एपिको, राष्ट्रीय मछुवारा फेडरेशन आदि। पर्यावरण विनाश और भारत पुनर्निर्माण में गहरा संबंध है। कई जगहों पर स्थानीय समूहों ने पर्यावरण संरक्षण में सराहनीय कार्य किया है, लेकिन उनकी आवाज नक्कारखाने में तूती साबित हो रही है। आवश्यकता है विकास की अवधारणा पर नए नजरिए की।

21वीं सदी में भारत के सामने अलग प्रकार की चुनौतियाँ हैं। इनका सामना करने एवं नया भारत निर्माण करने के लिए एक महत्वाकांक्षी राष्ट्रीय एजेंडा अपनाने की आवश्यकता है। हमारे नये सहस्राब्दी लक्ष्यों का फोकस होगा : बाल केन्द्रित शिक्षा, महिला केन्द्रित परिवार, मानव केन्द्रित विकास, ज्ञान आधारित समाज और आविष्कार आधारित भारत।[10]

बाल केंद्रित शिक्षा

भारत की 38 प्रतिशत आबादी 15 वर्ष से कम आयु की है जो भावी भारत की आधारशिला है। इनका विकास सबसे बड़ी चिन्ता है। आज शिक्षा संकट स्थिति में है। जिस तरह से विज्ञान पढ़ाया जायेगा उसी पर यह निर्भर करेगा कि हम हमारे सांस्कृतिक, राजनीतिक एवं आर्थिक ताने-बाने में वैज्ञानिक दृष्टिकोण अपनाने की क्षमता पैदा कर रहे हैं या नहीं। पिछले सालों से हमारी शिक्षा व्यवस्था किताबी और पाठ्यक्रम आधारित तोता रटंत पद्धति में बदल गयी है। ऐसे में यह खतरा बढ़ गया है कि हमारी स्कूलों से शिक्षा प्राप्त नौजवान आने वाली चुनौतियों का सामना कर पायेंगे या नहीं। हमारे स्कूलों में विज्ञान शिक्षण को रटंत पद्धति से बदल कर 'खोज से सीखना' और 'करके सीखना' में बदलना होगा। बच्चे को अनुभव के आधार पर विज्ञान शिक्षण में भागीदार बनाना होगा जो परीक्षणों, अवलोकन, अभिलेखन, बहस एवं समीक्षा पर टिका हो।

महिला केन्द्रित परिवार

आधुनिक जिन्दगी के बढ़ते तनाव ने आदमी और उसके इर्द-गिर्द फैले समाज

के बीच एक खाई पैदा कर दी है, जिससे परिवार का प्रबंधन खतरे में पड़ गया है। 90 के दशक से भूमंडलीकरण, उदारीकरण और निजीकरण के फलस्वरूप विभिन्न सामाजिक क्षेत्र की सेवाओं का नियमित रूप से पतन हुआ है। पितृसत्ता, पूंजीवाद, सामंतवाद और जाति प्रथा से ग्रस्त भारतीय समाज में औरतों का दर्जा पुरुषों से कम माना गया है। बचपन से ही खाना कम मिलना, बीमार होने पर स्वास्थ्य सेवाओं के लिए पैसा खर्च करने में परिवार का संकोच, अन्याय, दमन और काम का बोझ, हिंसा और यौन शोषण का अनुभव समाज में असमानता के ढांचे को बरकरार रखते हैं। संयुक्त राष्ट्र का अंतर्राष्ट्रीय जनसंख्या और विकास सम्मेलन 1994 में काहिरा में हुआ था। यह सम्मेलन जनसंख्या और विकास के विमर्श में एक अग्रणी कदम माना जाता है। इस सम्मेलन से निकले एक्शन प्रोग्राम को 179 देशों ने अपना संयुक्त समर्थन प्रदान किया था।

काहिरा प्रलेख, प्रजनन अधिकारों और स्वास्थ्य की धारणा को प्रोत्साहित करने वाला प्रथम व्यापक अंतर्राष्ट्रीय नीति दस्तावेज़ था। आज एक दशक बाद भी औरतों के प्रजनन अधिकार व स्वास्थ्य पहुंच से परे हैं। विश्व स्तर पर मातृ मृत्यु-दर के आंकड़ों में बढ़त देखी जा रही है। गर्भावस्था और प्रसव के दौरान जटिलताओं के कारण विश्व में सालाना छः लाख औरतें मरती हैं और अट्ठारह लाख अपंगता या रोगों की शिकार होती हैं। ये आंकड़े दर्शाते हैं कि कुशल स्वास्थ्य कार्यकर्ताओं की कमी है और आपातकालीन सेवाएं लगभग नदारद हैं।

भारत में महिलाओं के गिरते स्वास्थ्य के मुख्य कारणों में है- गरीबी, स्वास्थ्य सेवाओं तक पहुंच सुविधाओं का उपलब्ध न होना और जेंडर असमानता। हमारे देश में लगभग 70 प्रतिशत महिलाएं कुपोषण और एनीमिया की शिकार हैं। 2001 की जनगणना रिपोर्ट के अनुसार गिरता लिंगानुपात, अत्यधिक ऊंची जच्चा-बच्चा मृत्युदर और महिलाओं की कम औसत आयु, कुछ ऐसी समस्याएं हैं, जिन पर गौर करना चाहिए।

आज भी भारत में 70 प्रतिशत लोग इलाज के लिए सरकारी अस्पतालों की ओर रुख करते हैं, क्योंकि यहीं उन्हें मुफ़्त इलाज मिलने का प्रावधान है। प्रतिदिन करीब 300 महिलाएं प्रसव के दौरान या गर्भावस्था संबंधी कारणों से मर जाती हैं। महिलाओं के साथ होने वाली पारिवारिक हिंसा उसके शरीर,

भावनात्मक और मानसिक स्वास्थ्य को प्रभावित करती है। लगातार ताने, गाली, अपमान, तनाव और भेदभावपूर्ण व्यवहार औरतों को गम्भीर परिस्थितियों में ले आता है और कई मामलों में औरतें अपना मानसिक संतुलन भी खो बैठती हैं।

महिलाओं के विरुद्ध हिंसा का महत्वपूर्ण पहलू है– सार्वजनिक जीवन और सामाजिक मान्यताओं में टकराव। महिला उत्पीड़न को बदला लेने का साधन बना लिया गया है। आज महिलाओं के विरुद्ध अपराध संगठित और संस्थाबद्ध रूप ग्रहण कर चुका है और उसका मुकाबला करना आसान नहीं रह गया है। औरतों से भेदभाव और उन पर हिंसा तथा कन्याभ्रूण हत्या आदि हमारे समाज की सच्चाई है।

21वीं सदी में भारत को प्रगति करने के लिए महिलाओं की स्थिति में सुधार न केवल उनके नैतिक प्रोत्साहन के लिए आवश्यक है बल्कि नीति निर्माण एवं क्रियान्वयन में उनकी भागीदारी से जहाँ एक ओर प्रजातांत्रिक प्रक्रिया को मजबूत करने में मदद मिलेगी, वहीं अन्याय और दमन के खिलाफ उनकी लड़ाई को भी ताकत देगी। मीडिया ने अब स्त्री समस्याओं को प्रमुखता से देखना प्रारम्भ कर दिया है।

मानव केन्द्रित विकास

प्रसिद्ध समाज सेवी बाबा आमटे कहा करते थे कि यदि मानव सभ्यता को बचाना है तो नये ढंग से जीना सीखना होगा। यह कथन कई अर्थों में बड़ा सारगर्भित है। सन् 2050 तक भारत की जनसंख्या चीन से भी अधिक हो जायेगी। संसाधनों की उपलब्धता पर इसका गहरा असर पड़ेगा। चन्द लोगों का वैभवपूर्ण जीवन और दूसरी ओर भयंकर गरीबी ऐसे में कोई राष्ट्र उन्नति नहीं कर सकता। मानव केंद्रित विकास में प्रकृति, पर्यावरण, अर्थव्यवस्था, समानता और जीवन मूल्यों के बीच संतुलन महत्वपूर्ण है। अब समानता के साथ हमें मानवीय गरिमा पर जोर देना होगा।

ज्ञान आधारित समाज

आने वाले समय में वही राष्ट्र बच पायेंगे जो ज्ञान आधारित समाजों का निर्माण

करेंगे। भारत को इस दिशा में कई कदम उठाने हैं। जागरूक नागरिक ही बाजार व्यवस्था में सही चयन करने की क्षमता विकसित कर सकता है। वह उन कार्यक्रमों का विरोध कर सकता है, जो विनाश की ओर ले जा रहे हैं, लेकिन वह उन खेतों में आग नहीं लगायेगा जहाँ आधुनिक बायोटेक्नॉलोजिकल परीक्षण चल रहे हैं। ऐसा करने से वह मुख्य मुद्दों को वैज्ञानिक कसौटी पर परखना चाहेगा।

ज्ञान आधारित समाज में अलग-अलग कार्य क्षेत्र होंगे। कुछ ज्ञान का स्रोत ढूंढेंगे, कुछ उस ज्ञान को अर्जित करेंगे, कुछ उसे आत्मसात करेंगे, तो कुछ उसे जनसंचार माध्यमों से संचालित करेंगे।

आविष्कार केन्द्रित भारत

बिना आविष्कार के ज्ञान व्यर्थ है। आविष्कार की प्रक्रिया से ज्ञान को धन अर्जन एवं सामाजिक कल्याण का माध्यम बनाया जा सकता है। हजारों वर्षों की गुलामी ने हमारी क्षमता कुंठित कर दी है, जिसे पुनः जागृत करने की आवश्यकता है। भाग्यवाद से हट कर हमें कर्म का मार्ग अपनाना होगा। इसके लिए जीवन एवं कर्म के प्रति दृष्टिकोण बदलना होगा- संशय से आत्मविश्वास, निराशा से आशा की ओर बढ़ना होगा। भारत ने हरित क्रांति, श्वेत क्रांति, आणविक ऊर्जा जैसे कई क्षेत्रों में सफलता हासिल की है। अब समय आ गया है जब खेती के साथ-साथ टेक्नोउद्यमियों को बढ़ावा देना होगा। इसके लिए समुदाय के संचित ज्ञान से आविष्कारों को प्रोत्साहन देना होगा। जमीनी स्तर पर प्रौद्योगिकी और विज्ञान के आविष्कारों को फैलाना होगा। हमारे उत्पादों में विश्व स्तर की गुणवत्ता लानी होगी और ऐसा वातावरण निर्माण करने में जनसंचार माध्यमों की भूमिका अहम है।

भारत के भविष्य के एजेंडे में बच्चे, औरतें, पुरुष, समाज और राष्ट्र सभी एक दूसरे से जुड़े हैं। जिन सांस्कृतिक मूल्यों के लिए हमारी भारतीय सभ्यता सदियों से प्रख्यात है उसे केंद्र बिन्दु बनाना होगा।

मई, 2008 **–जोसेफ गाथिया**

संदर्भ एवं टिप्पणियाँ

1. राष्ट्रीय पहचान की समस्या पर जवाहरलाल नेहरू विश्वविद्यालय के प्रो० पी०के० ओमन ने विस्तार से लिखा है। इसके अलावा अरुणा गुणाशेखरे और ओइची ईटो द्वारा लिखित मास मीडिया एंड कल्चरल आइडेंटिटी, प्लूटो प्रेस, लंदन इस विषय पर एशियाई स्तर की जानकारी देती है। अभय कुमार दुबे की पुस्तक '**बीच बहस में सेक्युलरवाद**' से राष्ट्रीय पहचान की समस्या पर बेहतर जानकारी मिलती है।
2. मुरली मनोहर सिंह की पुस्तक '**क्रांति के दस्तावेज**' में विजयन द्वारा लिखित लेख 'नक्सलवाद का भविष्य' पूरी समस्या पर विस्तार से प्रकाश डालता है। यह लेख एक उत्तम संदर्भ है।
3. कई अर्थशास्त्रियों एवं समाजशास्त्रियों ने इस विषय पर विस्तार से लिखा। अमर्त्य सेन की पुस्तक '**आर्थिक विषमताएं**' (राजपाल संस, दिल्ली) भारत में गरीबी और उसके प्रभाव को समझने में सहायक है। जीन ड्रेस ज्यां एवं कमल नयन काबरा द्वारा लिखित किताबें आर्थिक योजनाओं को समझाते हुए गरीबी को दूर करने के उपाय सुझाती हैं। पी० साईनाथ की पुस्तक '**एवरी वन लव्स एड्रॉट**' भारत में गरीबी उन्मूलन परियोजनाओं की कमजोरियों को उजागर करती है। पत्रकारों और सामाजिक कार्यकर्ताओं के लिए मेरी थेक्करा द्वारा लिखित '**भारत में गरीबी**' दस्तावेज बेहद उपयोगी है।
4. इंडियन सोशल इंस्टीट्यूट के वॉल्टर फर्नांडिस द्वारा लिखित कई किताबें विस्थापन को विस्तार से समझाती हैं। इसके अलावा स्मितु कोठारी एवं प्रो० मनोरंजन महंती ने इस विषय में बहुत कार्य किया है।
5. लगभग प्रत्येक समाजशास्त्री और अर्थशास्त्री ने भारत में किसानों की समस्याओं को छुआ है। इस विषय में घनश्याम दास शाह, धीरूभाई शेठ एवं प्रफुल्ल बिदवई ने अनेक सारगर्भित लेख लिखे हैं।
6. डॉ० कमला रत्तू (2006) मीडिया क्रांति और महिलाएं, नेशनल पब्लिशिंग हाउस जयपुर व संजय गौड़ (2004) आधुनिक महिलाएं और समाज, नई दिल्ली तथा काली फॉर विमेन के प्रकाशन देखें।
7. कृष्ण कुमार, अनिल सदगोपाल, कमला प्रसाद एवं साधना सक्सेना द्वारा लिखित कई किताबें इस विषय पर उपलब्ध हैं।
8. वालेंट्री हेल्थ एसोसिएशन ऑफ इंडिया के आलोक मुखोपाध्याय द्वारा संपादित कई किताबें भारत में स्वास्थ्य समस्याओं की अच्छी जानकारी देती हैं। संध्या श्रीनिवासन, सेवंती नैनन एवं वी० रामालिंगम स्वामी से मिली सामग्री के अलावा दि हिन्दू तथा '**दि टाइम्स ऑफ इंडिया**' में प्रकाशित अनेक लेखों से भी मदद मिली है।

9. अनुपम मिश्र द्वारा संपादित एवं मूल रूप से अनिल अग्रवाल एवं सुनीता नारायण द्वारा लिखित '**हमारा पर्यावरण**' भारत में पर्यावरण की समस्या पर विस्तृत जानकारी देती है। आशीष कोठारी, कुश्तुब मोगे एवं नीमा पाठक ने पर्यावरण समस्या पर एक अच्छा बैकग्राउंड तैयार किया है। डेरिल डी' मोंटी एवं जय सेन ने पीयूसीएल बुलेटिन में 'आबादी और पर्यावरण' पर विस्तार से लिखा है। निषिद्ध कीटनाशकों पर आर०सी० कालरा व बी० बसंतराज डेविड के विभिन्न लेखों एवं अध्ययनों के अलावा संयुक्त राष्ट्र संघ द्वारा कीटनाशकों पर तैयार विस्तृत सूची भी देखें। पर्यावरण और राजनीति को समझने के लिए दूनू राय, माधव गाडगिल एवं भारत डोगरा के लेख देखें। इंदिरा गांधी नेशनल ओपन युनिवर्सिटी (इग्नू) में राजनीति शास्त्र के प्रोफेसर डी० गोपाल ने भारत में शहरीकरण एवं संसाधनों पर विस्तृत अध्ययन किया है। प्रो० गोपाल का मानना है कि आने वाले समय में शहरों में आकर बसने वाले ग्रामीणों की मुसीबतें और बढ़ेगी।
10. आर० माशेलकर (1999) **भारतीय विज्ञान एवं तकनीकी के समक्ष नई सहस्त्राब्दि की चुनौतियाँ**, सेंटर फॉर मीडिया स्टडीज, नई दिल्ली। इसके अलावा जयंत नार्लिकर (2003) **दि साइंटिफिक एज**, पेंग्विन, दिल्ली के साथ-साथ सी०वी० रंगनाथन (2005) **पंचशील एंड दि फ्यूचर** भी देखें। इस अध्याय का यह अंश अनेक निबंधों, लेखों और पर्चों पर आधारित है, जिनमें ये लेखक उल्लेखनीय हैं : क्लार्ड अल्वारिस, वंदना शिवा, रवि चोपड़ा एवं शकुंतला राजसिंघम, आईडीईए, स्टॅकहोम।

18 इच्छा के विरुद्ध

पश्चिमी जगत में इन दिनों तीन शब्द चर्चा में हैं : तलाक, बलात्कार और परिवार नियोजन। इसी संदर्भ में ब्रिटेन की 40 वर्षीया अविवाहिता लेखिका सूसन ब्राउन मिलर ने बलात्कार पर अपने विचारों से पश्चिमी ईसाई जगत में हलचल मचा दी है। वैसे इन दिनों हमारे देश में मथुरा बलात्कार कांड की सर्वत्र चर्चा है।

मथुरा नामक एक किशोरी पर बलात्कार के मुकदमे में सर्वोच्च न्यायालय ने जो फैसला अभियुक्तों को मुक्त करते हुए दिया था उसकी फिर से सुनवाई की साहसी अपील करते हुए उपेंद्र बख्शी, रघुनाथ केलकर, लतिका सरकार और वसुंधरा धागमवर, इन चार अध्यापकों ने मुख्य न्यायाधीश के नाम एक खुला पत्र लिखा था। यह पत्र नारी मुक्ति आंदोलन के लिए एक मील का पत्थर साबित हुआ है और उसे लेकर जगह-जगह आंदोलन किये गये। महाराष्ट्र के देसाईगंज की मथुरा 1970 में 14-15 वर्ष की थी। उस पर बलात्कार का जुर्म जजों ने इसलिए साबित होता नहीं माना, क्योंकि उसके यथेष्ट प्रतिरोध के प्रमाण उन्हें नहीं मिले और यह भी कि इस घटना से पहले भी वह रति संबंध कर चुकी थी।

मथुरा कांड पर पुनर्विचार की मांग उत्तरोत्तर जोर पकड़ती जा रही है। हमारे देश में दहेज और बलात्कार स्त्रियों पर हिंसा के दो कुख्यात रूप हैं पर तथाकथित सभ्यता के आवरण में अब बच्चियों को जन्म के वक्त ही न मार करके नियमित रूप से उनकी अवहेलना करके उन्हें मरने दिया जाता है। और इसीलिए भारत में लड़कियों की मृत्यु दर लड़कों की अपेक्षा 60 प्रतिशत तक उंची है। औरतें सती नहीं होती, पति के जीवन काल में ही जला दी जाती हैं, ताकि पति को अधिक दहेज देने वाली नयी दुल्हन मिल सके। 'एक की जलकर मुत्यु हुई', 'एक स्त्री ने आत्महत्या की', 'स्त्री के साथ बलात्कार',

'हत्या-आत्महत्या-बलात्कार का मुकदमा दायर', 'पुलिस मामले की छानबीन कर रही है', ऐसी छोटी खबरें अखबारों में रोज छपती हैं और उपेक्षित रहती हैं।

बलात्कार एक कठोर हिंसा है, जो स्त्रियों के लिए जिंदा मौत का कारण बनती है। आधिकारिक आंकड़ों के अनुसार केवल मध्य प्रदेश में दलित स्त्रियों पर बलात्कार एवं उनसे जोर जबर्दस्ती की 187 घटनाएं हुई हैं। यदि सवर्ण स्त्रियों, लड़कियों तथा कमजोर वर्ग की औरतों के साथ किये गये असूचित बलात्कार की घटनाओं को जोड़ कर देखा जाये तो यह आंकड़ा छह महीने में लगभग 300 हो जाता है। इस तरह हर राज्य में प्रत्येक महीने लगभग 50 बलात्कार होते हैं। और पूरे देश में प्रति महीने औसतन 1500 औरतें बलात्कार की शिकार बनती हैं। स्त्रियों द्वारा तड़क-भड़क वाले कपड़े पहनने और ऐसे ही दूसरे कारणों को उनके साथ किये जा रहे दुर्व्यवहार और बलात्कार का कारण मानना एक डरपोक, मिथ्या एवं बहानेबाजी है और इसके मूल में यह पुरुष चातुर्य है कि औरतों को अपना पीछा एवं छेड़खानी करवाने में, दबने में और बलात्कार करवाने में मजा आता है।

बलात्कार या छेड़छाड़ आकर्षण की अभिव्यक्ति या वैयक्तिक तौर पर किसी से संबंध स्थापित करने का तरीका एक मानसिक एवं यौन बीमारी नहीं, बल्कि उन्हें नीचा दिखाने और डराने-दबाने के उद्देश्य से की गयी मानसिक और शारीरिक हिंसा है। अमेरिका के फ़िलाडेल्फ़िया में स्त्रियों के बलात्कार विरोधी संगठन द्वारा किये गये सर्वेक्षण के अनुसार बलात्कार की 1500 घटनाओं में 71 प्रतिशत योजनाबद्ध थीं और एक खास उद्देश्य से की गयी थीं। यौन अत्याचार कामगार औरतों को शोषित रखने और अपना स्वतंत्र अस्तित्व स्थापित करने की इच्छा रखने वाली स्त्रियों को कुचलने का एक सचेत हथियार है। यही कारण है कि गांवों में गरीब भूमिहीनों द्वारा अपने आपको संगठित करके शोषण के खिलाफ लड़ने की सजा के रूप में उच्च वर्ग के पुरुषों द्वारा स्त्रियों पर बलात्कार ने उनके जीवन में बाकायदा एक संस्था का रूप ले लिया है। पिपरा, पारसबीघा एवं नरायनपुर में हुई अमानवीय अत्याचारों की घटनाएं इसका उदाहरण हैं।

बलात्कार प्राकृतिक नहीं हैं। किसी भी जीव वैज्ञानिक ने जानवरों में यह प्रकृति नहीं पायी है। सुआन ब्राउन मिलर ने अपनी नयी पुस्तक '**हमारी इच्छा**

के विरुद्ध' (अगेंस्ट अवर विल) में बलात्कार के सामूहिक मनोविज्ञान की विस्तृत चर्चा करते हुए इसके इतिहास की खोज की है। उनका कहना है कि यह निश्चित रूप से आदिम युग की किसी स्त्री ने अपनी शारीरिक स्वतंत्रता के प्रति सचेत हो कर किसी अनिमंत्रित व्यक्ति से संभोग करने से इनकार किया होगा और पूरे जी जान से अंत तक इसका प्रतिरोध किया होगा। इसलिए पहला बलात्कार निश्चित रूप से योजनाबद्ध था। स्त्रियों को अपने कब्जे में रखने के लिए पुरुषों द्वारा यौन हथियारों का प्रयोग सभ्यता का आदिम सत्य है और यही कारण है कि प्राचीन ग्रंथों ने स्त्रियों से बलात्कार, छेड़छाड़ और दुर्व्यवहार को बहुत हल्का अपराध माना था। सामूहिक बलात्कार से बचाव के लिए जब स्त्री एक व्यक्ति से शादी के बंधनों में बंधती है तो अपनी सुरक्षा के लिए वह अपनी स्वतंत्रता गंवा देती है और पुरुष की निजी संपत्ति बन जाती है। इस तरह सारे समाज से कट जाती है। औरतों को पुरुषों की निजी संपत्ति मानने का ही यह परिणाम है कि पुरुषों से बदला लेने के लिए उनके घर की निर्दोष औरतों से बलात्कार किया जाता है। अलग-अलग परिस्थितियों में यह अलग-अलग हो सकता है, लेकिन उसका संदेश और परिणाम एक ही है, कि औरतें केवल घरों और बिस्तरों पर रहें और उनके संघर्ष करने और घरों से बाहर निकलने का अंजाम बुरा है।

अपनी इच्छानुसार किसी आदमी के साथ जीवन बिताना चाहने और भाई द्वारा उसके इस अधिकार से इनकार किये जाने के कारण मथुरा पुलिस स्टेशन बुलायी जाती है। जब मथुरा अपनी स्वतंत्र इच्छा से जीवन जीने का निर्णय करती है तब इसे उसका 'अपहरण' कहा जाता है। लेकिन जब उसके साथ बलात्कार किया जाता है तब इसे उसकी इच्छा बताया जाती है। यह भारतीय समाज एवं न्याय व्यवस्था की विडंबना है कि 16 वर्ष से कम उम्र की लड़की यदि अपनी इच्छा से किसी पुरुष से संभोग करती है तो वह पुरुष बलात्कार का अपराधी है। लेकिन बाल विवाह के निषेध के बावजूद यदि वही लड़की जबर्दस्ती विवाह के बंधनों में जकड़ दी जाती है और संभोग के लिए मजबूर होती है तब वह बलात्कार नहीं माना जाता है।

भारतीय दंड संहिता की धारा 375 में एतस्विपश्चात् (हियर इन आफ्टर) अपवादित दशा के सिवाय किसी स्त्री के साथ पांच परिस्थितियों में से किसी

एक परिस्थिति में किये गये मैथुन को बलात्कार माना गया है। स्त्री की इच्छा और सहमति के विरुद्ध, मृत्यु या उपहति (हर्ट) के भय में डाल कर प्राप्त की गयी सहमति और धोखे से प्राप्त की गयी सहमति में मैथुन करना बलात्कार है। 16 वर्षीया स्त्री से बिना सहमति या सहमति से किया गया मैथुन भी बलात्कार है। लेकिन बलात्कार कानूनों में सहमति और साक्ष्य की जिम्मेवारी की औपनिवेशिक और पुरुष प्रधान व्याख्याओं से भारत के गांवों की हजारों मथुराएं पिसती रहती हैं। यह कानून ऐसा है कि यदि बंदूक के जोर पर डकैती होती है, जिसमें किसी की जान नहीं जाती या मारपीट नहीं होती, तो उससे यह साबित होता है कि घरवालों की सहमति या सहयोग से डाका डाला गया था। परिस्थितिवश मजदूरनी मथुरा ने यदि इतना जबर्दस्त प्रतिरोध नहीं किया कि उसके शरीर पर चोट के यथेष्ट निशान पाये जाते तो ऐसे निशानों के न पाये जाने का यही मतलब निकलता है कि पुलिस चौकी में सहमति से संभोग हो रहा था।

बलात्कार के हर मुकदमे में वकीलों की कोशिश रहती है कि वह नारी का चरित्र हनन कर उसे सस्ती 'इज्जत वाली' साबित करे। उसका तर्क होता है चूंकि इस औरत के पहले कई पुरुषों से संबंध रह चुके हैं इसलिए स्त्री की सहमति से बलात्कार किया गया है। इस दृष्टिकोण के अनुसार वह लड़की जो स्वतंत्र यौन संबंध रखती है और पारंपरिक नैतिकतावादी दृष्टिकोण के अनुसार 'पवित्र' नहीं है। वह निश्चित रूप से बलात्कार करवाना चाहती है। इस तरह 'अच्छी लड़कियाँ' यौन संबंध नहीं रखतीं। जो लड़कियाँ यौन संबंध रखती हैं, बलात्कार चाहती हैं और वे किसी तरह की दया की पात्र नहीं हैं, क्योंकि वे 'गंदी लड़कियाँ हैं' का तर्क प्रतिपादित होता है। यह वही न्याय व्यवस्था है जो अपनी बहन पर बलात्कार किये जाने के विरोध में झंडा फाड़ने वाले एक दलित पैंथर युवक पर 300 रुपये जुर्माना करती है, क्योंकि राष्ट्रीय झंडे के प्रति असम्मान दर्शाना बलात्कार से बड़ा अपराध है और कपड़े का एक टुकड़ा औरत के शरीर और दिमाग से ज्यादा महत्वपूर्ण है। बलात्कार की शिकार औरतों पर सामाजिक कलंक लगता है–उसे ही दोषी ठहराया जाता है–वह अपने को शर्मिंदा, पतिता और अकेली महसूस करती है। बलात्कार से औरत का अपने आप में और अपने शरीर में आत्मविश्वास नष्ट हो जाता है। यह भोग नहीं, यौन हिंसा है। इसलिए एक औरत का स्वत्व उसकी इच्छा के विरुद्ध

उसका पति भंग करे या कोई गैर करे, अपराध है। यानी पत्नी की इच्छा के खिलाफ किया गया मैथुन भी बलात्कार है। विवाह स्वामित्व का रिश्ता नहीं है। स्वीडन, डेनमार्क, सोवियत संघ के कानूनों के अनुसार एक औरत के साथ उसका पति भी उसकी मर्जी के बिना संभोग नहीं कर सकता। ऐसा करना बलात्कार होगा। लेकिन भारतीय कानूनों में घर परिवार में नारियों की भावनात्मक शारीरिक स्वतंत्रता के पहलू पर कोई ध्यान नहीं दिया गया है।

(19 मार्च 1980, दस्तावेज)

19 देह व्यापार का मायाजाल

अंतर्राष्ट्रीय श्रम संगठन ने हाल ही में थाईलैंड में बढ़ती सैलानी वेश्यावृत्ति पर चिंता व्यक्त की है। भारत में अभी इसका चलन कम है, लेकिन दिल्ली, मुंबई और कोलकाता जैसे शहरों के रेड लाइट एरिया समाज के उस नासूर की ओर इशारा करते हैं, जहाँ की संकरी गलियों में घुसने से ताजा हवा भी शर्म खाती है। इसे सदियों पहले औरत के शोषण को सुविधा भोगी संस्कृति ने स्थापित किया था।

धर्म, ज्ञान, नैतिकता और दर्शन के ऊंचे, गुबंजों के पीछे की यह असलियत थी कि कला के नाम पर नर्तकियों का इजाद किया गया। फिर धीरे-धीरे सारा समाज ही 'शौकीन' हो गया। फिर बाजार बने, फैले और इस तरह नये खरीदार, नये बाजार और नये माल की आवक का सिलसिला लगातार तेज होता गया। आज यह बाकायदा एक संगठित, नियोजित व्यापार है और तमाम कोशिशों के बावजूद इसकी बाढ़ सारे बंधों को तोड़ फैलती जा रही है।

आखिर वेश्यावृत्ति क्या है? यह सवाल अजीब-सा लगता है, इसलिए कि शायद इसका आसान-सा जवाब हरेक के पास होगा। लेकिन यह सवाल ऐसा है, जिसने कई तरह के सवालों के उलझे गुच्छे अपने भीतर समेट रखे हैं। इसलिए सवालों की इस जलकुंभी से पैर बचा कर निकल जाना, देखने में जितना आसान लगता है, उतना है नहीं। खासकर, जब इस जलकुंभी की जड़ें हमारे समाज की संरचना में कहीं गहरे धंसी हों और संस्कृति की शुरुआत के साथ ही जिसके अंकुर फूटे हों।

यूं तो आमतौर पर जब हम वेश्यावृत्ति की बात करते हैं, तो इसमें मोटे तौर पर सिर्फ दो बातें दिखती हैं- एक तो यह कि पैसा या कीमत रखने वाली किसी अन्य चीज के बदले में यौन-सुख की प्राप्ति और दूसरी यह कि यह यौनाचार अपने पति या पत्नी के बजाय किसी अन्य व्यक्ति के साथ किया गया हो। दोस्ती में या अन्य किसी अप्रत्यक्ष लाभ पाने के मतलब से किया

गया यौनाचार वेश्यावृत्ति की मानक परिभाषाओं में शामिल नहीं है। सवाल उठता है कि वेश्या कौन है? इन्साइक्लोपीडिया ब्रिटानिका में वेश्या की परिभाषा दी गयी है : 'जो पैसे या अन्य मूल्यवान सामग्री के तात्कालिक भुगतान के बदले में, परिचित या अपरिचित किसी ऐसे व्यक्ति के साथ यौनाचार करे, जो व्यक्ति लिंग, उम्र, स्वच्छता, संयम और स्वास्थ्य की न्यूनतम जरूरतों को पूरा करता हो' (खंड 15, 1968 संस्करण)। वेश्यावृत्ति निवारण कानून, 1956 में वेश्यावृत्ति को इस तरह परिभाषित किया गया है– 'किसी महिला द्वारा किराया ले कर, चाहे वह पैसे के रूप में लिया गया हो या मूल्यवान वस्तु के रूप में और चाहे फौरन वसूला गया हो या किसी अवधि के बाद, स्वच्छंद यौन-संबंध के लिए किसी पुरुष को अपना शरीर सौंपना 'वेश्यावृत्ति' है और ऐसी महिला को 'वेश्या' कहा जायेगा।'

वेश्यावृत्ति सामाजिक रूप से अस्वीकृत यौनाचार है। इसलिए जब इसे 'गलत और अनैतिक' माना जाता है, तो इस परिपेक्ष्य में यह जरूरी हो जाता है कि वेश्यावृत्ति जिस समाज से उपजी है, उस समाज के स्थापित यौन-मूल्यों का नियमन करने वाली-नीतियों की जांच-पड़ताल की जाये। इतिहास बताता है कि वेश्यावृत्ति शाश्वत बुराई नहीं है। आदिम समाजों में कहीं वेश्यावृत्ति का नामों-निशान भी नहीं था, क्योंकि ये समाज उन्मुक्त थे। यौन-स्वच्छंदता इन समाजों का नियम थी। यौन-संबंधों को नियमित करने के लिए तब 'विवाह' नामक संस्था का अस्तित्व भी नहीं था। ऐसे समाजों में वेश्यावृत्ति या तो बिल्कुल नहीं थी या नहीं के बराबर थी, क्योंकि तब इसकी जरूरत नहीं थी। लगता है कि जब इन समाजों ने आर्थिक प्रगति की तरफ कदम बढ़ाये और परिवार और विवाह के मामले में समाज के सदस्यों के व्यवहार को नियंत्रित करने वाले नियमों का कड़ाई से पालन शुरू हुआ, तब वेश्यावृत्ति एक अलग संस्था के रूप में उभर कर अस्तित्व में आयी।

वेश्यावृत्ति का मुद्दा किसी भी समाज में महिलाओं की स्थिति के सवाल से सीधा जुड़ा हुआ है। जो समाज वेश्यावृत्ति की इजाजत देता है या सब कुछ जानते हुए भी इसे अनदेखा करता है, वह समाजवादी या प्रगतिशील होने का दावा नहीं कर सकता। वेश्यावृत्ति उस समाज के सामाजिक, आर्थिक और राजनीतिक अंतर्विरोधों को भी रेखांकित करती है। इतिहास बताता है कि वे

महिलाएं ही वेश्यावृत्ति की शरण लेती रही हैं, जो दासियाँ, रखैल, तलाकशुदा, विधवा रही हों या किसी न किसी कारण से जिन्हें शादी के नाम पर ठगा गया। वेश्यावृत्ति के पनपाने-फैलाने के पीछे जो दो महत्वपूर्ण शक्तियाँ रही हैं, वे हैं धर्म और अर्थ। आज इस मामले में धर्म का दखल धीरे-धीरे कम या खत्म होता जा रहा है, लेकिन आर्थिक कारण अभी भी पहले जैसी मजबूत स्थिति में है।

वेश्यावृत्ति सदियों पुराना धंधा है। बहुत पहले कुछ देशों में लड़कियों ने अपनी शादी के पहले सिर्फ इसलिए विवाहेत्तर यौन-संबंध बनाये, ताकि वे अपनी शादी के लिए दहेज जुटा सकें। उनके माता-पिता भी यह बात जानते थे पर उसकी अनदेखी करते थे। उस समय आर्थिक मजबूरियाँ और धार्मिक दबाव या स्वीकृतियों के कारण वेश्यावृत्ति पनपी। पर बाद में धीरे-धीरे 'सेक्युलर' वेश्यावृत्ति एक बड़ी संस्था की शक्ल लेती गयी और आज तक यह अपने इसी रूप में बनी हुई है। इस 'सेक्युलर' वेश्यावृत्ति के शुरुआती दौर में कुछ सामाजिक मान्यताएं और नियम अस्तित्व में थे। जैसे वेश्याओं की पोशाक, गहने और सिंगार-पटार अलग किस्म का हुआ करता था और वे शेष समाज से अलग-थलग एक खास इलाके में ही रहा करती थीं।

उस वेश्यावृत्ति की तीन खास बातें आज की वेश्यावृत्ति में भी अपनी जगह कायम हैं। पहली यह कि 'सेक्युलर वेश्यावृत्ति' बढ़ी है, क्योंकि आर्थिक दबावों से टूटी महिलाएं अब भी अधिकतर इस पेशे में आती हैं। दूसरी यह कि इस पर नाक-भौंह सिकोड़ने के बाद भी सभी समाजों ने इसे पाले रखा गया है और इस तरह यह बात जगजाहिर हुई है कि सभी विकसित समाजों में नैतिकता के दोहरे मानक मौजूद हैं। पुरुष अपने समाज के 'सम्मानित' नागरिकों के परिवारों में स्थायित्व बनाये रखने के लिए कुछ औरतों को इस श्रेणी में रखना 'ठीक' समझता है। कुछ समाजों में वेश्याओं से टैक्स भी वसूला जाता है। इस धंधे के नियमन के लिए लाइसेंस प्रणाली भी शुरू की गयी और वेश्याओं के ग्राहकों को यौन-रोग न हों, इसके लिए वेश्याओं के शारीरिक स्वास्थ्य की देखभाल के उपाय किये गये। इस तरह वेश्याओं को अपनी सुविधा के लिए समाज ने 'गिरी हुई औरत, समाज का कूड़ादान' और नैतिक रूप से पतित आदि के रूप में परिभाषित किया। लेकिन वेश्याओं के पास

जाकर अपनी काम-पिपासा शांत करने वाले लोगों की 'नैतिकता' को कभी सामाजिक अस्वीकृति या असंतोष का मुद्दा नहीं बनाया गया। तीसरी खास बात यह कि आज वेश्याओं के दो अलग वर्ग हो गये हैं। एक वर्ग वह है, जो ऊंचे तबके के लोगों के लिए है और आमतौर पर इनका दखल काफी ऊंचे मामलों तक में होता है। इन्हें 'कॉल गर्ल्स' के नाम से जाना जाता है, दूसरा वर्ग गरीब वेश्याओं का है जो आम किस्म के लोगों की जरूरतें पूरा करती हैं। इन्हें समाज 'धंधे वाली' कहता है।

वेश्याओं को लेकर बनायी गयी यह व्यवस्था, पुरुष की आदिम पिपासा को बिना किसी समस्या के शांत करती है। पुरुष-प्रधान समाजों ने लगातार इस व्यवस्था को बनाये रखने का न सिर्फ समर्थन किया, बल्कि कोशिशें भी कीं। जब भी इस बारे में कानून बने तो ज्यादातर कानून, तीसरे पक्ष-यानी कोठेवालियों, चकलाघरों के संचालकों, दलालों और लड़कियों को इनके हाथ बेचनेवालों के खिलाफ ही रखे गये। यूरोप समेत दुनिया के सभी देशों में हुई औद्योगिक क्रांति के कारण समाज में बिखराव आया और परिवार टूटने की गति तेज हुई, जिससे आम जनता की गरीबी और बदहाली और बढ़ी। इस कारण रोजगार के अभाव में या तंगहाली के कारण गरीब लड़कियों और महिलाओं को शरीर बेचने के इस एकमात्र रोजगार की तरफ मजबूरन आना ही पड़ा। उधर, सरकारी तौर पर क्या किया गया- कहीं-कहीं विशेष पुलिस बनी, कहीं कुछ कानून, कहीं कुछ आयोग बैठे और रिपोर्ट पेश हुई।

आजादी के बाद 1954 में सामाजिक और नैतिक स्वच्छता के लिए एक सलाहकार समिति गठित की गयी। वेश्याओं की स्थिति का अध्ययन करने के लिए समिति ने देश भर का दौरा किया। समिति ने सैकड़ों मजिस्ट्रेटों, पुलिस-अफसरों, वकीलों, डॉक्टरों और सामाजिक कार्यकर्ताओं के इस मुद्दे पर इंटरव्यू किये। बेसहारा महिलाओं को पुनर्वास देने वाली कई संस्थाओं और महिला आश्रमों का भी समिति ने निरीक्षण किया। मणिपुर, त्रिपुरा और कच्छ को छोड़ कर इस समिति ने देश के 86 शहरों और सौ से अधिक संस्थाओं का अध्ययन किया। समिति के लोग चकलाघरों के मालिकों और वेश्याओं से भी मिले।

समिति की रिपोर्ट में कहा गया कि : 'कूर्ग को छोड़कर भारत के सभी

राज्यों में वेश्यावृत्ति अस्तित्व में है। आमतौर पर शहरों की खास सड़कों पर ही चकला-बाजार लगते हैं। कुछ भी ढके-छिपे तौर पर नहीं होता, बल्कि वेश्याएं खुलकर शरीर-प्रदर्शन करती हैं। मुंबई जैसे शहरों में जहाँ चकलाघर गैरकानूनी हैं, एक नया तरीका खोज लिया गया है कि यहाँ वेश्याओं की अपनी-अपनी खोलियाँ (कमरे) हैं, जिनमें वे 'स्वतंत्र महिला' के तौर पर यह पेशा करती हैं और वह भी खुल्लम-खुल्ला'।

वेश्याओं को हम चार वर्गों में बाट सकते हैं- (1) वंशानुगत वेश्याएं, (2) धर्म और परंपरा के तहत बनीं वेश्याएं, (3) सामाजिक परिस्थितियों की शिकार और बहला-फुसला कर लायी गयीं लड़कियां, और (4) विकृतियों की शिकार महिलाएं। वंशानुगत वेश्याएं वे हैं, जो अपनी मां की विरासत के तौर पर यह पेशा अपनाती हैं। इन्हें कोलाटी, देवली, कलावती, बासवी वगैरह कहा जाता है। उत्तर प्रदेश में 'नयाक' और 'बेड़िया' जातियों का दावा है कि वे पीढ़ियों से इसी पेशे में हैं। 'डेरादारों' का कहना है कि उन्हें नाचने-गाने में महारत हासिल है, जिस्म का सौदा उनके यहाँ कभी-कभी ही होता था। वंशानुगत किस्म की वेश्याएं ज्यादातर अपने परिवार के सदस्यों की मदद से ही अपना धंधा चलाती हैं। बाहर की लड़कियों को उनमें नहीं खरीदा जाता। वैसे बेड़िया जाति बाहरी लड़कियों को भी खरीद कर उनसे धंधा कराती है। वंशानुगत वेश्याएं आमतौर पर एक पुरुष की रखैल हो कर रहती हैं और उसके मर जाने या छोड़ जाने पर ही दूसरे पुरुष का साथ करती हैं।

धर्म और परंपरा के तहत बनी वेश्याओं का आधार देवदासी प्रथा के कारण ज्यादा संगठित और बड़ा है। इस प्रथा के तहत लड़कियाँ मंदिरों को समर्पित कर दी जाती हैं। उड़ीसा, मद्रास और महाराष्ट्र-कर्नाटक सीमा क्षेत्र में यह व्यवस्था आज भी चलन में है। मुंबई के चकलाघरों में उन देवदासियों की खासी बड़ी तादाद है, जिन्हें कर्नाटक के येल्लमा, दुर्गा और मंगीत देवियों के मंदिरों को समर्पित किया गया था। मुंबई के चकलाघरों में किये गये एक सर्वेक्षण के दौरान पता चला कि उनमें से एक तिहाई देवदासियाँ हैं। पुणे में पांच हजार वेश्याएँ खुद को देवदासियाँ बताती हैं। आज भी महाराष्ट्र-कर्नाटक के सीमावर्ती क्षेत्रों में यह प्रथा जारी है। देवी की 'आजीवन सेवा' के नाम पर करीब पांच-छह हजार लड़कियाँ हर साल इन मंदिरों की भेंट की जाती हैं।

बाद में लड़कियों को दलालों के हाथ बेचने में लड़कियों के परिवारवाले, मंदिरों के पुजारी और पुरानी देवदासियाँ ही बिचौलिये की भूमिका निभाते हैं। दरअसल, इस 'समर्पण' का मुख्य कारण आर्थिक है और निचली जातियों में गरीबी से मुक्ति के रूप में इस विकल्प को धार्मिक स्वीकृति मिली हुई है।

परंपरागत वेश्याओं का एक वर्ग ऐसा भी है, जो कभी राजाओं और महाराजाओं की रखैले और दासियाँ था। रियासतों के खत्म होने के बाद उन्होंने पेशा करना शुरू कर दिया। एक अध्ययन से पता चला है कि अमीरों द्वारा दिये जाने वाले संरक्षण में धीरे-धीरे कमी आने से हैदराबाद की मुजरा करने वाली लड़कियों ने भी जिस्मफरोशी को अपना लिया है, ताकि उनकी आमदनी कम न हो।

वेश्याओं का तीसरा वर्ग उन लड़कियों और महिलाओं का है, जो सामाजिक-आर्थिक विसंगतियों या तंगहाली के कारण इस पेशे में आयीं। इसमें मुख्य कारण है- पैसे की तंगी और कुछ मामलों में बेरोजगारी, जवानी में विधवा होने के बाद परिवार व समाज द्वारा सताया जाना, पति द्वारा छोड़ दिया जाना या पति का अमानुषिक व्यवहार, घर छोड़ कर भागना (आमतौर पर किशोर वय बालिकाओं के मामले में)। इन सबमें सबसे प्रमुख कारण आर्थिक तंगी है। और ज्यादातर वेश्याएं इसी कारण इस पेशे में आने पर मजबूर हुईं। कुछ अध्ययनकर्ताओं का मानना है कि अकाल, बाढ़ और सूखे जैसी दैवीय आपदाओं का भी इसमें बड़ा योगदान है। आमतौर पर चकलाघरों के दलालों का संगठित गिरोह ऐसे मौकों का खूब लाभ उठाता है और भुखमरी के शिकार परिवारों की लड़कियों और महिलाओं को अच्छे रोजगार का लालच देकर चकलाघरों में झोंक देता है। बहरहाल, इस तथ्य की अभी और ज्यादा छानबीन करने की जरूरत है। हाँ, एक बात इस मामले में अहम है कि वेश्यावृत्ति अपनाने वाली (इच्छा या अनिच्छा से) ज्यादातर महिलाएँ उन क्षेत्रों से आती हैं, जहाँ अक्सर सूखा पड़ता है और ये अत्यंत निर्धन परिवारों की होती हैं। दूसरी खास बात यह कि इनमें से ज्यादातर अनुसूचित जाति या अनुसूचित जनजाति की होती हैं।

सामान्य वेश्याएँ आमतौर पर शहर के खास इलाकों में एक जगह पर रहती हैं और वहीं से धंधा करती हैं। ऐसा माना जाता है कि ये लड़कियाँ चाहे

ग्रामीण क्षेत्रों से बहला–फुसला कर या अपहृत कर लायी गयी हों और चकलाघरों को बेची गयी हों, इनमें से बहुत–सी तो स्वेच्छा से इस पेशे में आ जाती हैं और यह जानते हुए कि वे क्या करने जा रही हैं। इन वेश्याओं को थोड़ा–बहुत घूमने–फिरने की आजादी होती है, हालांकि चकलाघर के भड़ुए या भाड़े के गुंडे इनकी पहरेदारी में लगाये जाते हैं। इनकी आमदनी उम्र सूरत–शक्ल और जिस्म की बनावट पर निर्भर करती है, लेकिन कमाई में इनका हिस्सा आमतौर पर 40 से 50 प्रतिशत तक ही होता है। इस तरह चकलाघर के संचालक की कमाई तो बहुत अधिक हो जाती है, पर इन बेचारियों को गरीबी में ही दिन काटने पड़ते हैं।

ढके–छिपे तौर पर वेश्यावृत्ति करने वालों में कॉलगर्ल भी शामिल हैं। कॉलगर्ल प्रायः पढ़ी–लिखी और मध्यम और उच्च वर्ग के परिवारों की लड़कियाँ होती हैं। आमतौर पर वे या तो किसी–न–किसी नियमित रोजगार में होती हैं या पहले कभी सेक्रेटरी, रिसेप्शनिस्ट, टेलीफोन–ऑपरेटर, मॉडल गर्ल और फिल्मों में एक्स्ट्रा आदि के काम कर चुकी होती हैं। प्रोमिला कपूर ने अपनी पुस्तक **'द लाइफ एंड वर्ल्ड ऑफ काल गर्ल्स इन इंडिया'** में लिखा है कि कॉलगर्ल की औसत आमदनी चार सौ रुपये से लेकर पांच हजार रुपये प्रतिमाह तक होती है। कुछ ऐसी लड़कियाँ भी हैं, जो दस हजार रुपये प्रतिमाह से भी ज्यादा कमा लेती हैं। ये लड़कियाँ जो 'फीस' लेती हैं, उनमें 'कान्टेक्ट मैन' का भी हिस्सा होता है।

संसद ने 1956 में वेश्यावृत्ति उन्मूलन कानून परित किया। इसमें चकलाघर चलाने और किसी व्यक्ति द्वारा चकलाघर के इस्तेमाल के लिए मकान दिये जाने पर भी दंड का प्रावधान है। उसमें वेश्यावृत्ति की कमाई पर जीवनयापन करने, लड़कियों को बेचने–खरीदने, चकलाघर में किसी औरत को बंदी बनाकर रखने आदि पर भी दंड का प्रावधान है। कानून में यह भी प्रावधान किया गया है कि चकलाघरों से लड़कियों का उद्धार कर उन्हें संरक्षण–गृहों में रखा जाये और उन्हें पढ़ाया–लिखाया जाये, ताकि वे बेहतर जिंदगी गुजार सकें। लेकिन आमतौर पर धारणा है कि यह कानून बेअसर साबित हुआ है और इसको अमल में लाने के लिए सरकार ने कुछ खास नहीं किया। कुछ लोगों का यह कहना है कि ये कानून महिलाओं के प्रति ही ज्यादा सख्त हैं,

लेकिन उन लोगों के खिलाफ कोई कार्रवाई नहीं करता, जिनके दम पर वेश्यावृत्ति चलती है।

भारत में किस पैमाने पर वेश्यावृत्ति होती है– शायद कोई नहीं जानता, बल्कि यह जानना बेहद मुश्किल है। 1931 की जनगणना में, भारत के सबसे बड़े शहर कोलकाता में 8,444 वेश्याएं थीं। दूसरे सबसे बड़े शहर मुंबई में इनकी संख्या करीब पांच हजार थी। 1980 में एक ईसाई नन ने इस पेशे का विस्तृत अध्ययन कर निष्कर्ष निकाला कि वेश्यावृत्ति भी किसी अन्य पेशे की तरह एक पेशा है और असंख्य लोग इससे अपनी रोजी–रोटी चला रहे हैं। वेश्याओं के साथ ही कोठेवालियाँ, घरवालियाँ, दलाल, भडुए, तबलची और दूसरे संगीत–कलाकार, इत्रवाले, गजरेवाले, शराब के दुकानदार, पानवाले और इसी किस्म के ढेरों लोग किसी–न–किसी तरह इस कमाई में हिस्सेदार होते हैं।

मुंबई की नारी संघर्ष समिति के अनुसार वहाँ इस समय करीब एक लाख सामान्य वेश्याएं हैं। वेश्याओं के अपने संगठन 'पुणे देवदासी संघटना' के सदस्यों में ही 45 सौ वेश्याएं और पांच सौ घरवालियाँ (चकला चलाने वाली) हैं। इसी तरह दिल्ली में भी करीब दो हजार चकलाघर हैं।

इस मामले में आंकड़ें जुटाने में सरकारी एजेंसियाँ भी बहुत सफल नहीं हो सकी हैं। बहुत कम मामलों में ही वेश्यावृत्ति की सूचना थानों में दर्ज होती हैं। ऐसा तभी होता है, जब लूट, हत्या, आगजनी या लड़ाई–झगड़े के कारण वेश्यावृत्ति की बात सामने आती है। यानी जब तक कोई हिंसक घटना या गड़बड़ी न हो, तब तक पुलिस सब कुछ जानते हुए भी आंखें मूंद बैठी रहती है और वेश्यावृत्ति खुलेआम जारी रहती है। होटलों में भी छोटे चकलाघर चलते हैं। इसी तरह झुग्गी–बस्तियों में और कहीं–कहीं तो मध्यम और उच्च वर्ग की आलीशान कॉलोनियों में भी यह धंधा चलता है।

इस संबंध में जो सरकारी आंकड़े उपलब्ध हैं, वह असलियत से कहीं कम हैं। 1966 में वेश्यावृत्ति उन्मूलन कानून के तहत देश भर में सिर्फ 4,173 मामले दर्ज किये गये। आमतौर पर इन मामलों में पुलिस के पास सारे सबूत होते हैं और इसी कारण इनमें से औसतन 90 फीसदी मामलों में सजा होती है। 1970 में ही पुलिस ने जो मामले पकड़े, उनमें से 6,540 की जांच वेश्यावृत्ति

उन्मूलन कानून के तहत की गयी और इनमें से 6,292 मामलों में सजा हुई। बहरहाल, सरकारी आंकड़े खुद ही यह बताते हैं कि 1966 से 1973 की सात साल की अवधि में वेश्यावृत्ति में तिगुनी बढ़ोत्तरी हुई। 1973 में पुलिस ने 19,816 मामले दर्ज किये थे। आंकड़ों से यह भी पता चलता है कि वेश्यावृत्ति से लगी दस फीसदी लड़कियों की उम्र 14 साल से भी कम है।

दूसरी तरफ कानून को धता बताने के दूसरे रास्ते भी खोज लिये गये हैं। अभी कुछ साल पहले बड़े शहरों में 'सोशल क्लबों' की शुरुआत हुई। इनमें जी भर कर जुआ होता है और फिर देर रात गये देह का खेल। एक अनुमान के अनुसार 1983 में मुंबई में साढ़े चार सौ से ज्यादा सोशल क्लब थे। इन क्लबों की संख्या में तेजी से बढ़ोत्तरी हुई है। इसी तरह 'मालिश केन्द्रों' के जरिये भी यह धंधा चलाया जा रहा है। व्यापारी, अफसर, डॉक्टर, वकील, इंजीनियर और ऐसे ही ऊंचे पेशों से जुड़े लोग और राजनीतिज्ञ अब इन नये 'तफरीहगाहों' को ज्यादा पसंद करते हैं। इन केंद्रों को गुंड़ों और पुलिस दोनों का संरक्षण प्राप्त होता है। पिछले नवंबर में जलगांव में सिर्फ इसलिए एक पत्रकार की हत्या कर दी गयी थी कि उसने ऐसे ही एक केंद्र को चलाने वाले गिरोह और पुलिस की मिलीभगत का भंडाफोड़ कर दिया था।

पुराने वक्त में वेश्याओं के पास जाने वालों की संख्या सीमित हुआ करती थी। लेकिन कॉलगर्ल्स या इस किस्म की अन्य वेश्याओं की बाढ़ ही इसका सबूत है कि मध्यम और उच्च वर्ग में वेश्यागमन करने वालों की तादाद काफी बढ़ी है। यौनाचार के नये तरीके ढूंढने का फैशन, परिवार से दूर रहने की संस्कृति और नयी-नयी मिली दौलत शायद इस बढ़ती मांग का कारण हैं। लेकिन इसके साथ ही अश्लील साहित्य की भरमार ने भी इसको बढ़ावा देने में खासा योगदान किया। उपभोक्ता संस्कृति और फैशनपरस्ती भी इसके कारणों में से एक है।

जाहिर है कि आज की सामाजिक-आर्थिक और राजनीतिक स्थितियाँ ही इस बढ़ी मांग के लिए जिम्मेदार हैं। फिर भी यदि लगातार और एकजुट होकर कोशिश की जाये, तो बलात वेश्यावृत्ति में काफी कमी लायी जा सकती है। यह तभी संभव होगा, जब समाज महिलाओं की हैसियत, रोजगार, धर्म और अन्य सांस्कृतिक संस्थाओं के बारे में नये सिरे से सोचे। सिर्फ कानून बना देना ही इस समस्या का हल नहीं है।

वेश्यावृत्ति के खिलाफ कुछ करने के पहले यह जानना बेहद जरूरी है कि वेश्यावृत्ति की पॉलिटिक्स क्या है? नयी लड़कियाँ इस धंधे में कैसे फंसती हैं? इस धंधे में और लोगों का प्रवेश किस तरह से होता है? चकला चलाने वाले, दलालों, लड़कियों की बिक्री करने वालों और शहर के दूसरे अन्य 'बड़े लोगों' के बीच क्या अंतर्संबंध होता है? इस पूरे जाल में फंसी लड़कियों की स्थिति क्या होती है? और फिर इस पेशे का समाज के राजनीतिक जीवन पर क्या असर पड़ता है? यह बात तो साफ है कि भारत में ज्यादातर वेश्याएं समाज के आर्थिक, राजनीतिक और सामाजिक रूप से पिछड़े और वंचित तबके से ही आती हैं। आमतौर पर शुरू से ही इन महिलाओं और उनके परिवारों पर उन लोगों का किसी-न-किसी रूप में नियंत्रण और दबाव रहता है, जो लोग वेश्यावृत्ति के धंधे को परदे के पीछे से चलाते हैं। किसी अन्य उपभोक्ता वस्तु के बाजार की तरह औरतों के बाजार की स्थिति भी है। यानी 'बेहतर चीज' ऊंचे किस्म के लोगों के लिए और 'घटिया माल' निचले दर्जे के लोगों के लिए। इस तरह दोनों वर्ग के लोगों को संतुष्ट, लेकिन अलग-अलग रखा जा सकता है। नौकरीपेशा तबका बीच के वर्ग का होता है। यह अपने आपको निचले वर्ग से अलग रखता है। इसीलिए जब कम वेतन, गंभीर आवास समस्या आदि के कारण मजदूर तबके के परिवार टूटते हैं तो उनके घर की महिलाओं के लिए मजबूरी में वेश्यावृत्ति ही विकल्प बचता है। दूसरी तरफ उच्च वर्ग इस पेशे के कई अन्य फायदे उठाता है– जैसे दोस्ती बढ़ाने, बड़े-बड़े व्यावसायिक सौदों और ठेकों के लिए किसी अफसर को खुश करने या ऐसे ही अन्य मामलों में यह तबका वेश्याओं का इस्तेमाल करता है। यह वर्ग अपनी संपत्ति और धंधा फैलाने-बढ़ाने में वेश्याओं को साधन के तौर पर इस्तेमाल करता है।

पिछले डेढ़ सौ सालों में पश्चिमी देशों ने वेश्यावृत्ति से निबटने के लिए तीन बुनियादी बातें तय कीं। ये थीं निषेध, नियमन और विभेदीकरण। इनमें से पहली दो बातें तो वेश्याओं के बुनियादी अधिकारों के खिलाफ जाती हैं और इस तरह महिलाओं को समान अधिकार से वंचित करती हैं। अमरीका की एक वकील केट मिलेट ने इस व्यवस्था की धज्जियाँ उड़ायी हैं। वह कहती हैं कि 'शहर की असली हालत यह है कि यहाँ सभी ने वेश्यावृत्ति को स्वीकार कर लिया है, चाहे वह पुलिस हो, जज हो, वकील हो या क्लर्क। वेश्याओं की

गिरफ्तारी और उन पर मुकदमा चलाने की कार्रवाई सिर्फ नागरिक-नैतिकता का दिखावा भर है। जिस तरीके से वेश्याओं के मामले में पुलिस कार्रवाई होती है, वह न तो वेश्यावृत्ति रोकने का तरीका है, न ही उससे यह खत्म हो सकेगी, बल्कि यह तरीका वेश्याओं को सताने और डरा-धमका कर मनमानी करा लेने का जरूर है। यानी यह दोहरे मानकों की ऐसी सामाजिक स्वीकृति से उपजा तरीका है, जिसमें पुरुषों को हमेशा क्षमा कर दिया जाता है और महिलाओं के माथे पर ही हर दोष थोपा जाता है।'

इसलिए विभेदीकरण की नीति को इस मामले में एक प्रगतिशील कदम के तौर पर सरकार को स्वीकार कर लेना चाहिए। दरअसल इस तरीके की वकालत वे लोग अरसे से करते आ रहे हैं, जो कानूनी तरीकों के बजाय नैतिक मोर्चे पर इस समस्या से लड़ने की बात करते हैं। उनका कहना है कि बचपन से यौन शिक्षा दी जाये और महिलाओं के प्रति सामाजिक मूल्यों का विकास किया जाये और महिलाओं के प्रति लोगों का नजरिया बदला जाये, उन्हें सही सम्मान दिया जाये। सरकार चाहे तो महिलाओं को हर मामले में पुरुषों के समान अधिकार देकर समाज में उनकी अस्मिता की स्थापना कर सकती है। इस तरह के नजरिये से वेश्याओं को भी समानता, स्वायत्तता और नागरिक अधिकार मिलेंगे। इस नजरिये का एक खास पहलू यह भी है कि वेश्याओं के साथ न्याय किया जाये और इसके साथ-साथ ही वेश्यावृत्ति के कारणों को दूर करने की कोशिशें जारी रहे।

निष्कर्ष के तौर पर हम कह सकते हैं कि प्राचीन समय में हमारे यहाँ जो संस्थाएं अस्तित्व में थीं, उन्हें अब बनाये रखने की जरूरत नहीं। देह व्यापार भी ऐसी ही एक प्राचीन संस्था है और यह महिलाओं को न सिर्फ दूसरे दर्जे का नागरिक बनाती है, बल्कि यह उनके पतन और गिरावट का अंधा कुंआ भी है। इसे खत्म करने के लिए लगातार ईमानदार कोशिशों की जरूरत है। इन कोशिशों का सही नतीजा तब ही सामने आ सकेगा, जब हम वर्तमान सामाजिक ढांचे को बदलने की दिशा में काम करेंगे, क्योंकि यह ढांचा ही इस पेशे का जन्मदाता और इसका पोषक है।

(11 जून 1984, दस्तावेज)

(इस लेख की सामग्री गुजरात की प्रसिद्ध समाज सेविका पुष्पाबेन मेहता, एडवोकेट बक्शी, सिस्टर रीटा रोज़ारियो एवं इंद्राणी मुखर्जी से बातचीत पर आधारित है)

20 न्यायालयों की प्रतिष्ठा पर प्रश्नचिन्ह

पश्चिमी कानूनी परम्परा में न्यायालयों की बड़ी प्रतिष्ठा है। साधारण तौर पर वहाँ ऐसा माना जाता है कि न्यायाधीश निष्पक्ष होते हैं और अपने फैसले न्यायबुद्धि से और वस्तुनिष्ठ दृष्टिकोण से देते हैं। उनके निर्णय सरकार से प्रभावित नहीं होते। वहाँ लोगों की धारणा यहाँ तक है कि न्यायाधीश जब अपनी कुर्सी पर आसीन होता है तो वह अपने व्यक्तिगत विचार और भावनाओं को दरकिनार कर और खुले मन से सिर्फ कानून ही को मद्देनजर रखकर अपनी राय बनाता है।

कानून के प्रति नागरिकों की ऐसी आस्था ही न्यायाधीशों की प्रतिष्ठा का आधार है। जिन देशों में प्रशासन तथा साधारण जनता की कानून में आस्था नहीं है, वहाँ लोकतंत्र चलाना मुश्किल हो जाता है। ऐसे वातावरण में न्यायालयों की स्वतंत्रता और न्यायाधीशों की निष्पक्ष दृष्टि एक सपना बनकर रह जाती है।

अंग्रेजी राज्य के दौरान एंग्लो-सैक्सन न्याय प्रणाली का दौर हमारे यहाँ स्वतंत्रता-प्राप्ति के पूर्व कम-से-कम सौ साल रहा। हाईकोर्ट के जजों की बड़ी शान रहती थी। हमारे देश में उच्च न्यायालयों को पहले जो इज्जत मिली थी, क्या उसकी वे रक्षा कर पाए हैं?

साधारण लोगों की यह मान्यता है कि आज न्यायालयों की वह प्रतिष्ठा नहीं रही जो उन्हें आजादी से पहले हासिल थी। अन्य लोकतांत्रिक संस्थाओं की तरह न्यायालय भी कलंकित हो चुके हैं। आज उनकी प्रतिमा उतनी साफ नहीं है जितनी पहले थी। यदि यह सही है तो इसके लिए जिम्मेदार कौन है?

न्यायाधीशों द्वारा यह तर्क दिया जाता है कि न्यायालयों की प्रतिष्टा गिरने का सबसे बड़ा कारण है सरकार। प्रशासन ने जजों की शान और प्रतिष्ठा को ठेस पहुंचाकर, न्यायाधीशों को उचित तनख्वाह और भत्ते न देकर, ऐसी विषम परिस्थिति पैदा की है, जिससे कोई अच्छा वकील वकालत छोड़कर ज्युडिशियल

सर्विसेज में नहीं आना चाहता। एक मध्यम श्रेणी का वकील दो-तीन रोज में जितना पैसा कमाता है, उतना न्यायाधीश को एक महीने में नसीब नहीं होता।

दूसरी ओर यह भी कहा जा रहा है कि सरकार ने संवैधानिक संशोधनों के द्वारा न्यायालयों के फैसलों को तो बदला ही है साथ ही न्यायालयों को नीचा भी दिखाया है। प्रतिबद्ध न्यायाधीश की कल्पना प्रसारित कर न्यायालयों की स्वतंत्रता पर भी चोट की है।

सरकार और न्यायपालिका का विग्रह स्वतंत्र भारत के इतिहास का एक अंग ही बन गया है। न्यायालयों के सदस्य सार्वजनिक जीवन की धारा से इतने कटे हुए रहते हैं, उनका दृष्टिकोण इतना जीर्णमतवादी होता है कि इस मनोदशा का स्वाभाविक असर उनके निर्णयों पर होता है।

हमारा संविधान किसी 'वाद' पर आधारित नहीं है। पर यह बात सही है कि संविधान का अपना एक दर्शन है, जिसका मुख्य आशय स्वतंत्रता की रक्षा के साथ-साथ सामाजिक न्याय की प्रतिष्ठापना है। नागरिकों की व्यक्तिगत स्वतंत्रताओं का संकोच न करते हुए समता और न्याय पर आधारित समाज की स्थापना यह उद्देश्य संविधान की प्रस्तावना, मौलिक अधिकारों की सूची तथा संविधान के निर्देशक सिद्धांतों का, अदालत में जाकर कोई कार्यान्वयन नहीं करवा सकता है, मगर फिर भी शासन को चाहिए कि अपनी नीति निर्धारित करते समय या कानून पास करते समय उन निर्देशक सिद्धांतों की मौलिकता का पूरा ख्याल रखे। प्रशासन ने ऐसा नहीं किया। अदालत ने तो उन्हें पूर्णतया ताक पर रखा।

जब संविधान में निजी संपत्ति के बारे में धारा-31 का समावेश हुआ तब राष्ट्रीय नेताओं का ख्याल था कि स्वतंत्रता आंदोलन का कृषि-सुधार कार्यक्रम कार्यान्वित करने में यह धारा बाधा नहीं बनेगी। ऐसा आश्वासन अल्लादि कृष्णस्वामी अय्यर, कन्हैयालाल मुंशी जैसे कानून के विशेषज्ञों ने दिया था। परंतु ऐसा नहीं हुआ। न्यायाधीश साधारण तौर पर संपत्ति के अधिकार के समर्थक थे और चूंकि उन पर स्थापित हितों का असर था, इसलिए उन्होंने जमींदारी उन्मूलन के कानूनों को असंवैधानिक घोषित कर उन्हें निरस्त कर दिया। इससे जो संकट पैदा हुआ उसमें से रास्ता निकालने के लिए पहला संविधान संशोधन अधिनियम 1951 में पारित हुआ। जो सदस्य पहली

संविधान-निर्माती परिषद के रूप में काम कर रहे थे, वही अब पार्लियामेंट की हैसियत से कानून बना रहे थे।

अदालतों के निर्णयों से रास्ता निकालने के लिए जवाहरलाल नेहरू द्वारा जो संविधान संशोधन विधेयक पार्लियामेंट के सामने रखा था, उसे सदस्यों ने स्वीकारा। उन्हें आशा थी कि इस संशोधन के पारित होने के बाद जमींदारी उन्मूलन के कार्यक्रम का रास्ता खुल जाएगा। साथ-ही-साथ इस अवसर का फायदा उठाकर 19वीं धारा में 'सार्वजनिक व्यवस्था' ये शब्द जोड़कर नागरिकों की स्वतंत्रता को संकुचित भी किया गया। 1951 से यह विचित्र बात सामने आई कि मोटे तौर पर न्यायालय संपत्ति के अधिकार के प्रहरी बनकर रह गए और सामाजिक परिवर्तन के नाम पर सरकार संपत्ति के अधिकार को सीमित करने के साथ-साथ नागरिक स्वतंत्रताओं पर भी प्रहार करती रही।

सर्वोच्च न्यायालय ने नागरिक स्वतंत्रता के पक्ष में कुछ निर्णय अवश्य दिए। रमेश थापर, राममनोहर लोहिया, मधु लिमये आदि की याचिकाओं में सर्वोच्च अदालत ने स्वतंत्रता पर होने वाले आक्रमण को रोका। मगर मोटे तौर पर उनका रुख संपत्ति के अधिकारों की रक्षा करना था। गोलकनाथ, बैंकों का राष्ट्रीयकरण, राजाओं के निजी कोषों को समाप्त करना आदि केसों में अदालतों ने पूर्णतया धनी लोगों का पक्ष लिया। नतीजा यह हुआ कि न्यायालयों के प्रति साधारण लोगों में अप्रीति न सही तो अनास्था निश्चित रूप से उत्पन्न हुई। इसका हश्र हुआ तीन वरिष्ठ न्यायाधीशों का दरकिनार किया जाना (1973) और आगे चलकर आपातकाल की घोषणा (1975)।

भूतपूर्व अटर्नी जनरल मोतीलाल सीतलवाड़ की राय रही है कि राजनीति में उलझ जाने से न्यायाधीशों की शान में कमी आई है। जब मुहम्मद अली चागला अमेरिका में भारत के राजदूत बनाए गए और बाद में केंद्रीय मंत्री बने तो मोतीलाल को यह अच्छा नहीं लगा। उन्होंने अपने संस्मरणों में लिखा है कि आजकल हमारे कई प्रमुख व्यक्ति स्वार्थ-साधना में लग हुए हैं। चागला का राजदूत बनना इसी प्रकार का काम है। इस पर चागला को बहुत रंज हुआ। मोतीलाल से उन्होंने कहा कि यह पद मैंने नहीं मांगा था। प्रधानमंत्री जवाहरलाल नेहरू ने मुझसे विनती की, आग्रह किया, तब मैं उसको टाल नहीं सका। फिर

उन्होंने लार्ड रीडिंग का उदाहरण दिया। उन्होंने कहा कि ब्रिटेन के प्रधानमंत्री लॉयड जार्ज के कहने पर, न्यायाधीश होते हुए भी, रीडिंग अमेरिका में ब्रिटेन के राजदूत बनकर चले गए थे।

एक बार राष्ट्रपति ट्रूमैन ने मुख्य न्यायाधीश विल्सन को मास्को में अपना संदेशवाहक बनाकर स्तालिन से बातचीत करने के लिए भेजना चाहा था। विल्सन ने कहा कि मुख्य न्यायाधीश होने के नाते इस प्रकार का दूत बनकर जाना मुझे पसंद नहीं है। परंतु यदि आप राष्ट्रपति होने के नाते आदेश देंगे तो उसको मैं टाल नहीं सकूंगा। विल्सन की मास्को यात्रा के पहले ही यह खबर समाचारपत्रों में छपी और अमेरिका में बड़ा हल्ला हुआ। तब मजबूर होकर ट्रूमैन ने विल्सन की मास्को यात्रा रद्द कर दी थी।

क्या इससे यह अर्थ नहीं निकाला जा सकता है कि लोकतांत्रिक दृष्टि से न्यायाधीशों का गैर-न्यायिक और राजनीतिक कार्य के लिए इस्तेमाल अनुचित है? क्या इससे न्यायाधीशों की प्रतिष्ठा को ठेस नहीं लगती है?

न्यायालयों की स्वतंत्रता, जजों की नियुक्ति कौन करता है इस पर नहीं, बल्कि उनके अपने आत्मसम्मान और अदालत की स्वस्थ परम्पराओं पर प्रतिष्ठा निर्भर रहती है। इंग्लैंड में नियुक्तियाँ चांसलर करता है, जो मंत्रिमंडल का सदस्य होता है। परंतु 1907 से इन नियुक्तियों में राजनीति की बू नहीं आई, ऐसा आर०एम० जैक्सन ने लिखा है।

अमेरिका में सुप्रीम कोर्ट के जजों की नियुक्तियाँ-सदाचार की शर्त पर आजीवन होती हैं। हाँ, जज स्वेच्छा से अवकाश ले सकता है। हिंदुस्तान में ऐसा करना खतरे से खाली नहीं है। यहाँ लुंज-पुंज होने पर भी कोई त्यागपत्र नहीं देगा। मगर हाईकोर्ट और सुप्रीम कोर्ट में जजों की वयोमर्यादा अलग रखने का कोई तुक नहीं, वह एक ही होनी चाहिए। उन्हें वेतन की पूरी राशि पेंशन के रूप में मिले, बशर्ते कि वे जांच-कमीशन आदि और कोई पद न स्वीकारें।

हमारे यहाँ अवकाश ग्रहण करने के बाद भी न्यायाधीशों को यह अपेक्षा रहती है कि सरकार उनको किसी-न-किसी न्यायिक जांच के लिए कमीशन के तौर पर नियुक्त करे। जो न्यायाधीश मन में ऐसी आशा रखते हैं वे निर्भीक होकर न्यायदान का काम कैसे करेंगे? सरकार के खिलाफ निर्णय देने की उनमें हिम्मत कैसे होगी? सुप्रीम कोर्ट के न्यायाधीशों की साधारण जनता में

इज्जत कम होने का यह सबसे बड़ा कारण है। गजेन्द्र गडकर जैसे विद्वान मुख्य न्यायाधीश भी मन की इस कमजोरी पर काबू नहीं पा सके। एक साथ दो-दो कमीशन का काम वे देखते थे। इन सबके चलते सर्वोच्च न्यायालय की गरिमा निश्चित रूप से धूमिल हुई है।

दरअसल मुख्य न्यायाधीश एस०आर० दास की 1959 में सेवानिवृत्ति के बाद एक मायने में सर्वोच्च न्यायालय का गौरवशाली युग समाप्त हो गया। सीतलवाड़ की राय में इस सर्वोच्च न्यायालय की स्थापना के बाद के प्रारम्भिक वर्षों में न्यायासन पर कई महान मुख्य न्यायाधीश और न्यायाधीश विराजमान थे।

न्याय की 'वर्तमान अवनति' की ओर संकेत करते हुए उन्होंने इस बात पर खेद प्रकट किया कि एक ओर बड़े वकीलों के आचरण में भयंकर गिरावट आई है तो दूसरी ओर न्याय-व्यवस्था में विलंब और उसका बढ़ता हुआ खर्चीलापन न्याय-प्रणाली को जनता के सामने बेनकाब कर रहा है और वह जनता के तिरस्कार का विषय बन रही है।

वरिष्ठ न्यायाधीशों के अधिकारों को नजरअंदाज करके अजितनाथ रे जैसे 'प्रतिबद्ध' न्यायाधीश की मुख्य न्यायाधीश के पद पर नियुक्ति इस अवनति का ही परिचायक थी।

आपातकाल के दौरान जहाँ कई हाई कोर्ट्स ने नागरिकों की स्वतंत्रता की बहादुरी से रक्षा की, वहीं सर्वोच्च न्यायालय इस परम महत्व और पवित्र कार्य में फेल हो गया। सुप्रीम कोर्ट भूल गया कि राष्ट्रपिता महात्मा गांधी ने इसे 'स्वतंत्रता का दीप स्तंभ' की उपाधि दी थी (1931)। जब पैलेस का स्तंभ ही गिर गया तो ट्रॉय का पतन होना ही था।

इलाहाबाद, आंध्र प्रदेश, बंबई, दिल्ली, कर्नाटक, मद्रास, मध्य प्रदेश, पंजाब और राजस्थान की अदालतों ने याचिकाएँ खारिज करने से इनकार कर दिया और कहा कि हम देखेंगे कि नजरबंदी के आदेश में दोष तो नहीं है? वे असंवैधानिक तो नहीं हैं? हैबियस कापर्स के केस में सिर्फ सुप्रीम कोर्ट के न्यायाधीश खन्ना ने हिम्मत से काम लिया, लेकिन उसका उन्हें 'फल' भुगतना पड़ा था। इंदिरा गांधी की सरकार ने उन्हें मुख्य न्यायाधीश के पद से वंचित रखा और उन्हें अपने पद से इस्तीफा देने के अलावा कोई सम्मानीय रास्ता नहीं रहा।

इधर सात-साढ़े सात वर्षों से श्री चंद्रचूड़ सर्वोच्च न्यायालय के मुख्य न्यायाधीश रहे हैं। किसी भी जज को इतने लंबे अरसे तक इस महत्वपूर्ण पद पर रहने का अवसर नहीं मिला था।

लेकिन क्या वाकई चंद्रचूड़ ने इस पद की गरिमा को बढ़ाया? क्या उनके कार्यकाल में मुकदमों का निपटारा हुआ या और बोझ बढ़ गया? क्या न्याय-दान सस्ता हुआ है?

अमेरिकी के विख्यात मुख्य न्यायाधीश मार्शल ने कहा था कि हमारे कार्यक्षेत्र में जो मसले आएंगे उन पर फैसला करने से हम इनकार नहीं कर सकते, न ही अपने कार्यक्षेत्र से बाहर जाकर दूसरी संस्थाओं के अधिकार हम छीन सकते हैं। किसी भी संस्था की अवनति मुख्यतः अन्दरूनी कारणों से होती है, बाकी कारण निमित्त मात्र होते हैं।

(14 अगस्त, 1986, आधारशिला)

(यह लेख सुप्रसिद्ध कानूनविद उपेंद्र बक्शी, संविधान विशेषज्ञ राजीव धवन और मानव अधिकार के पुरोधा जस्टिस राजेन्द्र सच्चर से बातचीत पर आधारित है।)

21 सांप्रदायिकता की राजनीति

स्वतंत्र भारत को सबसे अधिक खतरा सांप्रदायिकता से है। कठिनाई से प्राप्त भारतीय जनता की एकता के लिए यह गहरा संकट है। अब यह कोई क्षेत्रीय संघटना नहीं है। यह एक देशव्यापी समस्या बन गई है। कभी यहाँ, कभी वहाँ हिंसक रूप में फूट पड़ती है और किसी न किसी रूप में यह सारे देश में फैलने लगी है। पंजाब, अहमदाबाद, मेरठ और दिल्ली– बहते हिमखंड के केवल छोर भर हैं। इससे निपटने का मार्ग बड़ा लंबा होगा। उन समस्याओं का कोई तुरंत हल नहीं निकलता जिन्हें कई दशकों एवं पीढ़ियों ने पैदा किया हो। भारत में सांप्रदायिकता का बीज सौ सालों पहले बोया गया था। अतः असांप्रदायीकरण को भी एक प्रक्रिया से गुजरना होगा। सांप्रदायिक चुनौती का सही उत्तर उस लंबी प्रक्रिया को आरंभ करने और उसे आगे बढ़ाने में निहित है।

यदि युद्ध मन में पैदा होता है तो सांप्रदायिकता एक विचारधारा है। दंगे तथा हिंसा के अन्य रूप इसके सिर्फ आकस्मिक और बाहरी लक्षण हैं। कोई सांप्रदायिक दंगा जब अचानक फूट पड़ता है तो अखबार की सुर्खियां हमारा ध्यान खींचती हैं, परंतु वास्तव में वह तो लोगों को पहले से फिरकापरस्त बनाए जाने की ठोस अभिव्यक्ति है। सांप्रदायिक विचारधारा के बिना सांप्रदायिक हिंसा या दंगों का अस्तित्व नहीं हो सकता।

कई बार सांप्रदायिकता दंगों के घटित हुए बिना ही सालों भीतर ही भीतर पनपती रहती है। रोकथाम के उपाय ऐसे ही समय में किए जाने चाहिए, क्योंकि जैसे ही सांप्रदायिक विचार जोर पकड़ते हैं, एक छोटी सी चिंगारी भी आग भड़काने के लिए काफी होती है। उदाहरण के लिए 1981 के पूर्व पंजाब में कोई सांप्रदायिक हिंसा नहीं थी, परंतु उन दिनों समाज का तेजी से सांप्रदायीकरण हो रहा था। बाद में यह लावा फूट पड़ा। उत्तर प्रदेश में पिछले दो दशकों से वहाँ के शहरों में दंगे होते रहे हैं। बाद में 1986 में ताला खुलने के बाद राम जन्मभूमि तथा बाबरी मस्जिद विवाद से पूरे उत्तर प्रदेश में

सांप्रदायिक तनाव बढ़ गया। परंतु धर्मनिरपेक्ष ताकतों ने उन दिनों बढ़ती हुई उस सांप्रदायिक विचारधारा को नजरअंदाज किया था।

सांप्रदायिक विचारधारा का प्रचार करने वाले सभी लोग जरूरी नहीं कि हिंसा ही चाहते हों, उनमें से अनेक लोगों की नजर चुनाव तथा अन्य लाभों पर रहती है। और उनके अपने तर्क होते हैं। इस विचारधारा के अनुसार समाज विभिन्न धार्मिक संप्रदायों में बंटा है और उनके हित अलग-अलग तथा परस्पर विरोधी हैं। जैसे ही कोई इस सांप्रदायिक विचारधारा का प्रचार करता है, परिणाम उसके हाथ से निकल जाता है। पंजाब एक अच्छा उदाहरण है। हिंदू तथा सिख संप्रदायवादियों ने वहाँ शायद ही कभी एक-दूसरे के विरुद्ध घृणा का प्रचार किया हो। उन्होंने अपनी सांप्रदायिकता को इस सीमा के भीतर ही रखने की कोशिशें की जो संतुलन नरमी के नाम से जानी जाती है। परंतु अंततः घृणा, उग्र सांप्रदायिकता और हिंसा को फैलने से वे नहीं रोक सके। पंजाब अकेला उदाहरण नहीं है।

सांप्रदायिकता से कैसे निपटा जाये? यह लंबी सामाजिक प्रक्रिया है, जिसमें सांप्रदायिक अनुमानों, सांप्रदायिक तर्क एवं सांप्रदायिक उत्तरों से जनता को दूर हटाना होगा। अर्थात् जनता को यह समझाना कि संप्रदायवादी जिन्हें समस्या के रूप में पेश करते हैं वे वास्तविक समस्याएं नहीं हैं और जिन्हें वे उत्तर या समाधान कहते हैं वे वास्तविक उत्तर नहीं हैं, यह कि संप्रदायवादी न केवल गलत हल प्रस्तुत करते हैं अपितु गलत सवाल भी खड़े करते हैं। धर्मनिरपेक्ष पार्टियों एवं ताकतों का अनुमान था कि शिक्षा के प्रसार, वयस्क मताधिकार एवं आर्थिक विकास के कारण सांप्रदायिक चिंतन अपने आप कमजोर पड़ जाएगा। अतः कोई भी दीर्घकालीन कार्यनीति भी तय नहीं की गई, जैसे यूरोप और अमेरिका में हुआ। 1961 में 'राष्ट्रीय समन्वय परिषद' की स्थापना की थी, परंतु यह दुखद है कि न तो उन्होंने और न ही अन्य किसी ने सांप्रदायिक संकट से निबटने के लिए धर्मनिरपेक्ष ताकतों को एकजुट करने की दिशा में कोई कदम उठाया। 'राष्ट्रीय समन्वय परिषद' महज एक प्रदर्शन की वस्तु बनकर रह गई। स्वतंत्र भारत में फिरकापरस्ती (और जातिगत उत्पीड़न तथा जातिवाद) के विरुद्ध कोई भी देशव्यापी अभियान नहीं चलाया गया।

इसलिए सांप्रदायिकता के विरोध में एक शक्तिशाली आंदोलन विकसित करने की जरूरत है। इसके अतिरिक्त इस अभियान को समाज के सभी वर्गों के लोगों तक पहुंचाना होगा। साथ ही सांप्रदायिकता के सिद्धांतकारों एवं नेताओं को, जो सांप्रदायिकता के बीजाणुओं को पैदा करते और फैलाते हैं, समाज का दुश्मन माना जाना चाहिए और उन्हें कोई छूट नहीं मिलनी चाहिए। परंतु ठीक इसका उलटा हो रहा है।

संप्रदायवादी नेताओं एवं विचारकों को समाज सम्मानित कर रहा है, उन्हें सम्मेलनों और समितियों में आमंत्रित किया जाता है, जबकि उनके अनुयायियों को दंगों आदि में भाग लेने के कारण समाज-विरोधी तत्व कहकर उनकी निंदा करते हैं। हमें सांप्रदायिकता के सभी रूपों से एक साथ संघर्ष करना होगा।

इस संदर्भ में दो अन्य बातों पर भी ध्यान देना चाहिए। धार्मिक अल्पसंख्यकों को भेदभाव के साथ ही अन्य तरह के भय एवं चिंताएं घेरती हैं। सभी धर्मनिरपेक्ष लोगों एवं ताकतों का यह कर्तव्य है कि वे अल्पसंख्यकों के हितों की रक्षा करें। उनके भय एवं चिंताओं को दूर करें। परंतु इसका अर्थ यह नहीं कि अल्पसंख्यक सांप्रदायिकता को नजरअंदाज किया जाए अथवा उसके प्रति नरमी बरती जाए। इसका विरोध भी उसी कड़ाई के साथ करना चाहिए जैसा कि बहुसंख्यक सांप्रदायिकता का। बहुसंख्यक सांप्रदायिकता के खतरे स्पष्ट हैं। सिर्फ अपने बहुसंख्यक रूप में ही भारत में सांप्रदायिकता एक प्रभावी ताकत बन सकती है। परंतु अल्पसंख्यक सांप्रदायिकता कम खतरनाक नहीं है। इसके दो कारण हैं।

पहला, यह अल्पसंख्यकों को फिरकापरस्त नेताओं के हाथ में सौंप देती है, जिनकी राजनीति निरपवाद रूप से उसके हितों को नुकसान पहुंचाती है। दूसरा, अल्पसंख्यक सांप्रदायिकता बहुसंख्यक सांप्रदायिकता-विरोधी संघर्ष को कठिन बनाती है। दूसरे शब्दों में, हिंदू सांप्रदायिकता को फैलने से रोकने के लिए अल्पसंख्यक सांप्रदायिकता का विरोध करना आवश्यक है। तथ्य यह है कि विभिन्न संप्रदायवाद एक-दूसरे से पोषण प्राप्त करते हैं तथा एक-दूसरे का प्रतिरोधी होने का दावा करते हैं। एक के ताकतवर होने का अर्थ अनिवार्यतः दूसरे को भी मजबूत होना है। इसलिए उन सभी के विरुद्ध एक साथ लड़ना है।

अक्सर सांप्रदायिकता के लिए धर्म जिम्मेदार ठहराया जाता है। यह अनुचित

है। धर्मनिरपेक्षता को धर्म के विरुद्ध युद्ध छेड़ने की जरूरत नहीं है। परंतु राज्य, राजनीति एवं आर्थिक क्षेत्रों से धर्म को पूरी तरह अलग रखा जाना चाहिए। जैसा कि गांधीजी ने 1946 में कहा था, "यदि मैं एक डिक्टेटर होता तो धर्म को राज्य से अलग कर देता। मुझे अपने धर्म पर भरोसा है। मैं उसके लिए जान दे सकता हूं। पर वह मेरा निजी मामला है।"

इसके अतिरिक्त धर्म सांप्रदायिकता की ओर नहीं ले जाता, किंतु धार्मिक संकीर्णता, धर्मांधता एवं रूढ़िवाद, धर्म के शुद्ध रूप को अपनाने के नाम पर, सांप्रदायिक विचारधारा एवं राजनीति के अंग बन जाते हैं। इस मामले में, विभिन्न धर्मों के पास अपनी कार्य-प्रणाली, बनावट, विचारधारा एवं व्यवहार में विभिन्न ऐतिहासिक तत्व होते हैं, जो संप्रदायवाद के अनुकूल पड़ते हैं। इन तत्वों का विश्लेषण एवं आलोचना करते हुए दूर करना चाहिए। दूसरे शब्दों में, धर्म को धर्मनिरपेक्षता के हित में तर्कसंगत बनाना चाहिए। विभिन्न धर्मों के लिए यह प्रक्रिया अलग-अलग होती है।

हाल के वर्षों में व्यवहार में इसके विपरीत घटित हो रहा है। विभिन्न धर्मों में निहित ऐसे तत्वों को और भी मजबूत बनाने के प्रयास हो रहे हैं। दूसरे शब्दों में धर्म का संप्रदायीकरण किया जा रहा है। उदाहरण के लिए राम और कृष्ण जैसी धार्मिक-सांस्कृतिक प्रतिभाओं, जो हिंदुओं, मुसलमानों, सिखों एवं ईसाइयों के बीच भी सम्मानित हैं का संप्रदायीकरण किया जा रहा है। धार्मिक उत्सवों और त्योहारों के बारे में भी यह सच है।

संप्रदायवाद को एक विचारधारा के रूप में ग्रहण करने पर यह स्पष्ट हो जाता है कि उसे जबरन दबाया नहीं जा सकता क्योंकि किसी भी विचारधारा को ताकत के जोर से अथवा सरकारी प्रतिबंधों के जरिए कुचला नहीं जा सकता। विचारों के स्तर पर ही विचारधारा को जीता जाना है। सांप्रदायिक हिंसा को राज्य-सत्ता का नहीं, बल्कि सामाजिक सत्ता के स्रोतों-विशेषकर बुद्धिजीवियों, राजनैतिक दलों, मीडिया, स्वयंसेवी संगठनों से जीवनदान मिलता है।

इसमें प्रेस की भूमिका महत्वपूर्ण है। परंतु पिछले एक दशक में प्रेस का इस्तेमाल सांप्रदायिकता एवं क्षेत्रवाद के हित में हो रहा है। भारतीय भाषाओं में संकीर्ण मानसिकता वाली पत्रिकाओं के प्रकाशनों की बाढ़ आ गयी है। इस संदर्भ में प्रेस को नये सिरे से पुनर्गठित करने की जरूरत है।

सांप्रदायिकता से निपटने के लिए सर्वप्रथम सांप्रदायिक ताकतों के साथ कोई समझौता अथवा तुष्टीकरण नहीं होना चाहिए। अधिकांश पार्टियां धर्मनिरपेक्षता की दुहाई देती हैं। परंतु इनमें से शायद ही किसी ने भी उत्साह के साथ सांप्रदायिकता विरोधी संघर्ष किया हो। उन्होंने अवसरवादी समझौते के साथ ही सांप्रदायिक दलों एवं व्यक्तियों के साथ गठजोड़ भी किए हैं। उदाहरण के लिए कांग्रेस द्वारा केरल में मुस्लिम लीग के साथ और पंजाब में अकालियों के साथ भाजपा ने। इनमें से कइयों ने तो जनसंघ के साथ हाथ मिलाने में संकोच नहीं किया- पहली बार 1967-69 के दौरान और फिर 1977-79 के दौरान। चूंकि सभी प्रकार के संप्रदायवाद की एक सामान्य विचारधारा होती है, इसलिए चरम या अतिवादी सांप्रदायिकता से लड़ने के लिए उदार संप्रदायवादियों का सहारा लेना उचित न होगा। इस संघर्ष को धर्मनिरपेक्ष ताकतों एवं व्यक्तियों के द्वारा ही चलाया जा सकता है।

(11 अगस्त 1987, आधारशिला)

(मधु दंडवते और जस्टिस वी० एम तारकुण्डे से बातचीत पर आधारित)

22 आदिवासियों की व्यथा

दस दिसंबर 1992 को मानव अधिकार दिवस पर राष्ट्रीय संघ की आम सभा ने 1993 को देशज लोगों का वर्ष घोषित किया। इस संदर्भ में भारत के आदिवासियों की स्थिति पर गौर करना अवश्यक है। पिछले पांच वर्षों से राष्ट्र संघ का श्रम संगठन देशज या आदिवासियों की समस्या पर गैर सरकारी संगठनों से बातचीत कर रहा है। वियना में विश्व सम्मेलन में आदिवासियों पर फोकस किया गया। यह आदिवासियों की संस्कृति और पहचान के महत्व और विभिन्नता को आदर देने की वचनबद्धता की पुनः अभिपुष्टि है।

इस संदर्भ में भारत के आदिवासियों की स्थिति पर गौर करना आवश्यक है। जनजातियों और प्रकृति के बीच बड़ा निकट संबंध है। परंपरा से वे अपने भोजन, ईंधन और औषधियों के लिए जंगलों पर निर्भर रहते हैं। इस श्रमजीवी संबंध और निर्भरता ने पौराणिक और दंतकथाओं जैसे सांस्कृतिक और धार्मिक प्रक्रियाओं के द्वारा एक संस्था का रूप धारण कर लिया था। प्रत्येक जंगल में रहने वाली जनजाति कोई न कोई पेड़–पौधे या पशु को पवित्र मानती है। इनमें से महुआ और साल प्रमुख हैं। इन जाति के पेड़ों का बड़ा आर्थिक महत्व है और उनकी जीविका के लिए अनिवार्य हैं। संक्षेप में, जंगल उनके जीने का तरीका है।

लगभग एक शताब्दी पहले तक आदिवासी जंगल और उसके उत्पादन पर बेरोकटोक अधिकार रखते थे। उनका जंगल से ऐसा संबंध है कि उन्हें पूर्ण विश्वास है कि जंगल उनका अपना है और उन्हें इसे आने वाली पीढ़ियों के लिए सुरक्षित रखना है। इस प्रकार से जंगल उनकी आर्थिक और आत्मिक वसीयत बन गए। उदाहरण के लिए, गर्भधारण किए हुए पशुओं का वध निषेध था। इसके अतिरिक्त शिकार पर जाने से पहले और वृक्ष काटने से पहले जंगल को विशेष बलि चढ़ाई जाती थी।

किन्तु आज उनका अस्तित्व, पहचान और संस्कृति सरकार निहित स्वार्थ

और कठोर व्यवहार का शिकार बन गए हैं। आदिवासी लोगों और सरकार के बीच संघर्ष का प्रादुर्भाव उपनिवेशी समय से माना जाता है। ब्रिटेन की मांगों को पूरी करने के लिए, उनके स्वार्थ साधन के लिए भारत की प्राकृतिक संपत्ति का उपयोग करने से अंग्रेजों के आने के बाद इन साधनों के प्रयोग करने के ढंग में बड़ा परिवर्तन आया है। 'आरक्षित जंगल' बनाना इसका एक हथियार था। ऐसा करने से प्राकृतिक साधनों पर जनजातियों का नियंत्रण जाता रहा और उसके साथ ही साथ जंगल में रहने वालों का जंगल पर उनका प्रथागत अधिकार भी धीरे-धीरे जाता रहा। जनजातियों का उनके 'संसार' पर अधिकार 1927 के फॉरेस्ट एक्ट से खंडित होकर लोगों के 'अधिकार और प्राधिकार' रह गए और ये आगे जाकर 1952 में केवल 'अधिकार' ही रह गए। कोई आश्चर्य की बात नहीं कि 1976 में नेशनल कमीशन फॉर एग्रीकल्चर ने सुझाव दिया कि इन अधिकारों को रद्द कर दिया जाए।

सन् 1854 की ब्रिटिश जंगल नीति, जब वृक्षों से ढका क्षेत्र अनुमानित 40 प्रतिशत था और 1952 में जब आजादी के उपरांत पहली जंगल नीति बनाई गई तो उन दिनों यह क्षेत्र 22 प्रतिशत कम हो गया था। इसके बाद बीते दशकों में बड़ी मात्रा में वनों का विनाश हुआ।

जैसे-जैसे पारंपरिक ईंधन और वन उत्पादन पर आदिवासियों का अधिकार कम होता गया, वैसे-वैसे उनका जीवन स्तर गिरता चला गया। जंगल कटान से आदिवासियों की दरिद्रता के संबंध को समझने के लिए वनों पर उनकी निर्भरता जानना आवश्यक है। उड़ीसा और मध्य प्रदेश के आदिवासी क्षेत्रों में वनोपज को इकट्ठा करने की कमी से उनके पौषणिक क्रय पर प्रभाव पड़ा है। वन कटाव से आदिवासी ऋण में डूब गए हैं, जो कुछ वे इकट्ठा करते हैं उसका अधिक भाग कम मूल्य पर स्थानीय व्यापारियों को (जो प्रायः महाजन भी हैं) बेचने पर बाध्य हो जाते हैं। आवश्यक भोजन सामग्री खरीदने के लिए उनकी आमदनी पर्याप्त नहीं है।

वनों के विनाश के परिणामस्वरूप आदिवासी संस्कृति और आर्थिक स्थिति डगमगा गई है। जंगलों के नष्ट हो जाने से आदिवासी दरिद्र हो गए हैं और वे सामुदायिक नैतिक गुण और परंपराएं, जिनसे आदिवासी लोग अपना पोषण करते थे नष्ट हो गए हैं। वन के साधनों को प्राप्त करने के लिए

व्यवसायिक और औद्योगिक कारणों से आक्रमण होते हैं, जिसके फलस्वरूप आदिवासी बची-खुची सामग्री प्राप्त करने के लिए एक-दूसरे से मुकाबला करते हैं। परंपरा से आदिवासी एक-दूसरे को सहारा देते थे और उनके पास जो कुछ होता था उनको देते थे जिनके पास कुछ नहीं होता था। किंतु वनों के नष्ट हो जाने से कठिनाई से पाए जाने वाले साधनों के लिए प्रतियोगिता, वर्गों की रचना और समाज के अंतर्गत असमानता पैदा हो गई है।

जंगलों का प्रभाव पुरुषों से अधिक आदिवासी स्त्रियों पर अनुभव किया जाता है, क्योंकि आदिवासी और जंगल आर्थिक व्यवस्था मुख्यतः स्त्रियों की अर्थनीति होती है। वनों के नष्ट हो जाने से स्त्रियों को अधिक दूर चलकर छोटे-मोटे जंगल पदार्थों और ईंधन की खोज में जाना पड़ता है, जो उनकी आर्थिक परिस्थिति के लिए बहुत आवश्यक है। एक अध्ययन से ज्ञात हुआ है कि कोन्ड आदिवासी स्त्रियाँ औसतन 14 घंटे प्रतिदिन काम करती हैं, जबकि पुरुष केवल 9 घंटे काम करते हैं। जैसे-जैसे जंगल उत्पाद कम होते जाते हैं, खाद्य सामग्री की कमी पूरी करने के लिए आमदनी के अन्य स्रोत ढूंढना पड़ता है और वे जीविका की खोज में प्रवास करने पर बाध्य होती हैं। वन कटान का एक और बड़ा परिणाम है औषध जड़ी-बूटियों का लुप्त हो जाना, जिससे आदिवासियों, मुख्यतः स्त्रियों के स्वास्थ्य को हानि पहुंची है।

मध्य प्रदेश में छत्तीसगढ़ और उड़ीसा में अध्ययन द्वारा ज्ञात हुआ है कि पिछले तीन दशकों में वन उत्पाद इकट्ठा करने के लिए अब अधिक दूरी तय करनी पड़ती है। वृद्ध और बच्चे अधिक दूरी तय नहीं कर सकते, इसलिए स्त्रियों को बोझ उठाना पड़ता है। उड़ीसा का सूखे से पीड़ित कालाहांडी (जहाँ पिछले आठ वर्षों में आधे से अधिक वन नष्ट हो गए हैं) जंगल कटान एवं वर्षा के बीच एक संबंध की ओर संकेत करता है।

किसी समाज की स्वास्थ्य स्थिति उसकी संपूर्ण संस्कृति का एक आवश्यक भाग समझी जाती है। सामान्य आबादी और आदिवासियों की स्वास्थ्य और पौषणिक स्थिति भिन्न होती है। आदिवासी जड़ी-बूटी की औषधियों पर निर्भर होते हैं। वनों के नष्ट हो जाने से उनकी स्वास्थ्य रक्षा प्रणाली पर प्रभाव पड़ता है, जिसका आधार है प्रकृति और पर्यावरण संबंधी नयी जानकारी। देशी जड़ी-बूटी न मिलने के कारण उन्हें आधुनिक दवाइयों की आवश्यकता होती है, जिन्हें प्राप्त करने में वे असफल रहते हैं।

जंगल कटान से आदिवासियों को मिलने वाले पौष्टिक फल खत्म हो गये और उनके स्वास्थ्य की स्थिति खराब हो गयी। आहार में कमी गुणात्मक और परिमाणात्मक दोनों ही है। मूल कैलॉरी आवश्यकता पूरी नहीं होती और उन क्षेत्रों के आदिवासियों की प्रोटीन ग्रहण करने की मात्रा भी सीमित हो गयी है जहाँ के वन नष्ट कर दिए गए हैं।

औद्योगीकरण के फलस्वरूप बड़ी मात्रा में विकासात्मक कार्यों में धन लगाया जा रहा है, जैसे सिंचाई के लिए बांधों का निर्माण और वन भूमि पर ऊर्जा और औद्योगिक संयंत्र, जिसके फलस्वरूप बड़ी संख्या में आदिवासियों का विस्थापन हो रहा है। आदिवासी अपने मूल निवास से खदेड़े जा रहे हैं और उनके पुनर्वास की कोई परवाह नहीं की जा रही है। इस बात का सबसे सटीक उदाहरण है नर्मदा नदी पर विवादास्पद सरोवर योजना। नर्मदा घाटी परियोजना में, जिस पर 25,000 करोड़ रुपये की लागत का अनुमान है, 30 प्रमुख, 135 मध्यम और 3,000 छोटे बांध बनाने की योजना है।

आदिवासी समाज का एक अन्य संकट है जमीन के स्वामित्व का रिकॉर्ड न होना। अनुसूचित जाति और अनुसूचित जनजाति कमीशन की 21वीं रिपोर्ट के एक भाग का शीर्षक है, 'आदिवासी क्षेत्र में सांविधानिक संकट स्थिति'। उसमें बताया गया है कि बाहर के लोगों का वनों पर नियंत्रण आदिवासियों की दरिद्रता का एक प्रमुख कारण है। लगभग 50 लाख आदिवासी इसलिए निर्धन हो गए हैं, क्योंकि जिस भूमि पर उनका कब्जा है वह गैर-कानूनी समझी जाती है। झारखंड, बोडोलैंड, छत्तीसगढ़, मध्य भारत और पश्चिमी घाट के बिखरे हुए आदिवासी क्षेत्रों में बड़ी संख्या में आदिवासी जमीनें खो चुके हैं।

सरकार की नवीनतम वन नीति दिसंबर 7,1988 को घोषित की गई। इस नीति के लक्ष्य हैं : पर्यावरण में स्थायित्व कायम रखना, प्राकृतिक संपत्ति का संरक्षण, वृक्षों से ढका क्षेत्र बढ़ाना, लोगों की ईंधन लकड़ी और जंगल उत्पादनों की आवश्यकता पूरी करना और बड़े स्तर पर वन रोपण के लिए आंदोलन आरंभ करना। इसमें राज्य को ही जंगलों का एकमात्र स्वामी बताया गया। इस नीति में औद्योगिक आवश्यकता को 'राष्ट्रीय आवश्यकता' कहा गया है, जबकि आदिवासियों और अन्य वनवासियों की आवश्यकता को 'लोगों की आवश्यकता' बताया है। नई वन नीति के अनुसार दोनों को पर्यावरण स्थायित्व

के आधीन होना चाहिए। संक्षेप में, वन नीति जो वननाशन की समस्या को हल करने के लिए बनाई गई थी, उन समुदायों से जो शताब्दियों से जंगलों पर निर्भर हैं, जंगलों से बाहर कर देती है।

सरकार द्वारा विदेशी पूंजी प्राप्त करने की बढ़ती प्रबल चेष्या, संरक्षण के बारे में विकृत विचारधारा और उसके फलस्वरूप पर्यावरण का फैशन, इन सबके कारण पर्यटन एक उद्योग घोषित कर दिया गया और वन क्षेत्र 'राष्ट्रीय उद्यानों' में बदल दिए गए हैं। उनको देखने का अधिकार केवल पर्यटकों को ही प्राप्त है। इस दृश्य-विधान में आदिवासी अक्सर प्रकृति नाशक के रूप में देखा जाता है। परिणामस्वरूप उन पर अत्याचार होता है, बलपूर्वक उन्हें उनका निवास स्थान त्यागने पर बाध्य किया जाता है ताकि उनकी जमीनों पर 'राष्ट्रीय उद्यान' पर्यटक स्थल बनाए जा सकें।

वर्तमान भारतीय संरचना के भीतर, जहाँ राज्यों पर टेक्नोलॉजी की दृष्टि से उन्नत और आर्थिक रूप से मजबूत जातीय समूहों का प्रभुत्व है, छोटे आदिवासी समाजों का कोई भविष्य नहीं है। पर यह एक चुनौती है, जिसका सामना आदिवासी आंदोलनों को करना ही होगा। अंतिम विश्लेषण में आदिवासी लोगों का भविष्य भारत के शोषित बहुजनों के साथ जुड़ा है, जो देश में एक वास्तविक लोकतांत्रिक गणराज्य बनाने के लिए संघर्ष में लगे हैं। लाखों घुमंतू मजदूरों, भूमिहीन श्रमिकों, बड़े बांधों और उद्योगों जैसी विकास परियोजनाओं से विस्थापित लोगों द्वारा चलाये जा रहे संघर्षों से आदिवासी जुड़ रहे हैं। इन संघर्षों में उनकी भागीदारी से इन आंदोलनों के क्षितिज को विस्तार मिला है और अब आदिवासी एक वांछनीय वैकल्पिक समाज की खोज में सहयात्री बन गए हैं।

(13 जनवरी 1994, आधारशिला)

(श्री एम० एन० बुच, डॉ० वॉल्टर फर्नांडिस एवं शरद कुलकर्णी को सरकारी नीति संबंधी जानकारी देने हेतु धन्यवाद)

23 मुक्त बाजार में शिक्षा

बाजार की नाड़ी पर हाथ रखने वालों के अनुसार शिक्षा को निकट भविष्य में तीन निर्णायक अवस्थाओं से गुजरना पड़ेगा – गुणवत्ता, व्यावसायिकता एवं निजीकरण।

अब आप सावित्री के केस पर गौर करें। तीन साल तक सरकारी स्कूल में जाने के बाद भी जब सावित्री सौ तक की गिनती और साधारण शब्द नहीं पढ़ सकी तो मन मारकर मां-बाप ने उसे बड़ी बहन के साथ खेती मजदूरी के काम पर लगा दिया। इसी तरह मुरुगन चौथी कक्षा में पहुंचकर भी घर पर आयी चिट्ठी नहीं पढ़ सका तो भन्नाये पिता ने उसे नुक्कड़ की पंचर सुधारने वाली दुकान में बतौर 'अपरेन्टिस' के लगवा दिया। दोनों बच्चों के परिवार वाले गरीबी के बावजूद अपने बच्चों को पढ़ाना चाहते थे, लेकिन ऐसा न कर सके। हमारे देश में ऐसे मां-बाप लाखों की संख्या में हैं।

खराब शिक्षण और गुणवत्ताविहीन शिक्षा मानव संसाधनों की बर्बादी के संकेत हैं। राष्ट्रीय शैक्षणिक अनुसंधान परिषद द्वारा प्रकाशित स्कूल की परिस्थितियों या बच्चों द्वारा स्कूल छोड़े जाने के आंकड़े देखते-देखते आंखें थक चुकी हैं फिर भी यह दोहराना लाभदायक होगा कि शैक्षिक संस्थाओं की संख्या में भारी वृद्धि और दाखिला लेने वालों की तादाद के बावजूद अभी भी लगभग 10 करोड़ बच्चे स्कूल नहीं जाते हैं और इनमें लड़कियों की संख्या 6 करोड़ के लगभग है। अभी स्कूलों में लगभग 15 करोड़ बच्चे हैं और सर्व शिक्षा अभियान के तहत 2005 तक सभी बच्चों को स्कूलों में दाखिला दिलाने की तैयारी है। यह लक्ष्य सराहनीय है। फिर भी सच्चाई यह है कि बच्चों का दाखिला तो हो जाता है पर बीच में पढ़ाई छोड़ने की दर अभी भी ऊंची है। प्रोफेसर सी० जे० दासवानी, सामाजिक कार्यकर्ता संजय घोष और जे० आचार्य आदि द्वारा 'सिटीजंस इनिशिएटिव ऑन प्राइमरी एजुकेशन' द्वारा तैयार रिपोर्ट में साफ-साफ कहा गया है कि विद्यार्थी प्राथमिक स्तर पर वे सभी बातें नहीं

सीख रहे हैं, जिनकी उनसे उम्मीद की जाती है। इसमें पाठ्यक्रम बनवाने वालों का दोष नहीं है, उन्हें विद्यार्थियों के बीच लागू करने में खोट है। संभवतः इस तथ्य से वाकिफ होने के बाद झुग्गी-झोपड़ी में रहने वाले अनपढ़ मजदूर भी अपने बच्चों को अंग्रेजी माध्यम के छोटे-मोटे स्कूल में भेजना पसंद करते हैं, बनिस्बत सरकारी स्कूलों में, जहाँ गुणवत्ता सिरे से नदारद है। स्कूली व्यवस्था में आकर तीन-चार साल बाद भी बच्चे को कुछ न आना इस बात का संकेत है कि व्यवस्था ठीक से काम नहीं कर रही है। यह भी सोचनीय है कि क्यों मुख्यतः निचले वर्गों के बच्चे ही प्रभावित होते हैं।

गुरुदास दासगुप्ता समिति ने भी अपनी रिपोर्ट में यह जिक्र किया कि सरकारी स्कूलों में पढ़ाई का स्तर इतना निम्न है कि मां-बाप बच्चे को वहाँ भेजने के बजाय कुछ 'हुनर' सिखाना बेहतर समझते हैं। बिहार, महाराष्ट्र, उत्तर प्रदेश, तमिलनाडु और पश्चिमी बंगाल में स्थिति गंभीर है। प्राइवेट स्कूलों की पूरे देश में बाढ़ आ गयी है। सरकारी स्कूलों में छात्रों की संख्या लगातार कम होती जा रही है।

ऐसी स्थिति में यह प्रश्न स्वाभाविक है कि यदि शिक्षक पढ़ा नहीं सकता तो बाजार उसके निठल्लेपन की कीमत क्यों चुकाये। खुली प्रतियोगिता के दिनों में शिक्षक संघों ने समय रहते अपने सदस्यों को गुणवत्ता की ओर नहीं मोड़ा तो बाजार खैरात करके निक्कमेपन को बढ़ावा देने से रहा।

इसी से जुड़ी है व्यावसायिकता। अनुत्तीर्ण होने वाले बच्चे 'किसी की जिम्मेदारी' नहीं होते। असफलता की जिम्मेदारी न विद्यालय लेता है, न अध्यापक लेते हैं। रामसेवक साल शुरू होने के समय से ही रोते हुए विद्यालय आता था। पहले वह चुपके-चुपके, लगभग न दिखने वाले आंसू रोता था, मगर विद्यालय के प्रवेश द्वार पर पहुंचने पर सीधे-सीधे दहाड़ मारकर रोना शुरू कर देता था। पहले उसकी शिक्षिका ने कहा वह गृहकार्य करके नहीं लाता, इसलिये घबरा जाता है। साल के अंत में अध्यापिका ने इस स्थिति पर टिप्पणी की कि मैंने अक्सर उसकी मां को उसे विद्यालय में अंदर भेजने के लिये मारते देखा है। दो साल के अंदर ही रामसेवक को जाहिल करार कर दिया गया। अधिकांश अध्यापक बच्चों को अपमानजनक नामों से पुकारते हैं और यह लेबिल उनके ऊपर चिपक कर रह जाता है। समस्याग्रस्त बच्चों को

दुलार–पुचकार कर पढ़ाई से जोड़े रखे जाने वाली प्रवृत्ति का हमारे देश में नितांत अभाव है। मानव संसाधन मंत्रालय की अनेक रिपोर्ट बताती हैं कि शिक्षक प्रशिक्षण अकादमिक जगत के सबसे उपेक्षित क्षेत्रों में से एक है एवं बाकी सब चीजों में जो बदलाव दिख रहा है वह शिक्षक प्रशिक्षण के मामले में नदारद।

किसी भी समाज के विवेचनात्मक परिवर्तन में शिक्षकों की भूमिका अहम मानी जाती है। वे भावी पीढ़ी को नई चुनौतियों के लिये तैयार करते हैं, उनमें नयी आशा का संचार करते हैं। अतः भूमंडलीकरण और उदारीकरण के दौर में जहाँ संचार क्रांति के ज्ञान का नया स्रोत फूट पड़ा हो समाज को उनकी भूमिका पर नये सिरे से सोचना होगा। शिक्षक व्यावसायिकता (कार्य कौशलता) से जुड़े सभी वर्ग इस संबंध में चिंतित हैं। शिक्षक की कार्यकुशलता पर ही शिक्षा का प्रसार, सर्व शिक्षा अभियान और शिक्षा की गुणवत्ता निर्भर करती है।

हैदराबाद शहर के गली कूचों में आजकल प्राइवेट अंग्रेजी स्कूलों की भरमार है और ऐसा नहीं है कि वहाँ गुणवत्ता को नकारा जाता हो। विश्व बैंक की एक टीम ने 2001 से 2002 मई तक के अध्ययन में पाया कि शहर में 15 छोटे अंग्रेजी स्कूलों में रिक्शा चालक भी अपने बच्चे को नब्बे रुपया प्रतिमाह की फीस देकर पढ़ा रहे हैं और बच्चे की प्रगति से बेहद संतुष्ट हैं। दरअसल विश्व बैंक एशिया, अफ्रीका और लातिन अमेरिका के अनेक देशों में शिक्षा के निजीकरण पर गुणवत्ता की दृष्टि से अध्ययन कर रहा है। सरकारी स्कूलों के लिये यह खतरे की घंटी हो सकती है।

एक अच्छा शिक्षक बच्चे में ज्ञान की प्यास जगाते हुए प्रफुल्लता का संचार करता है। हम स्वयं अनुभव करते हैं कि कुछ शिक्षकों का स्मरण आते ही मन ही मन हम आदरभाव से अभिभूत हो जाते हैं। ऐसा क्यों? एक अच्छा शिक्षक अपने पढ़ाये जाने वाले सबक की अच्छी तैयारी करता है एवं उसमें बच्चे के कोमल मन में नयी बात सिखाने की आंतरिक भावना होती है। उसमें अपने विषय के प्रति लगन और उमंग होती है। अच्छा शिक्षक सही उत्तर तुरंत पाने की बजाय विद्यार्थी में सही ढंग से सोचने की प्रक्रिया पर जोर देता है। मुझे याद है चौथी कक्षा में श्रीमती कमला शर्मा ने अजंता एलोरा के बारे में पढ़ाया था। उसके बाद पूरी क्लास वहाँ जाने के लिये बेताब हो उठी थी। देश की

सांस्कृतिक धरोहर के बारे में जो लौ उन्होंने हमारे दिलों में जलायी वह आज भी मुझे प्रेरणा से भर देती है।

भारत में आधुनिक शिक्षा पद्धति की नींव 1815 से 1854 के बीच डाली गयी और इसी के साथ 1856 में देश में पहला टीचर्स ट्रेनिंग केन्द्र खोला गया। 1882 में शिक्षक प्रशिक्षण के लिये अलग व्यवस्था स्थापित की गयी। आज देश में 200 महाविद्यालयों में बी०एड० की पढ़ाई होती है। देश में शिक्षा व्यवस्था स्कूली पूर्व शिक्षा, प्राथमिक शिक्षा, सेकेंडरी और सीनियर सेकेंडरी के खांचे में बंटी हुई है। इसी के अनुरूप शिक्षकों का प्रशिक्षण तय किया जाता है। 1995 में नेशनल कौंसिल ऑफ टीचर्स एसोसिएशन को शिक्षकों के प्रशिक्षण के मानदंड तय करने के कानूनी अधिकार मिले थे। शिक्षकों के बीच गुणवत्ता और कार्यकुशलता को बनाये रखने एवं समय-समय पर उन्हें प्रशिक्षित करने की जिम्मेदारी इसी संस्था की है लेकिन आज शिक्षकों की कार्यकुशलता का क्या स्तर है, यह आम जनता से छुपा नहीं है। प्राइवेट ट्यूशनों के चलते शिक्षकों को कक्षा की उतनी चिंता नहीं रहती, जितनी विद्यालय बंद होने के बाद सांध्य-ट्यूशन केन्द्रों की।

इस निराशाजनक स्थिति में दो प्रमुख उद्योगपतियों-अम्बानी-बिरला की अध्यक्षता में शैक्षिक सुधारों के लिए गठित समिति ने जो नीतिगत रूपरेखा तैयार की है वह और भी डराने वाली है। यह रिपोर्ट शिक्षा पर लगातार घटते सरकारी बजट की ओर इशारा करते हुए राष्ट्रीय विकास के लिये शिक्षा के निजीकरण को बढ़ावा देने की पैरवी करती है। मुक्तमंड़ी का समर्थन करते हुए यह रिपोर्ट निजी पूंजी निवेश को शिक्षा में रचनात्मक भूमिका अदा करने के लिये निमंत्रण देती है। विदेशी विश्वविद्यालयों को भारत में अपनी ब्रांच खोलने को बढ़ावा देने के साथ-साथ रिपोर्ट स्कूल स्तर की शिक्षा में भी निजी क्षेत्र की भागीदारी की पक्षधर है। उसका जोर इस बात पर है कि शिक्षा को इस प्रकार पुनर्व्यवस्थित किया जाय कि इसका खर्च बाजार ही उठाये। अप्रत्यक्ष रूप से सुझावों का इशारा शिक्षा के क्षेत्र में सरकारी खैरात को कम कर शिक्षकों को रोजगार के लिये बाजार पर निर्भर रहने की सलाह दी गयी है। लेकिन जब निजीकरण के कारण सरकारी क्षेत्र में स्कूल ही नहीं रहेंगे तो वहाँ अध्यापक कहाँ से आ जायेंगे। वैसे अम्बानी-बिरला रिपोर्ट पर ही सारा दोष

मढ़ देना भी ठीक नहीं। कितने शिक्षक संगठनों ने गुणवत्ता या कार्य कौशलता को ऊपर उठाने के प्रयास किये। केरल और पश्चिमी बंगाल में तो आम जनता सरकारी स्कूलों में धरने हड़ताल से तंग आ चुकी है। ऐसे बहुत कम उदाहरण देखने को मिलते हैं जब शिक्षक संगठनों ने विद्यार्थियों की भलाई के लिये कदम उठाये हों। इससे शिक्षक वर्ग की खासी बदनामी हुई।

दरअसल नया पूंजीवाद एक ओर जहाँ यह नहीं चाहता कि सरकार शिक्षा और शोध पर ज्यादा पैसा खर्च करे वहीं दूसरी ओर वह स्वयं भी इन कामों पर पैसा खर्च करने के मामले में ज्यादा उत्साहित नहीं है।

सबके मन में यही सवाल आता है कि ग्लोबेलाइजेशन के जमाने में शिक्षा के क्षेत्र में इक्कीसवीं सदी में क्या-क्या परिवर्तन आयेंगे? आम आदमी में यह धारणा तेजी से घर कर रही है कि सार्वजनिक उद्योग की तरह शिक्षा का भी निजीकरण किया जाये ताकि शिक्षण में गुणवत्ता और जिम्मेदारी का अहसास बढ़े। इस नयी प्रवृत्ति के कारण शिक्षक वर्ग और आम जनता के बीच दूरी बहुत तेजी से बढ़ रही है। यह सही है कि गुणवत्ता और कार्य कौशलता को लेकर हमारे यहाँ भारी असंतोष है, लेकिन बाजार इस समस्या का इलाज नहीं है।

(5 सितम्बर 2003, राष्ट्रीय सहारा)

24 नारी मुक्ति की नई पहचान

स्वतंत्रता और समानता मनुष्य की मूल चेतना के अंग हैं। और इसीलिए स्त्री के भीतर अपनी अस्मिता की नई पहचान और नई मुक्ति की चेतना पैदा हुई है। वैसे अभी वह सहस्राब्दियों पुराने संस्कारों से मुक्त नहीं हो सकी है पर वह दिन भी बहुत दूर नहीं जब वह सच्ची समानता और स्वतंत्र इच्छा पर आधारित नैतिक प्यार की उदात्तता तथा गरिमा को हासिल करने में कामयाब होगी, लेकिन यह रास्ता कांटों से भरा है, क्योंकि आज की सामाजिक स्थिति के दायरे तय करने में बाजार तंत्र की अमानवीयता इस कदर हावी है कि इसका खामियाजा छोटी बच्चियों को भी भुगतना पड़ रहा है।

आज भूमंडलीकरण संपूर्ण समाज को एक भयानक अमानवीयता की ओर धकेल रहा है। बढ़ते उदारीकरण तथा इस बाजार अर्थव्यवस्था में जहाँ एक ओर गरीबी का नारीकरण हो रहा है, वहीं भारत में बालिका मजदूरों की संख्या तेजी से बढ़ रही है। आमतौर पर बालिकाओं के साथ उस प्रकार का व्यवहार नहीं किया जाता, जैसा उनके समवयस्क बालकों के साथ किया जाता है। इस प्रकार का विभेद विशेष रूप से सामाजिक एवं शैक्षिक स्तर पर बालिकाओं के समुचित विकास तथा उनकी कार्यक्षमता में बाधक होता है।

राष्ट्रीय शिक्षा नीति 1986 ने इस बात पर विशेष बल दिया कि नारी की स्थिति में मूलभूत परिवर्तन लाने के लिए शिक्षा मुख्य भूमिका निभाएगी। अफसोस कि आज भी करोड़ों लड़कियाँ शिक्षा से वंचित हैं। केन्द्रीय मानव संसाधन मंत्री ने बालिकाओं में शिक्षा के प्रसार के लिए कुछ नए कार्यक्रमों की घोषणा भी की। महिला दिवस पर इस दिशा में विचार-विमर्श हो तो बालिका मजदूरों के जीवन में उजाला आ सकेगा। लाखों लड़कियाँ हमारे देश में होश संभालने से पहले ही काम की भट्ठी में झोंक दी जाती हैं।

समाजशास्त्रियों का मानना है कि घरेलू कामकाज के अलावा कच्ची उम्र में छोटी बच्चियों को परंपरागत धंधे में लगाने से भी उनके शारीरिक एवं

मानसिक विकास पर प्रभाव पड़ता है। बच्चियों का भी अपना व्यक्तित्व होता है। उन्हें भी अपना बचपन जीने का अधिकार है।

एक अध्ययन के अनुसार विश्व का प्रत्येक चौथा बाल मजदूर भारतीय है। दुनिया में सबसे अधिक बाल मजदूर भारत में पाए जाते हैं। पिछली जनगणना के अनुसार देश में बाल मजदूरों की संख्या 23 मिलियन के लगभग है, जिनमें 10 मिलियन पार्ट टाइम मजदूर हैं। बालिका मजदूरों की संख्या 7 मिलियन आंकी जाती है। उल्लेखनीय है कि पिछले एक दशक में इनकी संख्या में काफी बढ़ोतरी हुई है।

बालिका मजदूर संबंधी आंकड़ों की कमोबेश वही स्थिति है जो असंगठित क्षेत्रों की महिला मजदूरों की है। लेकिन जो भी जानकारियाँ उपलब्ध हैं वे इस ओर इंगित करती हैं कि 14 वर्ष से कम उम्र की बालिकाओं की कार्य भागीदारी (वर्क पार्टिशिपेशन रेट) खतरनाक कामों में लगातार बढ़ रहा है। बालिका श्रम को अभी उतना महत्व नहीं दिया जाता है, जितना बालक के श्रम को। लड़कियों को उनके कड़े श्रम की मजदूरी भी लड़कों की अपेक्षा कम दी जाती है। ग्रामीण इलाकों में खेतिहर तथा पशुपालन संबंधी अनेक कार्यों की जिम्मेदारी लड़कियों की होती है।

बाल मजदूरी संबंधी आंकड़ों के अध्ययन से पता चलता है कि लड़कियों पर काम का दोहरा बोझ होता है। जो लड़कियाँ मजदूरी करने जाती हैं उन्हें घरेलू कामकाज से छुटकारा नहीं मिलता है। इसके अलावा लड़कों की तुलना में लड़कियाँ अपेक्षाकृत कम उम्र में काम करना प्रारंभ कर देती हैं। बालिका मजदूरी का दुखद पहलू यह है कि जहाँ लड़के अपने काम में प्रवीणता हासिल कर आगे चलकर अर्द्धकुशल मजदूर का दर्जा पा जाते हैं, वहीं लड़कियों को काम छोड़ना पड़ता है या उनके काम को घरेलू खेतिहर एवं गौण आर्थिक श्रेणी का ही माना जाता है। वस्तुतः कम उम्र में मजदूरी से बालिकाओं के भविष्य में सभी रास्ते बंद हो जाते हैं।

देश में अधिकतर बालिकाएं मजदूर के रूप में ग्रामीण क्षेत्रों में खेतिहर कार्यों में लगी हैं। 20 वर्ष पूर्व की तुलना में आज राजस्थान एवं मध्य प्रदेश के कई ग्रामीण अंचलों में लड़कियों को ईंधन की तलाश में दो किलोमीटर दूर जाना पड़ता है और समय भी दुगुना लगता है। कमोबेश यही स्थिति ईंधन और

चारे की है। ग्रामीण बालिकाओं की दिनचर्या ऐसी है कि वे शिक्षा से वंचित रह जाती हैं। ग्रामीण भारत में 5 से 14 वर्षीया 50 प्रतिशत लड़कियों की यही दिनचर्या है। फिर कच्ची उम्र में विवाह हो जाता है और प्रारंभ होता है असमय में गृहस्थी के भार ढोने और बच्चे जनने का चक्र।

पिछले एक दशक में शहरी इलाकों में भी बालिका मजदूरों की संख्या बढ़ी है। घरेलू नौकरानी के रूप में कम उम्र की लड़कियों की मांग महानगरों में तेजी से बढ़ने के कारण बिहार, मध्य प्रदेश, आंध्र प्रदेश एवं तमिलनाडु के भीतरी ग्रामीण अंचलों एवं आदिवासी वर्ग की भोली-भाली लड़कियों को सब्जबाग दिखाकर शहरों में शोषण की चक्की में पीसने के लिए छोड़ दिया जाता है। शहरों में घरेलू नौकरानी के अलावा लड़कियाँ असंगठित मांग की निर्माण इकाइयों में भी देखी जाने लगी हैं।

देश के बाल मजदूर बहुल इलाकों में पिछले 10 वर्षों में बालिका मजदूरों की संख्या बढ़ी है। इसमें फिरोजाबाद का चूड़ी उद्योग, अलीगढ़ का ताला उद्योग, जयपुर में पत्थर तराशने का काम, मिर्जापुर में कालीन उद्योग, वाराणसी में जरी उद्योग, लखनऊ का चिकन-कुर्ता उद्योग आदि में बालिका मजदूरों की संख्या अच्छी खासी है।

महानगरीय उपभोक्ता संस्कृति के चलते शहरों में लिफाफे बनाना, प्लास्टिक के बैग बनाना, सिलाई, छोटे इलेक्ट्रानिक उपकरणों को जोड़ना आदि जैसे कामों में अब लड़कियों को प्राथमिकता दी जाने लगी है। इन कामों के अलावा तंबाकू से जुड़े उद्योगों में, जिनमें बीड़ी बनाना प्रमुख है, छोटी-छोटी लड़कियाँ बड़ी संख्या में काम करती हैं। पश्चिम बंगाल के मुर्शिदाबाद, आंध्र प्रदेश के निजामाबाद से लेकर महाराष्ट्र में परभणी एवं कर्नाटक के निपाणी जैसे इलाकों तक यह उद्योग फैला हुआ है। मध्य प्रदेश के सागर, दमोह, जबलपुर एवं भोपाल जिलों में हजारों लड़कियाँ बीड़ी बनाने में लगी हैं। सारा कार्य ठेके पर होता है। कम उम्र में तंबाकू का कार्य इन बालिका मजदूरों के लिए जानलेवा है। वे शीघ्र ही तपेदिक, दमा, खांसी की शिकार हो जाती हैं। मुस्लिम समाज की लड़कियों की दशा काफी शोचनीय है, लेकिन स्थिति यहीं नहीं थमी है।

अंतर्राष्ट्रीय श्रम संगठन ने हाल ही चेतावनी दी है कि देह व्यापार में

कमसिन लड़कियों का शोषण बड़े पैमाने पर हो रहा है। विश्वविद्यालय अनुदान आयोग द्वारा वित्तीय सहायता प्राप्त किए गए एक अध्ययन से पता चला है कि कोलकाता में देह व्यापार में फंसी महिलाओं की संख्या में तेजी से वृद्धि हो रही है। अनुमानित 6000 में से अधिकतर नाबलिग हैं। बैंकाक स्थित 'एकपाट' नामक स्वैच्छिक संस्था के आंकड़े बताते हैं कि प्रतिवर्ष 20000 लड़कियाँ देह व्यापार हेतु नेपाल, बांग्लादेश आदि से भारत लाई जाती हैं। महिला एवं बाल विभाग इस संदर्भ में यूनिसेफ एवं यूनिफेम के साथ मिलकर इस समस्या पर काबू पाने का प्रयास कर रहा है।

पिछले कुछ सालों से भारत सरकार ने बालिका विकास पर काफी गंभीरता से विचार किया है और यूनिसेफ की मदद से कई कार्यक्रम भी प्रारम्भ किए हैं। लेकिन कानूनी दांवपेंच की वजह से इनका लाभ बालिका मजदूरों को नहीं मिल रहा है। न तो 1938 बाल श्रम अधिनियम और न ही 1986 के बाल श्रम उन्मूलन एवं कार्यान्वयन अधिनियम में बालिका मजदूरों का कोई उल्लेख है। वस्तुतः अधिकतर बालिकाएं उजरोती (पीस रेट) के आधार पर अपने घरों में काम करती हैं। घरेलू बाल कार्य को खतरनाक काम की परिधि में परिभाषित नहीं किया गया है। अलीगढ़ की ताला इकाइयाँ एवं जयपुर-अलवर में कालीन बनाने अथवा जयपुर में कीमती पत्थर तराशने का काम छोटी उम्र की बच्चियाँ घरों में करती हैं।

बाल विकास नीति, बाल श्रम नीति एवं संविधान में प्रदत्त बच्चों के अधिकारों को मूर्तरूप देने हेतु भारत सरकार ने कुछ कदम अवश्य उठाए हैं, लेकिन उनका पूर्ण प्रभाव तभी दिखाई पड़ेगा जब समाज बालिका मजदूरों के अस्तित्व को स्वीकारेगा। स्वैच्छिक संस्थाओं, मीडिया एवं प्रबुद्ध नागरिक संगठन इस दिशा में महत्वपूर्ण भूमिका अदा कर सकते हैं।

(8 मार्च 2002, दैनिक भास्कर)

25 अस्मिता का द्वंद्व

अमेरिकी ट्रेड टावर्स पर आतंकी हमले के बाद में 'अस्मिता' यानी 'पहचान' पर विकासकर्मियों का ध्यान पुनः आकर्षित हो रहा है। समाजशास्त्री सेमुएल हन्टीगटन ने 'सभ्यताओं के संघर्ष' में बड़े विस्तार से इस पर चर्चा की है। एडवर्ड सईद ने 'ओरिएंटल थ्यौरी' पर चर्चा करते हुए 'पहचान' का जिक्र कई बार किया। आखिर क्या है 'अस्मिता'?

यह ऐसी अवधारणा है, जिसको आत्मसात करके हम सुरक्षित महसूस करते हैं। समुदायवादी अस्मिता में बड़ी सम्मोहक शक्ति है। वैयक्तिक तौर पर भी और सामूहिक रूप में भी। लेकिन असुरक्षा का भय फिर भी प्रेत की भांति हमारे इर्द-गिर्द हमेशा मंडराता रहता है। अस्मिता ऐसी मित्र भावना है, जिसके साथ हम अधिक दूर तक जाना चाहते हैं। लेकिन जा नहीं सकते। अस्मिता का प्रश्न मूलतः पहचान और शिनाख्त का प्रश्न है। और शिनाख्त हमेशा 'अन्य' की तुलना में ही संभव है। अतः अन्य का अस्तित्व अनिवार्य है। यह अन्य 'वे' हैं जो 'हम' से भिन्न हैं। यह भिन्नता हमसे 'वे' की दूरी और दुश्मनी पैदा करती है। यह विभेद समाज में व्यक्तियों को विभाजित कर देता है। यदि हम सुरक्षित रहना चाहते हैं और विकसित होना चाहते हैं तो अन्य को शिकस्त देना जरूरी है।

समाज में व्यक्तियों, विचारों एवं व्यवस्थाओं का विभाजन कुछ इस प्रकार किया जाता है कि विभेद, विरोध का स्वरूप ले लेता है। विरोध में शोर और युद्धनाद होता है। संवाद के बजाय विवाद होता है। इसमें सन्धि और समन्वय के स्वर लुप्त हो जाते हैं और 'अस्मिता' की रक्तरंजित राजनीति का खेल शुरू हो जाता है। यह तमाशा तब तक जारी रहता है जब तक कि 'हम' या 'वे' में कोई एक पराजित या ध्वस्त नहीं हो जाता। दोनों पक्ष विनाश की इस लीला में इस विश्वास से भाग लेते हैं कि वे अपनी अस्मिता की अक्षुण्णता के लिए अन्य का अन्त कर रहे हैं। अन्ततः अस्मिता का प्रश्न सामान्य तौर पर

और सामाजिक या सामूहिक विशेष रूप से विचारधारा और राजनीतिक रणनीति का निर्णायक या मूल प्रश्न बनता जा रहा है। यानी हमारी एक अलग शिनाख्त हो या कम-से-कम एक प्रमुख या प्रभुत्वशाली पहचान हो।

आज करीब-करीब दुनिया के सभी देशों के बीच और इन देशों के भीतर अस्मिता अवलम्बित कई प्रकार के संघर्ष जारी हैं। मजहब हो या जाति, संस्कृति हो या भाषा या प्रदेश सब अस्मिता का कारण बन सकते हैं। वैश्वीकरण की प्रक्रिया में इसे 'सभ्यताओं के संघर्ष' की संज्ञा दी गयी। बीसवीं सदी के अन्तिम चरण में पहले बहुलतावाद फिर बहुल संस्कृतिवाद को विमर्श के केन्द्र में लाया गया। अतः इक्कीसवीं सदी के प्रथम दशक में अस्मिता-उन्माद पर नये सिरे से विचार करने की जरूरत है।

प्रश्न यह है कि आजकल क्यों इतने सारे लोग धार्मिक, पारंपरिक (एथेनिक), राष्ट्रीय या किसी अन्य अस्मिता के नाम पर अपराध करते हैं। उसका उत्तर शायद यही हो सकता है कि अस्मिता की राजनीति खून में उबाल लाने वाला खूनी खेल है। यह एक क्रूर विकराल सत्य है। आज लगभग प्रत्येक समाज में समुदाय अस्मिता के भिन्न-भिन्न स्वरूप सामने आ रहे हैं और यह समुदाय भी छोटे-छोटे वृत्तों में विभाजित होते जा रहे हैं, जिसके परिणामस्वरूप राजनीतिक दल भी विघटित होते चले जा रहे हैं। इस प्रक्रिया से इन समुदायों का आर्थिक तथा शैक्षिक स्तर तो ऊंचा नहीं होता, लेकिन उनकी राजनीतिक शक्ति घटती-बढ़ती रहती है। जिन समुदायों में एक समान अस्मिता की तीव्र इच्छा होती है वे प्रायः उग्र रूप में अपनी अस्मिता की इच्छा प्रकट करते हैं।

बहुल संस्कृतिवाद का जिस प्रकार प्रचार तथा प्रसारण-अनुसरण किया जाने लगा है, उससे ऐसा लगता है कि समाज अब कबीलाई विरोधों और अवरोधों के युग में पुनः प्रवेश कर रहा है। बजाय इसके कि इस गतिशील तथा परिवर्तनशील युग में अस्मिताएं अपने से भिन्न अन्य समूहों और संस्कृतियों से मेलजोल बढ़ायें तथा लेनदेन करें, ये 'सांस्कृतिक समुदाय' अधिक सीमित और संकीर्ण जातियों में विभाजित हो रहे हैं। विडम्बना यह है कि कबीलाई मानसिकता और उत्तर आधुनिक आस्था में कोई अन्तर नहीं रह गया। चूंकि धर्म, जाति, रंग वर्ण, भाषा तथा प्रदेश के आधार पर निर्मित अस्मिताओं को

अधिक महत्त्व दिया जाता है इसलिए समरूप नागरिकता, राष्ट्रीयता तथा विश्वजनीन दृष्टि विकसित नहीं हो पाती और ये समुदाय विगत में जीने लगते हैं। अतीत और इतिहास तथा स्मृतियाँ उस समय तक ही जीवन्त और शक्तिदायक बनी रहती हैं जब तक वे भविष्योन्मुख होती हैं।

बड़े पैमाने पर विस्थापन तथा परिगमन और प्रवास के वैश्वीकरण तथा संसार की नयी प्रौद्योगिकियाँ ही नहीं भूगोल की सीमाएं भी धूमिल होती जा रही हैं। संकर या मिश्रित अस्मिताओं की संरचना के विभिन्न स्रोत होते हैं। अन्य सभ्यताओं और कई दिशाओं से आने वाले विचारों के संस्कृतिकरण की प्रक्रिया और गति को तीव्र तथा बहुआयामी बना देते हैं। प्रत्येक सभ्यता अन्य सभ्यताओं से कुछ मूल्य, परम्पराएं और रीति-रिवाज ग्रहण करती है, लेकिन इस मिश्रण तथा संकरण की मात्रा और प्रभाव प्रत्येक सभ्यता की मूल शक्ति से निश्चित होता है। किसी भी अस्मिता के आधुनिकीकरण की प्रक्रिया में रचनात्मक भूमिका अदा करने की एक निशानी यह भी है कि वह अन्य निषेध रवैये के बजाय समाविष्टि के रवैये को धारण करती है। अस्मिता का प्रश्न दरअसल समावेश की अपेक्षा विद्वेष पर आधारित है, जिसके कारण असहिष्णुता एक सामाजिक एवं राजनीतिक मूल्य बनती जा रही है, परिणामस्वरूप नई-नई अस्मिताओं तथा उप-अस्मिताओं की उत्पत्ति हो रही है।

इतिहास में कितने ही उदाहरण इस तथ्य की पुष्टि करते हैं कि एक प्रभुत्वशाली सभ्यता का सामना करने पर और उसके प्रभाव एवं प्रहार को सहन करने में सक्षम न होने पर दुर्बल सभ्यता के सामने दो रास्ते होते हैं। प्रथम यह है कि वह प्रभुत्वशाली सभ्यता में विलीन हो जाये और अपनी अस्मिता को क्षीण होने दे जो कि कालान्तर में लुप्तप्राय हो जाएगी और अन्ततः प्रभुत्वशाली सभ्यता का ही अभिन्न अंग बन जाएगी। दूसरा रास्ता है कि वह अपने इर्द-गिर्द रक्षा कवच की रचना कर ले और अपनी सांस्कृतिक शक्ति का ह्रास न होने दे। लेकिन इसका खतरा भी है कि ऐसा 'अस्मिता व्यूह' उसे प्राचीन-अवशेष बना देगा। खतरा यह भी है कि यह सभ्यता अतीतोन्मुख हो जाये या मूलवाद की आक्रामक मुद्रा धारण कर ले।

लिहाजा इस तथ्य को नजरअन्दाज करना कठिन है कि अस्मिता पर भी गुरुत्वाकर्षण का नियम लागू होता है। अस्मिताएं अपने 'मूल विशुद्ध' तत्वों

तथा आस्थाओं की ओर आकर्षित होती हैं। कौन-सी अस्मिता किस समय किसी अन्य अस्मिता की ओर आकर्षित होती है यह उस समय की आवश्यकताओं तथा प्राथमिकताओं और परिस्थितियों के दबावों पर निर्भर करता है। स्थिति उस समय जटिल हो जाती है जब ये अस्मिताएं गड्डमड्ड होने लगती हैं या हम किसी एक तत्व को परम या सर्वव्यापक स्वीकार कर लेते हैं। अस्मितावादियों को प्रायः इस प्रश्न का सामना करना पड़ता है कि वे कब, क्यों, कैसे, कहाँ और किस अस्मिता को प्राथमिकता प्रदान करें। इस विषम परिस्थिति के कारण अस्मिता की समस्या नीतिगत न होकर राजनीतिगत हो जाती है।

एक ओर गतिशीलता, गमनशीलता तथा मीडिया प्रचार अस्मिता समूहों की अपेक्षाओं और आस्थाओं को बदल रहे हैं तथा दूसरी ओर कई बार अस्थिरता भी उत्पन्न कर रहे हैं। और विभेदों में अभिवृद्धि कर रहे हैं। विभिन्न समाजों, समूहों, स्थानों तथा संस्कृतियों के बीच फासला बढ़ता जा रहा है जो अधिक हिंसक और आक्रामक होता जा रहा है। अस्मिता के दिवाने अपने देश में ही नहीं अपने देश से दूर किसी अन्य देश में भी अतीत के किसी दौर में निर्मित अपनी अस्मिता के लिए मरने-मारने को तैयार हो जाते हैं।

एक ओर परम्परा और संस्कृति है, रीति-रिवाज हैं और दूसरी ओर विकास तथा वर्तमान हैं, इनमें संघर्ष अनिवार्य है। लेकिन इस संघर्ष को अस्मिता की राजनीति में बदलने के बजाय इसमें सृजनात्मक हस्तक्षेप की आवश्यकता है। आधुनिकीकरण पर असंख्य प्रहार करने के बावजूद समाज में परिवर्तन की प्रक्रिया को रोका नहीं जा सकता, हाँ उसकी गति को धीमा किया जा सकता है। अतः विचार इस पर होना चाहिए कि परिवर्तन की प्रक्रिया की दिशा और गति क्या हो? उसका स्वरूप क्या हो? दरअसल समस्या 'अस्मिता की संस्कृति' नहीं है, इसकी राजनीति है। यदि राष्ट्रीय अस्मिता जैसी कोई वस्तु नहीं है तो बताया जाये कि किसी राष्ट्र-विचार में अस्मिता की अन्तिम सीमा या बिन्दु क्या है? जब अस्मिताओं का विभाजन धर्म, जाति, नस्ल, वर्ण, लिंग, भाषा, क्षेत्र के आधार पर होगा तो किस अस्मिता को किस पर तरजीह दी जाएगी, और क्यों? इससे यह भी प्रकट होता है कि प्रत्येक व्यक्ति की इन आधारों पर अलग-अलग अस्मिताएं होती हैं। हमारे सामने प्रश्न यह है कि

किस प्रकार सांस्कृतिक विविधता तथा राष्ट्रीय एकता में समन्वय स्थापित किया जाये और वैश्विक परिप्रेक्ष्य में राष्ट्रीय अस्मिता को व्याख्यातित किया जाए। यदि सेम्युअल हन्टीगटन 'दि क्लैश आफ सिविलाइजेशन' (सभ्यताओं का संघर्ष) की व्याख्या करते हैं तो फ्रांसिस फुकोवा 'इतिहास का अंत' की चर्चा करते हैं। इन तमाम वैश्विक मत-मतान्तरों के चलते अस्मिताओं और राष्ट्रीयता की समस्या और अधिक जटिल होती जा रही है।

फिर भी वास्तविक जीवन में हम देखते हैं कि एक ओर क्षेत्रीय संस्कृतियाँ उन्नत होती हैं तो दूसरी ओर विशाल सांस्कृतिक समन्वय भी। इस प्रकार विभिन्न संस्कृतियों के बीच सेतु निर्मित होते हैं जो उनकी अलग अस्मिता को भी सुरक्षित रखते हैं और उन्हें एक-दूसरे से मिलाते भी हैं। इस प्रकार समस्त संस्कृतियों का अनवरत प्रवाह जारी रहता है जो विभिन्न किनारों के बीच लगातार बहता रहता है। विभिन्न संस्कृतियों में विस्तार, विमिश्रण, सहयोग एवं सहअस्तित्व महत्वपूर्ण है। सांस्कृतिक गतिशीलता तथा द्वन्द्वात्मकता की यही स्वाभाविक सामाजिक प्रक्रिया है।

(जून 2002, आधारशिला)

(प्रसिद्ध समाजशास्त्री और 21वीं सदी में भारत के शीर्ष चिंतकों में से एक आशीष नंदी को इस लेख में दिये बिन्दुओं पर चर्चा के लिए धन्यवाद)

26 अंधकार से मुक्ति

किसी समय स्वाधीनता की इच्छा ने गुलाम भारत में भी साक्षरता की इच्छा पैदा की थी। स्वतंत्रता सेनानी एवं कार्यकर्ता एक ओर जहाँ ग्रामोत्थान की संस्थाओं में यह कार्यक्रम चलाते थे तो दूसरी ओर स्कूली बच्चे भी अक्षर ज्ञान देने के आंदोलनों में हिस्सा लेते थे। भारतीय संविधान में भी यह अभिलाषा व्यक्त की गई है कि देश में 14 वर्ष तक के प्रत्येक बच्चे को शिक्षा प्रदान की जायेगी, लेकिन अफसोस आजादी के बाद के दशकों में भी अनपढ़ बच्चों की संख्या में लगातार वृद्धि होती चली गयी। पिछले कुछ वर्षों से स्वैच्छिक संस्थाओं का ध्यान इधर गया है, लेकिन अभी उनमें समस्या के स्वरूप को सही सामाजिक, आर्थिक और राजनीतिक संदर्भों में समझने की क्षमताओं का अभाव है। यही नहीं वे अक्सर जमीनी वास्तविकताओं से हटकर इस पर तर्क देते हैं। अतः यह जानना आवश्यक है कि शिक्षा के अधिकार का अर्थ क्या है? एवं इसे लागू करने का उत्तरदायित्व किसका है? एवं वर्तमान में ढांचागत कठिनाइयाँ कौन सी हैं?

इसे समझने के लिए ग्रामीण परिदृश्य पर एक नजर डालना जरूरी है। उत्तर प्रदेश के बांदा जिले में पाठा के इलाके में कोल आदिवासियों की बस्तियाँ हैं। यहाँ के निवासी अधिकतर भूमिहीन खेतिहर मजदूर हैं। ऐसे ही एक गांव में भोलू कोल आदिवासी रहता है। उसका सात साल का बेटा है गोकुल। वह अपने बाप के साथ कभी खेती में खटता है तो कभी पास के इलाके में चलने वाले स्टोन क्रैशर में। जब गोकुल पांच साल का था तब भोलू की दिली इच्छा थी कि उसका बेटा पढ़-लिखकर बाबू बन जाये। उसने गोकुल को स्कूल में भेजने की बहुत कोशिश की, लेकिन चार-पांच किलोमीटर के घेरे में कोई स्कूल नहीं था। हालांकि पास के कस्बे में ईसाइयों ने कान्वेंट स्कूल अवश्य खोला है जहाँ साधन सम्पन्न परिवारों के बच्चे अंग्रेजी मीडियम में पढ़ने जाते थे। अब भोलू की औकात इतनी नहीं है कि वह अपने बेटे को

महंगे स्कूल में पढ़ा सके। सो उसने हालात से समझौता कर लिया और अपने बेटे को रोटी का जुगाड़ करने के काम में अपने साथ रख लिया। सरकारी परिभाषा में उसका सात साल का बेटा 'बाल मजदूर' बन गया।

भोलू की मजबूरी के ठीक विपरीत सरकार एवं गैर सरकारी संगठन महज 'बाल श्रम विरोधी विज्ञापन' छापकर या यात्राएं निकालकर अपने कर्तव्य की इतिश्री समझ रहे हैं। सरकारी नीतियों में गरीबी को अभी भी बाल मजदूरी का प्रमुख कारण माना जाता है, लेकिन सभी के लिये शिक्षा के प्रति सामाजिक नजरिये को बदलने के लिए उसके पास कोई ठोस कार्यक्रम नहीं है। अतः शिक्षा को बाल अधिकारों के संदर्भ में देखना आवश्यक है।

केरल, गोवा एवं हिमाचल प्रदेश में संविधान की 45वीं धारा की समग्र दृष्टि को मद्देनजर रखकर कार्य हुआ और उसका परिणाम सामने है कि गरीबी के बावजूद वहाँ शिक्षा का प्रसार हुआ है। वस्तुतः यह राज्य का उत्तरदायित्व है कि वह नागरिकों (जिनमें बच्चे भी शामिल हैं) के अधिकारों को साकार करने की दिशा में कदम उठाये। राज्य सभी का 'अभिभावक' है और इस नाते उसे बच्चों के शिक्षा के अधिकार को मूर्त रूप देना चाहिये। जब केरल शिक्षा के सार्वभौमीकरण (यूनीवर्सेलाइजेशन) की ओर कदम उठा सकता है तो अन्य राज्य क्यों नहीं? वायनर वीनर ने अपने प्रसिद्ध शोध ग्रंथ में लिखा है कि 'नीतियों की व्याख्या बाबू लोग अपनी सुविधा के अनुसार करते हैं।' अतः जरूरत है संविधान की 45वीं धारा को राष्ट्र संघ बाल अधिकार चार्टर के संदर्भ में देखने की।

वस्तुतः सारा झमेला सामाजिक नजरिए का है। भारत में अभी ऐसा दृष्टिकोण स्वीकार नहीं है, जिसके अनुसार यदि अभिभावक अपने बच्चे की जिम्मेदारियाँ पूरी नहीं करते तो ऐसी स्थिति में बच्चे के अधिकारों की गारंटी की जिम्मेदारी राज्य की होगी। 1882 में कुछ भारतीयों तथा ब्रिटिश अधिकारियों ने भारतीय शिक्षा आयोग के समक्ष अनिवार्य शिक्षा की शुरुआत करने की वकालत की थी, परंतु इस प्रस्ताव पर कभी भी गंभीरतापूर्वक विचार नहीं किया गया। और दूसरे शब्दों में भारतीय मध्यम वर्ग कुछ ऐसी अवधारणों से ग्रसित है जिनके मूल में समाज व्यवस्था से संबंधित दृष्टिकोण जुड़े हैं। इनमें प्रमुख है समाज के उच्च्व वर्ग और निम्न वर्ग की अलग-अलग भूमिकाओं से

जुड़े विचार। मसलन, निम्न वर्गों के बच्चों को दिमाग की बजाय हाथ से काम करने की कला सीखनी चाहिये (मजदूरी के काम में लगकर जितनी तेजी से कुशलता प्राप्त होती है वह स्कूल जाने से संभव नहीं है।) और यह भी कि स्कूलों की अधूरी शिक्षा एवं बाल मजदूरी गरीबी के परिणाम हैं न कि और अन्य कारणों के। यह भी कि अंतिम तौर पर बच्चों के अभिभावक उनके मां-बाप हैं न कि राज्य। इन्हीं अवधारणाओं के चलते भारत के नीति निर्माताओं ने बड़े पैमाने पर शिक्षा के प्रसार को कभी भारत के आधुनिकीकरण के लिए बुनियादीतौर पर जरूरी नहीं समझा। भारतीय मध्यमवर्गीय भद्रलोक की सोच कहीं गहरे जड़ जमाकर बैठी इस अवधारणा पर टिकी है कि जो अपने मस्तिष्क से काम करते हैं और शासन करते हैं उनके लिये शिक्षा अलग ढंग की होनी चाहिए। इन अवधारणाओं का धार्मिक विचारों और वर्ण व्यवस्था से गहरा संबंध है। यही कारण है कि शिक्षा प्रणाली को जो लोग नियंत्रित करते हैं, वे इस बात के प्रति अत्यंत उदासीन दिखाई देते हैं कि समाज के निम्न से निम्न वर्गों के बच्चे स्कूलों में कम संख्या में जाते हैं अथवा अधूरी पढ़ाई छोड़कर स्कूलों से बाहर आ जाते हैं। इसके परिणामस्वरूप दुनिया के विभिन्न देशों के मुकाबले भारत में बाल मजदूरी की दर सबसे ज्यादा है, स्कूलों में नामांकन की दर सबसे कम है और तीसरी दुनिया के अधिकांश देशों के मुकाबले साक्षरता दर बहुत कम है।

यह सही है कि बाल मजदूरी को रोकने के लिये शिक्षा एक कारगर उपाय है, लेकिन शिक्षा को महज बाल मजदूरी रोकने का साधन माना जाना सभी प्रकार की मुहिमों के आगे प्रश्न चिन्ह खड़ा कर देता है। सन् 2001 की जनगणना से स्पष्ट है कि देश में अनपढ़ों की संख्या में कमी नहीं हो रही है। अन्य विकासशील देशों की भांति भारत में भी निरक्षरता के विरुद्ध लड़ाई में लगातार पराजय की गंभीरता इन आंकड़ों से स्पष्ट हो जाती है कि विधिवत स्कूलों में भर्ती होने वाले बच्चों में भी निरक्षरता बढ़ती जा रही है। यदि 100 बच्चे पहली कक्षा में भर्ती होते हैं तो तीसरी तक पहुंचते-पहुंचते 60 ही रह जाते हैं। शेष में से भी केवल 40 ही कक्षा पांच पार कर पाते हैं। इसलिये 40 प्रतिशत वयस्क निरक्षरों की जमात में हमारी शिक्षा प्रणाली प्रतिवर्ष और 40 प्रतिशत बच्चों को शामिल करती रहती है। यह स्थिति गंभीर विचार और कार्य के लिए जबर्दस्त चुनौती है।

प्रसिद्ध शिक्षाविद् मॅलकाम आदिशेशैय्या कहते थे कि हमारे देश में साक्षरता की समस्या शिक्षा से भी गहरी और मौलिक समस्या है। अमर्त्य सेन, उत्सा पटनायक, कृष्ण कुमार एवं जीन ड्रेज़ जैसे विद्वान भी अब यह तर्क देते हैं कि साक्षरता प्रदान करना लोगों को दान देना नहीं है। इसे मानव विकास की दिशा में विनियोजक माना जाना चाहिए, क्योंकि किसी भी प्रकार का सामाजिक परिवर्तन वैज्ञानिक या आर्थिक प्रगति तब तक संभव नहीं जब तक कि अधिसंख्य लोग कम से कम अक्षरों का इतना ज्ञान रखते हों कि लिखित शब्द को आसानी से समझ सकें और उसे आपसी संवाद का एक माध्यम बनायें। उत्पादन बढ़ाना, स्वास्थ्य का स्तर उठाना, अंधविश्वास दूर करना, लिखित शब्द की अप्रचारित और अघोषित क्षमता है।

भारत में साक्षरता अभियानों की दुर्गति से तो ऐसा लगता है कि सामूहिक और परंपरागत प्रारंभिक शिक्षा प्रणाली साक्षरता को फैलाने के सिलसिले में बहुत कारगर सिद्ध नहीं हुई है। भारतीय प्राथमिक शालाओं से प्रतिवर्ष लाखों बच्चे मुख मोड़ते हैं? इसका सबसे बड़ा कारण शायद यह है कि बच्चे (लड़के-लड़कियाँ) उस समय अपने मां-बाप के साथ ऐसे कामों में लगे होते हैं, जिनका संबंध उनकी दैनिक जिंदगी से है। लेकिन उतना भी बड़ा कारण शिक्षा की ढांचागत कमियाँ हैं। संविधान में शिक्षा को केन्द्रीय सूची में रखा गया था, लेकिन 1976 में संशोधन कर इसे समवर्ती विषय बना दिया गया।

आइये देखें कि देश में स्कूलों की उपलब्धता की क्या स्थिति है? कितने स्कूलों और शिक्षकों की कमी है? जनसंख्या में वृद्धि का शिक्षा ढांचे पर क्या असर हो रहा है? 2001 की जनगणना के अनुसार भारत कि जनसंख्या 100 करोड़ के लगभग है। 1991-2001 के बीच जनसंख्या में 21.34 प्रतिशत की वृद्धि देखी गयी। उत्तर प्रदेश में यह दर 25.80, बिहार में 28.43, मध्य प्रदेश में 24.34 एवं राजस्थान में 28.43 है। जन्मदर 2.9 और मृत्युदर एक प्रतिशत। भारत में 0-14 वर्ष के बच्चों की संख्या 1991 में कुल जनसंख्या 84.6 करोड़ का 35.8 प्रतिशत थी जोकि 30.3 करोड़ के लगभग बैठती है।

विश्व बैंक के एक अध्ययन का अनुमान है कि सन् 2025 तक इस आयु समूह का प्रतिशत घटकर जनसंख्या का 23.9 प्रतिशत हो जायेगा, परंतु फिर भी यह संख्या 32.6 करोड़ होगी। यानी प्राथमिक स्कूल में जाने वाली उम्र में

बच्चों की संख्या में कमी नहीं आयेगी। इसी तरह 6-13 वर्ष की आयु समूह की संख्या जो कि 1990 में 16.3 करोड़ आंकी गयी थी, दस साल बाद 17.1 करोड़ हो जाने का अनुमान लगाया गया था। यानी औसतन हमारे देश में शिशुओं की संख्या में प्रतिदिन 48,000 की वृद्धि हो रही है।

यदि इन आंकड़ों को देश के विद्यालयों में उपलब्ध कमरों के परिपेक्ष्य में देखें तो हमें स्कूली कमरों की कमी का अंदाजा हो जायेगा। राष्ट्रीय शिक्षा प्रावधानों के अनुसार एक कमरे में 36 छात्रों की जगह होती है। यदि इस हिसाब से देखा जाये तो शिशुओं की प्रतिदिन संख्या के अनुसार देश में रोजाना 1,330 कमरों का निर्माण होना चाहिए ताकि आज पैदा होने वाले बच्चे को पांच साल बाद बैठने की जगह उपलब्ध हो। यह चुनौती देश के उन राज्यों में ज्यादा भयावह है, जिनमें जन्मदर राष्ट्रीय औसत से भी अधिक है। इनमें उत्तर प्रदेश, बिहार, राजस्थान एवं मध्य प्रदेश में स्थिति गंभीर है, जिनमें सकल प्रजनन दर क्रमशः 4.8, 4.01, 3.6, और 3.9 है। कुल मिलाकर प्राथमिक शिक्षा के क्षेत्र में उत्तर प्रदेश में कड़ी चुनौती होगी।

वस्तुतः समस्या सिर्फ आज जन्मे बच्चों की शिक्षा को लेकर ही नहीं है। सन् 1991 में 6-10 वर्ष के आयु समूह के बच्चों की संख्या 105.8 मिलियन थी। इनमें से कितने प्राइमरी स्कूल जाते हैं? इस प्रश्न का उत्तर कठिन है। लेकिन विभिन्न अध्ययनों के जो आंकड़े उपलब्ध हैं वे इंगित करते हैं कि इस आयु समूह के 68.2 मिलियन बच्चे ही स्कूलों में भर्ती थे। सेन एवं ड्रेज़ का एक अध्ययन यह बताता है कि ग्रामीण इलाकों में 12-14 वर्ष की लड़कियों में 51.4 और लड़कों में 26 प्रतिशत कभी अपना नाम स्कूलों में दर्ज नहीं करा पाते हैं। कुल मिलाकर 6-10 वर्ष की आयु के लगभग 32 मिलियन बच्चे स्कूलों से बाहर हैं। इनमें से दो तिहाई लड़कियाँ हैं। बिहार, राजस्थान एवं उत्तर प्रदेश में स्कूल जाने वाली उम्र की लगभग आधी लड़कियाँ स्कूल नहीं जाती हैं। इसी तरह देश के 6 राज्यों आन्ध्र प्रदेश, बिहार, मध्य प्रदेश, राजस्थान, उत्तर प्रदेश एवं पश्चिमी बंगाल में देश की कुल आबादी की आधी संख्या निवास करती हैं और इन राज्यों में तीन चौथाई बच्चे स्कूलों से बाहर हैं।

1991 में देश के 168 जिलों में महिला साक्षरता की दर 30 से भी कम थी एवं इनमें से 94 प्रतिशत जिले उपरोक्त 6 राज्यों में हैं। 1987 में देश में पांच

लाख तीस हजार प्राइमरी स्कूल थे। लेकिन क्या देश में बच्चों की संख्या को देखते हुए यह संख्या पर्याप्त है। उपरोक्त वर्ष में ही देश के 8 प्रतिशत स्कूल भवन रहित, 6 प्रतिशत घास-फूस की झोपड़ियों एवं 14 प्रतिशत कच्चे मकानों में चल रहे थे। देश में 15 लाख स्कूली कमरे थे यानि लगभग सात लाख क्लास रूमों की कमी। मौजूदा स्कूल भवनों की जर्जर हालत और पानी की सुविधा का अभाव है। अकेले उत्तर प्रदेश में 284,000 एवं बिहार में 170,000 क्लास रूमों की कमी है। कुल मिलाकर ये आंकड़े दहशत पैदा करने वाले हैं। सरकारी आंकड़े दिखाते हैं कि 1989-90 में देश में प्राथमिक स्कूलों की संख्या 5.51 लाख थी और 1994-95 में 5.81 लाख।

इससे स्पष्ट है कि जरूरत के अनुसार स्कूल भवनों के निर्माण का कार्य अत्यंत धीमा है। शिक्षकों की उपलब्धि के मामले में भी स्थिति बहुत आशाजनक नहीं है। 1993 में एक अध्ययन के अनुसार देश में लगभग 19 लाख शिक्षक हैं। यदि 40 बच्चों पर एक शिक्षक के मानक के नजरिये से गिनती की जाए तो 6-10 वर्ष के सभी बच्चों को स्कूली शिक्षा देने हेतु तो देश में छः लाख साठ हजार शिक्षक और चाहिये। उत्तर भारत के जिन राज्यों में शिक्षा की दर बहुत कम है, वहाँ इस पर विशेष ध्यान देने की आवश्यकता है। बिहार (170,000), राजस्थान (44,000), उत्तर प्रदेश (166,000) एवं मध्य प्रदेश में (17,000) शिक्षकों की कमी है। हालांकि ऑपरेशन ब्लैक बोर्ड जैसी परियोजनाओं से कुछ हद तक एकल शिक्षक पद्धति वाले स्कूलों की संख्या में बहुत गिरावट आयी है, लेकिन शिक्षकों की अनुपस्थिति एवं ग्रामीण इलाकों के बजाय शहरी क्षेत्रों में उनका जमाव जैसी समस्याएं अभी भी बरकरार हैं।

लेकिन यहाँ प्रश्न यह है कि क्या, ढांचागत सुधारों के बाद शिक्षा का सर्वव्यापीकरण हो पायेगा? अन्य देशों के अनुभव एवं यूनेस्को के अध्ययन दर्शाते हैं कि सामाजिक संरचना के अन्यायी स्वरूप में परिवर्तन आये बिना महज ऊपरी सुधारों से साक्षरता को टिकाऊ नहीं बनाया जा सकता। यूनेस्को के अनुसार, "साक्षरता को अपने आप में एक लक्ष्य मानने के बदले उसे मनुष्य को सामाजिक, नागरिक और आर्थिक भूमिका निभाने के लिए तैयारी के साथ जोड़ना होगा, जो कि प्रारंभिक शिक्षा, जिसमें केवल पढ़ना-लिखना शामिल

है, से आगे की कड़ी है। पढ़ने-लिखने की प्रक्रिया को भी ऐसी जानकारी प्राप्त करने का माध्यम बनाया जाना चाहिए, जो व्यक्ति के जीवन स्तर को सुधारने में तुरंत सहायक हो।" सेन्टर ऑफ कन्सर्न फार चाइल्ड लेबर जैसे गैर सरकारी संगठनों का यह अनुभव है कि जब तक भारतीय ग्रामीण और शहरी झोपड़-पट्टियों में लोगों को ठोस प्रेरक स्त्रोत नहीं मिलते तब तक शिक्षा गरीबों की प्राथमिकता नहीं बन पायेगी। हमारे देश में साक्षरता को तब तक अंधकार से 'मुक्ति' नहीं माना जायेगा जब तक कि उस मुक्ति को वास्तविक जीवन के लिए उपयोगी सिद्ध न किया जाये। शिक्षा के सर्व साधारणीकरण में यह सबसे बड़ी चुनौती है।

(8 सितम्बर 2002, आधारशिला)

27 गुजरात भूकम्प के सबक

प्राय: प्राकृतिक आपदाओं के बाद यह समीक्षा की जाती है कि पीड़ितों को राहत मिली या नहीं। इस संबंध में अनेक जांच कमेटियों की सिफारिशें सरकारी फाइलों में दम तोड़ रही हैं। हाल ही में गुजरात में आये प्रलयकारी भूकंप ने राहत प्रबंधन को लेकर कई सवाल खड़े किये हैं। ये प्रश्न नये नहीं हैं, लेकिन उन पर फिर से गौर करने की जरूरत है।

इस संदर्भ में पूर्व आपदाओं पर एक नजर डालना विसंगति नहीं होगी : 10 दिसंबर 1967, कोयना (महाराष्ट्र) : 6 तीव्रता के भूकंप से भयानक तबाही, राहत पहुंचने में देरी और कई दिनों तक अनिश्चतता की स्थिति। 21 अगस्त 1988, मिथिलांचल (बिहार) : भूकंप आने की सूचना में अत्याधिक देरी, राहत सामग्री बांटने में कई खामियाँ, नतीजा लूटमार की स्थिति। 20 अक्टूबर 1991, उत्तरकाशी (उत्तर प्रदेश) : पूरे पहाड़ी अंचल में तबाही, कई इलाकों में राहत पहुंचने में 5 से 8 दिनों तक की देरी। 30 सितंबर 1993, लातूर (महाराष्ट्र) : नेटवर्किंग की कमी से राहत सामग्री देर से पहुंची, कई परिवार कई दिनों तक बिना सहायता के। मई 1997, जबलपुर (मध्य प्रदेश) : राहत के नाम पर अव्यवस्था। अनेक पीड़ितों को लाभ नहीं, भयंकर जन असंतोष।

अरुणाचल प्रदेश, असम, गुजरात, राजस्थान... सूची लम्बी है। प्राकृतिक आपदाएं आती हैं और आती रहेंगी। लेकिन कब तक लातूर, उत्तर काशी और भुज अपने आपको दोहराता रहेगा?

सवाल उठता है कि राज्य के पास प्राकृतिक आपदाओं से निपटने के लिए बजट धनराशि होने के बावजूद प्रभावित इलाकों में पीड़ितों को सहायता समय पर क्यों नहीं मिल पाती है? क्या प्रशासन ने गांधारी की तरह आंखों पर पट्टी बांध रखी है या लाल फीताशाही मानवीय मूल्यों पर हावी है? क्या हमारे आपदा प्रबंधन में क्रियात्मक विसंगतियाँ हैं?

कुल मिलाकर यह प्राचलिकों (पेरामीटर्स) से संबंधित है। मुख्य प्रश्न है 'रिलीफ़' कब भेजी जाये। मसलन, क्या भूकंप क्षेत्र में दी जा रही सहायता की मात्रा हो चुकी मौतों के आधार पर तय की जाये या उस इलाके में भूकंप से होने वाली तबाही के बाद अभावों की स्थिति के आंकलन पर। इसी से जुड़ा प्रश्न है, केन्द्रीय सरकार द्वारा राज्य सरकारों को दी जाने वाली सहायता राशि तदर्थ आधार पर तय की जाये या उसके लिये कोई नियमित व्यवस्था हो। प्रत्येक प्राकृतिक आपदाओं के दौरान ये यक्ष प्रश्न उठते रहे हैं और फाइलों एवं बहसों तक सीमित रह जाते हैं। लेकिन इन सारी अनिश्चितताओं के बीच आपदाओं से प्रभावित लोगों की मुसीबतें बढ़ती रहती हैं। प्राकृतिक आपदा से प्रभावित क्षेत्रों में उन इलाकों के लोगों की स्थिति बड़ी विचित्र सी होती है, जहाँ मौतें या तो बहुत कम हुई हैं या बिल्कुल नहीं लेकिन जिंदा रहने और रोज़ी-रोटी के सारे स्रोत नष्ट हो गये हों। ऐसे इलाकों को न तो सरकारी एजेंसियाँ अपनी प्राथमिकता मानती हैं और न ही स्वयंसेवी संगठन।

गुजरात का ही उदाहरण लें। कच्छ जिले के भुज, अंजार एवं भचाऊ शहरों के अलावा अन्य ग्रामीण इलाके भी बुरी तरह प्रभावित हैं। कई गांव पूरी तरह नष्ट हो गये हैं, लेकिन वहाँ मौतें दो या तीन हुई हैं। यहाँ के लोग पानी की बूंद-बूंद को तरस रहे हैं। भूकंप से सारे हैंडपम्प बेकार हो गये हैं। घर का सारा सामान नष्ट हो गया है। अतः वे पूरी तरह बिना संसाधनों के हैं। फिर भी इक्का-दुक्का प्रयासों को छोड़कर अधिकांश राहत कार्यक्रमों का फोकस भुज शहर ही है।

लगभग पैतालीस हजार वर्ग किलोमीटर में फैले कच्छ जिले में 966 गांव हैं, जिनमें से लगभग 200 गांव पूर्णतः बर्बाद हो गये हैं और 300 गांव 60-70 प्रतिशत तक। बाकी गांवों में जन-जीवन 'असामान्य' है। कच्छ जिले की लगभग 12 लाख आबादी भूकंप से प्रभावित है। लेकिन आपदा प्रबंधन के नियमों के चलते राहत का लाभ एक लाख लोगों तक ही सीमित रहेगा। जाहिर है कि सन् 1900 में बनाये आपदा प्रबंध कानूनों के आधार पर सैकड़ों गांव 'राहत' पाने वालों की परिभाषा में फिट नहीं बैठेंगे।

कच्छ में भयानक तबाही के साथ ही भूकंप का प्रभाव सौराष्ट्र के मोरबी, पोरबन्दर और सुरेन्द्रनगर में भी है। सौभाग्य से यहाँ भवन एवं आवास

क्षतिग्रस्त हुए हैं, लेकिन मरने वालों की संख्या अपेक्षाकृत कम है। घड़ियों के लिये प्रसिद्ध मोरबी में तीस साल में दूसरी बार ऐसी तबाही आयी है। दरअसल गुजरात का भूकंप प्रभावित क्षेत्र इन्द्रधनुष के कमान की तरह लगभग 500 किलोमीटर लंबे और 70 किलोमीटर चौड़ी पट्टी में बड़ौदा से भुज तक फैला हुआ है। प्रभावित इलाके में लोग भय के साये में जी रहे हैं। डर का आलम यह है कि लगभग पश्चिमी और उत्तरी गुजरात के लोग खुले में बाहर सोने पर मजबूर हैं। छोटे-छोटे बच्चे ठंड में कांपते हुए बिना छत के रात गुजार रहे हैं। उन्हें टेन्ट भी नसीब नहीं है। चिकित्सा सुविधाओं के अभाव में बीमारी फैलने का भय भी लोगों को सता रहा है। हालांकि पूरी दुनिया से गुजरात के लिये राहत सामग्री भेजी जा रही है, लेकिन वह पीड़ितों तक नहीं पहुंच रही है भचाऊ से भुज के रास्ते में तमाम तरह की राहत सामग्रियों के ढेर के ढेर बिखरे पड़े हैं, जिन्हें लेने वाला कोई नहीं है। जिन इलाकों में इनकी आवश्यकता है वहाँ देने वाला पहुंचा ही नहीं।

पूरे सौराष्ट्र और कच्छ में सड़कों का अच्छा खासा जाल बिछा है और अंदरूनी गांव भी पक्की सड़कों से जुड़े हैं फिर भी वहाँ राहत सामग्री का न पहुंचना गंभीर चिंता का विषय है। गुजरात में राहत और पुनर्वास के लिये लगभग तीन से पांच अरब रुपये की आवश्यकता होगी। पुनर्वास का कार्य भी लगभग पांच वर्षों तक चलने की संभावना है क्योंकि मकानों और अन्य जन सुविधाओं के पुनर्निर्माण में काफी समय लगेगा। ऐसी स्थिति में आपदा प्रबंधन का महत्व और भी बढ़ जाता है।

इस बार गुजरात का भूकंप इसलिये भी याद रखा जायेगा कि बचाव कार्य में सेना का उपयोग बड़े पैमाने पर हुआ है। भारतीय सेना के जवानों ने जी-जान से भूकंप के शिकार लोगों को बचाने की कोशिश की है। लेकिन पूरे प्रकरण से साफ जाहिर है कि नागरिक प्रशासन की तरफ से ऐसी आपदाओं से निपटने की तैयारी नगण्य है। सेना के जिम्मे बचाव कार्य छोड़ने की प्रवृत्ति आगे दूसरी समस्याओं को जन्म दे सकती है। भूकंप के बाद विशेष प्रकार का बचाव कार्य करने वाले विदेशी विशेषज्ञ दल भी वहाँ पहुंचने के बाद कुछ खास नहीं कर पाये, क्योंकि स्थानीय प्रशासन भूकंप के चार दिनों के बाद भी मलबा हटाने हेतु डंपर और क्रेन उपलब्ध नहीं करा सका।

भूकंप जैसी स्थिति में आपदा प्रबंधन में उपलब्ध सामग्री का सदुपयोग और बचाव कार्य में तेजी को काफी महत्व दिया जाता है। अफसोस गुजरात में इन दोनों बातों को नजरअंदाज किया गया। इसका खामियाज़ा गुजरात की महिलाओं और बच्चों को भुगतना पड़ रहा है। देश में 70 जिले ऐसे हैं जो प्राकृतिक आपदाओं से लगातार प्रभावित रहते हैं। इन प्राकृतिक आपदाओं में बाढ़, सूखा, भूकंप, तूफान सभी शामिल हैं, लेकिन अभी तंक भारत की प्राथमिकता बाढ़ या सूखा में राहत देने की रही है। भूकंप के बाद की समस्याओं से निपटने के लिये हमें विशेष प्रयास करने होंगे। इस दिशा में लातुर, जबलपुर और उत्तरकाशी जैसे हादसों के बाद भी कोई ठोस प्रगति नहीं हुई।

पुराने नियमों के आधार पर राहत प्रबंधन के तरीकों का खामियाजा सिर्फ गुजरात के भूकंप पीड़ित ही नहीं भुगत रहे हैं, बल्कि असम जैसे बाढ़ प्रभावित राज्य इस त्रासदी को वर्षों से झेल रहे हैं। ब्रह्मपुत्र नदी में हर साल बाढ़ आती है और जान माल की भारी तबाही भी किसी से छुपी नहीं है। बाढ़ के कारण गरीब वर्ग विशेषकर मछुआरों के परिवारों को लगभग भुखमरी का सामना करना पड़ता है। लेकिन बाढ़ प्रभावित क्षेत्रों एवं 'सूखा' प्रभावित क्षेत्रों को राहत के पैमाने अलग-अलग होने के कारण राजस्थान को नौवीं पंचवर्षीय योजना में सम्पूर्ण आपदा राहत राशि 640 करोड़ में से 140 करोड़ रुपये आबंटित किये गये, जबकि असम को अत्यंत कम। प्राकृतिक आपदाओं के बाद की परिस्थितियों से निपटने के लिए वित्त आयोग एवं आपदा राहत कोष पिछले वर्ष इस मद में खर्च की गई राशि के आधार पर फंड देते हैं। यदि पूर्व वर्ष का खर्च अधिक है तो उस राज्य को अधिक राशि दी जायेगी। दूसरे अर्थों में यदि राज्य ने पिछले वर्ष आपदा मद में खर्च नहीं बताया तो अगले वर्ष इस मद में मिलने वाली राशि कम हो जायेगी। इसका परिणाम यह है कि कोई भी राज्य प्रशासन आपदाओं से निपटने के लिये दूरगामी परियोजनाएं बनाने से हिचकता है। और नौकरशाही पर राजनीतिक दबाव बना रहता है कि वे ऐसी कोई परियोजना न बनायें, जिससे केन्द्र से मिलने वाली राशि में कमी आये।

अतः भारत में आपदा प्रबंधन की मूल परिकल्पना में परिवर्तन लाने की आवश्यकता है। गुजरात के भूकंप का यही सबक है।

अब तक हमारे देश में आपदा प्रबंधन विशेषज्ञों तक ही सीमित रहा है,

जबकि इतिहास के अब तक के अनुभव यह बताते हैं कि प्राकृतिक आपदाओं से उत्पन्न स्थितियों से निपटने के लिये जन-सहभागिता ऐसे सभी प्रयासों का अभिन्न अंग है। ऐसे में आम जनता के बीच महज सहायता की अपील ही नहीं वरन् आपदा प्रबंधन में उनकी भागीदारी बढ़ाने की जरूरत है।

समाजशास्त्र की भाषा में आपदा किसी भी ऐसे संकट या दुर्घटना को कहा जा सकता है, जिसे किसी स्थान विशेष और समय से जोड़ा जा सके एवं जिससे किसी विशेष भूभाग में रहने वाला समुदाय अपने नियमित कार्यों को संचालित करने में असमर्थता महसूस करे। किसी भी आपदा का प्रभाव अमूमन तीन तरह से आंका जा सकता है। जीने से संबंधित (खाना-कपड़ा, मकान, स्वास्थ्य), सामाजिक क्रम संबंधी (कानूनी व्यवस्था, सांस्कृतिक पहलू, नौकरी) एवं नैतिक मूल्यों से संबंधित (संकट की स्थिति में पड़ोसियों से व्यवहार, एक समुदाय का दूसरे समुदाय से संबंध तथा आपदा के बाद का सामाजिक व्यवहार)। आपदा के प्रभाव को नापने के भी पैमाने हैं। मसलन, आपदा का कारण (भूकंप, बाढ़, अकाल, ज्वालामुखी का फटना), उद्गम (प्राकृतिक या मानव द्वारा निर्मित) एवं उस विपदा की पूर्व जानकारी की संभावनाएं तथा उसको रोकने की क्षमता। इसके साथ ही उस विपदा की तीव्रता या फैलाव की गति, प्रभावित क्षेत्र एवं जन-जीवन तथा प्रकृति पर प्रभाव आदि को भी ध्यान में रखा जाता है।

बहुत कम लोगों को इस बात की जानकारी है कि 31 दिसंबर 2000 को ही राष्ट्र संघ द्वारा घोषित अंतर्राष्ट्रीय प्राकृतिक आपदा कटौती दशक समाप्त हुआ है। इस अंतर्राष्ट्रीय दशक का उद्देश्य प्राकृतिक आपदाओं से होने वाली मृत्यु दर में कमी लाना, पीड़ितों में मनोविकृतियों के उपचार को बढ़ावा देना एवं रोजी-रोटी कमाने के जरियों पर पड़ने वाले कुप्रभावों को रोकना था।

इन उद्देश्यों की पूर्ति के लिए आपदा प्रबंधन को बेहतर बनाना आवश्यक है। जाहिर है हमें इस दिशा में लंबी दूरी तय करनी है।

(6 फरवरी 2001, दैनिक भास्कर)

28 अपराध और दंड

राजधानी में दिनदहाड़े एक छात्रा से बलात्कार ने एक बार पुनः ऐसे मामलों में सजा के प्रावधानों पर बहस छेड़ दी है। दरअसल, 1970 में घटित मथुरा बलात्कार कांड के बाद से देश में कठोर सजा की मांग लगातार उठती रही है। लेकिन जितना सामाजिक उद्द्वेलन अभी देखा गया उतना कभी देखने को नहीं मिला। वैसे विभिन्न स्तरों पर अक्सर नारी चरित्र को पुरुषों के नैतिक मापदंड पर ही परखा जाता है। बलात्कार की शिकार औरतों पर सामाजिक कलंक लगाया जाता है। उसे ही दोषी ठहराया जाता है। वह अपने को शर्मिंदा महसूस करती है। बलात्कार से औरत का अपने आप में और अपने शरीर में आत्मविश्वास नष्ट हो जाता है।

दक्षिणी एशियाई देशों में औरतों और छोटी बच्चियों से बलात्कार की घटनाएं बढ़ती जा रही हैं। भारत में आधिकारिक आंकड़ों के अनुसार देशभर में प्रतिवर्ष 15,000 बलात्कार और इतनी ही संख्या में अपहरण के मामले दर्ज होते है। छेड़छाड़ की घटनाओं की संख्या तो 32,000 से भी ऊपर है। यदि उच्च वर्ग की स्त्रियों, लड़कियों और असूचित बलात्कार एवं छेड़खानी को भी ध्यान में रखा जाए तो यह माना जा सकता है कि घटनाएं दोगुनी होंगी। पाकिस्तान में तो औरतें छेड़खानी और बलात्कार के मामलों मे चुप रहना ही बेहतर समझती हैं। बांग्लादेश में बलात्कार का तरीका नायाब है। छोटी बच्ची से शाम को शादी करना और रात गुजारने के बाद सुबह उसे तलाक दे देना। नेपाल में ग्रामीण लड़कियों को बेहतर जीवन का वादा कर उनकी इज्जत से खिलवाड़ कर उन्हें अक्सर भारत के चकलाघरों में बेच दिया जाता है। सिर्फ श्रीलंका और भूटान में स्थिति थोड़ी बेहतर है। पूरे दक्षिणी एशिया में यह आम राय बनती जा रही है कि औरतों के विरुद्ध हिंसा के मामलों में कठोर सजा दी जानी चाहिएं।

संभवतः इसीलिए गृहमंत्री लालकृष्ण आडवाणी ने संसद में कहा कि

बलात्कारियों के लिए मृत्युदंड का कानून लाया जा सकता है, बशर्ते राजनीतिक दल और महिला संगठन इसके पक्ष में हों। वैसे संसद में इस मुद्दे पर भावुक बहस के दौरान अनेक सदस्यों ने यह आभास दिया कि वे सजा-ए-मौत के पक्ष में हैं, लेकिन कुछ महिला संगठनों ने यह तर्क दिया कि मृत्युदंड से बलात्कार नहीं रोका जा सकता। उनका तर्क है कि मृत्युदंड के प्रावधान के बाद बलात्कार की शिकार स्त्री की जान को और खतरा हो जाएगा। और वैसे भी वे किसी भी मामले में मृत्युदंड के खिलाफ है।

तो फिर बलात्कार की सजा क्या हो? इसे तय करने के लिए इस अपराध के पीछे छिपे तथ्यों को जानना आवश्यक है। कई विशेषज्ञ तर्क देते हैं कि बलात्कार या छेड़छाड़ आकर्षण की अभिव्यक्ति या वैयक्तिक तौर पर किसी से संबंध स्थापित करने का एक जघन्य तरीका एवं मानसिक और यौन बीमारी है। इसीलिए वे ऐसे मामलों में मृत्युदंड का विरोध करते हैं।

लेकिन गहराई से सोच-विचार किया जाए तो बलात्कार प्राकृतिक नहीं है। किसी जीव वैज्ञानिक ने जानवरों में यह प्रवृति चिन्हित नहीं की है। सुसान ब्राउन मिलर ने अपने प्रसिद्ध शोध अध्ययन **'अगेंस्ट अवर विल'** (हमारी इच्छा के विरुद्ध) में बलात्कारी संस्कृति की विस्तृत चर्चा करते हुए इसके इतिहास की व्याख्या की है। यह तय है कि आदिम युग की किसी स्त्री ने अपनी शारीरिक स्वतंत्रता के प्रति सचेत होकर किसी अनिमंत्रित व्यक्ति से संभोग करने से इनकार किया होगा और पूरे जी जान से अंत तक इसका प्रतिरोध किया होगा। इसलिए पहला बलात्कार एक अप्रत्याशित युद्ध था, लेकिन दूसरा बलात्कार निश्चित रूप से योजनाबद्ध था, जिसमें कई पुरुषों ने एक स्त्री से बलात् संभोग किया था। स्त्रियों को अपने कब्जे में रखने के लिए पुरुषों द्वारा यौन उपायों का प्रयोग सभ्यता का आदिम सत्य है और बलात्कार को भी इन्हीं उपायों में एक माना जा सकता है।

दक्षिण एशियाई समाजों में बलात्कार के रूप अलग-अलग हो सकते हैं, लेकिन उनका संदेश और परिणाम एक ही है कि यह स्त्रियों को नीचा दिखाने और डराने-धमकाने के उद्देश्य से की जाने वाली मानसिक और शारीरिक हिंसा है। अधिकांश मामलों में ऐसी घटनाएं योजनबद्ध होती हैं और एक खास उद्देश्य से की जाती हैं। यह औरतों को शोषित बनाए रखने और अपना स्वतंत्र

अस्तित्व स्थापित करने की इच्छा रखने वाली स्त्रियों को कुचलने का एक सचेत हथियार है। यही कारण है कि गांवों में गरीब भूमिहीनों द्वारा अपने आपको संगठित करके शोषण के खिलाफ लड़ने की सजा के रूप में उच्च वर्ग के पुरुषों द्वारा स्त्रियों पर बलात्कार के बाकायदा एक व्यवस्थित रूप में ले लिया है। दूसरी ओर उपभोक्ता संस्कृति के चलते अश्लीलता बढ़ती जा रही है। किशोरावस्था में ही वर्जित फल को चखने की भूख पैदा की जा रही है। समाज में एक प्रवृत्ति लड़कियों में आधुनिक संस्कृति के कुछ खास प्रभावों, जैसे अधिक फैशन, उन्मुक्त चाल-चलन आदि को खासतौर पर दोषी ठहराने की देखी जा रही है। सच्चाई यह है कि यौन आक्रामकता की शक्ल में जैसी मानसिक विकृति इन सांस्कृतिक प्रभावों के चलते पुरुषों में देखी जा रही है उसका पासंग भी लड़कियों और स्त्रियों में अभी तक नहीं आ सका है।

ऐसी हालत में बढ़ती बलात्कारी प्रवृत्ति पर लगाम कैसे लगे, इसे तय करने के पूर्व अन्य देशों द्वारा किए गए प्रयासों की जानकारी लाभप्रद होगी। सउदी अरब, इराक, ईरान सहित सभी इस्लामी देशों में जोर-जबर्दस्ती की सजा मौत है। चीन जैसे कई अन्य एशियाई देशों में भी ऐसे मामलों में सजाए मौत दी जाती है। यूरोप में बलात्कार को लेकर कई देशों में कठोर सजा का प्रावधान है और अमेरिका में भी ऐसे मामलों में मृत्युदंड पूरी तरह समाप्त नहीं किया गया है। यहाँ यह भी जानना जरूरी है कि पिछले दशक में पेरिस, मैड्रिड, एम्सटरडम, टोरंटो और लंदन जैसे शहरों में भी स्त्रियों के प्रति हिंसा में लगातार वृद्धि हो रही है। अतः वहाँ भी बलात्कार के मामलों में कठोर दंड विशेषकर लिंग विच्छेद की मांग जोर पकड़ रही है।

ब्रिटिश गृह मंत्रालय द्वारा 2001 में किए गए एक अध्ययन में यह पाया गया कि 1990 के दशक में ब्रिटेन में स्त्रियों के विरुद्ध हिंसा और बलात्कार में बढ़ोतरी हुई, जबकि इसी दौरान अमेरिका में अपराधों में कमी आई है। ऐसा कैसे हुआ?

हालांकि इसके अनेक कारण बताए जाते है पर वे तर्कों पर खरे नहीं उतरते। कुछ लोगों का कहना है कि अमेरिका में जनसंख्या वृद्धि दर में गिरावट के कारण युवाओं की संख्या में कमी आई है और इसी कारण यौन अपराध कम हो गए हैं। लेकिन अमेरिकी आंकड़े बताते हैं कि पिछले दो दशकों में

विशेषकर 1980 के बाद वहाँ जनसंख्या लगातार बढ़ी है। अमेरिकी उद्यमी संस्थान के जोन लोट का कहना है कि अपराधों में कमी अमेरिकियों द्वारा बंदूकें रखने के बाद आई। लेकिन अपराध आंकड़े बताते हैं कि ऐसे इलाकों में भी बलात्कार की घटनाओं में कमी आई है जहाँ बंदूकें अपेक्षाकृत कम चलन में हैं।

वस्तुतः अमेरिका में अपराधों में कमी का मुख्य कारण वहाँ की न्यायिक व्यवस्था द्वारा बलात्कार के मामलों में त्वरित और कठोर सजा सुनाना है। जाहिर है कि ऐसे में पुलिस द्वारा मामलों की जांच पड़ताल का पुख्ता सबूत जुटाना अहम भूमिका निभाता है। लेकिन वहाँ की पुलिस इतनी चुस्त-दुरुस्त कैसे बनी? इस पर टिप्पणी करते हुए अमेरिकी समाजशास्त्री कहते हैं कि इसका मूल मंत्र है स्थानीय पुलिस व्यवस्था और आधुनिक टेक्नालॉजी का उपयोग। अन्य देशों में जहाँ पुलिस की भर्ती और नियंत्रण किसी एक केन्द्रीय एजेंसी के हाथों में होता है, वहीं अमेरिका में पुलिस स्थानीय समितियों के आधीन होती है। इन समितियों में नागरिक समूहों राजनैतिक दलों और महिला समूहों के प्रतिनिधि भी होते हैं। 1980 में प्रारंभ की गई इस व्यवस्था की शुरू में खूब आलोचना की गई, लेकिन लंबे अर्से में यह फलदायक साबित हुई क्योंकि अदालती सजा के साथ समुदाय भी सजा तय करता है।

बलात्कार जैसे संगीन अपराधों में कठोर सजा के प्रावधानों के साथ समुदाय द्वारा दंड की प्रथा से अपराधी प्रवृत्ति पर पारिवारिक या सामाजिक अंकुश लगा रहता है। दूसरी ओर भारत में बलात्कार के मामलों में ऐसी कानूनी अड़चनें पैदा की जाती हैं, जिनसे अपराधियों का मनोबल बढ़ता है। अधिकांश मामलों में बलात्कार की शिकार औरत को चरित्रहीन या संभोग की आदी बताकर यह सिद्ध करने की कोशिश की जाती है कि ऐसी औरतों को अपना पीछा और छेड़खानी करवाने, दबने और जोर जबर्दस्ती करवाने में मजा आता है। इसके अलावा जब खुर्राट अपराधी कानून के पंजों से बच निकल रहे हों तो ऐसे में युवा पीढ़ी को क्या संदेश जाता है? यही कि यहाँ सब कुछ चलता है या मेरा कुछ नहीं बिगड़ेगा। जब तक ऐसी मानसिकता को ध्वस्त नहीं किया जाता तब तक बलात्कार जैसे संगीन अपराधों का रोकथाम कठिन है।

दक्षिण एशियाई समाजों में खासतौर पर भारतीय समाज में बलात्कार के

महिमामंडन से जुड़ी एक खास प्रवृत्ति पर भी गौर करना जरूरी है, जिसका यूरोपीय और अमेरिका के समाजों में फिलहाल कोई अस्तित्व नहीं हैं। जातिगत और सांप्रदायिक वर्चस्व से जुड़े टकरावों में जहाँ बलात्कार को एक किस्म की सामाजिक स्वीकृति हासिल होती है, वहीं कई बार ऐसी गोलबंदियों से अलग-थलग रूप में घटित बलात्कार की घटनाओं में भी बलात्कारी को जातिगत और सांप्रदायिक भावनाओं का संरक्षण हासिल होता है। राजनैतिक दलों और सरकारों में भी ऐसी प्रवृत्तियों का सामना करने के बजाय उनके पीछे चलने का रुझान देखा जाता है। हाल में गुजरात की सांप्रदायिक घटनाओं के दौरान बलात्कार के कितने ही मामलों में एक भी दोषी को सजा मिलना तो दूर, उसे चिन्हित कर पाना भी अभी तक संभव नहीं हो सका है।

बलात्कार को लेकर पूरे देश में इस समय एक जबर्दस्त आक्रोश व्याप्त है। हालांकि इससे जुड़ी इन जटिलताओं पर लोगों का ध्यान कम ही है। अधिकांश लोगों की दिली इच्छा यह है कि बलात्कारियों को कड़ा दंड मिले, जिसमें मृत्युदंड से लेकर बलात्कारी के लिंग विच्छेद तक की चर्चा शामिल है। कुछ का कहना है कि बलात्कार के मामलों में सजा के प्रावधानों को लेकर हमें इस्लामी देशों से सबक सीखना चाहिए।

वर्षों पूर्व बलात्कार विरोधी मंच ने लोकसभा अध्यक्ष को एक याचिका प्रस्तुत कर संसद पर दस्तक दी थी। उनकी एक मांग यह भी थी कि बलात्कार के मामलों की सुनवाई के लिए पृथक अदालतें या न्यायालय हों, साथ ही भारतीय दंड संहिता में भी सुधार लाया जाए। इस पर अभी तक अमल नहीं किया गया। भारत में बलात्कार भोग नहीं यौन हिंसा है और बलात्कारी संस्कृति के मूल में पुरुष चातुर्य है। जाहिर है कि ऐसी मानसिकता के चलते इस समस्या पर काबू पाना कठिन है। सबसे बड़ा सवाल यह है कि देश की लड़कियों और महिलाओं में सुरक्षा की भावना पैदा करने के लिए सामूहिक बलात्कार जैसे अपराधों की क्या सजा हो, क्योंकि इसके विरोध में तो अभी तक न्यूनतम राजनैतिक इच्छाशक्ति भी नहीं देखी जा सकी है।

(23 दिसंबर 2002, जनसत्ता)

(कुछ स्पष्टीकरणों के लिए वसुधा धागमवार एवं ज्योत्सना चटर्जी को धन्यवाद)

29 मैकाले का प्रेत

शिक्षा की दृष्टि से भारत एक विचित्र संकट के दौर से गुजर रहा है, क्योंकि शिक्षा राज्य के हाथ में ऐसा वैचारिक हथियार है जिसे सामाजिक ढांचे की संरचना और स्वरूप में बदलाव लाने के लिए इस्तेमाल किया जाता है। इस दोधारी तलवार का इस्तेमाल सत्ता पक्ष बड़ी होशियारी से करता है।

भारत में शिक्षा का राष्ट्रीय ढांचा अंग्रेजी शासन में विकसित किया गया फिर आजादी के बाद शुरुआती दशकों में शिक्षा के आधारभूत ढांचे का तेजी से विस्तार हुआ।

स्वतंत्रता आंदोलन के दौरान भी शिक्षा के क्षेत्र में कई अवधारणाएं और प्रयोग विकसित किए गए, जिन्हें आज भी अधिकतर आधुनिक शिक्षाशास्त्री संदर्भ के रूप में इस्तेमाल करते हैं। बुनियादी शिक्षा की अवधारणा या नयी तालीम उनमें से प्रमुख हैं, जिसे न जाने कितनी बार खंगाला जा चुका है। गांधीजी की ग्राम आधारित कुटीर उद्योग की अवधारणा की तरह 'नयी तालीम' का भी वही हश्र हुआ, क्योंकि यह महसूस किया गया कि देश की राज्य व्यवस्था पर काबिज नए सामाजिक वर्ग के बृहत्तर हितों के साथ इन दोनों अवधारणाओं का कोई रिश्ता ही नहीं बनता।

कोठारी आयोग ने 1966 में सामाजिक बदलाव के लिए समान स्कूली शिक्षा व्यवस्था का सुझाव दिया। हालांकि कोठरी आयोग की लंबी और गंभीर कोशिशों के फलस्वरूप घोषित की गई राष्ट्रीय शिक्षा नीति (1968) ने उच्च स्तर पर देश की वैज्ञानिक और तकनीकी शिक्षा को आगे बढ़ाने में महत्वपूर्ण भूमिका निभायी, लेकिन राष्ट्रीय स्कूल व्यवस्था या जैसा कि कोठरी आयोग ने जिक्र किया था, समान स्कूली शिक्षा व्यवस्था के सपने को साकार करने की कोई कोशिश नहीं हो सकी। 1962 में चीन के साथ युद्ध के बाद सरकारी नजरिये में बदलाव आया और देश पर हमले का भय दिखाकर एक के बाद एक सभी सरकारें राष्ट्रीय सुरक्षा खर्च में भारी बढ़ोत्तरी करती गईं और इस

वजह से शिक्षा और स्वास्थ्य दोनों सामाजिक क्षेत्रों को जरूरी वित्त का टेटा पड़ने लगा।

दुर्भाग्यवश राष्ट्रीय स्कूल व्यवस्था और प्रारंभिक शिक्षा के लोकव्यापीकरण को लेकर किए गए संवैधानिक वायदे के लिए वित्तीय संसाधनों की यह कमी स्थायी किस्म की साबित हुई। यही कारण है कि आजादी के बाद शुरुआती दशकों में शिक्षा के आधारभूत ढांचे में तेजी से विस्तार हुआ, लेकिन अस्सी के दशक तक आते-आते इसकी गति धीमी पड़ने लगी और नव उदारवादी वैश्वीकरण के दशक में जब इतिहास के अंत की घोषणा की जा रही थी तब देश में शिक्षा का ढांचा चरमरा रहा था। आज की तारीख में शिक्षा का ढांचा साढ़े चार लाख स्कूलों और सात लाख से ज्यादा शिक्षकों की कमी से जूझ रहा है।

गौर से देखा जाए तो 1986 में आई शिक्षा नीति से इसकी शुरुआत हुई। आधुनिक मीडिया के जादुई असर में सम्मोहित इस नीति ने शिक्षा को सर्वसुलभ बनाने के नाम पर बड़े तामझाम के साथ अनौपचारिक शिक्षा की शुरुआत की जो आखिकार मौजूदा शैक्षणिक ढांचे को गिराने का संगठित अभियान साबित हुई।

बहरहाल, वह दौर कुछ अलग था, इसलिए अवधारणा के स्तर पर ही सही, 1986 की राष्ट्रीय शिक्षा नीति को राष्ट्रीय स्कूल व्यवस्था के प्रति अपनी प्रतिबद्धता की घोषणा करनी पड़ी। नब्बे का दशक न सिर्फ हमारे देश के, बल्कि पूरी दुनिया के इतिहास में निर्णायक साबित हुआ। तमाम चेतावनियों को नजरंदाज करते हुए, जनप्रिय होने के सारे आवरण उतार कर फेंकते हुए भूमंडलीकरण, निजीकरण और उदारीकरण के समर्थक नव-उदारवादी सत्ताधारियों ने देश के सामाजिक-राजनीतिक ढांचे को उलट-पुलट कर रख दिया।

भूमंडलीकृत अंतर्राष्ट्रीय सत्ता के अधीन काम कर रही हमारी सरकारों की तमाम शैक्षिक पहलों का सार यही निकलता है : 'आम जन के लिए साक्षरता और खास लोगों के लिए शिक्षा'। इसे विडंबना ही कहा जाएगा कि मंडलीकृत और बहुजनीकृत राजनीतिक माहौल में समाज के कमजोर तबके मसलन-जनजाति, दलित, अल्पसंख्यक और महिलाएं खुद को ठगा हुआ महसूस कर

रहे हैं। दूसरी तरफ, उर्ध्वगामी मध्यवर्ग सार्वजनिक शिक्षा संस्थानों से अलग होकर 'शैक्षिक उत्कृष्टता के हरे-भरे बाग' में विचरण कर रहा है। बुरी तरह से टूटे-फूटे सार्वजनिक शैक्षिक ढांचे से अलग होने की कोशिश कर रही जनता को बाजार का दर्शन बघारने वाले 'यूजर चार्जेज' की बड़ी और निजीकरण और सांप्रदायीकरण की हथकड़ी से बांधने की कोशिश कर रहे हैं।

औपनिवेशिक काल में शुरू की गई मैकालेवादी शिक्षा व्यवस्था की अंतर्निहित अलगाववादी प्रकृति को पहचानते हुए और नयी तालीम और शांति निकेतन जैसे शैक्षिक तजुर्बों की संभावनाओं के मद्देनजर 1987 के शिक्षा आयोग ने एक समान स्कूली शिक्षा व्यवस्था और 'पड़ोस में पाठशाला व्यवस्था' की परिकल्पना की :

- जो जाति, धर्म, पंथ, संप्रदाय आर्थिक हालत और सामाजिक 'हैसियत' का लिहाज किए बिना सभी बच्चों के प्रवेश के लिए खुला रहेगा।
- जहाँ अच्छी शिक्षा हासिल करना धन-दौलत पर नहीं, बल्कि प्रतिभा पर निर्भर होगा।
- जहाँ सभी स्कूलों में मानक स्तर की शिक्षा दी जाएगी और जिसमें अच्छी गुणवत्ता वाले संस्थानों की संख्या भी अच्छी-खासी होगी।
- जिसमें कोई ट्यूशन फीस नहीं ली जाएगी।
- जो आम अभिभावकों की जरूरतों पर खरी उतरे ताकि उन्हें अपने बच्चों को समान स्कूली शिक्षा व्यवस्था के दायरे से बाहर चल रहे महंगे स्कूलों में भेजने को मजबूर न होना पड़े।

इस आयोग ने 1967 में मौजूद शिक्षा परिदृश्य का वर्णन करते हुए टिप्पणी की थी :

> ''खुद शिक्षा सामाजिक अलगाव को तेज करने की ओर बढ़ रही है और इससे वर्ग विभेद की जड़ें गहरी हो रही हैं तथा खाई चौड़ी हो रही है। प्राथमिक स्तर पर जनता अपने बच्चों को उन मुफ्त स्कूलों में भेजती है, जिनका जिम्मा सरकार और स्थानीय निकाय उठाते हैं

> और जिनमें आमतौर पर दोयम दर्जे की शिक्षा दी जाती है। कुछ निजी स्कूल निश्चित रूप से बेहतर हैं, लेकिन उनमें कइयों की फीस इतनी ज्यादा है कि उन तक पहुंच पाना सिर्फ मध्य और उच्च वर्ग के बूते की बात है। माध्यमिक स्तर पर ज्यादातर अच्छे स्कूल निजी किस्म के है। उनमें भी कइयों की फीस इतनी ज्यादा है कि देश की शीर्ष 10 फीसदी आबादी को छोड़कर कोई उसका बोझ नहीं उठा सकता। हालांकि मध्यवर्ग के कतिपय माता-पिता बहुत बड़ा बलिदान करते है, तब जाकर अपने बच्चों को उन स्कूलों में भेज पाते हैं। इस तरह खुद शिक्षा में ही अलगाव के बीज छिपे हुए हैं- फीस वसूलने वाले कम संख्या में बेहतर निजी स्कूल उच्चवर्ग की जरूरतों को पूरा करते हैं और मुफ्त के सार्वजनिक स्कूल, जिनकी संख्या काफी है, बाकियों के काम आते हैं। इससे भी बुरा यह हुआ कि यह अलगाव दिनों-दिन बढ़ता जा रहा है, जो आम और खास लोगों के बीच की खाई को और बढ़ा रहा है।'' दरअसल तीन दशक पहले आम और खास में जो अलगाव था वह आज कई गुना हो गया है।

पिछले छह दशकों के दौरान शिक्षा में समान स्कूली शिक्षा व्यवस्था को लागू करने की दिशा में हमारे कदम लगातार कमजोर होते गए। थाइलैंड के जोमतिएन में यूनिसेफ, यूनेस्को, यू०एन०डी०पी० और विश्व बैंक द्वारा 1990 में आयोजित 'सबको शिक्षा' सम्मेलन के बाद तो समान स्कूली शिक्षा व्यवस्था को संघातिक आघात पहुंचा। हालांकि 1986 की शिक्षा नीति में भी समान स्कूली शिक्षा व्यवस्था को लागू करने के लिए कम से कम आश्वासन तो था लेकिन 1992 के नीति वक्तव्य (जोमतिएन सम्मेलन के बाद संशोधित) में इसे सिरे से गायब कर दिया गया।

इसके बाद एक तरफ तो सरकार ने अनौपचारिक शिक्षा व्यवस्था या 'वैकल्पिक शिक्षा' की शुरुआत की, जिसने न सिर्फ औपचारिक स्कूलों को खत्म किया बल्कि गुणवत्तापूर्ण शिक्षा के विकल्प के रूप में जन साक्षरता की शोशेबाजी को बढ़ावा दिया। दूसरी तरफ सरकार ने समाज के चुनिंदा तबकों

के लिए स्कूलों के एक नए स्तर नवोदय विद्यालय, केंद्रीय विद्यालय, सैनिक स्कूलों का निर्माण किया, जहाँ कुछ लोगों पर बेतहाशा खर्च करने की जरूरत पड़ी। देश की सार्वजनिक शिक्षा व्यवस्था की कीमत पर शहरों, कस्बों और गांवों के हर मुहल्ले में ट्यूशन की दुकानें, कोचिंग संस्थान और अजीबों-गरीब नाम वाले निजी कॉन्वेंट स्कूलों की भरमार हो गई है। देश के मौजूदा सार्वजनिक शिक्षा संस्थानों, खासकर उच्च शिक्षा के क्षेत्र में बढ़ते व्यावसायीकरण के मद्देनजर आम जन और खास लोगों के बीच पूरी तरह अलगाव हो चुका है, जहाँ गरीबों को शिक्षा के नाम पर साक्षरता का झुनझुना पकड़ा दिया गया है। संविधान के अनुच्छेद 45 में तय समय-सीमा को धता बताते हुए पिछले 50 वर्षों में सरकार ने अपनी करनी के जरिये अपने इरादे स्पष्ट किए हैं, "चुनिंदा लोगों के लिए सरकार से वित्तपोषित अच्छी शिक्षा, जबकि बहुसंख्यक आबादी के लिए अनौपचारिक शिक्षा।"

बच्चों को कम से कम आठ साल तक प्रारंभिक शिक्षा मुहैया कराने की संवैधानिक वचनबद्धता (अनुच्छेद 45) का खुलेआम उल्लंघन करते हुए विश्व बैंक से आर्थिक सहायता लेकर डिस्ट्रिक्ट प्राइमरी एजुकेशन प्रोग्राम (जिला प्राथमिक शिक्षा कार्यक्रम या डी०पी०ई०पी०) की घोषणा की गई। जिसका उद्देश्य था औपचारिक शिक्षा को मजबूत करना, लेकिन जो आखिरकार इसकी अनदेखी करने वाला साबित हुआ, क्योंकि डी०पी०ई०पी० ने अपना ध्यान पांच वर्ष तक प्रारंभिक शिक्षा पर लगाया। यही नहीं, शिक्षाशास्त्रीय शब्दावली में छिपाकर इस कार्यक्रम के जरिये अर्द्धशिक्षकों और बहुस्तरीय शिक्षण की अवधारणाओं की शुरुआत की गई। हाल में शुरू किए गए सर्व शिक्षा अभियान की पिछले एक साल की कोई उपलब्धि काबिले जिक्र नहीं है। 2001-02 में इस कार्यक्रम के लिए वित्तीय आवंटन को संसद में आम राय से पारित कर दिया गया। इस अवधि के लिए सर्व शिक्षा अभियान को 9800 करोड़ रुपये आवंटित किए गए। इसमें से 96 प्रतिशत धन औपचारिक स्कूल व्यवस्था को मजबूत करने के लिए दिया गया था। इसके तहत नए प्राथमिक व उच्च प्राथमिक स्कूलों की शुरुआत, आकर्षक वेतन (5,000 रुपये-7,000 रुपये) के जरिये प्रशिक्षित शिक्षकों की भर्ती और स्कूलों में शिक्षण सामग्री मुहैया कराया जाना था।

लेकिन विडंबना यह है कि इस अवधि में इन मदों के लिए आवंटित राशि का सिर्फ 10 फीसदी (1,000 करोड़ रुपये) ही जारी किया गया। यही नहीं, जो थोड़ा बहुत धन जारी किया गया, उसे भी औपचारिक शिक्षा पर खर्च न करके बड़े-बड़े नामों वाली सस्ती व्यवस्था (एजुकेशन गारंटी स्कीम और वैकल्पिक शिक्षा जिसमें क्लास रूम और प्रशिक्षित शिक्षक के बजाए झोपड़ी और अर्द्ध-शिक्षक की व्यवस्था) पर बहाया गया। शिक्षा के लिए हर साल 20 हजार करोड़ रुपये की जरूरत है (तापस मजुमदार समिति की सिफारिश)। इसके अंतर्गत 2001-02 में प्रारंभिक शिक्षा के लोकव्यापीकरण का लक्ष्य हासिल करने के लिए सरकार ने इस जरूरत का सिर्फ पांच फीसदी धन मुहैया कराया। शिक्षा के लिए इतना बड़ा आवंटन और धन की इतनी कम उपलब्धता से स्पष्ट है कि सरकार का मकसद काम कम और शोर ज्यादा करना है। अगर पहले साल में सर्व शिक्षा अभियान का यही हाल रहा तो औपचारिक स्कूल व्यवस्था को इस सरकारी स्कीम से कोई उम्मीद नहीं पालनी चाहिए। पहले जिनकी गिनती स्कूल जाने वाले बच्चों में की जाती थी, उन्हें अब साक्षर होने के लिए वयस्क साक्षरता क्लासों का सहारा है, क्योंकि सरकार ने 7-14 वर्ष तक के बच्चों को राष्ट्रीय साक्षरता मिशन की वयस्क साक्षरता कक्षाओं में नामांकन कराने की इजाजत दे दी है। पहले वयस्क साक्षरता क्लास अनौपचारिक केंद्र तथाकथित वैकल्पिक स्कूल, मल्टीग्रेड क्लास और अब एजुकेशन गारंटी स्कीम (जिसमें अर्द्धशिक्षकों को नियुक्त किया जाएगा), इन सभी को तब तक स्कूली शिक्षा के विकल्प के रूप में स्वीकार कर लिया गया है, जब तक इनका संबंध सिर्फ गरीबों की शिक्षा से है। इस माहौल में बालश्रम की चक्की में पिस रही एक लड़की को संवैधानिक रूप से शिक्षित माना जाएगा, अगर वह तीन साल के लिए किसी अनौपचारिक स्कूल में और उसके बाद दो साल तक राष्ट्रीय साक्षरता मिशन के वयस्क शिक्षा कार्यक्रम में नामांकन करवा ले। इससे कोई फर्क नहीं पड़ता कि उसने कभी किसी औपचारिक स्कूल का मुंह देखा या नहीं।

1986 की शिक्षा नीति में पेश किए गए नवोदय विद्यालयों को 'पेस सेंटर' कहते हुए पेश किया गया, जिनमें सालाना एक छात्र पर सरकार के खजाने से 9,000 रुपये खर्च की जरूरत पड़ती है, जबकि गांव में चल रहे सरकारी

स्कूलों में पढ़ रहे प्रति छात्र पर खर्च होने वाले महज 846 रुपये की, इससे कोई तुलना ही नहीं है। हालांकि इसे प्रतिभाशाली छात्रों का भविष्य संवारने के विचार के साथ शुरू किया गया था, लेकिन उसकी प्रवेश परीक्षा का खाका कहीं से भी प्रतिभा को आकर्षित करने वाला नहीं है। यही नहीं, ये प्रवेश परीक्षाएं गांव विरोधी और बाल-विरोधी हैं। इस वजह से इनमें पढ़ने वाले विद्यार्थियों में अधिकांश मध्य-आय वर्ग से हैं और निम्न आय वर्ग के बच्चे यहाँ अल्पसंख्यक। 1986 की शिक्षा नीति की समीक्षा करते हुए आचार्य राममूर्ति समिति ने समान स्कूली शिक्षा व्यवस्था स्थापित करने के संदर्भ में इसका उल्लेख किया है। खासकर समान स्कूली शिक्षा व्यवस्था स्थापित करने के संदर्भ में ही समिति ने आम राय से इस बात की वकालत भी की कि अब एक भी नवोदय विद्यालय स्थापित न किया जाए। चुनिंदा बच्चों की प्रतिभा को निखारने से जो असमानता फैलती है, उसका तो बयान ही नहीं किया जा सकता। यह स्कीम काफी महंगी है- इस पर भारी भरकम रकम खर्च होती है और प्रति विद्यार्थी खर्च भी बहुत ज्यादा है; सरकारी खजाने से चुनिंदा लोगों को इतनी महंगी शिक्षा, जबकि लाखों बच्चे औसतन अच्छी शिक्षा पाने के अपने वैधानिक अधिकार से वंचित हों, पूरी तरह से विभेदकारी है और उन समानता व सामाजिक न्याय के सिद्धांतों के खिलाफ है, जिनके लिए कोई भी जनतांत्रिक गणतंत्र वचनबद्ध होता है।

आज भारत में निजी स्कूल अपने आप में एक धंधा है, जिसे शिक्षा की निजी दुकान कहना ज्यादा उचित होगा। इन स्कूलों की बड़ी तादाद में उपस्थिति इस बात का सबूत है कि सरकार देश के बच्चों को संतोषजनक शैक्षिक अवसर मुहैया कराने में विफल रही है। लेकिन आम धारणा के विपरीत अधिकांश निजी स्कूलों में बहुत अच्छी शिक्षा नहीं दी जाती है। पिछले 15 वर्षों में निजी स्कूल सामाजिक एकता नहीं, बल्कि अलगाव के औजार के रूप में उभर कर सामने आए हैं।

समान स्कूली शिक्षा व्यवस्था की शर्त है कि शिक्षा की वित्तीय जिम्मेदारी सरकार की हो। आजादी के बाद गठित सभी शिक्षा आयोगों की सिफारिशों में भी यही बात कही गई है। इस बात पर आम राय है कि प्रारंभिक शिक्षा की वित्तीय व्यवस्था राज्य को करनी चाहिए।

समान स्कूली शिक्षा व्यवस्था को हासिल करने में विफलता के पीछे अकसर एक वजह बतायी जाती है कि जरूरतों को पूरा करने के लिए भारी-भरकम निवेश चाहिए। 1999 में गठित तापस मजूमदार समिति ने सुझाव दिया था कि अगर हर साल शिक्षा पर आवंटन में सकल घरेलू उत्पाद के 0.7 फीसदी के बराबर बढ़ोत्तरी की जाए तो अगले दस वर्षों में सरकार 6-14 आयुवर्ग के सभी बच्चों को शिक्षित करने का लक्ष्य हासिल कर लेगी। समिति ने यह भी स्पष्ट कर दिया था कि शिक्षा खर्च में बढ़ोत्तरी और उसकी गुणवत्ता में सुधार के बीच कोई समझौता नहीं किया जा सकता, क्योंकि जब तक संतोषजनक गुणवत्ता की शिक्षा मुहैया कराने के लिए जरूरी शर्तों को पूरा नहीं किया जाता, तब तक सभी बच्चों का नामांकन और बीच में उनके स्कूल न छोड़ने की गारंटी नहीं दी जा सकती।

उक्त तथ्यों का ब्यौरा पढ़कर हम चौंकते हैं, क्योंकि बच्चों के अधिकार अभी भी भारतीय जनमानस की व्यापक सोच का हिस्सा नहीं बने हैं। समाज की व्यापक बनावट, अध्यापक की पृष्ठभूमि और उसके प्रशिक्षण में निहित समझ उस सूक्ष्म बर्बरता को जन्म देती है जो सामान्य नागरिकों की पकड़ में नहीं आते। अनुभव बताता है कि आजादी के पचास वर्षों बाद भी हम अपनी असफलताओं का ठीकरा अंग्रेजी राज्य के सिर फोड़ते हैं। गलत न समझें। यह सही है कि 'रक्त से भारतीय, आत्मा से अंग्रेज' वाली मैकालेवादी शिक्षा नीति ने हमें बहुत नुकसान पहुंचाया है, लेकिन क्या कारण है कि आज भी हम मैकाले के प्रेत से छुटकारा पाने में असमर्थ हैं।

(मार्च 2003, आधारशिला)

30 एशियाई पहचान की तलाश

पिछले पाँच दशकों में एशिया के अनेक देश उपनिवेशवाद के चंगुल से मुक्त होने के बाद नव उदारवाद के मॉडल बनकर उभरे। लेकिन पुच्छल तारे की भांति आर्थिक ऊंचाइयों को छूने के बाद भयावह आंतरिक संकट के कारण ध्वस्त होकर धराशायी भी हो गए। इसीलिए आज स्थानीय सोच और मानसिक स्वायत्तता चर्चा के विषय हैं। वैज्ञानिक प्रक्रिया के फलस्वरूप विश्व एक 'वैश्विक ग्राम' बन गया है और राष्ट्रीय स्वायत्तता के लिए नए खतरे पैदा हो रहे हैं। ऐसे में हमारी जीवनशैली के प्रेरक मूल्य क्या होंगे? एशिया के नव मध्यमवर्ग में संप्रेषण क्रांति के द्वारा उत्तर आधुनिक युग की मानसिकता का जो विस्फोट हो रहा है वह उन पारंपरिक संस्थाओं के आधार को ही नष्ट करने पर तुला है, जो एशियाई समाजों में सामाजिक सुरक्षा और निरंतरता प्रदान करते रहे हैं।

इस संदर्भ में इंडोनेशिया की राष्ट्राध्यक्ष सुकार्णोपुत्री मेगावती ने हाल ही में अपनी भारत यात्रा के दौरान छठे राजीव गांधी स्मृति व्याख्यान के दौरान कुछ मुद्दे उठाये हैं, जिन पर वर्तमान परिस्थितियों में गौर करना अत्यंत आवश्यक है।

गुजरात में दिल दहलाने वाली नृशंसता की जिक्र किये बगैर मृदुभाषी मेगावती ने सहिष्णुता और सहनशीलता के उन प्राचीन एशियाई मूल्यों की ओर इशारा किया जो सदियों से इस भूभाग की विशेषता रहे हैं। उन्होंने कहा कि पश्चिमी समाज की अपेक्षा एशियाई समाज में अभावों में भी मुस्कुराने, सभी धर्मों के प्रति आदर सम्मान एवं परिवार संस्था के लिये निजी कुर्बानी करना उसकी विशेषता है। लेकिन वर्तमान में हमें मानवाधिकारों के प्रकाश में प्रजातांत्रिक संस्थाओं के माध्यम से उन्हें मजबूत करना होगा क्योंकि आतंकवाद एवं बढ़ती धार्मिक वैमनस्यता, एशिया में भाई-चारे की भावना को नष्ट कर रही है। उन्होंने प्रश्न किया कि आने वाले समय में एशिया की पहचान क्या

हो? इस प्रश्न की पृष्ठभूमि बांधते हुए राजीव गांधी फाउंडेशन की अध्यक्षा श्रीमती सोनिया गांधी ने सुकार्णोपुत्री मेगावती का स्वागत करते हुए एशियाई देशों में राष्ट्रीय जागरण के नेताओं (नेहरू, सुकार्णो, भंडारनायके आदि) के सपनों की याद दिलायी।

मेगावती ने कहा कि एशिया की विशेषता उसकी विविधता में है और यही उसकी ताकत भी है। अपने भाषण में सहिष्णुता और सहनशीलता पर विस्तार से बोलते हुए उन्होंने इस बात पर जोर दिया कि एशिया में स्थिरता का आधार विविधता ही है। कानून के समक्ष सभी वर्गों के लोग समान समझे जाएं, क्योंकि अन्याय एवं भेदभाव पर आधारित व्यवहार हमारे आपसी सौहार्द को खोखला कर रहे हैं। मानव अधिकार एवं संस्कृति की बहस की ओर संकेत करते हुए इन्डोनेशिया की राष्ट्राध्यक्ष ने आगे बताया कि अभी भी पश्चिमी देशों में यह धारणा है कि एशियाई मूल्य मानव अधिकारों की राह में रोड़े हैं। अतः 'हमें सारी दुनिया को विश्वास दिलाना है कि एशियाई मूल्य, जिनमें सहनशीलता सर्वोपरि है, मानव अधिकारों की रक्षा कर सकते हैं।' उनका मानना है कि कोई भी एक देश एशिया की समस्या को हल नहीं कर सकता। आतंकवाद पर बोलते हुए उनके विचार थे कि इसकी जड़ में दूसरों को सहन न करने की भावना छिपी है। एशिया में आतंकरहित क्षेत्र का निर्माण करने के उनके सुझाव का दर्शकों ने खुले हृदय से स्वागत किया। मेगावती का यह भी सुझाव है कि किसी देश के आंतरिक मामलों में हस्तक्षेप नहीं होना चाहिए और न ही एशियाई देशों को अपनी समस्या का निर्यात करना चाहिए। उनके भाषण की प्रतिध्वनि यही है कि गरीबी और विषमता को प्रजातांत्रिक व्यवस्थाओं के माध्यम से कम किया जाये।

दरअसल विकास की अवधारणा के उपभोक्तावादी मॉडल से परेशान एशियाई देश अब अपनी पहचान की तलाश कर रहे हैं। इंडोनेशिया जैसे मुस्लिम बहुल जनसंख्या वाले देश में लोकतांत्रिक परंपराओं की नींव अभी-अभी डाली है। अतः कम बोलने वाली करिश्माई नेता मेगावती एशिया में उन ताकतों के साथ संपर्क बढ़ाना चाहती हैं जो कट्टरपन से परे हटकर विभिन्न वर्गों को साथ लेकर चलने की हामी हो। उन्होंने सामाजिक विकास की प्रक्रिया में एशिया में आदिवासियों के अधिकारों को अहमियत देने की बात दोहरायी।

एशियाई देशों में मूल निवासी जिन्हें भारत में हम आदिवासियों के नाम से पुकारते हैं समस्याएं बढ़ती जा रही है। बड़े पैमाने पर जंगल कटने से उनकी जीवकोपर्जन के स्रोत लगातार घटते जा रहे हैं। इंडोनेशिया, भारत, म्यानमार, थाईलैंड, कंबोडिया आदि देशों में बांध बनाने एवं माइनिंग से आदिवासी बड़े पैमाने पर अपनी जमीन से बेदखल हो रहे हैं। भारत में आदिवासियों की संख्या कुल जनसंख्या का आठ प्रतिशत है।

एशिया में पहचान की दूसरी समस्या धर्म से जुड़ी है। आज एशियाई देशों में धार्मिक कट्टरपन से जितनी हिंसा फैल रही है, उतनी किसी अन्य कारण से नहीं। क्या कारण है कि विश्व के सभी प्रमुख धर्मों हिन्दू, बौद्ध, ईसाई, इस्लाम आदि की जन्मस्थली रहे एशिया में आज धर्म के नाम पर हिंसा की जा रही है। अनेक भागों में क्रूरता बढ़ती जा रही है। चाहे पूर्वी तिमोर का कट्टरपंथी इंडोनेशियाई हो या गुजरात में धर्मान्धता में डूबे समूह। सभी हिंसा के माध्यम से समस्या का हल करने पर तुले हैं।

आज एशिया के अनेक भाग आतंकवाद से त्रस्त हैं। यह खतरा और बढ़ेगा। आतंकवादी संगठनों की हिंसात्मक हरकतों के कारण प्रतिवर्ष सैकड़ों निर्दोष इंसानों की जान जाती है, हजारों हताहत होते हैं। लेकिन आतंकवाद शून्य में नहीं पनपता। सामाजिक, सांस्कृतिक, जातीय, धार्मिक, आर्थिक और राजनीतिक शक्तियाँ आतंकवाद को बढ़ावा देती हैं। बुनियादी तौर पर किसी भी देश की स्थापित वैध व्यवस्था के खिलाफ हिंसात्मक कार्रवाई को आतंकवादी गतिविधियों में शामिल किया जाता है। इंडोनेशिया सहित उदारवादी मुस्लिम देशों में सक्रिय कट्टरपंथी मुस्लिम चाहते हैं कि उनके देशों में मजहबवादी राज्य व्यवस्था अस्तित्व में आये। अफगानिस्तान का तालिबानीकरण इस बात का सबूत है कि मजहबी आतंकवादियों को आधुनिक लोकतांत्रिक एवं उदारवादी व्यवस्था बिल्कुल नापसंद है। कट्टरपंथी इंडोनेशिया का इस्लामीकरण करना चाहते हैं। मलेशिया भी मजहबी आतंकवादियों की हिट लिस्ट पर है। पाकिस्तान में भी मजहबी कट्टरपंथी अफगानिस्तान की तर्ज पर तालिबानीकरण चाहते हैं। बढ़ते इस्लामी कट्टरवाद के साथ-साथ भारत में भी 'हिंदुत्व' के आवरण के कट्टरवादी धार्मिक संगठन सक्रिय हो रहे हैं। आशंका इस बात की है कि कहीं यह उग्रवादिता आतंकवाद में न बदल जाए। यह एशिया के उदारवादी चरित्र

को नष्ट कर सकता है। नवप्रजातांत्रिक एशियाई देशों में इस बात का खतरा ज्यादा है कि कहीं राज्य ही आतंकवाद को प्रायोजित न करने लगे। भूमंडलीकरण के युग में उग्रवाद एवं आतंकवाद के कारणों और प्रभावों पर एशिया में अभी सार्थक बहस नहीं चली है। टेक्नालॉजी क्रांति के बावजूद आतंकवाद क्यों पनप रहा है?

एशियाई संदर्भ में जवाहरलाल नेहरू का यह कथन आज भी सार्थक है कि हमें धर्म ग्रंथों से विवेक और मूल्यों का बोध होता है, लेकिन आधुनिक ज्ञान-विज्ञान से ही हम अपने आर्थिक पिछड़ेपन और गतिरोध से तथा सामाजिक विषमता और अन्याय से मुक्ति के प्रश्नों का हल खोज सकते हैं। धर्म की हानिकारक प्रवृत्तियों और उसके अंधविश्वास पोषक तत्वों से संघर्ष अनिवार्य है, जो यूरोपीय आधुनिकता का अभिन्न अंग था। किंतु हमें यूरोपीय आधुनिकता के इतिहास के धर्म और विज्ञान की बीच तनाव और संघर्ष को नहीं दोहराना चाहिए। कहीं धर्म के अंधविश्वास के पक्ष से हमारा युद्ध उन सीमाओं से बाहर न चला जाए, जहाँ वह अंधता के त्याग के नाम पर मूल्यहीनता को ही प्रोत्साहन मिलने लगे।

इस समय इंडोनेशिया अपने यहाँ नये आर्थिक बदलाव ला रहा है। वहाँ के व्यापारी भारत से लेन-देन के इच्छुक हैं। दक्षिण भारतीय तमिल प्रवासियों का वहाँ की राजनीति एवं अर्थव्यवस्था में अच्छा खासा दखल है। वहाँ की युवा पीढ़ी न सिर्फ हिन्दी फिल्मी गानों की दीवानी है, बल्कि हमारे देश का खान-पान और रहन-सहन भी उन्हें सुहाता है। भूमंडलीकरण के कुप्रभावों को रोकने के लिये इंडोनेशियाई जनता भारत के लोगों की ओर देख रही है। भारत के स्वैच्छिक संगठनों के कार्यों से भी वे काफी प्रभावित हैं। धर्मांधता की चुनौती दोनों देशों में है। लेकिन दोनों जगह सांप्रदायिकता की राक्षसी प्रवृत्ति से अभी आम जनता ग्रसित नहीं है। सहिष्णुता, समन्वय और सहअस्तित्व की अवधारणाओं की एशियाई जड़ों की तलाश में मेगावती का भारत आगमन नये रिश्तों की शुरुआत है।

मेगावती का सुझाव है कुल मिलाकर हमें बाजारवाद के दौर में सामुदायिकता का एक ऐसा मौलिक मिश्रण बनाना चाहिए, जो विकास प्रक्रियाओं को यूरोपीय सोच से परे एक एशियाई चरित्र प्रदान करे एवं एशियाई सहिष्णुता के

आधार पर भिन्न-भिन्न एशियाई देश अपनी-अपनी परिस्थितियों और जरूरतों के अनुकूल अपने-अपने रास्ते तलाश करें। मेगावती ने अपने भाषण के दौरान जिस सांस्थानिक (इंस्टीट्यूशनल), प्राविधिक (टेक्नॉलाजिकल) तथा अभिप्रेरणा (मोटिवेशनल) की ओर संकेत किया है वह पश्चिम की नकल नहीं वरन् रचनात्मक दिशा में सक्रिय और सचेष्ट कदम है। पूर्वी एशियाई देशों के विकास के अनुभव से अभी स्वयं कई एशियाई देश अनभिज्ञ हैं। एशियाई पहचान की खोज में सामुदायिकता से प्रेरित विकास के नए 'विजन' को कैसे पुनर्स्थापित किया जाए, यह अहम सवाल है। इसलिए इन प्रश्नों को पुनः सामने रखने हेतु मेगावती बधाई की पात्र हैं।

(अप्रैल 2003, आधारशिला)

31 शिक्षा और गुणवत्ता

सितंबर 1919 में अपने लेख में गांधीजी ने लिखा था 'जब तक शिक्षा भारत की परिस्थिति के अनुरूप नहीं दी जाती तब तक राष्ट्रीय जीवन का विकास नहीं हो सकता।' इसकी पुष्टि सन् 1994 के आसपास अमेरिका के प्रसिद्ध भाषाविद् और विचारक नॉम चौमस्की ने अपनी भारत यात्रा के दौरान एक साक्षात्कार में की। उनसे पूछे जाने पर कि उन्हें अपनी यात्रा के दौरान कौन सी बात सबसे महत्वपूर्ण लगी तो उन्होंने उत्तर दिया, 'उन्हें यह बात चौंका देने वाली लगी कि भारत की अधिकांश जनता की भयावह दरिद्रता के बीच भी मध्यवर्गीय नव धनाढ्य भारतीयों ने अपने लिए सुख-सुविधाओं और समृद्धि के वे सामान जुटा रखे हैं जो अमेरिका जैसे समृद्ध देशों में संपन्न और समृद्ध वर्गों को प्राप्त हैं।' उन्हें इन धनाढ्यों में गरीबों के प्रति किसी प्रकार की सहानुभूति और संवेदना का अभाव और उनकी हृदयहीनता का रुख भी चौंका देने वाला लगा था।

स्पष्ट है कि शिक्षा का पाश्चात्यीकरण, जिसे हम जादुई छड़ी मान बैठे थे, अशिक्षा के कोहरे को छांटने में असमर्थ रहा। शिक्षा के आशीर्वाद से ग्रामीण क्षेत्र लगभग पूरी तरह वंचित हैं।

औद्योगिक और वैज्ञानिक क्रांति के पहले चरण में जन्मे तथा इसके दूसरे और तीसरे चरण में रहते हुए भी गांधीजी के लिये शिक्षा का उद्देश्य मानवीय पक्षों को जागृत कर संतुलित जीवन जीने की कला सिखाना था। अतः वे ऐसी शिक्षा के पक्षधर थे जो बच्चों में सर्वोत्तम शरीर, मन और आत्मा को निखार सके। गांधीजी का शिक्षा दर्शन मात्र नैतिक मूल्यों की पुनर्स्थापना नहीं था। उनके अनुसार 'शिक्षा का अर्थ ककहरा सीखकर बैठ जाना नहीं है बल्कि यह जानना है कि हमारे अधिकार क्या हैं? यह समझना कि अधिकारों के साथ हमारे उत्तरदायित्व और कर्त्तव्य क्या हैं।' (इंडियन ओपिनयन, 1905) विडंबना यह है कि आजादी के बाद शिक्षा प्रणाली में हम गांधी के शिक्षा दर्शन को

नकारने लगे। यह सही है कि वर्तमान शिक्षा पद्धति ने जो खिड़कियाँ खोली उससे हमें प्रजातंत्र, व्यक्तिगत अधिकार आदि के बहुमूल्य दृश्य देखने को मिले। लेकिन शिक्षा का सही उपयोग हम नहीं कर पाये।

गांधीजी के अनुसार शिक्षा का अर्थ यह है कि बच्चा मन लगाकर सारी इंद्रियों से अच्छा काम लेना जाने। जिससे बच्चे को यह ज्ञान मिलता है कि हाथ से चोरी नहीं करनी चाहिए, भाई-बहनों को पीटना नहीं चाहिये, उस बच्चे की शिक्षा शुरू हो चुकी समझिये।

गांधीजी समझ गये थे कि आम जीवन में काम न आने वाली शिक्षा अत्यंत गरीबों के लिये एक 'विलासिता' ही बनकर रह जायेगी। आज देश के दस करोड़ बच्चे, जिनमें अधिकांश दलित, आदिवासी और पिछड़े वर्ग के हैं, शिक्षा से वंचित हैं।

ग्रामीण मां-बाप मानते हैं कि आधुनिक शिक्षा बच्चे को उसके रोजमर्रा के जीवन से अलग कर रही है। गांधीजी ने बुनियादी शिक्षा पर जोर देते हुए लिखा था 'आखिर तालीम में खेती आ ही जाती है। इसके सिवाय काम नहीं चल सकता। नई तालीम का क्षेत्र बहुत बड़ा है। उसे तो सारी जिन्दगी का फैसला करना है।' गांधीजी के इन विचारों को कुछ लोग दकियानूसी का लेबल लगाकर नकार देते हैं। संभवत: वे नहीं जानते कि गांधी ने स्वयं कहा कि 'मैं नहीं चाहता कि राष्ट्रीय विद्यालयों में पढ़ाई-लिखाई बंद करके कातना-पीजना ही सिखाया जाये या कराया जाये। विद्यार्थियों को अक्षर-ज्ञान के साथ-साथ हृदय बल और शरीर श्रम की शिक्षा देनी चाहिये, जो विद्यालय अछूतों का बहिष्कार करे, उस विद्यालय का बंद हो जाना ही देशहित में है। राष्ट्रीय विद्यालय में हिन्दू, मुसलमान, पारसी, ईसाई सभी जातियों के विद्यार्थियों को सगे भाई की तरह पढ़ना चाहिये।' क्या कोई आज इसके औचित्य से इनकार कर सकता है।

गांधीजी प्रत्येक बच्चे के लिये चौदह वर्ष तक की आयु तक की शिक्षा के समर्थक थे। उनका सुझाव था कि चौदह वर्ष की उम्र होने अर्थात् सात वर्ष का शिक्षाक्रम समाप्त करने के बाद बच्चे को कमाऊ इकाई की तरह स्कूल से छुट्टी दे देनी चाहिए। आज भी गरीब आदमियों के बच्चे अपने माता-पिता को सहारा देते हैं। उनके मन में यही भाव होता है कि अगर वे काम नहीं करेंगे तो

उनके माता-पिता क्या खुद खायेंगे और क्या उन्हें खाने को मिलेगा। यह स्वयं ही शिक्षा है। आप बच्चे को शिक्षा भी देते हैं और बेरोजगारी की जड़ें भी काटते हैं।

वर्तमान शिक्षा की एक बड़ी खामी को गांधीजी ने बहुत पहले चिन्हित कर लिया था। 'यंग इंडिया' में उन्होंने इस पर टिप्पणी करते हुए लिखा, 'दस्तकारी की तालीम से लिखाई-पढ़ाई की शिक्षा को दूर करने के कारण हम ग्रामीण हुनरों को नीची निगाह से देखने के आदी हो गए हैं।' आज के शिक्षा विशेषज्ञ भी इसी नतीजे पर पहुंचे हैं।

गांधी की बुनियादी तालीम में पूरी शिक्षा को स्वावलंबी बनाने पर जोर है। विद्यार्थी द्वारा अपने हाथों से कोई न कोई उद्योग धंधा सीखने का प्रावधान है। सारी तालीम स्थानीय भाषा के माध्यम से दी जाये एवं किसी भी प्रकार की सांप्रदायिक शिक्षा के लिए उसमें कोई स्थान नहीं है।

आज हम इस कटु सत्य से मुंह नहीं मोड़ सकते कि भारत में आजादी के बाद शिक्षा पर जो बहस हुई उसमें गांधी के विचारों की उपेक्षा हुई है। देश में शिक्षित मध्यम वर्ग और आम जनता के बीच का अलगाव इसका साक्षी है। लेकिन एक सुखद पहलू यह भी है कि जैसे-जैसे भूमंडलीकरण की प्रक्रिया तेज हो रही है हमारे हुक्मरान गांधी की शरण में वापस लौट रहे हैं।

(2 अक्टूबर 2003, राष्ट्रीय सहारा)

32 अंधेरी सुरंग से गुजरता समाज

अन्न से गोदाम भरे पड़े हैं, फिर भी देश में भुखमरी की घटनाएं बढ़ रही हैं। उड़ीसा, उत्तर प्रदेश, राजस्थान, आन्ध्र प्रदेश, छत्तीसगढ़, झारखंड, मध्य प्रदेश, महाराष्ट्र एक के बाद एक प्रायः सभी राज्यों में गरीबों की जो हालत है उससे सारे देश में सरकारी तंत्र के खिलाफ जबर्दस्त गुस्सा नहीं जागा। यह देखकर हमारी आंखे खुल जानी चाहिए। हमारे पढ़े-लिखे समाज में अब कोई नैतिक अशांति नहीं पैदा होती। पैदा होती है बेसहारा लोगों के संघर्ष से हमारी सुविधाप्रद समाज में उत्पन्न अशांति के प्रति हमारे शहरी मन में खीझ, एक झूठी दया और अंत में शोषितों का शोषकों से समझौता करा देने की चालाकी। कई घटनाओं में सरकारी तंत्र और न्यस्त स्वार्थों की मिलीभगत के विरुद्ध जनमत न बन कर केन्द्र और राज्य में सरकार बनाने या बना सकने वाली पार्टियों में झगड़ा पैदा हुआ है और जनमत को इनमें से एक या दूसरे का पक्ष लेने पर मजबूर किया जा रहा है। आंध्र प्रदेश के बुनकरों या उत्तर प्रदेश के जरी कारीगरों की खस्ता हालत पर कौन बोल रहा है? प्रधानमंत्री से लेकर मुख्यमंत्री तक किसी ने क्या एक बार भी स्वीकार किया है लोगों को जिंदा रहने के लिये रोजगार उपलब्ध कराना उनकी नीति है। उल्टे वे उन लोगों का साथ दे रहे हैं, जो गरीबों के किसी तरह जिंदा रहने के प्रयत्नों के विकल्प को बांटने का प्रयास कर रहे हैं। क्या दोनों में से किसी ने भी यह कहा कि सरकारी तंत्र को उस शोषित का पक्ष लेना पड़ेगा जो गरीबी की रेखा पर रेंग रहा है और इसीलिये शोषण का शिकार है। दोनों ने अपनी-अपनी ऊंचाइयों से राहत की बात की पर यह भूल गये कि जो व्यवस्था रक्षा नहीं कर सकती उसकी दी हुई राहत, राहत नहीं, जान और अस्मत का किराया है। जिसकी रकम बढ़ाने में केन्द्र और राज्य-बेशर्मी से प्रतियोगिता कर रहे हैं।

इस संदर्भ में कुछ तथ्यों को जान लेना आवश्यक है। आजादी के बाद शोषितों पर लगातार आक्रमण बढ़ते गये जिनमें नरायनपुर, पारसबीघा, बेलछी

जैसी घटनाएं शामिल हैं। दूसरे, महिलाओं में शिक्षा का प्रतिशत बढ़ने के बावजूद उन पर हिंसा की वारदातें बढ़ रही हैं। पुलिस आंकड़ों के अनुसार देश में प्रत्येक 26 मिनट पर महिला से बदसलूकी होती है। प्रत्येक 34 मिनट में एक बलात्कार, 42 मिनट में छेड़छाड़, 43 मिनट में अपहरण और 93 मिनट में मर्डर। पारिवारिक हिंसा में आज एक नया पहलू जुड़ रहा है। औरत के चरित्र पर शक का नतीजा यह है कि पढ़ी-लिखी और अनपढ़ दोनों श्रेणियों की महिलाएं अपने बच्चों सहित आत्महत्या कर रही हैं। औरत के चरित्र पर शक के कारण हमारी संस्कृति में घुलते बाजारीकरण के साथ-साथ अपने हक के लिये मुखर होते औरत के स्वर भी हैं। इस संदर्भ में मानुषी की सामाजिक कार्यकर्ता मधु किश्वर द्वारा सुनाया वह किस्सा याद आता है, जिसमें वे बताती हैं कि किस प्रकार अपनी पत्नी को बेरहमी से पीटने वाला पति कहता है कि बाहर मत जाना वहाँ गुंडे हैं। आज कई अर्थों में पति रूपी गुंडों की संख्या तेजी से बढ़ रही है।

आज गांवों में भी भय का वातावरण बना हुआ है। और केवल वही सुखी है जो सरकार के नजदीक है। ग्रामीण आदिवासी तो अत्याचार की चक्की में पिस रहा है। जीवन यापन के संसाधन तेजी से नष्ट हो रहे हैं, लेकिन सरकार हाथ पर हाथ धरे बैठी है। छोटे किसानों की हालत भी खस्ता हो चली है। गन्ना, कपास तंबाखू, रबर, नारियल जैसी 'नकदी फसल' उगाने वाले छोटे किसान और उनसे जुड़े खेतिहर मजदूर अब भिखमंगों की श्रेणी में शामिल हो रहे हैं। उन्हें उपज का लागत मूल्य भी नहीं मिल रहा हैं। पारंपरिक फसलों जैसे रबर और नारियल बेचकर अपना पेट पालने वाली समुद्र तटीय इलाकों की गरीब लड़कियाँ अपना देह बेचकर परिवार का पालन करने पर मजबूर हो रही हैं। विकास की नीतियाँ जिनका उद्देश्य गरीब वर्ग के लोगों को जीवन स्तर ऊपर उठाना है, उलट कर साधारण लोगों को गरीबी की खाई में ठकेलने का कारण बन रही हैं। कुल मिलाकर बाजारीकरण एवं आर्थिक उदारीकरण की दिशा से जो बदलाव आ रहे हैं उनसे यह प्रतिध्वनि निकल रही है कि सामाजिक सरोकार क्या बला है? स्वयं विश्व बैंक की रपट के अनुसार, ''जैसे-जैसे अर्थ व्यवस्थाएं सुधार प्रक्रिया में आगे बढ़ीं, परिवारों की आमदनी में गिरावट के कारण पारिवारिक तनाव बढ़े। बढ़ती महंगाई और तनावों के चलते महिलाएं

सबसे ज्यादा प्रभावित हुई हैं।... तलाक की घटनाओं में बढ़ोतरी हुई है... शराब खोरी और अवैध नशाखोरी में वृद्धि हुई और आम लोगों के स्वास्थ्य में गिरावट आई। स्वास्थ्य में कमी के कारण भी पारिवारिक तनाव बढ़े हैं। आर्थिक सुधारों से जो नई संस्कृति पैदा हुई है उसे अपनाने से भी व्यक्ति के तनाव बढ़े हैं।''

जाहिर है इस तरह की स्थिति से आम आदमी की परेशानियां बढ़ रही हैं। लेकिन इन सारी चीजों के बीच एक सुविधाभोगी जिसे हम सुखासीन समाज भी कह सकते हैं, निश्चिंत है। 1990 दशक के दौरान प्रकाशित एक ''वैकल्पिक आर्थिक सर्वेक्षण रपट'' के अनुसार भारत में इस वर्ग के लोगों की संख्या दो करोड़ आंकी गई है, जिनमें 60 लाख ऐसे लोग भी हैं जो उपभोक्ता वस्तुओं के पीछे पागल हैं और कोई भी कीमत देने को तैयार हैं। वे उस मानसिकता से ग्रसित हैं, जिसके तहत वे ऐसे सामान खरीदना चाहते हैं, जिससे 'इज्जत' बढ़े। ऐसे वर्ग की मानसिकता एक विज्ञापन में दिखायी जाने वाली दो गृहणियों से समझ सकते हैं। विज्ञापन में एक बड़े शोरूम में दो महिलाएं एक साथ जाती हैं। उनमें से एक को दरबान रोक देता है, दूसरी को अंदर जाने देता है। कारण रोकी गयी महिला की साड़ी एक विशेष डिटर्जेंट से नहीं धुली है। अगली बार इस रोकी गई महिला का वही दरबान झुककर स्वागत करता है। कारण इस बार महिला उस विशेष पाउडर से धुली साड़ी पहने हुए है। यानी सामाजिक इज्जत के मापदंड सहृदयता, दयालुता, सज्जनता, गरीबों की मदद नहीं वरन् विशेष प्रकार की उपभोक्ता वस्तुएं बन रही हैं। जिस समाज में ऐसा तिलस्म बनाया जा रहा हो जहाँ सत्य-असत्य, कल्पना-यथार्थ के बीच फासले खत्म हों उसकी स्थिति अंधेरी सुरंग से गुजरते समाज की होती है।

यह भी चिंता का विषय है कि इस सामाजिक स्थिति से स्वैच्छिक संस्थाएं भी रू-ब-रू नहीं हो रही हैं। मुट्ठीभर लोग ही इस दिशा में सोच रहे हैं। वैज्ञानिक सोच का जो दौर समाज परिवर्तन कार्यों में लगी संस्थाओं के बीच सत्तर के दशक में प्रारंभ हुआ था वह आज संस्था 'बचाने' की ओर मुड़ गया है। आज देश में ऐसा मध्यम वर्ग तैयार हो गया है जो भारत को अपना देश नहीं साम्राज्य समझता है। उसकी सोच में मौलिकता का कोई पुट नजर नहीं आता। लेकिन यह स्थिति कोई एक दो दशकों में नहीं बनी। इसके बीज बहुत

पहले बो दिये गये थे। मोहनदास करमचंद गांधी इस खतरे के प्रति सजग थे। उन्होंने कहा था, "मैं चाहता हूँ, सभी देशों की संस्कृतियाँ मेरे घर में स्वतंत्र रूप से प्रवेश करें। लेकिन मैं नहीं चाहता कि कोई मुझे मेरी जड़ों से ही उखाड़ दे और मैं दूसरों के घरों में बिना अधिकार के भिखारी या दास के रूप में रहने को विवश होऊं।" उनका यह कथन आज ज्यादा सार्थक नजर आ रहा है। उपभोक्तावाद की जिस अंधी सुरंग में आज हमारा समाज घुस रहा है उसके कई कारण हैं : प्रथम, संस्कृति की गलत व्याख्या; दूसरा, सामाजिक विषमताओं में वृद्धि; तीसरा, सामाजिक परिवर्तन में लगी शक्तियों का कमजोर पड़ना और चौथा, बाजारवाद में धृतराष्ट्र की तरह हमारा प्रवेश।

खतरे की बात यह है कि कृषि का क्षेत्र जो अभी तक बाहरी पूंजी और उसकी एजेंसियों के प्रत्यक्ष हस्तक्षेप से मुक्त था, अब उनके सीधे हस्तक्षेप द्वारा उनका प्रभाव-क्षेत्र बनता जा रहा है या बन गया है। कृषि क्षेत्र सम्बन्धी निर्णयों में विश्व बैंक का तेजी से बढ़ा हुआ प्रभाव तथा भारत के बासमती चावल जैसी पारम्परिक उपज में अमेरिकी एजेंसियों द्वारा पेटेंट प्राप्त करने में सफल होना, तेजी से बढ़े बाहरी प्रभाव के ही नहीं, बाहरी प्रभुत्व के संकेत भी देते हैं। साथ ही अपने ही देश में शहर और गांव और गांव के अन्दर एक ओर नवपूंजीवादी नवधनाढ्यों और दूसरी ओर उत्पीड़ित, शोषित, कम भूमिवाले या भूमिहीन श्रमजीवी गरीबों के विशाल जनसमूह के बीच तेज होता आंतरिक विभाजन और दरार जो आंतरिक औपनिवेशीकरण की तीव्र होती एक नई प्रक्रिया का संकेत है।

लेकिन इस निराशा में भी उम्मीद की किरण दिखती है। यद्यपि राजनैतिक दल जनता के बीच काम करने लायक नहीं रह गये हैं। जनता उनकी मदद के बिना खुद संगठित होने की कोशिश कर रही है। सुखासीन समाज के पहरेदारों विशेषकर पुलिस को यह और भी नागवार गुजरता है। पुलिस जरा सा बहाना मिलते ही लोगों पर ऐसे टूट पड़ती है मानो वह किसी दुशमन पर आक्रमण कर रही हो। पुलिस निहत्थे किसान और मजदूर प्रदर्शनकारियों पर गोली चलाने से भी नहीं हिचकती है। पुलिस लॉकअप में लोगों की मौत की खबरों से अब आम नागरिक चौंकता नहीं। यहाँ तक कि राष्ट्रीय मानव अधिकार आयोग ने भी अपनी रिपोर्ट में यह स्वीकार किया है कि पुलिस द्वारा नागरिकों के

अधिकारों का हनन जारी है और उन्हें नयी प्रकार की शिक्षा दी जानी चाहिये। कानपुर, दिल्ली और अहमदाबाद में हिन्दू-मुसलमान मिलकर बाजारवाद का सामना करते हैं तो पुलिस उन पर अत्याचार करती है। मानो पूछ रही हो कि हिंदू मुसलमान मिल कैसे गये? जब कि देश की राजनीति इनको बांट कर चलायी जा रही है? पांच-राज्यों की विधान सभा के ताजा नतीजे भी इस ओर संकेत करते हैं कि एक नया आर्थिक-सामाजिक (धार्मिक नहीं) भाईचारा उभर रहा है, जहाँ सभी मानवीय गरिमा की लड़ाई में एकजुट हो रहे हैं। सुरंग से बाहर निकलने का यही एक रास्ता है।

(अक्टूबर 2003, राष्ट्रीय सहारा)

33 गरीबी, बेरोजगारी एवं जनसंख्या

गुलाम भारत का दर्शन जितना गुलामी में होता था, उससे कई गुना ज्यादा स्वाधीनता के बाद होने लगा है। हाल ही के वर्षों में उसका अनुपात प्रतिदिन बढ़ता जा रहा है। गुलामी का यह साक्षातकार शरीर और मन यानी आर्थिक और सामाजिक दोनों क्षेत्रों में समान रूप से प्रकट होता है। दोनों बुराइयाँ एक-दूसरे को बल देते हुए निरंतर पलती रही हैं और इसके फलस्वरूप निर्धनता कम करने के प्रयासों में बुनियादी कमजोरी आ गई है।

हमारे देश में गरीबी रेखा की आधिकारिक परिभाषा के अंतर्गत व्यक्ति के सिर पर छत अथवा शिक्षा या दवाइयों जैसी बुनियादी जरूरतें तो दूर औरतों के लिये कपड़ों तक को समाविष्ट नहीं करती। वहाँ सिर्फ 24 घंटे में खपत की जा रही कैलोरी का ही पैमाना चलता है। सरकार के दावों के बावजूद अभी भी भारत में गरीबी की दर 26 प्रतिशत है, जिसका अर्थ है कि भारत में 26 करोड़ लोग ऐसे हैं, जिन्हें प्रतिदिन 150 ग्राम गेहूं या चावल नहीं मिल रहा है। जिसे गरीबों के लिए कैलोरी का सबसे सस्ता स्रोत माना जाता है। यदि गरीबी कम हुई है तो फिर 2,400 कैलोरी प्राप्त करने के लिए लोग सब्जियां, फल, मछली आदि क्यों नहीं खाते? क्यों ग्रामीण बालाएं आधी फटी साड़ी में अपने यौवन को ढंकने का असफल प्रयास करती हैं? क्यों करोड़ों लोग मुंबई, कोलकाता और दिल्ली में कुत्तों के दड़बों जैसी झुग्गियों में रहते हैं? क्यों?

दरअसल भारत को निर्धनता रेखा की अधिक मानवीय एवं प्रतिष्ठित परिभाषा तैयार करनी चाहिए थी। स्वतंत्रता के पांच दशकों के बाद भी देश की 26 करोड़ जनता को प्रतिदिन मात्र 150 ग्राम गेहूं या चावल क्यों नहीं मिल पा रहा है और वे क्यों आंशिक भुखमरी का सामना कर रहे हैं। ऐसा मुख्यतः इसलिए है क्योंकि उनकी आर्थिक क्षमता इतनी नहीं है कि वे प्रतिदिन अनाज की इतनी मात्रा खरीद सकें।

निस्सन्देह, यह सच है कि सैद्धांतिक रूप में बेरोजगारी तथा गरीबी न तो

एक है, न ही समान, क्योंकि एक व्यक्ति बिना रोजगार किये भी धनी हो सकता है और इसी प्रकार एक व्यक्ति कठिन परिश्रम करने के बावजूद गरीब हो सकता है। किन्तु कुल मिलाकर बेरोजगारी तथा निर्धनता साथ-साथ चलते हैं। अतः कोई भी सरकार जो वास्तव में निर्धनता को कम करने के लिए वचनबद्ध है उसे बेरोजगारी की समस्या को हल करना ही पड़ेगा। किसी भी समाज में उत्पादक एवं लाभप्रद रोजगार ही निर्धनता को कम करने का एकमात्र उपाय है।

बेरोजगारी हटाने के लिए हमें सबसे पहले बेरोजगारी के प्रमुख कारणों को जानना चाहिए। कारण है जनसंख्या तथा प्रौद्योगिकी। गांवों में जहाँ रोजगार का मुख्य स्रोत कृषि है, जनसंख्या वृद्धि का असर साफ नजर आता है। एक सीमित क्षेत्र में कृषि भूमि थोड़े लोगों को ही लाभप्रद रोजगार प्रदान कर सकती है, इसके परे प्रच्छन्न बेरोजगारी पाई जाती है। जिसकी ग्रामीण भारत में कोई कमी नहीं है।

प्रौद्योगिकी सदैव मानव श्रम की न्यूनता अथवा प्रतिस्थापन्नता पर लक्षित होती है तथा इसी ने बेरोजगारी की समस्या को निरापवाद रूप से गंभीर बनाया है। कम्प्यूटरीकरण इसका एक अच्छा उदाहरण है। स्पष्ट रूप से कहें तो जनसंख्या नियंत्रण तथा प्रौद्योगिकी का सही चयन दो प्रमुख कारक हैं जो बेरोजगारी को कम करने अथवा दूर करने में सहायता दे सकते हैं, जिसके परिणामस्वरूप निर्धनता में कमी लाई जा सकती है। भूमंडलीकरण तथा मुक्त बाजार व्यवस्था की प्रबल परिस्थितियों में अद्यतन प्रौद्योगिकी के बिना बाजार में प्रतिस्पर्धा करना भारत के लिए लगभग असंभव सा हो गया है।

श्रम प्रधान लघु कुटीर उद्योग, जिन्हें पहले बड़े उद्योगों की खुली प्रतियोगिता से संरक्षण प्राप्त था, अब भूमंडलीकरण बाजार व्यवस्था में अपना अस्तित्व बनाए रखने में अपने को असमर्थ पा रहे हैं।

परिणामस्वरूप पिछले कुछ सालों से रोजगार की दरें गिरती जा रही हैं। 1993-94 तथा 1999-2000 के लिए किए गए नेशनल सैम्पल सर्वे के अनुसार भारत में बेरोजगारी दरों में वृद्धि हुई है। जहाँ एक ओर समस्त रोजगार में सन् 1993-94 से लेकर 1999-2000 तक प्रतिवर्ष एक प्रतिशत की वृद्धि हुई है, वहीं दूसरी ओर उसी दौरान हमारी जनसंख्या में प्रतिवर्ष दो प्रतिशत की वृद्धि हुई है।

दिलचस्प बात यह है कि सरकारी दावा है कि इस अवधि में गरीबी अनुपात में भी कमी आई है। सन् 1993-94 में निर्धनता का अनुपात 36 प्रतिशत था जोकि सन् 1999-2000 में घटकर 26 प्रतिशत रह गया है। वैसे नेशनल सैम्पल सर्वे के 55वें दौर के अनुमानानुसार 1999-2000 में गरीबी रेखा से नीचे रह रहे परिवारों की संख्या 31.48 प्रतिशत थी। हालांकि, इससे किसी को भ्रम में नहीं पड़ना चाहिए। आधुनिक प्रौद्योगिकी का प्रयोग श्रम उत्पादकता में व्यापक उन्नति की ओर ले जाता है, जिसके फलस्वरूप औसत श्रम अर्जन में विशेष वृद्धि हुई है, जिसने क्रमशः कई श्रमिकों को गरीबी रेखा के हाशिये से ऊपर धकेला है जो इससे पहले गरीबी रेखा के नीचे अथवा उस पर थे।

अतः भारत में एक साथ एक ही समय में (1994-2000) में बेरोजगारी में वृद्धि तथा गरीबी में कमी, विरोधाभास का रोमांचक अनुभव होता है। वास्तव में, आरंभिक चरण में आधुनिक प्रौद्योगिक के प्रवेश ने एक ओर बेरोजगारी दरों को बढ़ाया, वहीं दूसरी ओर इसने कई श्रमिकों को गरीबी रेखा से ऊपर उठाया। इसने गरीबी के नीचे और ऊपर तथा अमीर और गरीब के बीच की खाई को बढ़ाया है। यह वांछनीय विकास नहीं है और इसकी सामाजिक-राजनीतिक उलझनें गंभीर हैं।

यद्यपि सरकार इस संभावित विस्फोटक स्थिति से जूझने का प्रयास कर रही है। स्थिति यह है कि गांवों में अमीर और गरीब की बढ़ती विषमता के बीच बेरोजगारी में वृद्धि तथा गरीबी हटाओ जैसे ज्यादातर कार्यक्रम मात्र अनुदान बनकर रह गये हैं। यह सर्वविदित है कि अनुदान, चाहे कितना भी नियमित हो, की उपयोगिता गरीबी हटाने के साधन के रूप में अत्यंत सीमित है।

अनुदान न तो एक बेरोजगार युवा की मानसिक निराशा को कम कर सकता है न ही भारत जैसी अल्पविकसित अर्थव्यवस्था में आर्थिक रूप से उन्हें बनाये रखना संभव है। और रोजगार का उत्पादन पक्ष अनुदान की व्यवस्था द्वारा सर्वाधिक रूप से उपेक्षनीय बना हुआ है।

भारत की जनसंख्या इस समय करीब 104 करोड़ है। और प्रतिवर्ष करीब सवा करोड़ की दर से बढ़ रही है। यद्यपि कई देशों (जैसे चीन, थाईलैंड आदि) में कुल जनसंख्या के करीब 50 प्रतिशत को रोजगार की आवश्यकता

है और जनसंख्या का 55 प्रतिशत काम में लगा हुआ है। भारत की पारिवारिक अर्थव्यवस्था व ढांचे को बनाए रखने के लिये वर्तमान में 25 करोड़ व्यक्तियों को रोजगार मिलना चाहिये और प्रतिवर्ष इसमें 80 लाख की वृद्धि होनी चाहिये। 1999-2000 में कुल रोजगार में व्यक्तियों की संख्या करीब 18 करोड़ थी। रोजगार संबंधी आंकड़ें दिखावटी माने जाते हैं, क्योंकि इसमें अर्द्ध बेरोजगारी भी शामिल है जो ग्रामीण भारत में सुरसा के मुख की तरह बढ़ती ही जा रही है।

प्रतिवर्ष बेरोजगारी के वर्तमान आंकड़े डरावने हैं। करीब एक करोड़। पर सर्वाधिक शोचनीय तथ्य यह है कि जनसंख्या वृद्धि के कारण बेरोजगारी के आंकड़े करीब 40 लाख की दर से प्रत्येक वर्ष बढ़ रहे हैं।

यह खेद का विषय है कि यद्यपि भारत ने परिवार नियोजन कार्यक्रम सन् 1951 में शुरू किया था और इस पर काफी धनराशि भी व्यय की। परन्तु इन स्वैच्छिक परिवार नियोजन कार्यक्रमों में आधारित प्रेरणास्त्रोतों की सफलता नितांत दयनीय है। प्रमुख बाधाएं हैं : शिक्षा का अभाव (मात्र साक्षरता नहीं), निर्धनता, शिशु एवं बाल-मृत्यु की ऊंची दर, पुत्रों की प्राथमिकता (विशेषकर दो पुत्र), जाति एवं साम्प्रदायिक वोट बैंकों की राजनीति, जनता की उदासीनता तथा राजनीतिक शक्ति का अभाव, परिवार नियोजन में पुरुषों की भागीदारी न होना, परिवार नियोजन कार्यक्रमों के प्रबंधन में भ्रष्टाचार तथा खराब प्रबन्धन, धार्मिक रूढ़ियाँ तथा प्रतिरोध और अवास्तविक राष्ट्रीय जनसंख्या नीति।

ऊपर वर्णित दस मापदंडों में से तीन (शिक्षा का अभाव, निर्धनता तथा शिशु तथा बाल मृत्यु दर), 'विकास सर्वोत्तम गर्भ निरोधक है' के नारे से संबंधित है। किन्तु अन्य सात मामलों में कड़ी रोकथाम की आवश्यकता है पर राजनीतिक दल तथा सरकारें अनिच्छुक हैं।

अत्यधिक जनसंख्या वृद्धि के कारण अब विकास जैसी रुकावटें भी अलंघनीय बन गयी हैं। दो निष्कर्ष स्पष्ट हैं। पहला, खुले बाजार के इस युग में गरीबी हटाने का एक कारगर उपाय जनसंख्या नियंत्रण है। द्वितीय, जनसंख्या नियंत्रण के लिए विकास एकमात्र पर्याप्त उपाय सिद्ध नहीं हो सकता क्योंकि इसके रास्ते में आने वाली सर्वाधिक अलंघनीय रुकावट राजनीतिक निष्क्रियता है।

हालांकि और भी कई रुकावटें हैं। फिर भी इस बात पर बल दिया जाता है कि यद्यपि गरीबी दूर करने के लिए जनसंख्या नियंत्रण सर्वाधिक जरूरी शर्त है तथापि यह अपने आप में पर्याप्त नहीं है। जनसंख्या नियंत्रण के प्रयासों को राजनीतिक समर्थन दिया जाना चाहिए और इसका क्रियान्वयन बिना किसी भेदभाव के तथा प्रभावशाली प्रशासन प्रणाली द्वारा किया जाना चाहिए। लेकिन यह बड़े अफसोस की बात है कि अन्य विकासशील देशों की तरह भारत में गरीबी उन्मूलन के लिए कोई इन्द्रजालिक दांवपेच नहीं है। भारत के आर्थिक विकास में रोजगार के अवसरों की प्रत्याशित वृद्धि नहीं हुई है। देश के योजनाकार अब भी रोजगार उत्पन्न करने वाली व्यूह रचना को टटोलने में लगे हुए हैं।

(अक्टूबर 2003, आधारशिला)

34 इस अनमोल धरोहर को बचाइये

दक्षिण भारत सिर्फ समुद्री तटों की सुंदरता के लिये ही नहीं वरन् औषधियों और जड़ी-बूटी से भरपूर हरे-भरे जंगलों के लिये भी मशहूर हैं। केरल के उत्तरी इलाके में पश्चिमी घाट में स्थित वायनाड इलाका चाय, काफी, इलाइची के अलावा प्राकृतिक औषधियों का गढ़ है। यहाँ की आबोहवा कैंसर के रोगियों के लिये अत्यंत स्वास्थ्यप्रद मानी जाती है। इस इलाके में उगने वाली जड़ी-बूटियां कई असाध्य बीमारियों के लिये गुणकारी मानी जाती हैं। नीदरलैंड की सरकार ने तो इस इलाके में जड़ी-बूटी औषधियों पर शोध का एक केन्द्र खोल रखा है। वैसे तो लगभग साढ़े तीन सौ किलोमीटर इलाके में फैले पूरे वायनाड पर प्रकृति की कृपा है, लेकिन तीन विशेष इलाके ऐसे हैं जिन्हें विश्व प्राकृतिक संपदा की दृष्टि से अत्यंत महत्वपूर्ण माना जाता है : वेवाली वनक्षेत्र, वैयथिरी तालुका की थेपिल पहाड़ियां और मुथुगां रेंज। यहाँ का विशिष्ट तेलधारा इलाज अब कैलिफोर्निया में शोध का विषय बन चुका है। पिछले दशकों में केरल में स्वास्थ्य सुधारने के लिये आने वाले विदेशियों की संख्या में भी बहुत वृद्धि हुई है।

लेकिन आज मानव शरीर में कायाकल्प करने की क्षमता रखने वाले प्रकृति की अनमोल धरोहर वायनाड के अस्तित्व को खतरा पैदा हो गया है। केरल सरकार ने 'विजन 2025' नामक एक नीति अपनायी है, जिसके अंतर्गत केरल को विश्व के एक प्रमुख पर्यटन केन्द्र के रूप में विकसित किये जाने की योजना है। इसके लिये सीधे विदेशी निवेश की भी छूट होगी।

वायनाड के भीतरी इलाकों में टूरिस्ट रिसोर्ट और हेल्थ क्लब बनना प्रारंभ हो गये हैं। अभी शुरुआत है लेकिन होटलों और हॉली-डे रिर्सोट से प्रकृति पर होने वाले विपरीत प्रभावों को कोजीकोड से सुल्तानभतेरी मार्ग पर देखा जा सकता है। अतः दूरगामी परिणामों को समझे बिना इको-टूरिज्म के नाम पर बढ़ावा दिये जाने वाले पर्यटन से लाभ के बजाय हानि ही ज्यादा होने की

संभावना से विशेषज्ञ भी इनकार नहीं कर रहे हैं। तिरुअनंतपुरम स्थिति सेन्टर फॉर इन्वायरमेन्ट एंड डेवलपमेंट ने कुछ समय पूर्व प्राकृतिक औषधियों से भरपूर वायनाड जैसे इलाकों में भू-उपयोग में परिवर्तन से होने वाले खतरों की ओर इशारा भी किया था। यूनेस्को ने भी इस इलाके को विश्व के चुनिंदा 'बायोस्फीयर' की श्रेणी में रखा है।

यूनेस्को इस विषय में जागरूकता फैलाने हेतु केरल के एक शिक्षण संस्थान की मदद से एक कार्यक्रम भी चला रहा है। यूनेस्को ने 'मानव एवं प्रकृति' कार्यक्रम के तहत भारत सरकार की मदद से देशभर में 13 बायोस्फीयर ज़ोन चिन्हित किये, जिनमें वायनाड का स्थान प्रमुख है।

केरल सरकार की इको-टूरिज्म नीति के सबसे अधिक नुकसान वायनाड-नेगराहोल एवं बंड़ीपुर इलाके में होगा। वाबली रेंजस, जहाँ इसकी शुरुआत होने वाली है, वायनाड में ही स्थित है। दरअसल विश्व प्राकृतिक संपदा की सूची में यह इलाका भारत के सबसे स्वस्थ वातावरण वाले भू-भाग की श्रेणी में रखा गया है। समुद्र सतह से 2900 से 7500 फीट की ऊंचाई वाले इस इलाके में बड़े पैमाने पर पर्यटन उद्योग को बढ़ावा देने की नीति से प्राइवेट बिल्डर्स इस दिशा में प्रयासरत हैं कि वर्तमान कानूनों में ढील दे दी जाये ताकि वे बेरोक-टोक निर्माण कार्य कर सकें। इस नये परिवर्तन से स्थानीय लोगों में भी चिंता फैल रही है। वायनाड के लोगों का मुख्य धंधा खेती है, जिसमें काली मिर्च, अदरक व इलायची प्रमुख है। वास्कोडिगामा जिन गरम मसालों की खोज में भारत आया था, वे इसी इलाके में उपजते हैं। और कालीकट यानी कोझिकोड इसी इलाके के पश्चिम में समुद्रतट पर मात्र 80 किलोमीटर दूर है। इस इलाके में विभिन्न तरह के केले उत्पन्न होते हैं और स्वास्थ्य की दृष्टि से स्थानीय लोग तो विभिन्न ऋतुओं में विभिन्न प्रकार के केले खाते हैं। यही वह इलाका है, जहाँ आज भी हाथियों के झुंड जंगलों में मुक्त विचरण करते हैं। यहाँ की आबादी में 25 प्रतिशत मुस्लिम और 25 प्रतिशत ईसाई और शेष आदिवासी व हिन्दू हैं। केरल में आदिवासी भी सिर्फ इसी जिले में बसते हैं एवं जिले में उनकी आबादी 17 प्रतिशत है। किसी जमाने में वायनाड के जंगलों में नक्सलवादी आंदोलन काफी जोरों पर था और पढ़ी-लिखी नवयुवतियाँ इससे बड़ी संख्या में जुड़ी थीं। स्थानीय लोगों को यह भय सता रहा है कि

इलाके में प्रकृति को नष्ट करने वाले प्रोजेक्ट चलने से पुराना असंतोष पुनः भड़क सकता है।

लेकिन सबसे बड़ी चिंता प्राकृतिक धरोहर के नष्ट होने की है। वैथेरि के एक निवासी का कहना है कि वायनाड से निकलने वाली काबनी नदी से ही बारहों मास कावेरी नदी को जल मिलता है। वायनाड में प्रकृति से छेड़छाड़ की तो कावेरी नदी सूख जायेगी और कर्नाटक एवं तमिलनाडु के लाखों किसानों की रोजी-रोटी पर उसका असर पड़ेगा। हम एक-दूसरे पर कितने निर्भर हैं और प्रकृति कैसे हमें जीवन दान देती है वायनाड इसका जीता जागता उदाहरण है। यह इलाका सैलानियों के लिये स्वर्ग है, लेकिन डर इस बात का है कि मानव-लालच कहीं इसे नरक में न बदल डाले।

(2004, राष्ट्रीय सहारा)

खंड तीन

मानव अधिकार व एनजीओ

35 धर्मांतरण

मानव सभ्यता के आरंभिक काल से ही धर्म बहस का मुद्दा रहा है। उत्तर प्रदेश के बहराइच जिले में 300 हरिजनों द्वारा इस्लाम धर्म अपनाने से राजनीतिक हलकों में खलबली मच गयी है। पूरा माहौल गरमा गया। दरअसल पिछले कुछ वर्षों से बहराइच में लोग हिंदू से मुसलमान बन रहे हैं। कौन हैं ये लोग? क्या है इनका पेशा? वे क्यों धर्म परिवर्तन कर रहे हैं? भारतीय जनता पार्टी के अनुसार धर्म परिवर्तन का शिकार ऐसे लोगों को बनाया जा रहा है जो स्वयं नहीं जानते कि वे क्या हैं? एक सुनिश्चित तरीके से सबसे उपेक्षित समुदाय नट को इस षड्यंत्र का शिकार बनाया गया है। इन्हें बहला-फुसलाकर प्रलोभन देकर और धमका कर मुसलमान बनाया गया है। इसमें एक केन्द्रीय मंत्री के खास आदमी की भी भूमिका का आरोप संघ के प्रवक्ता दोहरा रहे हैं।

दूसरी तरफ बहराइच की कांग्रेस (आई) का एक धड़ा था, जो इस घटना को अपने ही दल के मंत्री के खिलाफ भुनाना चाह रहा था। इसी घालमेल में पेट्रो-डॉलर तक की अफवाहें शामिल हो गयीं कि विदेशी पैसों की सहायता से हरिजनों का धर्मांतरण किया जा रहा है। इन अफवाहों और समाचारों में इन बातों पर विशेष जोर था : जिन 300 हरिजनों ने धर्म परिवर्तन किया, इनमें से अनेक को जबर्दस्ती मुसलमान बनाया गया है; कि पुलिस के बढ़ते अत्याचार के कारण ऐसा हुआ है; कि बहराइच के एक मुस्लिम संगठन की इसमें सांठगांठ है; कि नेपाल के माध्यम से धर्म परिवर्तन के लिए पेट्रो-डॉलर बराबर आता है और पिछले दिनों लखनऊ के एक पांच सितारा होटल में बाहर से आये डॉलरों से 35,000 रुपये भुनाये गये; कि पिछले साल बहराइच में एक इजतमा हुआ था, इसमें धर्मांतरण के लिए गुप्त बैठक हुई थी।

बहराइच जिले के नवाबगंज विकास क्षेत्र के अंतर्गत आने वाले चनैनी, दंदरा, चौरी कुटिया, रहमतू, नासिरगंज, बदला चौराहा और दीवान मनवरिया गांवों से खबर थी कि कंजड़ों की दो जातियों- नट और महावत के कुछ लोगों

ने पिछले दिनों इस्लाम कबूल किया है। कंजड़ों की ये जातियाँ स्वयं को राजपूत मानती हैं और ये विमुक्त जातियों में आते हैं। इन लोगों से बात करने पर इनका भी यही दावा सामने आता है कि 'हम महाराणा प्रताप की सेना के सिपाही हैं और तभी से जंगल-जंगल दौड़ते रहे हैं।' कंजड़ों की मुख्य जातियाँ शिल्पकार, नट, गिहार, पत्थरकट, कुसबंधिया, बंजारे, महावत, नटिया, बेड़िया आदि हैं। इन लोगों का अपना अलग-अलग समाज है। ये लोग एकदम बंजारों की जिंदगी जीते हैं। हमेशा आते-जाते रहते हैं। इनको हिंदू अभी तक हिंदू नहीं मानता था और मुसलमान इनको मुसलमान नहीं मानता था। ये स्वयं को हरिजन नहीं मानते हैं और किसी भी कीमत पर हरिजन के यहाँ खाते नहीं हैं। सामाजिक-आर्थिक दृष्टि से एकदम पिछड़ी ये जातियाँ भीख मांग कर जीवित हैं। इनमें से कुछ लोग अभी सांप दिखाने, कला-नटी करने और भालू-बंदर नचाने का काम करते हैं। पर शहरीकरण एवं आधुनिकता के आक्रमण की मार से ये धंधे धीरे-धीरे खत्म हो गये हैं। इसलिये इनका मुख्य पेशा भीख मांगना हो गया है। पूरे देश में ये लोग भीख मांगते हुए भटक रहे हैं। ये लोग मांसाहारी हैं पर मुसलमानों के गांवों में परहेज करते हैं।

बहराइच कस्बे से करीब 37 किलोमीटर दूर है, नानपारा और यहाँ से 20 किलोमीटर पर नटों के कई गांव भारत-नेपाल सीमा पर हैं। बहराइच में सीमा पर कंजड़ों के दर्जनों गांव हैं और सीमा पार नेपाल में भी इनके गांव हैं। दोनों तरफ के गांवों की अपनी अलग एक दुनिया है-नेपाल और भारत से अलग, भीख मांगते नटों की।

गांव के एक बूढ़े से बात होती है। जब इस्लाम स्वीकार नहीं किया था, तब नाम था भगोले। कलमा पढ़ने लगे, तब भी नाम है भगोले। 'क्या करते हो?' जवाब था, 'साब मांगते-खाते हैं। हमारी कौम नट है साब। न हम कभी गंदा चीज खाये, ना ही हम नीच कौम के यहाँ खाना खाते हैं।' उससे पूछा कि पहले कौन-सा धर्म मानते थे? वह बोला, 'पहले यही भगवान और अल्लाह को मानते रहे। मिलाद होय हमारे में, नियाज होय, दरूद होय, मेहर बांधी जाये, सेहरा बांधा जाय।' फिर बदलने की जरूरत क्या पड़ी? 'बदलने की जरूरत यों पड़ गयी कि हम निकाह कराते थे पर फेरे भी होते थे। मुर्दा को गाड़ते भी थे, जलाते भी थे। अल्लाह को मानते थे पर कलमा नहीं पढ़ते और

खतना भी नहीं कराते थे। और हमारी बिरादरी के सभी ने दीन पलट दिये तो हम क्या करते। हम अकेले कहाँ पड़े रहें।'

पर वह इस सवाल का जवाब नहीं दे पा रहा था कि आखिर पलटने की जरूरत क्या थी? तब एक बूढ़े ने बीच में बोलना शुरू किया, 'हुजूर जरूरत यों पड़ी कि पहले रहा कि जब चार-पांच हजार रुपैया होय तब एक लड़का की शादी होय। हमारे यहाँ लड़किन (लड़कियां) की कमी है। बिटियावाले से बिटिया खरीदना पड़ता रहा। हजूर लड़की वाले इतना दहेज मांगते रहे कि जिंदगी भर पैसा इकट्ठा करो तब लड़के का ब्याह होये। अब एक अंगूठी-एक रूमाल से ब्याह हो जाया करेगा। बस इत्ती तकलीफ थी।' दरअसल, नटों के इस इलाके में अजीब रिवाज है। नेपाल-भारत सीमा के इधर-उधर फैले नटों के गांवों में लड़कों की संख्या लड़कियों से दोगुनी से अधिक है और लड़की वाले अपनी शर्तों पर शादी करते हैं-पैसा ले कर।

नेपाल में बसे अधिकांश नट पहले ही इस्लाम स्वीकार कर चुके हैं। पर नटों की शादियाँ आपस में ही होती हैं, अतः उधरवाले नटों का कहना था कि अगर तुम मुसलमान नहीं बनोगे, तो तुम्हें दहेज देना होगा यानी 4000 रुपयों में इनको लड़की खरीदनी पड़ती थी। अभी तक ये लोग न हिंदू थे, ना मुसलमान। रहीम का बेटा रामू होता है और रहमत भी। ये दोनों धर्मों को मानते आ रहे थे। रहमत का निकाह हुआ, लेकिन वह ईद न मना कर होली मनाता था। रामू के फेरे पड़े थे, लेकिन वह दरगाह हर साल जाता है दुआ मांगने। वह होली भी नहीं मनाता। दो धर्मों का अजब सम्मिश्रण रही हैं ये जातियाँ-जिनको दोनों धर्मों के बड़ों ने हमेशा हिकारत और शक की निगाहों से देखा है।

इसके बाद वह बताने लगा कि फलां-फलां नटों के गांव पिछले सालों में मुसलमान होते गये और फिर, 'बस बाकी बचे चार-पांच गांवों में हम थोड़े से भाई। हम जब अपने रिश्तेदारों के दरवाजे जायें तो कहें हट भाग तू। तुमको दूर से चुल्लू से पानी पिआवेंगे। खाना फेंक के झोली में देंगे। कहते कि हमारे दीन में आ जाओ तब तुमहू खाना साथ खाओ। हम बहुत परेशान साहब, अपनी ही बहन का आदमी घर में ना घुसने दे। बड़ी मुसीबत चली। पांच-छह साल कट गया। हम ही लोग रह गये थे। ब्याह-शादी कहाँ से करें। जात से बाहर तो ब्याह होगा नहीं। मुसलमान कहे कि हिंदू हो और हिंदू कहे कि तुम हिंदू नहीं हो। अब कहाँ जायें। कब तक बिटिया खरीदते।'

अब बारी थी भग्गू की। उसकी समझ में नहीं आ रहा था कि अचानक इस गांव में इतने आदमी क्यों आने लगे हैं? उससे बातचीत शुरू होती है, शादी के लिए लड़की खरीदने की बात से। वह बताता है, 'लड़के के लिए बहू चाहिए, तो चार हजार, पांच हजार देना पड़ता है। बड़ी परेशानी थी। अब बंद हो गयी। जब से मुसलमान हुए। नेपाल में हमारे रिश्तेदारों ने कहा कि मुसलमान हो जाओ, तभी लड़की-बच्चे पाओगे। नहीं तो नहीं होगा। सगी बहन-बिटिया के द्वारे जाते, तो चुल्लू में पानी पियाते थे साहब। कपड़ा पसारते, तब उसमें रोटी-भात फेंक कर देते थे। तभी खाते थे। हम सोचे कि जब वो भी हो गये, तो हम अपनी जात से अलग कहाँ जायें। इस बार तो 25-26 हुए। बाकी तो पहले ही हो चुके थे। साहब क्या करते। न शादी-ब्याह होवे, ओढ़ना-बिछौना भी ना मिले, तो क्या करते। अब तो ये प्रेम से मिलते हैं।'

बहराइच के जिलाधीश डॉ० ओमप्रकाश के अनुसार धर्म परिवर्तन करने वालों को पहले पुलिस अथवा असरदार व्यक्तियों द्वारा परेशान किये जाने का कोई सबूत नहीं है। न ही प्रशासन को ऐसा कोई भी तथ्य मिला है, जिससे तनिक भी आभास होता हो कि धर्म परिवर्तन जोर-दबाव से कराये गये हैं। इनका दावा है कि राजनीतिक अफवाहों के कारण इन घटनाओं को तूल दिया जा रहा है।

कंजड़ और खासकर नट सैकड़ों सालों से खानाबदोशी का जीवन बिताते आ रहे हैं। ये शहर-दर-शहर अपनी कला दिखाते हुए और स्वयं को राजपूतों की संतान मान कर भटकते आ रहे हैं। कभी नटों का पुश्तैनी धंधा जंगलों में भटक कर जानवरों का शिकार करना था। ये जानवरों की खाल बेच कर रोजी-रोटी कमाते थे। सड़कों के किनारे चिलचिलाती धूप या कड़क सर्दी में पत्थर तोड़तीं, चक्की और सिलबट्टा खोदतीं या खिलौने बनाती हुई नटों की औरतें भी दर-दर भटकती हैं। न इनके पास रुकने का ठौर था, न ही आर्थिक आत्मनिर्भरता के लिए कोई साधन।

बहराइच प्रशासन के एक वरिष्ठ अधिकारी के अनुसार नटों के मुसलमान बनने के छह कारण हैं : पहला, हिंदू और मुसलमान दोनों ही संप्रदाय के लोग इस जाति को नापसंद करते हैं और इनसे भेदभाव बरतते हैं। दूसरा, इन

जातियों के निवास अस्थायी हैं। तीसरा, बहराइच के उन गांवों में जहाँ मुस्लिम जनसंख्या का बाहुल्य है और बहुत थोड़े-से ही नट थे, वहीं धर्म परिवर्तन हुए। चौथा, इन लोगों का खानपान और रहन-सहन मुसलमानों से ही मिलता है। पांचवाँ, नेपाल राज्य के कुछ गांवों में पहले से ही धर्म परिवर्तन की प्रक्रिया चल रही है। बहराइच के अनेक गांवों में यह सिलसिला सालों से जारी है, इसी कारण बचे-खुचे नटों को शादी-ब्याह में तकलीफ होने लगी थी। छठवाँ और अंतिम कारण, धर्म परिवर्तन के दौरान इन्हें कोई आर्थिक प्रलोभन नहीं मिला, पर धर्म परिवर्तन के बाद मुस्लिम संप्रदाय ने इन्हें दावतें और पहनने को कपड़ा दे कर इनसे सहानुभूति दिखायी है, जो इस जाति को कभी किसी वर्ग से नहीं मिली थी।

बहराइच और इसके इर्द-गिर्द के इलाकों में पिछले 40 सालों से नट इस्लाम कबूलते आ रहे हैं। नेपाल में खटीमा नटों का गढ़ है। पहला धर्म परिवर्तन 40 साल पहले खटीमा में ही हुआ था। जब वे इधर आये, तो उनमें न हिंदू रुचि ले रहे थे न मुसलमान। नटों के मुहल्ले हिंदू-मुसलमानों की आबादी से घिरे छोटे-छोटे टापू थे। नेपाल की तरफ के अधिकांश नट जब मुसलमान बन गये, तब इधर के नटों को शादी करने में परेशानी होने लगी। अक्सर उधर का लड़की वाला शर्त लगाता था कि लड़की तभी देगें, जब तुम कलमा पढ़ोगे। इस तरह बहराइच और गोंडा में कथित धर्म परिवर्तन का सिलसिला शुरू हो गया। नेपाल के कलहंस गांव में पिछले सालों में बचे-खुचे नटों ने इस्लाम कबूल किया।

बहराइच में यह सिलसिला 20 सालों से चल रहा है। यह प्रक्रिया पहले इकौना से शुरू हुई, जब कई परिवारों को हाजी बुधई ने मुसलमान बनाया। बुधई नट अब से 40 साल पहले मुसलमान बनने वाला पहला नट था, जो बाद में हाजी बना। इसी ने इकौना की घटना के 10 साल बाद रामगांव में 142 नटों से कलमा पढ़वाया। बहराइच की दरगाह के मेले में हर साल सैकड़ों कंजड़ और नट भीख मांगने आते हैं। हाजी साहब उनको समझाते थे कि भीख मत मांगो। खुदा से डरो। इज्जत से रहना सीखो। हाजी बुधई इन्हें समझा कर धर्म परिवर्तन कराते थे। जुमा के दिन मजार पर कलमा पढ़वाने के बाद सहभोज होता था। सबसे दिलचस्प बात यह है कि स्थानीय हिंदू समाज में इसकी कोई प्रतिक्रिया नहीं हुई। वे नटों को अपने में मानते ही नहीं हैं।

कितने नट अभी तक कलमा पढ़ चुके हैं? यह प्रश्न सभी पूछते हैं। इसका अंदाज पिछले सालों के आंकड़ों से लगता है। पिछले पांच से आठ सालों के दौरान 12 गांवों के 32 नट परिवारों के 133 लोगों ने। ये धर्म परिवर्तन स्वेच्छा से किये गये हैं। विदेशी धन की बात भी इस संदर्भ में हास्यास्पद सी लगती है, क्योंकि ये धर्म परिवर्तन बरेलवी मौलवियों ने करवाये हैं न कि देवबंदियों ने। बरेलवियों पर विदेशी पैसा आने की चर्चा आज तक नहीं हुई है।

जो इस कथित धर्म परिवर्तन पर उधम मचा रहे हैं, उनसे एक सवाल जरूर पूछा जाना चाहिए। आजादी के 37 सालों में इन्होंने कंजड़ों, बंजारों, नटों सरीखी विमुक्त जातियों के लिए क्या किया है? अब अगर ये जातियाँ भागते-भागते थक कर, चूर हो कर एक ठौर पकड़ने के लिए स्वेच्छा से कहीं जाती हैं, तो इन्हें क्या आपत्ति है। जिसे आप स्वयं में समाहित करने को तैयार नहीं हैं, वे अगर अपने अस्तित्व की रक्षा के लिए दूसरे समूह में समाहित हो जाते हैं, तो इतना हाय-बावेला क्यों है?

धर्म किसी भी व्यक्ति, समाज या समूह की व्यक्तिगत पसंद है। धर्म परिवर्तन तभी आपत्तिजनक है, जबकि इसमें राज्य सत्ता का इस्तेमाल हो या जोर जबर्दस्ती और प्रलोभन हो। अगर गरीब आदमी पेट भरने के लिए, रोजी-रोटी के लिए भी धर्म परिवर्तन करता है, तो वह भी उसका अधिकार है। जो लोग हर काम रिश्वत और फरेब से कराते हों, वे लोग गरीब और दर-दर भटकते नटों के घर-जमीन खोजने एवं स्थायी निवास पाने के प्रयास में किये गये धर्म परिवर्तन पर नाक-भौं नहीं चढ़ा सकते हैं।

दरअसल रोटी की तलाश में सैकड़ों वर्षों से दर-दर की खाक छान रही घुमंतू जातियों में इधर आर्थिक, सामाजिक और सांस्कृतिक पहचान के लिए नयी छटपटाहट प्रारंभ हुई है। इसका परिणाम धर्मांतरण के रूप में दिखाई पड़ रहा है। 'क्रिमनल ट्राइब्स एक्ट' की आड़ में खाकी वर्दी वाले लगभग डेढ़ सौ सालों से उन्हें बूटों से रौदते आ रहे हैं और उनकी बहू-बेटियों की इज्जत लूटते रहे हैं। इन सबके चलते घुमंतू जातियों में धर्म परिवर्तन की चाह ने जन्म लिया।

घुमंतू और कबीला बनाकर रहने वाली गैर आदिवासी जातियों के बारे में कई किवदंतियाँ प्रचलित हैं। इस दिशा में सरकार द्वारा कोई रिसर्च नहीं की

गयी कि ये जातियाँ इस हाल में क्यों और कैसे पहुंची। सभी घुमंतू जातियाँ अपने को राजपूत राजाओं की सेना से जुड़ा बताती हैं। ऐसा अनुमान है कि 13वीं, 14वीं शताब्दी में हिन्दू राजाओं की हार के बाद ये अपने मूल निवास से भागकर अन्य जगहों पर चले गये। धीरे-धीरे इनकी सामाजिक पहचान खत्म होती चली गयी। अंग्रेजों के भारत पर कब्जा करने के दौरान इन जातियों ने कई जगहों पर विरोध किया। अनेक जिला गजेटियर्स इससे भरे पड़े हैं। तब अंग्रेजों ने इन्हें दबाने के लिये 'क्रिमिनल ट्राइब्स एक्ट' बनाया और पुलिस को इसके अंतर्गत बेशुमार अधिकार दिये गये। ये जातियाँ किसी गांव में संपत्ति नहीं खरीद सकती थीं और न ही स्थायी निवास बना सकती थीं। आजादी के बाद इस एक्ट को भले ही बदल कर 'विमुक्त जाति अधिनियम' कर दिया गया हो लेकिन लंबी चौड़ी डीगों के बाद भी इन जातियों के आर्थिक सामाजिक स्तर में रत्ती भर भी परिवर्तन नहीं आया।

क्या अब भी नीति निर्धारकों को समझ में नहीं आता कि धर्म परिवर्तन क्यों हो रहा है?

(अप्रैल 1984, आधारशिला)

36 जाति भेद की समस्या

आखिर वही हुआ, जिसका डर था। जाति विभेद को नस्लवाद में शामिल किया जाए या नहीं इस मुद्दे को लेकर सरकार और स्वैच्छिक संगठनों में ठन गयी है। इस पूरे प्रकरण में राष्ट्रीय मानव अधिकार आयोग की भूमिका भी संदिग्ध है। आयोग के अनुसार उसका उद्देश्य दो बिन्दुओं तक सीमित है। प्रथम, क्या डरबन सम्मेलन में जाति को नस्लवाद के अंतर्गत रखा जाना चाहिए? दूसरा, जाति विभेद मिटाने के लिए कौन-कौन से ठोस कदम उठाये जा सकते हैं। बंगलोर एवं दिल्ली दोनों स्थानों पर कुल मिलाकर दो सौ से भी अधिक बुद्धिजीवियों, जमीनी कार्यकर्ताओं कानूनविदों एवं स्वैच्छिक संस्थाओं के प्रतिनिधियों ने भाग लिया। इन दो परामर्शशालाओं के बाद भी इस विषय में भ्रम की स्थिति है। आखिर मुद्दे क्या हैं?

सन् 1969 में भारत ने राष्ट्र संघ की नस्लवाद उन्मूलन संधि पर हस्ताक्षर किये थे। प्रत्येक हस्ताक्षरकर्ता देश को हर दूसरे साल एक प्रगति रिपोर्ट राष्ट्र संघ को भेजनी होती है। भारत सरकार ने पिछले 27 वर्षों तक यानी 1996 तक कोई रिपोर्ट नहीं भेजी। भारत ने प्रथम रिपोर्ट 1996 में भेजी, जिस पर राष्ट्र संघ कमेटी ने कड़ी टिप्पणी की और जाति पर आधारित विभेदों की ओर स्पष्ट इशारा किया। उस समय भारत सरकार ने तर्क दिया कि जाति संबंधी विभेद इस संधि के परिधि से बाहर है, क्योंकि जन्मना का अर्थ संधि में पीढ़ी से है न कि जाति से।

राष्ट्र संघ की कमेटी ने भारत के इस दृष्टिकोण को नकारते हुए निर्णय दिया कि संधि की पहली धारा पीढ़ी दर पीढ़ी या जन्मना शब्द में जाति से उत्पन्न होने वाले विभेद भी शामिल हैं। उल्लेखनीय है कि जन्मना शब्द संधि में नहीं था और भारत के विशेष आग्रह पर ही इसे संधि में शामिल किया गया था। अब यही शब्द सरकार के गले में फंदे की तरह पड़ गया है।

जाति को नस्लवाद का स्वरूप मानने से इनकार करने के अलावा सरकार

का यह भी तर्क हैं कि यह समस्या भारत की आंतरिक समस्या है एवं संविधान में इससे निपटने के लिए अनेक प्रावधान मौजूद हैं। भारत के महाधिवक्ता सोली सोराबजी ने इस सम्मेलन की प्रारंभिक बैठकों में यही तर्क दिया।

आखिर नस्लवाद क्या है? शोषण, उत्पीड़न और दमन को औचित्य प्रदान करने वाली जो सामान्य विचारधारा है, उसका सबसे घातक अंग है नस्लवाद। यह पुरातनपंथी विचारों और दुर्बोधता के जरिये अपना काम करता है। अर्थात् किसी राष्ट्र के अंदर असमानता अथवा समृद्धि और निर्धनता के पैदा होने के वास्तविक संबंधों पर पर्दा डाल देता है। मानसिक और आत्मिक गुलामी तथा शरीरिक दमन इसके हथियार हैं। नस्लवाद का मकसद एक राष्ट्र के अंदर मुट्ठी भर लोगों द्वारा बहुसंख्यक आबादी के शोषण के समग्र प्रयासों को वैचारिक सुरक्षा प्रदान करना है। यह विचारधारा है और जिसमें एक-दूसरे से जुड़ी पांच विशिष्टताएं हैं।

इनमें से एक है रूढ़िवादिता। नस्लवाद किसी पूंजीवादी देश में कुछ लोगों की समृद्धि को धुंधला बना देता है। अंतर्राष्ट्रीय स्तर पर यही बात पश्चिमी देशों की समृद्धि और एशिया, अफ्रीका तथा दक्षिण अमरीका की गरीबी पर लागू होती है। इसके जरिये यह आभास कराया जाता है गोया बहुमत का श्रम नहीं, बल्कि चंद लोगों की पूंजी या बुद्धि ही राष्ट्र की समृद्धि का निर्माण करती है। अतः बहुसंख्यकों से अपेक्षा की जाती है कि वे अहसान मानने के साथ जी हजूरी भी करें। दास व्यापार, दास प्रथा और उपनिवेशवाद इसी प्रवृत्ति का द्योतक है।

रूढ़िवादिता से जुड़ी है फूट डालो और राज करो की नीति। किसी खास चमड़ी के रंग अथवा भिन्न भाषा या बोली को राज्य ज्यादा सुविधा प्रदान करता है। ऐसे सुविधाभोगी वर्ग के लोगों की नौकरी ज्यादा सुरक्षित होती है, उसकी बेहतर तनख्वाह होती है एवं पदोन्नति में बेहतर अवसर मिलते हैं। यह सुविधा उन्हें दूसरों की कीमत पर दी जाती है। इन अतिरिक्त सुविधाओं के कारण मुट्ठी भर सुविधाभोगी वर्ग अपने आपको अलग विशेषताओं वाला मानने लगता है। इन्हीं सुविधाओं के आधार पर राजनीतिक प्रभुत्व प्राप्त करता है, जो नस्लवाद की तीसरी विशेषता है।

एक ऐसा अभिजात्य वर्ग तैयार किया जाता है, जिसकी मानसिकता अन्य

वर्ग से नफरत की होती है। इसी नफरत से निकलती है शोषण की विचारधारा। वस्तुतः नस्लवाद की चौथी और अत्यधिक महत्वपूर्ण विशिष्टता है शोषण, जिसे तैयार करने में पुरातन विचारों, भेदभाव और प्रभुत्व की भूमिका अहम है। अपने प्रभुत्व एवं सुख-सुविधाओं को जारी रखने के लिए यह वर्ग धार्मिक विचारों, पुरानी प्रथाओं और भाग्यवाद का तर्क देता है।

उपरोक्त सभी तत्वों से मिलकर एक नयी विशिष्टता पैदा होती है, जिसे हम उत्पीड़न कह सकते हैं। इस अंतिम विशिष्टता का परिचलन समाज में दलित लड़कियों या औरतों से सामूहिक बलात्कार या बंधुआ मजदूरी के रूप में देखने को मिलता है। नस्लवाद एक ऐसी विचारधारा है, जिसे हम मानसिक अथवा आध्यात्मिक अमूर्तता के रूप में महसूस नहीं करते हैं। परंतु रोजमर्रा के जीवन में इसे समझा जा सकता है या आसानी से समझाया जा सकता है। जब आबादी के एक हिस्से पर पुलिस कठोर व्यवहार करती है तो इस प्रहार के पीछे चमड़ी के रंग, धर्म आदि पृष्ठभूमि का पूरा-पूरा ध्यान रखा जाता है।

राष्ट्रीय मानव अधिकार आयोग की स्थिति त्रिशंकु जैसी है। आयोग ने बयान दिया कि अभी तक उसने इस संबंध में अपनी कोई राय कायम नहीं की है। यह अत्यंत विचित्र स्थिति है। जिस लोकतांत्रिक संस्था के कंधों पर राष्ट्र को मानव अधिकार के मुद्दों पर शिक्षित करने का संवैधानिक भार हो, वह अंतर्राष्ट्रीय सम्मेलन के दो हफ्तों पूर्व यह कह रहा है कि उसने कोई राय नहीं बनायी, जो अत्यंत शोचनीय है। यह भी आश्चर्यजनक है कि आयोग ने प्रधानमंत्री द्वारा नस्लवाद की समस्या पर विचार करने के लिए गठित कमेटी का सदस्य होने से इनकार कर दिया। आखिर आयोग यही संकेत देना चाहता है न कि वह सरकार के अंतर्गत एक विभाग नहीं है या वह सरकार की परवाह नहीं करता। उसका यह रुख प्रशंसनीय है। लेकिन मूल प्रश्न यह है कि आयोग किस देश का आयोग है? क्या भारत से उसका कोई नाता नहीं? क्या भारतीय संसद के प्रति या यहाँ की न्यायपालिका के प्रति उसका कोई उत्तरदायित्व नहीं है? वस्तुतः राष्ट्रीय सलाहकार समिति में शामिल होने से इनकार कर आयोग ने अपने संवैधानिक उत्तरदायित्व से मुंह मोड़ा है। और देर सबेर उसे इसका उत्तर इस देश की जनता को देना ही होगा।

इस आपाधापी के बीच मूल प्रश्न अभी भी अनुत्तरित है। आखिर डरबन

सम्मेलन में भारत क्या रुख अख्तियार करे? किसी भी सभ्य समाज में अमानवीय रीति–रिवाजों का विरोध किया जाना चाहिए या नहीं? जाति आधारित शोषण से उत्पन्न समस्याएं देश की प्रगति में बाधक थीं और भविष्य में भी यह खतरा बना रहेगा। जाति पर आधारित शांति और स्थिरता उनके लिए कोई मायने नहीं रखतीं, जो इसके शिकार हैं। सबसे महत्वपूर्ण बात यह है कि दलितों के साथ होने वाले भेदभावों को चाहे हम जाति के आधार पर देखें या नस्लवाद के, मूलतः यह समस्या मानवतावादी है। महज डरबन सम्मेलन में इस पर बहस से इस समस्या का अंत नहीं हो जाएगा। गरीबों की मुक्ति एक निरंतर चलने वाली प्रक्रिया है। सभी देशवासियों को भारतीय बच्चों के सामने इक्कीसवीं सदी में समाज की एक ऐसी तस्वीर प्रस्तुत करनी चाहिए, जिसमें शांति, समानता और उच्चतर गुणों से भरी जिंदगी की गहन आकांक्षाएं दिखायी दें एवं सभी प्रकार के भेदभावों के प्रति पूर्ण और अथक संघर्ष उसका अभिन्न अंग हो। डरबन एक प्रारंभिक कदम हो सकता है। अंतिम पड़ाव नहीं ।

(18 अगस्त 2001, राष्ट्रीय सहारा)

(इस लेख के प्रकाशित होने के एक सप्ताह बाद राष्ट्रीय मानव अधिकार आयोग ने सार्वजनिक बयान दिया कि भारत में जातीय समस्या को नस्लवाद के संदर्भ में देखा जाना चाहिए।)

37 आतंकवाद के दौर में मानवाधिकार

इन दिनों देश में नागरिक स्वतंत्रता एवं नागरिकों को संविधान में प्रदत्त अधिकारों को लेकर चर्चा छिड़ी हुई है। इसके मूल में आतंकवाद से उपजी वे स्थितियाँ भी शामिल हैं, जिनके तार अंतर्राष्ट्रीय नीतियों से जुड़े हैं। क्या राज्य असाधारण परिस्थितियों का हवाला देकर मानव अधिकारों का हनन कर सकता है? क्या प्रजातंत्र में नागरिक अधिकारों को आंतरिक सुरक्षा को खतरा के नाम पर मुअत्तल किया जाना चाहिए? पहले यह प्रश्न सिर्फ न्यायालय की बहसों या विधि विशेषज्ञों की चर्चाओं तक सीमित रहते थे, लेकिन संचार क्रांति के बाद आम नागरिक भी इस बहस से जुड़ने लगा है। अतः अंतर्राष्ट्रीय मानव अधिकार दिवस पर यह चर्चा प्रासंगिक है कि भारत में मानव अधिकारों को बढ़ावा देने एवं उनकी सुरक्षा करने हेतु क्या कदम उठाये गये हैं? और वे कहाँ तक कारगर साबित हुए हैं।

इक्कीसवीं सदी के प्रथम वर्ष में भारत सहित विश्व में असाधारण परिस्थितियों के चलते यह जानना आवश्यक हो गया है कि स्थापना से अब तक मानव अधिकार आयोग ने क्या कार्य किये हैं? यह अपने उद्देश्य में कहाँ तक सफल हुआ? पारित अधिनियम के अनुसार मानव अधिकार आयोग की स्थापना के उद्देश्य हैं अधिकारों का विकास, उनकी रक्षा एवं देश में शिक्षा के माध्यम से मानव अधिकार संबंधी नयी सामाजिक दृष्टि का निर्माण करना।

प्रायोगिक दृष्टि से आयोग के तीन प्रमुख कार्य है– मानव अधिकारों के विकास हेतु कार्य करना, मानव अधिकारों की रक्षा करना एवं अंतर्राष्ट्रीय संबंधों में मानव अधिकार पक्षों की जांच पड़ताल करना यानी पीड़ितों को शिकायतों की जांच कर उन्हें राहत पहुंचाने के साथ–साथ मानव अधिकारों के क्षेत्रों में अनुसंधान करना और उसे बढ़ावा देना, इस मुद्दे पर कार्यरत गैर–सरकारी संगठनों और संस्थानों के प्रयत्नों को प्रोत्साहित करना एवं अंतर्राष्ट्रीय स्तर पर मानव अधिकारों वाले मामलों में सरकार को सुझाव देना।

हालांकि आयोग का कार्यक्षेत्र विस्तृत है, लेकिन उसकी अधिकतर ऊर्जा पीड़ितों की शिकायतें निपटाने में ही खर्च होती है। शिकायतों की संख्या में प्रतिवर्ष वृद्धि हो रही है। अधिकतर मामले हिरासत में होने वाली मौतें या अनुसूचित एवं अनुसूचित जनजातियों के सदस्यों के साथ ज्यादती से सम्बन्धित होते हैं। आयोग ने बलात्कार एवं हिरासत में मौतों की एक ही श्रेणी बनायी है, जिससे स्थिति कई बार भ्रामक बन जाती है।

अधिकांश मामलों में आयोग ने पीड़ितों को मुआवजा दिलवाने का कार्य किया है। यह आयोग की उपलब्धि कही जा सकती है। इस संदर्भ में कुछ चर्चित मामले तो विश्व में मिसाल बन गये हैं। मसलन आयोग ने अमृतसर में पुलिसकर्मियों द्वारा चार महिलाओं के माथे पर जेबकतरी शब्द गोदवाने से संबंधित मामले पर 1994 में प्लास्टिक सर्जरी द्वारा लिखे हुए आपतिजनक शब्दों को हटाने के साथ ही साथ अपमान के लिए एक-एक लाख रुपये मुआवजा देने का निर्देश दिया। उड़ीसा के कोरापुट, बोलांगिर, कालाहांडी जिलों में भूख से हुई मौतों के मामले में आयोग ने परिवार वालों को एक लाख रुपये का मुआवजा दिलवाया। लेकिन कुछ मामले में आयोग विफल भी रहा। जैसे राजस्थान में भंवरी देवी के साथ कथित बलात्कार के मामले में आयोग का हस्तक्षेप ज्यादा कारगर नहीं रहा।

आयोग द्वारा उठाये गये मुद्दों की फेहरिस्त लम्बी है। प्रारंभिक वर्षों में आयोग ने पंजाब, कश्मीर एवं पूर्वोत्तर भारत में आतंकवाद एवं हिरासत में मौतें, बलात्कार तथा उत्पीड़न, पुलिस सुधार, बाल श्रम जैसे मुद्दों में सक्रियता दिखायी। इसके बाद आयोग ने बड़ी परियोजनाओं द्वारा विस्थापितों, बाल वेश्यावृत्ति, विकलांग व्यक्तियों के लिए समान अधिकार एवं सिर पर मैला ढोने जैसी सामाजिक समस्याओं को उठाने की कोशिश की, लेकिन उसमें उसे अपेक्षित सफलता नहीं मिली।

राष्ट्रीय मानव अधिकार आयोग का दूसरा बड़ा कार्यक्षेत्र मानव अधिकार के प्रचार का है। इन्हें हम कुछ विशिष्ट वर्गों के लिए किये गये कार्यों के आधार पर आंक सकते हैं: महिलाओं के अधिकार, बच्चों के अधिकार, दलितों एवं वंचितों के अधिकार। प्रारंभ में आयोग ने महिलाओं के अधिकारों से सम्बन्धित मामलों में भी दिलचस्पी दिखायी थी, परंतु शीघ्र ही इसे अपने

हाथ खींचने पड़े। आयोग की स्थापना के कानून में लिखा है यह उन कार्यों में जो महिला आयोग, अल्पसंख्यक आयोग एवं अनुसूचित जाति एवं अनुसूचित जनजाति आयोग के कार्यक्षेत्र में आते हैं, दखलंदाजी नहीं करेगा। आयोग ने अपनी इन सीमाओं के बावजूद देश की पीड़ित, शोषित जनता का विश्वास तेजी से प्राप्त किया, लेकिन जो संस्था जितनी तेजी से विश्वास प्राप्त करती है उतनी ही शीघ्रता से विश्वास खो भी सकती है। राष्ट्रीय मानव अधिकार आयोग के अध्यक्ष जस्टिस जगदीश शरण वर्मा के सामने यही चुनौती है।

उदारीकरण का गरीबों पर विपरीत प्रभाव पड़ा है। इससे पूरे विश्व में मानव अधिकारों के मामले में नयी चुनौतियाँ उभरी है, जो व्यवस्था द्वारा शोषण और उत्पीड़न से जुड़ी हैं और जिसमें उल्लंघनकर्ता अदृश्य हैं, क्योंकि भूमंडलीकरण में बहुविध प्रक्रियाएं शामिल हैं। ऐसे में मानवाधिकारों के उल्लंघन और बचाव के स्रोत स्थानीय होते हुए भी अंतर्राष्ट्रीय नीतियों से जुड़े रहते हैं। आयोग के समक्ष चुनौतियाँ बढ़ गयी हैं।

आयोग का काम सरकार को सुझाव देना और देश में जनमत बनाना है। परंतु सरकार आयोग की सिफारिशों को मानने के लिये बाध्य नहीं है। राष्ट्रीय मानव अधिकार आयोग के पास अनुभवों का खजाना है। आवश्यकता है सरकार द्वारा उसके सही उपयोग की। इसके लिए नागरिक समाज को आयोग के हाथ मजबूत करने के सभी उपायों का सक्रिय समर्थन करना चाहिए।

(10 दिसंबर 2001, राष्ट्रीय सहारा)

38 विघटन के दौर में जन आंदोलन

भारत में जन आंदोलनों का वर्तमान स्वरूप बीसवीं सदी के सातवें दशक के अंत में अपनी जकड़ में लेने वाले आर्थिक और राजनीतिक संकटों से उभरा। नियोजित आर्थिक विकास की नीति के परिणामस्वरूप भारी औद्योगीकरण और कृषि का पूंजीकरण हुआ तो ढेरों अंतर्विरोध भी सामने आये। संसद में विपक्ष जनता को सक्षम विकल्प दे पाने में असमर्थ रहा और विद्रोही कार्यकर्ताओं, छात्रों और युवाओं ने जिन्हें वर्तमान प्रणाली में अपना कोई भविष्य नजर नहीं आ रहा था, देश के विभिन्न भागों में जन संघर्ष प्रारंभ किये।

स्वतःस्फूर्त ढंग से और गैर-दलीय मंचों से चलाए गए इन जन संघर्षों में से अनेक ऐसे संघर्ष रूपों और दिशाओं का प्रतिनिधित्व करते हैं, जिसकी जड़ें स्थापित राजनीतिक ढांचों से कहीं अधिक गहरी हैं। आज के जन आंदोलन आम जनता के विभिन्न वर्गों की आकांक्षाओं को दर्शाते हैं।

1971 के बाद जयप्रकाश नारायण ने कई तरह के आंदोलनों को उभारा और समर्थन दिया जैसे- झारखंड, बोधगया, चिपको आदिवासी दलित के शोषण के विरुद्ध प्रयास आदि। लेकिन 1985 के बाद स्पष्टतः गरीब विरोधी नीतियों से पैदा डर के कारण जे०पी० आंदोलन की विभिन्न धाराओं (सर्वोदय आंदोलन सहित) में जन आंदोलन से वापिस अपने-अपने संगठन की धुरियों पर लौटने और सिकुड़ने का दौर चला।

इधर कुछ समय से विशेषकर सिएटल में उदारीकरण और ग्लोबेलाइजेशन के प्रबल विरोध के बाद, भारत में जनआंदोलनों के स्वरूप और कार्यक्षेत्र को लेकर काफी चर्चा रही। इस चर्चा में गोधरा-गुजरात कांड के बाद और इजाफा हुआ। संचार माध्यमों ने भी कई सवालों को उजागर किया। तेलंगाना एवं नक्सलवादियों के विभिन्न समूहों को विशिष्ट श्रेणी में रखते हुए आइये हम यह देखने का प्रयास करें कि आजादी के बाद कौन-कौन से प्रमुख जन आंदोलन उभरे और उनका क्या हश्र हुआ?

साठ के दशक के मध्य तक भारत के कई हिस्सों में संघर्षों, विरोध-अभियानों और आंदोलनों का दौर चल पड़ा था। यह सिलसिला 1975 में आपातकाल की घोषणा में आकर थमा। महाराष्ट्र में महंगाई और रोजगार जैसे मुद्दों पर दलित, आदिवासी और भूमिहीन मजदूर आगे आकर लड़ने लगे।

गुजरात के छात्रों ने राजनीतिक दलों के ढांचे से स्वतंत्र रहकर 1973 में महंगाई के खिलाफ 'नवनिर्माण' आंदोलन छेड़ा, जिसे किसानों, राजनीतिक दलों और अन्य व्यक्तियों के गठबंधन का समर्थन मिला। बिहार के छात्रों के लिए यह जन आंदोलन, जिसने राज्य सरकार तक को गिराने में सफलता प्राप्त कर ली थी, प्रेरणास्त्रोत बना और उन्होंने बिहार में एक जन आंदोलन खड़ा करने और उसे विस्तार देने के लिये 1974 में सर्वोदयी नेता जयप्रकाश नारायण को आमंत्रित किया। सत्तर के दशक के शुरू के हलचल भरे सालों में महाराष्ट्र में सबसे ज्यादा विवाद और बंद हुए।

इस समय की विशेषता थी कि राजनीतिक दलों, मजदूर संगठनों और विभिन्न प्रकार के राजनैतिक संगठनों ने आपस में मिलकर स्वेच्छा से संयुक्त मोर्चे बनाए। दूसरे, अलग-अलग पृष्ठभूमि के नागरिक संगठन भी आगे आए। तीसरे, इनमें से अधिकांश आंदोलनों का लक्ष्य राजसत्ता के विरुद्ध संघर्ष करना रहा। बिहार आंदोलन ने तो एक वैकल्पिक विचारधारा को देश के नौजवानों के सामने रखा।

छात्र युवा संघर्ष वाहिनी का बोधगया में भूमि अधिकारों का संघर्ष इसी की उपज थी। मुंबई में मृणाल गोरे, अहिल्या रांगणेकर और प्रमिला दंडवते के नेतृत्व में महंगाई के खिलाफ सफल जन आंदोलन चला। लगभग तीन साल तक चली इस मुहिम में मध्यम वर्ग और मजदूर वर्ग की युवा, बूढ़ी महिलाएं, गृहणियां पूरी लगन से जुड़ीं, लेकिन आज मुंबई में पानी वाली बाई का आंदोलन भुला दिया गया है। फिर भी इस आंदोलन का एक परिणाम यह निकला कि महिलाओं के उत्पीड़न के प्रश्न पर देश में एक उत्सुकतापूर्ण संवेदनशीलता का जन्म हुआ।

पर्यावरण को लेकर उत्तराखंड का चिपको आंदोलन- जिसमें पहाड़ की औरतों ने जंगलों की अंधाधुंध व्यावसायिक कटाई का विरोध किया- आठवें दशक के प्रारंभ में चला था। दार्शनिक दृष्टि से इस आंदोलन के मूल में

गांधीवादी दर्शन ही था और इससे यह सामान्य निष्कर्ष निकला कि जीवन और पारिस्थितिकी प्रकृति के संरक्षण में औरतों का विशेष लगाव होता है। महाराष्ट्र के धुलिया जिले का आदिवासी श्रमिक आंदोलन आपातकाल के पूर्व का एक अन्य महत्वपूर्ण आंदोलन है। क्योंकि पहली बार कोई आंदोलन आदिवासियों को उनकी जमीन पर पुनः हक दिलाने से जुड़ा था। इसी से मिलता-जुलता आठवें दशक के आरंभ में 'विदेशियों' के विरुद्ध असम आंदोलन चला था, जिसने गांधी-जयप्रकाश की मिश्रित सोच को सामने रखा। दरअसल अस्मिता की पहचान से जुड़े कई आंदोलन आजादी के बाद उभरे।

जीविका से जुड़ा सबसे मुखर आंदोलन केरल के मछुवारों का था जो यंत्रीकृत रूप से मछली पकड़ने के विरोध से जन्मा था। सातवें दशक के मध्य में ट्रालरों द्वारा मछली पकड़ने के कारण परंपरागत ढंग से मछली पकड़ने वाले मछुआरे परिवारों को रोजी-रोटी खतरे में पड़ने लगी थी। केरल मत्स्य थोजिलाई फेडरेशन जैसे शक्तिशाली नेटवर्क इसी की देन है। मछुआरों को संगठित करने में चर्च की भी अहम भूमिका रही। केरल के मछुआरों के साथ-साथ गोवा, तमिलनाडु और कर्नाटक के लोग भी इस मुहिम से जुड़े। उड़ीसा में चिलका झील को लेकर चला आंदोलन भी इसी सोच का परिणाम था। निपाणी के बीड़ी मजदूरों, तमिलनाडु के निर्माण मजदूर और छत्तीसगढ़ (तब मध्य प्रदेश) के राजनंदगांव के कपड़ा मिल मजदूरों के आंदोलनों ने अपने दायरे से बाहर भी सामाजिक मुद्दों को प्रभावित किया। निपाणी संघर्ष ने 'देवदासी' जैसी सामाजिक कुरीति के खिलाफ आवाज उठायी तो शंकर गुहा नियोगी द्वारा प्रारंभ किये गये दल्ली-राजहरा मजदूर आंदोलन ने शराबबंदी के खिलाफ निर्णायक भूमिका निभायी। इसी तरह तमिलनाडु के निर्माण मजदूर यूनियन ने महिला अधिकार के प्रति संवेदनशीलता को तीव्र किया।

इन सभी आंदोलनों की विशेषता थी कि विचारधारात्मक विभेदों के बावजूद जन आंदोलन में इनका कार्यक्षेत्र विस्तृत था। एक विशेषता यह भी रही कि संघर्ष और संगठन की प्रक्रियाओं के माध्यम से महिलाओं को हासिल हुई राजनीतिक चेतना, उनका आत्मविश्वास और अधिकार और एकजुटता की भावना स्पष्ट रूप से देखी जा सकती है। लेकिन इन सारे सकारात्मक पहलुओं के बावजूद कालांतर में ये आंदोलन शहरी मध्यम वर्ग तक सिमट गये और इक्कीसवीं सदी के आते-आते अपनी पैनी धार खो बैठे।

इसी कड़ी में महिला सशक्तिकरण और पर्यावरण से जुड़े मुद्दों को लेकर उठे आंदोलनों को देखा जाना चाहिये। साठ के दशक में जहाँ आल इंडिया वीमेन्स कान्फ्रेंस एक प्रभावशाली संगठन रहा, किंतु नब्बे तक आते-आते वह अपनी रंगत खो बैठा। आज उसकी जगह आल इंडिया डेमोक्रेटिक वीमेंस एसोसिएशन ने ले ली है। वैसे स्त्री अस्मिता को लेकर अनेक छिटपुट आंदोलन चले, लेकिन भारत की आम ग्रामीण नारी को छू देने वाली आंधी का आना अभी बाकी है। दरअसल पुरुष वर्ग ही नहीं अधिकांश हलकों में आम भावना यह है कि भारत के नारीवादी आंदोलन मुख्यतः शहरी मध्यमवर्ग की नारियों के कब्जे में है जो पश्चिम से प्रभावित है। ये अक्सर वे मुद्दे उठाती हैं, जिनका आम भारतीय महिलाओं से कोई सरोकार नहीं होता। कुछ इस तरह की धारणा मजदूर आंदोलन के प्रति भी है। वैसे मजदूर वर्ग के आंदोलन और महिला आंदोलन दोनों ने एक-दूसरे को समृद्ध किया, दोनों आरंभिक कालों में समाजवादी रहे, लेकिन दोनों का जन्म पश्चिम में हुआ। भारतीय जनमानस के लिये यह एक दुविधाजनक स्थिति है। संभवतः विभिन्न आंदोलनों के बीच संवादहीनता की जो स्थिति है, उसका एक कारण यह भी है।

एक बात साफ कर देना जरूरी होगा कि अपने आचरण की शुचिता बनाये रखते हुए दूसरों के प्रति लचीलापन कैसे रखा जाये यह केवल भारतीय जन आंदोलनों की ही समस्या नहीं है। मौजूदा ग्लोबेलाइजेशन और मुक्त बाजार के चलते सभी जन आंदोलन शुद्धता और समझौता के बीच झूल रहे हैं। दरअसल पूरे विश्व में सामाजिक न्याय की आवाज बुलंद करने वाले जन आंदोलन अब थके से दिखते हैं।

(अक्टूबर 2003, सहारा समय)

39 अंतर्राष्ट्रीय जन आंदोलनों का स्वरूप

सामाजिक परिवर्तन के अनेक ऐसे पहलू हैं, जो मानवीय स्थितियों, मानवीय रिश्तों और उनके अंतर्विरोधों तथा जनसाधारण की बदलती मानसिकता से संबंध रखते हैं। इसी संदर्भ में द्वितीय विश्व युद्ध के बाद मानव अधिकारों को लेकर नये-नये प्रयास सामने आये। व्यक्तिगत स्वतंत्रता के लिये एमनेस्टी इंटरनेशनल के द्वारा किये कार्य न सिर्फ सराहनीय हैं, लेकिन इस बात का भी उदाहरण हैं कि विपरीत परिस्थितियों में कैसे कार्य किया जाता है। जन आंदोलनों का पश्चिमी स्वरूप उसके ओरियंटल रुख से अलग ही रहा है। पश्चिम में सरोकारों का दायरा मूलभूत बुनियादी सुविधाओं से कम परंतु नागरिक अधिकारों से अधिक जुड़ा रहा। इसके विपरीत लैटिन अमेरिका, अफ्रीका और एशियाई देशों में रोटी, कपड़ा और मकान जैसे मुद्दे आंदोलनों की धुरी बने। साठ और सत्तर के दशक में पर्यावरण जैसे मुद्दे धीरे-धीरे पश्चिमी जनमानस का ध्यान आकर्षित करने लगे, जिसमें भारत के 'चिपको' आंदोलन का बहुत बड़ा योगदान है। ग्रीन पीस का सारा काम अहिंसक तरीकों से सरकारों का ध्यान आकर्षित करने पर टिका है, जोकि गांधी दर्शन की देन है।

सत्तर के दशक में दुनिया के कई भागों में आंदोलन प्रारंभ हुए जैसे शांति आंदोलन, महिलाओं और छात्रों के आंदोलन। इसके चलते आंदोलनों का सैद्धांतिक विश्लेषण करने वाले विद्वानों का ध्यान आंदोलनों के व्यक्तिगत पक्ष से हटकर उनके सामाजिक गतिचक्र पर केन्द्रित होने लगा। कुछ ने सामाजिक व्यवस्था के विरोधाभास, वर्तमान में व्याप्त सामान्य मान्यताएं और सामाजिक नियंत्रण को अप्रभावी हो जाने को सामाजिक आंदोलनों को प्रभावित करने वाला कारक माना, तो कुछ ने वंचित होने के अहसास और व्यक्तिगत कुंठाओं को इसका कारण माना।

हाल के नव सामाजिक आंदोलनों जैसे मानव अधिकार आंदोलन, विज्ञान,

पर्यावरण, परमाणु विरोध और नेबरहुड एसोसिएशन मूवमेंट आदि ने एक बार फिर राजनीतिक बहस छेड़ दी है। लैटिन अमेरिका के नए सामाजिक आंदोलनों का विश्लेषण करते हुए एक सर्वे में बताया गया कि किसी एक तरह की राजनीतिक स्थिति, तानाशाही, जनतंत्र या वामपंथी राजनीति का ह्रास आंदोलनों को जन्म नहीं देते, बल्कि पूंजीवादी समाजों में सामाजिक विकास जो दमन और शोषण के नए रूप पैदा कर रहा है यह उससे उत्पन्न प्रतिक्रियाएं और विरोध है।

पिछले दस वर्षों में प्रदूषण नियंत्रण, बाल मजदूरी उन्मूलन, ऋण माफी, ग्लोबेलाइजेशन विरोधी एवं किसानों की समस्याओं से जुड़े आंदोलन दुनिया के कई भूभागों में पनपे। फिलीपीन, केन्या, ब्राजील एवं नेपाल में उभरे जनआंदोलनों ने कई यक्ष प्रश्न सामने रखे। अफ्रीकी देशों के अधिकांश जन आंदोलन के मूल में विदेशी ऋण माफ करने का मुद्दा छाया रहा। पश्चिमी जन आंदोलनों का निशाना ग्लोबेलाइजेशन है।

बदलते दौर में बहुराष्ट्रीय कंपनियों के खिलाफ अब जन आंदोलनों के स्वर धीमे पड़ते जा रहे हैं। उल्लेखनीय है कि राष्ट्र संघ के 180 सदस्य देशों में से 130 देशों की अर्थव्यवस्था विश्व की 30 बहुराष्ट्रीय कंपनियों की मिल्कियत से भी कम है। हालांकि एमनेस्टी इन्टरनेशनल, ह्यूमन राइट्स वाच, इंटरनेशनल फ्री ट्रेड यूनियन और ग्रीन पीस जैसे आंदोलन काफी जटिल मुद्दे उठाते हैं, लेकिन अभी भी उनकी पहुंच सीमित है।

नई सूचना क्रांति के चलते जन आंदोलनों से जुड़ा एक नया पहलू समझना जरूरी है वह है इंटरनेट और ई-मेल का आंदोलनकारियों द्वारा इस्तेमाल। चीन के विद्यार्थी आंदोलन को दबाने के सरकारी प्रयासों की खबर पूरे विश्व में पलभर में फैल गयी थी। इसके अलावा अपील और सूचना देने के कार्य पश्चिमी अंतर्राष्ट्रीय आंदोलन इन्टरनेट के जरिए बखूबी कर रहे हैं। वारविक विश्वविद्यालय के डॉ० रोबिन केहन द्वारा हाल ही में जन आंदोलनों पर किए गये एक अध्ययन के अनुसार पूरी दुनिया में मध्यम वर्ग सामाजिक सरोकारों से पीछे हट रहा है।

अधिकांश पश्चिमी जन आंदोलनों में शिरकत करने वालों की औसत आयु 33 से गिरकर 25 हो गयी है। यानी सरकारी ग्रांट पर पढ़ने वाला विद्यार्थी

तबका ही अब रुचि ले रहा है। नये जन आंदोलन अपने आपको लंबे समय तक बनाये रखने में असमर्थ हैं। वैसे दासता के खिलाफ विश्व के सबसे पुराने संगठन एंटी स्लेवरी का अभी तक कार्य जारी रखना आश्चर्य ही माना जायेगा।

समाजशास्त्री कहते हैं कि सामाजिक आंदोलन चेतन मन से लिया गया ऐसा सामूहिक निर्णय है जो सामाजिक संरचना में बड़े पैमाने पर सामाजिक संस्थाओं की भागीदारी के बिना परिवर्तन का विरोध करता है। लेकिन हाल के वर्षों में नयी सामाजिक संरचना के प्रयासों को भी जन आंदोलनों में गिना जाने लगा है। नव आंदोलनों में सामाजिक विषमता के बजाए सांस्कृतिक पहचान पर ज्यादा जोर है।

पश्चिमी देशों में जन आंदोलनों का मुख्य आधार अब उपभोक्ता है। तेल कंपनी शैल के मामले में यह स्पष्ट दिखाई दिया। नाइजीरिया, ब्रिटेन और नीदरलैंड की सरकारों और कंपनी ने मिलकर पर्यावरण विनाश को ढकना चाहा पर उपभोक्ताओं के बायकाट ने उन्हें घुटने टेकने पर मजबूर कर दिया। तीसरी दुनिया के जन आंदोलन इसीलिये उन्नत देशों के उपभोक्ता संगठनों की सहानूभूति प्राप्त करना चाहते हैं। अमेरिका में इस कार्यशैली का प्रभाव अधिक दिखाई देता है। वैसे बहुराष्ट्रीय निगम भी अब 'सामाजिक उत्तदायित्व' की बातें करने लगे हैं लेकिन वे उस पर कितना अमल कर पाते हैं, यह अभी देखना बाकी है।

प्रश्न उठता है कि आने वाले दशकों में जन आंदोलनों की दिशा क्या होगी? क्या एशियाई और अफ्रीकी ग्राम और किसान केंद्रित समाज व पश्चिम के औद्योगिक समाज के बीच तालमेल होगा? जापानी अर्थशास्त्री इशिकावा जापानी आर्थिक विकास प्रक्रिया को पश्चिमी विकास प्रक्रिया की महज पुनरावृत्ति नहीं, वरन् एक नए एशियाई विकास मॉडल के रूप में देखते हैं। उनका मानना है कि एशियाई जन आंदोलनों को पश्चिमी जन आंदोलनों के साथ भाईचारा रखने के साथ-साथ वैकल्पिक चिंतन और व्यवहार की मिसाल पेश करनी होगी। सच तो यह है कि उत्तर औद्योगिक समाज में जन आंदोलनों द्वारा अध्यात्म का पुट अपनाए बगैर बाजारवाद के सामने टिकना मुश्किल है।

(अक्टूबर 2003, सहारा समय)

40 एन०जी०ओ० की दुनिया : नयी चुनौतियाँ

तीन हिन्दी भाषी राज्यों के विधानसभा चुनावों में जीत से भारतीय जनता पार्टी के रणनीतिकारों के हौंसले बुलंद हैं, हांलाकि उन्हें यह डर सता रहा था कि राजस्थान, मध्य प्रदेश और छत्तीसगढ़ के आदिवासी बहुल इलाकों में उन्हें पराजय का सामना करना पड़ेगा। लेकिन लगभग सभी आदिवासी सीटों पर भाजपा की विजय, जहाँ इन इलाकों में कार्यरत गैर सरकारी संगठनों यानी एन०जी०ओ० के कार्यों पर प्रश्नचिन्ह लगा रही है, वहीं स्वयं गैर सरकारी संगठन भौचक्के हैं कि क्या वर्षों तक किये गये उनके सामाजिक कार्य कोई राजनीतिक प्रभाव नहीं रखते हैं?

आने वाला वर्ष भारत भर में कार्यरत गैर सरकारी संगठनों के लिये नयी कसौटी वाला समय होगा, क्योंकि लोकसभा चुनावों में औरतों पर बढ़ती हिंसा, निरक्षरता और भुखमरी उन्मूलन के मुद्दों के अलावा धार्मिक कट्टरवाद उनके कार्य बिन्दु होंगे। लेकिन जिस तरह बिजली और पानी जैसे ढांचागत मुद्दों पर भाजपा को तीन हिन्दी राज्यों में सफलता मिली, उससे गैर सरकारी संगठनों को सांप सूंघ गया है।

पिछले दो दशकों में स्वामी अग्निवेश, मेधा पाटकर, अन्ना हजारे, इला भट्ट, कैलाश सत्यार्थी, इंद्राणी सिन्हा, संजय पांडे, (स्व०) अनिल अग्रवाल जैसे कर्मठ और मुद्दे आधारित आंदोलनकारियों के अलावा नयी दिशा में सोचने वाले वंदना शिवा, राजेश टंडन, रूथ मनोरमा, राजेन्द्र सिंह एवं टाम कोचरी जैसी हस्तियों ने 'जनता' के दबाव के पहलू को सुशासन से जोड़कर गैर सरकारी संगठनों को नयी कार्य दिशा दी। लेकिन पर्यावरण संरक्षण, नारी विकास, बाल विकास जैसे मुद्दे अब पीछे छूट गये हैं। आने वाले समय में क्षेत्रीय और जातीय पहचान के साथ बुनियादी सुविधाएं पाने पर जनता का

जोर होगा। उदारीकरण और बाजारवाद के चलते गैर सरकारी संगठनों की भूमिका इन क्षेत्रों में प्रभावशाली रह पायेगी, कहना मुश्किल है।

वैसे आजकल बुद्धिजीवी हलकों में प्रचलित 'सिविल सोसाइटी' या 'नागरिक समाज' की अवधारणा को जमीन पर उतारने में एन०जी०ओ० की भूमिका को खासी मान्यता मिली हुई है। इस तरह के बहुत से संगठन और समूह आजकल सक्रिय हैं। 'सेवा' (सेल्फ एम्प्लायड वीमेंस एसोसिएशन) जैसी संस्थाएं आर्थिक विकास और महिला सशक्तिकरण को आगे बढ़ा रही हैं। इसी तरह जन विज्ञान आंदोलन केरल में लोकप्रिय हुआ। केरल शास्त्र साहित्य परिषद् नामक संगठन ने गांव की महिलाओं और चौराहों तक विज्ञान की शिक्षा ले जाने के क्षेत्र में अभूतपूर्व उपलब्धियाँ हासिल की है। इन संगठनों के प्रयास एक उदाहरण तो हैं ही, साथ ही साथ यह आशा भी जगाते हैं कि उदारीकरण के दौर में ये उन जिम्मेदारियों को उठा सकते हैं, जिन्हें राज्य निर्देशित विकास को हमारी सरकार पूरा नहीं कर पा रही है। लेकिन गुजरात के गोधरा कांड के बाद से एन०जी०ओ० के प्रति केन्द्रीय सरकार के रवैये में अंतर आया है। उल्लेखनीय है कि लगभग 40 गैर सरकारी संगठनों ने गुजरात पर अपनी-अपनी रिपोर्ट जारी की थी। इन सभी रिपोर्टों में हिन्दू कट्टरवाद को ही निशाना बनाकर आलोचना की गयी। लेकिन विधानसभा चुनावों के परिणामों से यह संकेत मिलता है कि भारतीय जनमानस हिन्दू-मुस्लिम सभी तरह के कट्टरवाद के खिलाफ है। एन०जी०ओ० के लिये दूसरा सबक यह है कि दलित एजेंडे के नाम पर किसी एक धर्म विशेष को बदनाम करने की कार्यनीति आम नागरिकों को स्वीकार नहीं।

'जनता के दबाव' बनाने वाली कार्यनीति में अब तक सामाजिक सेवाओं की खासी भूमिका रही है। लेकिन अब आने वाले समय में गैर सरकारी संगठनों द्वारा चलायी जा रही शिक्षा-स्वास्थ्य सेवाएं तब तक कोई 'दबाव' नहीं बना पायेंगी जब तक वे स्थानीय प्रश्नों को जीवन स्तर ऊपर उठाने वाली राष्ट्रीय नीति से जोड़कर नहीं देखतीं। इसलिये जहाँ गैर सरकारी संगठनों की भागीदारी ट्रेफिकिंग, जबरन विस्थापन, एड्स के खिलाफ प्रचार, सर्व शिक्षा अभियान और महिला जागृति जैसे कार्यों में बढ़ेगी, वहीं उनकी राजनीतिक सलाह जनमानस को उस हद तक प्रभावित नहीं कर पायेगी जितना अब तक करती रही है।

हाल ही में बैंकाक में विएना मानव अधिकार विश्व सम्मेलन (1993) की स्थिति की समीक्षा पर एशियाई एन०जी०ओ० की बैठक हुई थी। चर्चा में दो बिन्दु प्रमुख रहे। प्रथम, ग्यारह सितंबर की घटनाओं के बाद से आतंकवाद के खात्मे के नाम पर व्यक्तिगत स्वतंत्रता के हनन का जो सिलसिला प्रारंभ हुआ है उसका क्या असर गैर सरकारी संगठनों की भूमिका पर पड़ेगा दूसरा, गरीबों के जीवन स्तर में ठोस सुधार अकेले एन०जी०ओ० नहीं कर सकते। इसमें 'नागरिक समाज' की भागीदारी (जिसमें बिजनेस, मीडिया और न्याय-पालिका शामिल हैं) आवश्यक है। जाहिर है इस प्रकार की सोच का गैर सरकारी संगठनों के क्रियाकलापों पर अवश्य पड़ेगा।

गैर सरकारी संगठनों से जुड़े अधिकांश लोग कभी गांधीवाद या समाजवाद से प्रभावित थे। आज वे तीन सांस्कृतिक दायरों में बंटे नजर आते हैं : छोटा सा लेकिन ताकतवर अंग्रेजी बोलने वाला महानगरीय प्रभुत्व वर्ग; हिन्दी या स्थानीय भाषा बोलने वाला शहरी मध्यमवर्ग और तीसरा दलित वर्ग वाला उभरता समुदाय। इन तीनों समूहों के राजनीतिक अंत:संबंधों से अस्मिताओं की बड़ी पेचीदा पच्चीकारी निर्मित होती दिखाई दे रही है। हो सकता है इस मिश्रण से भारत के एन०जी०ओ० समाज की कोई नयी तस्वीर भविष्य में उभरे।

दरअसल, इन दिनों दुनिया भर के एन०जी०ओ० नये सिरे से अपनी भूमिका तलाश रहे हैं। इसकी शुरुआत ब्राजील के पोर्तो एलीगरो से हुई और जनवरी 2004 में मुंबई में होने वाले विश्व सामाजिक सम्मेलन में इस पर आगे विचार होगा। इसमें बढ़ता धार्मिक कट्टरवाद, जेंडर, ग्लोबेलाइजेशन का गरीबों पर प्रभाव, विश्व में बढ़ता सैन्यवाद आदि प्रमुख मुद्दे होंगे। भारत के एन०जी०ओ० इसमें दलितों की स्थिति, भारत की अणुशक्ति, हिन्दुत्व के बढ़ते प्रभाव, गुजरात में मुस्लिमों की हत्या और ईसाई मिशनरियों पर हमले जैसे मुद्दों को उठायेंगे। लेकिन प्रश्न उठता है कि क्या बदलती राजनीतिक स्थिति में गैर सरकारी संगठन इन मुद्दों पर 'जनता का दबाव' बना पायेंगे। इस तरह की राजनीतिक संभावनाएं कमजोर लगती हैं, क्योंकि एक राज्य के रूप में भारत को कौन सी अर्थनीति अपनानी चाहिये, यह परिप्रेक्ष्य एन०जी०ओ० क्षेत्र के जरिये से प्राप्त होने की गुंजाइश कम है। कुल मिलाकर मुंबई में एक

हिन्दू विरोधी जमावड़ा दिखेगा और इसकी विपरीत प्रतिक्रिया होगी। 1991 में प्रारंभ किये गए आर्थिक सुधारों के कारण क्षेत्रीय दलों का राजनीतिक महत्व बढ़ गया है। किसान और गरीब अपने भविष्य की चिंता में नये राजनीतिक धरातल खोज रहे हैं। मध्य प्रदेश के झाबुआ जिले में जहाँ गैर सरकारी संगठनों और चर्च की सेवा संस्थाओं का जाल बिछा है। विधानसभा चुनावों में सभी सीटों पर भाजपा को विजय हासिल होना, इस बात का संकेत है कि हालात बदल चुके हैं। विकास को परिभाषित करने और भारत के लिये उसके महत्व को निर्धारित करने के बारे में बहस और तीखी होगी। जाहिर है आगे आने वाला समय गैर सरकारी संगठनों के लिये गंभीर चुनौतियों वाला होगा।

(जुलाई 2003, सहारा समय)

41 जनसंगठनों का चुनावी दौर

विधानसभा चुनावों में भारतीय जनता पार्टी की भारी जीत से जनसंगठन भौचक्के हैं और आने वाले लोकसभा चुनावों के लिये नये सिरे से गोलबंद हो रहे हैं। इस पर जनवरी में मुंबई विश्व सामाजिक मंच के दौरान चर्चा भी हुई। इस समय यह विचार मंथन चल रहा है कि भाजपा को केन्द्र में दोबारा सत्ता पर काबिज होने से रोकने के लिये सीधे-सीधे राजनीति में उतरा जाए या अप्रत्यक्ष रूप से विरोधी दलों को सहयोग दिया जाये। जनसंगठनों के सामने यह समस्या है कि सामाजिक मुद्दों पर तो कमोवेश वे एक राय रखते हैं, लेकिन राजनीतिक रूप से बुरी तरह बंटे हुए हैं। उधर, संघ परिवार से जुड़े वनवासी कल्याण आश्रम और संस्कार भारती जैसे संगठन पिछले विधानसभा चुनावों में मध्य प्रदेश एवं छत्तीसगढ़ के आदिवासी अंचलों में अपनी सफलता से गदगद हैं और अपनी रणनीति को दोबारा अंजाम देने पर गंभीरता से चिंतन में लगे हैं।

भारत में लगभग पौने दो लाख गैर सरकारी संगठन हैं, जिसमें 40 हजार सक्रिय हैं। विभिन्न राज्यों और विभिन्न मुद्दों से जुड़े जनसंगठनों का आपस में नेटवर्क भी है। चूंकि चुनावी रणनीति विशेष समस्याओं के आस-पास चक्कर काटती है अत: जनसंगठनों का क्षेत्र विशेष में प्रभाव मतदाताओं को प्रभावित करता है। इसी संदर्भ में जनसंगठनों की भूमिका चुनावों के दौरान महत्वपूर्ण मानी जाती है।

भारतीय जनता पार्टी ने अब इस तथ्य को स्वीकारते हुए जनसंगठनों को आकर्षित करने की ठोस योजनाएं बनायी हैं। पर्यावरण, महिला, दलित और आदिवासी मुद्दों पर कार्यरत जनसंगठनों से पिछले एक साल में वर्कशाप, गोष्ठियों और सरकारी सम्मेलनों के जरिये संपर्क साधा गया। इसकी शुरुआत 2002 में विज्ञान भवन में जनसंगठनों के एक विशाल सम्मेलन के साथ की गयी थी, जिसे प्रधानमंत्री अटल बिहारी वाजपेयी ने संबोधित किया था। 'सुशासन' जैसे मुद्दों पर काम कर रहे संगठन पार्टीसिपेटरी रिसर्च इन एशिया

(प्रिया) के डॉ० राजेश टंडन ने इस आयोजन में अहम भूमिका निभायी थी। लेकिन सरकारी कामकाज में सुधार के मुद्दे पर जनसंगठन देश भर में नये सिरे से काम करने का मन बना रहे थे कि गोधरा कांड और उसके बाद हुई घटनाओं ने जनसंगठनों का रुख राष्ट्रीय स्वयंसेवक संघ की अल्पसंख्यक नीतियों की ओर मोड़ दिया।

वामपंथी, समाजवादी, गांधीवादी एवं चर्च से जुड़े संगठनों ने गुजरात विधानसभा चुनावों के दौरान सांप्रदायिकता का मुद्दा बड़े जोर-शोर से उठाया था, लेकिन नरेन्द्र मोदी को मिली सफलता से जहाँ कांग्रेस हतप्रभ थी, वहीं जनसंगठन यह समझने में असमर्थ थे कि आखिर उनके द्वारा उठाये मुद्दों पर जनता ने मतदान के समय गौर क्यों नहीं किया।

दूध का जला छाछ भी फूंक कर पीता है। इसीलिये दिसंबर 2003 में उत्तर भारत के चार राज्यों के विधानसभा चुनावों में जनसंगठनों ने विकास के मुद्दे को उठाने की सोची। भाजपा के रणनीतिकार इन मुद्दों को ले उड़े और दिल्ली को छोड़कर राजस्थान, छत्तीसगढ़ और मध्य प्रदेश में भारतीय जनता पार्टी भारी बहुमत से जीती। जमीनी स्तर पर होने वाले इस परिवर्तन की भनक जनसंगठन भी नहीं पा सके। अतः सवाल उठता है कि आने वाले लोकसभा चुनावों में जनसंगठन कौन से मुद्दे उठाने वाले हैं और उनकी रणनीति क्या होगी?

जानकार सूत्रों का कहना है कि जिन मुद्दों को राष्ट्रीय स्तर पर उठाया जायेगा, उनमें किसानों की समस्यायें, दलित एवं आदिवासी और असंगठित क्षेत्र के मजदूरों के लिये सामाजिक सुरक्षा प्रमुख हैं। मध्य प्रदेश एवं छत्तीसगढ़ में कार्यरत एकता परिषद इस दिशा में सक्रिय है। इस बार देश के कुछ चुने हुए जिलों में किसानों के मुद्दे को उठाया जायेगा, जिसमें पंजाब, पूर्वी उत्तर प्रदेश, आन्ध्र प्रदेश, उड़ीसा, महाराष्ट्र एवं कर्नाटक के 50 जिले शामिल हैं।

दक्षिण भारत के जनसंगठनों का मानना है कि भूमिहीन किसानों के लिये भूमि प्राप्त करना सबसे बड़ा मुद्दा है पर साथ ही न्यायसंगत मजदूरी प्राप्त करना भी एक महत्वपूर्ण मांग है। तमिलनाडु में इसका लाभ द्रमुक और कांग्रेस को मिल सकता है।

इसी से जुड़ा है बड़े बांध से विस्थापित होने वाले लोगों का सवाल। पश्चिमी मध्य प्रदेश के बड़वानी जिले में 'नर्मदा बचाओ आंदोलन' के कारण बड़े बांधों से उजड़ने वाले परिवारों के प्रति देशभर में जागृति आयी है। उड़ीसा, झारखंड, छत्तीसगढ़, आन्ध्र प्रदेश, महाराष्ट्र एवं कर्नाटक में बड़े बांधों वाले इलाके में सरकार के प्रति लोगों में गुस्सा है। इन राज्यों में कम से कम 30 लोकसभा क्षेत्र ऐसे हैं जो बड़े बांधों से प्रभावित हैं।

पिछले आम चुनाव में महिला संगठन सबसे ज्यादा मुखर थे और कुछ संगठनों ने राजधानी के एक प्रतिष्ठित दैनिक अखबार में पूरे पेज का एक विज्ञापन भी छपवाया था, जिसे लेकर आयकर विभाग ने उन्हें नोटिस भी दिया था। दरअसल जो महिला संगठन 1999 में भाजपा के खिलाफ मुखर रहे थे उनमें से अधिकांश के तेवर अब वे नहीं हैं जो उस समय थे। नेशनल एसोशिएसन फॉर वीमेनस आर्गेनाइजेशन 'नावो' ने भाजपा और संघ को महिला विरोधी घोषित करने का अभियान चलाया था। कांग्रेस से निकटता रखने वाले इस संगठन का पूरे देशभर में अच्छा खासा नेटवर्क है। हाल ही के विधानसभा चुनावों के दौरान 'नावो' के सदस्य संगठनों ने कांग्रेस के पक्ष में प्रचार भी किया था, लेकिन जो परिणाम सामने आये उससे उन पर बिजली गिरी हुई है।

संसद में महिलाओं के लिये 33 प्रतिशत आरक्षण की मांग को लेकर तमिलनाडु, कर्नाटक, उड़ीसा, आन्ध्र प्रदेश एवं महाराष्ट्र में काफी काम किया गया, लेकिन इसमें एक पेंच है। यह मांग उन्हीं राज्यों में जोरदार तरीके से उठायी गयी जहाँ कांग्रेस सत्ता में नहीं थी। इसलिये इस चुनाव में यह मुद्दा संभवत: दगा हुआ कारतूस ही सिद्ध होगा। जानकारों का आंकलन है कि महिला उत्पीड़न, दहेज, छेड़छाड़ जैसे मुद्दे लोकसभा चुनावों में ज्यादा प्रभाव नहीं डाल पायेंगे। वैसे वामपंथी विचारधारा से जुड़े महिला संगठन इन मुद्दों पर अपेक्षाकृत ज्यादा सुसंगठित और वैचारिक रूप से तैयार नजर आते हैं, जिसका लाभ उन्हें केरल, आन्ध्र प्रदेश, तमिलनाडु और पश्चिमी बंगाल में मिल सकता है।

भारतीय जनता पार्टी से जुड़े महिला संगठन भी अब प्रारंभिक हिचक के बाद मैदान में हैं। राष्ट्रीय स्वयंसेवक संघ ने 2000 में परिवार राष्ट्र जागरण

कार्यक्रम के अंतर्गत आदर्श हिन्दू परिवार और नारी जागरण कार्यक्रम प्रारंभ किया था, जो अब मझले शहरों और कस्बों में जड़ें पकड़ चुका है। इसके जवाब में 'नावो' जैसे महिला संगठनों को अभी अपनी रणनीति तय करना बाकी है।

लेकिन जन संगठनों में सबसे ज्यादा चर्चित चुनावी मुद्दा दलितों का है। सन् 2002 में जो जोहानिसबर्ग में रंगभेद एवं नस्ल आधारित भेदभाव पर राष्ट्र संघ द्वारा आयोजित अंतर्राष्ट्रीय सम्मेलन में दलित मुद्दे पर बहस के बाद 'अस्पर्शयता' को इतनी ख्याति मिली कि यूरोपीय यूनियन, कनाडा, अमेरिका आदि देशों के दूतावासों ने इस विषय पर नये सिरे से जानकारी हासिल करना प्रारंभ किया। इस रुचि के पीछे बसपा नेत्री मायावती एवं भाजपा के साथ गठजोड़ भी एक प्रमुख कारण था। हैदराबाद स्थित आल इंडिया दलित फोरम इस मुहिम की अगुवाई कर रहा है और इसे वर्ल्ड कौंसिल आफ चर्चेज का समर्थन प्राप्त है। इस मुहिम से उस्मानिया विश्वविद्यालय के प्रो० कांचा एल्लिया जैसे दलित बुद्धिजीवी और उदित राज जैसे उभरते दलित नेता भी जुड़े हैं। मायावती से जुड़ा दलित वर्ग इस संघर्ष में लगभग तटस्थ है। उल्टे बसपा इन समूहों को संदेह की दृष्टि से देखती है।

आल इंडिया क्रिश्चियन कौंसिल, जिसका मुख्यालय भी हैदराबाद में है, दलित मुद्दे पर अत्यंत सक्रिय है। कहा जा रहा है कि भोपाल में पूर्व मुख्यमंत्री दिग्विजय सिंह द्वारा दलित एजेंडा पर सम्मेलन के पीछे भी उसी समूह का हाथ है जो जोहानिसबर्ग विश्व सम्मेलन में सक्रिय था। विधानसभा चुनावों में मध्य प्रदेश में बुरी तरह हारने के बाद एक विश्लेषण यह भी है कि कांग्रेस ने दलित मुद्दे को जरूरत से ज्यादा अहमियत दी। दलित अधिकार समूह, तमिलनाडु, आंध्र प्रदेश एवं महाराष्ट्र में ज्यादा प्रभाव रखते हैं और लगभग 50 लोकसभा सीटों को प्रभावित कर सकते हैं। वे इन राज्यों के मुस्लिम वर्ग से भी तालमेल बढ़ा रहे हैं और गुजरात गोधरा कांड में संघ परिवार की भूमिका के कटु आलोचक हैं। लेकिन उत्तर भारत का दलित युवा वर्ग मंदिर-मस्जिद की रणनीति से स्वयं को तटस्थ किए हुए है, जबकि ग्रामीण क्षेत्रों में ओबीसी (अन्य पिछड़ा वर्ग) मंदिर राजनीति में आगे है।

उत्तर भारत के दलितों में से अधिकांश रोज कुँआ खोदकर पानी पीने वाले

वर्ग से हैं, इसलिये उनके लिये प्रतिदिन की रोटी सबसे बड़ी समस्या है। बसपा से जुड़े दलित सत्ता पर काबिज पाने के केन्द्रबिन्दु मान कर चलते हैं और 'बामसेफ' के समय की राजनीतिक सांस्कृतिक चेतना अभी भी कारगर है। इसलिये जनसंगठनों से परे दलित मतदाता अपना निर्णय करने में समर्थ हैं और उत्तर भारत की गंगा-पट्टी में यह मुद्दा पुनः जोर पकड़ेगा पर मायावती की नई सोशल इंजीनियरिंग के साथ।

आदिवासियों के मामले में पूर्वोत्तर भारत में जो मुद्दे हैं वे शेष भारत के आदिवासियों से अलग हैं। छत्तीसगढ़ और झारखंड जैसे आदिवासी बहुल राज्यों में जनसंगठनों का मुख्य मुद्दा गैर आदिवासियों के हाथों में सत्ता सौंपने का है। वन संबंधी कानूनी और जमीन से बेदखली अन्य मुद्दे हैं। आदिवासी मुद्दे पर जनसंगठनों की कमान कमोबेश ईसाई मूल के आदिवासियों के हाथों में है। पहले झारखंड बाद में छत्तीसगढ़ के चुनावों में भाजपा की जीत के बाद से समीकरण तेजी से बदले हैं। संघ परिवार से जुड़ी वनवासी कल्याण आश्रम ने बहुत सूझ-बूझ के साथ सरगुजा के आदिवासी इलाके में जनसंगठनों के द्वारा उठाये मुद्दों को ईसाई और गैर-ईसाई आदिवासी के बीच के अंतर में बदल दिया है। सरकारी नौकरियों में लगातार आ रही कमी को ध्यान में रखते हुए आदिवासियों के बीच अपनी पकड़ मजबूत बनाने के लिये हाल ही में राजस्थान में भाजपा की सरकार ने ईसाई बने आदिवासियों के लिये नौकरियों में आरक्षण की सुविधा खत्म कर दी है।

सूत्रों का कहना है कि भाजपा अन्य राज्यों में भी ऐसा ही कदम उठाने जा रही है। इसके खिलाफ जनसंगठन जितना आंदोलन करेंगे उतनी ही भाजपा को लाभ होगा। ऐसा भाजपा के नजदीकी सूत्रों का मानना है। यह बिल्कुल नया, मुद्दा है और इस पर अभी जनसंगठनों ने कोई नजरिया नहीं बनाया है।

ले देकर जनसंगठनों के सामने उदारीकरण और निजीकरण ये दो मुद्दे ही बचते हैं जो मतदाताओं में उत्सुकता जगा सकते हैं। जनसंगठनों का रुख उत्तर प्रदेश में मुलायम सिंह और कांग्रेस के बीच बंटा हुआ है। विश्व सामाजिक मंच में चर्चा के दौरान अनेक जनसंगठनों ने पिछड़े वर्ग के नेताओं : बिहार के लालू यादव, उत्तर प्रदेश में मुलायम सिंह यादव, कर्नाटक में पूर्व प्रधानमंत्री देवेगौड़ा, गुजरात में शंकर सिंह वाघेला और पश्चिमी उत्तर प्रदेश में चौधरी

अजीत सिंह की धुरी को मजबूत कर भाजपा के प्रभाव को रोकने की रणनीति पर विचार किया था। उस समय बसपा नेत्री मायावती और कांग्रेस नेता श्रीमती सोनिया गांधी के बीच भी गठबंधन की संभावनाओं को लेकर जनसंगठनों के मन में लड्डू फूट रहे थे। लेकिन मायावती के हाल ही में सवर्णों के प्रति सहानुभूति वाले बयान के बाद से साफ हो गया है कि जनसंगठनों के लिये आने वाले चुनाव अत्यंत चुनौती भरे होंगे।

(14 फरवरी 2004, सहारा समय)

42 सोशल वर्क और विदेशी धन

देश में स्वैच्छिक संस्थाओं और सामाजिक कार्यकर्ताओं को मिलने वाली विदेशी सहायता में तेजी से हो रही वृद्धि को देखते हुए भारत सरकार ने विदेशी अनुदान विनिमय अधिनियम में और कड़े प्रावधान लाने का निश्चय कर लिया है। पिछले कुछ वर्षों में स्वैच्छिक संस्थाओं ने मानव अधिकार के ऐसे मुद्दे उठाये, जो सरकार के लिए परेशानी का सबब बने। इसके फलस्वरूप सरकार इनको मिलने वाली विदेशी सहायता के स्रोतों पर नियंत्रण का शिकंजा और कड़ा करना चाहती है। उधर स्वैच्छिक संस्थाओं का तर्क है कि सरकार उन पर बेवजह कानून लाद रही है, जबकि उद्योगों को मिलने वाले विदेशी निवेश के मामले में नियंत्रण कम किया जा रहा है। लेकिन सरकार का आरोप है कि कई गैर सरकारी संस्थाएं सोशल वर्क के लिये मिलने वाली राशि का 'दुरुपयोग' कर रही हैं और इसके अबाध बहाव से देश विरोधी और आतंकवादी गुट भी विदेशी धन को सोशल वर्क के नाम पर मंगाकर उसका उपयोग देशहित को हानि पहुंचाने में कर सकते हैं। नागरिक समाज दुविधा में है कि किसका पक्ष ले। ऐसे में स्वैच्छिक संस्थाओं के बारे में जानकारी रखना लाभप्रद होगा।

भारत में दान-पुण्य करने वाली धर्मार्थ संस्थाओं की एक प्राचीन परंपरा रही है। लेकिन स्वैच्छिक संस्थाओं का वर्तमान स्वरूप मूलतः 1956 में प्रारंभ की गई सामुदायिक परियोजनाओं के फलस्वरूप उभरा। आजादी के बाद के दो दशकों तक कुछ गांधीवादी एवं मिशनरी संस्थाओं के अलावा नागरिक समूहों की गिनी-चुनी संस्थाएं ही थी। पाँचवीं पंचवर्षीय योजना के बाद से धीरे-धीरे केन्द्रीय समाज कल्याण बोर्ड से मिलने वाली सहायता राशि के फलस्वरूप स्वैच्छिक संस्थाओं की संख्या बढ़ने लगी और अस्सी के दशक के खत्म होते-होते देश में एन०जी०ओ० की बाढ़ आ गई। यह समय था जब विकसित देशों में 'तीसरे सेक्टर' की परिकल्पना को तेजी से अमली जामा पहनाया जा रहा था।

देश में इस समय लगभग 40,000 संस्थाएं हैं, जो सामाजिक कार्यों में लगी हुई हैं एवं जिनके वार्षिक बजट की संयुक्त राशि 1,500 हजार करोड़ के लगभग है। इसमें विदेशों से मिलने वाली दानराशि लगभग 800 करोड़ रुपये आंकी जाती है।

सोशल वर्क में लगी स्वैच्छिक संस्थाओं को 'मुनाफा रहित क्षेत्र' (नान प्रॉफिट सेक्टर) भी कहा जाता है। इनमें धर्मार्थ संस्थाएं, स्कूल और विश्वविद्यालय, सांस्कृतिक संस्थाएं, जनमत समूह (एडवोकेसी ग्रुप्स), राजनीतिक आंदोलन, अनुसंधान संस्थान, खैराती संस्थाएं एवं फाउंडेशन शामिल हैं। आमतौर पर ये अनुदान राशि के सहारे अपना कार्य चलाते हैं और इस अनुदान की सुविधा के एवज में इनसे अपेक्षा की जाती है कि ये किसी राजनीतिक गतिविधि या तरफदारी में भाग नहीं लेंगे। ये अपने सदस्यों को 'मुनाफे' का वितरण भी नहीं कर सकते।

इनको तीन श्रेणियों में बांटा जा सकता है– पहली, सामाजिक सेवाओं जैसे–स्वास्थ्य व शिक्षा से जुड़ी संस्थायें; दूसरी, संपत्तियों की देखभाल करने वाले ट्रस्ट या धर्मार्थ संस्थाएं एवं तीसरी कारोबारी संस्थाएं (जो किसी वस्तु का सहभागिता या समूह आधार पर उत्पादन कर उन्हें मार्केटिंग कर उसका लाभ गरीबों को दिलाती हैं या जो किसी बड़ी कंपनी के किसी प्रोजेक्ट का हिस्सा हैं)। इन तीनों में प्रथम प्रकार की स्वैच्छिक संस्थाएं कुछ अर्से पूर्व तक मुनाफारहित मानी जाती थीं, लेकिन अब इस बात के अनेक प्रमाण हैं कि इनके द्वारा चलाये जा रहे अंग्रेजी मीडियम स्कूल और अस्पताल अब दुधारू गाय बन चुके हैं। और वे स्वैच्छिक संस्था का लबादा पहने एक कमर्शियल प्रतिष्ठान से किसी मायने में कम नहीं हैं। यह भी आरोप लगाया जा रहा है कि स्वैच्छिक संस्थाओं की गतिविधियाँ मुनाफाखोर गतिविधियों के लिये पूंजी संकेन्द्रण और वितरण में एक महत्वपूर्ण भूमिका अदा करती हैं। आमतौर पर स्कूलों और अस्पतालों के ट्रस्टों में व्यापारी, बैंकर, बीमा अधिकारी, रिटायर्ड प्रशासक ही हावी रहते हैं। इनके माध्यम से कॉरपोरेट सेक्टर अपने स्टाकों, बॉन्डों और परिसंपत्तियों में निवेश करवाते हैं।

एक आरोप यह भी है कि कई स्वैच्छिक संगठन राजनीतिक पार्टियों की फ्रंट संस्था के रूप में कार्य करते हैं। इनमें प्रभावशाली ब्यूरोक्रेट्स के बेटी–बेटियों

को जोड़कर उनके माध्यम से सरकारी कार्य करवाना आसान हो जाता है। आतंकवादी संगठन के लिये राज्य के गुप्त और संवेदनशील दस्तावेज पाने का यह आसान जरिया हो सकता है। इन्हीं सब कारणों से वामपंथियों का सोचना है कि स्वैच्छिक संस्थाओं का उपयोग वर्ग-संघर्ष की धार को कुंठित करने का कारगर तरीका है। लेकिन संभवतः सबसे गंभीर आरोप यह है कि गैर सरकारी संगठन या एन०जी०ओ० परोपकारिता और स्वतंत्रता का एक ऐसा आभा मंडल उत्पन्न करते हैं, जिसकी आड़ में देश-विरोधी ताकतों को घुसपैठ का एक बहाना मिल जाता है।

स्वैच्छिक संस्थाओं को लेकर जब ऐसी धारणाएं प्रचलित हों तो यह आवश्यक हो जाता है कि नागरिक समाज इस पर गहराई से सोचे। विदेशी धन स्वीकार करने वाली संस्थाएं प्रायः यह कहती हैं कि विदेशी आर्थिक सहयोग के कारण वे शोषितों, दलितों और गरीबों तक सेवाओं का विस्तार कर सकते हैं। उनकी गरीबी और अन्य कठिनाइयों को कुछ कम कर सकते हैं तो इसमें बुराई क्या है। दूसरी तरफ राष्ट्रवादियों का तर्क है कि इस विदेशी सहायता के साथ अनेक अवांछिनीय शर्तें जुड़ी होती हैं, जो देश की जनता के मन में अपनी संस्कृति के प्रति नफरत पैदा करती हैं और इसका उपयोग धर्म परिवर्तन के लिए किया जाता है। इस समय सामाजिक विकास कार्यों में लगी विभिन्न स्वैच्छिक संस्थाओं को अधिकतर मदद जर्मनी, ब्रिटेन, स्वीडन, नार्वे, कनाडा, आस्ट्रेलिया, नीदरलैंड एवं संयुक्त राज्य अमेरिका से मिल रही है। हालांकि विदेशी धन का 'धर्म परिवर्तन' के लिये मिशनरियों पर आरोप लगाया जाता रहा है, लेकिन यह चौंकाने वाली बात है कि सबसे अधिक विदेशी धन हिन्दू धर्मार्थ ट्रस्टों के पास आता है। अतः सरकार को धर्म परिवर्तन के आरोपों की निष्पक्षतापूर्वक जांचकर कानून तोड़ने वालों को सजा देनी चाहिए।

क्या विदेशी धन लेना खतरनाक है? इस संबंध में कोई मत बनाने से पूर्व दो तथ्यों को ध्यान में रखना होगा। पहला भारत सहित सभी तीसरी दुनिया के देश कई कार्यक्रम-विदेशी सहायता से चला रहे हैं। भारत सरकार तो प्राथमिक शिक्षा के प्रसार हेतु भी विदेशी धन ले रही है। दूसरा, विदेशी धन लेने वाली स्वैच्छिक संस्थाओं को गृह मंत्रालय में अपना विशेष पंजीकरण कराना होता है तथा खुफिया विभाग की रिपोर्ट के बाद ही गृह मंत्रालय द्वारा निर्धारित बैंक

खाते में ही विदेशी धन मंगाया जा सकता है। साथ ही स्वैच्छिक संस्थाओं को प्रतिवर्ष अपनी रिपोर्ट गृह मंत्रालय को भेजनी पड़ती है। ऐसे में गड़बड़ी की गुंजाइश कम है।

अब कोई देश विरोधी संगठन किसी बैंक के माध्यम से तो पैसा मंगाएगा नहीं। हां, विदेशी दान पाने वाली संस्थाओं को इस बात की जानकारी अवश्य रखनी चाहिए कि विदेशी फंडिंग एजेंसियों में से कौन किस विशेष विचारधाराओं और हित प्रचार से जुड़ी हैं। कुछ संस्थाएं अपने-अपने देश की सरकारों से नजदीकी तौर पर जुड़ी है तथा काफी हद तक अपनी सरकारों से प्रभावित होती हैं। दूसरी ओर ऐसी संस्थाएं भी हैं, जो पश्चिमी विकसित देशों के उन लोगों के प्रयासों से बनी हैं, जो वास्तव में गरीबों के दुःख दर्द के प्रति संवेदनशील हैं जैसे आक्सफैम, नोबिब, इको, सेव दी चिल्ड्रन फंड आदि। इनमें से कुछ संस्थाएं मानव अधिकार क्षेत्र में काफी अर्से से सक्रिय हैं और उनकी गतिविधियों का रिकार्ड साफ-सुथरा और मानवीय संवेदनाओं से जुड़ा है, जैसे एंटी स्लेवरी सोसाइटी।

कुछ विदेशी दानदाता संस्थाएं पश्चिम के विभिन्न चर्चेज से जुड़ी हैं, जैसे मिजेरिओर, कारितास, क्रिश्चियन एंड, ब्रेड फॉर दी वर्ल्ड, आदि। इनके दान का अच्छा खासा हिस्सा मिशनरी संस्थाओं को राहत, विकास या गरीबों की मदद के लिए दिया जाता है। साथ ही ये गैर चर्च स्वैच्छिक संस्थाओं को भी धन देते हैं। भारत में इन्डो जर्मन सोशल सर्विस सोसाइटी एवं कासा विदेशी चर्च एजेंसियों की पूरक एजेंसियाँ हैं। इसी तरह अरब देशों में इस्लामिक ट्रस्ट है जो मस्जिद बनाने से लेकर मदरसों में गरीब मुस्लिम बच्चों की शिक्षा के लिये जकात का पैसा भेजते हैं। इन प्रयासों को संदेह की दृष्टि से देखना उचित नहीं। कुछ गलत किस्म के इन्चार्ज के आने पर विदेशी दानदाता एजेंसियाँ कुछ समय के लिए भले ही विवादास्पद हो जाएं, लेकिन कुल मिलाकर उनका प्रबंधन, पारदर्शिता और सरकार द्वारा बनाए गए कानूनों का पालन, वाकई तारीफे काबिल होता है। अतः सभी विदेशी संस्थाओं को शक की दृष्टि से देखना भारत को लंबे काल में महंगा पड़ेगा।

लेकिन इसका यह भी अर्थ नहीं है कि संभावित खतरों को नजरअंदाज किये बिना इन्हें बेरोक-टोक मनमाने कार्य करने की छूट दे दी जाए। यहाँ तर्क यह है कि यदि सोशल वर्क के लिये देश में विदेशी धन आना ही है तो उसका

दुरुपयोग रोकने के लिए ऐसे कानूनी प्रावधान होना चाहिए जो नाहक स्वैच्छिक संगठनों को परेशान करने का सबब न बने। साफ-सुथरी छवि वाली एवं सकारात्मक कार्यों को अंजाम देने वाली संस्थाओं को संसाधन मिलने में अनावश्यक रोड़े अटकाना ठीक नहीं। वैसे अनेक सामाजिक कार्यकर्त्ता, जो बेहद ईमानदार, आदर्शवादी और जुझारू हैं, विदेशी पैसे से परहेज करते हैं। वे सीमित साधनों से ही अपनी मेहनत और लगन के बल पर कार्य कर रहे हैं। इनकी संख्या में लगातार कमी आ रही है, क्योंकि उन्हीं के क्षेत्र में विदेशी धन से दूसरी स्वैच्छिक संस्था खुलती है जो लोगों को तरह-तरह की सब्सिडी देती है। इससे पहली वाली संस्था का कार्य बिखर जाता है। कार्यकर्त्ताओं को भी धीरे-धीरे आर्थिक 'सुरक्षा' का तर्क देकर तोड़ लिया जाता है। इससे स्थानीय स्तर पर चल रही स्वतः परिवर्तन की प्रक्रिया बाधित होती है और निश्चय ही ऐसे में दूसरी संस्था का वास्तविक उद्देश्य सार्थक सामाजिक बदलाव नहीं कहा जा सकता।

इस तरह की स्थितियाँ उन फंडिंग एजेंसियों के कार्यों से भी उत्पन्न हो सकती हैं, जिनका उद्देश्य बुरा नहीं है। पर फील्ड स्याफ द्वारा नया ग्रुप खड़ा करने या बजट खर्च करने की जल्दी में लापरवाही से ऐसी गलतियाँ हो जाती हैं। अतः फंडिंग ऐजेंसियों को भी इस बात का ध्यान रखना होगा कि उनके द्वारा प्राप्त सहायता का उपयोग संस्थाएं अन्य संस्थाओं की तोड़-फोड़ के लिये नहीं करेंगी। अक्सर फंडिंग एजेंसियाँ विशेषकर चर्च समर्थित एजेंसियाँ अपनी मूल्यांकन रिपोर्ट में यह तो दिखाती हैं कि उनके दान से क्या परिवर्तन आये, लेकिन वे इस बात का मूल्यांकन नहीं करती हैं कि कौन सा सार्थक काम विदेशी धन के कारण दब गया या लोगों की कौन सी 'पहल' खत्म हो गयी।

भूमंडलीकरण के इन दस वर्षों में हमारी बुनियादी कमजोरियाँ भी सामने आई हैं। देश में क्षेत्रीय और वर्गीय विषमताएं बढ़ी हैं, तीव्र हुई हैं। गरीबी की रेखा के नीचे आबादी में वृद्धि नहीं हुई तो उसमें उल्लेखनीय कटौती भी नहीं हुई। देश का विशाल भूभाग, जिसमें बीमारू प्रदेश शामिल है (बिहार, उत्तर प्रदेश, मध्य प्रदेश, राजस्थान) गंभीर आर्थिक, सामाजिक, अराजनीतिक पिछड़ेपन का शिकार हैं। देश के भीतर ही सामाजिक क्षेत्र में उन्नतिशील केरल तथा अवरोधों से ग्रस्त हिन्दी प्रदेशों के बीच की खाई से यह स्पष्ट है कि ये भू-भाग किस कारण पिछड़े हैं?

जिन-जिन प्रदेशों ने भूमि सुधार, निरक्षरता निवारण विशेषकर दलितों और नारी समाज में साक्षरता का प्रसार और स्वास्थ्य सेवाओं का प्रसार, सत्ता के विकेन्द्रीकरण और नीचे के स्तर के समुदायों को राजनीतिक रूप से सक्षम और समर्थ बनाने के कारगर कार्यक्रम चलाए हैं तथा प्रशासनिक सुधारों द्वारा प्रशासनिक व्यवस्था को न्यायपूर्ण और कार्यकुशल बनाने की दिशा में कार्य किया, वहाँ सामाजिक बदलाव की प्रक्रिया को एक दिशा मिली। यह बदलाव विदेशी धन के कारण नहीं है। यही हमें परिवर्तन और विकास की दिशा दिखाता है और नई चुनौतियों का संकेत भी। ऐसी स्थिति में विदेशी धन का उपयोग सामाजिक समूहों की कार्यक्षमता और भाई-चारे के नजरिये में फैलाव के लिये करना बुद्धिमता कहलायेगी। पर विदेशी धन को ही परिवर्तन का पर्याय मानने का नतीजा होगा, आंतरिक उपनिवेशवाद की शुरुआत। विदेशी धन नई ऊर्जा पैदाकर नहीं सकता पर उत्पन्न ऊर्जा की लौ जलाये रखने में सुरूंहत योगदान कर सकता है जिसे अंतर्राष्ट्रीय सामाजिक न्याय का ही हिस्सा माना जाना चाहिये।

कुल मिलाकर अंत में हम उसी सवाल पर लौट आते हैं कि देश में सोशल वर्क के लिये विदेशी धन की क्या भूमिका है? इसमें कोई शक नहीं कि संवेदनशील विदेशी सहायता एजेंसियों की मदद से हमें अज्ञानता, बीमारी और गरीबी के विरुद्ध जंग लड़ने में मदद मिलेगी। अतः इस समय यह कहना कि हमें तुम्हारी सहायता की आवश्यकता नहीं बुद्धिमत्ता नहीं होगी। लेकिन हमें अपने देश और समाज का कोई 'विजन' तय करना होगा और उस 'विजन' में विदेशी सहायता की भागीदारी का आधार तय करना होगा। भूमंडलीकरण और उदारीकरण के इस युग में हमें दाता एजेंसियों का ध्यान उनके अपने देश में नागरिक समूहों को विकास की नीतियों की ओर ध्यानाकर्षित करना होगा। फिलहाल अंतर्राष्ट्रीय बिरादारी के सरोकार बाजार के पक्ष में है, लेकिन बाजार अपने आप में मूल्य नहीं रखता। अतः पहले यह तय करना होगा कि सामाजिक कार्यों के लिए विदेशी धन की भागीदारी तय करने के प्रश्न का उत्तर देने का अधिकार किसके पास है: स्वैच्छिक संस्थाओं के पास अथवा नागरिकों के पास?

(5 दिसंबर 2004, आधारशिला)

43 जन संगठनः ऐतिहासिक पृष्ठभूमि

संक्रमण दौर से गुजर रहे भारतीय समाज के वंचित और उत्पीड़ित तबके सामाजिक संबंधों और निर्णायक राजनीतिक दावेदारी के लिये पिछले दो दशकों से दृढ़ता से कदम बढ़ा रहे हैं। बुनियादी सामाजिक परिवर्तन की इस प्रक्रिया में जनसंगठनों की भूमिका अत्यंत महत्वपूर्ण है, पर हाल ही के वर्षों में नेतृत्व देने का दावा करने वाले (कुछ अपवादों को छोड़), और अपने को गरीबों का रहनुमा घोषित करने वाले स्वयंभू लोगों के आचरण और वैचारिक लिजलिजेपन से जन संगठनों की साख पर आंच आने लगी है।

आज की स्थिति को समझने के लिये हमें थोड़ा इतिहास में भी झांकना पड़ेगा। राष्ट्र संघ द्वारा 1948 में अंतर्राष्ट्रीय मानव अधिकार चार्टर बनाने के बाद से गैर सरकारी संगठनों को पश्चिमी समाज में तवज्जो दी जाने लगी और 1980 के दशक के आते-आते यह पूरी परिकल्पना एक विशाल मुनाफारहित क्षेत्र में परिवर्तित हो गयी। इस क्षेत्र में आकार और कार्य क्षेत्र के लिहाज से संयुक्त राज्य अमेरिका अपने आप में अद्वितीय है, जो सालाना 40 अरब डॉलर के आस-पास राशि खर्च करता है। क्या हैं ये जन संगठन? इसके अन्तर्गत धर्मार्थ संगठन, निजी स्कूल, सांस्कृतिक मंच, जनमत-समूह, अनुसंधान संस्थान, खैराती संस्थाएं, आदि सभी आते हैं।

आमतौर पर ये ऐसे संगठन हैं, जो जनता के अनुदान पर अपना काम चलाते हैं और एवज में इनकी राजनीतिक तरफदारी पर अंकुश लगा होता है। ये चुनाव अभियानों में प्रयत्क्ष भाग नहीं ले सकते। फिर भी ये जनसंगठन जनमत प्रभावित करने के अहम माध्यम माने जाते हैं। ऊपर से ये जन संगठन भले ही अपने आपको तटस्थ कहें पर ज्यादातर संगठन आपस में और बड़ी फंडिंग एजेंसियों के माध्यम से किसी न किसी राजनीतिक विचारधारा से जुड़े होते हैं।

कान्फ्रेंस रिपोर्ट्स और प्रयोजित अनुसंधानों एवं प्रकाशनों के जरिए अपने विचारों को प्रचारित एवं प्रसारित करने वाले संगठनों का मानना है कि सुविधा वंचित समूह जैसे आदिवासी, दलितों, महिलाओं और बच्चों को उनके अधिकार दिलाने में मदद करने की जरूरत है। इसके साथ ही जन संगठनों द्वारा 'अराजनीतिक' कार्यक्रमों का शोशा छोड़ा गया है और अब नेतृत्व संबंधी प्रशिक्षण और तकनीकी सहायता के कार्यक्रमों पर भी जोर दिया जाने लगा है। इन कार्यक्रमों को करने वाले दावा करते हैं कि वे बहुलवाद यानी 'प्लुरेलिज्म' को बढ़ावा दे रहे हैं। अंतर्राष्ट्रीय एजेंसियों ने 1995 में कोपेनहेगन राष्ट्र संघ विश्व सामाजिक सम्मेलन के बाद जन संगठनों की भूमिका पूरी तरह स्थापित कर दी है। वस्तुतः यही वह समय था जब आर्थिक नीतियों के अंतर्गत तीसरी दुनिया की सरकारें सामाजिक क्षेत्र में निवेश कम करने और सेवाओं के निजीकरण पर जोर देने लगी थीं।

भारत में जन संगठनों के विकास को पांच काल खंडों में बांटा जा सकता है। पहला कालखंड आजादी से पूर्व का है, जो 1920 में प्रारंभ होकर 1947 तक चला, जिसमें स्वराज और रचनात्मक कार्यों को आधार माना गया था। दूसरा 1950 से 1965 तक जिसमें नेहरू की सामाजिक नीतियों का बोलबाला था। इसके बाद तीसरा काल शहरी भारत में समाज परिवर्तन और राष्ट्रवादी राजनीतिक उदय के साथ जुड़ा है। शहरों में राजनीतिक कार्रवाई के लोकप्रिय रूपों और उन्हें नियंत्रित करने की कांग्रेसी नेताओं की इच्छा के बीच बड़े पैमाने पर ग्रामीण इलाकों में गैर सरकारी संगठनों का जाल बिछाया गया। चौथे दौर की शुरुआत 1977 में होती है जब 'आपात काल' के बाद जयप्रकाश नारायण के प्रभाव वाले युवा वर्ग ने बड़े पैमाने पर सामाजिक परिवर्तन को राजनीतिक परिवर्तन के साथ जोड़ना प्रारंभ किया। यह दौर भी लगभग एक दशक तक चला। इसी बीच सातवीं और आठवीं पंचवर्षीय योजना के दस्तावेजों में गैर सरकारी संगठनों की भूमिका पर बाकयदा नीतिगत निर्देश दिये गये। वर्तमान पांचवें दौर में तो पूरे देशभर के गैर सरकारी संगठनों की भरमार है जो कमोवेश 'सर्विस डिलीवरी' कार्यक्रमों से जुड़े हैं।

दरअसल 1967 में नक्सलवादी किसान आंदोलन के बाद भारतीय समाज के चरित्र निर्धारण और कार्यक्रम के प्रश्नों पर देश में कभी सुसंगत ढंग से

बहस नहीं चली। जिन संगठनों ने दुस्साहस किया वे भी दिशा को ढंग से विकसित नहीं कर सके। विगत दो दशकों के दौरान जन संगठन शिविर लगातार फूट का शिकार होता रहा। नई सच्चाइयों को कार्यक्रम संबंधी अपनी समझ के पुराने फ्रेम में ठूंसने की कोशिशों से नये-नये जन संगठन नये मुद्दों के साथ अस्तित्व में आते रहे और विलुप्त होते रहे। कुछ जन संगठनों ने नयी आर्थिक नीतियों से उभरे प्रश्नों को लेकर कार्यक्रमों पर पुनर्विचार करने की शुरुआत की परंतु वे न तो संगठन का सही ढांचा खड़ा कर सके और न ही सामाजिक प्रयोगों को व्यवहार में उतार सके।

विगत एक दशक के दौरान जन संगठनों द्वारा कोई बड़ा आंदोलन नहीं खड़ा किया। विश्व सामाजिक मंच जैसे जमावड़ों से भी कोई ठोस विकल्प निकलता नजर नहीं आता। लेकिन इस आधार पर जनसंगठन प्रयासों को नजरअंदाज कर देना भी भूल होगी। 'सुशासन' में नागरिक भागीदारी की प्रक्रिया को आगे बढ़ाने में वे अहम भूमिका अदा कर सकते हैं और इस दिशा में वे सक्रिय भी हैं। लेकिन यह प्रक्रिया तभी सार्थक बन सकेगी जब असंगठित क्षेत्र के मजदूरों और किसानों के बीच शिक्षा, प्रचार और संगठन का काम किया जाये। वर्तमान दौर में सांस्कृतिक-बौद्धिक मोर्चे पर कठिन चुनौती है, जिसके संकेत देश भर से मिल रहे हैं।

(जनवरी 2004, सहारा समय)

44 वर्ल्ड सोशल फोरम में माइनोरिटीज़

मायानगरी मुंबई में 16 से 21 जनवरी तक हुए वर्ल्ड सोशल फोरम में दुनिया के सौ देशों से आये एक लाख से भी अधिक प्रतिनिधियों की राय में अमेरिका दुनिया की नंबर एक समस्या है। सम्मेलन में भाग ले रहे दक्षिणी एशियाई देशों के अधिकांश प्रतिनिधियों ने खुलकर कहा कि इस इलाके की सरकारों को भविष्य में इराक के मसले पर अमेरिका का साथ नहीं देना चाहिये, क्योंकि उसकी पॉलिसी आतंकवाद के नाम पर बेगुनाह नागरिकों पर अत्याचार करने की है। पाकिस्तान से आयी अस्मा जहाँगीर ने बुलंद आवाज में आह्वान किया कि इराक के मामले में जवाबदेही तय की जानी चाहिये। प्रसिद्ध लेखिका अरुन्धति राय ने सामाजिक, आर्थिक और मानसिक दबाव के लिये अमेरिकी साम्राज्यवादी वैश्वीकरण की नीति को जिम्मेदार ठहराते हुए दो अमेरिकी कंपनियों को चिन्हित कर उनके सामान के बहिष्कार की बात सामने रखी।

पिछले कुछ सालों के दौरान वर्ल्ड बैंक और आई०एफ०एस० जैसी यू०एन० संस्थानों ने भी ऐसे कई फैसले लिये, जिनसे दुनियाभर के गरीब लोगों पर गहरा असर पड़ा। तीसरी दुनिया के गरीब और वंचित तबकों के लोग आर्थिक उदारीकरण और तानाशाही के विनाशकारी प्रभावों की सबसे भारी मार झेल रहे हैं। वर्ल्ड सोशल फोरम का उद्देश्य ऐसी नीतियों का विरोध करना और अमेरिकी 'दादागिरी' को नियंत्रित करना है। डब्ल्यू०एस०एफ० का पहला सम्मेलन जनवरी 2001 में ब्राजील के पोर्तो एलेग्रे शहर में किया गया था, दूसरा और तीसरा सम्मेलन भी वहीं हुआ। लेकिन तीसरे सम्मेलन की खासियत यह थी कि इसमें इराक पर अमेरिकी हमले का मुद्दा बड़ी जोर-शोर से उठा था और अमेरिकी कार्रवाई की कड़ी आलोचना की गयी थी। बस इसी सम्मेलन से यह सोच बनी कि आने वाले सम्मेलनों में भी अमेरिका के हथकंडों की पोल खोली जाये। इस पूरी पृष्ठभूमि को देखते हुए

मुंबई में यह कयास लगाये जा रहे थे कि अमेरिका की आतंकवादी नीति के खिलाफ जोरदार आवाज उठेगी।

मुंबई वर्ल्ड सोशल फोरम के दौरान हुए 1600 कार्यक्रमों और 40 के लगभग वर्कशापों में भी अमेरिका द्वारा इराक में की गयी सैनिक कार्रवाई के खिलाफ न केवल क्रोध व्यक्त किया गया वरन् उसे जालिमाना हरकत बताते हुए दुनियाभर की फासीवादी ताकतों को शह देने वाला भी माना गया। यह प्रश्न भी सम्मेलन में उठा कि सद्दाम शासन का अंत हुए महीनों बीत चुके हैं, लेकिन अमेरिका अभी तक यह साबित नहीं कर पाया है कि इराक के पास जनसंहारक हथियारों का जखीरा था।

पाकिस्तानी डेलीगेशन के प्रमुख अहमद चौधरी ने कहा कि बड़ी कंपनियों की नीतियों के कारण छोटा-मोटा रोजगार करने वाले तो बेकार हो ही रहे हैं साथ ही अन्य नौकरियाँ भी खतरे में पड़ गयी हैं। मल्टीनेशनल कॉरपोरेशन्स की आलोचना करते हुए उन्होंने कहा कि ये कंपनियां नयी पीढ़ी को नैतिक रूप से भ्रष्ट कर रही हैं। बेरोजगारी दूर करने को उन्होंने दक्षिणी एशिया का सबसे बड़ी प्राथमिकता बतायी। पूरे सम्मेलन में पाकिस्तानी डेलीगेशन की शिरकत बड़ी रचनात्मक और पॉजिटिव थी। वे सभी हिन्दुस्तानियों से दिल खोलकर बातें करते थे और भारत-पाकिस्तान के बीच बेहतर संबंधों पर जोर देते थे। उनका यह रवैया सभी को बेहद पसंद आया।

इस सम्मेलन की एक खासियत यह भी रही कि अनेक ईसाई प्रतिनिधियों ने अमेरिका द्वारा इराक हमले को एकदम गलत करार करते हुए उसे दुनिया एवं इराकी लोगों से माफी मांगने को कहा। फिलीपींस से आये विश्व प्रसिद्ध समाजशास्त्री वाल्डन बेले ने उद्घाटन सत्र में अमरीकियों के नापाक इरादों का खुलासा करते हुए कहा कि नेशनल सिक्योरिटी स्ट्रेटजी के नाम पर अमेरिका अन्य देशों में भी दहशत फैला रहा है और इसका सबसे ज्यादा असर मुस्लिम देशों पर पड़ रहा है। उन्होंने विस्तार से बताया कि पश्चिमी एशिया में डेमोक्रेसी लाने के नाम पर अरब एकता को खत्म करके इस्राइल को आगे बढ़ाया जा रहा है, जबकि मासूम फिलीस्तीनी बच्चे रोटी-रोटी को मोहताज हो रहे हैं। उल्लेखनीय है कि इराक भारत का विश्वस्त दोस्त रहा है। अतः भारत को इराकी जनता की मदद के लिये पहल करनी चाहिये।

सम्मेलन में आये अधिकांश प्रतिनिधियों की राय में असली मसला रोजी-रोटी का है और जब तक गरीबी दूर नहीं की जाती तब तक समस्या बनी रहेगी। इसी सिलसिले में भारत के हुक्मरानों को भी चेताया गया कि वे माइनोरिटीज़ विशेषकर मुसलमानों के प्रति भेदभाव और हिंसा त्याग दें। गुजरात में 2002 में हुए मुसलमानों के कत्लेआम पर दुनियाभर से लोगों ने भारतीय जनता पार्टी सरकार के रवैये की कड़ी आलोचना की। एक्शन एड संस्था के हर्ष मंदर ने रिफ्यूजी कैंपों में औरतों और बच्चों की दयनीय हालत का जिक्र करते हुए बताया कि गुजरात में जो कुछ हुआ, उससे हर हिन्दुस्तानी का सिर शर्म से झुक जाना चाहिये, क्योंकि वह इंसानियत के खिलाफ जुर्म है।

सम्मेलन में यह भी राय जाहिर की गयी कि आगे आने वाले दिनों में माइनोरिटीज़ को कई कठिनाइयों का सामना करना पड़ सकता है, क्योंकि वर्तमान सरकार की नीति व नीयत ठीक नहीं है। अनेक जानकारों ने बताया कि भाजपा राम मंदिर एवं समान नागरिक संहिता का मुद्दा छोड़ने वाली नहीं है, भले ही वह इसे चुनावी राजनीति के तहत फिलहाल ठंडे बस्ते में रख दे।

भाजपा के नेतृत्व वाली सरकार में सांप्रदायिक कट्टरता का वजन बढ़ता जा रहा है। इसकी आड़ में संघ परिवार के लक्ष्य आगे बढ़ते रहेंगे। वर्ल्ड सोशल फोरम ने दुनिया भर के देशों से पुरजोर अपील की है कि वह धार्मिक उन्माद फैलाने वाली सरकारों का विरोध करें। वैसे डब्ल्यू०एस०एफ० का कोई घोषणा पत्र नहीं है, लेकिन फोरम का आधार इस संकल्प में निहित है कि एक और दुनिया मुमकिन है। जाहिर है ऐसी दुनिया भारत जैसे देश में बनाने के लिये माइनोरिटीज़ को सुरक्षा प्रदान करना जरूरी है। आशा है वर्ल्ड सोशल फोरम से निकली भाई-चारे और अमन की आवाज हुक्मरानों के द्वारा भी सुनी जायेगी और आने वाले समय में सभी मजहबों के लोग सुख शांति से रह सकेंगे।

(जनवरी 2004, सहारा समय)

45 सुनामी राहत में चर्च की भूमिका

26 दिसंबर 2004 को आए समुद्री भूकंप से उत्पन्न कहर ढाने वाली सुनामी लहरों से इंडोनेशिया, थाईलैंड, श्रीलंका एवं भारत के पूर्वीतट पर भारी तबाही हुई। दक्षिणी एशिया के ग्यारह देशों के एक लाख पचास हजार लोग मारे गए, जिनमें एक तिहाई से ज्यादा बच्चे थे। इस भयानक आपदा से पूरे विश्व का दिल दहल गया। भारत के दक्षिणी राज्यों आन्ध्र प्रदेश, तमिलनाडु एवं केरल तथा अंडमान और निकोबार में लहरों के कहर से मची तबाही अब सामने आ चुकी है। भारत में सबसे अधिक जान-माल का नुकसान तमिलनाडु में हुआ, जिसमें कुडलूर, नागिपट्टिनम, वेलंकणी, नागोर एवं कन्याकुमारी इलाके प्रमुख हैं। वेलंकणी में रविवार प्रातः गिरजाघर से निकल कर समुद्रतट की ओर गये लोगों में से अधिकांश सुनामी लहरों की चपेट में आ गये, लेकिन इस भारी तबाही के बीच भी तमिलनाडु के तटीय इलाके के गिरजाघरों से जुड़े 'फादर्स' एवं कान्वेंट स्कूलों में कार्यरत 'नन्स' ने अपनी जान की परवाह न करते हुए लोगों को राहत पहुंचाई। वेलंकणी के पादरी जॉन ने बताया कि भारी तबाही और चारों ओर पानी भरने के बावजूद चर्च का यूथ ग्रुप, 'नन्स' एवं सभी पादरी पहले बचाव एवं बाद में राहत कार्यों में जुट गये। फादर जॉन को इस बात का अफसोस है कि वे भक्तों की चीख पुकार सुनने के बाद भी उनकी मदद नहीं कर पाये। सब कुछ अचानक एवं एक झटके में हुआ। कमोवेश यही अनुभव अन्य जगहों के भी रहे।

सुनामी लहरों के कहर की खबर के बाद दुनिया भर के लोग सहायता के लिये दौड़ पड़े। कई समाजसेवी संस्थाओं ने अपने राहत दल तमिलनाडु रवाना किये। कारितास एवं कैथोलिक रिलीफ सर्विसेज ने तजांवूर एवं कोट्टार डॉयशिस के साथ मिलकर कई रिलीफ कैम्प प्रारंभ किये। चेन्नई की सभी ईसाई संस्थाएं बचाव कार्य में लग गयीं। पूरे देश भर से अनेक वालंटियर्स सुनामी प्रभावित दक्षिणी भारतीय इलाकों में पहुंच गये। अंतर्राष्ट्रीय स्तर पर संयुक्त राष्ट्र

महासचिव कोफी अन्नान ने विभिन्न राष्ट्रों और दूसरी संस्थाओं द्वारा सुनामी लहरों से तबाह लोगों के लिये 60 करोड़ डॉलर की सहायता देने की बात कही। इस सहायता राशि में 25 करोड़ विश्व बैंक एवं बाकी सदस्य राष्ट्रों से आयेगा। इटली के प्रधानमंत्री सिल्पियो बरलुस्कानी ने कहा कि वे सुनामी प्रभावित गरीब देशों के कर्ज को कम करने के मसले पर जी–आठ देशों की बैठक बुलाने की मंशा रखते हैं। ब्रिटेन के प्रधानमंत्री टोनी ब्लेयर ने सुनामी प्रभावित देशों की मदद का वादा किया। अमेरिका के राष्ट्रपति जार्ज बुश ने आपदा प्रबंधन कमेटी बनाने के सुझाव के साथ 35 बिलियन डॉलर की सहायता राशि देने का आश्वासन दिया। यूरोपीय यूनियन ने भी प्रभावित लोगों के पुनर्वास में मदद का वादा किया। सरकारों से ज्यादा यूरोप और अमेरिका की आम जनता ने दिल खोलकर दान दिया। ब्रिटेन के चैरिटी संगठनों के मंच डिजास्टर्स इमर्जेन्सि कमेटी ने आम जनता की मदद से ढाई करोड़ पाउंड की राशि चंद दिनों में ही जमा की। यह सब संकेत है कि दुनिया में सहृदय लोगों की कमी नहीं है और फिर ईसा ने भी कहा था, 'कि जो कोई किसी गरीब को भोजन, पानी देता है, वह मेरे लिये ऐसा करता है।'

सुनामी कहर के पीड़ितों को प्रारंभिक बाधाओं के बाद राहत मिलने का दावा सरकारी एजेंसियों ने किया, लेकिन इस तरह की खबरें भी छपी है कि कई जगह राहत सामग्री बांटने में गड़बड़ी हुई है। ऐसी खबर है कि चेन्नई में जो रुपया पीड़ितों को राहत पहुंचाने के लिए दिया गया वह माफिया और स्थानीय नेताओं की जेब में पहुंच गया। करुणा सोशल सर्विस सोसाइटी के डायरेक्टर पाल सुंदर सिंह ने बताया कि उत्तरी चेन्नई के पावकुप्पन थिटिनगर और अन्ना नगर के निवासियों ने शिकायत की कि स्थानीय लोगों ने सरकार द्वारा प्रभावितों को दिए गए राहत कूपन छीन लिये एवं नकद रुपया भी वसूला। कुछ इलाकों में पंचायत ने कूपन बांटने का काम अपने हाथों में लिया। ऐसा आरोप है कि कई मछुआरा पंचायतों ने दलितों के समूहों को पूरी तरह नजरअंदाज कर अपने सदस्यों को ही कूपन बांटे। राज्य के ही कई सरकारी राहत शिविरों में दलितों के साथ हो रहे व्यवहार से यह स्पष्ट हो जाता है कि समाज में अभी भी भेदभाव जारी है।

इससे बड़ी विडंबना क्या होगी कि समुद्री तूफान के कोप से बचने के बाद

खुद को सौभाग्यशाली समझने वाले लोगों को अब राहत के मोर्चे पर सरकारी अव्यवस्था से दो–चार होना पड़ रहा है। त्रासदी के कई दिनों बाद भी तमिलनाडु में राहत कार्य की गति धीमी और शहरों तक सीमित है। पीने के पानी का वहाँ सर्वत्र अभाव है, अकेले नागिपट्टिनम में कई सौ लोग बीमार बताए जाते हैं। कन्याकुमारी में समय पर राहत सामग्री न पहुंचने पर लोगों में रोष है। वहाँ दो डॉक्टरों और कुछ सहायकों को कर्तव्य पालन में कोताही के कारण निलंबित भी किया गया है। सरकार की तुलना में गैर सरकारी संगठनों और संस्थाओं की सक्रियता का पता वेलंकणी में चलता है, जहाँ चर्च ने पीड़ितों की देखभाल के अलावा बेघर हुए लोगों के लिए मकान बनाने का संकल्प लिया है। इसी तरह कुड्डालोर में मुस्लिम समाज ने हिंदुओं की उदार सहायता की। राहत राशि प्राप्त करने के लालच में भी कई जगह अनाथ हो चुके छोटे बच्चों को गोद लेने की जिस तरह होड़ मची है, यह मानवीयता के दूसरे पहलू से भी हमारा साक्षात्कार कराती है। लेकिन इससे राहत के सरकारी तरीके पर रोष कम नहीं होता।

तमिलनाडु के बहुत से इलाकों में सरकारी तंत्र अभी तक बहुत कुछ कर पाने की स्थिति में नहीं आया है। लेकिन यहाँ की चर्च एजेंसियाँ, जिनमें कॉरितास, कैथोलिक रिलीफ सर्विसेज, कासा, वर्ल्ड विजन, क्रिश्चियन ऐड आदि प्रमुख हैं, पीड़ितों के लिए बड़े पैमाने पर राहत एवं पुनर्वास कार्य में जुट गई हैं।

वेलांकणी के फादर जेवियर ने बताया कि वे प्रभावितों से बात करके यह जानने की कोशिश कर रहे हैं कि वे किस तरीके से बसाए जाएं। वे नयी बहु इमारती मकानों में रहना पसंद करेंगे या फिर चाहेंगे कि पहले जहाँ उनके घर थे वहीं दुबारा बन जाएं। फादर जेवियर बताते हैं कि, 'हम लगभग एक हजार मकान बना सकते हैं, जिनकी लागत दो लाख रुपये प्रति मकान होगी। दान देने वाली एजेंसियों से कितना पैसा मिलता है, उसी आधार पर मकानों की संख्या ज्यादा या कम भी हो सकती है। हम जमीन का इंतजाम अपनी तरफ से कर सकते हैं।''

वेलांकणी के छह सौ लोग मारे जा चुके हैं और दो सौ गायब हैं। इतनी भयानक मुसीबत के दौरान प्रशासन की लापरवाही से निराश चर्च से जुड़े लोग

कहते हैं कि अब उन्हें प्रशासन से इतनी ही उम्मीद है कि वे इस मिशन को पूरा हो जाने दें और इसमें कोई अड़चन न डालें। चर्च के पीछे के समुद्री किनारे की भौगोलिक संरचना इस तरह की है कि आसपास के तटीय इलाकों में सुनामी लहरों के साथ बह गए लोगों के शव वहीं आ कर तट से लगे। आपदा के अगले तीन दिन तक चर्च के लोगों ने ही लगभग छह सौ शवों को दफन किया, क्योंकि वहाँ के गांव वाले या तो मारे जा चुके थे या घायल थे या फिर डर से दूर चले गए थे।

जिस समय सुनामी लहरों ने तट पर हमला किया, चर्च में केरल से आये मलयाली ईसाई समूह प्रार्थना कर रहे थे। लहरे चर्च तक पहुंची, लेकिन प्रार्थना कक्ष में दाखिल नहीं हो सकीं। अंदर मौजूद सैकड़ों भक्त सुरक्षित रहे, लेकिन आसपास का इलाका पूरी तरह से डूब गया। यहाँ तक कि थोड़ी देर पहले हुई तमिल समूह की प्रार्थना में शामिल हुए लोग, उनकी दर्जनों कारें, बसें और लारियां सबको सुनामी लहरें बहा ले गईं। देश के विभिन्न हिस्सों से आए लगभग तीन सौ पर्यटक लहरों के साथ गुम हो चुके थे।

फादर जेवियर कहते हैं, 'हमने मदद का काम अपने दम पर ही किया। सबसे पहली चुनौती थी तट पर से शवों को इकट्ठा करना और फिर उन्हें दफनाना। लगभग चार सौ शवों को हमने अपने खेतों में दफनाया। जिन लोगों की पहचान बहुत अधिक बिगड़ चुकी थी, उन्हें छोड़ कर सभी की तस्वीरें ली गई। लेकिन बाद के दिनों में स्थिति और बुरी हो गई। बहुत से लोग मलबे और समुद्र किनारे रेत में दबे थे। उन्हें निकालने के लिए प्रोक्लेन मशीनों की जरूरत थी। हमने तंजावुर से नौ मशीने किराए पर मंगवाई और उनकी मदद से बहुत से शवों को निकाला। इस पूरे काम में तंजावुर के बिशप ने सराहनीय भूमिका अदा की।

उस समय तक स्थानीय प्रशासन या नगर पंचायत के कर्मचारियों का कोई नामोनिशान तक नहीं था। वे बताते हैं, 'पंचायत के कुछ कार्यकर्ता आए लेकिन उन्होंने सड़े-गले शवों को हाथ लगाने से इंकार कर दिया और भाग गए। यह बहुत भयावह बात थी। कई बार तो ऐसा हुआ कि हमारे स्वयंसेवक शवों को उठाने की कोशिश करते, लेकिन जैसे ही हाथ या पैर पकड़ते वह शरीर से अलग होकर हाथ में आ जाता। इसलिए हमने बाद के लगभग दो सौ शवों को तट पर ही दफना दिया।'

इसके बाद समस्या आई बचे लोगों के लिए पीने के साफ पानी और भोजन की। फादर के मुताबिक प्रशासन की ओर से कुछ नहीं आया। "अब हम लगभग दो हजार लोगों की देखभाल कर रहे हैं। इस सरकार से मदद मांग भी नहीं रहे। हम तो उनसे यही कहेंगे कि बेहतर हो कि वे दूर ही रहें।"

इतना ही नहीं इसके बाद राजनेताओं ने यहाँ कतार लगा दी। पेट्रोलियम मंत्री मणिशंकर अय्यर और संचार मंत्री दयानिधि मारन से ले कर राज्य के कई मंत्रियों ने चर्च आकर मदद का भरोसा दिया। राहत कार्यों के बारे में चर्चा करने के लिए नागिपट्टनम और तंजावुर के जिला कलक्टर भी आए। लेकिन हकीकत में हुआ कुछ नहीं। चर्च के वालन्टीयर्स कहते हैं, "हमने तो उनसे मदद मांगी भी नहीं थी। वे खुद आए और मदद का वादा करके गायब हो गए।"

नागिपट्टिनम के जिला कलक्टर एम वीरषण्मुग मणि हालांकि दावा करते हैं कि उन्हें दोषी नहीं ठहराया जा सकता। वे कहते हैं, 'मेरे पास तमिलनाडु का ऐसा जिला है, जिसका तटीय इलाका सबसे बड़ा है। सबसे ज्यादा मौतें भी यहीं हुई हैं। मैंने वेलांकणी का दौरा किया था और मदद की कोशिश भी की। लेकिन राहत सामग्री सीमित मात्रा में ही है और फिर दो दिन तक फोन भी काम नहीं कर रहे थे। वेलंकणी नगर पंचायत भी पूरी तरह से तार-तार हो चुकी थी। इसलिए हमारी गलती ढूंढना ठीक नहीं होगा।'

इन सबके बावजूद फिलहाल चर्च की योजना से यहाँ के लोगों में एक उम्मीद बंधी है। चर्च के प्रवेश के पास मौजूद एक पीड़ित कहता है, हमारे लिए मकान से ज्यादा महत्वपूर्ण और क्या हो सकता है? 'हमें उम्मीद है कि चर्च हमारे लिए मकान बनवाने का काम जल्दी ही पूरा कर लेगा।' आंध्र प्रदेश, केरल एवं तमिलनाडु के अन्य प्रभावित स्थानों पर भी चर्च इसी तरह बिना किसी भेदभाव के सबकी सेवा में लगा है। नन्स् दिन-रात पीड़ितों की सेवा में जुटी हुई हैं। वे सचमुच प्रशंसा की पात्र हैं।

विपत्तियाँ तीन प्रकार की होती हैं : इंसान की बनाई हुई, जिनके लिए मानव जिम्मेदार है और उन्हें सीधे-सीधे ईश्वर का काम कह कर नकारा नहीं जा सकता। पहली श्रेणी में हवाई, रेल और सड़क दुर्घटनाएं आती हैं। मनुष्य इन सबके लिए पूरी तरह जिम्मेदार है। दूसरी प्रकार की आपदाओं में बर्फबारी,

नदियों की बाढ़ और सूखा आदि आते हैं, जिनके लिए मनुष्य जिम्मेदार है, क्योंकि उसने जंगलों का बिना सोचे समझे विनाश किया। तीसरी श्रेणी में भूकम्प, ज्वालामुखी, आंधी, तूफान, समुद्री लहरें आती हैं : यह बिजली गिरने की तरह है जो अचानक घटित होती हैं, तथा पेड़ों, पशुओं और मनुष्यों का एक साथ सफाया कर देती हैं। इंसान का इनके घटने में कोई हाथ नहीं। 'सुनामी' लहरों से एक महाविपत्ति का अनुभव हो रहा है, जो 26 दिसम्बर 2004 को हुई। इसमें एक लाख से ज्यादा जानें गईं, जिनमें इंडोनेशियाई, श्रीलंकाई, भारतीय मुस्लिम, बौद्ध, हिंदू, बच्चे, जवान, अधेड़, बूढ़े सभी शामिल थे। इनमें पुण्यात्मा भी होंगे तो साथ-साथ पापी भी। इससे हजारों लोगों को बेघर होना पड़ा। मस्जिद, पगोड़ा, मंदिर, होटल, घर, अस्पताल और गरीब मछुआरों की बस्तियों का सफाया हो गया। उसके रास्ते में जो कोई भी आया वह नहीं बचा। यह प्रकृति का कारनामा था।

इससे ईश्वर के बारे में यह आम धारणा कैसे सिद्ध होती है कि वह सर्वशक्तिमान है, हमारे दिलों की बात जानता है, वह न्यायप्रिय, कृपालु, क्षमाशील आदि-आदि है। सुनामी पीड़ितों ने ऐसा क्या गुनाह किया था कि उन्हें इस विपत्ति का कोपभाजन बनना पड़ा। यह तर्क अब भक्तगण चर्च के पदाधिकारियों के सामने रख रहे हैं।

कुल मिलाकर सुनामी की त्रासदी हम सभी के लिये एक आध्यात्मिक चुनौती भी है। दिल्ली के आर्चबिशप विसेंट कानसेसाव ने सुनामी पर चर्चा करते हुए कहा कि पूरे सौर मंडल में पृथ्वी एक छोटा सा कण है और हम ईश्वर की लीला को समझने में असमर्थ हैं। आर्चबिशप का सुझाव है कि हम भले समारितान का रोल अदा करते जाएं। यही सुनामी हादसे में मरने वालों के प्रति हमारी सच्ची श्रद्धांजलि होगी।

(अप्रैल 2005, आधारशिला)

46 न्याय की चुनौतियाँ

जेसिका लाल की हत्या 29 अप्रैल, 1999 को एक रेस्टोरेंट में हुई थी और फैसला सात साल बाद आया, जिसमें सभी आरोपियों को अदालत ने बरी कर दिया। इसी तरह प्रियदर्शिनी मट्टू के मामले में तीन साल तक जांच और न्याय की प्रक्रिया के बाद अभियुक्त साफ बच निकले। इन दोनों मामलों में देश के आम नागरिकों में यह संदेश गया कि आपके पास पैसा, पहुंच और पोलिटिकल कान्टेक्ट है तो एक क्या सात खून भी करें तो कुछ नहीं होगा। राजस्थान में एक मामूली रिक्शा चालक को एक जर्मन महिला से बलात्कार के मामले में रिकार्ड तोड़ समय मात्र 16 दिनों में सजा सुना दी गयी।

न्यायिक व्यवस्था में इन विरोधाभासों के कारण भारतीय अदालतें समय-समय पर जनहित याचिकाओं के माध्यम से महत्वपूर्ण मामलों पर राय जाहिर करती रही हैं, लेकिन प्रधानमंत्री मनमोहन सिंह ने पिछले दिनों मुख्यमंत्रियों और उच्च न्यायालय के मुख्य न्यायाधीशों के एक सम्मेलन का उद्घाटन करते हुए यह आरोप लगाया कि भारतीय अदालतें जरूरत से ज्यादा ज्यूडिशीयल एक्टिविज्म का इस्तेमाल कर रही हैं। न्यायालयों पर उनका यह प्रहार चकित कर देने वाला है।

इसके उत्तर में भारत के मुख्य न्यायाधीश वाई०के० सब्बरवाल ने बहुत मार्के की बात कही कि देश में न्यायिक व्यवस्था चरमरा गयी है और कार्यपालिका को सुधारे बिना इसमें परिवर्तन करना फलहीन साबित होगा। जस्टिस सब्बरवाल के तर्क में दम है, क्योंकि भारत के अधिकांश कानून 19वीं सदी में अंग्रेजों द्वारा उनके हितों की रक्षा के लिये बनाये गये थे न कि आम जनता को राहत देने के लिए। आज सौ साल बाद स्वतंत्र प्रजातांत्रिक भारत में उन्हीं पुराने कानूनों से न्यायिक व्यवस्था चलायी जा रही है। राष्ट्रीय मानव अधिकार आयोग के पूर्व सदस्य जस्टिस मलिमथ की अध्यक्षता में न्यायिक प्रणाली में सुधार वाली कमेटी ने सिफारिश की थी कि अलग-अलग प्रकार के अपराधों

के लिये विभिन्न श्रेणियों की अदालतें बनायी जाएं। जैसे व्यावसायिक झगड़ों के लिये अलग तो धोखाधड़ी के लिये अलग। भारत में कई मामले तो बीस–तीस बरस चलते हैं और यह आश्चर्य नहीं की धोखाधड़ी और जालसाजी करने वाले अपने ऊपर मुकदमा चलाने का स्वागत करते हैं। मर्डर केस में अपराधी यही चाहता है, क्योंकि उसे भरोसा है कि मुकदमा बरसों चलेगा और नतीजा सिफर।

मलिमथ कमेटी ने इन्हीं खामियों को ध्यान में रखकर जस्टिस वी० एन० खरे की संपूर्ण न्यायिक प्रणाली में परिवर्तन की मांग को दोहराया था। कोर्ट में गवाहों का मुकर जाना इतना आम हो गया है कि सुप्रीम कोर्ट भी इससे परेशान है। गवाहों के पलटने के पीछे पुलिस और पोलिटिकल दबाव बताया जाता है। पैसे वाले लोग पुलिस पर दबाव बनाते हैं और भ्रष्ट पुलिस ऐसे कारनामे करती है कि आरोपी साफ बच निकलता है। इलाहाबाद हाई कोर्ट के एक जज ने तो पुलिस को 'डाकू' की संज्ञा दी थी।

आखिर स्थिति इतनी खराब क्यों हुई? भारत के वर्तमान चीफ जस्टिस सब्बरवाल के ही शब्दों में, जांच के तरीकों और मुकदमा चलाने के तरीकों में सुधार लाना होगा। जांच एजेंसी और कानून व्यवस्था रखने वालों को अलग करने का महत्वपूर्ण सुझाव अभी भी ठंडे बस्ते में रखा हुआ है। वे प्रधानमंत्री की इस टिप्पणी से भी सहमत नहीं हैं कि न्यायालय ज्युडिशियल एक्टिविज्म का बेजा इस्तेमाल कर रहे हैं।

प्रधानमंत्री और मुख्य न्यायाधीश दोनों के विचारों को तथ्यों की रोशनी में देखना होगा। देश के 542 सांसदों में से 119 सांसदों ने चुनाव पत्र में उल्लेख किया कि उन पर आपराधिक मुकदमें चल रहे हैं। ऐसी हालत में संसद भला क्योंकर वर्तमान न्यायिक प्रणाली में बदलाव लाना चाहेगी ताकि उन पर अकुंश लगे। जब सारा दारोमदार 'गवाह' पर है तो आरोपी की कोशिश रहेगी गवाह को मुकर जाने पर मजबूर करना।

दूसरी ओर न्यायपालिका पर मुकदमों का अत्याधिक बोझ है। प्राप्त जानकारी के अनुसार 2005 के अंत तक सुप्रीम कोर्ट में 33,635 हाईकोर्ट में 33,41,040 और अधीनस्थ कोर्ट्स में 2,53,06,458 मुकदमें लंबित हैं। यानी पूरे देशभर में सभी मामलों को मिलाकर लगभग तीन करोड़ मुकदमों में लोगों

को फैसले का इंतजार है। सुप्रीम कोर्ट में 26 जज हैं। देश की 21 हाईकोर्ट्स में 719 जज हैं और अन्य अदालतों में कुल 12,360। प्रतिवर्ष सुप्रीम कोर्ट में 42,000 मामले आते हैं, जिनमें से 40,000 का ही फैसला हो पाता है। हाईकोर्ट में प्रतिवर्ष 12,41,000 केस दर्ज होते हैं और फैसला हो पाता है 11 लाख का ही। लोअर कोर्ट में एक करोड़ बयालिस लाख मुकदमें दर्ज होते हैं और फैसला होता है एक करोड़ तीस लाख का। इस तरह पिछले चार पांच दशकों में देश की अदालत में लंबित मामलों का अंबार लग गया है।

देश की न्याय प्रणाली में सुधार लाने से किसी भी पार्टी को वोट नहीं मिलते, इसीलिये तमाम दावों के बावजूद इस पर उनका ध्यान नहीं जाता। ऊपर से वादी और उनके वकील मुकदमा आगे बढ़ाने के लिये हर तरकीब अपनाते हैं। जस्टिस सब्बरवाल इसी रोग के निदान पर जोर दे रहे हैं।

जेसिका लाल कांड से मचे बवाल को रोग नहीं वरन् गंभीर रोग का लक्षण माना जाना चाहिये, क्योंकि फैसले में जज ने लिखा कि "मैं जानता हूं कि इसी ने अपराध किया है, लेकिन मैं उसे संदेह का लाभ देकर छोड़ रहा हूं।"

तो फिर हालात कैसे बदलेंगे? क्या जांच अधिकारी पर लचर ढंग से जांच करने पर मुकदमे का प्रावधान रखा जाए या उनकी वर्दी छीनी जाने की सजा हो। गवाहों की सुरक्षा कैसे की जाये। यह भी सही है कि जब तक राज्य सरकारों को पुलिस की उन्नति और तबादले का अधिकार रहेगा, पोलिटिशियन अपने प्रभाव का इस्तेमाल करने से बाज नहीं आयेंगे।

जानकार यह मानकर चल रहे हैं कि निकट भविष्य में कोई बड़ी तब्दीली नहीं आयेगी, लेकिन यह कहा जा सकता है कि मासूमों का लहू पुकार-पुकार कर न्याय की मांग करेगा उसे ज्यादा समय तक दबाया नहीं जा सकेगा। अंतर्रात्मा की आवाज सोने के सिक्कों से कहीं ज्यादा तेज होती है।

(14 मार्च 2006, सहारा उर्दू)

47 सच्चर कमेटी : श्राप या वरदान

प्रधानमंत्री डॉ० मनमोहन सिंह ने अल्पसंख्यकों के विकास हेतु दिल्ली हाईकोर्ट के पूर्व मुख्य न्यायाधीश जस्टिस राजेन्द्र सच्चर की अध्यक्षता में एक कमेटी का गठन किया, जो सामाजिक, आर्थिक एवं सांस्कृतिक मसलों को ध्यान में रखकर केन्द्रीय सरकार को अपनी रिपोर्ट सौंपेगी। बहुसंख्यक और अल्पसंख्यक समुदायों के बीच का रिश्ता किसी भी समाज को समझने की एक महत्वपूर्ण कुंजी है। लोकतांत्रिक व्यवस्थाओं में यह स्वस्थ और बराबरी का होता है। एकाधिकारी और फासीवादी समाजों में यह रिश्ता घृणा तथा हिंसा से भरा होता है। अपनी अनेक कमियों के बावजूद भारतीय लोकतंत्र ने समाज के हाशिए पर पड़े समूहों समेत विभिन्न वर्गों वाली शक्तियों को जीवंत और मजबूत किया है। दलितों, पिछड़ों (ओ०बी०सी०) और महिलाओं में जागी लोकतंत्र की आकांक्षा और सामाजिक एवं शैक्षिक स्थिति में सुधार के साथ ही समाज में समान दर्जे की अनुभूति की प्रक्रिया को भी मजबूत किया है। लेकिन भारतीय लोकतंत्र की कार्यप्रणाली ने मुसलमानों की सामाजिक स्थिति पर खास प्रभाव नहीं डाला है। वे इससे अछूते ही रहे हैं। इतना ही नहीं इसने मुस्लिम समाज के अंदर व्यापक सामाजिक और शैक्षिक सुधार की पहल अभी तक नहीं की। इस संदर्भ में जस्टिस सच्चर कमेटी की भूमिका अत्यंत महत्वपूर्ण बन जाती है।

पहले यह रिपोर्ट 31 अक्टूबर तक सरकार को सौंपी जानी थी, लेकिन अनेक राज्यों से आंकड़े और सूचना के अभाव के कारण इसका कार्यकाल नवंबर के अंत तक बढ़ा दिया गया है। हालांकि पूरी तस्वीर तो अंतिम रिपोर्ट आने पर ही पता चलेगी, लेकिन छन-छनकर पहुंचने वाली खबरों के अनुसार तथ्य यह है कि मुसलमान शिक्षा और सरकारी नौकरियों के मामले में हिंदुओं (विशेषकर दलितों और आदिवासियों) से पीछे हैं। कमेटी अपनी रिपोर्ट को

अंतिम रूप दे रही है। जानकार सूत्रों के अनुसार सन् 1965 से 2001 के समय में मुसलमान ग्रामीण एवं शहरी दोनों इलाकों में स्कूली भर्ती में अनुसूचित जाति और जनजाति से पीछे हैं।

सन् 1990 में नेशनल कौंसिल आफ एप्लाइड रिसर्च ने संयुक्त राष्ट्र के सहयोग से ग्रामीण भारतीय समाज पर एक सर्वे करवाया था। बाद में इन आंकड़ों को 'इंडिया ह्यूमन डेवलपमेंट' रिपोर्ट शीर्षक के अंतर्गत अबूसालेह शरीफ के संपादन में 1999 में नई दिल्ली से प्रकाशित किया गया। इसका निचोड़ यह है कि सार्वजनिक सुविधाओं जैसे पाइप द्वारा उपलब्ध पानी तथा सार्वजनिक वितरण प्रणाली के संदर्भ में तो मुसलमान दलितों से भी पीछे हैं, जबकि बिजली उपलब्ध होने की दृष्टि में वे लगभग समान स्थिति में हैं।

इसमें कोई संदेह नहीं कि मुसलमान आर्थिक रूप से कमजोर हैं और यह भी सही है कि मुसलमानों को अन्य सामाजिक समूहों की तुलना में राज्य का धन कम प्राप्त होता है। मुस्लिम समुदाय की इस स्थिति के लिए कौन जिम्मेदार है? क्या भारतीय संसदीय लोकतंत्र की बुनियादी प्रकृति में ही कोई खोट है? या फिर इस स्थिति के लिए भारतीय समाज में मुसलमानों की सामाजिक राजनीतिक मौजूदगी को ही दोषी माना जाये या फिर हम इस मामले में मुस्लिम नेतृत्व की भूमिका पर ही सवाल उठाएं? ऐसा लगता है कि इन सभी कारणों के मिले-जुले प्रभाव ने मुस्लिम समाज की प्रगति में रोड़े अटकाए हैं।

हालांकि जीवन के लगभग सभी क्षेत्रों में भारतीय मुसलमानों का योगदान रहा है तथा हर क्षेत्र में चाहे उद्योग में अजीम प्रेमजी हो या फिल्म में युसूफ खान (दिलीप कुमार), सलमान खान, शाहरुख खान या राजनीति में अब्दुल कलाम, सलमान खुर्शीद, या फिर खेल में सानिया मिर्जा, मुस्लिम व्यक्तित्व शिखर पर मिल जायेंगे। परंतु संपूर्ण मुस्लिम समुदाय की सामाजिक आर्थिक स्थिति पर गौर करें, तो हम पायेंगे कि भारतीय मुसलमान आर्थिक एवं सामाजिक रूप से पिछड़ा समुदाय है। सच्चर कमेटी द्वारा दी गयी प्रारंभिक जानकारियों के अनुसार राजस्थान, उत्तर प्रदेश, कर्नाटक, आन्ध्र प्रदेश, और केरल से एकत्रित आंकड़े सुझाते हैं कि मुसलमानों की कुल आबादी का एक

तिहाई (34 प्रतिशत) शहरों में केन्द्रित है। ग्रामीण मुसलमानों में से 29 प्रतिशत प्रति व्यक्ति प्रतिमाह 300 रुपये मासिक से कम खर्च करने वाले ग्रामीण मुसलमानों में से अधिकतर स्वरोजगार में लगे हैं। नियमित वेतन वाले मुसलमानों की संख्या तो और भी कम है। उच्चस्तरीय सरकारी नौकरियों में उनका प्रतिनिधित्व मात्र 3 प्रतिशत है और सरकारी नौकरियों में 6 प्रतिशत है। वैसे कुछ अध्ययन यह बताते हैं कि जैसे-जैसे मुसलमानों में शिक्षा बढ़ती जाती है वैसे-वैसे वे नियमित रोजगार से जुड़ते जाते हैं।

सच्चर कमेटी ने भारतीय जनता पार्टी शासित राज्यों की काफी खिंचाई की है। राजस्थान के मामले में कमेटी ने कहा कि राज्य के अल्पसंख्यकों के लिये बनाया गया 15-सूत्रीय कार्यक्रम का कहीं नामोनिशान नहीं है। सर्वशिक्षा अभियान भी मुस्लिम बच्चों को छू नहीं पा रहा है। मुस्लिम इलाकों में सीवरेज और टायलेट सुविधाओं का अभाव है। देश के सबसे घनी आबादी वाले उत्तर प्रदेश के बारे में दौरा करने के बाद कमेटी ने पाया कि राज्य के अल्पसंख्यक समुदाय में असुरक्षा की भावना बढ़ी है।

दक्षिण के राज्यों में मुसलमानों की स्थिति अपेक्षाकृत बेहतर है। कर्नाटक, तमिलनाडु एवं आंध्र प्रदेश में शिक्षा के मामले में मुसलमान जागरूक हैं तथा कई कॉलेज चला रहे हैं। केरल के मामले में कमेटी का कहना है कि यह आश्चर्यजनक है कि राज्य में मुसलमानों की आबादी 24 प्रतिशत होने के बावजूद सरकारी नौकरियों में उनका प्रतिशत दस से भी कम है।

लब्बोलुआब यह है कि मुसलमानों के सामाजिक, आर्थिक विकास के लिए विशेष प्रयासों की आवश्यकता है। एक तरफ जहाँ ऐसे कार्यक्रम बनाने एवं लागू करने की जरूरत है जो सीधे उन व्यवसायों और क्षेत्रों से संबंधित हों, जहाँ मुस्लिम आबादी अपेक्षाकृत अधिक केन्द्रित है। अन्य महत्वपूर्ण बात यह है कि मुस्लिम समुदाय को भी अपनी प्रगति के लिये आगे आना होगा। जरूरत इस बात की है कि मुसलमानों को आधुनिक शिक्षा, नई तकनीक और नये अवसरों के प्रति जागृत किया जाए और उनसे फायदे उठाने के लिये उन्हें प्रेरित किया जाए और सक्षम बनाया जाये।

देश में मानव अधिकार की मुहिम से जुड़े जस्टिस राजेंद्र सच्चर अत्यंत

ईमानदार और दूरदर्शी, नेकदिल इंसान हैं। ऐसे में उनका पूरा प्रयास है कि वंचित लोगों को विकास के पूर्ण अवसर मिलें। जस्टिस सच्चर भी मानते हैं कि शिक्षित युवा वर्ग में जागृति लानी होगी। मुसलमानों के पिछड़ेपन को दूर करने के लिये एक ऐसी राष्ट्रीय नीति की आवश्यकता है, जिसे हिन्दू भाइयों का भी समर्थन प्राप्त हो। हमारे समाज की मूल आत्मा सांप्रदायिक नहीं है। सांझी संस्कृति की हमारी विरासत है।

(12 अक्टूबर 2006, उर्दू सहारा)

48 मानव अधिकार : नयी चुनौतियाँ

सन् 2000 में राष्ट्र संघ के अधिकांश सदस्यों द्वारा सहस्त्राब्दि विकास लक्ष्य अपनाने के बाद से मानव अधिकारों को नये परिप्रेक्ष्य में देखा जाने लगा है। भारत भी इसका अपवाद नहीं है। योजना आयोग ने गरीबी उन्मूलन, जेन्डर समानता, सार्वभौमिक प्राथमिक शिक्षा, शिशु मृत्यु दर में कमी, एचआईवी/एड्स, मलेरिया और अन्य बीमारियों को खत्म करने, पर्यावरण संरक्षण और विकास में ग्लोबल भागीदारी को शामिल कर 1995 में विश्व सामाजिक सम्मेलन में पारित उस प्रस्ताव की ओर बढ़ने का प्रयास किया है, जिसमें मानव अधिकारों के दायरे में आर्थिक, सामाजिक और सांस्कृतिक मुद्दों को भी शामिल करने की सिफारिश की गयी थी। इस संदर्भ में पिछले कुछ वर्षों में हुई घटनाओं से यह कष्टदायक सच्चाई सामने आ गई है कि लोकतांत्रिक प्रक्रिया के दमन के कारण परायापन और कुंठा बढ़ रही है। इससे प्रतिगामी राजनीति समाज के कमजोर वर्गों के मानवाधिकारों का हनन करने में नये सिरे से जुट गई है।

लेकिन साथ ही पारंपरिक मानव अधिकार हनन के दायरे जैसे पुलिस अत्याचार, हिरासत में मौत और प्रशासकीय अत्याचार अब नयी उलझनों का सामना कर रहे हैं। बाजारवाद, निजीकरण और मुनाफे की प्रवृत्ति से बहुराष्ट्रीय कंपनियों के साथ-साथ अंतर्राष्ट्रीय एजेंसियाँ भी मानव अधिकारों का हनन कर रही हैं। ऐसे में मानव अधिकार एक्टिविस्ट भी नयी रणनीति की खोज में हैं। आज मानवाधिकारों का दायरा विस्तृत हो गया है। इन दिनों सूचना का अधिकार चर्चा में है। वैसे तो समय-समय पर पिछले दो दशकों में विशेषकर 1975 में आपातकाल की घोषणा के बाद से यह विषय मीडिया में उठता रहा है, लेकिन सन् 1998 से अरुणा राय ने राजस्थान में पंचायतों में होने वाले खर्च का ब्यौरा मांग कर इसे नये सिरे से पुनर्जीवित किया।

अरुणा का जन्म चेन्नई में हुआ था और पढ़ाई-लिखाई में तेजतर्रार अरुणा

आईएएस अफसर रही हैं। सन् 1974 में आईएएस के नौकरी से त्याग पत्र देकर उन्होंने अपने पति संदीप (बंकर) राय के साथ राजस्थान के तिनोलिया में 1983 तक सामाजिक कार्य किया। बाद में 1990 में देवडूंगरी में मजदूर किसान शक्ति संगठन का गठन किया, जिसका उद्देश्य प्रशासन के कार्यों में पारदर्शिता लाना है। यहीं से सूचना के अधिकार का आंदोलन जन्मा। मानवाधिकारों के संदर्भ में यह नयी पहल थी। अब तक पुलिस ज्यादतियों और हिरासत में मारपीट या थर्ड डिग्री और यंत्रणा, बिना वांरट गिरफ्तारी, 24 घंटों के भीतर मजिस्ट्रेट के सामने पेश न करना, जैसी घटनाएं ही मानवाधिकार उल्लंघन के दायरे में शामिल की जाती थीं। लेकिन 1993 के विश्व मानव अधिकार सम्मेलन एवं 1995 के सामाजिक शिखर सम्मेलन के बाद से पश्चिम में भी यह चिंतन प्रांरभ हो गया था कि जीने का अधिकार अत्यंत व्यापक है। संभवत अरुणा राय को इन्हीं सब बातों से अपने कार्य को आगे बढ़ाने की प्रेरणा मिली।

उनके संगठन एम०के०एस०एस० ने सूचना के अधिकार की मुहिम प्रांरभ की और राजस्थान में इस आशय का बिल पारित हुआ। साथ ही देश भर में लोगों को सरकारी रिकार्ड देखने के अधिकार की मांग उठने लगी। इससे अफसरशाही की मनमानी पर रोक लगाने का एक अंकुश तैयार हुआ है। सन् 2000 में अरुणा राय को मैग्सेसे पुरस्कार मिला।

देश के अनौपचारिक क्षेत्रों के मजदूरों, जिनमें खेतिहर मजदूर, बोझा ढोने वाले, दिहाड़ी मजदूर, रिक्शा वाले, निर्माण मजदूर, स्वरोजगार में लगे लोग गिने जाते हैं, की दुर्दशा किसी से छिपी नहीं है। देश के कुल मजदूरों में से लगभग 90 प्रतिशत अनौपचारिक क्षेत्र में हैं। ऐसे मजबूर, असहाय और बेजुबान लोगों की समस्याओं को बुलंद करने और उनके लिये संघर्ष करने वालों में मानवाधिकार योद्धा स्वामी अग्निवेश का नाम अग्रणी है। छत्तीसगढ़ के छोटे से शहर सक्ति में 21 सिंतबर, 1949 को जन्मे वेप्पा श्याम राव ने कोलकाता में कानून और व्यापार प्रबंधन में शिक्षा प्राप्त करने के बाद 1968 में आर्य समाज की सदस्यता ग्रहण की और संन्यास ले लिया।

इमरजेंसी में 14 महीने जेल में रहने के बाद उन्होंने आध्यात्मिकता के

साथ-साथ सामाजिक समस्याओं पर काम करना प्रारंभ किया और बंधुआ मजदूरों के मानव अधिकारों के प्रश्न को लेकर देश भर में अलख जगाने लगे। हरियाणा, राजस्थान, उत्तर प्रदेश, मध्य प्रदेश आदि राज्यों में सैकड़ों बंधुआ मजदूरों और बाल मजदूरों को गुलामी से मुक्त कराने के बाद स्वामी अग्निवेश ने मानव अधिकारों के संरक्षण के लिए सहिष्णुता के महत्व को स्वीकारते हुए 1997 से वैश्वीकरण और उदारीकरण से गरीब तबके पर पड़ने वाले कुप्रभावों के खिलाफ कार्य करना शुरू किया।

वर्तमान कानूनों में अनौपचारिक क्षेत्र के मजदूरों की सामाजिक सुरक्षा और कल्याण के बहुत कम प्रावधान हैं। घर पर रह कर काम करने वाले मजदूरों के हितों के मामलों में ज्यादातर कानून प्रायः खामोश दिखाई देते हैं। दुर्घटना का शिकार होने पर इन मजदूरों को मुआवजा नाममात्र ही मिलता है। इसी तरह कुटीर कामगारों की भी हालत खस्ता है। देश भर में कुटीर कामगारों की संख्या लगभग 5 करोड़ के आसपास है। इनमें अधिकतर औरतें हैं। दयनीय कार्य परिस्थितियाँ, अपमानजनक रूप से कम वेतन, स्वास्थ्य संबंधी खतरे आदि से इनके मानव अधिकारों का हनन आसान हो जाता है।

वैश्वीकरण और आधुनिक प्रौद्योगिकी की वजह से इन मजदूरों पर सबसे बुरी मार पड़ रही है। इस संदर्भ में बीड़ी बनाने वाले मजदूरों का उदाहरण लिया जा सकता है। बीड़ी बनाने वाले मजदूर बेकार हो गये हैं। रेडीमेड गारमेंट और हथकरघा मजदूर भी भुखमरी की कगार पर हैं। स्वामी अग्निवेश ने अंतर्राष्ट्रीय स्तर पर इन मुद्दों को मानव अधिकारों के परिप्रेक्ष्य में उठाकर स्थानीय प्रयासों को बल प्रदान किया। सन् 2004 में स्वामी अग्निवेश को मानव अधिकारों और आध्यात्मिक सरोकारों के समन्वय के प्रयासों के लिए 'राइट टू लाइवलीहुड' का पुरस्कार मिला, जिसे यूरोप में वैकल्पिक नोबेल पुरस्कार की संज्ञा दी जाती है।

आज के युग में किसी भी नीति को प्रभावित करने के लिए तथ्यों और सूचनाओं की महत्वपूर्ण भूमिका है। मानव अधिकारों के क्षेत्र में दस्तावेजों के महत्व को समझते हुए रवि नायर ने 'दि साउथ एशियन ह्यूमन राइट्स डाक्यूमेन्टेशन सेन्टर' की स्थापना की। सोशलिस्ट मूवमेंट से आये रवि नायर ने मानव अधिकारों के उन विषयों को छुआ, जिनपर एक दशक पूर्व बातचीत करना देशहित के खिलाफ समझा जाता था। तिब्बत, ग्राहम स्टाइन्स हत्याकांड,

पंजाब में आतंकवाद के नाम पर बेकसूरों को पुलिस द्वारा यातनाएं और पूर्वोत्तर भारत में अर्ध सैन्य बलों की ज्यादतियाँ आदि पर रवि नायर ने धारा के विरुद्ध तैरने का साहस किया।

राष्ट्रसंघ ने जिनेवा में ह्यूमन राइट्स सेंटर बना रखा है, जहाँ विश्व भर के वे पीड़ित अपनी शिकायतें दर्ज कराते हैं, जिन्हें अपनी सरकार से न्याय नहीं मिलता। लेकिन ऐसी शिकायतें दर्ज कराने की एक विशेष प्रक्रिया है, जिसकी जानकारी के अभाव में इसका लाभ उठाना नामुमकिन है। इस संबंध में एशियाई मानव अधिकार एक्टिविस्टों और संस्थाओं को यह जानकारी और ट्रेनिंग देने का श्रेय रवि नायर को है। अन्याय के खिलाफ अंत तक संघर्ष करना और उस मामले की पूरी जानकारी क्रमबद्ध दस्तावेजों में संजोना ताकि भविष्य में काम आये, यह रवि नायर की कार्यशैली का हिस्सा है। इससे प्रभावित होकर कनाडा सरकार ने उन्हें पंजाब रिफ्यूजीस की समस्याओं पर सलाह के लिए बुलाया। इस तरह के निमंत्रण उन्हें फ्रांस और पोलैंड से भी आये।

रवि नायर ने शरणार्थियों के अधिकारों पर सर्वाधिक काम किया। इसी का परिणाम है कि बाद में भारत सरकार ने बर्मी, भूटान और चकमा शरणार्थियों के लिए पुनर्वास कार्यक्रम चलाये। अरुणाचल के राज्य विहीन चकमा लोगों को नागरिक अधिकार दिलाने के लिये रवि नायर ने राष्ट्र संघ तक इस विषय को लेकर संघर्ष किया। आज प्रवासियों की बढ़ती संख्या के कारण मानव अधिकार क्षेत्र में इस कार्य का महत्व बढ़ता जा रहा है।

सहस्राब्दि विकास लक्ष्यों में शिक्षा के अधिकार को रेखांकित करते हुए प्राथमिक शिक्षा के प्रसार पर बहुत जोर दिया गया है। भारत में बच्चों के शिक्षा के अधिकार को लेकर अनेक संस्थाएं कार्य कर रही हैं। लेकिन इस अधिकार को अमली जामा पहनाने के प्रयास में लगे 'प्रथम' नामक संस्था के डॉ० माधव चौहान को बहुत कम लोग जानते हैं। प्रसिद्धि से दूर गंभीर प्रवृत्ति वाले डॉ० माधव सन् 2010 तक देश के सभी बच्चों को प्राथमिक शिक्षा दिलाने के लिए कटिबध हैं। इसके लिये उन्होंने देश के 12 राज्यों में प्राथमिक शिक्षा की स्थिति की नीति और संसाधनों का विश्लेषण प्रारंभ किया है।

वे यह मानते हैं कि बिना आम आदमी की भागीदारी के यह संभव नहीं। इस समय 12,000 गांवों के ढाई लाख परिवारों के 6 लाख बच्चों से इस

विषय में बातचीत का एक नया सिलसिला उन्होंने प्रारंभ किया है। इस बातचीत के आधार पर अनिवार्य शिक्षा बिल में परिवर्तन सुझाये जाएंगे और यह समझाने की कोशिश की जायेगी कि वर्तमान में सर्व शिक्षा अभियान के प्रयासों का क्या असर हो रहा है और वे कौन सी बाधाएं हैं जिनके रहते गरीब अपने बच्चों को पढ़ा नहीं पाते। इस हेतु गणित और भाषा के ज्ञान को तीन कक्षा तक पढ़े हुए बच्चों में जांचने हेतु एक त्वरित टेस्ट भी डॉ० माधव ने बनाया है। सन् 2010 तक प्रतिवर्ष एक प्रोगेस रिपोर्ट निकाल कर नीति बनाने वालों और मानव अधिकार संगठनों का ध्यान इस ओर आकर्षित किया जाएगा। उल्लेखनीय है कि देश में इस संदर्भ में 23 मिलियन बच्चे शिक्षा के अधिकार से वंचित हैं। संप्रग सरकार ने सकल राष्ट्रीय उत्पाद का 6 प्रतिशत हिस्सा शिक्षा बजट पर खर्च करने का निर्णय लिया है। यह एक सकारात्मक कदम है, क्योंकि अभी भी ग्रामीण इलाकों में 18 प्रतिशत स्कूल बिना भवनों के पेड़ों के नीचे चल रहे हैं। ग्रामीण इलाकों में 6 से 9 वर्ष की आयु के मात्र 59 प्रतिशत बच्चे ही स्कूल जाते हैं। भूमंडलीकरण और उदारीकरण के दौर में सब बच्चों को शिक्षा के अधिकार की वकालत करना और जमीनी स्तर पर उसके लिये कार्य करना भविष्य में निष्ठावान पक्षधरों के लिये प्रेरणा है।

आज का भारतीय समाज जटिलताओं का एक परिदृश्य प्रस्तुत करता है। इसमें इतनी विपरीत धाराएं चल रही है कि उनके बारे में निर्णायक रूप से बात करना मुश्किल होता है। सार्वजनिक दायरे (पब्लिक स्फिअर) के लिये इस परिस्थिति का क्या मतलब होता है और स्त्री कैसे इनसे प्रभवित होती है? इसे मध्य प्रदेश की पूर्व मुख्य सचिव निर्मला बुच ने बखूबी समझा और पिछले एक दशक से उन मानव अधिकार मुद्दों को उठाया जो समाज की धार्मिक सोच से प्रभावित होते हैं। सन् 1998 में दिग्विजय सिंह की सरकार ने पंचायतों का चुनाव लड़ने वाले उम्मीदवारों के लिये दो बच्चों की सीमा तय की। बाद में इसे सहकारी क्षेत्र, कृषि मंडी और अन्य निकायों में भी लागू किया गया।

निर्मला बुच (मध्य प्रदेश की पूर्व मुख्य सचिव) ने प्रारंभ से ही इस निर्णय की आलोचना करते हुए इसे स्त्रियों के मानव अधिकारों का हनन बताया। चुनाव लड़ने के चक्कर में कई पुरुषों ने अपनी पत्नियों पर चरित्रहीन

होने का भी आरोप लगाया। इसके अलावा वर्ष 2001 के पूर्व दो से अधिक बच्चे वाले पंचायत सदस्य अपने पदों पर बने रहे। कट ऑफ तारीख का खमियाजा अधिकतर औरतों को ही भुगतान पड़ा। निर्मला बुच ने इस विषय में पूरे देश भर के महिला संगठनों और मानव अधिकार आयोग के सामने यह मामला उठाया। यहाँ तक की उनकी आवाज ब्रिटेन और अमेरिकी महिला संगठनों ने भी सुनी। नतीजा यह हुआ कि कुछ समय पूर्व मध्य प्रदेश सरकार ने इस कानून को वापस ले लिया। यह प्रकरण इसलिये महत्वपूर्ण है, क्योंकि अक्सर कानून की मार औरतों पर ही पड़ती है।

बहुचर्चित डरबन सम्मेलन ने दुनिया के सामने दलित समस्या पर एक नहीं अनेक प्रश्नचिन्ह खड़े किए। उनके मानव अधिकार एक्टिविस्ट प्रारंभ में यह मान बैठे थे कि जाति भेद की समस्या भारत का आंतरिक मामला है। लेकिन सारे दबावों के बावजूद एक शख्स ऐसा था जो निडर होकर दलितों की समस्या को मानव अधिकारों के हनन से जोड़कर उसके समाधान के लिये आवाज उठाता रहा। दलित नेता उदित राज ने देश के भीतर और अंतर्राष्ट्रीय स्तर पर दलितों की समस्या को उठाया और भारत सरकार ही नहीं राष्ट्रीय मानव अधिकार आयोग को भी मजूबर किया कि वे इसे आंतरिक मामला न समझें। उदित राज के अनुसार नयी आर्थिक नीतियों के कारण दलितों की स्थिति और दयनीय हो गयी है।

उदित राज ने राष्ट्र संघ के स्तर पर दलित समस्या को नये ढंग से परिभाषित करने और आर्थिक एवं सामाजिक अधिकारों से जोड़ने का कार्य किया। इसके परिणामस्वरूप जापान, फिलीपींस, थाईलैंड और दक्षिण अफ्रीका में सामाजिक अलगाव का शिकार बने समूह भी अपनी समस्या को उनकी शब्दावली में गढ़ रहे हैं। यह वंचितों के बीच अस्मिता की पहचान बनाने के अधिकारों की दिशा में सक्रिय योगदान है।

मानव अधिकारों पर चर्चा में राजस्थान में पानी पर कार्य करने वाले राजेन्द्र सिंह का जिक्र इसलिये आवश्यक है, क्योंकि उन्होंने मानव अधिकारों के उस पहलू को उजागर किया, जिसे हम एक सामान्य घटना समझ कर टाल देते हैं। पंद्रह वर्षों से राजस्थान के अलवर जिले में काम कर रहे राजेन्द्र सिंह ने जीने के अधिकार को साकार किया। पुराने बेकार जोहड़ों को पुनर्जीवित कर

और छोटे-छोटे बांधों से नदी-नालों का पानी रोक कर उन्होंने वहाँ के गरीब तबके के लोगों की जीविका के साधनों को जिंदा किया। पंद्रह वर्ष पूर्व तक सूखे की चपेट से कराहने वाला इलाका आज तीन करोड़ रुपये की सालाना सब्जियाँ उगाता है। सामुदायिक मानव अधिकार के इस स्वरूप को सामने लाने के प्रयासों के लिये उन्हें मैग्सेसे अवार्ड दिया गया।

पिछले एक दशक में राष्ट्रसंघ में आश्रय के अधिकार पर चर्चा के दौरान एक भारतीय का नाम सामने उछला, जिसने 'हेबिटाट' के अधिकार पर तीसरी दुनिया के लोगों की आवाज को आगे बढ़ाया। विचारक प्रोफेसर रजनी कोठारी के पुत्र मिलून कोठारी के प्रयासों का ही नतीजा है कि सतत विकास पर विश्व सम्मेलन और विश्व बैंक जैसी संस्थाएं आज हेबिटाट को महज एक आर्थिक गतिविधि नहीं वरन् प्रत्येक नागरिक के अधिकार के रूप में मान्यता देती है। इस्तमबूल के राष्ट्र संघ के सम्मेलन में उन्होंने भारत के झुग्गी-झोपड़ी वासियों और गरीब वर्ग की आवास समस्या को उठाया, जिसके फलस्वरूप उन्हें राष्ट्र संघ के मानव अधिकार आयोग का विशेष प्रतिनिधि बनाया गया। अपने कार्यकाल में मिलून ने समुचित आवास व्यवस्था में पानी की सप्लाई और सेनिटेशन को जोड़ा। इन सेवाओं को मुहैया कराने में विदेशी ढांचागत सुधार और सरकार द्वारा निजीकरण की नीतियों तथा सेवाओं के लिये चार्ज लेना आड़े आ रहा है। आगे आने वाले समय में विश्व व्यापार संगठन और गैट के प्रावधानों के चलते और समस्याएं खड़ी होंगी। मिलून का अनुमान है कि आवास को मानव अधिकारों के दायरे में न रखने से आवश्यक सार्वजनिक सेवाओं पर बहुराष्ट्रीय कंपनियों का कब्जा हो जाएगा और ऐसे में गरीब वर्ग के बेहतर जीवन जीने के अवसर और कम हो जाएंगे। उनके इस दृष्टिकोण को एशिया, अफ्रीका और लातिन अमेरिका ही नहीं वरन् यूरोप में भी समर्थन मिल रहा है।

आदिवासी इलाकों में मानव अधिकार हनन एक नया स्वरूप लेता जा रहा है। उड़ीसा के आदिवासी बाहुल्य इलाकों में चल रहे खनन से हजारों आदिवासी विस्थापित हो रहे हैं। पिछले एक साल में उड़ीसा सरकार ने राज्य भर में 35 स्टील कारखानों को स्थापित करने की अनुमति दी है। उड़ीसा के आदिवासी इससे आशंकित है, क्योंकि बाक्साइट, तांबा और खनिज लोहा से

भरपूर आदिवासी जमीनों पर कब्जा करने की नयी होड़ प्रारंभ होने वाली है। इसके कारण भविष्य में व्यावसायिक गतिविधियाँ और विकास के नाम पर उनका विस्थापन बढ़ेगा। 'उनकी आशंका निराधार नहीं है, क्योंकि अब तक के उनके अनुभव कटु रहे हैं। और अब उड़ीसा में विदेशी कंपनियाँ भारी निवेश कर रही हैं।' पूर्वोत्तर भारत शोध केन्द्र के डॉ० वॉल्टर फर्नान्डिस के इस कथन का समर्थन भाकपा और माकपा दोनों करते हैं।

अगामी कुछ सालों में उड़ीसा में 25 बिलियन डॉलर का निवेश होगा। डॉ० वॉल्टर ने प्रारंभ से ही आदिवासियों के अधिकारों का समर्थन करते हुए आने वाले खतरे से आगाह किया । उन्होंने नयी वन नीति से आदिवासियों पर पड़ने वाले कुप्रभावों के बारे में केन्द्रीय सरकार का ध्यान आकर्षित किया था। वॉल्टर का अनुमान है कि खनिज लौह तो मात्र दिखावा है। बहुराष्ट्रीय कंपनियों की वास्तव में नजर उड़ीसा के भारी तांबा भंडारों पर हैं। एक बार घुस जाने के बाद वे आदिवासियों को बर्बाद करके ही वहाँ से हटेंगी। वॉल्टर की यह चेतावनी अब अंतर्राष्ट्रीय और राष्ट्रीय स्तर पर मानव अधिकार संगठनों में चर्चा का विषय बनती जा रही है।

जिस तरह वैश्वीकरण और निजीकरण तेजी से मानव अधिकारों को प्रभावित कर रहा है। उससे यह स्पष्ट है कि मानव अधिकार राज्य और समाज के बीच मौजूद जटिल और अस्थिर संबंधों, प्रमुख राजनीतिक संस्थाओं के स्वरूप, नयी अर्थव्यस्थाओं और नए प्रकार की अधीनताओं के उभार और सामाजिक शक्तियों की सांस्कृतिक भागीदारी से उभरते और विकसित होते हैं। बींसवीं सदी के अंतिम दशक तक मानव अधिकार नागरिक अधिकारों के दायरे तक ही सीमित थे, लेकिन आज वे बदलाव और नए समाज की राजनीति और परिकल्पना को भी प्रस्तुत करते हैं।

(दिसम्बर 2004, सहारा समय)

49 आतंकवाद और मानव अधिकार

अज्ञात भय की आशंका से आज समूचा विश्व त्रस्त है। इक्कीसवीं सदी का शैशवकाल आतंकवाद से झुलस रहा है। बेहद गरीब और पिछड़े देशों के अलावा सम्पन्न देश भी आतंकवाद की गिरफ्त में हैं। विज्ञान और टेक्नोलॉजी का उपयोग मानव कल्याण के बजाय विध्वंस के लिये हो रहा है। मजहबी, नस्लीय और सांस्कृतिक-वर्चस्ववादी आतंकवाद बढ़ रहा है। भयातुर सरकारें सुरक्षा के नाम पर कड़े से कड़े कानून बना रही हैं।

यूरोपीय कौंसिल ने आब्रजन कानूनों को और कड़ा बना दिया है, जिससे यूरोपीय देशों में शरणार्थियों का प्रवेश लगभग असम्भव हो गया है। व्यक्तिगत स्वतंत्रता की रक्षा के लिये प्रसिद्ध स्वीडन ने हाल ही में दो इजप्तियों को वापस उनके देश यह कह कर भेज दिया कि वे भविष्य में आतंकवाद का कारण बन सकते हैं। नागरिक अधिकारों की दुहाई देने वाले ब्रिटेन ने भी आतंकवाद से निपटने के नाम पर मानव अधिकार अधिनियम में नये प्रावधानों को शामिल कर उसे लगभग प्रभाव शून्य कर दिया है।

पैंतालिस सदस्यों वाली यूरोपीय कौंसिल, जिसके घोषित उद्देश्यों में मानव अधिकार को बढ़ावा देना, प्रजातंत्र को प्रोत्साहित करना एवं कानून का राज्य स्थापित करना है, प्रवासियों के खिलाफ ऐसे-ऐसे कानून बनने में जुटी हुई हैं, जिससे मानव अधिकारों का हनन होने की आशंका है। यूरोप भर में सुरक्षा के नाम पर आतंकवाद के खिलाफ कानून बनाने की हवा चल रही है। एक तरफ पूरे विश्व भर में मानवाधिकारों के प्रति जागरूकता बढ़ रही है, तो दूसरी ओर आतंकवाद से जूझ रहे राज्य ऐसे कानून बना रहे हैं, जिनसे मानव अधिकारों का उल्लंघन होगा। ऐसे में यह प्रश्न उठना स्वाभाविक है कि आतंकवाद और मानव अधिकारों को किस नजरिए से देखा जाये?

अधिकृत आंकड़े बताते हैं कि पिछले दो वर्षों में विश्व भर में आतंकवाद की लगभग 40,000 घटनाएं घटीं। इनमें लूटमार, निर्दोष लोगों की हत्या,

बच्चों का अपहरण, औरतों की इज्जत लूटने और शिक्षण संस्थाएं तबाह करने जैसी वारदातें शामिल हैं। भारत में आतंकवादी गतिविधियों के कारण हजारों लोग मारे गये।

पूर्वोत्तर भारत और जम्मू-कश्मीर के अलावा आंध्र प्रदेश, छत्तीसगढ़, महाराष्ट्र, और मध्य प्रदेश में भी आतंकवाद की घटनाओं में बम विस्फोट, आगजनी लूटमार और अपहरण आदि के कारण सैकड़ों मासूम नागरिक प्राण गंवा चुके हैं। यह आतंकवाद का घिनौना चेहरा है। पर क्या कारण है कि कोई आतंकवादी मानव-बम बनना स्वीकार करता है? कोई तो वजह होगी? इसकी पड़ताल किए बिना आतंकवाद के सही स्वरूप को समझना कठिन है। इसी आधार पर मानव अधिकार और आतंकवाद के संबंधों को समझने का प्रयास किया जाना चहिए।

आतंकवाद को अन्य अपराधों से अलग रखकर देखना होगा। अमूमन अपराध किसी भी व्यक्ति का वह कर्म माना जाता है जो वह अपने सामाजिक उत्तरदायित्व के खिलाफ कानून तोड़कर करता है और जिसकी सजा समाज को संतुष्ट करने के हिसाब से तय की जाती है। लेकिन आतंकवाद, जिसमें अतार्किक हिंसा अपने व्यक्तिगत धार्मिक या राजनीतिक उद्देश्य के लिये की जाती है, का मकसद हिंसा से नुकसान के बजाय उस हिंसा से एक ऐसा माहौल बनाना होता है, जिसमें नागरिक समाज भय से संचालित हो।

वैसे आतंकवाद की कोई अंतर्राष्ट्रीय मान्यताप्राप्त परिभाषा नहीं है, लेकिन भारत के सर्वोच्च न्यायालय ने हितेन्द्र विष्णु ठाकुर **बनाम** महाराष्ट्र सरकार मामले में कहा कि आतंकवाद में हिंसा का उपयोग शारीरिक हानि के अलावा ऐसा मनोवैज्ञानिक माहौल पैदा करने के लिए होता है, जो समाज के एक बड़े हिस्से को कुंठित कर दे, जो कि साधारण अपराघ के उद्देश्य से कहीं परे है। यहाँ मकसद सरकार पर दबाव डालना या समाज के विवेक को भय से प्रभावित करना होता है। अनुभव बताता है कि आतंकवादी कुछ लोगों के समूह या किसी इलाके की समूची जनता को बेबसी और लाचारी का अहसास कराना चाहता है ताकि उसकी गलत बातों को भी सही मान लिया जाए।

तब फिर मानव अधिकारों के संदर्भ में आतंकवाद से कैसे निपटा जाए? 11 सितंबर, 2001 के बाद से इस पर लगातार बहस चल रही है। राष्ट्र संघ के

जिनेवा स्थित ह्यूमन राइट्स सेन्टर और अन्य यू०एन० एजेंसियों का मानना है कि आतंकवाद के खिलाफ लड़ाई में मानव अधिकार मानदंडों का पालन किया जाना चाहिये। सुरक्षा परिषद की 6 मार्च, 2003 को हुई एक बैठक में राष्ट्रसंघ के महासचिव कोफी अन्नान ने कहा कि, "आतंकवाद के खिलाफ कार्रवाई करते समय हमें मानव अधिकारों की रक्षा करनी चाहिये, क्योंकि आतंकवाद इन्हें ही नष्ट करना चाहते हैं।"

दरअसल, आतंकवाद के खिलाफ अब तक जो अंतर्राष्ट्रीय कदम उठाये गये, उन सबमें मानवाधिकारों को ध्यान में रखा गया। टोक्यो संधि (1960), हेग कन्वेन्शन (1970) एवं मांट्रीयल कन्वेन्शन (1971) को मिलाकर अब तक 12 अंतर्राष्ट्रीय कानून आतंकवाद के खिलाफ बनाए गये हैं। सन् 1972 में म्युनिख ओलम्पिक खेलों के दौरान इज़रायली खिलाड़ियों की आतंकवादियों द्वारा हत्या के बाद से यह मामला और गम्भीरता से अंतर्राष्ट्रीय समुदाय के बीच बहस का मुद्दा बना। हाल ही में बांग्लादेश से किन्हीं आतंकवादी गुटों द्वारा भारतीय क्रिकेट टीम पर हमलों की धमकी ने एक बार पुनः यह सोचने पर मजबूर कर दिया है कि प्रजातांत्रिक ढांचे में, जिसका आधार कानूनी प्रक्रिया और न्याय होता है, आखिरकार आतंकवाद से कैसे निपटा जाये।

भारत के राष्ट्रीय मानव अधिकार आयोग के अध्यक्ष जस्टिस आनंद का कहना है कि मानव अधिकार शांति और सुरक्षा के लिये महत्वपूर्ण है। और आतंकवाद को समाप्त करने की किसी भी महत्वपूर्ण रणनीति का हिस्सा होना चाहिए। भारत के सर्वोच्च न्यायालय ने बासु **बनाम** पश्चिमी बंगाल सरकार केस में फैसला देते हुए कहा, "आतंकवाद का जवाब राज्य द्वारा पोषित आतंकवाद नहीं हो सकता। राज्य द्वारा आतंक अन्यों को कानून तोड़ने की प्रेरणा देगा, जो किसी भी न्यायप्रिय समाज के हित में नहीं है। अतः राज्य को यह देखना चाहिये कि विभिन्न सरकारी एजेंसियाँ कानून के दायरे में रह कर आतंकवाद का मुकाबल करें न कि स्वयं कानून बन जायें।"

आतंकवाद को दबाने के लिये हिंसात्मक तरीकों की वकालत करने वाले अक्सर यह कहते हैं कि मानव अधिकार आधुनिक पश्चिमी सभ्यता की कोख से जन्मे हैं, अतः अन्य भूभागों विशेषकर एशिया में उनका पालन नहीं किया जा सकता। लेकिन सच्चाई यह है कि सभी संस्कृतियों में मानव अधिकारों की

मूल कल्पना के बीज निहित हैं। भारत में जब महावीर और बुद्ध ने जाति के आधार पर जन्मना भेदभाव का विरोध किया तो वे मानव अधिकार की ही वकालत कर रहे थे। कबीर ने उन सभी रूढ़ियों पर प्रहार किया जो मानव गरिमा को चोट पहुंचाती हैं। अनेक सिख गुरुओं ने दासता के विरोध में सतत संघर्ष कर व्यक्तिगत स्वतंत्रता के लिये आत्म बलिदान तक किया। इस्लाम ने भाईचारे और बराबरी के सिद्धांत को प्रतिष्ठित किया।

स्पष्ट है कि मानव अधिकारों की परिकल्पना पश्चिम की बपौती नहीं वरन् सार्वभौमिक मानवीय मूल्यों से उपजी विचारधारा है। पश्चिमी समाज, विशेषकर ईसाई धर्मचिन्तकों ने उनके कुछ विशिष्ट रूपों का विकास जरूर किया है, और आज अगर विश्व स्तर पर मानव अधिकारों के उन स्वरूपों की मान्यता बढ़ रही है तो इसका कारण अन्य समाजों द्वारा कोई ठोस दर्शन का विकास न करना है। ऐसे में मानव अधिकारों को नकारना गंदे पानी के साथ शिशु को भी फेंक देने के समान होगा।

आतंकवाद के विरुद्ध लड़ाई में मानव अधिकारों का बचाव कैसे किया जाये, इसका उदाहरण कौंसिल ऑफ यूरोप द्वारा 2002 में जारी दिशा-निर्देशों में बाखूबी मिलता है। हाल ही में जब नीदरलैंड में एक फिल्म निर्माता की एक इस्लामिक आतंकवादी गुट द्वारा हत्या की गई तब दो धार्मिक समुदायों के बीच उपजे तनाव को इन्हीं मानव अधिकार दिशा-निर्देशों के आधार पर दूर किया गया। वहाँ यह माहौल बनाया गया कि चंद लोगों के गुनाहों की सजा उस समुदाय के अन्य लोगों को क्यों दी जाये।

यही आतंकवाद के खिलाफ संघर्ष के समय मानव अधिकारों की रक्षा का मूल मंत्र है। सच तो यह है कि आतंकवाद के खिलाफ कार्रवाई दुधारी तलवार है। यह एकता का कारण भी बन सकती है, तो समाज को विभक्त भी कर सकती है। इनके बीच एक तनाव का रिश्ता है। ऐसे में मानव अधिकारों की रक्षा इस बात पर भी निर्भर करती है कि समाज में कर्तव्यों का उचित पालन हो। इसी संतुलन के आधार पर आतंकवाद के खिलाफ संघर्ष किया जा सकता है, क्योंकि मानव अधिकार अंतर्रात्मा में बसे जीवन मूल्यों से जुड़े हैं ।

(राष्ट्रीय सहारा, 2005)

खंड चार

परिवर्तन के आयाम

50 यथास्थिति के विकल्प

अमेरिकी जीवनशैली ने कौशलता की ऐसी झलक दिखलाई कि आज वे हमारे जीवन को बेहद प्रभावित करने लगी है। हम उन्हें रोजमर्रा की साधारण दिनचर्या मानकर ध्यान ही नहीं देते। एटीएम, हैमबर्गर, स्केटबोर्ड, सेलफोन, कंप्यूटर, जासूसी कैमरे, वाशिंग मशीन, माइक्रो ओवन, आधुनिक एयरोप्लेन, ब्लू जिंस, स्पोर्ट्स, ड्रिंक्स, क्रेडिट कार्ड्स, च्युंगम, मल्टीस्टोरी कॉप्लेक्स और कई ऐसे अजूबे जो हमारे चारों ओर बिखरे पड़े हैं। एक तरह से आज के भूमंडल का स्रोत और स्वभाव अमेरिका का योगदान है। मैकडोनल्ड पूरी दुनिया में प्रतिदिन 20 मिलियन लोगों को खान-पान की चीजें बेचता है, कोकाकोला एक दिन में दस करोड़ बोतलें बेचता है। अमेरिकी संस्कृति के ध्वजवाहक तीसरी दुनिया में भी मौजूद हैं।

लेकिन अमेरिकी सिर्फ व्यापार ही नहीं करते। वे दूसरों को दान देने में भी अग्रणी हैं। प्रतिवर्ष लगभग नौ सौ मिलियन डॉलर, शिक्षा, स्वास्थ्य और आपदा में फंसे लोगों के लिए दान देते हैं। दुनिया की पांच सौ फॉर्चून कंपनियों में प्रथम दस में से छह अमरीकी हैं।

लेकिन इन सबके बावजूद अमेरिकीकरण को हम ग्लोबेलाइजेशन की संज्ञा नहीं दे सकते, क्योंकि दुनिया के कई हिस्सों में अमेरिकी जीवनशैली के प्रतीक चिन्हों या उत्पादों को आंख मूंदकर स्वीकार नहीं किया जाता। अमेरिकी तकनीक, उत्पाद और फैशन को लोग अपने तरीके से परिष्कृत कर उपयोग करते हैं। दान संस्थाओं के विचार में हमें उन परिकल्पनाओं की झलक मिलती है, जो हमें उन सामाजिक और सांस्कृतिक परिवर्तनों को समझने में सहायता करते हैं, जिन्हें हम भूमंडलीकरण से जोड़कर देखते हैं। अमेरिकी संस्कृति के प्रतीक एमटीवी, फोर्ड फाउंडेशन, मैकनल्ड, मैरिलिन लिंच, आदि का प्रशासनिक ढांचा, उनके उद्देश्य और कार्पोरेट टारगेट में काफी भिन्नता है, लेकिन इन भिन्नताओं के बावजूद उनकी अंतिम मंजिल एक है; अमेरिकी संस्कृति और विचारधारा को बढ़ावा देना।

कई मायनों में अमेरिकी संस्थाएँ अपनी लड़ाई दूसरे देशों में लड़ती हैं। गर्भपात का विषय इसका उदाहरण है। एक ग्रुप प्रो लाइफ है, जो किसी देश को समर्थन देने की अमेरिकी विदेश नीति को इससे जोड़कर देखता है तो दूसरा खेमा 'स्वतंत्र चयन' के नाम पर गर्भपात की इजाजत देता है, हालांकि दोनों खेमे परिवार, शिक्षा और सेक्सुअलिटी की दुहाई देते हैं। उनकी रणनीति अन्य समाज के कानूनों, राजनीतिक सोच और शिक्षण संस्थाओं को प्रभावित करने की है। इसलिए वे किसी देश के प्रमुख नेता, मुख्य नीति बनाने वाले या मंत्री को अपनी ओर आकर्षित करते हैं। इस पूरी प्रक्रिया में भाषा या शब्दावली का बड़ा महत्व है। भूमंडलीकरण के अमेरिकी समर्थक समाजशास्त्र, मानवाधिकार, बाजार या बहुसंस्कृति से जुड़े मुहावरों का उपयोग करते हैं। किसी समुदाय में इन शब्दों का उपयोग होने के बाद उस शब्दावली से जुड़े शब्द भी धीरे-धीरे प्रभाव फैलाने लगते हैं।

नए वैश्विक उभार में कुछ नये समान प्रतीक चिन्ह भी दिखाई पड़ते हैं।

सिकुड़ता विश्व

अधिकांश बुद्धिजीवी, कॉर्पोरेट अधिकारी और नौकरशाह इस बात को स्वीकारते हैं कि दुनिया दिनों-दिन सिकुड़ती जा रही है। संचार साधनों, तेजगति की यात्राओं और इंटरनेट ने दूरी को कम कर दिया है। इसका प्रभाव यह हुआ कि राष्ट्र-राज्य कमजोर पड़ रहे हैं। सूचनाएं राष्ट्रीय सीमाएं लांघकर सरकार की अनुमति के बगैर लोगों तक पहुंच रही हैं। जानकारी से लैस जनता विभिन्न विषयों पर अपनी स्वतंत्र राय बनाने लगी है और राजनेताओं के भाषण कई बार व्यर्थ हो जाते हैं। राष्ट्र-राज्यों के कम होते प्रभाव का कारण सिर्फ नई संचार एवं सूचना तकनीक ही नहीं है, बल्कि बहुराष्ट्रीय कंपनियों की अर्थशक्ति भी हमें प्रभावित कर रही है। आज व्यक्तिगत उपभोक्ता अपने आपको 'सशक्त' मानता है।

अबाध प्रगति

बाजार एवं संचार के अलावा प्रत्येक देश में एक विशिष्ट वर्ग मौजूद है, जो भूमंडलीकरण की प्रक्रिया के अग्रिम दस्ते का काम कर रहा है। यह विशिष्ट

वर्ग भूमंडलीकरण के दूरगामी परिणामों के बारे में एकमत नहीं है, फिर भी इसे अपरिहार्य मानते हैं। कई समूह अलग-अलग गति से आगे बढ़ रहे हैं, लेकिन सभी एक ही दिशा में जा रहे हैं। एक बड़ी कंपनी के अधिकारी का कहना है कि 'भूमंडलीकरण की प्रक्रिया से एक रचनात्मक विध्वंस सामने आया है... एक नया भूमंडलीय वातावरण, जिसमें रहना हमें सीखना होगा। कुछ का अनुमान है कि लंबे समय में भूमंडलीकरण का बुलबुला फूटेगा, किंतु इसके प्रभाव से बचा नहीं जा सकता। पूरी दुनिया में यह वाक्य सुनने को मिलता है, 'नहीं चढ़े तो बस छूट जाएगी'।'

प्रतिबिंब का निर्माण

प्रत्येक देश में भूमंडलीकरण के अग्रिम दस्ते, अमेरिकी वर्चस्व की भूमिका से भलीभांति परिचित हैं। एक बहुराष्ट्रीय कंपनी के सीईओ का कथन है, 'विश्व की बड़ी कंपनियाँ अमेरिका में स्थित हैं; दुनिया भर से विद्यार्थी अमेरिकी बिजनेस स्कूलों में पढ़ने आते हैं, विश्व में इंटरनेट की नब्बे प्रतिशत आय अमेरिका से होती है। ऐसे में कोई शक नहीं कि भूमंडलीकरण प्रक्रिया में अमेरिका अपना दबदबा न जताए।' अमेरिकी बिजनेस, अमेरिकी एनजीओ एवं अमेरिकी धार्मिक संगठनों का कार्यक्षेत्र बहुत विस्तृत है।

अतः उनके विचारों की छाप कई जगह देखने को मिलती है, लेकिन भूमंडलीकरण के देशज समर्थक यही कहते मिलेंगे कि वे तो अपनी आवश्यकताओं के आधार पर आगे बढ़ रहे हैं। सीएनएन के एक मैनेजर का कहना है कि 'वर्चस्व चाहे अमेरिका का हो या भूमंडलीकरण का, मेरे ख्याल से दोनों का मिश्रण है। लेकिन किसी भी हालत में यह उपनिवेशिक उद्देश्य नहीं है।' एस्पन इंस्टीट्यूट के एक शोधकर्ता के अनुसार, 'कई अमेरिकी इस प्रक्रिया में शामिल हैं, लेकिन वे दुनिया को बाजार के रूप में देखते हैं न कि उसे विजय करने की इच्छा से।' और बाजार में मार्केटिंग करने में सभी सहयोग कर रहे हैं। एक टीवी चैनल के बड़े पत्रकार ने कहा, 'प्रैक्टिकल विकल्प[1] क्या है?' मेरे पास उत्तर नहीं है, लेकिन प्रश्न बड़ा रोचक है।

कुल मिलाकर, भूमंडलीकरण के कुलीन समर्थक यह स्वीकारते हैं कि आने वाले समय में इलेक्ट्रॉनिक का उपयोग बढ़ेगा, व्यक्तिवाद हावी होगा

और मुक्त बाजार का दबदबा बढ़ेगा। और आरंभिक अवस्था में विश्व एक प्रकार से अमेरिका का प्रतिबिंब लगेगा। लेकिन यह स्थिति ज्यादा दिनों तक नहीं रहेगी। पर्यावरण प्रभाव और सांस्कृतिक मूल्यों की टूटन, स्थानीय आवश्यकताओं को सूची में ऊपर लाएगी।

दुनिया में महानगरीय संस्कृति बढ़ती जा रही है। कई अपने को 'विश्व का नागरिक' कहते हैं। ये विश्व बंधुत्व के समर्थक अपनी जड़ें स्थानीयता में जमाते हुए भूमंडलीकरण और नई तकनीकों का समर्थन करते हैं। वे खुले रूप से भूमंडलीकरण की पैरवी नहीं करते पर आधुनिक तकनीक और विश्व के विभिन्न कोनों में जीवन को बेहतर बनाने वाले उत्पादों के उपयोग के हामी हैं।

21वीं सदी के प्रारम्भ में ही सहस्राब्दि विकास लक्ष्यों का टकराव युद्ध, एड्स, अफ्रीका की भयंकर गरीबी एवं सरकारों की बेरुखी से हुआ। ग्लोबेलाइजेशन के विपरीत नागरिकों का क्रोध नवम्बर 1999 में सिएटल की सड़कों पर फूट पड़ा। भूमंडलीकरण विरोधी आंदोलनों के शुरुआती दौर से ही मैंने इनमें शिरकत की है।

सिएटल की सड़कों पर जिस दिन आंदोलनकारियों ने प्रदर्शन किया उसी दिन गेट्स फाउन्डेशन की ओर से वहाँ गरीबों के लिए सूचना तकनीक (इनफॉरमेशन टेक्नॉलोजी) पर एक परिचर्चा का आयोजन किया गया था, जो विश्व व्यापार संगठन की मंत्रिस्तरीय बैठक के समानान्तर चल रही थी। प्रदर्शनकारियों का गुस्सा डब्ल्यूटीओ के खिलाफ था। यह विरोधाभास है, क्योंकि गेट्स फाउंडेशन दुनिया के गरीब देशों में पब्लिक हेल्थ सिस्टम को बेहतर बनाने में मदद कर रहा है, जबकि प्रदर्शनकारी ऐसा मानते थे कि गेट्स फाउंडेशन समस्या का हिस्सा है, समाधान का नहीं।

सिएटल के बाद से हर अंतर्राष्ट्रीय कान्फ्रेंस के दौरान धरना-प्रदर्शन का दौर प्रारम्भ हुआ। प्रदर्शनकारियों ने दुनिया के शक्तिशाली जी-8 समूह को अपनी बैठकें दूर-दराज के पर्वतीय होटलों, बर्फीली चोटियों पर बने रिजॉर्ट्स और छोटे टापुओं पर करने को मजबूर किया। ब्राजील के पोर्तो एलिग्रो में प्रारम्भ वर्ल्ड सोशल फोरम के प्रतिनिधि अब दावोस के वर्ल्ड इकोनॉमिक फोरम में सम्मानपूर्वक बुलाए जाते हैं। विश्व अग्रणी बिजनेसमैन अब सोशल एक्टिविस्टों के साथ निजीकरण की खामियाँ बताने की होड़ करते हैं।

विश्व बैंक एवं अन्तर्राष्ट्रीय कोष ने सप्ताह-सप्ताह तक चलने वाली

बैठकों को अब दो दिन में समेट दिया है। भूमंडलीकरण विरोधी आंदोलन ने अपना प्रभाव दिखाया और मेरे विचार में कई सकारात्मक परिवर्तन कराए। इस आंदोलन की हम इस बात के लिए प्रशंसा कर सकते हैं कि उसने खुद की तारीफों के पुल बांधने वाले धनवानों और शक्तिशाली लोगों के पाखंड का भंडा फोड़कर विश्व व्यवस्था की खामियों को उजागर किया।

सिएटल प्रदर्शन के पूर्व जी-8, वर्ल्ड बैंक एवं आईएमएफ की बैठकों में ग्लोबेलाइजेशन के पक्ष में तारीफों के पुल बांधे जाते थे। बैंकों की पीठ थपथपाई जाती थी और निवेशक यह कहते नहीं थकते थे कि उनके कारण विश्व में समृद्धि बढ़ रही है। देर रात तक चलने वाले रात्रि भोजों में शेम्पेन के जाम पीते हुए बीच-बीच में गरीबी, महिला अधिकार और पर्यावरण विनाश पर कुछ भाषण हो जाते थे, लेकिन सिएटल के बाद भयंकर गरीबी का अंत, महिलाओं की स्थिति में सुधार एवं पर्यावरण संरक्षण पुनः अन्तर्राष्ट्रीय एजेंडे में वापस आ गया है। इसमें ग्लोबल मीडिया की भूमिका अहम रही।

कुछ समाजशास्त्रियों का कहना है कि भूमंडलीकरण विरोधी नेताओं में धनवानों द्वारा शोषण के खिलाफ नैतिक उत्साह का वे समर्थन करते हैं, लेकिन उन्हें ऐसा लगता है कि यह आंदोलन कॉर्पोरेट जगत के प्रति गहरी नफरत भावना से काम कर रहा है। इसके चलते यह धारणा पनपी की माइक्रोसॉफ्ट, कोक, मैकडॉनल्ड, फ्रेजर, रॉयल डच शैल, जैसी कम्पनियाँ भयंकर गरीबी और पर्यावरण विनाश का कारण हैं।

आंदोलन ने बचाव के लिए चंद नीतिगत सुझाव दिये हैं, जिनका उद्देश्य गरीब देशों को शोषक बहुराष्ट्रीय कंपनियों से बचाना है। आंदोलन ने डब्ल्यूटीओ को अपना निशाना बनाया, क्योंकि उनकी नजर में यह संस्थान विश्व की बड़ी कम्पनियों को बिजनेस करने में मदद पहुंचाता है।

भूमंडलीकरण आंदोलन के मुख्य बिन्दु नये नहीं हैं। सन् 1993-94 के दौरान भारत में कुछ संस्थाओं ने नई आर्थिक नीतियों के विरुद्ध अभियान छेड़ा था, लेकिन पिछले दस वर्षों के बाद का अनुभव यह बताता है कि भारत और चीन ने इस दौरान क्रमशः 200 एवं 300 मिलियन लोगों को गरीबी रेखा से बाहर निकाला है।

कई मामलों में भूमंडलीकरण विरोधी आंदोलन ने सही आवाज उठायी, क्योंकि कई कम्पनियाँ तीसरी दुनिया के देशों में भ्रष्ट तरीकों से व्यापार हथिया रही हैं। तेल कम्पनियाँ रिश्वत देकर कॉन्ट्रेक्ट हासिल करती हैं और दवा कम्पनियाँ जीवन रक्षक दवाइयों को ऊंचे दामों पर बेचती हैं।

विश्व में हमेशा परिवर्तन चलते रहते हैं। ये परिवर्तन समाज के गरीब और कमजोर तबकों को विशेष रूप से प्रभावित करते हैं। यदि उन्हें किसी नीतिगत व्यवहार के अंतर्गत बचाया न गया हो। आज की विषम दुनिया में गरीबों ने अन्यायी व्यवस्था से निपटने के लिए कई प्रकार के अनुभव आधारित गुर प्राप्त कर लिए हैं। अचानक भारी परिवर्तन आने से गरीबों के ये गुर नाकाम हो जाते हैं। इसीलिए सभी परिवर्तन ऐसे होने चाहिए जो साफ सुथरी तकनीक पर आधारित हों और जिनका लक्ष्य बेहतर जिंदगी बनाना हो। संकट और परिवर्तन के दौरान हम यथास्थिति बनाए रखने, मानव अधिकार को नकारने, समाज में श्रेणियाँ बनाने, भेदभाव करने और बहिष्कृत करने का मार्ग अपनाते हैं। परिवर्तन प्रजातंत्रीय ढांचे एवं समता मूलक सामाजिक व्यवस्था निर्माण के लिए होना चाहिए।

अंतर्राष्ट्रीय मानव अधिकारों के मानक ऐसे न्यूनतम भूमंडलीय मापदंड सुझाते हैं, जिससे व्यक्ति और समाज दोनों का भला हो– फिर चाहे राज्य हो या बाजार, सरकार हो या बहुराष्ट्रीय कम्पनियाँ। समाज से बहिष्कृत समुदायों को शक्ति प्रदान कर उन्हें अपने अधिकार मांगने योग्य बनाना, इस युग की चुनौती है। ग्लोबेलाइजेशन ने सामाजिक मोबेलाइजेशन एवं ऐक्शन के लिए जहाँ एक ओर नई सम्भावनाएं खोली हैं तो वहीं दूसरी ओर कुछ रास्ते बंद किए हैं। मानव अधिकार, पर्यावरण, विकास, राहत और पुनर्वास, जन आन्दोलन, प्रशासन एवं एनजीओ सभी की मिली–जुली ताकत और संगठन नयी संभावनाएँ पैदा कर सकते हैं। आज सतत विकास और कॉरपॉरेट उत्तरदायित्व को लेकर सामाजिक मोबेलाइजेशन हो रहा है।

उभरती भूमंडलीय व्यवस्था राज्य, बिजनेस और सिविल सोसायटी को मानव अधिकारों के बचाव और प्रसार के लिए नए ढंग से परिभाषित कर रही है। समाज की कोई भी एक अकेली इकाई मानव अधिकारों की रक्षा नहीं कर सकती। लेकिन संगठित रूप में ऐसा सम्भव है। बातचीत और संयोजित

कार्यक्रम, जिसमें सभी की भागीदारी हो भूमंडलीकरण को मानव अधिकारों की रक्षा की ओर मोड़ सकते हैं।

मानवीय गरिमा के साथ समावेश करना संभव है। पिछले अनुभवों के आधार पर उन गलतियों को दोहराने से बचा जा सकता है जो वर्तमान पीड़ा के कारण हैं। ऐसा सम्भव है क्योंकि इतिहास के हर मोड़ पर सामाजिक परिवर्तन की चाह को दबाने के प्रयास विफल हुए हैं। यह हमें विश्वास दिलाता है कि बेहतर दुनिया संभव है।

मानव जाति ने चांद पर कदम रख दिए, ध्वनि से भी तेज रफ्तार से सफर करना सीख लिया, समुद्रों की गहरायी में खोज की और नये-नये आविष्कारों से खाद्यान्य समस्या का समाधान किया। तब फिर क्या कारण है कि वह बेहतर दुनिया का निर्माण नहीं कर सकता। मानव अधिकारों का अधिकार एक न्यूनतम मूल्य सुझाता है, जिसके आधार पर विश्व आगे की रणनीति बना सकता है।

जिन्दगी जीने के लिए है। मानव की इच्छा शक्ति ऐसी दुनिया का निर्माण करने में सक्षम है, जहाँ जीवन जिया जा सके। ऐसा करने के लिए जननीतियों का निर्माण करना होगा और मीडिया ऐसी नीतियों को जनहित के पक्ष में क्रियान्वयन कराने के लिए 'सामाजिक दायरे' के निर्माण में सहयोगी हो सकता है।

संदर्भ एवं टिप्पणियाँ

1. दुनिया भर में विकल्प की तलाश जारी है। नीति और इसके अमल में लाने की अवधारणा के बारे में देखें, वारेन ब्रीड, 'सोशल कांट्रेक्ट इन द न्यूज रूम, सोशल फोर्सेज'। बाजार का बढ़ता वर्चस्व आज खासतौर पर महत्वपूर्ण है, क्योंकि डिजिटल क्रांति और अभिसरण (कनवर्जेंस) 21वीं सदी के प्रारंभ में जन माध्यम और संचार संबंधी नियमों और नीतियों पर हर जगह पुनर्विचार की स्थितियाँ उत्पन्न कर रहे हैं। दुनिया भर में कई ऐसे समूह भी हैं, जो जनमाध्यम पर नजर रखते हैं, उसकी आलोचना करते हैं, उस पर दबाव डालते हैं। इस तरह ये एक साथ शैक्षिक और दबाव समूह दोनों की भूमिका निभाते हैं। कभी-कभी ये दबाव समूह जनसंचार माध्यमों को बचाव की मुद्रा में जाने को मजबूर कर देते हैं, लेकिन वे बहस को नियंत्रित कर आगे ले जाने के हिसाब से ज्यादा कामयाब नहीं हो पा रहे हैं। भूमंडलीकरण के युग में यथास्थिति से असंतुष्ट लोगों का एक दिशा में सोचना महत्वपूर्ण है।

51 नये क्षितिज की खोज

आठ वर्षीया सत्तो हर सुबह अपनी मां के साथ संपन्न घरों में झाड़ू-पोछा करने उसी दरवाजे से प्रवेश करती है, जिससे उन घरों में रहने वाले बच्चे स्कूल का बस्ता थामे अपनी मम्मी-डैडी को टाटा करते हुए बाहर निकलते हैं। इस सामाजिक विषमता पर चोट करने का समय आ गया है।

सामाजिक विकास पर संयुक्त राष्ट्र शिखर सम्मेलन (1995) को इक्कीसवीं सदी की दहलीज के एक ऐतिहासिक दस्तक के संदर्भ में देखा जाना चाहिए। शीत युद्ध की समाप्ति ने जनतंत्रीकरण के लिए नए-नए अवसर प्रदान किए हैं। अतः आशा है कि शांति और स्थिरता की विशेषताओं से युक्त एक ऐसे नए संसार की रचना की जा सकती है, जिसमें अंतर्राष्ट्रीय सहयोग के जरिए सामाजिक प्रगति तथा सभी के लिए ज्यादा से ज्यादा आजादी के परिवेश में बेहतर जीवन स्तर हासिल करने के लक्ष्य को पूरा किया जा सके। लेकिन इसके साथ ही जातीय, धार्मिक और सांस्कृतिक भेदभाव के कारण पैदा संघर्षों से खतरा बढ़ रहा है, जिससे राष्ट्रीय ढांचों और सभ्य समाज दोनों को क्षति पहुंच रही है।

इस शिखर सम्मेलन की कार्यसूची में उन मुद्दों को शामिल किया गया है जो तीसरी दुनिया के देशों के लिए अत्यंत महत्वपूर्ण हैं : इनमें सामाजिक एकीकरण को बढ़ाना (खासतौर से हाशिए पर डाल दिए गए समूहों के लिए), गरीबी कम करना और उत्पादक रोजगार का सृजन करना शामिल है।

बढ़ती हुई गरीबी तथा सामाजिक विघटन से एक समूह के रूप में महिलाएं बुरी तरह प्रभावित हुई हैं और प्रायः उन्हें श्रम बाजार से अलग रखा गया है। इस परिघटन को कभी-कभी गरीबी का नारीकरण भी कहा जाता है। अगर हम निरंतर बढ़ते हुए ऐसे परिवारों की संख्या पर गौर करें, जिनका नेतृत्व महिलाएं करती हैं, जो आय की जिम्मेदारी उठाती हैं, बच्चों की देखभाल करती हैं, गृहिणी के दायित्व का निर्वाह करती हैं तो हम पाते हैं कि असमान विकास का बोझ सबसे ज्यादा महिलाएं ही उठा रही हैं।

सामाजिक शिखर सम्मेलन एक ऐसा महत्वपूर्ण अवसर प्रदान करता, जिसमें हम राजनीतिक विकास और आर्थिक संरचना के बारे में इस उद्देश्य के साथ विचार-विमर्श कर सकेंगे कि विकास की ऐसी नई अवधारणा और एक ऐसी नीति की शिनाख्त कर सके जो लोगों को पुरुषों और महिलाओं को समान रूप से केंद्र में रखकर तैयार की गयी हो। इसलिए यह शिखर सम्मेलन विश्वभर की गैर सरकारी संस्थाओं के कामों के सार तत्व को ध्यान में रख रहा है। इसमें भागीदारी और साधन दोनों है जिसका उद्देश्य जनता के जीवन को प्रभावित करने वाली आर्थिक, सामाजिक, सांस्कृतिक और राजनीतिक प्रक्रियाओं में सम्मिलित करने के लिए शक्ति और निर्णय लेने की क्षमता प्रदान करना है। सामाजिक विकास, जनता की भागीदारी, सामाजिक एकीकरण और सामाजिक आंदोलनों की मजबूती को बुनियादी राजनीतिक उद्देश्य बन जाना चाहिए। सामाजिक विकास को अपनी 'कोमल' छवि से छुटकारा पाना चाहिए।

विकसित देशों में भी अमीरों और गरीबों के बीच खाई बड़ी तेजी से चौड़ी होती जा रही है। सामाजिक सुरक्षा के जो भी उपाय हैं, वे तरह-तरह के दबाव झेल रहे हैं। बेरोजगारी इतनी बढ़ गई है कि अब इस पर काबू पाना एक समस्या है और जातीय अल्पसंख्यकों के बीच भेदभाव से सामाजिक एकजुटता की जड़ों के नष्ट होने का खतरा पैदा हो गया है। सरकारें इन समस्याओं से पर्याप्त रूप से निपट पाने में अपने को असमर्थ पा रही हैं। इसकी एक वजह यह है कि मजबूत बाजार और श्रम के क्षेत्र में प्रतिस्पर्धा के संदर्भ में वे सामाजिक सुरक्षा प्रदान करने में असमर्थ हैं। इसीलिए उन व्यापक और सार्वजनिक मानकों पर ज्यादा कारगर ढंग से ध्यान देने की जरूरत है, जो सामाजिक, रोजगार संबंधी और परिवेश स्थितियों को सुरक्षा प्रदान करते हैं।

समस्या यह है कि सभी के लिए 'विकास' का अर्थ अपने आप यह नहीं होता कि जनतंत्र, गरीबी उन्मूलन, रोजगार और निर्वाह योग्य आजीविका जैसे लक्ष्यों की ओर बढ़ा जाए। इसके कारण विकास संबंधी सोच के सामने एक संकट पैदा हो गया है। आज न केवल अंतर्राष्ट्रीय मदद कम होती जा रही है वरन् उन विचारों का भी अभाव पैदा हो गया है, जिससे हम यह समझ सकते थे कि नए संदर्भ में जनकेंद्रित और निर्वाह योग्य विकास के उद्देश्यों को किस तरह हासिल करें। फिर भी गैर सरकारी संगठनों तथा अन्य सामाजिक समूहों

के पास ऐसे विचार हैं जो उनके द्वारा किए गए कामों के दौरान प्राप्त अनुभवों पर आधारित हैं। और विकल्प की तलाश में सहायक सिद्ध हो सकते हैं।

दुनिया में सौ करोड़ से ज्यादा लोग बेहद गरीबी की हालत में जिंदगी गुजार रहे हैं। यह संख्या दुनिया की आबादी का पांचवां हिस्सा है। हालांकि विकासशील देशों की कुल जनसंख्या में गरीब लोगों के प्रतिशत में कमी आयी है (1975 में 37 प्रतिशत से 1990 में 30 प्रतिशत) लेकिन ग़रीब लोगों की संख्या अभी भी बढ़ रही है।

विश्व की आबादी में जो सबसे धनी 20 प्रतिशत हैं वे सबसे गरीब 20 प्रतिशत के मुकाबले 150 गुना ज्यादा कमाते हैं। विकासशील देशों में आय तथा सामाजिक सुविधाओं तक पहुंचने के लिए शहरी आबादी के सामने जो अवसर हैं उसके मुकाबले ग्रामीण आबादी आधा भी नहीं पाती है। अनेक ऐसे देश हैं, जहाँ विभिन्न जातीय समूहों को उनके देश में ही वंचित बनाकर रखा गया है।

गरीब महिलाओं की स्थिति औपचारिक शिक्षा की कमी, पर्याप्त स्वास्थ्य सेवाओं का न होना, भूमि, पूंजी तथा ऋण जैसे उत्पादक संसाधनों से वंचित रहना, सुरक्षित तथा पारिश्रमिक वाले रोजगार तथा राजनीतिक भागीदारी से वंचित रहने से भी प्रभावित होती है। सांस्कृतिक और सरकारी प्रवृत्तियाँ अन्य महत्वपूर्ण तत्व हैं जो परिवर्तन को रोकते हैं तथा महिलाओं को बदहाली की स्थिति में रखते हैं।

मौजूदा स्थिति को समझने के लिए ये आंकड़े देखें : विकासशील देशों में महिलाओं द्वारा रोजगार में भागीदारी की दर पुरुषों की तुलना में मात्र 20 प्रतिशत (दक्षिण एशिया में 29 प्रतिशत और अरब देशों में केवल 16 प्रतिशत) है। औद्योगिक देशों में यह 42 प्रतिशत है। हालांकि तीसरी दुनिया के कुछ देशों में स्थिति बदल रही है पर आमतौर पर नौकरीपेशा महिलाएं कम मजदूरी पाती हैं, उनका दर्जा निम्न है और उन्हें कम उत्पादकता वाले कामों में लगाया जाता है। इसके अलावा उन्हें घर-गृहस्थी के काम में घंटों समय देना होता है जिसे नजरअंदाज कर दिया जाता है।

कुछ देशों में महिलाओं को संपत्ति रखने की अनुमति नहीं है, जिसके फलस्वरूप वे ऋण लेने की पात्रता नहीं रखतीं। सांस्कृतिक बाध्यताएँ ऐसी हैं,

जो उन्हें बाजार की सुविधा तथा विपणन की संभावनाओं को तलाश करने में बाधा पहुंचाती हैं। इस तरह की बाधाओं को दूर करने के लिए एक वैकल्पिक रणनीति विकसित करनी होगी।

ग्रामीण क्षेत्रों के गरीब लोगों के लिए जमीन एक अनिवार्य उत्पादक संसाधन है। ऋण प्राप्त करने के लिए प्रायः आधार के रूप में जमीन की जरूरत पड़ती है। अनेक स्वयंसेवी संगठन यह मानते हैं कि जमीन पर सुरक्षित अधिकार उन संसाधनों में से एक है, जो गरीबों को अपनी निर्वाह योग्य जीविका बनाने का अवसर प्रदान करता है। फिर भी कानून में सुधार तथा इस तरह के नये कानूनों को लागू करने की गारंटी के मामले में सरकारी स्तर पर अभी बहुत कुछ किये जाने की जरूरत है। संयुक्त राष्ट्र मानव अधिकार कार्यक्रम ने भी सभी लोगों और समुदायों को सामाजिक सुरक्षा प्रदान करने पर बार-बार जोर दिया है-खासतौर पर उन लोगों के लिए जिनके सामने फिलहाल बेदखली और विस्थापन का खतरा है।

समाज में भागीदारी के सर्वोत्तम तरीके के रूप में अब तक उत्पादक तथा अच्छे पारिश्रमिक वाले रोजगार को मान्यता दी जाती है। अंतर्राष्ट्रीय श्रम संगठन और संयुक्त राष्ट्र विकास कार्यक्रम ने रोजगार रहित विकास (जॉबलेस ग्रोथ) की विश्वव्यापी प्रवृत्ति की ओर इशारा किया है। यानी अर्थव्यवस्था में वृद्धि हो रही है पर रोजगार में एक ठहराव आ गया है। पिछले 30 वर्षों के दौरान विकासशील देशों के उत्पादन में वृद्धि के मुकाबले रोजगार में वृद्धि आधी रही। पश्चिमी देशों में जहाँ पूंजी केंद्रित निवेशों और स्वचालीकरण के कारण रोजगार की प्रक्रिया में रुकावट आयी, रोजगार रहित विकास की प्रवृत्ति बहुत जबर्दस्त है। सामाजिक सेवाओं मसलन शिक्षा तथा स्वास्थ्य सेवा आदि में मितव्ययिता की नीति अपनाने से दुनियाभर में काफी बड़ी संख्या में महिलाओं को रोजगार से वंचित होना पड़ा है। टैक्स संबंधित उपायों और कर्ज योजनाओं के जरिए श्रम केंद्रित निवेशों को बढ़ावा देने की आवश्यकता है। पुरुषों और महिलाओं को शिक्षा, ऋण तथा औपचारिक क्षेत्र में रोजगार के बेहतर अवसर प्राप्त होने चाहिए।

अच्छे वेतन और उचित कार्य स्थितियों के लिए नौकरी का होना कोई गारंटी नहीं है। तीसरी दुनिया के देशों में बड़े पैमाने पर श्रम की आपूर्ति तथा

उत्पादक निवेशों के लिए जबर्दस्त अंतर्राष्ट्रीय प्रतिद्वंद्विता ने मजदूरों की मोल-भाव की शक्ति को कमजोर किया है। अनेक सरकारों ने नये-नये कानूनों से ट्रेड यूनियनों को लुंज-पुंज बना दिया है। अंतर्राष्ट्रीय श्रम संगठन के आंकड़ों को देखने से पता चलता है कि बेरोजगार और अल्परोजगार वालों की बहुत बड़ी संख्या के साथ 10 से 20 करोड़ बच्चे अत्यंत अमानवीय किस्म के शोषण के शिकार हो रहे हैं। जबरिया मजदूरी के विभिन्न रूपों के अधीन करोड़ों लोग गुलामी की जिंदगी जी रहे हैं और तकरीबन 10 करोड़ लोग अपने घर-बार से दूर रोजगार की तलाश में भटक रहे हैं इनमें से दो तिहाई लोगों को काम की तलाश में अपना देश भी छोड़ना पड़ता है। जातीय समूहों के साथ जबर्दस्त भेदभाव किया जाता है।

विकासशील देशों के लिए जो महत्वपूर्ण संसाधन हैं, उनमें से अनेक के विपणन पर गिनी-चुनी बहुराष्ट्रीय कंपनियों का प्रभुत्व है तथा इनकी प्रोसेसिंग भी यही कंपनियाँ करती हैं। तीसरी दुनिया के देशों में कच्चे माल के प्रोसेसिंग के काम में कठिनाई के पीछे अनेक कारणों में से एक कारण यह भी है अत्यंत विकसित देशों में कृषि पैदावार की जो अतिरिक्त मात्रा है उसे रियायती दर पर निर्यात करने से तीसरी दुनिया के देशों में कृषि उत्पादन तथा खाद्य पदार्थ की प्रोसेसिंग में बाधा पड़ती है। इसलिए यह जरूरी है कि विकसित देशों द्वारा थोपा गया संरक्षणवाद समाप्त किया जाए। फालतू सामान को तीसरी दुनिया पर थोपने की कार्रवाई का विरोध किया जाना चाहिए।

युद्धों तथा जातीय और धार्मिक संघर्षों ने गरीबी में काफी वृद्धि की है। अफ्रीका महाद्वीप में सहारा के रेगिस्तान के दक्षिण में स्थित देशों में अनुमानतः चार करोड़ लोग जो भीषण गरीबी का जीवन बिता रहे हैं। उसके पीछे मुख्य कारण युद्ध ही है। पूर्वी यूरोप तथा स्वतंत्र देशों के राष्ट्रमंडल के अनेक तनावपूर्ण केंद्र गरीबी को और भी ज्यादा बढ़ा रहे हैं। समूची दुनिया में शरणार्थियों की संख्या में तीन चौथाई महिलाएं हैं। महिला मुखिया वाले परिवार की संख्या में वृद्धि का मुख्य कारण भी यही है। युद्ध के कारण बड़े पैमाने पर सामाजिक विघटन तथा पर्यावरण का विनाश होता है। परमाणु तथा रासायनिक हथियारों के विकास और पूर्वी यूरोप के विघटन के बाद से हथियारों के व्यापार ने मानव समुदाय तथा पर्यावरण दोनों के लिए गंभीर खतरा पैदा कर दिया है।

विकसित देशों ने उत्पादन और उपभोग के फिलहाल जो तरीके अपनाए हैं, उनसे पर्यावरण को खतरा पैदा हो गया है। प्राकृतिक संसाधनों का ज्यादा से ज्यादा इस्तेमाल करके तथा जहरीले पदार्थों का जबर्दस्त उत्पादन करके इन्होंने भविष्य के सामने एक प्रश्नचिन्ह लगा दिया है। जैव प्रौद्योगिकी के क्षेत्र में हो रहे विकासों में भी मानव समुदाय और पर्यावरण के लिए गंभीर खतरा पैदा कर दिया है। बहुराष्ट्रीय निगमों और अंतर्राष्ट्रीय वित्तीय संस्थाओं को अपनी गतिविधियों के लिए अंतर्राष्ट्रीय समुदाय के सामने जवाबदेह बनाने की जरूरत है।

राष्ट्रीय सरकारें प्राय: उस समय बुरी तरह असफल हो जाती हैं जब उनके ऊपर ऐसी परिस्थितियाँ निर्माण करने की जिम्मेदारी आ पड़ती है, जिनमें गरीबी को कम किया जाए, सामाजिक एकीकरण को बढ़ावा दिया जाए, उत्पादक रोजगार पैदा किए जाएं और भरण-पोषण योग्य आजीविका के साधनों को विकसित किया जाए। भूमि सुधारों से आबादी के बहुत बड़े हिस्से को मदद मिल सकती है, लेकिन इसे हमेशा टाला जाता है। श्रम अधिकारों का प्राय: उल्लंघन होता है और अनेक देशों में लोगों को अपने बुनियादी अधिकारों के लिए एकजुट होने के उद्देश्य से संगठन बनाने की इजाजत भी नहीं है। इसके अतिरिक्त बहुधा सरकारें धन खर्च करने के लिए गलत प्राथमिकताओं का चुनाव कर लेती हैं। मसलन सामाजिक सेवाओं की बजाय हथियारों पर ज्यादा खर्च करती हैं। वे ग्रामीण लोगों के बजाय शहरी आबादी का पक्ष लेती हैं। यूनिसेफ के एक सर्वेक्षण के अनुसार विकासशील देशों की सरकारें बुनियादी शिक्षा, प्राथमिक स्वास्थ्य सेवा, पीने योग्य पानी की सप्लाई तथा सफाई और पोषक पदार्थों पर अपने बजट का लगभग दस प्रतिशत खर्च ही करती हैं।

ऋण लेने वाले अफ्रीका के ग्यारह गरीब देशों के दावों के विपरीत तीसरी दुनिया के अनेक देशों में ऋण से उत्पन्न संकट समाप्त नहीं हुआ है। फिलहाल 180 बिलियन डॉलर के ऋण के एवज में प्रतिवर्ष 10 बिलियन डालर (जो उसके निर्यात से होने वाली आय का एक चौथाई भाग है) ब्याज चढ़ रहा है। अफ्रीका पर कर्ज का जो बोझ है, उससे निश्चित रूप से आर्थिक दृष्टि से उबरने के मार्ग में अवरोध पैदा हो गया है और अफ्रीकी देशों में मानव विकास

की स्थितियों में आई गिरावट के पीछे ऋण नीतियों की अहम भूमिका है। इसलिए यूनिसेफ ने बहुत सटीक ढंग से यह बताया है कि ऋणों के सेवा शुल्क के रूप में 10 बिलियन डॉलर तो खर्च किया जा रहा है, लेकिन मानव विकास लक्ष्यों को हासिल करने के लिए 1992 में जो लक्ष्य निर्धारण किया गया उसके लिए मात्र 9 बिलियन डालर की जरूरत है।

अफ्रीका पर कर्ज के बोझ में उल्लेखनीय कमी लाने में निरंतर किए गए ऋण सुधार उपायों से कोई सफलता नहीं मिली है। अफ्रीका पर कर्ज का जो बोझ लदा है, उसका एक बहुत बड़ा कारण बहुपक्षीय एजेंसियाँ हैं और इनमें मुख्य रूप से विश्व बैंक, अंतर्राष्ट्रीय मुद्रा कोष तथा अफ्रीका डेवलमेंट बैंक जैसी एजेंसियाँ हैं। इन बहुपक्षीय एजेंसियों से जो वास्तविक ऋण सेवा प्राप्त होती है वह गंभीर रूप से कर्ज में डूबे कम आय वाले देशों द्वारा ऋण सेवा के रूप में किए जाने वाले कुल भुगतान का तीस प्रतिशत से भी अधिक है। बहुपक्षीय एजेंसियों की हैसियत वरीय ऋणदाता की है और इसका विकृत परिणाम यह है कि द्विपक्षीय और निजी ऋणदाताओं द्वारा ऋण की राशि में कमी किए जाने का एक उल्लेखनीय हिस्सा निम्न आय वाले देशों द्वारा बहुपक्षीय बैंकों को किए जाने वाले भुगतान के रूप में होता है। स्पष्टत: द्विपक्षीय और निजी ऋणदाताओं द्वारा मिल-जुलकर कर्ज को माफ करने की जरूरत है। ताकि निम्न आय वाले देशों में सामाजिक विकास की प्रक्रिया को तेज करने वाले प्रयासों को मदद मिल सके।

विदेशी विकास फंड से प्राप्त सीमित संसाधन भी सामाजिक विकास के कार्य को बढ़ाने में कुछ खास योगदान नहीं कर पाते हैं। यूनिसेफ के आकलनों के अनुसार ओवरसीज डेवलपमेंट एड (ओडीए) से प्राप्त राशि का अधिक से अधिक 10 प्रतिशत अंश ही विकास प्राथमिकताओं पर खर्च होता है। इस तरह के बुनियादी प्रावधानों और जरूरतों की पूर्ति के लिए जो सहायता राशि मिलती है वह औद्योगिक जगत द्वारा प्रति वर्ष खेलकूद के जूतों पर खर्च की जाने वाली राशि से भी कम होती है। 1980 के दशक में अफ्रीका में शिक्षा पर ओडीए द्वारा खर्च की जाने वाली राशि में भारी कमी आयी। ओडीए प्राय: प्राथमिक शिक्षा की बजाय उच्चतर शिक्षा पर, बुनियादी स्वास्थ्य सेवा की

बजाय महंगे अस्पतालों पर और कम लागत वाली ग्रामीण तथा कस्बाई जल आपूर्ति और सफाई व्यवस्था की बजाय उच्च लागत वाली शहरी व्यवस्था पर पैसा खर्च करने में दिलचस्पी लेता है और अंतर्राष्ट्रीय पैमाने पर स्वीकृत मानव अधिकार मानकों तथा जनता को शक्ति देने वाले सिद्धांतों के विपरीत काम करता है।

प्रतिवर्ष हजारों लाखों लोग विश्व बैंक की मदद से चल रही बड़ी-बड़ी परियोजनाओं के कारण विस्थापित होते हैं। विश्व बैंक और अंतर्राष्ट्रीय मुद्रा कोष के ऋणों ने विकासशील देशों की सरकारों की उस क्षमता को कम किया है जिसके जरिए वे सामाजिक क्षेत्रों को वरीयता देती रहीं हैं। इसका कारण यह है कि अधिकांश संरचनात्मक समायोजन कार्यक्रमों में ऐसी शर्तें निहित हैं जो सरकार के हाथ बांध देती है। लेकिन ऐसा भी हो सकता है कि इस तरह की शर्तों को मानकर कर्ज लेने वाली सरकारों पर कारगर ढंग से यह दबाव डाला जाए कि वे अंतर्राष्ट्रीय मानव अधिकार कानूनों के तहत अपने मौजूदा वैधानिक दायित्वों का पालन करें। इसके अलावा अंतर्राष्ट्रीय वित्तीय संस्थानों को संयुक्त राष्ट्र की विशिष्ट एजेंसियों की तरह संयुक्त राष्ट्र घोषणा पत्र में वर्णित कर्तव्यों तथा अंतर्राष्ट्रीय मानव अधिकार कानून में स्थापित मानकों के अनुरूप काम करने की नीति तैयार करनी चाहिए।

विदेशी सहायता से किए जाने वाले मानव विकास के लाभ आगे चलकर सीमित हो जाते हैं, क्योंकि विदेशी सहायता का बहुत बड़ा अंश पूर्व लक्ष्यों से बंधा हुआ होता है। दानदाता एजेंसियाँ इस तरह की सहायता को प्राथमिकता देती हैं (मसलन प्रवासी तकनीकी सहयोग, विशिष्ट उत्पादों के लिए आयात संवर्द्धन आदि) जिससे उनकी खुद की घरेलू अर्थव्यवस्था को लाभ पहुंचे। नतीजा यह होता है कि इस द्विपक्षीय सहायता का 60 से 90 प्रतिशत अंश दानदाता देशों द्वारा प्रदत्त सामानों और सेवाओं पर खर्च हो जाता है। इसके अलावा किस देश को सहायता दी जाए इसके चयन का आधार प्रायः राजनीतिक उद्देश्य होता है, जिसमें गरीब देशों अथवा उन देशों की बजाय जिनमें बड़ी संख्या में गरीब लोग रहते हैं मध्य आय वाले देशों को तरजीह दी जाती है। इससे उन देशों को कम राशि प्राप्त होती है, जिन्हें सबसे ज्यादा सहायता की जरूरत है।

फिर भी, इधर के वर्षों में बहुपक्षीय एजेंसियों और द्विपक्षीय दानदाताओं ने गरीबी उन्मूलन तथा मानव विकास संबंधी नीतियों पर ध्यान केन्द्रित करना प्रारंभ किया है।

(14 जुलाई 1994, आधारशिला)

(लेखक ट्रेड यूनियन संबंधी जानकारी के लिये समाजवादी नेता सुरेन्द्र मोहन और अंतर्राष्ट्रीय विकास सहायता संबंधी जानकारी के लिये नीदरलैंड की एजेंसी नोविब का आभारी है।)

52 टकराव या सहअस्तित्व

ग्यारह सितंबर को न्यूयॉर्क में जो कुछ हुआ, वह सभ्य समाज के इतिहास के पृष्ठों पर कुरूप धब्बा बना रहेगा। और जैसी आशंका थी वाशिंगटन और न्यूयॉर्क में निरीह नागरिकों पर आतंकवादी हमले के बाद महाबली अमेरिका आक्रामक मुद्रा में है। उसका गुस्सा जायज है।

आतंकवाद क्रूर होता है फिर भी यह कल्पना नहीं थी कि वह इतना नृशंस होगा। अत: इतिहास में वह समय आ गया है जब आतंकवाद से सख्ती से निपटा जाये। लेकिन आतंकवाद से निपटने के क्या तरीके हैं? क्या किसी धर्म विशेष को आतंकवाद का पर्याय ठहराया जा सकता है? इन प्रश्नों के उत्तर तुरंत नहीं खोजे जा सकते हैं, लेकिन उस दिशा में प्रयास किये जा सकते हैं। आतंकवाद पर अंकुश लगाने के लिए भविष्य में कौनसी नीति अपनायी जानी चाहिये : टकराव या न्यायिक प्रक्रिया जारी रखते हुए सहअस्तित्व की।

इस दिशा में जापान ससाकावा पीस फाउंडेशन ने 1996–98 तक एशिया में संस्कृति एवं सहअस्तित्व पर एक शोध अध्ययन करवाया था। यह अध्ययन एशिया के पांच देशों : श्रीलंका, इन्डोनेशिया, फिलीपींस, नेपाल एवं भारत में सामाजिक परिवर्तन से जुड़े आठ लोगों की एक टीम द्वारा किया गया था। प्रसिद्ध समाजशास्त्री एवं चिंतक आशीष नंदी के साथ इस लेखक ने भी इसमें शिरकत की थी। इस लेख में उस अध्ययन के आधार पर आतंकवाद से उत्पन्न चुनौतियों से निपटने के तरीकों पर प्रकाश डाला गया है। इस लेख की सामग्री का आधार मेरे वे अनुभव हैं जो 1996–98 के बीच पांच एशियाई देशों में सहअस्तित्व के विषय पर जन–धारणाओं के अध्ययन के दौरान हुए थे। आज भी उनकी प्रासंगिकता बनी हुई है।

आतंकवाद को सही ढंग से समझने के लिये हमें अस्मिताओं के संघर्ष को समझना होगा, जिनकी शुरुआत मानव सभ्यता के प्रारंभ से ही चली आ रही है। इसमें असहनीयता का पुट पिछले चार–पांच दशकों में बढ़ा है। शीत युद्ध

की समाप्ति के बाद इसमें तेजी आयी है। सामाजिक विकास के विभिन्न चरणों में मानव समूहों और समुदायों ने 'हम' और 'अन्य' में अंतर किया है। 'हम' श्रेणी के सदस्यों में निकटता, सद्भाव और सहयोग था, 'अन्य' के संबंध में उनमें हमेशा शंका का भाव रहा। धीरे-धीरे इन्हीं संबंधों के आधार पर सामूहिक अस्मिताएं बनती चली गयी, जिन्हें बड़े जातीय सामाजिक संगठनों में भी स्थान दिया गया। उस समय तक ऐसी स्थिति नहीं बनी थी कि अस्मिता का त्याग किया जाये। बाद में राष्ट्र और धर्म के बीच इन अस्मिताओं की आस्था बढ़ने लगी। स्वतंत्र पहचान और सांस्कृतिक स्वायत्तता इसके दो प्रमुख तत्व हैं।

आधुनिक काल में अस्मिताओं की लड़ाई संवैधानिक या न्यायिक स्तर पर लड़ी जाने लगी, लेकिन जहाँ ऐसा संभव न हुआ वहाँ इसने आतंकवाद और अघोषित युद्ध का रूप धारण कर लिया। ऐसी स्थिति अलग-अलग ढंग से बनी पर पिछले कुछ दशकों से अस्मिताओं के बीच संघर्ष वैचारिक न होकर हिंसा पर आधारित हो गया है। इसकी परिणति एक भयानक हादसे के रूप में न्यूयॉर्क में देखने को मिली। अधिकांश अमेरिकी उसे 'इस्लामिक' आतंकवाद करार दे रहे हैं। लेकिन क्या वास्तव में ऐसा है?

'इस्लामिक कट्टरवाद' के बारे में अमेरिका और जापान सहित एशिया की समझ अलग-अलग है। 'इस्लामिक कट्टरवाद' शब्दों से पश्चिमी लोगों के जेहन में एक अजीब सी दहशत भरी तस्वीर उभरती है। वैसे आजकल इस्लामिक जगत में कुरान आधारित 'मूल्यों' पर जोर है एवं इस्लाम का पुनरुद्धार कर उसे उसके मौलिक रूप में लाने के प्रयास चल रहे हैं। 'इस्लामिक कट्टरवाद' एक अत्यंत मिश्रित और कठिन परिकल्पना है, जिसके बारे में हमें अधिकतर मीडिया से ही सुनने को मिलता है। और इस 'इमेज' को आतंकवाद एवं असहिष्णु विचारधारा से मेल खाते दर्शाया जाता है।

आधुनिक इस्लाम में कई तत्व जुड़े हैं। शुक्रवार को नमाज पढ़ना मात्र एक चिन्ह है, लेकिन उसमें अन्य स्वरूप भी शामिल हैं, जैसे बिना ब्याज लेन-देन के बैंक चलाना। इन्हें 'इस्लामिक जागरण' की निशानी माना जाता है, क्योंकि इस्लाम को पूरे सामाजिक ढांचे की संरचना के पुनर्गठन के साथ-साथ व्यक्तिगत जिंदगी से भी जोड़कर देखा जाता है। इस समय इस्लामिक जगत में जो

गतिविधियां चल रही हैं, उसमें राजनीतिक गतिविधियाँ उसका एक अंशमात्र हैं।

गैर इस्लामिक जगत में (यूरोप, अमेरिका एवं जापान और अब भारत) में यह माना जा रहा है कि राजनैतिक इस्लाम चरमपंथी है और यह आतंकवादी गतिविधियों में या तो स्वयं लिप्त रहता है या उन्हें बढ़ावा देता है। इसके पक्ष में ईरानी सरकार और इस्लामिक सालवेशन फ्रंट के कारनामों का उल्लेख किया जाता है। यह सही है कि अलजीरिया में कुछ चरमपंथी गुटों द्वारा हिंसा का बेवजह इस्तेमाल किया गया जैसे विदेशियों को गोली से उड़ा देना। लेकिन वहाँ के अन्य इस्लामिक संगठन 'इंसाफ' ने ऐसी हिंसा का कड़ा विरोध किया है। अन्य इस्लामिक गुट, जिनका नाम अक्सर समाचारपत्रों में जिक्र आता है, वे हैं जो अफगानिस्तान या लेबनान में सक्रिय हैं। इन दोनों देशों में बीस-बीस साल तक चलने वाले लंबे गृहयुद्धों के कारण राजनैतिक आतंकवाद को बढ़ावा मिला है। लेबनान में 1987 के बाद अमाल और हिजबोला जैसे कट्टरपंथी गुट पनपे। इसके पूर्व वहाँ मेनोनाइट गुटें एवं मार्क्सवाद लेनिनवादी अरब गुटों के बीच संघर्ष चलता रहता था। उत्तरी आयरलैंड में आयरिश रिपब्लिक आर्मी, जर्मनी का खूंखार आतंकवादी गुट 'रेड आर्मी' और स्पेन में 'बास्क' गुट का अस्तित्व इस बात का द्योतक है कि आतंकवाद सिर्फ इस्लामिक देशों तक ही सीमित नहीं है।

पश्चिमी विचारक अक्सर यह तर्क देते हैं कि 'राजनैतिक इस्लाम' को रोका जाना चाहिये, क्योंकि यह प्रजातंत्र के खिलाफ है। हालांकि अधिकांश छोटे इस्लामिक गुटों ने प्रजातंत्र में अपना विश्वास व्यक्त किया है लेकिन जुडिथ मिलर जैसी पत्रकार ने इसे महज दिखावा करार दिया है। इस अविश्वास का कारण उनकी नजर में अरबों या इस्लाम का इतिहास और सदस्यों के सामाजीकरण की प्रक्रिया है। उनका मानना है कि ये गुट तानाशाही के नियमों से संचालित होते हैं और विविधता, आत्म आलोचना एवं असहमति जैसी सामाजिक धारणाओं को नहीं मानते हैं।

पिछले कुछ समय से इस्लाम और प्रजातंत्र के सहअस्तित्व पर भी चर्चा चल रही है। राजनैतिक इस्लाम के समर्थकों ने इस पर अपने विचार प्रकट किये हैं। उनका मानना है कि पश्चिमी प्रजातंत्र परिकल्पना से उनकी इस्लामिक

परिकल्पना मेल नहीं खाती। इससे ऐसा आभास होता है कि पश्चिमी मूल्यों का सदा विरोध करने वाले राजनैतिक इस्लाम और प्रजातांत्रिक मानकों का कभी ताल–मेल नहीं बैठेगा। वास्तव में सन् 1994 में ही टकराहट की गड़गड़ाहट सुनाई देने लग गयी थी। उस समय मध्य पूर्व में इस्लाम का उदय विषय पर एक सेमिनार में भाग लेते हुए अमेरिका के पूर्व एशियाई मामलों के उपसचिव राबर्ट एच० पेलेट्रू जुनियर ने कहा था "एक सरकार के रूप में हमारा इस्लाम से कोई विरोध नहीं है, लेकिन इस्लामिक पुनर्जागरण के कुछ पहलुओं से पश्चिमी विरोध झलकता है, जिनका उद्देश्य न सिर्फ पश्चिमी प्रभाव को समाप्त करना है वरन् पश्चिम के साथ किसी भी प्रकार के सहयोग का विरोध भी है। और ऐसी स्थिति अमेरिकी हितों के विरोध को जन्म देती है।"

एशिया के कई हिस्सों में आधुनिकीकरण और प्रजातंत्रीकरण की प्रक्रिया चल रही है, लेकिन यह जरूरी नहीं है कि ये सभी प्रक्रियाएं स्वभावतः पश्चिमी रुझान की हों। उल्लेखनीय है कि 1992 में पश्चिमी एशिया के छह अरब देशों का रक्षा बजट 35 बिलियन डॉलर था, जबकि खाड़ी के युद्ध के बाद से उक्त भौगोलिक इलाके में हथियारों की होड़ पर रोक लगाने की चर्चा आम थी। सन् 1993 में अमेरिका ने 14.8 बिलियन डॉलर का अनुदान तीसरी दुनिया के देशों को हथियार खरीदने के लिये मुहैया कराया। इसका 80 प्रतिशत यानी 11.7 बिलियन डॉलर सऊदी अरब एवं कुवैत को मिला। इन हथियारों से उत्पन्न मानव अधिकार उल्लंघन की स्थिति की ओर अमेरिका ने आंख मूंद ली।

सत्ता द्वारा न्याय देने से इनकार करने पर हिंसा और आतंकवाद तुरंत सिर नहीं उठा लेते हैं, लेकिन ऐसी घटनाओं से भूसे में चिंगारी जरूर गिर जाती है। वस्तुतः लंबे समय तक होने वाले शोषण, निराशा एवं अपमान के चलते हिंसात्मक तरीकों से समस्या के हल निकालने का मानसिक दबाव बढ़ता जाता है। तीसरी दुनिया के मामलों में यह विश्लेषण ज्यादा सही लगता है। आतंकवाद किसी शून्य से नहीं जन्मता। सैकड़ों तरह के विचार इसके बनने में सहायक होते हैं एवं कई गुटों के अपने स्वार्थ इसे सिंचित कर इसे पनपने में मदद करते हैं। लंबे समय तक की उपनिवेशवादी गुलामी के कारण तीसरी दुनिया के देश उन्नत राष्ट्रों के मुकाबले ढांचागत रूप से कमजोर बने रहे एवं

अमीरी–गरीबी के बीच की खाई और बढ़ी। पिछले बीस वर्षों में उन्नत देशों द्वारा तीसरी दुनिया को विकास हेतु दी जाने वाली सहायता राशि में लगातार गिरावट आई है। इसके साथ ही स्थानीय सत्तारूढ़ गुटों द्वारा अपने स्वार्थ साधने के लिए उलूल–जलूल आर्थिक नीतियाँ अपनाना आग में घी डालने का काम कर रही है।

प्रजातांत्रिक संस्थाओं के अभाव में लोगों को अपनी भड़ास निकालने का मौका नहीं मिलता और वे हिंसा के माध्यम से अपना रास्ता खोजने लगते हैं। पेट्रोल की कीमतों में गिरावट से अरब देशों के आम लोगों के जीवन पर पड़ने वाले प्रभावों से बाहरी दुनिया कम ही वाकिफ है, क्योंकि हमें सिर्फ वहाँ की चमचमाती कारें, भव्य इमारतें और स्वीमिंग पुलों में तैरती सुंदरियों के ही दर्शन कराये जाते हैं। जीवन स्तर में लगातार गिरावट, ऊपर से जनसंख्या में वृद्धि और अनपढ़ों की फौज हिंसा और आतंकवाद के पनाहगार हैं, जिनके साये में भोले–भाले मासूम अल्हड़ नवयुवकों के 'दिमाग' पर कब्जा किया जाता है, लेकिन आतंकवाद के वटवृक्ष को हम इस्लाम का वन समझने की भूल न करें।

धर्म के नाम पर अनेक गुनाह और जुल्म किये जाते हैं और उन्हें इस्लामिक मूवमेंट का नाम दे दिया जाता है। अतः आतंकवाद के खिलाफ लड़ाई में यह लक्ष्मण रेखा खींचनी होगी कि धर्म किसी विशेष आतंकवादी गतिविधियों के लिये कहाँ तक जिम्मेदार है।

मैं हर प्रकार के आतंकवाद का विरोधी हूं। भले ही उसने धर्म का लबादा ओढ़ रखा हो, लेकिन मैं उनसे सहमत नहीं हूं जो अपनी राजनैतिक रोटियां सेंकने के लिए किसी एक धर्म विशेष के अनुयायियों की गतिविधियों को धार्मिक आतंकवाद करार देते हैं। आतंकवाद का मुकाबला आतंरिक शक्ति एवं सभी को एक नजरिए से देखने के आधार पर ही किया जा सकता है। झूठे प्रोपेगंडा की नींव पर नहीं। आतंकवाद को लोगों के पिछड़ेपन, सामाजिक भिन्नता और 'एथनिक' अस्मिताओं से जोड़कर देखना होगा। इसका मुकाबला भूमंडलीय स्तर पर किया जाना चाहिये।

अक्सर आतंकवाद को किसी धर्म विशेष से जोड़कर देखा जाता है, ऐसा करना गलत है और इस प्रवृत्ति को रोकना होगा। लेकिन साथ ही हम असहनीयता

एवं कठमुल्लापन के बीच पारे की तरह तरलता के संबंध को भी पूरी तरह नजरअंदाज भी नहीं कर सकते। अमेरिकी विचारकों का मानना है क्रि कट्टरता की तुलना उस पिघले पारे से की जा सकती है, जिसे गर्म करने पर आतंकवाद भाप के रूप में परखनली के बाहर आता है। इक्कीसवीं सदी के प्रारंभ में इस्लाम एक ऐसे मोड़ पर खड़ा है, जहाँ कबाइली संस्कृति के परिवेश में पले-बढ़े उसके अनुयायी नये विचारों, संस्कृति, व्यवहार और टेक्नोलॉजी की चकाचौंध से भ्रमित हो गये हैं और वे विज्ञान एवं धर्म के बीच तारतम्य बैठाने में अपने को असमर्थ पा रहे हैं। उनकी खीज बढ़ती जा रही है और एक ओर जहाँ वे प्रजातांत्रिक संस्थाओं को इस्लाम विरोधी ठहरा रहे हैं, वहीं दूसरी ओर पश्चिमी देश भी भूमंडलीकरण के अंतर्गत नये आर्थिक मूल्यों को स्थापित करने में लगे हैं एवं इस प्रक्रिया में उन्हें सामुदायिक निर्णय करने वाले धार्मिक गुट आतंकवाद के गढ़ नजर आ रहे हैं।

पश्चिमी जगत द्वारा पूरे 'इस्लाम' को आतंकवाद का पर्याय बताना गलत है, लेकिन साथ ही इस्लामिक जगत को दूसरों के साथ बातचीत के रास्ते खोलने होंगे। यानी सह अस्तित्व की खोज। सहअस्तित्व आखिर क्या है? साथ-साथ एक ही समय पर एक ही जगह रहना। इसमें शांति का पुट जोड़ दें तो वह शांतिपूर्ण सहअस्तित्व बन जाता है। शांतिपूर्ण सहअस्तित्व के नजरिये से हमे दूसरे की विचारधारा को समझना होगा। यहाँ इसका अर्थ बुराई का खात्मा करने से रोकना नहीं वरन् स्रोत को समझना है। सहअस्तित्व सिद्धांत के अभाव में सिर्फ एक-दूसरे का सफाया करने की नीति ही बच जाती है। सहअस्तित्व एक गहरी मनोवैज्ञानिक सोच है जहाँ से अच्छाई के स्रोत फूटते हैं।

अंत में मेरा मानना है कि इस्लाम में बढ़ता कट्टरवाद उसके द्वारा अपनी 'एथनिक' पहचान बनाने की प्रक्रिया है जिसका जवाब हिंसा नहीं है, क्योंकि इसकी तासीर आतंकवाद से अलग है। हमें आतंकवाद पर प्रहार करना चाहिए न की धार्मिकता पर।

आतंकवाद क्या है? वे हिंसात्मक कार्य जो कानून की प्रक्रिया को प्रभावित करते हैं और प्रजातांत्रिक तरीके से चुनी गयी संवैधानिक सरकारों को खतरे में डालते हैं। उन्हें आतंकवादी कार्रवाइयों की संज्ञा दी जाती है। इस संदर्भ में

अक्टूबर 1998 में अर्जेंटीना में आर्गेनाइजेशन ऑफ अमेरिकन स्टेट्स की एक बैठक हुई थी, जिसमें आतंकवाद पर अंकुश लगाने के तरीकों पर विस्तृत चर्चा हुई थी। इसके पूर्व सेंटियागो में अप्रैल 1998 में 34 देशों के प्रतिनिधियों ने आतंकवाद के खिलाफ लड़ाई में नये तरीके अपनाने की पुरजोर सिफारिश की थी। आतंकवाद को सुसंगठित गुटें द्वारा पोषित किया जाता है और सुव्यवस्थित ढंग से उसमें हिंसा करने के तरीके सिखाये जाते हैं या उनको जायज ठहराने के सैद्धांतिक आधार खोजे जाते हैं। ऐसी स्थिति में मुकाबला सिर्फ मिसाइलों, टैंकों और बमों से ही काफी नहीं है वरन् उसके लिए सशक्त शांतिपूर्ण सहअस्तित्व की विचारधारा को बढ़ावा देना होगा। यह कोई नया विचार नहीं है। सभी सभ्यताओं में अस्मिताओं के हिंसात्मक टकराव को रोकने के लिये सहअस्तित्व की कल्पना की गई है। आखिर क्या कारण है कि हिन्दू होने के बावजूद एक भारतीय न्यायाधीश ने जांच आयोग की रिपोर्ट में कुछ हिन्दू संगठनों को मुसलमानों के प्रति हिंसा का जिम्मेदार ठहराया। या वह कौनसी ताकत है, जिसके वशीभूत होकर अलीगढ़ में एक हिन्दू महिला ने एक मुस्लिम लड़की की इज्जत बचाने के लिये दंगाइयों के सामने खड़े होकर कहा कि जो तुम इस लड़की के साथ करना चाहते हो वही मेरे साथ करो और दंगाई शर्म से सिर झुकाकर चले गये।

वस्तुतः सहअस्तित्व के बीज मानव हृदय में छिपे होते हैं। आवश्यकता है उस अच्छे तैयार खेत की जहाँ उसकी फसल लहलहा सके। जाहिर है हिंसात्मक तरीकों और नफरत से ऐसा नहीं हो सकता। समाज में शांति और सहअस्तित्व एक निरंतर चलने वाली प्रक्रिया है, लेकिन क्या सहअस्तित्व के दर्शन पर सामाजिक परिवर्तन संभव हैं। 1989 में चेकोस्लोवाकिया और पोलैंड के सालिडेरिटी मूवमेंट ने रक्तहीन क्रांति से जो परिवर्तन वहाँ लाये वह इस बात का सबूत है कि आधुनिक भूमंडलीकरण के जमाने में भी सहअस्तित्व संभव है। वहाँ यह परिवर्तन सरकार, सेना या राजनेताओं द्वारा नहीं वरन् आम नागरिकों के प्रयास से आया।

अमेरिका में आतंकवादियों के हमले के दो पहलू है। पहला अपराधियों को दंड देना। निश्चय ही अमेरिकी सरकार अपने तरीके अपनाएगी।

दूसरा पहलू है आतंकवाद के वैचारिक समर्थन को खत्म करना। यहाँ

अमेरिकी जनता को अपना महाबली रूप छोड़कर अस्मिताओं के सहअस्तित्व को स्वीकारना होगा। स्वयं अमेरिकी समाज में इसके उदाहरण मौजूद है। प्राचीन सभ्यता वाले भारत जैसे देशों को सहअस्तित्व के संदर्भ में अपनी भूमिका तलाशनी होगी।

(11 जून 2002, आधारशिला)

53 नये नीड़ का निर्माण

तीसरी दुनिया में अब तक उदारीकरण के मॉडल देश अर्जेंटीना की अर्थव्यवस्था के बिखरने और महाबली अमेरिका की बहुराष्ट्रीय कंपनी एनरॉन के दिवालियापन ने पश्चिमी देशों को हिलाकर रख दिया है, जिसके साक्ष्य हाल ही में ब्राजील के पोर्टो एलिग्रो शहर में आयोजित विश्व सामाजिक फोरम में साफ उभरते नजर आये। मेरे सामने ई-मेल से आये तीन समाचार हैं। एक फिलीपींस के वॉल्डन बेलो का है, जिसमें उन्होंने यह समझाया है कि उन्नत देशों के बुद्धिजीवी वर्ग विशेषकर मध्यमवर्गीय परिवारों में वैश्वीकरण का तिलस्म टूट रहा है और विश्व अर्थ संस्थाओं- वर्ल्ड बैंक, आई०एम०एफ०, विश्व व्यापार संगठन को- पूर्व में दी गई 'मध्यमवर्ग की सहमति' में अब लगातार कमी आ रही है। दूसरा समाचार अफ्रीका के एक मित्र का है, जिन्होंने अफ्रीका के कई देशों में भुखमरी की बढ़ती समस्या का जिक्र है। उनकी चिंता यह है कि आज से एक दशक पूर्व जहाँ सबको कुछ न कुछ खाने को मिल जाता था, वहाँ अब लोग 'अन्न असुरक्षा' की भावना से ग्रसित हो रहे हैं। तीसरा समाचार दक्षिण भारत की एक स्वैच्छिक संस्था के जमीनी विकासकर्मी का है। उनका प्रश्न है कि किसान परिवारों की बिगड़ती माली हालत को सुधारने के लिये क्या किया जाये? यदि यही आलम रहा तो अनाज उत्पन्न करने वाले ग्रामीण परिवार भी भूखों मरने लगेंगे। बाल मजदूरी रोकना तो दूर, उन्हें जीने के भी लाले पड़ जायेंगे। इन तीनों समाचारों के मूल में भूमंडलीकरण के दो आतंकी योद्धा उदारीकरण और निजीकरण के कुप्रभावों का परिवारों के जीवन स्तर पर विपरीत प्रभाव है।

दुनियाभर में ऐसे हालातों के उभरते भारत जैसे कृषि प्रधान और ग्रामीण जनसंख्या वाले देश द्वारा भूमंडलीकरण की तरफ आंख मूंदकर भागना आश्चर्यचकित करने वाला है। इस संदर्भ में हाल ही में ब्राजील में सम्पन्न द्वितीय विश्व सामाजिक फोरम में स्वैच्छिक संस्थाओं, मानव अधिकार संस्थाओं,

जन आंदोलनों, मध्यमवर्गीय बुद्धिजीवियों और नागरिक समूहों के लगभग 30,000 प्रतिनिधियों द्वारा एक नये विश्व समाज के निर्माण का संकल्प हमारा ध्यान बरबस आकर्षित करता है। फोरम क्या है? इसके क्या उद्देश्य हैं?

पिछले दो साल से ब्राजील का पोर्टो एलेग्रे शहर भूमंडलीकरण के खिलाफ विश्व गतिविधियों का केन्द्र बना हुआ है। विश्व सामाजिक फोरम का विचार यहाँ के नागरिकों को विश्व आर्थिक फोरम के जवाब में सूझा। इसका कारण यह है कि जहाँ लातिन अमेरिका के अन्य देश लगातार बढ़ती बेरोजगारी और ग्रामीण इलाकों में किसानों की दुर्दशा से जूझ रहे हैं, वहीं ब्राजील का एक प्रांत रियो क्लावड डू सोल (पोर्टो एलग्रे इसी प्रांत में है) में बेरोजगारी नियंत्रण में है और आम जनता को अन्न असुरक्षा का सामना नहीं करना पड़ रहा है। यानी कुल मिलाकर गरीबों की हालत ठीक-ठाक है। इसका श्रेय वहाँ प्रत्यक्ष प्रजातांत्रिक तरीकों से निर्णय लेने और अर्थव्यवस्था के संचालन को दिया जाता है। इसी से प्रेरित होकर वहाँ की वर्कर्स पार्टी, फ्रांस के प्रसिद्ध अखबार ले मांदे, यूरोप की एक प्रभावशाली संस्था 'एटेक' ने जो विश्व वित्त लेन-देन पर टैक्स लगाने की पक्षपाती है, नीदरलैंड की गैर सामाजिक संस्था 'नोविब' से मिलकर इस मुहिम को अंजाम दिया। इसका उद्देश्य है भूमंडलीकरण के खिलाफ पोर्टो एलेग्रो के मॉडल को विश्व के अन्य भागों में फैलाना ताकि आज की निर्दयी और हृदयहीन अर्थव्यवस्था की एवज में मानवीय सरोकारों को प्राथमिकता देने वाली अर्थनीतियों को स्थापित किया जा सके। इस मुहिम से नॉम चॉमोस्की जैसी हस्तियाँ भी जुड़ी हैं।

पिछले वर्ष आठ महीनों की अल्पावधि में ही जब प्रथम विश्व सामाजिक सम्मेलन का आयोजन हुआ तो **फाइनेंशिएल टाइम्स** ने इस अवसर पर विश्व आर्थिक फोरम (विईफो) के समर्थकों एवं विश्व सामाजिक फोरम (विसाफो) के पक्षधरों के बीच टी०वी० बहस करायी, जिसमें मुट्ठीभर चुनिंदा धनाढ्यों एवं बहुसंख्यक गरीबों के अपने-अपने सरोकार सामने आये।

प्रथम बैठक के बाद से ही विश्व सामाजिक फोरम का ग्राफ ऊपर उठने लगा। कुछ विशेषज्ञों का मानना है कि 'विसाफो' से 'विइफो' परेशान है। विइफो को पहला झटका उस समय लगा, जब उसे 2002 का वार्षिक सम्मेलन स्वीटजरलैंड के दावोस से हटाकर सिएटल ले जाना पड़ा। भूमंडलीकरण के

विरोध में होने वाले प्रदर्शनों के डर से स्वीटजरलैंड सरकार ने प्रतिनिधियों की सुरक्षा की जिम्मेदारी लेने से इनकार कर दिया था। विश्व अर्थव्यवस्था के सरमायेदारों को दूसरा झटका उस समय लगा जब कनाडा ने प्रस्तावित अमेरिका शिखर सम्मेलन का स्थान एलबर्टा प्रांत में स्थित दुर्गम पहाड़ियों वाले एक शहर में प्रस्तावित किया।

दरअसल भूमंडलीकरण के खिलाफ पश्चिमी देशों में अब जनमत भड़क रहा है। पिछले वर्ष जिनोआ में ग्रुप-8 की बैठक के अवसर पर 30,000 प्रदर्शनकारियों ने पुलिस द्वारा छोड़े आंसू गैस की परवाह न करते हुए जुलूस निकाला। एक प्रदर्शनकारी पुलिस की गोली से मारा गया। इसी तरह विश्व व्यापार संगठन की मंत्रिमंडलीय स्तर बैठक दोहा कतार में रखी गयी। जहाँ गैर सरकारी संगठनों का जाना बहुत कठिन था। सिएटल का उग्र प्रदर्शन जगजाहिर है। पश्चिमी प्रेस का अनुमान है कि 'विईफो' की बैठक अब किसी गैर प्रजातांत्रिक मुल्क में शायद ही संभव हो। वैसे 11 सितंबर के बाद पश्चिमी जनता का रुख काफी कड़ा हो गया था और भूमंडलीकरण के विरोधियों को भी आतंकवादी खांचे के नजरिये से देखा जाने लगा था, लेकिन अर्जेंटीना और एनरॉन प्रकरणों ने उनकी आंखें खोल दी हैं। रही-सही कसर पोर्टो एलेग्रो ने पूरी कर दी।

तीस जनवरी से चार फरवरी तक चलने वाले वर्ल्ड सोशल फोरम में चार मुख्य विषयों के इर्द-गिर्द 26 सत्रों में चर्चा की गयी। पहला-धनोपार्जन एवं सामाजिक उत्पादकता; दूसरा-अर्थोपार्जन के तरीके एवं टिकाऊ विकास; तीसरा-नागरिक समाज एवं चौथा-भावी नये समाज के नैतिक आधार।

यदि डब्ल्यूएसएफ की बैठक पिछले नवँबर या दिसंबर में हुई होती तो संभवतः उसमें शामिल होने वाले प्रतिभागियों की मनोदशा वर्ल्ड ट्रेड टावर्स के विध्वंस और अफगानिस्तान पर विजय के झोंको से प्रभावित रहती। लेकिन एनरान की पराजय और अर्जेंटीना की आर्थिक विफलता विनिमयन एवं भ्रष्टाचार के अस्थिर मिश्रण का प्रतीक बन गयी है। एनरॉन 1930 से चली आ रही ऐसी अमेरिकी 'नयी अर्थव्यवस्था' का प्रतीक था, जिसे व्यापक आर्थिक मंदी को दूर करने का कामयाब फार्मूला माना जाता था। लेकिन कामयाबी के इस प्रतीक के मुख पर कालिख पुत गई है।

बीसवीं सदी की अर्थव्यवस्था से दो महत्वपूर्ण तथ्य उभरे, जिन पर चर्चा करने से हम कन्नी काटते रहे हैं, लेकिन इनकी इस सदी में निर्णायक भूमिका होने वाली है। इनमें से पहला तथ्य यह है कि लोकतंत्रात्मक वैज्ञानिक और सभ्यता के तथाकथित विकास काल में अमीर और गरीब के बीच की बढ़ती सामाजिक-आर्थिक खाई और दूसरा गरीबों में जनसंख्या का विस्फोट परिवहन और संचार क्रांति भले ही सारे ग्लोब को गांव बना दे और उपभोक्ता संस्कृति हमारे दैनिक जीवन में हावी हो जाये, परन्तु अभी भी मानवीय मूल्यों के सरोकार ही मानवजाति के संचालन का आधार बने हुए हैं।

विदेशी ऋण के उदत्तभार के साथ, अव्यवस्थित उद्योग तथा प्रतिदिन लगभग दो हजार नागरिकों का गरीबी रेखा से नीचे धकेला जाना अर्जेन्टीना को एक सचेतक कहानी के रूप में प्रस्तुत करता है। यह उन देशों के लिये चेतावनी है, जो अपनी अर्थव्यवस्थाओं को उदार तथा व्यापक बनाकर भूमंडलीकरण के नये पंडों को ही भगवान मानकर पूजा अर्चना एवं दक्षिणा देकर प्रसन्न करने में लगे हुए हैं।

इन दो हादसों ने बहुराष्ट्रीय कंपनियों के भूमंडलीकरण कार्यक्रम की वैधता पर प्रश्नचिन्ह लगा दिया है, जो 11 सितंबर से पूर्व भी लोगों के दिमाग में घूम रहे थे, लेकिन वे किन्हीं कारणों से दबे हुए थे। पोर्टो एलेग्रे ने एक ऐसा मॉडल पेश किया है, जिस पर भविष्य में नये शांतिप्रिय एवं न्यायवादी विश्व की नींव रखी जा सकती है।

(जनवरी 2002, राष्ट्रीय सहारा)

54 दलित राजनीति का विकास

प्रजातंत्र की चुनावी लड़ाई में बहुजन समाज पार्टी की रणनीति में दलितों की मानसिकता में गुणात्मक बदलाव के संकेत मिलते हैं।

इस देश में दलितों की स्थिति को रेखांकित करने वाली दो वास्तविकताएं हैं जो तब से चली आ रही हैं जब से उपनिवेशवाद तथा पाश्चात्य शिक्षा ने समाज तथा राजनीति के विषय में आधुनिक तथा समतावादी विचार प्रस्तुत करने शुरू किये थे। ये हैं– बहिष्कार एवं अत्याचार। जब तक 1980 के दशक में राजनीतिक शक्ति के रूप में बसपा का आविर्भाव नहीं हुआ था तब तक दलित राजनीतिक गतिविधि तथा समाज सुधार का केन्द्र अपवर्जित था।

फुले, गांधी और अम्बेडकर

इसका यह अर्थ नहीं है कि उस समय इन तथ्यों की जानकारी नहीं थी, जो विविध प्रकार के अन्याय और शोषण से इतने जुड़े थे कि वे जाति व्यवस्था के प्रति एक अत्यधिक आक्रमणशील दृष्टिकोण का आधार प्रस्तुत कर देते। प्राथमिकता यह सुनिश्चित करने की थी कि दलित कैसे अपनी 'गरिमा' प्राप्त करें तथा अपनी उपस्थिति दर्ज करायें। यदि ऐसा सामाजिक तथा राजनीतिक परिवर्तन के कारकों के रूप में नहीं होता तो कम से कम प्रगति के लाभान्वितों के रूप में तो हो। ज्योतिबा फुले ने 1852 में निम्न जाति के लड़कों के लिए स्कूलों की व्यवस्था की थी। ब्राह्मणों तथा उच्च जातियों तथा दलितों के शोषण की सच्चाई को देखते हुए तथा बम्बई शिक्षण समाज चलाने वाले तथा उसके स्कूलों को पाठ्य पुस्तकें मुहैया कराने वाले ब्राह्मणों से किसी भी प्रकार के मुकाबले से बचने के लिए ही उन्होंने इन स्कूलों की स्थापना की।

फुले जानते थे कि उपनिवेशी शक्तियों के पास सामाजिक स्थिरता के रूप में मात्र एक सीमित बाजी होती है, जिसे जाति व्यवस्था सुनिश्चित करती है तथा दक्षिणा कोष से आकर्षक अनुदान प्राप्त करने के लिए दलित मामले को

प्रत्यक्ष रूप में उनके सामने रख देती है। प्रारंभ में इसका गठन पंडितों को वेतन देने के लिए किया गया था, किन्तु बाद में अंग्रेज सरकार ने इसे अपने अधिकार में ले लिया तथा महाराष्ट्र में वर्नाक्यूलर स्कूल खोलने में प्रयुक्त करने लगे।

उपनिवेशी नौकरशाही की ब्राह्मण सत्ता को लेकर फुले दुःखी थे। कुछ ऐसा होना चाहिए जो राजनीतिक प्रतिक्रिया को दृढ़ बनाए। फुले इस विश्वास के साथ अपनी शैक्षिक परियोजनाओं पर ध्यान केन्द्रित करना पसंद करते थे कि बहिष्कार से लड़ना दलितों का प्रथम कार्य है। अन्य शब्दों में, निर्माणाधीन समाज में स्वयं के लिए स्थान सुरक्षित करना।

इस सुधारक के कार्य बाद में गांधी के भाषणों में झलकते हैं। गांधी बहिष्कार के अन्य क्षेत्रों से भी जूझते हैं, जैसे मंदिर में प्रवेश, समान स्थलों का प्रयोग जैसे- कुएं तथा तालाब। 'हरिजन' शब्द का प्रयोग विशेष रूप से महत्वपूर्ण इसलिए था, क्योंकि इसने उनके नाम को 'ईश्वर के बालक' के रूप में पुनः परिभाषित किया था, जोकि पीड़ितों के रूप में नहीं था, बल्कि उन लोगों के रूप में था जिन्हें विशेष ध्यान की आवश्यकता है। इसके अलावा भी गांधी ने जाति व्यवस्था के विरोध में काफी तार्किक बातें कही हैं। उनके अनुसार अस्पृश्यता, जिसे तब दलितों की समस्या के रूप में जाना जाता था, वह है जिससे सुधारवादी हिन्दू तथा राष्ट्रीय उदारवादी एक समयावधि के पश्चात बच नहीं सकेंगे।

अम्बेडकर के साथ परिस्थितियाँ बदलनी शुरू हुईं। वह पहले व्यक्ति थे, जिन्होंने हिन्दू समाज व्यवस्था तथा उच्च वर्ग से सीधे सामना करने का विचार किया और पहली बार दलित राजनीतिक उद्धार को बौद्धवाद से जोड़ा।

वे भी अम्बेडकर ही थे, जिन्होंने दलित वर्ग के पृथक निर्वाचन क्षेत्र की मांग करके दलित सशक्तिकरण की नींव रखीं। हालांकि बाद में वे परिस्थिति वश इस विचार पर नरम पड़ गए और गांधी के साथ पूना एक्ट पर हस्ताक्षर कर डाले एवं संयुक्त निर्वाचन क्षेत्रों पर सहमत हो गए। परन्तु इस विचार ने कि दलितों का नेतृत्व दलितों द्वारा दलितों के लिए ही किया जाना चाहिए, एक नयी सामाजिक चेतना का निर्माण हुआ, जिसके आश्चर्यजनक परिणाम सामने आए। फिर भी अम्बेडकर की दो समस्याएं थी। एक, राजनीतिक और दूसरी, सैद्धांतिक या वैचारिक।

संरक्षक-आश्रित सम्बन्ध

यद्यपि वे प्रमुख सार्वजनिक व्यक्ति थे फिर भी उन्हें महाराष्ट्र के महारों के नेता के रूप में पहचाना जाता था। दलितों की अस्मिता तथा चेतना की समस्याओं, जिसमें देशव्यापी समस्त अनुसूचित जातियाँ सम्मिलित हैं, को सुलझाना अभी शेष था। यहाँ तक कि लंबे समय तक सर्वाधिक सफल दलित पार्टी बसपा भी उत्तर प्रदेश में ज्यादातर एक जाति विशेष के समर्थन पर निर्भर रही। उत्तर प्रदेश में ये जातियाँ पर्याप्त संख्या में मौजूद हैं। बौद्धवाद के साथ सैद्धांतिक समस्या यह है कि वह दलितों को जाति व्यवस्था से बाहर निकालने के लिए तो प्रबन्ध करता है, किन्तु ऐतिहासिक स्थिति से संघर्ष करने के लिए कोई योजना प्रदान नहीं करता। यह सच है कि बौद्धवाद का मुख्य अंश ब्राह्मण विरोध है, और हिन्दूवाद की अपेक्षा यह निश्चित रूप से अधिक समतावादी है, परन्तु मुख्य रूप से इसका ध्यान सामाजिक परिवर्तन अथवा क्रांति की अपेक्षा व्यक्तिगत उद्धार पर अधिक रहता है। यह दलितों की आवश्यकताओं के लिए विशेष रूप से कोई प्रबन्ध नहीं करता। इसके अतिरिक्त वास्तविक स्थिति को बदले बिना धर्म परिवर्तन भी उद्धारीकरण के मिथ्या बोध को उत्पन्न करता है। जैसे कि यह कहना कि एक व्यक्ति बौद्ध है, इसी के समान है कि वह दलित नहीं है और इसलिए वह दलितों के संघर्ष में शामिल नहीं होता। अत्याचार से लड़ने के लिए एक व्यक्ति को अपनी पहचान एक समुदाय के रूप में चिन्हित करना आवश्यक है। ब्राह्मणों तथा उच्च जातियों की प्रभुता का मुकाबला करने के लिए सैद्धांतिक हथियारों के रूप में बौद्धधर्म की उपयोगिता बहुत सीमित है।

अतः अम्बेडकर ने भी वर्तमान सामाजिक व्यवस्था के साथ संघर्ष को बढ़ावा देने की अपेक्षा मुख्य रूप से दलितों के लिए राजनीतिक जगह का निर्माण करने पर ज्यादा बल दिया। अम्बेडकर ने दो राजनीतिक संस्थाओं की नींव रखी। अनुसूचित जाति संघ तथा रिपब्लिकन पार्टी ऑफ इंडिया (आर०पी०आई०)। दोनों में से किसी को भी व्यापक सफलता नहीं मिली। सन् 1962 में आर०पी०आई० ने 68 संसदीय तथा 301 विधानसभा सीटों पर चुनाव लड़ा और उसे कुल 14 सीटों पर जीत हासिल हुई और ये सभी सीटें

उत्तर प्रदेश तथा महाराष्ट्र में थीं। तत्पश्चात, उत्तर प्रदेश में कुल 89 आरक्षित सीटों में से आर०पी०आई० ने 1962 और 1967 में एक-दो सीट जीती।

1980 तक दलित कांग्रेस के साथ बने रहे। इसमें अनुसूचित जातियों तथा जनजातियों के लिए नौकरियों में आरक्षण की नीति की अहम भूमिका रही। दलित मतदाता का कांग्रेस के साथ तालमेल स्थापित हुआ। आजादी से पूर्व गांधी और नेहरू दोनों ने गरीबों के पक्षधर एवं आक्रमणशील तथा उग्र आडम्बर को बनाए रखा, जिससे दलित उनकी तरफ झुके।

अम्बेडकर की मृत्यु के बाद दलितों के बीच प्रभावशाली नेतृत्व का अभाव रहा। कांग्रेसकाल के सर्वाधिक विशिष्ट दलित नेता जगजीवन राम थे। उन्हें भी कांग्रेस ने एक फार्मूले की तरह प्रस्तुत किया। तब कांग्रेस ने हर जगह संरक्षण-आश्रित सम्बन्ध स्थापित किये। विशिष्ट स्थानीय कांग्रेसी नेताओं द्वारा दलितों को दिये जाने वाला संरक्षण तथा 'देखभाल' वास्तविक रूप की अपेक्षा सांकेतिक अधिक था। वैसे कुछ समाजशास्त्रियों ने इसे 'एकीकरण' की संज्ञा दी, जिसमें बुनियादी श्रेणीबद्ध समाज को भंग किये बिना निम्न वर्ग को उन्नत बनाया गया।

सशक्तिकरण

1977 के बाद परिवर्तन आया। आपातकाल के समय भूमि सुधार अपेक्षाकृत आक्रमणशील रूप में जारी रखे गये। ग्रामीण दबंग भूमि मालिकों का एक नया वर्ग उभरा जो मुख्यतः मध्यवर्गी जातियों से था तथा जो पूर्व भूमि सुधार की उपलब्धियों से भी लाभान्वित हो चुके थे। विश्वनाथ प्रताप सिंह ने 1989 मंडल कमीशन की रिपोर्ट लागू करने की घोषणा की, जिसमें अन्य पिछड़ी जातियों के लिए नौकरी में आरक्षण की व्यवस्था थी।

वी०पी० सिंह के निर्णय से दलित वर्ग में नये प्रकार की सशक्तिकरण प्रक्रिया प्रारंभ हुई। राजनीतिक संगठनों के आविर्भाव के लिए यह आधार प्रायः एक जाति पर टिका था। द्वितीय, अनुसूचित जातियों के लिए आरक्षण नीति ने एक मध्यमवर्गीय दलित बुद्धिजीवी-वर्ग का सृजन किया जो यह जानता था कि सत्ता किस प्रकार काम करती है और प्रभावित होती है। कांशीराम इस प्रक्रिया के सर्वश्रेष्ठ ज्ञाता थे। एक्सप्लोसिव एंड डिफेन्स लेबोरेटरी,

पूना के एक कर्मचारी ने 1978 में पिछड़े एवं अनुसूचित जाति के कर्मचारियों के लिए एक संगठन प्रारंभ किया जो बाद एक राजनीतिक ताकत के रूप में उभरा।

कांशीराम जानते थे कि यह समय प्रमुख मुद्दों पर लड़ाई करने के लिए सत्ता की संस्थागत प्रक्रियाओं से लाभ उठाने का है न कि उच्च जातियों के साथ व्यापक ऐतिहासिक तथा सामाजिक झगड़ों के मुद्दे उठाने का। उनके अनुसार अब सवर्णों से किसी प्रकार की रियायतें मांगने का समय बीत चुका था, बल्कि देश में दलितों को भी समान नागरिकों के समान वैध अधिकारों की मांग का था। एक नया राजनीतिक आडम्बर, जो आक्रामक तथा अपमानजनक था न सिर्फ सवर्ण जातियों के विरुद्ध फैलाया गया, अपितु यह अन्य प्रमुख राजनीतिक संगठनों के भी विरुद्ध था। 1989 और 1993 के बीच बसपा दलितों को कांग्रेस से दूर ले गई। इसका फोकस उत्पीड़न पर था।

यह सच है कि दलित पैंथर ने पहली बार 1970 के दशक के मध्य में दलितों पर अत्याचार को मुद्दे के रूप में उठाया था। परन्तु उन्होंने अपना समस्त संघर्ष संस्थागत ढांचे से बाहर चलाया, वे ठोस लक्ष्य प्राप्त करने की अपेक्षा अपने क्रोध तथा निराशा की अभिव्यक्ति के प्रति अधिक चिन्तित थे। अन्ततः उन्होंने मराठवाड़ा विश्वविद्यालय के पुनर्नामकरण पर हुए निरर्थक झगड़े में अपने आपको नष्ट कर लिया। कांशीराम के पास इसके लिए समय नहीं था। उन्होंने देखा कि सत्ता प्राप्त करके ही कुछ किया जा सकता है। यह बीज विचार मुख्य रूप से दलित विषयों पर दलित जनता के लिए काम कर रहे दलित नेताओं के दिलो दिमाग में रोपित किया गया। परिणाम सामने है।

(13 अप्रैल 2003, आधारशिला)

55 मायावती की सोशल इंजीनियरिंग

हिन्दू समाज के सबसे निचले पायदान पर लटके दलितों का हिमायती होने का दावा करने वाली बहुजन समाज पार्टी द्वारा उत्तर प्रदेश जैसे बहुआयामी राज्य के विधानसभा चुनावों में अपना जबर्दस्त प्रदर्शन दिखाकर भारतीय राजनीति में एक नयी सुगबुगाहट की शुरुआत कर दी है। ऐसा इसलिए माना जा रहा है, क्योंकि बसपा ने 30 से भी अधिक सीटें अपने परंपरागत दलित वोटों से अलग हटकर अन्य वर्गों के समर्थन से जीती हैं। देश के सर्वाधिक आबादी वाले तथा राजनीतिक रूप से सक्रिय प्रदेश उत्तर प्रदेश की 403 सदस्यों वाली विधानसभा में 97 सीटें जीतकर मायावती ने एक नये समीकरण बनाए हैं। पर्वतीय राज्य उत्तरांचल की 70 सीटों में बसपा ने 7 पर जीत हासिल की है। हालांकि पंजाब में इसे एक भी सीट नहीं मिली, लेकिन इसके प्रभाव में बहुत इजाफा हुआ है। आखिर इसका रहस्य क्या है?

उत्तर प्रदेश में बसपा के प्रदर्शन से उसके आलोचक भी सतर्क हो गये हैं। समाजवादी पार्टी, भारतीय जनता पार्टी (भाजपा) तथा कांग्रेस सभी ने मतदाताओं को आकर्षित करने के लिए फिल्मी सितारों की सहायता ली थी, परंतु बसपा ही एकमात्र ऐसी पार्टी थी जिसने ऐसा नहीं किया। 1885 में स्थापित भारत की सबसे पुरानी कांग्रेस पार्टी के हिस्से में जहाँ सिर्फ 9 प्रतिशत वोट आए, वहीं 16 करोड़ की आबादी वाले राज्य में बसपा ने करीब एक चौथाई मत बटोरे।

उत्तर प्रदेश की दो बार मुख्यमंत्री रह चुकी मायावती को (जिनका जन्मदिन मार्टिन लूथर किंग के साथ पड़ता है) भाजपा ने फिलहाल पुनः सत्ता सौंपने से भले ही इनकार कर दिया हो, लेकिन देर सबेर उसे अपने निर्णय पर पछताना पड़ेगा। संभवतः अगले आम चुनावों में 'मायावती प्रभाव' (इम्पेक्ट) से भाजपा ही नहीं अन्य दल भी अछूते नहीं रह पायेंगे और लगभग यही भय सभी को सता रहा है।

बसपा के कार्यकर्त्ताओं का कहना है कि दलितों के साथ-साथ अगड़ी

जातियों और अल्पसंख्यकों के भरपूर समर्थन के आधार का निर्माण करने की योग्यता ही बसपा की सफलता का प्रमुख कारण है। उत्तर प्रदेश की कुल जनसंख्या का 29 प्रतिशत दलित और 17 प्रतिशत मुस्लिम है।

दलित राजनीतिक पर्यवेक्षक चन्द्रभान का मानना है कि "दलितों में अब एक नई जागृति आई है। हजारों सालों से दलित द्विज वर्ग विशेषकर ब्राह्मणों से बचते थे। आज दलितों को यह समझ आ गया है कि राजनीतिक शक्ति बरकरार रखने के लिये उन्हें नये सामाजिक समीकरण ढूंढना आवश्यक है।" पूर्व आईएएस अफसर एवं बसपा के संस्थापक कांशीराम ने, जिन्हें दलित अपने उद्धारक के रूप में पूजते हैं, उत्तरी भारत में दलित समुदाय को संगठित करने के पश्चात नई दिल्ली में 1984 में बसपा की नींव रखी थी। कांशीराम ने अपने तीखे तेवरों से दलित शक्ति का बीज बोया। बसपा को प्रारंभिक सफलता इसलिये मिली क्योंकि उत्तर प्रदेश की मूल समस्या को इसने सीधा छुआ। उत्तर प्रदेश भारत के उन राज्यों में से एक है जहाँ दलित वर्ग के करीब 43 प्रतिशत लोग खेतिहर किसान हैं, जिनके पास या तो खुद की जमीन है या फिर वे जमींदारों के आर्थिक सहयोग से खेती करते हैं।

कांशीराम के आक्रामक अभियान ने गांव तथा शहरों में बसे दलित समाज को प्रभावित किया, जिसके फलस्वरूप उन्हें लोकसभा में पहली बार जीत हासिल हुई। यहीं से दलित कांग्रेस पार्टी के पाले से बसपा की ओर चले गये। उसके बाद लोकसभा में बसपा की संख्या घटती-बढ़ती रही। 1991 में तीन, 1996 में 11 एवं 1998 में 5 और 1999 में 14 सदस्य रहे। आज यह संसद में सातवीं बड़ी पार्टी है। उत्तर प्रदेश विधानसभा में इसकी संख्या 1989 में 13 से 1991 में 66 तक, 1996 में 67 तथा हाल के चुनावों में 97 तक तेजी से बढ़ी है। अवसर आने पर अनुकूल पार्टियों के साथ हाथ मिलाते हुए कभी नई दिल्ली में शिक्षिका रही मायावती उत्तर प्रदेश की प्रथम दलित मुख्यमंत्री बनीं। इसके बाद वहाँ बसपा की बढ़त को कोई नहीं रोक पाया।

कई सामाजिक कार्यकर्त्ताओं का मानना है कि "जब मायावती मुख्यमंत्री बनीं तब उन्होंने पहली बार दलितों को मानव अधिकारों से रू-ब-रू करवाया।" लम्बी अवधि की उपेक्षा के बाद दलित नौकरशाहों को आयुक्तों तथा जिला प्रमुखों के पदों पर नियुक्त किया गया। यह सामाजिक स्तर पर एक क्रांतिकारी

परिवर्तन था। अचानक दलितों को सभी से सम्मान मिलना शुरू हो गया। राजनीति विश्लेषक जी०वी०एल० नरसिम्हा राव का मानना है कि बसपा सुविचारित रूप से दलितों को प्रोत्साहन देती है। तत्पश्चात इसने धीरे-धीरे अन्य वर्गों तक पहुंचना शुरू किया, जिसमें उच्च जाति के वे हिन्दू भी शामिल थे, जिन्होंने पहले इसका तिरस्कार किया था। इस प्रक्रिया में उत्तरी भारत में कई राज्यों में बसपा एक मजबूत शक्ति के रूप में उभर कर सामने आई। हालांकि इसे हर जगह जीत नहीं मिली फिर भी कुछ इलाकों में मुस्लिमों ने भी इसका समर्थन करना प्रारंभ कर दिया है। बसपा के सांसद तथा मुस्लिम नेता राशिद अल्वी का कहना है कि "जब यह स्पष्ट हो गया कि दलितों के वोटों पर बसपा का एकाधिकार है तब उसने समाज के अन्य वर्गों की ओर बढ़ना शुरू किया।"

वस्तुतः वर्गभेद के आधार पर भारतीय समाज की जटिलताओं को समझकर समाज में बुनियादी परिवर्तन की ओर आगे बढ़ने का प्रमाण इससे मिलता है कि उत्तर प्रदेश के चुनावों में इस बार मायावती ने बहुजन समाज पार्टी (बसपा) की रणनीति में आमूल-चूल परिवर्तन किये। उन्होंने यह साफ-साफ माना कि समाज किसी एक वर्ग या वर्ण पर आधारित व्यवस्था से नहीं चल सकता। उनका विश्लेषण सही निकला। यहाँ तक कि वर्ग विभाजन के आधार पर बदलाव की प्रक्रिया को संगठित रूप देने की कोशिश करने वालों को अपनी वैचारिक प्रतिबद्धता में संदेह होने लगा है। भारतीय समाज की संरचना ही कुछ इस तरह की है कि उसे बने बनाये स्वयंसिद्ध सिद्धांत के सहारे समझा नहीं जा सकता। पश्चिमी समाज से भिन्न भारतीय हिंदू समाज में वर्ग और वर्ण दोनों ही शोषण के हथियार बनते रहे हैं और वर्णाश्रम व्यवस्था का ढांचा तो इतनी मजबूती से गढ़ा गया है कि उसके बाहर निकलने की गुजांइश आज शताब्दियों बाद भी आसान नहीं जान पड़ता। वैसे भारतीय समाज के वर्गों की संरचना में ढीलापन अवश्य दिखाई पड़ने लगा है। आजाद देश के संविधान में गांधी की प्रेरणा, डॉ० अंबेडकर के परिश्रम और स्वतंत्रता आंदोलन के गर्भ से निकले राजनेताओं की लोकतंत्र में गहरी आस्था के कारण शताब्दियों से उपेक्षित और सामाजिक, आर्थिक शोषण का शिकार दलितों और भिन्न जनजातियों के विकास हेतु आरक्षण सहित अन्य विशेष प्रावधान किये गये। इस आरक्षण

व्यवस्था को बृहतर हिन्दू समाज ने दिल से कभी स्वीकार नहीं किया। और फिर आरक्षण के बावजूद अनुसूचित जातियों और जनजातियों के सामाजिक और आर्थिक स्तर में कोई व्यापक सुधार नहीं हो पाया। भोपाल दलित एजेंडे ने भी इस 'मलाईदार' वर्ग द्वारा द्विज वर्ग को 'शत्रु' मानकर चलने की नीति पर प्रश्नचिन्ह लगाये हैं। भोपाल दलित एजेंडे के एक मुख्य सूत्रधार चंद्रभान का मानना है कि आधुनिक भूमंडलीकरण द्वारा संचालित अर्थव्यवस्था में दलित वर्ग को ब्राह्मणों को अपना सहयोगी मानते हुए अल्पसंख्यकों के साथ मिलकर एक नये सामाजिक समीकरण का निर्माण करना चाहिए। पिछले दो-तीन सालों से कुछ इसी तरह की चर्चा कुछ दलित हलकों में चल रही थी और मायावती इससे अनजान न थीं। पिछले चार-पांच वर्षों से देश में चल रहे जन आंदोलनों में जिस तरह ब्राह्मण, दलित और अल्पसंख्यक वर्ग साथ-साथ सामाजिक मुद्दे उठा रहे थे, उससे भी मायावती ने यह भांप लिया कि नयी सोशल इंजीनियरिंग को अंजाम दिये बिना इक्कीसवीं सदी में राजनीतिक सत्ता, जो अब बहुत हद तक अर्थ सत्ता की चेरी बन चुकी है, दलितों से दूर ही रहेगी। इसके अलावा वे ग्रामीण इलाकों में हो रहे आर्थिक परिवर्तनों से भी अनभिज्ञ नहीं हैं। उत्तर भारत के अधिकांश ग्रामीण इलाकों में आर्थिक ताकत सिमटकर पिछड़ा वर्ग के छोटे मगर साधन संपन्न तबके के पास आ चुकी है। 'बीमारू' राज्यों में दलित उत्पीड़न के 80 प्रतिशत मामलों में आरोपी इसी वर्ग के पाये जाते हैं। चाहे वह पश्चिमी उत्तर प्रदेश में दलित महिलाओं से बलात्कार के मामले हों या पूर्वी उत्तर प्रदेश में जमीन से बेदखली के। उधर ग्रामीण अर्थव्यवस्था की परंपरागत 'जजमानी' आधार खिसक जाने के बाद ब्राह्मण वर्ग ऐसे नये ठौर ठिकानों की खोज में है जो 'मंदिर' समस्या में उलझाये रखने के बजाय नवयुवकों के लिए नये अवसरों का मार्ग प्रशस्त करे।

अल्संख्यक विशेषकर मुस्लिम गरीब तबका, पिछले तीन-चार वर्षों में उदारीकरण की मार से बुरी तरह घायल हो चुका है। उत्तर प्रदेश के मुसलमानों में से अधिकांश को उनके पुश्तैनी आधार वाले व्यावसायिक धंधे अब रोजी-रोटी देने वाले नहीं रहे। चीन से आये सस्ते तालों ने जहाँ अलीगढ़ में ताला उद्योग की कमर तोड़कर रख दी है, वहीं उदारीकरण के चलते मुरादाबाद का पीतल उद्योग, फिरोजाबाद का चूड़ी उद्योग एवं बनारस-जौनपुर-इलाहाबाद के इलाके

का साड़ी एवं कालीन उद्योग अब उतार पर है। इससे गरीब मुस्लिम परिवारों में खलबली मची हुई है। लेकिन 'मस्जिद' की राजनीति कर रहे नेताओं को इसकी परवाह नहीं।

मायावती ने अपने जमीनी अनुभव और ठेठ स्त्री संवेगता से यह भांप लिया कि जाति आधारित उर्ध्वाधर संबंधों को अन्य वर्गों विशेषकर अगड़ी जातियों और मुस्लिम समुदाय से समस्तर रूप में बढ़ाना कारगर होगा। वस्तुतः उन्होंने वह कर दिखाया जो किसी समय में बुरी तरह विभाजित तुर्की समाज में अब्दुल कमाल अतातुर्क ने किया था।

विभिन्न दिशाओं में देख रहे समुदायों के बीच नयी सोशल इंजीनियरिंग के कारण वे जान चुकी हैं कि समतावादी मुखौटों के बावजूद उपेक्षितों और सामाजिक रूप से पिछड़ों के लिए की गयी आरक्षण व्यवस्था को लेकर स्वयं दलित समाज में विद्रोह के स्वर उठने लगे हैं। दलित वर्ग का छोटा सा हिस्सा जो आरक्षण के बल पर संपन्न हुआ वह द्विजों या अल्पसंख्यकों के बीच डाह का कारण बनता जा रहा है और सरकारी नौकरियां वैसे भी कम हो रही हैं। यदि नयी उदार आर्थिक नीति में प्राइवेट सेक्टर की भूमिका अहम होगी तो सत्ता भी ऐसे ही समीकरण से हासिल की जा सकती है जिसका नया समर्थन आधार हो और मायावती ने इसी समीकरण की खोज की।

मायावती की नयी सोशल इंजीनियरिंग निर्माणाधीन समाज में दलितों द्वारा संघर्ष कर स्थान बनाने के ज्योतिबा फुले के सिद्धांत की बजाय बुद्ध के मध्यम मार्ग वाले विचारों के ज्यादा करीब नजर आती है। चौधरी चरण सिंह ने जाटों को इसी तर्ज पर एक नई पहचान दी थी, लेकिन वह सिर्फ वोट राजनीति थी। अतः अधिक दिनों तक नहीं टिक पाई। इसे मायावती की राजनीतिक समझ की परिपक्वता ही कहना होगा कि उन्होंने दलितों और शुद्धतः आर्थिक आधारों पर संघर्ष कर रहे अगड़ी जातियों और अल्पसंख्यकों के बीच सत्ता भागीदारी के नये द्वारा खोले हैं। इसे ब्राह्मणवाद से परे जाकर समझने की जरूरत है। भूमंडलीकरण के इस युग में यह नये आर्थिक संबंधों की शुरुआत भी हो सकती है।

पर सवाल यह है कि क्या अन्य राजनीतिक दल इस तरह के राजनीतिक समीकरण को रोकने का कोई सक्रिय प्रयास करेंगे या फिर मायावती नई

शक्तिपुंज का केन्द्र बिन्दु बनीं रहेंगी। परिणाम चाहे जो हो उन्होंने एक नयी दिशा में कदम तो उठा ही लिया है। अब समय ही बताएगा कि उनका कदम घृणा की विध्वसंक राजनीति से विमुख होकर कम से कम कुछ सहिष्णुता की भावनाओं को आगे बढ़ायेगा, जो इस महान देश की विशेषता रही है या सत्ता के गलियारों में गुम हो जाएगा। कहा भी गया है कि राजनीति तो केवल वर्तमान के लिये होती है, जबकि एक समीकरण इतिहास की निधि होता है।

(11 अप्रैल 2003, आधारशिला)

56 फिर चमकेगा कोलकाता

भारत को सभ्य बनाने की ब्रिटिश महत्वाकांक्षा का रिहर्सल शहरों के मंच पर ही किया जाता था। कोलकाता के विकास का सिद्धांत भी इसी पर टिका था। नतीजतन आजादी के बाद तेजी से उसका आर्थिक पतन हुआ और सत्तर के दशक के मध्य तक पहुंचते-पहुंचते कमोवेश सभी बड़े उद्योग वहाँ से पलायन कर गये। इससे पूरा शहर एक पुराने फ्रेम में जड़ी तस्वीर लगने लगा। लेकिन अब वहाँ पुनः परिवर्तन की बयार बह रही है।

निवेशकों द्वारा अब तक उपेक्षित कोलकता अब पुनः उद्योगपतियों का ध्यान आकर्षित कर रहा है। आईबीएम और विप्रो जैसी सूचना प्रौद्योगिकी कंपनियाँ कोलकाता में निवेश करने की सोच रही हैं। विदेशों में पलायन कर गये बंगाली इंजीनियर वापस घर लौट रहे हैं। वामपंथी सरकार ने भी मेकेंजी जैसी बहुराष्ट्रीय कंपनी की सलाह लेना स्वीकर कर लिया है।

कोलकाता के पुनः उत्थान के पीछे आउटसोर्सिंग का बड़ा योगदान है। यह दृश्य देश के कुछ अन्य शहरों में भी देखने को मिलता है। जनरल इलेक्ट्रिक जयपुर में एक विशालकाय कॉल सेन्टर बना रहा है तो इंफोसिस ने तिरुअनन्तपुरम में सॉफ्टवेयर विकास केन्द्र बनाने का बीड़ा उठाया है। पुणे में कई बहुराष्ट्रीय कंपनियों ने अपने दफ्तर खोल रखे हैं, लेकिन सबसे चौंकाने वाली बात यह है कि मार्क्सवादियों के लाल रंग में रंगे कोलकाता में जहाँ अमूमन निवेशक जाने से कतराते थे, वहाँ अब कई बहुराष्ट्रीय कंपनियाँ निवेश में रुचि दिखा रही हैं। कभी बरतानवी हुकूमत की चहल-पहल का केन्द्र रहा कोलकाता आजादी के बाद से निरंतर अपनी चमक खोता रहा और नब्बे के दशक तक यह मदर टरेसा और फुटपाथ पर जीवन बिताने वाले गरीबों का पर्याय बन गया।

बेसहारा गरीबों और कमजोर तबके के लोगों के लिए कोलकाता अभी भी मक्का से कम नहीं है। लेकिन अब धीरे-धीरे शहर में ग्लोबेलाइजेशन का

प्रभाव दिखना प्रारंभ हो गया है। उल्लेखनीय है कि सितंबर 2003 में पश्चिम बंगाल के मुख्यमंत्री बुद्धदेव भट्टाचार्य और सूचना प्रौद्योगिकी मंत्री ने मुंबई और बंगलुरू का दौरा कर निवेशकों को कोलकाता आने का निमंत्रण दिया था।

सूचना उद्योग की सिलीकोन वैली बंगलुरू की कई कंपनियों ने कोलकाता में रुचि दिखायी। लेकिन विदेशी निवेशकों के दिलो-दिमाग में अभी भी हड़ताल और टूल डाउन का भय समाया हुआ है। बुद्धदेव ने निवेश को बढ़ावा देने के लिये विशेष आर्थिक जोन बनाया, जहाँ हड़ताल और अन्य परेशानियों से मुक्ति का आश्वासन दिया गया है।

कोलकाता की इमेज में सुधार लाने के लिए मेकेन्जी जैसी विश्व विख्यात कंपनी की मदद ली जा रही है। नतीजतन आज आईबीएम जैसी कंपनी कोलकाता को अपने दक्षिणी एशिया का प्रमुख व्यापार केन्द्र बनाने की सोच रही है। पिछले दिनों यह खबर जोरों पर थी की कंपनी अपने कर्मचारियों की संख्या 1800 से बढ़ाकर 4000 करने वाली है। कंपनी को एक प्रमुख निदेशक फ्रेड ने इसका खंडन किया, लेकिन उन्होंने भी स्वीकारा कि कंपनी कर्मचारी की संख्या में भविष्य में बढ़ोतरी करेगी। प्रसिद्ध आर्थिक अखबार **वाल स्ट्रीट जर्नल** ने भी इसकी पुष्टि की है। आईबीएम के अलावा डेल और माइक्रोटेक जैसी बहुराष्ट्रीय कंपनियाँ भी अब कोलकाता की ओर रुख कर रही हैं।

कोलकाता के बाहरी इलाकों में इन दिनों बेतहाशा निर्माण कार्य चल रहा है। नये-नये शॉपिंग मॉल, सिनेमा हाल और कैफे अपनी मैजूदगी से कोलकाता के फिर जवान होने का आभास दे रहे हैं।

गरीब बस्तियों में काम करने वाले डॉ० मुखर्जी कहते हैं कि पुरानी पीढ़ी के दिन लद गये। नयी बंगाली पीढ़ी अब माडर्न जीवन से रू-ब-रू होना चाहती है। वह कोलकाता में बंगलुरू ढूंढ रही है। उसकी इस खोज में पश्चिमी बंगाल सरकार भी सहायक बन रही है। हालांकि पश्चिम बांगल में मार्क्सवादी सरकार है, लेकिन अब वह बिजनेस विरोधी नहीं है। बुद्धदेव का पूरा ध्यान पढ़े-लिखे वर्ग के लिये नये रोजगार के अवसर पैदा करने पर है। एक राष्ट्रीय सर्वेक्षण के अनुसार पश्चिम बंगाल में बेरोजगारी की दर 15 प्रतिशत है, जो राष्ट्रीय औसत से कहीं अधिक है।

कोलकाता शहर की ओर बहुराष्ट्रीय कंपनियों को आकर्षिते करने के लिये अब सरकार अपने आपको नये ढंग से तैयार कर रही है। राज्य के उद्योग मंत्री निरूपम सेन को यह जिम्मा दिया गया है कि वे निवेशकों को हड़ताल और श्रमिक संगठनों की धमकियों का सामना करने में सरकार की समर्थता का भरोसा दिलायें। इसके साथ ही बिजली सप्लाई पर भी विशेष ध्यान दिया जा रहा है। दसअसल यहाँ बिजली की दरें मुंबई और बंगलुरू से कम हैं और पश्चिमी बंगाल का भद्रलोक दुनिया भर में बुद्धिजीवी श्रेणी में गिना जाता है। खड़गपुर के इंडियन इस्टीट्यूट ऑफ टेक्नोलॉजी का अभी भी एक विशेष स्थान है।

सरकार भी कंपनियों को तरह-तरह के पैकेज देकर आकर्षित कर रही है। श्रमिक संगठनों की हड़ताली धमकियों और दबाव से बचाने के लिये सरकार ने सॉफ्टवेयर और आउटसोर्सेज़ कार्य को बिजली और पानी जैसी 'आवश्यक सेवाओं' की श्रेणी में शामिल कर दिया है। यानी जहाँ हड़ताल नहीं की जा सकेगी।

इन्हीं सब कारणों से अब कोलकाता की रौनक लौटने लगी है। विप्रो ने हाल ही में 40 एकड़ के विशाल क्षेत्रफल में अपना कार्यालय बनाना प्रारंभ किया है, जो बंगलुरू में उसके मुख्यालय की टक्कर का होगा और जहाँ एक हजार युवाओं को नौकरी मिलेगी। यहाँ कॉल सेंटर तेजी से पनप रहे हैं। मृदु भाषी बंगाली बालाएं सफलता की कुंजी बतायी जा रही हैं। विप्रो के कर्त्ताधर्ता अज़ीम प्रेमजी मानते हैं कि बंगलुरू के बाद कोलकाता ही भारत का आईटी सेंटर बन सकता है।

कोलकाता की भौगोलिक स्थिति बहुत अच्छी है। यहाँ के बंदरगाह से पूरे दक्षिणी पूर्वी एशिया में माल भेजा जा सकता है। निवेशक इस संभावना से प्रसन्न जान पड़ते हैं।

कोलकाता इन दिनों नये रंग में ढल रहा है। इसका सबूत एल्गिन रोड पर बने फोरम मॉल में देखने को मिलता है जहाँ साड़ी पहने हुए मां और नीली जीन्स पहने बेटी दोनों शाम को शॉपिंग करते नजर आती हैं।

(दिसम्बर 2003, आधारशिला)

57 मुंबई ही अगला पड़ाव क्यों?

2001 में ब्राजील के पोर्तो ऐलेग्रो शहर में नव उदार आर्थिक नीतियों और ग्लोबेलाइजेशन (भूमंडलीकरण) की तेज होती प्रक्रिया के खिलाफ तीसरी दुनिया और औद्योगिक देशों के गरीब और वंचित तबकों के लोगों के बीच कार्यरत गैर सरकारी संगठनों ने एक ऐसे विश्व सामाजिक मंच (वर्ल्ड सोशल फोरम) को खड़ा किया था, जो जनकेन्द्रित मानवीय विकास में योगदान करेगा। वर्ष 2002 में यह तय किया गया कि यह सम्मेलन अब अफ्रीका या एशिया के किसी देश में होना चाहिये और आयोजक समिति ने 2003 में यह निर्णय लिया कि विश्व सामाजिक मंच की चौथी बैठक जनवरी 2004 में मुंबई में हो।

आखिर मुंबई ही क्यों? इसके पीछे अनेक कारण बताये जाते हैं, लेकिन उन पर चर्चा करने से पहले यह जानना आवश्यक है कि किस पृष्ठभूमि में वर्ल्ड सोशल फोरम 'एक और दुनिया मुमकिन है' के नारे पर कार्य कर रहा है। बहुराष्ट्रीय कंपनियों के माध्यम से पश्चिमी देश अपना प्रभाव क्षेत्र बढ़ाने में लगे हैं। साधन संपन्न और गरीब के बीच जितना बड़ा फासला आज है, उतना ज्ञात इतिहास में कभी नहीं रहा। संसार में 358 व्यक्ति ऐसे हैं, जिनकी जमा-पूंजी और जायदाद एक अरब डॉलर या उससे अधिक है। मुट्ठीभर लोगों के पास इतना है, जितना विश्व की आबादी के कम संपन्न 45 प्रतिशत हिस्से के पास मिलकर भी नहीं है।

राष्ट्र संघ की एक रिपोर्ट कहती है कि संसार के सबसे निर्धन 48 देशों के सकल घरेलू उत्पाद से अधिक संपदा संसार के तीन सबसे धनाढ्य व्यक्तियों के पास है। लेकिन इन सबसे अधिक चिंताजनक बात यह है कि लोकतंत्र की अनेक देनों में से एक- मध्यवर्ग- अब सामाजिक सरोकारों से कटने सा लगा है। सारे समाज की खुशहाली के लिये संघर्ष करने वाला मध्यवर्ग आज उपभोक्ता बाजार के दलदल में धंसता जा रहा है। ऐसे विश्वव्यापी माहौल में

माया–नगरी मुंबई का चुनाव आश्चर्यजनक भले ही लगे, लेकिन अजूबा नहीं है।

भारत में वर्ल्ड सोशल फोरम की गतिविधियों को अंजाम देने वाले एक महत्वपूर्ण संयोजक, विजय प्रताप का मानना है कि, 'यह महज संयोग नहीं है।' मुंबई आजादी की लड़ाई के समय एवं बाद में मजदूर संगठनों और दलित आंदोलन का केन्द्र बिन्दु रहा है। भारत में गांधी से प्रेरित लोहिया की वैचारिक पृष्ठभूमि से जन्मी समाजवादी विचारधारा आज भी भारत में नव उदार आर्थिक नीतियों के खिलाफ लोगों को संघर्ष के लिये ऊर्जा प्रदान करती है।

लेकिन इस नजरिये से जेसुइटों द्वारा चलायी जा रही इंडियन सोशल इंस्टीट्यूट के निर्देशक डॉ० प्रकाश लुईस सहमत नहीं हैं। उनका मानना है कि यह महज एक व्यवस्था का प्रश्न है। अफ्रीका और एशिया का कोई और देश इस आयोजन के लिये तैयार नहीं था। लेकिन असहमति के बावजूद लुईस मानते हैं कि ग्लोबेलाइजेशन के विरुद्ध जनांदोलनों और नागरिक समाज के बीच नये वृहद गठबंधन की परिकल्पना करना गुनाह नहीं है।

इसी कड़ी में थाईलैंड के एक प्रसिद्ध समाजशास्त्री ने अपना नाम न छापने की शर्त पर फोन पर इन पंक्तियों के लेखक को बताया कि, "भारतवासी भले ही इस वर्ल्ड सोशल फोरम के लिये भारत के चुनाव को महत्वहीन समझें, लेकिन सच्चाई यह है कि वहाँ लोकतंत्र की मौजूदगी और वैकल्पिक जीवन जीने के अनेक प्रयोग चल रहे हैं।"

मुंबई में गगनचुंबी इमारतों से थोड़ी ही दूर बसी एशिया की सबसे बड़ी झोपड़–पट्टी धारावी ग्लोबेलाइजेशन के जमाने में आम लोगों की जीवटता को दर्शाती है। उन्होंने इस ओर भी इशारा किया कि अभावों में भी विकल्प खोजना मुंबई शहर की विशेषता है और इसीलिये वर्ल्ड सोशल फोरम के लिये भारत में इससे बेहतर जगह नहीं हो सकती।

इसी से मिलते–जुलते विचार अब हिन्दी पट्टी से बाहर भी अपनी संवेदना और विचार संतुलन के लिये प्रख्यात चिंतक प्रभाष जोशी के हैं। उनका मानना है कि, 'मुंबई में सम्मेलन कराने के पीछे दो कारण हैं।' पहला, भारत के मध्यम वर्ग को चेताना कि बाजार की उपभोक्ता संस्कृति ही सब कुछ नहीं है और यह भी कि पश्चिमी देशों में भी ऐसा बड़ा तबका है जो भूमंडलीकरण से

त्रस्त है तथा सभी साम्राज्यवादी ताकतों के खिलाफ मध्यमवर्ग को सचेत होकर सक्रिय भूमिका निभानी होगी। दूसरा, मुंबई के झोपड़-पट्टियों और फुटपाथ पर रहने वालों के साथ-साथ देश के गरीब मजदूर और किसान तबके को भी यह विश्वास दिलाना कि भूमंडलीकरण के खिलाफ संघर्ष में वे अकेले नहीं है। प्रभाष जी यह मानते हैं कि लोकसभा के चुनाव वाले वर्ष में मुंबई में होने वाला वर्ल्ड सोशल फोरम उन घटनाओं की ओर भी ध्यान आकर्षित करेगा, जिनके कारण धर्म निरपेक्षता खतरे में पड़ गयी है और सांप्रदायिकता बढ़ती जा रही है।

जानकारों का मानना है कि इस सम्मेलन के लिये मुंबई के चुनाव से दुनियाभर में भूमंडलीकरण का विरोध कर रहे जनांदोलनों में आशा का संचार हुआ है। उनमें से कई का मानना है कि भारत की आध्यात्मिकता और आम लोगों की जीवनशैली में दुनिया को बेहतर बनाने का रहस्य छुपा है।

भारत की वर्तमान स्थिति में यह नजरिया कुछ भ्रम पैदा कर सकता है। दरअसल पहले यह सम्मेलन तिरुअनन्तपुरम (केरल) में करवाने का प्रस्ताव आया था, लेकिन वामपंथी संगठनों ने नागपुर और फिर मुंबई का नाम सुझाया। उनका इरादा स्वयंसेवक संघ के मुख्यालय में ही 'हिन्दुत्ववादी' ताकतों को चुनौती देना था। लेकिन वहाँ कोई ऐसा दमदार संगठन सामने नहीं आया जो इस आयोजन का भार उठाता। बाद में मुंबई पर सहमति बनी, क्योंकि अंतर्राष्ट्रीय आयोजक समिति के आंकलन में यह शहर मजदूर संगठनों, दलित आंदोलनों, महिला जागृति के संघर्षों का केन्द्र बिन्दु रहा है। साथ ही इस शहर में कला के क्षेत्र में कई प्रयोगों को जन्म दिया।

सत्रहवीं शताब्दी से यह शहर अंतर्राष्ट्रीय व्यापार का आकर्षण केन्द्र रहा है। आयोजकों का आंकलन है कि नव आर्थिक सुधारों के बाद 30 विकसित देशों की सदस्यता वाले 'ओईसीडी' के संगठन के बाहर मुंबई ही पूंजी का ऐसा सबसे बड़ा केन्द्र है जहाँ धार्मिक कट्टरवाद भी पनपा है।

अब तक मिली जानकारी के आधार पर यह कहा जा सकता है कि वर्ल्ड सोशल फोरम में शिरकत करने वाले देशी और विदेशी गैर सरकारी संगठनों और जनांदोलनों के 80,000 के लगभग प्रतिभागियों में से अधिकांश मुंबई को हिन्दू राष्ट्रवादी ताकतों के नये केन्द्र के रूप में चिन्हित कर रहे हैं और उनके

विचार से भारत में मुस्लिम अल्पसंख्यक समुदाय पर हमले की जड़ में यहाँ की आर्थिक शक्तियाँ हैं।

उल्लेखनीय है कि 'पोटा' में बंद होने वालों में अधिकतर मुंबई के मुसलमान ही थे। सांप्रदायिक सद्भावना के लिये संघर्ष कर रही तिस्ता सितलवाड़ और फिलहाल प्रतिबंधित स्टूडेन्ट इस्लामिक मूवमेन्ट ऑफ इंडिया (सिमी) की कर्मस्थली भी मुंबई ही है। दिल्ली में वर्ल्ड सोशल फोरम की प्रारंभिक तैयारी बैठक में देशभर से आये गैर सरकारी संगठनों की एक बैठक में यह जुमला सुनायी दिया था कि हिन्दू राष्ट्रवादी ताकतों-राष्ट्रीय स्वयंसेवक संघ, विश्व हिन्दू परिषद और शिव सेना के शेर को उसकी मांद में ही ललकारा जाये।

वैसे भी इन दिनों महाराष्ट्र में स्थानीय वासियों (धरती पुत्रों) के लिये आर्थिक लाभ आरक्षित करने का आंदोलन जोर पकड़ रहा है, जिसको लेकर पूरे देश में बेचैनी है। एक अन्य आंकलन के अनुसार मुंबई का चयन भारत में होने वाले लोकसभा चुनावों को ध्यान में रखकर किया गया है ताकि अंतर्राष्ट्रीय मंच के माध्यम से भारतीय जनता पार्टी को बेनकाब किया जा सके। कहा जा रहा है कि मुंबई का यह जन कुंभ हिन्दुत्ववादी शक्तियों के विरुद्ध सबसे बड़ा अंतराष्ट्रीय जमावड़ा होगा।

चाहे जो हो, लेकिन यह सच है कि भौतिक सुख-सुविधाओं के बावजूद लोग भयंकर अशांति के शिकार हैं। अहिंसा के मार्ग से संतुलित विकास की खोज में सबको एक प्रकाश की किरण नजर आती है। मुंबई एक ऐसा केन्द्र बिन्दु है जहाँ धार्मिक, सामाजिक, आर्थिक और राजनीतिक चुनौतियाँ बड़ी स्पष्ट हैं। अमेरिकी पहल पर आतंकवाद के खिलाफ बनाए जा रहे अंतर्राष्ट्रीय माहौल में नागरिक अधिकारों में कटौती से उठने वाली चुनौतियों से भी मुंबई अछूता नहीं है। 'पोटा' का दुख वहाँ के नागरिकों ने झेला है।

दरअसल एक मामले में मुंबई नयी अर्थव्यवस्था में निजीकरण से उपजी उस समस्या का द्योतक है, जहाँ कपड़ा मिलों में काम करने वाले मजदूरों की चालों में सन्नाटा है और बीयर बारों में काम पर जाने वाली और वहाँ से देर रात लौटने वाली लड़कियों की दबे पांव चलने की आहटें नया समाज रच रही हैं। उभरती अपसंस्कृति, बिखरती घर-गृहस्थी और उस पर से 'बाहरी' कहलाए

जाने का दर्द। मुंबई का यह भय, यह माहौल, भूमंडलीकरण की पहचान बन गया है।

मुंबई में क्राफेट मार्किट, कालबादेवी और हाजी अली एक ऐसे त्रिकोण की ओर ध्यान खींचते हैं जो निहायत सांकेतिक होते हुए भी भविष्य में भारतीय आधुनिकता और बाजार की परस्पर विपरीत संभावनाओं के प्रतीक हैं। बाजार मूल्यों का जो भी हश्र होगा, उसमें निस्संदेह भारत का अनुभव निर्णायक भूमिका निभाएगा और मुंबई दिशायंत्र की तरह संकेत देगा कि नागरिकों में पारस्परिक एकता, सहानुभूति और भविष्य के सपनों में साझीदार हो रही है या गगनचुंबी इमारतों और धारावी के दर्द अलग-अलग हैं।

(5 फरवरी 2004, सहारा समय)

58 जन आंदोलनों में स्त्रियाँ

विश्व को बदलने की अपनी क्षमता से स्त्रियाँ अक्सर अनभिज्ञ रहती हैं, क्योंकि प्रारंभ से ही उन्हें पुरुष सत्ता स्वीकार करने की शिक्षा दी जाती है। इतिहास में भी पुरुषों के कारनामों का जिक्र होता है, स्त्रियों को गुमनामी मिलती है। लेकिन सच्चाई यह है कि स्त्रियों ने क्रांतिकारी परिवर्तनों में अहम भूमिका निभाई है। भारत के जन आंदोलनों पर एक दृष्टि डालने से यह समझ में आ जाता है कि उनकी भूमिका कितनी महत्वपूर्ण रही है।

श्रीकाकुलम आन्दोलन

ईस्ट इंडिया कंपनी के समय से ही आंध्र प्रदेश के पूर्वी घाट के इलाकों में (जिसे 'एजेंसी क्षेत्र' कहा जाता था) आदिवासियों को उनके बुनियादी अधिकारों जमीन और वनोपज से बेदखल करने का सिलसिला प्रारंभ हुआ। साठवें दशक में यहाँ के आदिवासियों ने अपना आंदोलन तीव्र किया। शीघ्र ही वह बंगाल के नक्सलवादी आंदोलन से प्रभावित हो गया।

भारतीय राज्य सत्ता के विरुद्ध यह पहला सशस्त्र आंदोलन था। आदिवासी औरतें इस संघर्ष की रीढ़ थीं। वहाँ औरत होने का अर्थ था, बड़े किसानों की दासता और यौन शोषण। संभवतः इसीलिए महिला संघम कामयाब हुआ। इस आंदोलन ने अत्याचारों के खिलाफ आवाज बुलंद करने के अलावा आदिवासियों के स्वास्थ्य सुधार के लिये सराहनीय कार्य किये। 1968 से 1970 तक श्रीकाकुलम 'अशांत क्षेत्र नियंत्रण कानून' के अंतर्गत रहा। अनेकों औरतें पुलिस मुठभेड़ में मार दी गयीं। सैकड़ों लड़कियाँ और औरतें पुलिस द्वारा गिरफ्तार कर 'यातना शिविरों' में रखी गयीं। लेकिन उन्होंने हिम्मत नहीं हारी। आज भी वहाँ के लोग उन जांबाज औरतों की याद कर मन ही मन उन्हें श्रद्धांजलि देते हैं।

महंगाई विरोधी आंदोलन

रोटी कपड़ा और मकान से जुड़ी समस्याओं से जुड़े आंदोलन भले ही थोड़े काल के लिये चलें, लेकिन उनका राजनैतिक प्रभाव दूरगामी होता है। 1972 में मुंबई में महंगाई प्रतिकार संयुक्त महिला आंदोलन ने अनाज, शक्कर, खाद्य तेल और मिट्टी के तेल को लेकर जो आवाज उठाई उसमें अहिल्या रांगणेकर, प्रमिला दंडवते और मृणाल गोरे की अगुवाई में हजारों मध्यवर्गीय और झोपड़पट्टी की औरतों ने शिरकत की। यह आंदोलन गांधीवाद और मार्क्सवाद दोनों का मिश्रण था।

आंदोलन समिति के सदस्यों ने महिलाओं से जुड़े पेचीदा और विवादास्पद मुद्दे नहीं उठाए। तीन साल तक महंगाई और खाद्य पदार्थों में मिलावट जैसी महिलाओं की व्यावहारिक समस्याओं तक ही अपने को सीमित रखा। बेलन, थाली, चम्मच और अनाज में निकले कूड़े को ही विरोध के प्रतीक के रूप में सामने रखा गया। इसके कारण लंबे समय में आंदोलन कोई विचारधारा सामने नहीं रख सका। इस आंदोलन ने औरतों को जुझारू जरूर बनाया, लेकिन आज मुंबई के लोग इसे लगभग भुला चुके हैं।

बोधगया का भूमि संघर्ष

जे०पी० के आह्वान पर जनवरी 1975 में बिहार में छात्र युवा संघर्ष वाहिनी उभरी, जिसका उद्देश्य अंतिम जन को अपने सम्मान, अधिकारों और मानवीय अस्तित्व के लिये संघर्ष करने के उद्देश्य से संगठित करना था। बिहार का गया जिला मूलतः ग्रामीण है और यहाँ की अधिकांश जनसंख्या खेती में लगी हुई है। बोध गया शहर पिछले दो हजार वर्षों से तीर्थ यात्रियों को आकर्षित करता आया है, क्योंकि हिन्दू इस तीर्थ पर अपने मृत संबंधियों को पापों से मुक्त कराने के लिये पिण्डदान करने आते हैं। 1590 में स्थापित यहाँ का शंकर मठ जो बोध गया मठ भी कहलाता है, विशाल भूभाग का मालिक है। उसके द्वारा गरीबों के शोषण को लेकर कई बातें चर्चा में आती रहती हैं। वाहिनी ने इसके विरोध में आवाज उठायी और नारा दिया ''जो जमीन को जोते-बोये वो जमीन का मालिक होए''। सन् 1979 तक बोध गया में अच्छा खास आंदोलन पनप गया।

वाहिनी ने दो स्तरों पर संघर्ष किया : एक घर के भीतर महिलाओं के साथ होने वाली हिंसा के खिलाफ एवं दूसरा औरतों को भी भूमि हक दिलाने हेतु। 1982 में काफी संघर्ष के बाद महिलाओं को भी भूमि का हक मिला। शुरुआत अच्छी थी, लेकिन 1990 के आते-आते आंदोलन की धार कुछ कुंद पड़ गयी। सबल नेतृत्व के अभाव में आंदोलन धीमा पड़ गया। अब बोध गया के ग्रामीण इलाकों में जन आंदोलन के दृश्य नहीं दिखाई देते। हालांकि वाहिनी समाज के ढांचे में मूल परिवर्तन नहीं ला सकी, लेकिन मठ से संघर्ष करना अपने आप में एक अनूठी मिसाल थी। आज महिलाओं को संपत्ति का अधिकार स्त्री विमर्श के केन्द्रीय चिंतन का हिस्सा बन चुका है।

चिपको आंदोलन

अक्सर शहरी मध्यम वर्ग को सामाजिक परिवर्तन का झंडा लेकर चलते देखने वालों को हिमालय में अजीब नजारा देखने को मिला। 1972 में चमोली और उत्तरकाशी की औरतों ने पेड़ों से चिपककर ठेकेदारों को पेड़ काटने से रोका। धीरे-धीरे यह आंदोलन पूरे पहाड़ में फैल गया। इसी चिपको आंदोलन के कारण, 'क्या है जंगल के उपकार, मिट्टी पानी और बयार' का नारा निकला, जिसकी गूंज बाद में संयुक्त राष्ट्र संघ की पर्यावरण एजेंसियों के प्रयास से 1982 में रियो में सुनी गयी।

गांधीवादी तरीकों से सांस्कृतिक चिन्हों का उपयोग जन आंदोलनों में कैसे किया जाये इसकी एक अद्भुत मिसाल पहाड़ की औरतों ने दुनिया के सामने रखी। इस आंदोलन का प्रभाव जापान, लैटिन अमेरिका और अफ्रीका के अनेक देशों में देखने को मिलता है।

केरल के मछुआरों का संघर्ष

सत्तर के दशक के प्रारंभ से ही भारत के समुद्रतटीय इलाकों के मछुआरों के सामने जीविका का संकट बढ़ने लगा था। मशीनी नौकाओं द्वारा मछली पकड़ने वालों और पारंपरिक मछुआरों में टकराव से जन्मे आंदोलन ने दुनिया भर के मछुआरों के दर्द को सामने रखा। केरल के 390 किलोमीटर लंबे समुद्र तट पर देश के सर्वाधिक जानकार और साहसी मछुवारा समुदाय सदियों से रहते आये हैं। जब बड़े पैमाने पर लोगों की जीविका प्रभावित होने लगी तो

चर्च संस्थाओं ने लोगों को संगठित करना प्रारंभ किया। 1974 से 1985 तक पहले केरल, बाद में गोवा, तमिलनाडु, आंध्र और उड़ीसा के तटीय इलाकों में मछुआरों के आंदोलन ने मशीन **बनाम** आदमी के प्रश्न को न केवल पुनः स्थापित किया, वरन् पूरी समुद्री संपदा की ओर अंतर्राष्ट्रीय समुदाय का ध्यान खींचा। आज सिर्फ इस आंदोलन की यादें शेष हैं, क्योंकि केरल के नौजवानों ने अब पारंपरिक धंधे छोड़कर अन्य कामों को अपना लिया है। फिर भी इस आंदोलन का एक बड़ा सबक यह है कि शक्तिशाली कंपनियों के मुकाबले में आंकड़ें और जमीनी शोध अत्यंत महत्वपूर्ण होते हैं।

असम आंदोलन

घुसपैठ की समस्या को जितना पूर्वोत्तर भारत ने झेला है, उतना भारत के किसी अन्य भूभाग ने नहीं। 1979 में जब असम में 'अवैध' विदेशी आप्रवासियों के विरोध में जन संघर्ष का उफान उठा तो पूरे भारत का ध्यान इस राज्य की ओर गया। इस आंदोलन का महत्वपूर्ण पहलू था महिलाओं की अभूतपूर्व भागीदारी, जिसने महिला सहयोगिता के पिछले सभी मानदंडों को, यहाँ तक कि स्वतंत्रता आंदोलन को भी पीछे छोड़ दिया। 1965 में भारत-पाक युद्ध के समय बड़ी संख्या में बंगाली हिन्दुओं ने पूर्वी पाकिस्तान से पलायन कर असम में शरण ली। 1971 में भी काफी संख्या में लोग असम आये।

स्वतंत्रता के बाद केन्द्र सरकार की उपेक्षा से सांस्कृतिक, सामाजिक और राजनीतिक अस्तित्व खतरे में पड़ जाने के डर से असम के लोगों में अंदर ही अंदर आक्रोश पनप रहा था, जो 1979 में फूट पड़ा। असम आंदोलन में 'तेलबंदी' का सफल प्रयोग किया गया। लेकिन इसका खमियाजा लड़कियों और जवान औरतों को भुगतना पड़ा। बड़ी संख्या में सैनिकों ने उनसे बलात्कार किये। इसके बाद महिलाओं की भागीदारी कम होती गई एवं आंदोलन में एक ठहराव सा आ गया। इससे सत्ता ने सीख लिया कि प्रबल जन आंदोलन को कैसे दबाया जाये।

भोपाल गैस कांड

युनियन कार्बाइड कारखाने से 4 दिसम्बर, 1984 को रिसने वाली गैस से

हजारों लोग मरे। सारे प्रकरण में औरतों पर असाधारण बोझ पड़ा। परिणामस्वरूप भोपाल गैस पीड़ित महिला संगठन बना, जो समय-समय पर सार्वजनिक विरोधों, अखबार और मुकदमेंबाजी के माध्यम से गैस पीड़ितों के पक्ष में आवाज उठाता रहा। इस आंदोलन का मुख्य संघर्ष पुनर्वास की प्रक्रिया में पीड़ितों की भागीदारी को लेकर है। अनुभव से उन्होंने यह पाया कि खामियों के बावजूद भारत की न्यायपालिका में अभी अस्मिता बाकी है। साथ ही यह भी कि कानूनी संघर्ष को प्राथमिकता देने पर जरूरी हो जाता है कि रणनीति संबंधी निर्णय कानूनी विशेषज्ञों की मदद से लिये जायें।

'सेवा'

किसी भी संस्था या संगठन की शक्ति उसकी जीवन दृष्टि, उसकी विचारधारा और उसके कार्यकर्त्ताओं में निहित होती है। 'सेवा' की संस्थापिता सुश्री इला भट्ट की स्त्री मुक्ति और समानता को समझने की दृष्टि सर्वथा मौलिक और आधारभूत है। अहमदाबाद स्थित 'सेवा' संगठन आज विश्व में असंगठित क्षेत्र की औरतों के बीच कार्य का मॉडल बन चुका है। सब्जी-फल बेचने वाली, चिंदी का काम करने वाली, सिलाई करने वाली, अगरबत्ती बनाने वाली, बीड़ी बनाने वाली लाखों औरतें आज 'सेवा' से जुड़ी हैं। यह कहा जा सकता है कि स्वतंत्र भारत में गांधीवादी विचारधारा पर आधारित यह आंदोलन सच्चे अर्थों में एक रचनात्मक कार्य के साथ महिला सशक्तिकरण सम्मिश्रण का अनोखा उदाहरण है। आजकल 'सेवा' को चलाने का भार रेनाना झाबवाला पर है। इसकी शाखाएं, भोपाल, जबलपुर, इंदौर, भागलपुर, मुंगेर, सिंहभूम, मिथिला, लखनऊ तक फैली हैं। इस आंदोलन की खासियत यह है कि किसी भी पूंजीपति को उसके सिर्फ पूंजीपति होने के कारण शैतान नहीं माना जाता और न ही मजदूर को मात्र मजदूर होने की वजह से अच्छाइयों का पुतला। प्रत्येक परिवार की बुनियादी जरूरतें पूरी हों और औरत को इज्जत मिले ऐसा विचार है 'सेवा' का। कुल मिलाकर यह कहा जा सकता है कि सामाजिक परिवर्तन के संघर्ष में स्त्रियाँ भी उतनी ही सक्रिय हैं जितना कि पुरुष, बल्कि कुछ मायनों में उनसे भी अधिक।

(जनवरी 2004, सहारा समय)

59 कामयाबी की ओर बढ़ती मुस्लिम औरतें

अक्सर मुस्लिम औरतों की गिनती गरीब, अनपढ़, पर्दे में घिरी आर्थिक रूप से लाचार वर्ग में की जाती है। उनकी इस स्थिति के लिये बेमेल पुरातन नियमों और सामाजिक अवसरों की कमी को जिम्मेदार ठहराया जाता है। लेकिन अब धीरे-धीरे बदलाव आ रहा है। तीसरी दुनिया के देशों में मुस्लिम औरतों की वर्तमान छवि के लिए बहुत हद तक पश्चिमी मीडिया का दुष्प्रचार भी रहा है, जो अक्सर बुर्के और बहुविवाह को लेकर मुसलमानों पर प्रहार करता है।

संभवत: बार-बार परोसी गयी पिछड़ी छवि का ही इतना गहरा असर है कि कई इतिहासकार भी सोलहवीं सदी से ही मुस्लिम महिलाओं की कई क्षेत्रों में उपस्थिति को नज़रअंदाज कर देते हैं। मसलन बाबर के समय का सबसे प्रामाणिक इतिहास उसकी पुत्री गुलबदन द्वारा लिखी किताबों में मिलता है। गुलबदन ने उस समय 3000 किलोमीटर की मक्का यात्रा सात सालों में पूरी की थी और उसका पूरा विवरण दर्ज किया था। नूरजहाँ, रजिया सुल्तान, और हुमायुं की पत्नी और अकबर की मां हमिदा की काबलियत के किस्से पुराने पड़ चुके हैं।

आधुनिक युग में भी मुस्लिम महिलाएं राजकीय शिक्षा और कला के क्षेत्र में अपनी उपस्थिति दर्ज करा रही हैं। भोपाल में तीन पीढ़ियों तक बेगमों ने शासन किया और अंतिम नवाब सुल्तान जहान बेगम तो इतनी प्रखर बुद्धि की थीं कि सन् 1920 से दस साल तक अलीगढ़ मुस्लिम यूनिवर्सिटी की चांसलर रहीं। दरअसल सभी सामाजिक क्षेत्रों में मुस्लिम महिलाएं सक्रिय रहीं, लेकिन दुर्भाग्य वश उनके योगदान को सराहा नहीं गया।

आजादी के बाद शहिदा लतिफ ने एक शोध पत्र में भारत में मुस्लिम औरतों के योगदान पर प्रकाश डाला था। भारत में मुसलमानों की आबादी 110

मिलियन है, जो इंडोनेशिया के बाद सबसे अधिक है। अधिकांश मुसलमान उत्तर प्रदेश, बिहार, बंगाल और उड़ीसा में रहते हैं। मुस्लिम औरतों की आबादी 58 मिलियन आंकी गयी है। यह संभव है कि संख्या के अनुपात में मुस्लिम महिलाएं सक्रिय न रही हों, लेकिन कई मायनो में उनका योगदान अपूर्व है।

पर्दे के बावजूद सेवा के कार्यों में मुस्लिम महिलाएं अन्य वर्गों से पीछे नहीं हैं। बहुत कम लोग यह जानते हैं कि एक भले और धनी घर की मुस्लिम महिला को कोलकाता के स्लम इलाके में कार्य करने पर तलाक झेलना पड़ा। 'सेवा' संस्था के माध्यम से कमरूनिशा ने सोने के धागे वाले जरदोज़ी के काम को पुनः जीवित किया। आज सैकड़ों मुस्लिम महिलाएं 'सेवा' के माध्यम से चिकन कुर्ता बेचकर जीवन यापन कर रही हैं। गुजरात में रशीदा बेन ने महिला उद्यमी की एक अनूठी मिसाल पेश की है। रशीदा बेन शेख ने पैचवर्क से जुड़ी मुस्लिम औरतों की एक को-ऑपरेटिव सोसाइटी बनाकर जीने की राह दिखायी। गांव के वातावरण में पली रशीदा बेन ने अपनी कठिन मेहनत और सूझबूझ से पुरुष प्रधान धंधे में सेंध लगाकर गुजरात की औरतों में आत्मविश्वास जगाया।

इसी तरह दिल्ली में 'दस्तकार' संस्था से जुड़ी लैला तैयबजी ने भी मुस्लिम औरतों को मैनेजमेंट के गुर सिखाये ताकि तैयार माल बिक सके। 'दस्तकार' अंतर्राष्ट्रीय स्तर पर महिलाओं के लिये एक मॉडल बनता जा रहा है। राष्ट्र संघ की एजेंसियां और ऑक्सफाम जैसी संस्थाएं उसकी मदद कर रही हैं।

उत्तर प्रदेश के एक पर्दानसीं कट्टर परिवार में 17 वर्ष की आयु में विवाह होने के बावजूद जरीना भट्टी ने लंदन स्कूल ऑफ इकॉनामिक्स से अर्थशास्त्र में उच्च शिक्षा प्राप्त की और बाद में दिल्ली स्कूल ऑफ इकॉनामिक्स में पढ़ाया। यह उनकी आंतरिक इच्छाशक्ति को दर्शाता है।

कला के मामले में तो मुस्लिम औरतों के हुनर का कोई जवाब नहीं। अवध, हैदराबाद और बंगाल में इसके तमाम उदाहरण हैं। रसूलन बाई, बेगम अख्तर, और रोशन आरा बेगम ने गायन में अपनी छाप छोड़ी। प्रसिद्ध सितार

वादक रविशंकर की पहली पत्नी अन्नपूर्णा देवी भी गजब का सितार बजाती थीं और वे सरोदवादक अली अकबर की सगी बहन थीं।

अभिनय के क्षेत्र में भी मुस्लिम अदाकारों ने अपनी काबिलियत का झंडा गाड़ा है। ट्रेजेडी क्वीन मीना कुमारी को कौन भुला सकता है। हंटरवाली नाडिया को देखकर अब शायद ही कोई विश्वास करेगा कि वे एक मुस्लिम परिवार से थीं। नरगिस, जीनत अमान, परवीन बाबी ने अपनी खूबसूरती के साथ-साथ अभिनय में नयी उंचाइयों को छुआ। नफीसा अली ने फिल्म 'जुनून' में शानदार अभिनय कर वाहवाही बटोरी और शबाना आजमी ने एक्टिंग और सोशल वर्क का अनोखा संगम कर दिखाया। शिक्षा के क्षेत्र में भी कई जाने-माने नाम सामने है। शेख अब्दुल्ला की पत्नी वाहिद जहान बेगम ने 1906 में अलीगढ़ में गर्ल्स स्कूल बनवाया था। मुंबई में कुलसुम सयानी ने मुस्लिम औरतों में शिक्षा की मुहिम प्रारंभ की जो आज तक चल रही है। दिल्ली के जवाहरलाल नेहरू विश्वविद्यालय में इमराना कादिर, अतिया हबीब, जोया हसन जैसी मुस्लिम महिलाएं पढ़ाती हैं। जोया हसन ने अमेरिका में उच्च शिक्षा प्राप्त करने के बाद भारत आकर पढ़ाना अपना कर्तव्य समझा। जामिया मिलिया की शाह और हसीना भी बुद्धिजीवी वर्ग में अपना स्थान बना रहीं हैं।

महिला अधिकारों को लेकर सैयदा हमीदा, जोहरा मिर्जा, बेगम हब्बीबुल्ला, सोना खान आदि जाने-माने नाम हैं। उत्तर प्रदेश के रूढ़िवादी हुसैन परिवार में जन्मी किश्वर सुल्तान को सामाजिक कार्यों के लिये यूनेस्को पुरस्कार मिल चुका है।

मीडिया में भी मुस्लिम औरतों ने अपना स्थान बनाया है। फातिमा जकारिया **टाइम्स ऑफ इंडिया** के संडे रिव्यू की संपादक रह चुकी हैं। सीमा मुस्तफा ने **टेलीग्राफ** के बाद अब **'दि एशियन एज'** का कार्यभार संभाल रखा है। सादिया देहलवी, फातिमा तलिवा और अनीस जंग के लेख तो विदेशी अखबार भी छापने के लिये लालायित रहते हैं।

सन् साठ के दशक में नाटकों में अपना सिक्का जमाने वाली कुदैसिया जैदी की बेटी और एकरास सत्यु की पत्नी शमा फिल्म निर्देशन कर रही हैं। सलमा सुल्तान और सरवर जंजार ने दिल्ली दूरदर्शन में काफी नाम कमाया है।

कानून के क्षेत्र में फातिमा बीबी, सोना खान, सबूल रिजा, तनवीर अख्तर,

जुबैदा खातून और हमिदा हसन काफी नाम कमा चुकी हैं। राजनीति में भी मुस्लिम औरतें पीछे नहीं है। नजमा हेप्तुल्ला, मोहसिना किदवई, सैयदा खातून, अख्तर जहान, बेगम रामपुर जैसे कई चर्चित नाम हैं।

लगभग सभी क्षेत्रों में मुस्लिम महिलाएं सक्रिय हैं। कुछ चुनिंदा नाम सामने आये हैं, लेकिन इनके अलावा और भी कई हैं जिनका महत्वपूर्ण योगदान है। मुस्लिम महिलाओं की सक्रियता इस बात का आभास देती है कि भारत के सामाजिक ताने-बाने की बुनावट का वे भी एक अहम हिस्सा हैं।

(मार्च 2005, राष्ट्रीय सहारा)

60 सिद्धांतों को कानून में ढालना

यह आम धारणा है कि गरीब और अनपढ़ लोग ज्यादा बच्चे पैदा करते हैं एवं कन्या भ्रूणहत्या जैसे घृणित कार्यों में भी इसी वर्ग की भागीदारी अधिक है। सच्चाई इसके विपरीत है, लेकिन इस सोच के चलते आज तक जनसंख्या नियंत्रण में टारगेट और प्रलोभन (जिसे सरकारी भाषा में इनसेन्टिव कहा जाता है) का ही बोलबाला है। हाल ही में प्रधानमंत्री मनमोहन सिंह द्वारा पुनर्गठित जनसंख्या आयोग की बैठक के दौरान जनसंख्या स्थिरीकरण के लिये कठोर और जबर्दस्ती न करने वाले बयान से एक बार पुनः परिवार नियोजन का मुद्दा विकास की चर्चा के दायरे में आ गया है।

जनसंख्या की वर्तमान समस्या को समझने के लिये हमें थोड़ा पीछे जाना पड़ेगा। दरअसल, 1952 में भारत विश्व में एकमात्र देश था जिसने परिवार नियोजन कार्यक्रम प्रारंभ किया। उद्देश्य था 'राष्ट्र की अर्थव्यवस्था के अनुरूप जनसंख्या का स्थिरीकरण करना'। अप्रैल 1976 में इंदिरा गांधी के शासनकाल में पहली जनसंख्या नीति बनी। फिर सन् 1983 में राष्ट्रीय स्वास्थ्य नीति अपनायी गई, जिसका लक्ष्य प्रजनन दर को सन् 2000 तक स्थिर कर कम करना था।

1980 से पूर्व के कई शोधों में बिहार, उत्तर प्रदेश, राजस्थान और मध्य प्रदेश जैसे राज्यों में जनसंख्या विस्फोट के लिये गरीबी और अशिक्षा को जिम्मेदार ठहराया गया, लेकिन जब 1990 के दशक में पंजाब और हरियाणा जैसे सम्पन्न और अपेक्षाकृत शिक्षित राज्यों में गर्भ जल परीक्षण के बाद कन्या भ्रूणहत्या के मामले सामने आये और 'पुत्र लालसा' में परिवार की सदस्य संख्या पूर्व जैसी ही रही तब नया चिंतन प्रारंभ हुआ। आखिर क्या कारण है कि पढ़ा-लिखा साधन सम्पन्न परिवार भी लड़की के जन्म से घबराता है?

इस प्रश्न का उत्तर आसान नहीं है। राष्ट्र संघ के विशेष अधिवेशन के लिये तैयार की गयी गैर सरकारी संगठनों की वैकल्पिक रिपोर्ट इस विषय में बताती है कि इस समस्या के लिये अकेले सरकार को ही दोषी नहीं ठहराया जा

सकता। दक्षिण एशियाई समाज और परम्परा महिला को अपने पति और सास को अपने उत्तरदायित्व का केन्द्र बिन्दु मानने को विवश करते हैं। लगभग गुलामी की जिंदगी जी रहीं ऐसी औरतों में न तो ज्ञान है और न ही साधन है, जिससे वे अपने और बच्चों के हित में काम कर सकें। दुनिया के अधिकांश हिस्सों में महिलाएं कई मायनों में पुरुषों पर आश्रित हैं। लेकिन दक्षिण एशिया में आधीनता का स्वभाव और मात्रा अलग ढंग की है। इसलिए महिलाओं के अपने जीवन के साथ-साथ बच्चों की देखरेख का स्वरूप भी प्रभावित होता है। सन् 2000 में स्वास्थ्य एवं परिवार कल्याण मंत्रालय ने नई राष्ट्रीय जनसंख्या नीति की घोषणा की, जिसकी प्रस्तावना में भविष्य में भारत की जनसंख्या के आंकलन में जन्मदर के आंकड़े देते हुए जिक्र है कि सन् 2045 में भारत जनसंख्या के मामले में चीन को पछाड़ देगा। लेकिन इस नीति पत्र में उन सेक्टरों पर कोई चर्चा नहीं की गई, जिनके कार्यक्रमों के न चलने से जनसंख्या विस्फोट होता है।

नई जनसंख्या नीति में टिकाऊ विकास (सस्टेनेबिल डेवलपमेंट) और आय के न्यायिक वितरण पर जोर है, परंतु विश्लेषण से पता चलता है कि जनसंख्या नियंत्रण मुख्य लक्ष्य है। इस दस्तावेज में जाति एवं वर्ग को बिल्कुल भूला दिया गया, जबकि जमीनी हकीकत यह है कि देश के अधिकांश परिवारों में बच्चों की संख्या तय करने में ये कारक अहम भूमिका निभाते हैं। नई नीति में बचाव और प्रोत्साहन के कार्यक्रमों की जगह एक बार फिर टारगेट और 'प्रलोभन' पर जोर दिया गया है। अतः प्रधानमंत्री मनमोहन सिंह के ताजा बयान से ऐसा आभास होता है कि सरकार अपनी नीतियों की पुनः समीक्षा करना चाहती है। यह एक अच्छा संकेत है।

आखिर जनसंख्या स्थिरीकरण में जोर-जबर्दस्ती किसे कहा जाता है? इसमें अधिकारियों द्वारा मौखिक धमकी, गरीबी उन्मूलन कार्यक्रमों के लाभार्थी बनने के लिए आपरेशन की शर्त, दो से अधिक बच्चे वाली मां को सरकारी इलाज से वंचित रखने का नियम, परिवार नियोजन के लिये गर्भपात कराने के राजी परिवारों को प्रलोभन (राशि या नौकरी) या दो से अधिक बच्चों वाले व्यक्ति को पंचायत का चुनाव लड़ने से रोकना आदि शामिल है। सन् 1994 के बाद से अंतर्राष्ट्रीय समुदाय में जनसंख्या नियंत्रण हेतु कठोर प्रावधानों को नकारा जा रहा है।

किसी भी समाज में जनसंख्या का स्थिरीकरण उसकी आंतरिक सोच और जीवन शैली का हिस्सा होते हैं। अधिकांश मामलों में सरकारों के अलावा गैर सरकारी संगठन भी इस पहलू को नजरअंदाज करते हैं। जनसंख्या की समस्या की प्रकृति के बारे में आम सहमति कायम करना आवश्यक है। इस आम सहमति की जड़ में पुरुषों और महिलाओं के बीच भारी असमानता है।

भारत में जनसंख्या नियंत्रण कार्यक्रम में एक 'सम्पूर्ण सोच' का अभाव है। बच्चों को अभी भी भारतीय समाज में बुढ़ापे के खिलाफ इंश्योरेन्स माना जाता है। ऐसे समाज में सीमित परिवार नीति अपनाने की इच्छाशक्ति जागृत नहीं होती।

कृषि प्रधान पारम्परिक समाजों में जनसंख्या स्थिरीकरण हमेशा एक समस्या रही है। भारत में प्रजनन दर कम करना एक राजनीतिक मुद्दा है। वैसे परिवार में कितने बच्चे हों यह एकदम निजी मामला है, जिसे दंपति और परिवार के अन्य सदस्य अपने साधनों और बुनियादी जरूरतों की पूर्ति के आधार पर लेते हैं। अतः प्रजनन नीति के मामले में बाजार का नफा-नुकसान वाला फार्मूला नहीं चल सकता। मोटे तौर पर सरकार को रहन-सहन के बुनियादी स्तर की गारंटी देनी चाहिए ताकि दरिद्रता से बचा जा सके। अगर तत्काल ऐसा संभव नहीं है तो सरकार को ऐसी नीतियां अपनानी चाहिए, जिससे बहुत कम समय में ऐसा कर पाना संभव हो।

इस संदर्भ में केरल से सबक सीखा जा सकता है। वहाँ महिलाओं के बीच शिक्षा के प्रसार ने महत्वपूर्ण रोल अदा किया है। वहाँ जोर-जबर्दस्ती नहीं है। चीन ने भी पिछले दो दशकों में एक बच्चा नीति को कठोरता से लागू करने के बाद अनुभव किया कि इसके विपरीत परिणाम निकले हैं। अब वहाँ परिवार को समझाने-बुझाने और आने वाले बच्चे के लिये सुविधाएं मुहैया कराने के आधार पर जनसंख्या स्थिरीकरण किया जा रहा है।

जनसंख्या स्थिरीकरण के किसी भी कार्यक्रम में नैतिक और सामाजिक मूल्यों का ध्यान रखना आवश्यक है। भावी कार्यक्रमों में आर्थिक विकास, सामाजिक संतुलन और पर्यावरण संरक्षण को आधार माना जाना चाहिए। जाहिर है ऐसा करने के लिए नियमों को सिद्धांत के अनुरूप ढालना पड़ेगा।

(अक्टूबर 2005, राष्ट्रीय सहारा)

61 यू एन के 60 साल

भविष्य में क्या होने वाला है, यह कोई नहीं जानता पर इसका अंदाजा गुजरे हुए कल और आज के संकेतों से लगाया जा सकता है। 12 से 14 सितम्बर तक न्यूयॉर्क में 170 देशों के राष्ट्राध्यक्षों ने राष्ट्र संघ की स्थापना की 60वीं वर्षगांठ मनाई। इस अधिवेशन का एजेंडा पहले से ही तय हो चुका था, जिसमें प्रशासनिक सुधार लाना और गरीबी उन्मूलन के कार्यक्रमों के क्रियान्वयन की समीक्षा को प्राथमिकता दी गई थी। लेकिन अमेरिका और ब्रिटेन ने आतंकवाद का मुद्दा उठाकर सारा माहौल ही बदल दिया। इसके बाद कई पुराने वादों को दोहराया गया, लेकिन अधिकांश विशेषज्ञों का आंकलन है कि इस अधिवेशन में राष्ट्र संघ अपने मूल उद्देश्यों से भटक गया।

राष्ट्र संघ के इस विशेष अधिवेशन के दौरान ही मानव विकास रिपोर्ट 2005 जारी की गई, जिसमें साफ झलकता है कि अमीर और अमीर हुए हैं और गरीब और अधिक गरीब। अफ्रीका और लातिन अमेरिका के प्रतिनिधियों ने इस ओर संकेत भी किए, लेकिन उनकी आवाज नक्कारखाने में तूती की आवाज की तरह दब गयी। गैर सरकारी संगठन जैसे एक्शन एड, आक्सफैम, 'वुमन राइट्स वॉच' आदि ने गरीबी उन्मूलन जैसे गंभीर मुद्दे को दर–किनार करने पर विकसित देशों की कड़ी आलोचना की। इनका तर्क था कि राष्ट्र संघ की स्थापना विश्व युद्ध की पुनरावृत्ति रोकने एवं सतत् टिकाऊ मानव विकास के लिए की गई थी। अधिवेशन के पूर्व की गतिविधियों से ऐसा आभास मिल रहा था कि कोफी अन्नान राष्ट्र संघ में कोई बड़ा सुधार करने का प्रस्ताव पारित करवाएंगे। इसके लिये कई महीने पूर्व गोबान के जीन पिंग की अध्यक्षता में एक कमेटी भी बनायी गयी थी। लेकिन अधिवेशन के पूर्व स्वयं कोफी अन्नान 10 बिलियन डॉलर के तेल के बदले अनाज वाले स्कैन्डल से घिर गये। इसके अलावा अमेरिकी राष्ट्रपति जार्ज बुश ने कट्टरपंथी जोन बोलटन को राष्ट्र संघ में अमेरिका का राजदूत नियुक्त कर साफ संकेत दे डाला कि वे जो चाहेंगे वही

होगा। हुआ भी यही। संभावित सुधारों को दर किनार कर बोलटन ने राष्ट्र संघ के ढांचे में प्रशासनिक सुधार के नाम पर एक लंबी-चौड़ी सूची पेश कर दी, जिससे कई देशों में घबराहट फैल गयी।

अधिवेशन की शुरुआत में ही विभाजन के बीज पड़ गये थे। जापान, ब्राजील और भारत द्वारा सुरक्षा परिषद की सदस्यता की मांग का चीन ने यह कहकर विरोध किया कि सर्वप्रथम गरीब अफ्रीकी देशों को प्रतिनिधित्व दिया जाना चाहिये, क्योंकि उनकी सदस्य संख्या के अनुरूप उन्हें यूएन में महत्व नहीं मिल रहा है। इराक पर राष्ट्र संघ की स्वीकृति के बिना 'हमला' करने वाला अमेरिका इस अधिवेशन में बहुत मुखर रहा।

हीला-हवाली के बाद अधिवेशन में 35 पृष्ठों वाला एक प्रस्ताव अपनाया गया, लेकिन आशा के विपरीत इसमें राष्ट्र संघ की भावी भूमिका और सुधारों पर किसी नये निर्णय का संकेत नहीं है। महासचिव के अधिकारों, आतंकवाद की परिभाषा और सुरक्षा परिषद के विस्तार जैसे महत्वपूर्ण मसले ठंडे बस्ते में डाल दिए गये। इससे पश्चिमी जगत के बुद्धजीवियों को लगा कि जी-8 के शक्तिशाली राष्ट्र अपने-अपने अलग मंचों से विश्व राजनीति पर कब्जा करने की मंशा बना चुके हैं। इनमें विश्व बैंक, विश्व व्यापार संगठन (डब्ल्यूटीओ) और 'प्रजातांत्रिक राष्ट्रों का संगठन' प्रमुख हैं।

हैरानी की बात यह है कि 60वीं वर्षगांठ मनाने वाले राष्ट्र संघ के इस अधिवेशन में सहस्राब्दि वादों को एकदम भुला दिया गया। राष्ट्र संघ ने कोपनहेगन के विश्व सामाजिक सम्मेलन 1995 में यह लक्ष्य तय किया था कि सन् 2015 तक भयंकर गरीबी यानी प्रतिदिन एक डॉलर यानी लगभग 40 रुपयों से कम पर प्रतिदिन गुजारा करने वाले गरीबों की किस्मत बदली जायेगी, लेकिन इस सम्मेलन में इस मुद्दे पर कोई ठोस कार्यक्रम तय नहीं किये गये। लगभग तीन दशकों पूर्व राष्ट्र संघ ने यह प्रस्ताव पारित भी किया था कि विकसित देश अपने सकल उत्पाद का 0.7 प्रतिशत हिस्सा अंतर्राष्ट्रीय सहयोग के लिये दान देंगे। सिवाय डेनमार्क और नीदरलैंड को छोड़कर किसी भी धनी देश ने ऐसा नहीं किया। उल्टे पिछले एक दशक में विदेशी सहायता में लगातार कमी हुई है। गैर सरकारी संगठनों का मानना है कि इस नजरिए से 1.2 बिलियन अत्यंत गरीबों का शायद ही कभी कल्याण हो पाये।

इसी तरह दुनिया के करीब 50 गरीब देश अमीर देशों के कर्ज के बोझ तले दबे हैं। तमाम प्रयासों और आंदोलनों के बावजूद इस ऋण से मुक्ति का कोई फार्मूला इस सम्मेलन में चर्चा तक में नहीं आया। दुनिया के लगभग 70 प्रतिशत ग्रामीण गरीब अत्यंत दयनीय हालात में जी रहे हैं। कुल मिलाकर इस अधिवेशन ने गरीबों को निराश किया है।

जानकारों के अनुसार तीन बड़े मुद्दों पर राष्ट्र संघ असफल रहा : निशस्त्रीकरण, प्रशासनिक सुधार और बड़े दबंगों की दादागिरी पर लगाम लगाना। निशस्त्रीकरण के मामले में अधिवेशन के अंत में ईरान द्वारा अंतर्राष्ट्रीय समुदाय की मांग को मानते हुए परमाणु बम बनाने के कार्यक्रमों को त्यागने की घोषणा एक उपलब्धि रही, लेकिन आतंकवाद की परिभाषा पर सहमति न होने से संशय का माहौल बना हुआ है। ब्रिटेन के प्रस्ताव का पाकिस्तान सहित कई इस्लामिक देशों ने विरोध किया। टोनी ब्लेयर का सुझाव था कि आतंकवाद को गैर कानूनी करार दिया जाये। फिलीस्तीन मुक्ति आंदोलन के कारण अरब जगत ने भी इससे असहमति जताई।

इन सारी असफलताओं के अंधेरे की बीच आशा की एक किरण नजर आती है। वह है राष्ट्र संघ द्वारा मानव अधिकार कमीशन की स्थापना का निर्णय। फिलहाल जिनेवा में राष्ट्र संघ का मानव अधिकार केन्द्र है, जिसे समाप्त कर नये कमीशन की सदस्यता दो-तिहाई बहुमत से तय की जाएगी।

पूर्व सम्मेलनों की तरह इस बार भी राष्ट्र संघ में दो धड़े साफ नजर आये। एक ओर अमेरिका और उसके साथी, जो सभी सुधारों में अड़ंगा डाल रहे थे और दूसरी ओर वे बाकी देश जो राष्ट्र संघ से दुनिया बेहतर बनाने की उम्मीद लगाये बैठे हैं। अमेरिका का दबदबा राष्ट्र संघ में इसलिए भी है कि वह प्रतिवर्ष 3 बिलियन डॉलर का योगदान करता है, जिससे राष्ट्र संघ की अनेक एजेंसियों का खर्च निकलता है। लेकिन तमाम अवरोधों के बावजूद दुनिया को राष्ट्र संघ से अनेक उम्मीदें हैं, क्योंकि मानवता को शांति की भाषा में बात करने का और कोई माध्यम उपलब्ध नहीं है। अधिवेशन से यही प्रतिध्वनि निकली कि एक-दूसरे का हाथ पकड़ेंगे तो दूर तक जाएंगे।

(अक्टूबर 2005, राष्ट्रीय सहारा)

62 सहस्राब्दि विकास लक्ष्य

राष्ट्र संघ ने नागरिक अधिकारों के साथ-साथ अब जीवित रहने (गरीबी उन्मूलन), प्राथमिक शिक्षा, स्वास्थ्य, पर्यावरण संरक्षण जैसे मुद्दों को भी मानव अधिकारों के दायरे में शामिल कर इस सहस्राब्दि के नये विकास लक्ष्य घोषित कर सरकारों और एनजीओ के समक्ष नई चुनौती खड़ी कर दी है। सितम्बर 2000 में राष्ट्र संघ के 191 सदस्यों द्वारा अपनाये गये सहस्राब्दि विकास लक्ष्यों को प्रारंभ में संदेह की दृष्टि से देखा गया और भयंकर गरीबी कम करने, महामारियों को खत्म करने, पर्यावरण संरक्षण एवं युद्ध रोकने को प्राथमिकता बनाने के प्रयासों को विकसित देशों की चाल समझा गया, लेकिन हाल में एशिया में सुनामी के अनुभवों, अफ्रीका में एड्स के उभरते खतरनाक स्वरूप, लातिन अमेरिका में न थमने वाली गरीबी, इस्लामिक देशों ने बढ़ती हिंसा और यूरोप अमेरिका में पर्यावरणीय दुष्प्रभावों के परिणामों को देखने के बाद नीति निर्धारकों एवं गैर सरकारी संगठनों के कार्यकर्ताओं में राष्ट्र संघ के सहस्राब्दि विकास लक्ष्यों का महत्व समझ में आने लगा है। आगामी वर्षों में इसकी महत्ता और बढ़ेगी, क्योंकि पिछले वर्षों के कटु अनुभवों के बाद भी यह दस्तावेज एक आशा की किरण दिखाता है, क्योंकि पहली बार राष्ट्र संघ के सदस्य देशों ने गरीबी उन्मूलन, बीमारी और वंचिता पर समयबद्ध कार्यक्रम अपनाये हैं। आज मानव अधिकारों के संदर्भ में सहस्राब्दि विकास लक्ष्य के आठ बिन्दु फोकस के केन्द्र हैं?

आखिर सहस्राब्दि विकास लक्ष्य क्या है?

प्रथम लक्ष्य है सन् 2015 तक विश्व में वर्तमान अत्यंत दरिद्रता में रह रहे एक बिलियन लोगों की संख्या घटकर आधी करना। भारत के लिये यह अत्यंत महत्वपूर्ण है। अत्यंत गरीबी में रह रहे लोगों की संख्या के आंकड़ों को लेकर भले ही यहाँ विवाद हो, लेकिन यह तय है कि लगभग बीस करोड़ भारतीय

इस परिधि में आते हैं। सहस्राब्दि लक्ष्यों से जुड़े विशेषज्ञों की राय में खेतिहर अर्थव्यवस्था, पानी प्रबंधन, मौसम, ऊर्जा सिस्टम, आदि सब गरीबी उन्मूलन के प्रयासों का अभिन्न हिस्सा हैं। ग्लोबेलाइजेशन के संपन्न संसार में गरीबों की चिंता के नये आयामों की तलाश जरूरी है। विश्व बैंक का अनुमान है कि विश्व में अत्यंत दरिद्रों (जिनकी आय प्रतिदिन एक डॉलर यानी 40 रुपये से कम है) की संख्या लगभग एक सौ दस करोड़ है जोकि विश्व जनसंख्या का पांचवां हिस्सा है। एक पीढ़ी पहले यह एक तिहाई था और दो पीढ़ी पूर्व आधा। यहाँ गरीबी के संपूर्ण निवारण नहीं वरन् दरिद्रतम लोगों की संख्या में कमी लाने के लक्ष्य की बात की जा रही है। साथ ही समाज में अमीरों और गरीबों और शहरी और ग्रामीण जनसंख्या में बढ़ती खाई को भी कम करने की चुनौती है। गरीबों को अपने विकास का अधिकार स्वयं हासिल करना होगा। सहानुभूति रखने वाले अमीर थोड़ी बहुत मदद जरूरत कर सकते हैं। लेकिन गड्ढे से निकलने के लिये गरीब वर्ग को स्वयं प्रयासरत होना होगा।

दूसरा लक्ष्य सबको प्राथमिक शिक्षा दिलाना है। विश्वभर में आज भी 130 मिलियन बच्चे स्कूलों से बाहर हैं। इनमें से 23 मिलियन बच्चे भारत में हैं। सब बच्चों को प्राथमिक शिक्षा के लक्ष्य में दोपहर का भोजन देना, गुणवत्ता वाली शिक्षा प्रदान करना और ऐसा जीवनोन्मुखी हुनर देना, जिससे वह मात्र रट्टू तोता बनकर स्कूल से न निकले। साथ ही सन् 2015 तक लड़के-लड़कियों के बीच शिक्षा के अंतर को भी खत्म करना है।

अच्छी सेहत सुखी जीवन की कुंजी कहा जाता है। सहस्राब्दि का तीसरा विकास लक्ष्य इसी से जुड़ा है। इसमें पांच वर्षों से कम आयु के शिशुओं की मृत्युदर में 2015 तक दो-तिहाई कमी लानी है। प्रजनन स्वास्थ्य से जुड़ी बीमारियों पर काबू पाकर उनसे प्रभावित महिलाओं की संख्या में दो तिहाई कमी लाने का लक्ष्य है। सन् 1978 में 2000 तक सबको स्वास्थ्य का नारा अपनाया गया था, लेकिन इस वर्ष के आते-आते एड्स की महामारी ने अफ्रीका को ग्रसित कर दिया और एशिया के द्वार खटखटाने लगी। लक्ष्य के अनुसार सन् 2015 तक एड्स की बीमारी की रोकथाम करना एवं मलेरिया, टी०बी०, हेपेटाइटिस जैसी बीमारियों से निजात पाने हेतु प्रयास किये जायेंगे।

पर्यावरण के मामले अत्यंत जटिल हैं। एक ओर निर्यात के लिये सस्ते

माल तैयार करने की होड़ है तो दूसरी ओर प्रदूषण से बचने के प्रयास। राष्ट्र संघ का मानना है कि कम से कम सभी लोगों को सन् 2015 तक पीने का साफ पानी मुहैया कराया जाना चाहिये। साथ ही दुनिया भर में दयनीय परिस्थितियों में रह रहे दस करोड़ झुग्गीवासियों का पुनर्वास हो।

सितंबर 2000 को राष्ट्र संघ के 191 देशों द्वारा पारित सहस्त्राब्दि विकास लक्ष्यों में से आठ का संबंध गरीब देशों से है। सन् 2015 तक हासिल करने की समय सीमा के कारण ये विकास लक्ष्य विश्व राजनीति का नये आधार बन गए हैं। सन् 2005 में मिलेनियम +5 की बैठक इन लक्ष्यों की समीक्षा के दौरान यह महसूस किया गया कि प्रथम दृष्टि में ये गैर आपत्तिजनक लगते हैं, लेकिन वास्तविकता यह है कि इनके पीछे तीसरी दुनिया के देशों से ज्यादा समृद्ध पश्चिमी देशों का समर्थन है। जापान, यूरोप और अमेरिका ने विश्व बैंक, अंतर्राष्ट्रीय मुद्राकोष के साथ मिलकर इन लक्ष्यों को तय किया था। ऐसे में यह प्रश्न उठना स्वाभाविक है कि क्या ये लक्ष्य नव उदारवाद को नया परिधान पहनाने का प्रयास तो नहीं है।

इंडोनेशिया के प्रसिद्ध समाज सेवक समीर अमीन का आरोप है कि सहस्त्राब्दि विकास लक्ष्यों को तय करने में अमेरिका की खुफिया एजेंसी सीआईए के सलाहकार टेड गार्डोन का दिमाग है। आरोप यह भी है कि 1990 के दशक में राष्ट्र संघ द्वारा आयोजित किए जाने वाले विश्व सम्मेलनों के पीछे भी किसी प्रकार का षड्यंत्र है। ये बड़े गंभीर आरोप हैं पर अभी तक कोई ठोस प्रमाण सामने नहीं आए हैं।

हमें यह नहीं भूलना चाहिए कि सिएटल में विकासशील देशों ने दबंग राष्ट्रों की धौंस–डपट को धता बता दिया। दोहा में ब्राजील, भारत व दक्षिण अफ्रीका ने किसानों के हितों की बात उठाई और विकसित देशों की प्रस्तावित कृषि नीतियों का विरोध किया। अतः पूरी प्रक्रिया पर प्रश्नचिन्ह लगाना उचित नहीं होगा।

फिर भी आलोचकों के इन तर्कों पर ध्यान देना होगा कि सहस्त्राब्दि विकास लक्ष्यों की आड़ में निजीकरण की प्रक्रिया तेज हो सकती है। इसे प्राप्त करने के लिए पूंजी की आवश्यकता होगी, जिसकी भरपाई राष्ट्रीय संपत्ति को बेचकर की जा सकती है। स्वास्थ्य एवं शिक्षा के क्षेत्र में सरकार अपने

उत्तरदायित्वों से पल्ला झाड़ रही है। कृषि उपजों की निर्यात नीति से बड़े फार्म पनपेंगे और छोटे किसान अपनी जमीनों से हाथ धो बैठेंगे।

उपरोक्त विकास मॉडल को बिना विकल्प के थोपा जा रहा है और पूरी प्रक्रिया में राष्ट्र-राज्य कमजोर हो रहे हैं। ऐसे में विकास के प्रयासों को गहरा धक्का लगेगा।

इन आरोपों के उत्तर में समर्थकों का कहना है कि सहस्राब्दि विकास लक्ष्य एक ऐसा संगठित विचार सामने रखता है, जिसमें हम गरीबी उन्मूलन के प्रयासों को आंकड़ों में तौल सकते हैं। ऐसे में गरीब देशों को फायदा होगा। सितंबर 2005 में एक्शन एड, पानोस, इंटर एक्ट वर्ल्ड वाइड, प्लान इंटरनेशनल एवं वाटर एड ने **गार्जियन** अखबार के साथ एक अभियान चलाया था, जिसमें भयंकर दरिद्रता को कम करने का आह्वान किया गया था। इस अभियान के कई सकारात्मक फल निकले। पश्चिम के नागरिक समाज ने इसे पूर्ण सहयोग दिया और ऐसा सहस्राब्दि विकास लक्ष्यों के कारण संभव हुआ।

कुल मिलाकर किसी और औषधि के अभाव में तमाम खामियों के बावजूद सहस्राब्दि विकास लक्ष्य गरीबी कम करने की कड़वी दवाई कही जा सकती है।

(10 दिसम्बर 2005, राष्ट्रीय सहारा)

63 गरीबी का अंत

अमेरिका आतंकवाद के खिलाफ अपनी जंग तेज कर रहा है लेकिन विश्वव्यापी अस्थिरता के मूल कारणों की अनदेखी कर रहा है। अकेले हथियारों पर उसका बजट 500 बिलियन डॉलर का है, जबकि इसके तीसवें भाग यानी 16 बिलियन डॉलर से भीषण गरीबी की चपेट में रह रहे गरीबों की मदद की जा सकती है। यह राशि अमेरिकी राष्ट्रीय आय का महज 0.15 प्रतिशत है यानी प्रति 100 डॉलर में से सिर्फ 15 सेन्ट्स। बावजूद इसके विकास कार्यक्रमों में उसका योगदान घट रहा है। यहाँ तक कि वादा करने के बाद भी कई बार वह मुकर रहा है। विश्व की 6 अरब जनसंख्या में लगभग आधे गरीब हैं। गरीबी को तीन श्रेणियों में बांटा जा सकता है : भीषण गरीबी (जिसमें परिवार की आय एक डॉलर यानी 40 रुपये प्रतिदिन से कम है, जिससे जीवन की मूलभूत आवश्यकताएं पूरी नहीं की जा सकती); मध्यम गरीबी (परिवार की प्रतिदिन आय एक से दो डॉलर के बीच और परिवार किसी तरह एक समय खाना खा लेता है, लेकिन यह राष्ट्रीय औसत से कम है) एवं सापेक्ष गरीबी (किसी अन्य मध्यम वर्गीय परिवार के मुकाबले में कम सुविधाएं)। विश्व बैंक के अनुसार भीषण गरीबी में रह रहे लोगों की संख्या दुनिया में लगभग एक अरब है। दक्षिण-एशिया और अफ्रीका की लगभग आधी जनसंख्या भीषण गरीबी की चपेट में है। पिछले दो दशकों में इनकी हालत बद से बदतर हो गई है।

कुछ शताब्दियों पूर्व ऐसी हालत नहीं थी। दुनिया के विभिन्न हिस्सों में संपन्नता और गरीबी के बीच इतना अंतर नहीं था। यूरोप के अधिकांश भागों में जिंदगी वैसी ही कठिन थी, जितनी चीन और भारत में। लेकिन 1920 से 2000 के बीच यह फासला तेजी से बढ़ता गया। द्वितीय विश्व युद्ध के बाद कई नव स्वतंत्र देशों ने ऐसी समाजवादी अर्थव्यवस्था अपनायी, जिनसे वे चौपट हो गये। आज कई देश मलेरिया, सूखे, सिंचाई का अभाव, ऊर्जा के

स्रोतों की कमी जैसे कारणों से विश्व की मुख्यधारा वाली अर्थव्यवस्था से जुड़ नहीं पा रहे हैं। इन देशों को विदेशी सहायता की मदद से उबारा जा सकता है। वर्तमान में धनी देशों की सहायता राशि 53 बिलियन डॉलर यानी उनके सकल राष्ट्रीय उत्पादन का सिर्फ 0.2 प्रतिशत है। इसे बढ़ाकर 0.7 प्रतिशत तक किया जाना चाहिये ताकि सन् 2025 तक भीषण गरीबी में रह रहे लोगों की संख्या को घटाकर आधा किया जा सके। यह निचोड़ है जैफरी सेचस् की नयी विश्व विख्यात पुस्तक **'दी एंड ऑफ पावर्टी'** का।

वे कोई मामूली व्यक्ति नहीं हैं। फिलहाल कोलंबिया विश्वविद्यालय की 'अर्थ इंस्टीट्यूट' के निदेशक हैं और राष्ट्र संघ के महासचिव कोफी अन्नान के सलाहकार। अब तक दुनिया के 100 से भी अधिक देशों को गरीबी उन्मूलन मामले में सलाह दे चुके हैं। इनमें बोलीविया, सोवियत रूस और पौलैंड भी शामिल हैं। रूस का जो हाल हुआ वह जग जाहिर है। वे दो बार भारत की यात्रा भी कर चुके हैं। कोफी अन्नान ने 250 विशेषज्ञों का एक दल बनाया था, जिसे सन् 2015 तक के विकास लक्ष्य तय करने थे। प्रोफेसर जैफरी सेचस् उस अध्ययन दल के अध्यक्ष थे और जनवरी 2005 में उन्होंने अपनी रिपोर्ट राष्ट्र संघ को सौंपी। इसके बाद मई 2005 में उनकी बहुचर्चित किताब **'दी एंड ऑफ पावर्टी'** प्रकाशित हुई। इसे **टाइम्स मैग्जीन** ने कवर स्टोरी बनाकर छापा। **न्यूयॉर्क टाइम्स** ने सेचस् को 'विश्व का सबसे महत्वपूर्ण अर्थशास्त्री' का खिताब दिया, तो अरबपति जार्ज सोरेस उन्हें भीषण गरीबी दूर करने वाले आर्थिक विकास की रूपरेखा का जनक मानते हैं। प्रधानमंत्री मनमोहन सिंह भी इस किताब को व्यापक आर्थिक परिवर्तनों के संदर्भ में विकासशील देशों की अर्थव्यवस्था को सुधारने में नीति बनाने में सहायक मानते हैं।

लेकिन सारी प्रशंसाओं के बावजूद स्वयं पश्चिमी जगत में अब इस किताब में सुझाये गए गरीबी उन्मूलन के नुस्खों की तीखी आलोचना हो रही है। अमेरिका के शिकागो विश्वविद्यालय से जुड़े अर्थशास्त्रियों का तर्क है कि सेचस् के सुझाव में अनेक छिद्र हैं। पूरा जोर इस बात पर है कि धनी देशों द्वारा गरीब देशों को दी जाने वाली विदेशी सहायता में वृद्धि होने से भीषण गरीबी खत्म हो जायेगी। यदि ऐसा है तो तमाम मदद के बावजूद अफ्रीका का बुरा

हाल क्यों है? लातिन अमेरिकी देशों के सामाजिक कार्यकर्ता सशंकित हैं कि सहायता बढ़ाने के साथ ही धनी देश उनकी अर्थव्यवस्था पर शिकंजा कसेंगे, जिसके परिणामस्वरूप पानी का निजीकरण होगा और स्वास्थ्य सेवाओं के दाम बढ़ जायेंगे। सहायता का सही उपयोग न करने के आरोप में उन पर इराक जैसी कार्रवाई हो सकती है। तीसरी दुनिया के पक्षधर अमेरिकी वामपंथी चिंतकों में से एक प्रोफेसर टोनी सोउनियोस का कहना है कि इस किताब में दिए गए सुझाव का मकसद अंततः पूंजीवाद को बढ़ावा देने एवं व्यापार के मार्ग में से बाधाएं हटाना ही है। सेचस् का मूल संदेश भी यही है कि ग्लोबेलाइजेशन में इतना आवेग है कि सभी को उससे लाभ होगा, बशर्ते कि वे ठीक से व्यवहार करें। इतना ही नहीं किताब में ग्लोबेलाइजेशन का विरोध करने वाले को बार-बार यह कह कर कोसा गया है कि समाजवादी नीतियों से ही गरीब और गरीब हुए एवं कम्युनिस्टों द्वारा प्रतिस्पर्धा पर राज्य संचालित उद्योगों के माध्यम से बंदिश लगाने से अर्थव्यवस्था का बंटाधर हुआ।

सेचस् स्थानीय सांस्कृतिक प्रभावों को भी महत्व नहीं देते हैं। लेकिन यह जग जाहिर है कि एशिया और अफ्रीका के कई देशों में धर्म और संस्कृति के नाम पर औरतों का शोषण किया जाता है। यहाँ तक कि लड़कियों को पढ़ने के अधिकार से भी वंचित रखा जाता है। इसीलिये शिकागो विश्वविद्यालय के प्रोफेसर डेनियल ड्रेज़नर का तर्क है कि सेचस् बहुत बचकाने तरीके से सांस्कृतिक कारणों को नकारते हैं, जिससे सहायता राशि बढ़ाने पर भी गरीबी उन्मूलन कार्यक्रमों का वांछित परिणाम नहीं निकल सकता। वंदना शिवा भी सेचस् का विरोध करते हुए कहती हैं कि प्रायः सभी संस्कृतियों में गरीबों के शोषण को जायज ठहराने के लिये कोई न कोई रास्ता ढूंढा गया है, जिन्हें दूर किये बिना गरीबी कम करना असंभव नहीं तो मुश्किल अवश्य है।

जैफरी सेचस् ने अपनी किताब में अफ्रीका का जिक्र बार-बार किया है और घटती विदेशी सहायता राशि को उसकी दुर्दशा का कारण ठहराया है। उनके इस तर्क से स्वयं अनेक अफ्रीकी गैर सरकारी संगठन हैरान हैं। नाइजीरिया की डेमोक्रेटिक सोशलिस्ट मूवमेंट की टिटि सेलोम का कहना है कि महज विदेशी सहायता से गरीबी दूर नहीं होगी, क्योंकि पूंजीवादी व्यवस्था में ही विषमता के बीज छिपे हैं।

किताब में दिऐ गये सुझावों के बारे में जहाँ लातिन अमेरिका सशंकित, अफ्रीका अंचभित है, वहीं एशिया में इसकी वाह–वाही हो रही है। इसमें कोई शक नहीं कि प्राथमिक शिक्षा, स्वास्थ्य सेवाओं, पीने के पानी, ऊर्जा की समस्या जैसी मूलभूत बातों पर गरीब देशों की सरकारों को ध्यान देना चाहिये, लेकिन गरीबी उन्मूलन सिर्फ इन्हीं पर आधारित नहीं हो सकता। जानकारों के अनुसार विश्व व्यापार व्यवस्था और धनी देशों की नीतियां तीसरी दुनिया के लोगों के जीवन को बहुत हद तक प्रभावित करती हैं।

दरअसल सेचस् गरीबी को एक बीमारी के रूप में देखते हैं और क्लीनिकल तरीके से उसका उपचार करने हेतु पश्चिमी सहायता रूपी दवाई का फार्मूला सुझाते हैं, लेकिन उनकी दवाई का वही असर हो सकता है जो मधुमेह के रोगी पर चासनी में डूबे हुए गुलाब जामुन का।

(2006, सहारा समय)

64 परिवर्तन की बयार

गांव से गुजरने वाली सड़क पर सुबह से ही औरतों का जमावड़ा लगा था। गांव की ओर आने वाली कारें और जीपें रुकी हुई थीं। बंगलुरू से लगभग 40 किलोमीटर दूर डोडबलापुरम में जाने वाले काफिले को सौ से अधिक औरतों ने घेर लिया। मंत्री, स्थानीय विधायक एवं कई सरकारी अधिकारी हैरान थे कि फूल–मालाओं से स्वागत के बजाय यह घेराव कैसा?

बीस–बाइस साल की एक दुबली–पतली युवती ने स्पष्ट स्वर में कहा, "हम यहाँ से टस से मस नहीं होंगे। चाहे हम पर पुलिस लाठी चलाये। बार–बार कहा जाता है कि तालाब की सफाई के लिये अस्सी हजार रुपये मंजूर हो गये हैं फिर यह पैसा अब तक गांव क्यों नहीं पहुंचा। इस तालाब पर कई लोगों की रोजी–रोटी निर्भर है। यह कागज लो। इसमें हमने पूरा ब्यौरा लिख रखा है। बिना रिलीज आर्डर के यहाँ से हम हिलने वाले नहीं।"

मंत्री के कारवां गुजरने के दो घंटे के भीतर चिट्ठी मिल गयी। वाक्या मई 1995 का है। उस दल की लीडर कोई पढ़ी–लिखी महिला नहीं थी। तीसरी कक्षा पास पोन्नमा एक गरीब परिवार की थी। लेकिन गांव के विकास के मुद्दों पर सब उसकी बात सुनते थे। गांव की औरतें उसकी एक आवाज पर घरों से निकल पड़तीं हैं।

अनपढ़ गंवार समझी जाने वाली इन औरतों में भला यह परिवर्तन कैसे आया। इसके पीछे 52 वर्षीय टुस्कानो दंपती की दस साल की मेहनत थी। एलेक्स और तरेसा ने 1986 में बंगलुरू–हैदराबाद राजमार्ग से सटे इस बंजर इलाके के 15 गांवों में सामाजिक जागृति का कार्य प्रारंभ किया। आज 40 गांवों में तीन हजार औरतें परिवर्तन की अलख जगाते हुए तालुके की आर्थिक और शैक्षणिक विकास में लगी हुई हैं। उन्होंने आपसी सहयोग की एक नयी दुनिया का निर्माण किया, जिसका मूल मंत्र है परस्पर सहयोग।

एलेक्स को बच्चे–बूढ़े सभी चाहते हैं। युवावस्था में पादरी के रूप में

एलेक्स की जिम्मेदारी गिरजाघर में प्रार्थना करवाने के अलावा छिट-पुट सामाजिक कार्य करने की भी थी। लेकिन एक प्रश्न उसके दिमाग में बार-बार उठता था कि क्या ईसा उसके काम से संतुष्ट हैं। गरीब बच्चों को पढ़ाना और झुग्गी-झोपड़ियों के गरीबों के बीच घंटों बातें करना जैसे एलेक्स के स्वभाव में घुल-मिल गया था। उसका मन छटपटा रहा था, जैसे जीवन का कोई मिशन अधूरा रह गया हो। आखिरकार एक दिन एलेक्स ने चर्च को चिट्ठी लिखकर उसके पादरी के कार्यभार से मुक्त करने का अनुरोध किया। इसी दौरान उसकी मुलाकात तरेसा से हुई। दोनों विभिन्न भाषा-भाषी एवं प्रांतों के रहने वाले थे। एलेक्स मुंबई के वसई इलाके का रहने वाला और तरेसा ठेठ दक्षिण में केरल की। दोनों ने डोडबुलापुरम के गरीबों के बीच उनके जीवन स्तर में सुधार लाने और आत्मविश्वास जगाने का संकल्प किया। उसके बाद दोनों ने पीछे मुड़कर नहीं देखा।

विचजन, जो अब उनके साथ को-ऑर्डीनेटर का काम करता है, बताता है कि "जमीन पर चटाई बिछा कर सोना और सूखे चावल खाकर काम करना यही दोनों पति-पत्नी की दिनचर्या थी।"

प्रारंभ में गांव वाले इन्हें शक की निगाहों से देखते थे। इलाके के बड़े धनी किसान इनकी गतिविधियों पर नजर रखते थे। इन दिक्कतों के बावजूद एलेक्स ने गांव में छोटा सा मकान बनाया। प्रेक्सिस संस्था से जुड़े बंगलुरू शहर में रहने वाले अन्य साथियों से सलाह-मशविरा कर आठ एकड़ जमीन खरीदी गई। आखिर खेती की समस्या क्या है? इस पर चर्चा करने से पूर्व उसका अनुभव होना जरूरी है।

कभी हल को पकड़ना नहीं जानने वाले सुबह से शाम तक मजदूरों की तरह खेत में काम करते। संध्या होते खाना बनाते और फिर खेतिहर मजदूरों के बीच देर रात तक चर्चा करते, लेकिन एलेक्स को शीघ्र समझ में आ गया महज क्रांतिकारी बातचीत करते रहने से गरीबों का जीवन स्तर ऊपर नहीं उठेगा। इसके लिए ठोस प्लानिंग करनी होगी। तदर्थ गतिविधियां ज्यादा दूर तक नहीं ले जायेंगी। उसने टीम बनाना प्रारंभ किया और धीरे-धीरे उसके काम की चर्चा आक्सफॉम, नोविब जैसी दानदाता संस्थाओं तक पहुंची। धीरे-धीरे काम को मदद मिलने लगी।

एलेक्स ने बंगलुरू से 40 किलोमीटर दूर देवणहाली और उससे सटे 14 गांवों में कार्य प्रारंभ किया। प्रत्येक गांव में दो कार्यकर्ता रखे गये। उनके दिमाग में प्रगति का खाका साफ था। बच्चों को शिक्षा, महिलाओं में जाग्रति और समुदाय में आत्मविश्वास। मर्द उनकी सूची में अंतिम पायदान पर थे।

कार्यकर्ताओं ने गांव में अनौपचारिक शिक्षा केन्द्र प्रारंभ किये। बच्चों को नहलाना और औरतों को रोजगारमुखी कार्यों की ओर मोड़ना। साथ ही गांव के संसाधनों और जनसंख्या जैसी समस्याओं पर भी दस्तावेज बनाये जाने लगे। इन रिपोर्टस् के आधार पर औरतों के समूह बनाने में बड़ी सहायता मिली। थोड़े ही समय में प्रेक्सिस ने औरतों का विश्वास जीत लिया और एलेक्स ने अपने काम ने गति पकड़ ली। प्रति रविवार संध्या को सामाजिक चौपाल का आयोजन किया जाता। औरतें इसमें अपनी समस्याओं पर चर्चा कर समाधान सुझाती। आदमी इस पर टिप्पणी करते और बच्चे गीतों से समा बांध देते।

ऐसी ही एक बैठक के बाद औरतों ने प्रश्न किया कि क्या उन्हें संस्था से मदद मिल सकती है। तरेसा ने उलटे प्रश्न किया "कैसी मदद? वे क्या चाहती हैं? क्या वे लोग पैसा वापस करेंगी?"

औरतें आश्चर्यचकित रह गयीं। क्या वास्तव में उन जैसी गरीब अनपढ़ औरतों को लोन मिलेगा? 'हां', एलेक्स ने जवाब दिया। और दो-दो सौ रुपयों का लोन लगभग 20 औरतों को दिया गया। इन पैसों से उन्होंने भेड़ों के बच्चे खरीदे। यह थी देवणहाली में स्वयं सहायता बचत समूह की शुरुआत।

जब औरतों ने सालभर बाद अपनी भेड़ें बेच कर पहली कमाई की तो एलेक्स और तरेसा ने औरतों से कहा कि वे सब अपनी पहली कमाई से अपने लिए एक साड़ी खरीदें।

"मुझे अब तक याद है" शाखम्मा, बचत कार्यक्रम से जुड़ने वाली महिलाओं के प्रथम समूह से एक, ने कहा कि, "औरतों का उत्साह देखने लायक था। उनमें से अनेकों के लिये जीवन में ऐसा पहला मौका था। कुछ की आंखों में खुशी के आंसू थे।" यह बात और है कि उनमें से अधिकांश ने अपनी पहली कमाई से बच्चों के लिये कपड़े खरीदे।

लेकिन एलेक्स और तरेसा दोनों कुछ और ही सोच रहे थे। सफलता का स्वाद चखने के बाद वे औरतों को नई मंजिल की ओर ले जाना चाहते थे।

1986 से 1996 तक स्वयं सहायता बचत समूह लगभग 140 गांव में फैल गया। बूंद-बूंद से सागर भरता है कहावत सच होती दिखाई दी। इन वर्षों में बचत राशि की रकम 23 लाख तक जा पहुंची। बाद में इसका विकेन्द्रीकरण कर स्थानीय बैंकों में बचत खाता खुलवाया गया।

औरतों को छोटे-मोटे लोन मिलने लगे। सरकार की स्त्री शक्ति योजना के साथ मिलकर ग्रामीण औरतें अपनी जिंदगी बदलने में लग गयीं। जागृति बढ़ने लगी। अधिकार और शोषण के गहरे अर्थों पर चर्चा गहराती गयी। बैंकों का कामकाज कैसे चलता है? सरकारी परियोजनाएं कैसे लागू होती हैं? इसका आभास गांववालों और औरतों को होने लगा। बंगलुरू में सरकारी अधिकारियों के साथ ग्रामीण महिलाओं की बैठक रखी गयी। औरतों ने अगरबत्ती बनाकर बेचना प्रारंभ किया। दो पैसे घर में आने लगे। बच्चे स्कूल जाने लगे।

लेकिन एलेक्स और तरेसा अब एक दूसरी ही समस्या के बारे में सोच रहे थे। विदेशी दान और सरकारी सहायता के आधार पर पूरा काम कब तक चलेगा। ऐसे कार्य में स्थायित्व (सस्टेनेबिलिटी) कैसे लाया जाये?

विकास का कार्य बच्चों से प्रारंभ होकर औरतों तक पहुंचा और अब उसमें पर्यावरण का मुद्दा जुड़ने लगा।

देवणहाली की पूरी अर्थव्यवस्था वर्षा के पानी पर निर्भर करती है। पूरे इलाके में छोटे बड़े लगभग 200 तालाब हैं। वर्षों तक साफ न किये जाने से उनमें मिट्टी भर गयी थी। एलेक्स का सोचना है कि गांव की अर्थव्यवस्था को पटरी पर लाने के लिये इन तालाबों का जीर्णोद्धार कर पानी के स्त्रोतों को पुनः प्राप्त किया जाना चाहिए। खेती मजबूत होगी तो स्थानीय रोजगार पैदा होंगे। धीरे-धीरे पुरुषों के समूह बनाकर तालाब साफ करने का काम किया जाने लगा। इसी बीच एलेक्स ने कॉरपोरेट जगत से संपर्क करना प्रारंभ किया। वे बिजनेस एवं सामाजिक विकास के बीच एक कड़ी स्थापित करना चाहते हैं। उनके काम को देखकर आईटीसी ने उन्हें 2001 से मदद करना प्रारंभ किया। आज अत्याधुनिक सिलाई मशीनों पर प्रतिवर्ष 20 ग्रामीण औरतें ट्रेनिंग पा रही हैं और एक नये ब्रांड के तहत कमीज सिल कर बेचने की तैयारी चल रही है। 'केचमेंट एरिया', 'वाटर राइट्स', 'स्किल ट्रेनिंग' जैसे अंग्रेजी शब्दों का अर्थ ही नहीं उनका इस्तेमाल भी देवणहाली की ग्रामीण औरतें बाखूबी सीख गयी

हैं। औरतों में एक नया उत्साह है। सरकारी बाबू से अब वे बाखूबी बातचीत कर 'सूचना' एकत्रित कर लेती हैं। शाखम्मा और विजयन के चेहरों पर अन्य 30 कार्यकर्ताओं की तरह सफलता की खुशी झलक रही है।

इस पूरे प्रकरण में एक सबक है। हर कदम, चाहे वह कितना ही छोटा हो, मंजिल की ओर पहुंचने में मदद करता है। किसी मसीहा का इंतजार करने के बजाय प्रत्येक को बदलाव लाने के लिये अपना योगदान देना चाहिये, दुनिया तभी बेहतर बनेगी और जिंदगी भी।

(दिसम्बर 2006, आधारशिला)

65 पंचायत से गुजरता रास्ता

हमारे देश में वर्चस्वशाली उत्पीड़क सत्ता स्त्रियों के लिये ऐसी धुंध का निर्माण करती हैं ताकि वे भटक जायें। स्त्रियों को ऐसी धुंध से बाहर निकालने का एक प्रयास संविधान में 73वें संशोधन के तहत किया गया, जिसके अंतर्गत पंचायतों के माध्यम से महिला सशक्तिकरण की दिशा में अनेक कार्य किये गये। पूर्व में इसके प्रति अनेक संदेह थे, लेकिन धीरे-धीरे वे दूर होते चले गये।

कच्छ के 61 गांवों में से 27 गांवों में आज महिला सरपंच हैं। पुरुष प्रधान इस इलाके में ऐसा पहले कभी नहीं हुआ। इसी महिला सशक्तिकरण के कारण वर्षों से पानी के लिये तरस रहे दीनकरणा तालुक के देवपुर गांव के लोग आज भरपूर पानी पा रहे हैं। छुई-मुई शर्मिली अनुबेन जब पंचायत की सदस्य बनीं तो लोगों ने सपने में भी नहीं सोचा था कि उनकी पानी की समस्या हल हो जायेगी। अनु बेन ने यह कर दिखाया। उन्होंने महिलाओं को संगठित कर पानी के लिये मुहिम प्रारंभ की और फिर लोग उससे जुड़ते चले गये। पश्चिम बंगाल के नदिया जिले की विपाशा कुमारी का परिवार कुछ वर्ष पूर्व तक दाने-दाने को मोहताज था। आज वह केयर इंडिया से मिली सहायता के कारण स्टेशनरी की दुकान सफलतापूर्वक चला रही है। केयर ने महिला पंचों के माध्यम से 162 स्वयं सहायता समूह बनाये और आज ये 19 लाख रुपये का लेन-देन कर रहे हैं, जबकि पहले वे छोटी सी रकम के लिये साहूकारों के आगे गिड़गिड़ाते थे।

जयपुर से मात्र 18 किलोमीटर दूर न्याला गांव में अनपढ़ ग्रामीण महिलाओं ने सहकारी साख समितियों के कामकाज को चुस्त-दुरुस्त बनाने में कम्प्यूटर का ऐसा उपयोग किया कि शोषण से उन्हें मुक्ति मिल गई। ऐसा सशक्तिकरण राजस्थान के 9,184 पंचायत केन्द्रों में भी हुआ। इसी के चलते अमेरिकी राष्ट्रपति बिल क्लिंटन भी अपनी भारत यात्रा के दौरान यहाँ आने से अपने आपको रोक नहीं पाये।

संगरूर जिले में बिशनपुर ग्राम पंचायत पंजाब की सर्वप्रथम ऐसी पंचायत है, जिसमें सभी सदस्य औरतें हैं। ऐसा पहली बार हुआ और जागृति की ऐसी लहर चली कि बीस साल पूर्व लेक्चरर की नौकरी छोड़कर परिवार की देखभाल करने वाली जसपाल कौर अब पुन: पंचायत के माध्यम से सार्वजनिक जीवन में सक्रिय हैं।

आन्ध्र प्रदेश के कुरनूल जिले के ओरक्कल गांव की रंगम्मा की कहानी भी कम दिलचस्प नहीं है। दलित समाज की इस महिला ने स्वयं सहायता समूह के माध्यम से गांव की औरतों को संगठित किया। इस गांव की औरतें अब कहती हैं कि पहले हम एक-एक साड़ी के लिए पति पर निर्भर करते थे, परंतु आज हमारे पास बीस-बीस साड़ियां हैं। यह है महिला सशक्तिकरण का नतीजा। आत्मविश्वास और नयी उमंगों से लबालब ग्रामीण औरतें।

लेकिन कौन हैं ये औरतें? पंचायती राज संशोधन के बाद लगभग दस लाख महिलाएं पंचायत ब्लाक और स्थानीय निकायों में चुनकर आईं। लेकिन इनमें से अधिकांश अशिक्षित और गरीब हैं लेकिन फिर भी ऐसे उदाहरणों की कमी नहीं, जहाँ इन्होंने अपने उत्तरदायित्व को न सिर्फ बाखूबी निभाया, बल्कि समाज के सामने एक मिसाल भी रखी। पंचायती चुनावों में सरपंच पद पर चुनी गईं महिलाओं में 50 प्रतिशत औरतें 25-35 आयु समूह में हैं। बहुत कम प्रतिशत 45 वर्ष से ऊपर आयु वाली औरतों का है। शिक्षा का प्रतिशत भी इन औरतों में काफी कम है। अनेकों को चुनावी राजनीति का कोई पूर्व अनुभव नहीं है। लेकिन इन सब कमियों के बावजूद अधिकतर महिलाओं ने गांव की बुनियादी आवश्यकताओं को पूरा करने के लिये काम किया। इलाहाबाद की मेयर रह चुकी रीटा जोशी बहुगुणा के अनुसार ये महिलाएं विकासोन्मुख मुद्दे उठा रहीं हैं, जो कि उनकी जागरूकता का प्रमाण है। देशभर में किये गये अनेक आंकलनों से अब यह साफ हो गया है कि बच्चों से संबंधित या शिक्षा से जुड़े मामलों में महिला पंचों का रुख अधिक सकारात्मक होता है। विकेन्द्रीकरण को इसी प्रकार के विकास की धुरी माना गया है।

लेकिन इन सारे शुभ लक्षणों के बावजूद यह प्रश्न उठता है कि क्या वास्तविक जीवन में उसकी स्वयं की स्थिति में बदलाव आया है। पारंपरिक पुरुष प्रधान पितृसत्तात्मक निर्णय लेने वाले समाज में हालांकि कुछ स्तरों पर

अब निर्णय की प्रक्रिया में महिलाओं का समावेश होने लगा है, लेकिन समाज की मानसिकता के चलते अभी इस रास्ते में तमाम अवरोध सामने हैं। अनेक जगहों पर महिला सरपंचों को लांछित, अपमानित और हिंसा करने की वारदातें पुरुष वर्ग ने की हैं। इनमें खासतौर पर उत्तर प्रदेश और मध्य प्रदेश में कई उदाहरण सामने आए। ऐसे हादसे की शिकार दलित और पिछड़े वर्ग की महिलाएं ज्यादा रही हैं। क्योंकि पंचायत राज संस्थाओं में ग्रामीण सत्ता अभी तक मुख्य रूप से उच्च जाति के पुरुषों के हाथों में थी, किन्तु पंचायती राज व्यवस्था में पहली बार आरक्षण के कारण उन्हें ग्रामीण निर्णय में भागीदारी का अवसर प्राप्त हुआ। लेकिन जातीय भेदभाव के कारण आपसी कलह बढ़ रही है।

इस संदर्भ में यह पूछा जाना स्वाभाविक है कि क्या यह मॉडल राज्य की पुनर्संरचना में सहायक सिद्ध होगा? क्या महिलाओं, कमजोर और पिछड़े वर्गों के लिये यह आरक्षण राज्य और नागरिक समाज में नये समीकरणों के निर्माण में लाभदायक होगा? एवं अत्यंत महत्वपूर्ण यह कि क्या यह मॉडल बढ़ते ग्लोबेलाइजेशन युग में शीर्षस्थ अर्थव्यवस्था का सामना कर पायेगा? इन प्रश्नों के उत्तर न तो आसान है और न लघु समायावधि के दायरे में बंधने वाले। लेकिन यह तय है कि महिलाओं में सशक्तिकरण की प्रक्रिया पुरुष सत्ता के गढ़ में सेंध लगाने में अवश्य कामयाब हुई है। इससे यह भी झलकता है कि पढाई से ज्यादा महिलाओं की सामाजिक समझ, सामयिक सूझ-बूझ और प्रतिकार की आंतरिक शक्ति कहीं ज्यादा महत्वपूर्ण है। राज्य की सत्ता संरचना में बदलाव दिखाई दे रहा है। अहमदाबाद की संस्था 'सेवा' द्वारा गरीब औरतों के बीच किये गये कार्यों से राज्य की अनेक नीतियां बदली और यह प्रक्रिया निरंतर जारी है। आंध्र प्रदेश महिलाओं द्वारा शराब विरोधी आंदोलन भी इसी माला की एक कड़ी थी।

लेकिन यह नहीं भूलना चाहिए कि ग्रामीण समाज में व्याप्त भयावह गरीबी को दूर किये बिना सशक्तिकरण की गाड़ी ज्यादा दूर तक नहीं चल सकती। विभिन्न ऐतिहासिक और सांस्कृतिक कारणों से हमारे समाज में अभी भी मर्यादा या सर्वानुमति की अभेद्य प्रचंडता नहीं बन पायी है जैसा चीनी या जापानी समाज में देखने में आती है। हमारे यहाँ अभी उस अर्थ में एक मान्य

सामाजिक संवेदना का अभाव है, जिस अर्थ में यूरोपीय देशों में है। यहाँ पुरुषवादी वर्चस्व की सत्ता स्त्री को निरंतर हाशिये पर धकलते रहती है। बाजारवाद में यह प्रवृत्ति कैसे कम होगी? यह सवाल निहायत अहम है। स्त्रियों के आर्थिक सशक्तिकरण के बिना सामाजिक जागृति की धारा सूख सकती है। जो भी हो, यह निर्विवाद है कि सशक्तिकरण की वर्तमान प्रक्रिया से भारत की स्त्रियों में अपनी अस्मिता का नया अहसास जगा है। और यही वह माद्दा है, जिससे वह अपनी मुक्ति के सवाल को राजनैतिक एजेंडे पर ला सकती है।

(27 दिसम्बर 2003, सहारा समय)

66 सौ दिन का रोज़गार

इक्कीस दिसम्बर 2004 को सरकार ने राष्ट्रीय ग्रामीण रोजगार गारंटी योजना (नरेगा) की घोषणा की। बाद के महीनों में रोजगार विधेयक के इर्द-गिर्द काफी बहस चली। सारी बहस मोटे तौर पर तीन बिन्दुओं पर केन्द्रित थी : एक, विधेयक के क्रियान्वयन के खर्चे का बोझ राज्य सरकारों पर डाल दिया गया है; दो, इसके अन्तर्गत कौन से स्थायी निर्माण कार्य होंगे जो कि पंचवर्षीय योजना का हिस्सा नहीं हैं। और तीसरा, राजनीतिक दबाव और भ्रष्टाचार से कैसे निपटा जायेगा। यह विधेयक संसद की ग्रामीण विकास स्थायी समिति को सौंपा गया, जिसने 27 जुलाई 2005 को विधेयक पर अपनी रिपोर्ट लोकसभा अध्यक्ष को सौंपी। 23 और 24 अगस्त 2005 को यह विधेयक क्रमशः लोकसभा और राज्यसभा से पारित होने के बाद राष्ट्रपति की मंजूरी के लिए भेज दिया गया। 5 सितम्बर 2006 को राष्ट्रपति ने इस पर अपनी मंजूरी दे दी। 2 फरवरी 2006 को इस कानून के बारे में अधिसूचना जारी की गई, जिसमें कहा गया था कि प्रत्येक राज्य सरकार को कानून के लागू होने की तारीख से 6 माह के भीतर प्रत्येक वित्त वर्ष में प्रत्येक ग्रामीण परिवार को कम से कम 100 दिन का गारंटीशुदा रोजगार मुहैया कराने के लिए योजना तैयार करनी होगी।

दो फरवरी 2006 को प्रधानमंत्री मनमोहन सिंह ने राष्ट्रीय सलाहकार परिषद की अध्यक्ष सोनिया गांधी के साथ आन्ध्र प्रदेश के अनन्तपुर जिले में एक समारोह में इस कानून के क्रियान्वयन का उद्घाटन किया। अपेक्षा की जाती है कि इसके जरिए गांवों में नई ढांचागत सुविधाएं और सड़कें बनेंगी, स्कूलों की नई इमारतें बनेंगी और पीने के पानी का इंतजाम किया जाएगा। सरकार का दावा है कि 'नरेगा' समाज के निर्धनतम तबकों को लाभ पहुंचाएगा। लोगों को सुरक्षित रोजगार देगा और मजबूरी में होने वाले पलायन पर अंकुश लगाएगा। यह कानून लोगों को गरीबी और कर्जों के चंगुल से मुक्त कराएगा।

'नरेगा' का सबसे मुख्य उद्देश्य यह सुनिश्चित करना है कि प्रत्येक ग्रामीण परिवार को एक वित्त वर्ष के दौरान स्थानीय स्तर पर कम से कम 100 दिन का रोजगार मुहैया कराया जाए। इस लक्ष्य को ध्यान में रखते हुए पहले चरण में ऐसे 200 जिलों की शिनाख्त की गई है, जहाँ यह कानून सबसे पहले लागू किया जाएगा (इन जिलों को पिछड़ेपन के एक निश्चित पैमाने के आधार पर योजना आयोग ने चुना है)। इस कानून के क्रियान्वयन की अधिसूचना (2 फरवरी 2006 से प्रभावी) 183 जिलों में जारी की गई। शेष 17 जिलों में से 3 जिले जम्मू-कश्मीर के, 2 जिले मेघालय के और 12 जिले महाराष्ट्र के थे। महाराष्ट्र में 1972 से ही एक रोजगार गारंटी कानून लागू था, इसलिए सरकार ने तय किया कि उसी में कुछ ऐसे संशोधन कर दिए जाएं, जिससे उन मजदूरों को भी उसका लाभ मिलने लगे। महाराष्ट्र के इन 12 जिलों में नरेगा के तहत होने वाले खर्चे में केन्द्र सरकार अपने हिस्से का अंशदान देगी। प्रस्तावित योजना के अनुसार अगले 5 साल में इस कानून को पूरे देश में लागू कर दिया जाएगा।

'नरेगा' में रोजगार पाने के लिए यह प्रावधान किया गया है कि रोजगार के इच्छुक परिवार के वयस्क सदस्यों को पंजीकरण के लिए अपना नाम, उम्र, लिंग और पता आदि ग्राम पंचायत के पास लिखित रूप में जमा कराना होगा। यह पंजीकरण पांच साल तक वैध होगा और इच्छुक व्यक्ति साल में कभी भी पंजीकरण करा सकते हैं। आवेदकों द्वारा जमा कराई जाने वाली जानकारियों की ग्राम पंचायत द्वारा जांच की जाएगी और उसके बाद आवेदकों को फोटोयुक्त रोजगार कार्ड दिए जायेंगे, जिन पर संबंधित आवेदक की विशिष्ट पंजीकरण संख्या लिखी होगी। रोजगार कार्ड पा चुके आवेदक यदि रोजगार के लिए लिखित आवेदन देते हैं, तो उन्हें आवेदन जमा कराने के बाद 25 दिन के भीतर रोजगार देना होगा। यदि आवेदकों को रोजगार नहीं मिल पाता है तो उन्हें निर्धारित शर्तों के अनुसार बेरोजगारी भत्ता पाने का अधिकार होगा।

सरकार का दावा है कि 'नरेगा' संविधान के नीति-निर्देशक सिद्धांतों में उल्लिखित रोजगार के अधिकार को साकार करने की दिशा में पहला महत्वपूर्ण कदम है।

आलोचकों ने रोजगार गारंटी कानून के खिलाफ आमतौर पर दो तर्कों का

इस्तेमाल किया है। पहला, क्या भारत कानूनी बाध्यताओं के चलते इतना भारी आर्थिक बोझ वहन कर पाने की स्थिति में है? दूसरा, अगर इस कानून को पारित कर दिया जाता है और उसके लिए पैसे का भी इंतजाम कर लिया गया तो भी भ्रष्टाचार के कारण इस मद में खर्च होने वाला ज्यादा पैसा सिर्फ बिचौलियों की जेब में ही चला जाएगा और असली जरूरतमंदों को खास फायदा नहीं हो पाएगा।

मौजूदा योजना के क्रियान्वयन पर एक ऐसे समय में चर्चा हो रही है जब सरकार का दावा है कि नब्बे के दशक के दौरान गरीबी की रेखा से नीचे जीवनयापन करने वालों की संख्या में तेजी से गिरावट आयी है। तो फिर इस योजना की जरूरत क्यों है? आंकड़ों से पता चलता है कि अर्थव्यवस्था के सभी क्षेत्रों, खासतौर से खेती एवं संगठित क्षेत्रों में रोजगार की स्थिति काफी खराब रही है। आंकड़ों में समस्या को पूरी तरह भी नहीं पकड़ा जा सकता, क्योंकि इन आंकड़ों में बाल श्रम का हिसाब नहीं लगाया गया है (अनुमान लगाया जाता है कि पूरे देश में लगभग दो करोड़ बाल मजूदर हैं) और बहुत सारी औरतों और युवाओं को भी नहीं गिना गया है, क्योंकि या तो वे घर में काम करते हैं या व्यर्थ में अभी भी शिक्षण संस्थानों में हैं और फलस्वरूप बाजार से बाहर हैं। 1991 के बाद भोजन, परिवहन, स्वास्थ्य एवं शिक्षा की लागतों में बढ़ोत्तरी की वजह से वंचित तबकों की आजीविका लागतों में तेजी से इजाफा हुआ है।

भारत के सामने वैश्वीकरण के मौजूदा स्वरूप की वजह से रोजगार संवर्धन की समस्या गहराती जा रही है। पूंजी ने देश को अपने मोहपाश में फांस लिया है और पूंजी को आकर्षित करने के लिए एक से बढ़कर एक रियायतें दी जा रही हैं। राष्ट्रीय एवं राज्य स्तरीय नीतियों को पूंजी की जरूरतें पूरा करने के लिए झोंक दिया गया है। इस स्थिति में श्रम की स्थिति कमजोर हुई है। इसके अलावा, बहुराष्ट्रीय कंपनियाँ जिस तकनीक का इस्तेमाल करती हैं वह भी बेहद पूंजी सघन होती है। इस तकनीक की रूपरेखा 25,000 डॉलर प्रतिवर्ष प्रति व्यक्ति आय वाले समाज की जरूरतों को ध्यान में रखकर तैयार की गई है, न कि भारत जैसे 550 डॉलर प्रतिवर्ष प्रति व्यक्ति आय वाले समाजों को ध्यान में रखकर। दिनोंदिन वैश्वीकृत होती जा रही दुनिया में

टिकने के लिए भारतीय पूंजी को भी इसी तकनीक का इस्तेमाल करना पड़ रहा है, जिससे छोटे काम-धन्धे और उद्योग खत्म होते जा रहे हैं, क्योंकि उनके पास सुरक्षा के पर्याप्त साधन नहीं हैं। इस प्रकार, बड़े उद्योगों में पैदा होने वाले प्रत्येक रोजगार के बदले उसी क्षेत्र के लघु उद्योगों में काम करने वाले 29 लोग बेरोजगार हो जाते हैं। मछुआही या रस्सी उत्पादन जैसे उद्योगों की यही स्थिति है। खुदरा उद्योग में विदेशी निवेश की व्यवस्था लागू हो जाने पर शायद इसकी भी यही हालात होगी। सरकार जोर-शोर से दावे करती है कि कितने रोजगार पैदा हो रहे हैं, लेकिन इस हकीकत को कभी सामने नहीं आने देती कि कितने रोजगार घट रहे हैं।

यह समस्या कृषि क्षेत्र में अपर्याप्त निवेश की वजह से और गहरा गई है, जहाँ उत्पादक रोजगार बहुत कम पैदा हो रहे हैं। कृषि क्षेत्र में खुल रहे नए क्षेत्र भी पूंजी सघन हैं। ज्यादातर निवेश उन्हीं क्षेत्रों की तरफ जा रहा है। परंपरागत कृषि गतिविधियों में कोई खास निवेश नहीं हुआ है। इससे भी विडम्बनापूर्ण बात यह है कि कुल निवेश में से केवल 5 प्रतिशत ही कृषि क्षेत्र में गया है। कहने का मतलब यह है कि श्रम सघन क्षेत्रों में काफी कम निवेश हो रहा है, जबकि पूंजी सघन क्षेत्रों में काफी निवेश हुआ है, परंतु वहाँ रोजगार पैदा होने की गुंजाइश नहीं है।

रोजगार की समस्या इस रूप में भी सामने आ रही है कि मुख्य रूप से असंगठित क्षेत्र में बहुत कम आय वाले बचे-खुचे और अपने ही चक्र से निकलने वाले रोजगार पैदा होने लगे हैं। संगठित क्षेत्र में कम रोजगार संवर्धन की समस्या से युवाओं के बीच रोजगारों के लिए संघर्ष और होड़ बढ़ी है।

चाहे किसी भी तरह की रोजगार गारंटी योजना लागू की जाए, चाहे उस पर बीस हजार करोड़ रुपये खर्च कर दिए जाएं या इससे भी दोगुना खर्च हो जाए, चाहे उसे सिर्फ ग्रामीण इलाकों में लागू किया जाए या सिर्फ 150 जिलों में, रोजगार के बुनियादी सवाल को संबोधित नहीं किया जा रहा है। यह पूरी व्यवस्था तो बढ़ती अल्परोजगारी के झटके को नियंत्रित करने के लिए सिर्फ एक सुरक्षात्मक आवरण भर है। ये इंतजाम समस्या की जड़ को नहीं पकड़ पा रहे हैं। पूंजी इन समाधानों को वैसे भी पसंद नहीं करती, क्योंकि पूंजी के हितों के हिसाब से इस तरह के उपाय बाजार में अनावश्यक दखलंदाजी कर बाजार को विकृत करते हैं।

अगर वैश्वीकरण की वजह से ही मौजूदा व्यवस्था बेरोजगारी और अल्परोजगार की समस्या को हल कर पाने में नाकाम है और उसको बढ़ावा दे रही है, जैसा कि रोजगार आंकड़ों से पता चलता है, तो क्या रोजगार गारंटी योजना इस रुझान को पलट सकती है या हालात में कोई फर्क पैदा कर सकती है? अब तक इस तरह की योजनाएं अन्य गरीब हितैषी योजनाओं की कीमत पर ही लागू की जाती रही हैं, क्योंकि इस तरह की योजनाओं से सरकार का आर्थिक घाटा बढ़ जाता था। फलस्वरूप सामाजिक क्षेत्र में होने वाले व्यय पर अंकुश लगाना जरूरी हो जाता था। क्या इस बार भी ऐसी ही स्थिति पैदा होगी? यदि ऐसा हुआ तो इस योजना के सकारात्मक प्रभाव भी बेअसर हो जाएंगे। बीते सालों में बढ़ते बजट घाटे की वजह से योजना व्यय में 10,000 करोड़ रुपये तक की कटौती हो चुकी है। इतना ही नहीं राज्य सरकारों को मिलने वाले अनुदानों में गिरावट आयी है, क्योंकि सामाजिक क्षेत्र पर होने वाला व्यय कम होता रहा है।

एक खतरा यह है कि इस गरीब हितैषी योजना की दुहाई देते हुए अर्थव्यवस्था के और तेज उदारीकरण का तर्क भी दिया जा सकता है, जिससे रोजगार संवर्धन और कम हो जाएगा। मिसाल के तौर पर, वित्तीय क्षेत्र, रेलवे आदि में छंटनी और गोल्डन हैंडशेक आदि को जन्म देने वाले विनिवेश से और ज्यादा बेरोजगारी पैदा होना तय है। बड़े उद्योगों द्वारा छोटे और कुटीर उद्योगों के विनाश या और ज्यादा स्वचलित प्रौद्योगिकी के आने से भी रोजगार संवर्धन धीमा हो जाएगा।

यदि वैश्वीकरण की वजह से आर्थिक नीतियाँ और ज्यादा बाजार हिमायती हो जाती हैं तो निवेश की दिशा विकसित जिलों की तरफ केन्द्रित हो जाएगी और पिछड़े जिलों को गरीबी से छुटकारा पाने में मदद न मिले तो और ज्यादा गरीबी पैदा हो जायेगी। अतः टिकाऊ रोजगारों को बढ़ावा दिया जाना चाहिए। ऐसी परिस्थितियाँ पैदा की जानी चाहिए, जिससे गरीब इलाकों में निवेश हो और वहाँ रोजगार के नए अवसर पैदा हों।

यदि इस योजना के जरिए पिछड़े जिलों के सामाजिक एवं भौतिक बुनियादी ढांचे में सुधार के लिए स्थायी मूल्य वाली संपदाओं का निर्माण किया जाता है तो ऐसा हो सकता है। पहले से मौजूद योजनाओं को भी और गति प्रदान की

जानी चाहिए तथा पिछड़े जिलों के लिए नई योजनाएं बनायी जानी चाहिए। इस तरह की योजनाएं कैसी हों? इस प्रसंग में छोटी सिंचाई एवं निकासी योजनाओं, ग्रामीण इलाकों में गैर-मशीनी सड़क निर्माण, आवासीय भवन निर्माण, साक्षरता योजनाओं, स्कूल भवनों के निर्माण एवं शिक्षकों की नियुक्ति तथा प्राथमिक स्वास्थ्य केन्द्रों का निर्माण आदि योजनाओं का सुझाव दिया जा सकता है। कुछ नौकरशाहों का मानना है कि मंत्रालयों के बीच होने वाली खींचतान इन योजनाओं को भोंथरा बना देगी। ऐसा होगा या नहीं यह इस बात पर निर्भर करता है कि हमारे राजनीतिक नेतृत्व के पास राजनीतिक इच्छाशक्ति है या नहीं। इसमें कोई शक नहीं कि इस रास्ते में बहुत सारी मुश्किलें आने वाली हैं, लेकिन ऐसी भला कौन-सी योजना होती है, जिसमें समस्याएं नहीं आतीं? क्या स्वर्णिम चतुर्भुज की वजह से विस्थापन और इसकी समस्याएं पैदा नहीं हुईं? ध्यान में रखने वाली बात सिर्फ यह है कि योजना की रूपरेखा ऐसी होनी चाहिए कि एक समय के बाद उसकी प्रासंगिकता ही खत्म हो जाए। मतलब यह है कि जिन नीतियों की वजह से रोजगार संवर्धन में कमी आती है, उन पर अंकुश लगना चाहिए। रोजगार संवर्धन सहायक नहीं, बल्कि पहली प्राथमिकता होनी चाहिए। इसके लिए वैश्वीकरण के मौजूदा स्वरूप पर दोबारा विचार किया जाना चाहिए और उसे देश के गरीबों के हित में केन्द्रित किया जाना चाहिए। जैसा कि गांधीजी ने कहा था, ''अन्तिम व्यक्ति को सबसे पहले देखो। जब संदेह हो तो इस बात पर ध्यान दो कि गरीबों और हाशियाई तबकों की जरूरत क्या है? तब कभी गलती नहीं होगी।'' कुल मिलाकर ग्रामीण रोजगार गारंटी योजना गरीब-गुरबों की थाली में आधी रोटी डालने की दिशा में एक सरकारात्मक कदम है।

(2006, आधारशिला)

67 सूचना का अधिकार

भारत जैसे जीवंत और लोकतांत्रिक समाज के लिए सूचना का अधिकार एक महत्वपूर्ण पूर्व शर्त है। इस अधिकार के बिना लोग न तो सत्ता का प्रयोग कर सकते हैं और न ही सरकार को उत्तरदायी ठहरा सकते हैं। यह एक प्रभावी माध्यम है, जिसके जरिए जनता सत्ता के मनमाने दुरुपयोग पर अंकुश लगा सकती है, भ्रष्यचार पर लगाम कस सकती है और सरकार को उसकी नीतियों और कार्यवाहियों के लिए जवाबदेह ठहरा सकती है।

सूचना का अधिकार कई मायनों में महत्वपूर्ण होता है। इसके सहारे एक ज्यादा लोकतांत्रिक समाज का निर्माण किया जा सकता है, उत्तरदायित्व सुनिश्चित किया जा सकता है, भ्रष्यचार से लड़ा जा सकता है, पारदर्शिता में इजाफा होता है, जनविरोधी नीतियों को रोकने और फलस्वरूप गरीबी से निपटने में मदद मिलती है और मानव अधिकारों को संरक्षण एवं प्रोत्साहन प्रदान किया जा सकता है।

सूचना अधिकार कानून के अस्तित्व में आने का एक लम्बा इतिहास है और समय-समय पर इस दिशा में प्रयास होते रहे हैं। लेकिन इस कानून के आधुनिक स्वरूप का श्रेय राजस्थान के एक गैर-सरकारी संगठन को जाता है। इस दिशा में अरुणा रॉय ने सराहनीय कार्य किया है। पंचायत द्वारा किये गये खर्चों का हिसाब मांगने के साथ इस आंदोलन की शुरुआत हुई, जिसने सामाजिक ऑडिट और पारदर्शिता की मांग को तेज किया। 1994 में पहली जन सुनवायी का आयोजन किया गया। इसमें लोगों के लिए सूचनाओं का महत्व तो स्पष्ट हुआ ही, साथ ही यह तथ्य सामने आया कि सरकारी दस्तावेजों में दी गयी जानकारियों को जनता तक न पहुंचने देने में सरकारी ढांचा कितनी हिचकिचाहट दिखाता है। यहीं से सूचना के अधिकार का संघर्ष प्रारम्भ हुआ जो बाद में देश के अन्य हिस्सों में भी फैला। 1995 राज्य विधान सभा में आश्वासन देने के बाद भी जब सूचनाएं नहीं मिलीं तो तीन साल लंबे संघर्ष

का सूत्रपात हुआ। इसी पृष्ठिभूमि में 1996 से राजकीय सूचना अधिकार अभियान प्रारम्भ किया गया। इसके पश्चात जून 2000 में संसद के समक्ष एक राष्ट्रीय विधेयक भी पास किया गया, जिसे 2002 में सूचना की स्वतंत्रता अधिनियम के नाम से पारित किया गया। लेकिन इस कानून को अधिसूचित नहीं किया गया। आखिरकार 15 जून 2005 को सप्रंग की सरकार ने सूचना अधिकार अधिनियम पारित किया और राष्ट्रपति की सहमति के बाद इसे सूचना अधिकार अधिनियम, 2005 के रूप में मान्यता दी गयी।

सूचना अधिकार कानून, 2005 के मुताबिक सरकारी अधिकारियों की जिम्मेदारी है कि वे एक सूची में दिये गये शीर्षकों से संबंधित सूचनाओं को अपनी ओर से ही सार्वजनिक करें। यदि कोई नागरिक अतिरिक्त जानकारी प्राप्त करना चाहे तो उसे संबंधित जानकारियां फौरन उपलब्ध करायी जाएं। इनमें पहला प्रावधान पारदर्शी शासन व्यवस्था के लिए बहुत महत्वपूर्ण है। दूसरे प्रावधान से नागरिकों को शासन की गुणवत्ता में सुधार लाने के लिए स्वीकार्य और निश्चित जानकारियां मांगने की ताकत मिलती है। इन अधिकारों के सफल क्रियान्वयन से न केवल अनौपचारिक क्षेत्र श्रमिकों, बल्कि गरीबी की रेखा से नीचे जीवनयापन करने वालों को भी भारी लाभ पहुंचेगा।

सूचना अधिकार कानून, 2005 में आम लोगों की बेहतरी की जबर्दस्त संभावनाएं छिपी हैं। अनौपचारिक क्षेत्र में काम करने वाले, गरीबी की रेखा से नीचे रहने वाले और आम लोगों को इस कानून के जरिए यह पता लग सकता है कि किसी कार्यक्रम के लिए बजट में कितने धन की व्यवस्था की गई है, किस योजना के तहत उन्हें क्या मिलने वाला है और किस योजना के क्रियान्वयन की जिम्मेदारी किस पर है। लाभान्वित होने वाले नागरिक प्रभारी अधिकारियों से सवाल पूछ सकते हैं और समाज को गोलबंद किया जा सकता है। इस अधिकार में इस तबके के लोगों की सामाजिक-आर्थिक स्थिति में सुधार की भारी संभावनाएं मौजूद हैं। यह कानून भ्रष्यचार पर अंकुश लगाने और जवाबदेही सुनिश्चित करने में भी एक अहम साधन साबित होगा।

सूचना अधिकार कानून के कई महत्वपूर्ण आयाम हैं। इसके जरिए आम नागरिकों को सरकारी अधिकारियों एवं निकायों के पास मौजूद सूचनाएं हासिल करने का अधिकार मिल गया है। कोई भी नागरिक केन्द्रीय और राज्य सरकार

के किसी भी विभाग, पंचायती राज संस्थानों तथा अन्य संगठनों और संस्थानों से जानकारी मांग सकता है। ऐसे संस्थानों में राज्य या केन्द्र सरकार द्वारा स्थापित, गठित, नियंत्रित या मुख्य अथवा आंशिक रूप से वित्तपोषित स्वैच्छिक संगठन भी शामिल होंगे।

इस कानून में 'सूचना' शब्द को व्यापक रूप में परिभाषित किया गया है। किसी भी तरह के रिकार्ड, दस्तावेज, मेमो, ई–मेल, दृष्टिकोण, सलाह, प्रेस वक्तव्य, सर्कुलर, आदेश, लॉग बुक्स, अनुबंध, रिपोर्ट, परिचय, नमूने, मॉडल, आंकड़े किसी भी इलेक्ट्रॉनिक रूप में सुरक्षित सामग्री और किसी भी निजी संस्थान से संबंधित ऐसी सूचना, जिसे वर्तमान कानून के अंतर्गत कोई सार्वजनिक निकाय अपने पास मंगा सकता है– इन सारी चीजों को 'सूचना' की परिभाषा में शामिल किया गया है।

कानून में प्रावधान है कि सूचना की स्वतंत्रता को अमली जामा पहनाने का जिम्मा कार्यपालिका के ऊपर होगा। प्रत्येक सार्वजनिक विभाग को सूचना अधिकारियों की नियुक्ति का निर्देश दिया गया है। ये अधिकारी सूचना के बारे में नागरिकों की ओर से आने वाले आवेदनों पर कार्रवाई करने के लिए उत्तरदायी होंगे।

अगर कोई व्यक्ति किसी सरकारी विभाग से कोई सूचना प्राप्त करना चाहता है तो उसे एक निर्धारित प्रारूप के अनुसार एक आवेदन सार्वजनिक सूचना अधिकारी (पीआईओ)/सहायक सार्वजनिक सूचना अधिकारी (एपीआईओ) के पास जमा कराना होगा। यदि कोई व्यक्ति लिखित आवेदन नहीं दे सकता है तो संबंधित पीआईओ की जिम्मेदारी होगी कि वह आवेदक को हर संभव सहायता दे ताकि मौखिक आवेदन देने वाले व्यक्ति के आवेदन को लिखित रूप में दर्ज किया जा सके। यदि आवेदक विकलांग है तो संबंधित विभागीय अधिकारियों को उसे आवश्यक सूचनाएं मुहैया कराने में पूरी सहायता देनी होगी। इतना ही नहीं, आवेदक को यह बताने की जरूरत नहीं होगी कि उसे किस काम के लिए जानकारी की जरूरत है न ही उसे संपर्क संबंधी विवरणों के अलावा अपने बारे में कोई जानकारी देने के लिए बाध्य किया जाएगा।

प्रत्येक आवेदन के बदले एक उचित शुल्क वसूल किया जाएगा, जो आवेदक गरीबी की रेखा से नीचे है उनसे कोई शुल्क नहीं लिया जाएगा। यदि वांछित सूचना निर्धारित अवधि के बाद उपलब्ध करायी गई है तो भी आवेदक को कोई शुल्क नहीं देना होगा।

यदि पीआईओ से जानकारी मांगी जा रही है तो उस पर 30 दिन के भीतर कार्रवाई की जाएगी। यदि अपेक्षित सूचना से किसी व्यक्ति के जीवन एवं स्वतंत्रता पर असर पड़ सकता है तो ऐसी सूचना 48 घंटे के भीतर उपलब्ध करा दी जाएगी। एपीआईओ के पास आने वाले सूचना संबंधी आवेदनों पर उसे अधिकतम 35 दिनों के भीतर कार्रवाई करनी होगी।

यदि सूचना की मांग करने वाले व्यक्ति को निर्धारित समय सीमा के भीतर पीआईओ की तरफ से कोई जवाब नहीं मिलता है या पीआईओ के जवाब से संतुष्ट नहीं है तो 30 दिन के भीतर पीआईओ के खिलाफ वरिष्ठ अधिकारियों के पास अपील दायर कर सकता है। यदि अपील मंजूर नहीं की जाती है तो आवेदक 30 दिन के भीतर केन्द्रीय अथवा राज्य सूचना आयोग के समक्ष अपील कर सकता है। यदि पीआईओ सूचना उपलब्ध नहीं करा पता है या निश्चित समय के भीतर आवेदक को इस आशय की सूचना नहीं दे पाता है कि उसका आवेदन खारिज कर दिया गया है तो पीआईओ को विलंब के हर दिन के लिए 250 रुपये प्रतिदिन की दर से जुर्माना देना होगा और यह जुर्माना अधिकतम 25,000 रुपये होगा।

किसी को नुकसान पहुंचाने वाले या अनावश्यक आवेदनों के सवाल पर इस कानून में कुछ नहीं कहा गया है। सूचना के अधिकार के दुरुपयोग को रोकने के लिए इस तरह का प्रावधान करना जरूरी है। अगर इस कानून के दायरे से बाहर रखे गए विषयों की संख्या और कम तथा स्पष्ट रखी जाती तो यह कानून ज्यादा असरदार हो सकता था। इसमें यह प्रावधान भी नहीं किया गया है कि कोई नागरिक निजी निकायों के पास मौजूद ऐसी सूचना को कैसे हासिल करे, जिसे सार्वजनिक विभाग नहीं मंगा सकते हैं। कानून की एक खामी यह है कि इसमें किसी स्वतंत्र प्राधिकरण के समक्ष अपील का प्रावधान नहीं किया गया है। इस कानून में असंतुष्ट आवेदक केवल सरकार के समक्ष ही अपील कर सकता है।

सूचना अधिकार कानून, 2005 शासन की सोच में आमूल बदलाव की ओर संकेत करता है। जब तक यह कानून पारित नहीं हुआ था सरकारी तंत्र किसी जानकारी को छिपाने या बताने के लिए पूरी तरह स्वतंत्र था। महाराष्ट्र में दाभोल स्थित एनरॉन बिजली परियोजना इस बात का एक जीता-जागता उदाहरण है कि सार्वजनिक प्राधिकरणों से संबंधित जानकारियों को छिपाने के कारण लोगों के साथ कितना अन्याय हो सकता है और भ्रष्टाचार को पनपने का कितना भारी मौका मिलता है। अब तक इस तरह की सूचनाओं को छिपाने के लिए भी 'गोपनीयता' का ही हवाला दिया जाता था।

सूचना अधिकार कानून, 2005 में यह विधान उलट गया है। आज नागरिकों के पास यह जानने का अधिकार आ गया है कि उनका शासन कैसे चलाया जा रहा है। ऐसे में नागर समाज की जिम्मेदारी यह है कि शासन के आचरण में आए इस बदलाव को और पुख्ता करे और इस कानून के उद्देश्यों को और उत्साह और परिपक्वता के साथ आगे बढ़ाए, जो इस कानून के समर्थक हैं, उन्हें पारदर्शिता और सूचना की स्वतंत्रता जैसे मूल्यों को प्रोत्साहित करना चाहिए और इसे अभिशासन का एक आधारभूत मूल्य बनाना चाहिए न कि बस आंख मूंद कर आरोप-प्रत्यारोप लगाने चाहिए, जिससे अक्सर नुकसानदेह परिणाम भी सामने आ सकते हैं।

भारत जैसे लोकतांत्रिक समाज में नागरिक एक भ्रष्टाचार मुक्त समाज में जीने के अधिकार को तब तक साकार नहीं कर सकते जब तक गोपनीयता के लौह कवच को नहीं तोड़ा जाएगा और पारदर्शिता की संस्कृति स्थापित नहीं होगी। यही इस कानून का मकसद है।

(2006, आधारशिला)

संदर्भ ग्रंथ सूची

अमर्त्य सेन : आर्थिक विषमताएं, राजपाल, नई दिल्ली

——— : हिंसा और अस्मिता का संकट, राजपाल, नई दिल्ली

अटल बिहारी वाजपेयी : कुछ लेख कुछ भाषा, किताबघर प्रकाशन, नई दिल्ली

आलोक मेहता : पत्रकारिता की लक्ष्मण रेखा, सामयिक प्रकाशन, दिल्ली

अनुपम मिश्र, ति० न० आत्रेय : देश का पर्यावरण, गांधी शांति प्रतिष्ठान, नई दिल्ली– 1989

अनिल अग्रवाल, सुनीता नारायण : हमारा पर्यावरण, गांधी शांति प्रतिष्ठान, नई दिल्ली – 1988

अनिल सदगोपाल : शिक्षा में बदलाव का सवाल, ग्रंथ शिल्पी (इंडिया) प्राइवेट लिमिटेड, नई दिल्ली

अजगर वजाहत (सं) : भारतीय मुसलमान, वर्तमान और भविष्य, आभार प्रकाशन, नई दिल्ली

आशुतोष वार्ष्णेय : हिन्दू–मुस्लिम रिश्ते, राजकमल प्रकाशन, दिल्ली

अरविन्द मोहन : पत्रकार और पत्रकारिता प्रशिक्षण, सामयिक प्रकाशन, दिल्ली

अमरेन्द्र कुमार : इक्कीसवीं सदी और हिन्दी पत्रकारिता, सामयिक प्रकाशन, दिल्ली

अमित भादुड़ी : (अ० गिरीश मिश्र) प्रतिष्ठा पूर्ण विकास : पूर्ण रोजगार के समर्थन में, नेशनल बुक ट्रस्ट, नई दिल्ली

अरविंद जैन : औरत होने की सजा, वाणी प्रकाशन, नई दिल्ली

अनीता रामपाल एवं मणिमाला : नव विकास ल सबजन पढ़बो, बुक्स फार चेंज, नई दिल्ली

अरविंद एन० दास : अग्रेरियन अनरेस्ट एंड सोशियोइक्नामिक चेंज इन बिहार 1900–1980, मनोहर पब्लिकेशंस, नई दिल्ली

आरनोल्ड जे० टोयनबी : सिविलाइजेशन आन ट्रॅायल, आक्सफोर्ड यूनिवर्सिटी प्रेस, न्यूयॉर्क

अन्तर्राष्ट्रीय श्रम संगठन : बाल श्रम- असह्य पर निशाना, अन्तर्राष्ट्रीय श्रम संगठन, जिनेवा

अनिल कुमार उपाध्याय : पत्रकारिता और विकास संचार, भारतीय जनसंचार संस्थान, नई दिल्ली

अयोध्या सिंह : समाजवाद भारतीय जनता का संघर्ष, अनामिका पब्लिशर्स, दिल्ली

अभय कुमार दुबे : आधुनिकता के आइने में दलित, वाणी प्रकाशन, दिल्ली

ब्रह्मदेव शर्मा : आदिवासी विकास, (1994) एक सैद्धांतिक विवेचन, मध्य प्रदेश हिन्दी ग्रंथ अकादमी, भोपाल

———, किसान की गरीबी का राज, प्रकाशन संस्थान, दिल्ली - 1992

ब्रीट्रीस अएवॉलास : गरीब बच्चों की शिक्षा, ग्रंथ शिल्पी (इंडिया) प्राइवेट लिमिटेड, नई दिल्ली - 1999

बाबा आम्टे : (1990) नर्मदा परियोजना, प्रिया, नई दिल्ली

बीर सिंह : बच्चों की देखभाल, वालंटरी हेल्थ एसोसिएशन ऑफ इंडिया, नई दिल्ली

बी०एन० भाटिया : फेमिन्स इन इंडिया, 1960-1945, बम्बई

साधना सक्सेना : शिक्षा और जन आंदोलन, ग्रंथ शिल्पी (इंडिया) प्राइवेट लिमिटेड, नई दिल्ली

सुभाष धूलिया : सूचना क्रांति की राजनीति और विचारधारा, ग्रंथ शिल्पी (इंडिया) प्राइवेट लिमिटेड, नई दिल्ली

शेखर पाठक (सं) : पहाड़, पीपुल्स एसोसिएशन फॉर हिमालय एरिया रिसर्च, नैनीताल - 1992

सुधीश पचौरी : भूमंडलीय समय और मीडिया, प्रवीण प्रकाशन, नई दिल्ली

शेखर बंधोपाध्याय : प्लासी से विभाजन तक : आधुनिक भारत का इतिहास, ओरियंट लाँगमेन, नई दिल्ली

सुधीर विद्यार्थी : इन्कलाब का सफर, जनसुलभ पेपर बैक्स, बरेली

सच्चिदानंद सिन्हा : लोकतंत्र की चुनौतियां, वाणी प्रकाशन, नई दिल्ली - 2005

श्यामाचरण दुबे : संक्रमण की पीड़ा, वाणी प्रकाशन, नई दिल्ली - 1998

सच्चिदानंद सिन्हा : संस्कृति और समाजवाद, वाणी प्रकाशन, नई दिल्ली

शम्भुनाथ : संस्कृति की उत्तर कथा, वाणी प्रकाशन, दिल्ली

———, सामाजिक क्रांति के दस्तावेज, वाणी प्रकाशन दिल्ली

डॉ० सर्वपल्ली राधाकृष्णन : धर्म और समाज, सुरेन्द्र कुमार एंड सन्ज़, दिल्ली

संतोष भारतीय : निशाने पर- समय, समाज और राजनीति, राधाकृष्ण प्रकाशन, नई दिल्ली

सुधीश पचौरी : भूमंडलीय समय और मीडिया, ज्ञानदीप प्रकाशन, दिल्ली

शारदा शाठे : बेटी आई है, स्त्री मुक्ति संघटना, बम्बई

एस०एल० मीणा : आखिर कब तक, प्रेम प्रकाशन, दिल्ली

सुनील खिलनानी : भारत नामा (अ० अभय कुमार दुबे), राजकमल प्रकाशन, दिल्ली

सुभाष धूलिया : सूचना क्रांति की राजनीति और विचारधारा, ग्रंथ शिल्पी, दिल्ली

संजय गौड़ : आधुनिक महिलाएं और समाज : उत्पीड़न, अत्याचार एवं अधिकार, बुक एन्कलेव, जयपुर

सिमोन दि बुआर (अनु० प्रभा खेतान) : स्त्री उपेक्षिता, हिन्द पॉकेट बुक्स, दिल्ली - 1994

सतीश चतुर्वेदी : मानव अधिकार और संयुक्त राष्ट्र संघ, प्वाइंटर पब्लिशर्स, जयपुर

श्रीपाल शर्मा : पत्रकारिता, सामाजिक-राजनैतिक चेतना, मोहित पब्लिकेशन, दिल्ली

संतोष भारतीय : चुनाव रिपोर्टिंग और मीडिया, सामयिक प्रकाशन, नई दिल्ली

डी०डी० कौसाम्बी : एन इंट्रोडक्शन टु दि स्टडी आफ हिस्ट्री, पापुलर प्रकाशन, बम्बई

डी० एन० झा० : प्राचीन भारत, एक रूपरेखा, पीपुल्स पब्लिशिंग हाउस, नई दिल्ली

डी० चमनलाल : कुली दि स्टोरी ऑफ लेबर एंड कैपीटल इन इंडिया, लाहौर
डॉ० दुर्गेश त्रिपाठी : मजदूर और जनसंचार, मेट्रो पब्लिशर्स, दिल्ली
डॉ० धर्मचन्द्र विद्यालंकार : स्वदेशी और साम्राज्यवाद, पुस्तक वाटिका, दिल्ली
देवेन्द्र उपाध्याय : पंचायतीराज व्यवस्था, (1998) सामयिक प्रकाशन, नई दिल्ली
——, आजादी के 50 वर्ष : क्या खोया क्या पाया, सामयिक प्रकाशन, नई दिल्ली
इलीना सेन (सं) : संघर्ष के बीच, सारांश प्रकाशन, दिल्ली
इन्दु पाराशर : प्राकृतिक सम्पदा और पर्यावरण, सुरेन्द्र कुमार एंड सन्ज़, दिल्ली
ईश कुमार ईश : श्रीकृष्ण गीता ज्ञान-योग, किताबघर प्रकाशन, नई दिल्ली
जॉर्ज मैथ्यू : भारत में पंचायती राज, (2003) वाणी प्रकाशन, नई दिल्ली
ग्रेडा लर्नर : दि क्रियेशन ऑफ पैट्रिआर्की, आक्सफोर्ड युनिवर्सिटी प्रेस, लंदन
गोबिन्द केलकर और अन्य : रूरल वीमन एंड कांशेसनेस इन इंडिया, मनोहर पब्लिकेशन, नई दिल्ली
हरूभाई मेहता : (1998) डायनेमिक्स ऑफ रिजर्वेशन पॉलिसी, हसमुख पटेल प्रकाशन, नई दिल्ली
हेमंत शेखर : अधूरी शिक्षा का पूरा रूप, देशज प्रकाशन, झारखंड
हर्बर्ट आई० शिलर : संचार माध्यम और सांस्कृतिक वर्चस्व, ग्रंथ शिल्पी, दिल्ली
हरिश्चन्द्र व्यास : (1995) जनसंख्या प्रदूषण और पर्यावरण : विद्याविहार, नई दिल्ली
हरदेव सिंह : बेइमान क्यों हो जाती है नौकरशाही, वाणी प्रकाशन, दिल्ली
हरिदेव शर्मा : असहयोग आंदोलन और अन्य शोध-पत्र, मधु लिमये स्मृति न्यास, नई दिल्ली
जवरीमल्ल पारख : जन माध्यमों का वैचारिक परिप्रेक्ष्य, ग्रंथ शिल्पी, दिल्ली
जगदीश्वर चतुर्वेदी : युद्ध एवं ग्लोबल संस्कृति और मीडिया, अनामिका पब्लिशर्स, दिल्ली
——, सांप्रदायिकता, आतंकवाद और जनमाध्यम, अनामिका पब्लिशर्स, नई दिल्ली

जोसेफ गाथिया : भारत में बालिका, (2001) कन्सेप्ट पब्लिशिंग कम्पनी, नई दिल्ली

———, एशिया में देह व्यापार का मायाजाल, (2003) कन्सेप्ट पब्लिशिंग कम्पनी, नई दिल्ली

जान हाल्ट (अनुवाद अरविन्द गुप्ता): असफल स्कूल, एकलव्य प्रकाशन, भोपाल

क्रिस्टाइन डेल्फी : क्लोज टू होम, हचिंसन पब्लिकेशन, लंदन

किरण वडहेरा : प्रजनन स्वास्थ्य शिक्षा, (1995) एशियन सेन्टर फॉर ऑरगनाइजेशन रिसर्च एंड डेवलपमेन्ट, नई दिल्ली

कृष्ण कुमार : शिक्षा और ज्ञान, ग्रंथ शिल्पी (इंडिया) प्राइवेट लिमिटेड, नई दिल्ली

कमलेश्वर : हिन्दुत्व बनाम हिन्दुत्व, सामयिक प्रकाशन, दिल्ली

———, मीडिया भाषा और संस्कृति, प्रवीण प्रकाशन, दिल्ली

कर्ण सिंह : भारतीय दर्शन में समन्वय, सुरेन्द्र कुमार एंड सन्ज़, दिल्ली

के० दामोदरन : भारतीय चिंतन परम्परा, पीपुल्स पब्लिसिंग हाउस, नई दिल्ली

कृष्णदत्त पालीवाल : डॉ० अम्बेडकर आदि समाज-व्यवस्था, किताब घर

कृष्ण कुमार द्विवेदी : स्वतंत्र भारत में हिन्दू-मुसलमान, पुस्तक वाटिका, दिल्ली

कमला भसीन, स्मितु कोठारी और बिंदया थापर : अमन की तलाश में इन्सानियत की आवाजें, बुक्स फार चेंज, नई दिल्ली

कवलजीत सिंह और जेड० ग्रियर : (1996) बहुराष्ट्रीय कंपनियां और भारत, पब्लिक इंट्रेस्ट रिसर्च ग्रुप, नई दिल्ली

लक्ष्मीमल सिंघवी : भारत और हमारा समय, नटराज प्रकाशन, दिल्ली

लीलाधर मंडलोई : अर्थजल, शिल्पायन, दिल्ली

ललिता शर्मा : जल प्रदूषण, सुरेन्द्र कुमार एंड सन्स, दिल्ली

मस्तराम कपूर : इतिहास और राजनीति, (1998) समाजवादी साहित्य संस्थान, नई दिल्ली

——— : भारतीय राजनीति की अधोयात्रा : राजीव से गुजराल तक। समाजवादी साहित्य संस्थान, नई दिल्ली

मधु लिमये : डॉ० अम्बेडकर एक चिंतन, पटेल एजुकेशनल सोसाइटी, नई दिल्ली

एम०आर० विद्रोही : दलित दस्तावेज, दलित साहित्य प्रकाशन संस्था, दिल्ली

मुनीस रज़ा : शिक्षा और विकास के सामाजिक आयाम, ग्रंथ शिल्पी (इंडिया) प्राइवेट लिमिटेड, नई दिल्ली

मेरी बाल्सटन क्राफ्ट : स्त्री अधिकारों का औचित्य साधन (अ० मीनाक्षी), राजकमल प्रकाशन, दिल्ली

मुरली मनोहर प्रसाद सिंह (सं) समाजवाद का सपना, ग्रन्थ शिल्पी प्रकाशन, दिल्ली

——, संचार माध्यम और पूंजीवादी समाज, ग्रंथ शिल्पी प्रकाशन, दिल्ली

मीनाक्षी स्वामी : भारत में संवैधानिक समन्वय और व्यवहारिक विघटन, किताबघर प्रकाशन, नई दिल्ली

मनोज दास : मेरा नन्हा भारत, नेशनल बुक ट्रस्ट, दिल्ली

मोहनदास करमचंद गांधी : वीमन एंड सोशल इनजस्टिस, नव जीवन पब्लिशिंग हाउस, अहमदाबाद

मृणाल पांडे एवं क्षमा शर्मा : बन्द गलियों के विरुद्ध, राजकमल प्रकाशन, दिल्ली

मध्य प्रदेश शासन : भोपाल दस्तावेज, (1992) चित्र–माध्यम, मध्य प्रदेश सरकार, भोपाल

मुशीरूल हसन : कंपनी राज से गणतंत्र तक, आकार बुक्स, दिल्ली

माइकेल डी० टेटस : दोषी कौन– विश्व अर्थव्यवस्था में रोजगार और असमानता, आकार बुक्स, दिल्ली

मुकल श्रीवास्तव : मानव अधिकार और मीडिया, ऐटलांटिक पब्लिशर्स, दिल्ली

नोम चॉमस्की : जन माध्यमों का मायालोक : लोकतांत्रिक समाजों में विचारों पर नियंत्रण, ग्रंथ शिल्पी (इंडिया)प्राइवेट लिमिटेड, दिल्ली

—— : जन माध्यमों का मायालोक : लोकतांत्रिक समाजों में विचारों पर नियंत्रण, ग्रंथ शिल्पी (इंडिया) प्राइवेट लिमिटेड, नई दिल्ली

निरिवल, ज्यां द्रे, रीतिका खेरा : (अ० विपिन कुमार) रोजगार गारंटी अधिनियम (प्रवेशिका)

नरेश कुमार : शिक्षा कल आज और कल, पुस्तक वाटिका, दिल्ली

नरिंदर सिंह : शिक्षा संस्कृति और लोकतंत्र, ग्रंथ शिल्पी (इंडिया) प्राइवेट लिमिटेड, नई दिल्ली

न्गुगी वॉ थ्योंगो : औपनिवेशिक मानसिकता से मुक्ति, ग्रंथ शिल्पी (इंडिया) प्राइवेट लिमिटेड, नई दिल्ली

———: जन माध्यमों का मायालोक : लोकतांत्रिक समाजों में विचारों पर नियंत्रण, ग्रंथ शिल्पी (इंडिया) प्राइवेट लिमिटेड, नई दिल्ली

ओ०पी० सिंह : संचार माध्यमों का प्रभाव, क्लासिकल पब्लिसिंग कम्पनी, नई दिल्ली

पूरन चंद्र जोशी : स्वप्न और यथार्थ : आजादी की आधी सदी, राजकमल प्रकाशक, दिल्ली

———: संस्कृति, विकास और संचार क्रांति, ग्रंथ शिल्पी (इंडिया) प्राइवेट लिमिटेड, नई दिल्ली

प्रफुल्ल कोलख्यान : साहित्य समाज और जनतंत्र, आनंद प्रकाशन, कोलकाता

प्रेमानंद चंदोला : बिन पानी सब सून, किताबघर प्रकाशन, नई दिल्ली

प्रदीप त्रिपाठी : मानव अधिकार और भारतीय संविधान, राधा पब्लिकेशंस, दिल्ली

प्रभुदयाल अग्निहोत्री : अथर्वेद और तात्कालीन समाज, भारतीय ज्ञानपीठ, नई दिल्ली

प्रयंक कुमार : पर्यावरण संरक्षण और विकास, सुरेन्द्र कुमार एंड सन्ज़, दिल्ली

प्रभा खेतान : बाजार के बीच, बाजार के खिलाफ (स्त्री विमर्श), वाणी प्रकाशन, दिल्ली

रामशरण जोशी : भूमंडलीकरण, सत्ता, समाज और बाजार, सामयिक प्रकाशन, दिल्ली

राजकिशोर : बच्चे और हम, (1999) वाणी प्रकाशन, नई दिल्ली

———: (1994) स्त्री के लिए जगह, वाणी प्रकाशन, नई दिल्ली

राम पुनियानी : साम्प्रदायिक राजनीति : तथ्य एवं मिथक, वाणी प्रकाशन, नई दिल्ली
रामशरण जोशी : आदिवासी समाज और शिक्षा, ग्रंथ शिल्पी, नई दिल्ली
———: मीडिया और बाजारवाद, राधाकृष्ण प्रकाशन, नई दिल्ली
——— : मीडिया विमर्श, सामयिक प्रकाशन, दिल्ली
आर० संगीता राव : कमजोर वर्ग : एक तीसरी ताकत, बापू भवन, दिल्ली
रामशरण शर्मा : शूद्रों का प्राचीन इतिहास, मैकमिलन, दिल्ली
राजेन्द्र यादव : टेलीविज़न इतिहास में पहली बार, हंस, जनवरी 2007, नई दिल्ली
———: कांटे की बात, अक्षर प्रकाशन, दिल्ली
रूपचंद गौतम : प्रिंट मीडिया, श्री नटराज प्रकाशन, दिल्ली – 53
राजेन्द्र माथुर : सपनों में बनता देश (2 खंड), सामयिक प्रकाशन, दिल्ली
———: भारत एक अंतहीन यात्रा, सामयिक प्रकाशन दिल्ली
राममनोहर लोहिया : भारत विभाजन के गुनाहगार, लोक भारतीय प्रकाशन, इलाहाबाद
———: समता और सम्पन्नता, लोक भारती प्रकाशन, इलाहाबाद
रामस्वरूप चतुर्वेदी : भारत और पश्चिम : संस्कृति के अस्थिर संदर्भ, लोक भारती प्रकाशन, इलाहाबाद
आर०के० गुप्ता : पर्यावरण : भयावह भविष्य, सुरेन्द्र कुमार एंड सन्ज़, दिल्ली
राजेंद्र मोहन भटनागर : डॉ० अम्बेडकर, चिंतन और विचार, किताबघर प्रकाशन, नई दिल्ली
रमेश उपाध्याय : आज का स्त्री आंदोलन वाणी प्रकाशन, नई दिल्ली
राधा कुमार : स्त्री संघर्ष का इतिहास, वाणी प्रकाशन, नई दिल्ली
रामअवतार शर्मा और सुषमा यादव : जल- कल आज और कल, आकार बुक्स, दिल्ली
रमणिका गुप्ता : आदिवासी स्वर और नई शताब्दी, नवलेखन प्रकाशन, नई दिल्ली
रत्नाकार मंगरा, यू०सी०आर बिजामू और शिमरीचान लुहथुई : भारत के आदिवासी, लेंसर इंटरनेशनल, नई दिल्ली

रामपाल मुंडा : आदिधर्म, झारखंड प्रकाशन, रांची

रोज केरकेटा : आदिवासी, झारखंड प्रकाशन, रांची

रार्बट डब्ल्यू मैक्चेस्नी अन्य : (सं) (अ० राजेन्द्र शर्मा) पूंजीवाद और सूचना का युग, ग्रंथ शिल्पी, नई दिल्ली

रामविलास शर्मा : सन् सत्तावन की राज्य क्रांति और मार्क्सवाद, लोक भारती प्रकाशन, इलाहाबाद

राजकिशोर : (सं) विनाश को निमन्त्रण, वाणी प्रकाशन, दिल्ली

रमेश जैन : पर्यावरण मीडिया और कानून, सबलाइम पब्लिकेशन्स, जयपुर

रजनी कोठारी : (अ० अभय कुमार दुबे) भारत में राजनीति कल और आज, वाणी प्रकाशन, दिल्ली

दि अदर इंडिया : (1995) देशज कौन?, नई दिल्ली

ठाकुर दास बंग : भारत किधर?, (1988) सर्व-सेवा-संघ-प्रकाशन, राजघाट, वाराणसी

विकास कुमार झा : बिहार राजनीति का अपराधीकरण, सृष्टि प्रकाशन, पटना

विष्णुदत्त शर्मा : पर्यावरणीय प्रदूषण, किताबघर प्रकाशन, नई दिल्ली

विजय मनोहर तिवारी : हरसूद, 30 जून (रिपोर्ताज), राजकमल प्रकाशन दिल्ली

विपिन चंद्रा : (अ० दिवाकर) सांप्रदायिक समस्या, नेशनल बुक ट्रस्ट ऑफ इंडिया, दिल्ली

विनोद कुमार मिश्र : विकलांगों के अधिकार, सामयिक प्रकाशन, नई दिल्ली

वीरेन्द्र कुमार गौड़ : विश्व में आतंकवाद, सामयिक प्रकाशन, नई दिल्ली

वासवी कुजुर : ताबेन जोम, आदिवासी प्रकाशन, रांची

विपिन चंद्र : भारत में आर्थिक राष्ट्रवाद का उद्भव और विकास, अनामिका पब्लिशर्स, नई दिल्ली

वीर भारत तलवार : (सं) नक्सलवाड़ी के दौर में, अनामिका पब्लिशर्स, दिल्ली

वी०एस० नायपाल : भारत एक आहत सभ्यता, प्रभात प्रकाशन, दिल्ली

डब्ल्यू० एन० कुबेर : आधुनिक भारत के निर्माता भीमराव अम्बेडकर, प्रकाशन विभाग, भारत सरकार, नई दिल्ली

भरत झुनझुनवाला : सामाजिक पत्रकारिता, श्रीनटराज प्रकाशन, दिल्ली

भारत डोगरा : किसका विकास कैसा विकास, बुक्स फार चेंज, नई दिल्ली

भानुप्रताप शुक्ल : भारतीय मुसलमान, किताबघर प्रकाशन, नई दिल्ली

भारत के रजिस्ट्रार जनरल : जनसंख्या आंकड़ा 2001, भारत सरकार, नई दिल्ली

भारत सरकार : बाल विकास के 50 वर्ष, मानव संसाधन मंत्रालय, महिला एवं बाल विकास विभाग, नई दिल्ली

भारत सरकार : ग्रामीण विकास की नई दिशाएं, ग्रामीण क्षेत्र एवं रोजगार मंत्रालय, नई दिल्ली, वाणी प्रकाशन, नई दिल्ली

ज्ञानेन्द्र रावत : (सं) प्रेस : दायित्व और यथार्थ, यूनिवर्सिटी पब्लिकेशन, दिल्ली

चौथा विश्व महिला सम्मेलन, बीजिंग, चीन, 4–15 सितंबर, 1995 : कार्यवाही हेतु घोषणा पत्र, संयुक्त राष्ट्र, न्यूयॉर्क

योगेन्द्र राज एवं वल्लभ हेमंत : दूसरा भूमंडलीकरण संभव है, देशज प्रकाशन, झारखंड

अनुक्रमणिका